아이리시맨

아이리시맨

I HEARD YOU PAINT HOUSES

찰스 브랜트 지음 윤철희 옮김

오픈하우스

아내 낸시 풀 브랜디,

우리 아이들과 그들의 배우자인 트립과 앨리슨,

미미와 존, 제니 로즈와 알렉스,

그리고 내 손주들인 매기와 잭슨, 리비, 알렉산더에게

내 부모님 캐럴라이나 디마르코 브랜트와 찰스 P. 브랜트,

그리고 매기와 얼 T. 풀 선장을 추모하며

내가 모든 것을 빚진 분들인

르 마르케 출신의 외조부모님 로사와 루이지 디마르코를 추모하며

차례

러스와 프랭크

불안감에 사로잡혀 눈물을 쏟는 지미 호파Jimmy Hoffa의 가족들로 가득한 호숫가에 있는 여름철 별장의 방에서 FBI는 노란색 메모장을 찾아냈다. 호파는 항상 전화기 옆에 메모장을 놔뒀었다. 메모장에는 호파가 연필로 쓴 '러스와 프랭크'라는 글자가 적혀 있었다.

'러스와 프랭크'는 지미 호파의 가까운 친구이자 충실한 동지였다. 지미가 바비 케네디[1]와 관련된 법적인 시련을 겪는 내내, 쇳덩이처럼 딴딴한 몸을 가진 거구 프랭크는 지미와 무척이나 가까웠고 또 충실했던지라 지미는 그를 한 가족처럼 생각했었다.

그날 호숫가의 그 방에 있던 가족들은 지미 호파와 대단히 가까운 친구만이, 그게 누구든 호파의 신뢰를 받는 사람만이, 조심성 많고 경계심 투철한—그의 목숨을 앗으려고 드는 적들을 빈틈없이 파악하고 있는—호파에게 위해

---

1 존 F. 케네디의 동생으로 형이 대통령에 취임하자 법무장관에 기용되었고, 장관으로 있는 동안 흑인 인권 개선이나 조직범죄 진압에 적극적으로 개입했다

를 가하기에 충분한 거리까지 접근할 수 있었을 거라는 두려움을 마음 깊이 품고 있었다. 그리고 그날 '러스와 프랭크'는, 그러니까 마피아의 암살집행자 프랭크 '디 아이리시맨' 시런Frank 'The Irishman' Sheeran과 그의 대부 러셀 '맥기' 버팔리노Russell 'McGee' Bufalino는 미국 역사상 가장 악명 높은 실종사건에서 제일 유력한 용의자가 됐다.

호파 실종사건을 다룬 책과 진지한 연구서들은 모두 팀스터즈[2] 내부에서 호파의 충실한 지지자였던 프랭크 '디 아이리시맨' 시런이 친구이자 멘토인 호파를 기습 공격했다고 주장해왔다. 이 연구서들은 시런이 호파가 살해당할 당시 현장에 있던 공모자이자 가해자였다고, 살인을 승인하고 기획한 것은 러셀 '맥기' 버팔리노였다고 주장한다. 탐사보도 전문기자 댄 몰데아가 쓴 『호파 전쟁The Hoffa Wars』과 「코트 TVCourt TV [3]」의 창립자 스티븐 브릴이 쓴 『팀스터즈The Teamsters』, 아서 슬론 교수가 쓴 『호파Hoffa』를 비롯한, 꼼꼼한 연구를 바탕으로 집필된 책들이 그런 연구서에 해당한다.

미스터리가 시작된 지도 26년이 넘은 시점인 2001년 9월 7일, 어머니와 누나와 함께 그 호숫가 별장에서 소름끼치는 시간을 경험했던 유가족이 기자회견을 열었다. 호파의 아들이자 팀스터즈 위원장인 제임스 P. 호파James P. Hoffa는 아버지의 실종사건 수사과정에 생긴 새로운 진척 때문에 희망을 품은 참이었다. FBI는 차량에서 확보한 머리카락 한 올을 DNA 테스트해본 결과, 범죄에 사용된 것으로 오랫동안 의심받아온 차량 내부에 지미 호파가 있었다는 사실을 입증했다고 밝혔다. 「폭스 뉴스FOX News」의 수석기자 에릭 숀이 제임스에게 유력한 용의자들 중 지미를 그 차 내부로 유인했을 만한 사람이 있느냐고 물었다. 제임스는 명단에 오른 사람들의 이름 하나하나에 고개를 저은 끝에 말했다. "아뇨. 이 사람들은 저희 아버지와 안면이 없는 사람들

---

2 Teamsters, '트럭운전사'라는 뜻으로 '전미트럭운전사노동조합'의 통칭. 정식 명칭은 'International Brotherhood of Teamsters'이다
3 법정 재판을 생중계하는 유선 TV 방송

입니다." 프랭크 시런이 지미를 그 차로 유인했을 수도 있다고 보느냐고 손이 묻자, 제임스는 고개를 끄덕이며 말했다. "그렇습니다. 아버지는 그와 함께라면 그 차에 탔을 겁니다."

기자회견을 마치면서, 제임스는 '임종 고백4'에 의해 사건이 해결됐으면 한다는 소망을 언론에 표명했다. 그가 이런 요청을 하던 당시, 프랭크 시런은 최초 용의선상에 오른 용의자들 가운데 여전히 생존해 있던 유일한 인물로 임종 고백을 하기에 충분할 정도로 고령이었다. 기자회견이 열린 날은 비극적인 사건이 발생한 2001년 9월 11일 나흘 전이었다. 그다음 주에 잡혀 있던 제임스 P. 호파의 「래리 킹 라이브Larry King Live」 출연 계획은 취소됐다.

호파 스토리가 신문 1면에서 밀려나고 한 달 뒤, 지미의 외동딸 바버라 크랜서Barbara Crancer 판사는 세인트루이스에 있는 그녀의 사무실에서 프랭크 시런에게 전화를 걸었다. 그녀의 전설적인 아버지가 그랬던 것처럼 재빨리 본론으로 접어든 크랜서 판사는 아버지의 실종과 관련해서 아는 내용을 말해 달라고, 그렇게 해서 자신의 가족을 위해 사건을 종결시켜달라고 개인적으로 프랭크에게 호소했다. 그녀는 그에게 "올바른 일을 해주세요"라고 간청했다. 변호사의 조언에 따라, 시런은 아무것도 밝히지 않았다. 그러고는 정중히 자신의 변호사 연락처를 바버라에게 알려줬다.

바버라 크랜서 판사가 아이리시맨이 영혼 안에 숨겨둔 비밀들을 드러내게 만들겠다는 목표로 그에게 편지를 쓰거나 전화를 건 것은 이게 처음이 아니었다. 바버라는 1995년 3월 6일에도 프랭크에게 편지를 보냈었다. "저는 아버지에게 무슨 일이 일어났고 누가 그 일을 했으며 왜 그런 짓을 했는지를 아는, 자칭 호파의 충실한 친구들이 많다고 개인적으로 믿어요. 그들 중 단 한 명도 우리 가족에게―비밀을 지켜주겠다는 맹세 아래에서조차―진실을 털어놓지 않았다는 사실이 무척이나 고통스러워요. 저는 아저씨가 그들 중 한 명이라고 생각해요."

---

4   deathbed confession, 죽어가는 사람이 자신의 잘못이나 비밀을 고백하는 것

바버라가 전화를 걸고 일주일 뒤인 2001년 10월 25일, 당시 80대로 주위를 돌아다니려면 보행기에 의지해야 했던 프랭크 '디 아이리시맨' 시런은 1층에 있는 그의 아파트 뒤쪽 테라스 문을 누군가가 노크하는 소리를 들었다. 노크를 한 건 젊은 FBI 요원 두 명이었다. 그들은 인생의 종착점에 가까워진 이 사내를 우호적이고 편안하게, 대단히 존중하는 태도로 대했다. 그들은 프랭크 시런이 나이를 먹으면서 유해졌기를, 심지어는 과거를 뉘우쳤기를 바라고 있었다. 그들은 바로 임종 고백을 기대하고 있었다. 자신들은 너무 젊어서 호파 실종사건을 기억하지 못한다고, 하지만 수천 페이지에 달하는 사건 파일은 읽어봤노라고 그들은 말했다. 바버라가 시런에게 건 전화를 거론한 그들은 바버라와 그 통화에 대해 상의했었다고 솔직하게 털어놨다. 시런은, 지미가 실종된 날인 1975년 7월 30일 이후 숱하게 반복해온 대로, 필라델피아 지방검사로 활동했던 그의 변호사 F. 에밋 피츠패트릭에게 연락해보라고 FBI 요원들에게 서글픈 기색으로 말했다.

2002년 4월 2일, 수사에 협조해서 임종 고백을 해달라고 시런을 설득하는 데 실패한 FBI는 작성을 완료한 16,000페이지짜리 수사 파일을 미시간 주 지방검사에게 넘겼고 그중 1,330페이지를 언론과 지미 호파의 두 자녀에게 공개했다고 발표했다. 연방 차원의 기소는 없을 터였다. 결국, 사건이 발생하고 거의 27년이 지난 후, FBI는 두 손을 들었다.

제임스 P. 호파가 기자회견을 연 날로부터 1년 가까이 지난 2002년 9월 3일, 미시간 주 역시 두 손을 들면서 호파의 두 자녀에게 애도를 전하며 사건을 종결했다.

미시간 주 지방검사 데이비드 고르시카는 자신이 내린 결정을 발표하는 기자회견 자리에서 이렇게 말한 것으로 전해진다. "불행히도, 이 사건은 마지막 장章이 없는 위대한 '후더닛5' 소설이 되고 말았습니다."

---

5   whodunit, "누가 한 짓이냐?"라는 뜻인 "Who has done it?"을 줄인 말로, 추리소설을 가리키는 일반적인 표현

이 책은 '후더닛'은 맞지만, 소설은 아니다. 이 책은 프랭크 시런과 일대일로 가진 대부분의 인터뷰를 녹화한 자료를 토대로 집필한 역사책이다. 나는 나와 내 파트너가 교도소에 있던 시런을 의학적 치료를 받아야 한다는 근거로 조기 석방되게 만든 직후인 1991년에 시런의 아파트에서 첫 인터뷰를 가졌다. 그 인터뷰 직후 시런은 인터뷰 절차에 내재한, 범인을 심문하는 듯한 속성에 대해 재고해보고는 인터뷰를 중단했다. 그는 인터뷰를 해본 결과 만족감과는 거리가 한참 먼 기분이었다고 밝혔다. 나는 마음이 바뀌어서 내가 던지는 질문들에 기꺼이 대답할 의향이 생기면 다시 연락해달라고 말했다.

1999년에, 시런의 딸들은 연로한데다 거동도 불편한 아버지를 위해 아버지가 필라델피아의 세인트 도로시 성당의 헬두소르 대주교를 개인적으로 알현하는 접견 자리를 마련했다. 시런은 대주교를 만났고, 대주교는 시런이 가톨릭 묘지에 묻힐 수 있도록 그가 저지른 죄들을 용서했다. 프랭크 시런은 내게 말했다. "나는 우리가 죽은 다음에 찾아가는 다음 세상이 있다고 믿어. 내가 그런 세상에 들어가는 걸 시도하게 될 경우, 나는 그 시도를 실패하고 싶지는 않아. 나는 내 앞에서 문이 쾅 하고 닫히는 건 원치 않아."

시런은 대주교를 알현한 후 내게 연락을 해왔고, 나는 시런의 요청에 따라 그의 변호사 사무실에서 열린 미팅에 참석했다. 이 미팅에서 시런은 내가 하는 질문에 대답하기로 동의했고, 그렇게 다시 시작된 인터뷰는 이후로 5년간 지속됐다. 나는 살인사건을 기소해서 사형 판결을 이끌어낸 검사로서, 증인을 상대로 반대심문을 하는 기법에 대해 강의한 강사로서, 심문에 대해 연구했던 학생으로서의 경험을, 그리고 미국 대법원의 자백 관련 배제법칙[6]에 대한 논문을 여러 편 작성한 저자로서 쌓은 경험을 그 인터뷰에 쏟아 부었다. "자네는 내가 여태까지 상대했던 그 어떤 경찰보다도 지독한 사람이야." 언젠가 시런이 내게 한 말이다.

나는 아이리시맨과 노닥거리면서, 마피아의 유력인물들을 만나면서, 호파

---

6   exclusionary rule, 위법하게 수집된 증거는 증거능력을 상실한다는 원칙

실종사건이 일어난 현장을 찾으려고 디트로이트를 운전하고 다니면서, 시런이 범죄 집단을 위해 두 차례 실행했던 '택배 업무'의 목적지를 찾아내려고 볼티모어를 운전하고 다니면서, 시런의 변호사들을 만나면서, 그의 가족과 친구들을 만나면서, 호파 스토리의 배후에 있는 이 사나이의 내밀한 이야기를 알아가면서 헤아릴 수 없이 많은 시간을 보냈다. 나는 이 책의 토대를 형성한 소재들이 저장돼 있는 보물창고를 공개하라고 재촉하면서, 굳건한 성벽을 무너뜨리려고 시도하면서 그와 통화하고 그를 직접 만나며 숱하게 많은 날을 보냈다.

심문자가 성공적인 심문을 하기 위한 제1법칙은, 설령 상대가 그런 짓을 저질렀다는 사실을 부인하거나 거짓말을 하고 있을 때에도, 자신이 간직한 비밀을 진정으로 털어놓고 싶어 한다고 굳게 믿는 것이다. 프랭크 시런의 사례가 이런 경우였다. 제2법칙은 대상자가 계속 얘기를 하게끔 만드는 분위기를 유지하는 것인데, 아이리시맨에게 이건 전혀 문제가 되지 않았다. 말이 흐르게, 그리고 진실이 알아서 제 갈 길을 찾아내게 놔두면 되었다.

프랭크 시런에게는 오래전부터 가슴속에 담고 있던 이야기를 세상에 풀어놓고 싶은 마음이 어느 정도는 있었다. 시런이 1978년에 『팀스터즈』의 저자 스티븐 브릴과 통화하다가, 아마도 술김에, 범행을 자백했느냐 여부에 대한 논란이 있었다. FBI는 시런이 브릴에게 자백을 했다고 믿으면서 통화내용이 담긴 테이프를 내놓으라고 브릴을 압박했다. 『호파 전쟁』의 저자 댄 몰데아는 브릴과 호텔에서 아침을 먹는데, 브릴이 시런의 고백을 녹음한 테이프를 갖고 있다는 얘기를 했다고 어느 글에 썼다. 하지만 브릴은 경찰의 보호를 받아야만 목숨을 부지할 수 있는 증인 신세가 되는 것을 면하려는 어쩌면 현명한 판단 아래, 『뉴욕 타임스』를 통해 그 사실을 공개적으로 부인했다.

그래서 몹시도 힘든 대부분의 인터뷰 과정 내내, 우리는 시런의 법적 권리들을 보호하기 위한 노력을 기울였다. 따라서 그가 한 말들은 법정에서 합법적으로 인정되는 자백이 되지는 않을 터였다.

책이 집필되는 동안, 프랭크 시런은 각각의 장을 일일이 읽고 승인했다. 그런 후 책 전체의 원고를 다시 읽고는 그 역시 승인했다.

프랭크 시런은 2003년 12월 14일에 숨을 거뒀다. 그가 마지막으로 병석에 누워 있던 사망 6주 전, 병상에 누운 그는 나와 마지막 녹화 인터뷰를 했다. 그는 병실을 방문한 사제에게 고해성사를 하고 영성체를 했다고 말했다. 자신을 보호해줄 법적인 용어들을 구사하는 것을 일부러 피한 프랭크 시런은 '신실을 밝힐 순간'을 위해 비디오카메라를 직면했다. 그는 이 책의 사본을 들었다. 그는 1975년 7월 30일에 지미 호파에게 일어난 사건에서 그가 수행한 역할을 비롯한, 독자들이 읽을 이 책에 담긴 모든 내용이 사실임을 보증했다.

그가 기력을 잃기 일주일쯤 전인 그 이튿날, 프랭크 시런은 자기와 함께 기도를 올리자고, 주기도문과 성모송을 함께 읊자고 청했다. 우리는 함께 그렇게 했다.

결국, 프랭크 시런이 남긴 말들은 대중의 여론이라는 법정에서 증거로 인정됐고, 이 책의 독자이자 지난 세기의 역사를 살았던 사람의 자격으로 판사가 된 여러분이 주재하는 재판의 피고가 됐다.

이 이야기는 프랭크 시런의 대단히 특별하고 흥미로운 인생을 다룬다. 재치 넘치는 이 아일랜드인은 독실한 가톨릭신자로 양육된, 대공황이 낳은 거친 아이였다. 그는 거듭된 전투 끝에 인간성이 무뎌진 2차 세계대전의 영웅이었고, 팀스터즈의 고위 임원이었다. 또한 루돌프 줄리아니 검사가 RICO[7] 민사소송에서 '라 코사 노스트라[8]'를 지배한 위원회에 '협력하며 활동했다'는 혐의를 제기한 사내로, 줄리아니 검사가 제출한 마피아 수뇌부 명단에 실린 보나노, 제노비스, 콜롬보, 루케이시, 시카고, 밀워키 패밀리의 권좌에 앉은 보스들뿐 아니라 부두목 여러 명이 포함된 26명의 명단에서 이탈리아인이 아닌 두 명 중 한 명이었다. 유죄판결을 받은 중죄인이자 마피아의 암살집

---

7 Racketeer-Influenced and Corrupt Organizations Statute, 조직범죄 피해자 보상법
8 La Cosa Nostra, '마피아'를 뜻한다

행자, 전설적인 '스탠드업 가이[9]', 그리고 네 딸을 둔 아버지이자 사랑받는 할아버지였다.

군 복무, 그리고 자식과 손주들에 대한 사랑을 비롯한 프랭크 시런의 복잡다단한 인생사에 존재했던 그 모든 긍정적인 면들 때문에, 나는 운구인이 되어 성조기에 덮인 아이리시맨의 녹색 관을 그의 마지막 안식처로 옮기는 걸 거들었다.

호파가 겪은 비극의 마지막 장이 여기 있다. 그 사건은 범죄를 저지른 이들을 비롯한 관련자 전원에게 상처를 주고 그들을 오랫동안 괴롭혀 온 범죄였다. 아버지를 편안한 영면에 들게 하려고 갖은 노력을 기울였던 지미 호파의 가족에게는 특히 더 고통스러운 범죄였다.

> **저자 주** 수백 시간의 인터뷰에서 추출한 프랭크 시런의 목소리를 담은 부분에는 큰따옴표를 붙였다. 내가 집필한 일부 절과 장들은 시런이 고백한 내용과 관련된 비판적인 세부정보와 배경정보를 덧붙인 것이다.

9 stand-up guy, 충직하고 믿음직한 친구'를 뜻하는 마피아 용어

01

"놈들은 감히
그러지 못할 거야"

"

 나는 우리 보스 러셀 '맥기' 버팔리노에게 호숫가 별장에 있는 지미한테 전화 거는 걸 허락해달라고 요청했어. 나는 강화사절단이었어. 그 시기에 나는 지미한테 그런 일이 생기지 않도록 막으려고 갖은 애를 다 쓰고 있었지.

 일요일인 1975년 7월 27일 오후에 지미한테 연락이 닿았어. 그러고 나서 지미는 수요일인 7월 30일에 떠났지. 슬프게도, 우리가 쓰는 표현에 따르면, '호주'로 간 거야. '다운 언더[10]'로 말이야. 그를 다시 만나는 날까지 나는 친구인 그를 그리워할 거야.

 필리[11]에 있는 내 아파트의 내 전화로 디트로이트 근처 오리온 호수에 있는 지미의 별장에 장거리전화를 걸었어. 그런 일이 벌어질 거라는 걸 27일 일요일에 알았었다면, 나는 내 명의의 전화가 아니라 공중전화를 썼을 거야. 내 명의로 된 전화로 중요한 사안들에 대한 통화를 하다가는 나처럼 오래 살아

---

10 down under, 남반구에 있는 호주와 뉴질랜드를 가리키는 표현이지만 여기서는 말 그대로 '땅 밑' 즉 '죽음'을 뜻한다
11 Philly, 필라델피아의 애칭

16

남지 못해. 나는 손가락 장난을 한 결과로 태어난 사람이 아냐. 우리 아버지는 진짜 물건을 사용해서 우리 어머니를 임신시킨 거라고.

주방 벽에 걸린 다이얼식 전화기 앞에 서서 외우고 있던 전화번호의 다이얼을 돌릴 준비를 할 때까지도 지미에게 어떻게 말을 꺼내야 할까 고민했어. 다년간 노조 협상을 한 결과, 나는 입을 열기에 앞서 머릿속에 있는 생각들을 먼저 검토해보는 것이 항상 최상의 결과를 낳는다는 걸 터득했지. 게다가, 이 전화는 쉬운 통화가 아닐 거였으니까.

1971년에 닉슨이 해준 대통령 사면으로 출소해서 팀스터즈 위원장 자리를 되찾으려는 싸움을 시작했을 때, 지미는 대화하기가 대단히 어려운 사람이 돼 있었어. 감방에서 막 나온 사람들은 그런 경우가 가끔 있어. 아무튼 지미는 라디오에서, 신문에서, 텔레비전에서 무모하게 혀를 놀리는 사람이 됐어. 입을 열 때마다 자기가 어떻게 마피아를 폭로하고 조합에서 몰아낼 것인지에 대한 얘기를 떠들어댔어. 심지어는 마피아가 연금펀드를 사용하는 걸 막을 거라고까지 했어. 권좌에 복귀하면 자신들의 소중한 황금 거위를 죽일 거라고 떠드는 사람을 누가 달가워하겠어? 지미가 내뱉은 모든 얘기는 아무리 좋게 봐도 위선적인 얘기였어. 애초에 마피아를 조합과 연금펀드에 끌어들인 장본인이 지미였다는 점을 고려하면 말이야. 지미는 러셀을 통해 나를 조합에 끌어들인 사람이야. 그렇기 때문에 지미를 걱정해야 할 무척이나 좋은 이유를 가진 나는 친구인 그를 상당히 걱정했어.

내가 지미를 걱정하게 된 건 러셀이 걸어도 된다고 허락해준 이 통화를 하기 아홉 달쯤 전부터야. 지미는 라틴 카지노에서 열린 '프랭크 시런 감사의 밤'에 특별 연사로 나서려고 필리로 날아왔어. 그날 그 자리에는 필라델피아 시장과 지방검사, 나와 함께 전쟁터에서 싸웠던 전우들, 가수 제리 베일, 다리를 잠시도 가만 두지 못하는 골드디거 댄서스[12]를 비롯한 친한 친구들과

---

12 The Golddigger Dancers, 'golddigger'는 돈 보고 남자 사귀는 예쁜 여자를 가리키는 표현으로, 그런 여자들이 모인 댄싱팀이라는 뜻이다

가족이 3,000명이나 참석했었지. FBI가 '라 코사 노스트라'라고 부르는 하객들도 있었고. 지미는 테두리에 다이아몬드가 박힌 금시계를 내게 선물했어. 연단에 오른 지미는 하객들을 둘러보고는 말했지. "자네가 이렇게 거물인 줄은 꿈에도 생각 못했어." 지미는 내가 살면서 만난 가장 위대한 인물 두 명중 한 명이었기 때문에, 그건 내게 정말로 뜻 깊은 코멘트였어.

저녁으로 프라임 립이 나오기 전에, 그러니까 우리가 사진을 찍을 때, 지미와 같이 복역했던 듣도 보도 못한 똥자루 같은 놈이 벤처사업을 하겠다면서 1만 달러를 융통해달라고 지미에게 부탁하더군. 그러니까 지미는 주머니에 손을 넣더니 2,500달러를 내줬어. 지미는 그렇게 귀가 얇은데다 돈을 척척 꿔주는 사람이었어.

당연한 말이지만, 러셀 버팔리노도 그 자리에 있었어. 내가 살면서 만난 가장 위대한 인물 둘 중 다른 한 명이 그야. 제리 베일이 러스가 좋아하는 노래 <Spanish Eyes(스페인 사람의 눈동자)>를 그를 위해 불렀어. 러셀은 펜실베이니아 북부와 뉴욕 대부분의 지역, 뉴저지, 플로리다를 장악한 버팔리노 패밀리의 보스였어. 러셀의 본거지가 뉴욕 시티 외부에 있었기 때문에 그는 뉴욕을 장악한 5대 패밀리의 중추 세력은 아니었지만, 모든 패밀리가 만사에 대한 조언을 들으러 그를 찾아오곤 했지. 그들은 조심스럽게 처리해야 하는 중요한 문제가 있으면 그 일을 러셀한테 맡겼어. 그는 미국 전역에서 존경을 받았어. 앨버트 아나스타시아Albert Anastasia가 뉴욕에서 이발소 의자에 앉은 채로 총에 맞았을 때, 패밀리들은 자신들이 모든 상황을 정리할 수 있을 때까지 러셀에게 그 패밀리의 우두머리 역할을 맡겼었지. 러셀은 세상 누구보다 더 큰 존경을 받았어. 그는 정말로 대단했어. 대중은 그의 이름을 결코 듣지 못했지만, 패밀리들과 연방수사관들은 그가 얼마나 대단한 사람인지 잘 알고 있었어.

러셀은 그가 특별히 딱 세 명—그 자신과 그의 부두목, 그리고 나—만을

---

13 1854~1889년까지 제작되었던 금화

위해 만든 금반지를 내게 선물했어. 맨 위에 있는 커다란 '3달러짜리 금화[13]'를 다이아몬드들이 에워싸고 있는 반지였어. 러스는 보석 장물 처분과 자동차 절도 세계에서 거물이었어. 뉴욕의 보석상 거리에 있는 많은 보석상들의 비밀 파트너이기도 했고.

지미가 나한테 준 금시계는 지금도 여전히 내 손목에 있고, 러셀이 나한테 준 금반지도 여기 노인요양원에 있는 내 손가락에 여전히 있어. 내 다른 손에는 우리 딸들 각각의 탄생석이 박힌 반지가 있고.

지미와 러셀은 굉장히 비슷한 사람들이었어. 둘 다 머리부터 발끝까지 근육이 탄탄한 사람들이었지. 그리고 둘 다 키가 작았어. 그 시절 기준으로도 말이야. 러스는 173센티미터쯤 됐고, 지미는 165센티미터였어. 그 시절에 내 키는 193센티미터였어. 그래서 나는 그들과 은밀한 얘기를 나눌 때는 허리를 굽혀야 했지. 그들은 머리부터 발끝까지 총기聰氣로 똘똘 뭉친 사람들이었어. 정신적으로도 강인했고 육체적으로도 그랬지. 하지만 중요한 차이가 하나 있었어. 러스는 자제할 줄 알면서 대단히 과묵한 사람이었어. 심지어 꼭지가 돌았을 때조차 목소리가 부드러웠지. 그에 반해 지미는 성깔 내키는 대로 내지르면서 날마다 뚜껑이 열렸고, 사람들한테 자기를 알리는 걸 무척이나 좋아했어.

나를 기념하는 만찬이 있기 전날 밤에 러스와 나는 지미와도 자리를 함께했어. 우리는 브로드웨이 에디스 레스토랑의 테이블에 있었어. 러셀 버팔리노는 지미 호파에게 노조위원장에 출마하는 걸 중단하는 게 옳다고 솔직히 말했어. 지미가 감옥에 있을 때 위원장 자리를 대행한 프랭크 피츠시먼스Frank Fitzsimmons를 대단히 흡족해하는 사람들이 있다면서 말이야. 테이블에 있는 누구도 말을 안 했지만, 유약한 피츠시먼스가 관리하는 팀스터즈 연금펀드에서 거액의 돈을 쉽게 대출할 수 있다는 걸 대단히 흡족해하는 사람들이 누구인지를 우리 모두는 잘 알고 있었어. 그들은 지미가 그 자리에 있을 때는 지미에게 대출을 받았고, 그러면 지미는 테이블 밑으로 뒷돈을 챙겼지. 그런데 대출 조건은 항상 지미에게 유리했어. 그에 반해, 피츠시먼스는 이 특징한 사람들에게 저자세를 취하면서 술과 골프에만 푹 빠져 살았지. 10억 달러 규모의 연금펀드에서 떨어지는 떡고물이 얼마나 큰지는 내가 굳이 말 안 해도 잘 알 거야.

러셀이 물었어. "왜 출마하려는 거야? 자네는 돈이 필요한 게 아니잖아?"

지미가 대답했어. "돈 문제가 아냐. 나는 피츠가 조합을 좌지우지하게 놔두지는 않을 거야."

자리가 파하고 내가 지미를 워윅 호텔로 데려다줄 준비를 할 때, 러셀이 나를 옆으로 데려가더니 말하더군. "자네 친구한테 잘 얘기해봐. 지금 상황이 어떤지를 잘 알려주란 말이야."

일반인들 귀에는 대수롭지 않은 말로 들리겠지만, 우리끼리 대화하는 방식에서 그건 죽이겠다는 위협이나 마찬가지였어.

워윅 호텔에서 나는 지미에게 조합을 되찾겠다는 결심을 바꾸지 않을 거면 신변보호를 위해 주위에 사람을 몇 두는 게 나을 거라고 충고했어.

"나는 그쪽 길은 선택하지 않을 거야. 내가 경호원을 두면 놈들은 우리 가족을 쫓을 테니까."

"그렇더라도, 길거리에 혼자서 나가지는 마요."

"아무도 호파를 겁주지 못해. 나는 피츠를 쫓아낼 거야. 이 선거에서 이길 거라고."

"이게 무슨 뜻인지 알잖아요." 나는 애원하다시피 했어. "지금 상황이 어떤지를 잘 알려주라고 러셀이 직접 나한테 얘기했단 말이에요."

"놈들은 감히 그러지 못할 거야." 지미 호파는 그렇게 으르렁거리고는 내 눈을 쏘아봤어.

그날 밤과 이튿날 아침 내내 지미는 삐딱한 얘기들만 해댔어. 지금 와서 돌이켜보면, 그건 초조함에서 비롯된 얘기였을 수도 있어. 그렇지만 그런 식으로 공포를 드러내는 지미의 모습은 내가 생전 처음 보는 모습이었어. 나를 기념하는 만찬이 열리기 전날 밤에 브로드웨이 에디스의 테이블에서 러셀이 지미에게 얘기했던 안건에 들어 있던 항목 중 하나가 엄청나게 용감한 사내조차 두려움을 표출하게끔 만들기에 충분했던 거야.

'프랭크 시런 감사의 밤'이 열리고 아홉 달이 지난 후, 내가 필라델피아의 우리 집 주방에서 전화기를 들고 오리온 호숫가 별장에 있는 지미와 통화할 때, 나는 아직은 시간이 남아 있는 그 시점에 지미가 노조를 되찾겠다는 결심을 재고하기를 바라고 있었어.

"제 친구와 함께 차를 몰고 결혼식장에 갈 거예요."

"자네와 자네 친구가 결혼식에 참석할 거라고 짐작하고 있었어."

지미는 '내 친구'가 러셀이라는 걸, 그리고 우리 세계에서는 통화 중에 그의 이름을 거론하지 않는다는 걸 알고 있었어. 통화에서 언급한 결혼식은 디트로이트에서 열리는 빌 버팔리노Bill Bufalino의 딸 결혼식이었지. 빌은 러셀과 성씨만 같을 뿐 실제로는 아무 관계도 아니었지만, 러셀은 그에게 자신들이 사촌지간이라고 말하고 다녀도 된다고 허락했어. 그게 빌의 커리어에 도움을 줬지. 그는 디트로이트의 팀스터즈 변호사였어.

그로스 포인트에 있는 빌 버팔리노의 맨션 지하실에는 폭포가 있었어. 폭포 때문에 분리된 지하의 양 가장자리를 이어주는 작은 다리가 있었지. 남자들은 자기들끼리 얘기를 나눌 수 있도록 한쪽에 모였고, 여자들은 폭포의 다른 쪽에 머물렀지. 여자들은 헬렌 레디가 부른 그 시절의 유행가 <I Am Woman, Hear Me Roar(나는 여자예요, 내가 으르렁대는 소리를 들어봐요)>를 들을 뿐 남자들이 주고받는 얘기에는 관심을 기울이지 않았어.

"당신은 그 결혼식에 가지 않을 거라고 짐작했었는데요."

"조[14]는 사람들이 자기를 쳐다보는 걸 원치 않아."

그가 말했어. 지미는 구구절절 설명할 필요가 없었어. FBI가 도청해서 얻은 정보가 곧 세상에 알려질 거라는 얘기가 한창 돌고 있었거든. 그 도청테이프에 녹음된 특정 세력들의 대화 내용은 지미의 아내 조세핀의 불륜에 대한 거였는데, 조세핀이 디트로이트 조직의 똘마니 토니 치미니와 몇 년 전에 바

---

14 지미 호파의 아내 조세핀의 애칭

람을 피웠다는 주장이었어.

"그 헛소리를 믿는 사람은 세상에 없어요, 지미. 당신이 다른 일 때문에 결혼식에 오지 않을 거라고 짐작한 거예요."

"그놈들, 엿이나 먹으라고 해. 놈들은 자기들이 호파를 겁먹게 만들 수 있다고 생각하지."

"상황이 감당할 수 없는 지경에 이르렀다는 우려가 널리 퍼졌어요."

"나 자신을 보호할 방안들을 마련해놨어. 기록들을 따로 챙겨놨다고."

"제발요, 지미. '제 친구'조차도 걱정하고 있다고요."

"자네 친구는 어떻게 지내나?" 지미는 껄껄 웃었어. "지난주에 그 친구가 그 문제를 해결했다니 기쁘군."

지미가 말한 건 러스가 버펄로에서 막 승소한 재물강요죄 재판을 얘기하는 거였어.

"우리 친구는 일을 정말로 잘해내고 있어요. 내가 당신한테 전화하는 걸 허락해준 사람도 바로 그예요."

이 존경받는 사내들은 둘 다 내 친구였어. 그들은 자기들끼리도 좋은 친구지간이었지. 러셀은 50년대에 나를 지미에게 처음 소개해준 사람이야. 그 당시 나는 먹여 살려야 할 딸이 셋이나 있었어.

나는 푸드 페어[15]에서 고기 트럭을 몰던 일자리를 잃은 상태였어. 회사가 그들의 사업 파트너가 되려고 애쓰고 있던 내 범행 현장을 목격하는 바람에 말이야. 나는 소 옆구리살과 닭고기를 훔쳐 레스토랑에 팔고 있었어. 실직하는 바람에 나는 팀스터즈 조합회관으로 가서, 정규직 운전사들이 병이나 다른 사유로 출근하지 않았을 때 대타로 트럭을 모는 일용직 기사로 일하기 시작했어. 당시 나는 볼룸댄스 강사로도 일했고, 금요일과 토요일 밤에는 흑인들이 드나드는 나이트클럽인 닉슨 볼룸의 기도로 근무하기도 했어.

---

15 Food Fair, 1978년에 파산한 미국의 거대 슈퍼마켓 체인

부업으로는 러스를 위해 특정한 문제들을 처리했어. 러스를 위해 일한 건 돈 때문에 한 게 결코 아니었어. 존경심을 표하려고 그런 거였지. 나는 살인 청부업자가 아니었어. 카우보이라고나 할까. 소소한 심부름을 해준 거였지. 작은 친절을 베푼 거야. 그러다가 필요할 때가 있으면 작은 친절을 되돌려 받는 거지.

극장에서 영화 「워터프론트」를 본 적이 있는데, 나는 내가 적어도 말론 브란도만큼만 나쁜 놈이라고 생각했어. 러스한테 노조 일에 참여하고 싶다고 말한 적이 있어. 그때 우리는 사우스 필리에 있는 바에 있었지. 그는 지미 호파가 디트로이트에서 전화를 걸게끔 해서 내가 그와 통화할 수 있게 해줬어. 지미가 나한테 처음으로 한 말은 "페인트 일을 하는 사람이라고 들었소[16]"였어. 페인트는 사람을 쐈을 때 벽이나 바닥에 묻을 수밖에 없는 피를 가리키는 거야. 나는 지미에게 말했어. "목수 일도 직접 합니다." 관을 짜는 일도 한다는 말로, 시체들도 직접 처리한다는 뜻이지.

그 통화가 있은 후, 지미는 팀스터즈에 내 자리를 마련해줬어. 그 덕에 나는, 도둑질을 포함해서, 당시 내가 하던 다른 모든 직업을 통틀어 버는 것보다 더 많은 돈을 벌 수 있었어. 일을 처리하느라 지불한 경비도 별도로 받았고. 러셀을 위해 했던 방식대로 지미를 위해서도 특정한 문제들을 처리한 거야.

"그러니까, 그 친구가 자네에게 전화를 걸어도 좋다고 허락했다는 거로군. 그랬다면 이 친구야, 전화를 더 자주 걸었어야지." 지미는 그 문제에 대해서는 태연하게 굴었어. 그는 러셀이 그에게 전화를 걸어도 좋다고 허락해준 이유를 나에게 캐묻고 있었어. "자네는 틈만 나면 나한테 전화를 걸고는 했었잖아."

"내가 하고 싶은 얘기가 바로 그거예요. 당신한테 전화를 건다고 쳐요. 그러면 무슨 일을 해야 하나요? 나는 노인네한테도 전화를 해야 해요. 그런데

16 "I heard you paint houses", 이 책의 원세이기노 하나

노인네한테 전화를 걸어서 뭐라고 말할까요? 당신은 아직도 그의 얘기에 귀를 기울이고 있지 않잖아요. 사람들이 그가 하는 얘기를 경청하지 않는 건 그에게는 익숙한 일이 아니에요."

"그 노인네는 불로장생할 거야."

"그야 의심의 여지가 없죠. 그는 우리 무덤 위에서 춤을 출 양반이에요." 내가 말했어. "노인네는 음식을 굉장히 조심해요. 조리를 직접 한다고요. 노인네는 내가 계란이랑 소시지를 프라이하게 놔두지 않을 거예요. 언젠가 내가 올리브유 대신에 버터를 쓰려고 든 적이 있었거든요."

"버터? 나라도 자네가 계란이랑 소시지를 프라이하게 놔두지 않을 거야."

"있잖아요, 지미, 노인네는 식사량에도 무척이나 신경을 써요. 사람은 파이를 나눠 먹어야 한다는 말을 입에 달고 살아요. 파이를 혼자 다 먹어치우면 배탈이 날 거라면서요."

"나는 자네 친구에게는 존경심 말고는 아무 감정이 없어." 지미가 말했어. "나는 그를 결코 해치지 않을 거야. 나를 노조에서 엿 먹이고 쫓아냈다는 이유로 앞으로 호파한테 호되게 당할 놈들이 있지만, 호파는 자네 친구는 절대로 해치지 않을 거야."

"나도 알아요, 지미. 그리고 그도 당신을 존경해요. 무일푼에서 출세하기까지 당신이 일을 해온 방식을요. 당신이 조합원들을 위해 했던 모든 훌륭한 일들도 마찬가지고요. 그는 약자들 편이기도 해요. 당신도 알잖아요."

"내 대신 그에게 얘기를 전해줘. 나는 그가 결코 잊지 않았다는 걸 확인하고 싶어. 나는 맥기에게는 존경심 말고는 아무 감정도 없어." 러셀을 맥기라고 부르는 사람은 세상에 몇 안 돼. 그의 본명은 로사리오Rosario였지만, 모두들 그를 러셀이라고 불렀지. 그를 더 잘 아는 사람들은 러스라고 불렀고, 그를 제일 잘 아는 사람들은 맥기라고 불렀어.

"내가 말하는 것처럼, 지미, 존경심은 쌍방적인 거예요."

"결혼식이 성대할 거라더군." 지미는 말을 돌렸어. "미국 전역에서 이탈리아인들이 올 거라고 하고."

"그래요. 우리한테는 좋은 일이죠. 지미, 나는 이 문제를 해결하려는 노력에 대해 우리 친구들과 얘기해봤어요. 타이밍이 좋아요. 모두 결혼식에 올 거예요. 그는 그 일 때문에 무척 고무돼 있었어요."

"이 문제를 해결하자는 얘기를 꺼낸 게 노인네였나, 자네였나?" 지미가 재빨리 묻더군.

"논의할 안건에 내가 그 주제를 올려놨어요. 하지만 우리 친구도 선뜻 그 주제를 받아들였어요."

"그 친구는 이 일에 대해 뭐라고 할까?"

"우리 친구는 내 얘기를 선뜻 받아들였어요. 결혼식이 끝난 후에 지미랑 같이 호수에 앉아서 얘기를 해보자고 했어요. 이 문제를 해결하자고 말이에요."

"그는 좋은 사람이야. 맥기는 그런 사람이지. 그가 호수로 온다는 거지, 응?" 지미의 어조는 그 유명한 성깔을 보여주기 직전 상태인 것처럼 들렸지만, 그때는 기분 좋은 쪽으로 흥분한 것 같았어. "호파는 늘 이 망할 일을 해결하고 싶었어. 일이 벌어진 첫날부터 말이야." 그즈음에 지미는 자기 자신을 '호파'라고 부르는 일이 부쩍 잦았어.

"지금은 전국의 모든 관련 세력이 결혼식을 위해 모여 이 문제를 해결할 완벽한 타이밍이에요." 내가 말했어. "문제를 깔끔히 해결하는 거예요."

"호파는 첫날부터 이 망할 놈의 일을 해결하고 싶었다고." 그는 오리온 호수에 있는 모든 사람이 그의 얘기를 단번에 알아듣지 못할까봐 그러는 건지 고래고래 소리를 지르더군.

"지미, 당신이 이 문제가 해결될 걸 안다는 걸 나도 알아요." 내가 말했지. "나는 이런 식으로는 계속 일을 해나갈 수가 없어요. 당신이 '이걸 폭로하겠다, 저걸 폭로하겠다' 하면서 엄청 연기를 피워내고 있다는 거 알아요. 그게 당신의 진심이 아니라는 것도 알고요. 지미 호파는 쥐새끼[17]가 아니고 쥐새끼가 되지도 않을 거예요. 하지만 걱정하는 사람들이 있어요. 당신이 그냥 연

---

17 rat, '밀고자'를 뜻한다

기만 피우다 끝낼 거라는 걸 모르는 사람들은 걱정이 많다고요."

"다들 호파가 심각하지 않다고 생각하는 거야? 어디, 호파가 복귀해서 조합의 기록을 장악할 때까지 기다리라고 해. 내가 연기만 피우다 말 건지 아닌지 두고 보자고."

우리 노인네 주위에서 일을 하면서, 그리고 노조에서 일을 하면서 잔뼈가 굵은 나는 사람들 말투를 읽는 법을 잘 안다고 생각해. 지미는 그의 유명한 성깔을 다른 방식으로 보여주기 직전인 것처럼 들렸어. 내가 연기 피우는 얘기를 꺼내서 그를 흥분하게 만들고 있다는 식으로 말이야. 지미는 타고난 노조 협상가였어. 그런데 그 자리에서 그는 강경한 태도를 취하면서 기록들을 폭로하겠다는 얘기를 다시 꺼내고 있었어.

"지난달에 있었던 일 좀 생각해봐요, 지미. 시카고의 그 신사 말이에요. 그 사람은 자신을 비롯해서 세상사람 모두가 자기를 건드릴 수 없다고 생각하고 있었던 게 분명해요. 그런데 그의 문제는 무책임한 언행을 했다가는 설령 우리의 중요한 친구일지라도 해를 입을 수 있다는 걸 몰랐다는 거였어요."

지미는 내가 얘기하는 '그 신사'가 직전에 살해당한 시카고 보스이자, 그의 좋은 친구인 샘 '모모' 지안카나Sam 'Momo' Giancana라는 걸 알고 있었어. 나는 모모와 지미 사이를 오가며 '메모―필기한 메모가 아니라, 구술 메시지들―'를 전달한 적이 많았어.

지안카나는 처리되기 전에는 특정 무리들 내부에서, 그리고 미디어에서 엄청난 거물이었어. 모모는 시카고에서 세력을 펼치면서 댈러스로 이주한 인물이야. 잭 루비[18]가 모모 그룹의 일원이었지. 모모는 쿠바 아바나에 카지노를 여러 개 갖고 있었고, 프랭크 시나트라와 함께 타호 호수에 카지노를 개장하기도 했어. 아서 갓프리의 쇼에 출연해서 노래를 부른 맥과이어 시스터스[19] 중 한 명과 데이트를 하기도 했었어. 존 F. 케네디의 정부情婦 주디스 캠벨을

---

18 Jack Ruby, 케네디 암살범 리 하비 오스월드를 저격한 인물
19 The McGuire Sisters, 미국의 보컬 그룹

케네디와 공유하기도 했고. 이건 JFK가 대통령이던 시절, 그리고 그와 동생 바비가 백악관을 형제 소유의 호텔로 사용하고 있던 시절의 일이었어. 모모는 JFK의 당선을 거들었어. 그랬는데 케네디가 모모의 등을 찌른 거야. JFK는 모모가 준 도움에 대한 대가를 동생 바비가 자신을 도와준 사람들 모두의 뒤를 쫓게 놔두는 것으로 지불했어.

지안카나가 그런 일을 당한 건, 그가 피격되기 일주일 전에 『타임』지가 1961년에 쿠바의 피그스 만을 침공하는 계획과 1962년에 카스트로를 암살하는 계획을 러셀 버팔리노와 샘 '모모' 지안카나가 CIA 대신 작업했다는 얘기를 기사화했기 때문이었어. 러셀 버팔리노의 뚜껑이 열리게 만들 일이 하나 있다면, 그건 그가 자기 이름이 인쇄물에 실린 걸 보게 만드는 거였지.

미 상원은 CIA가 카스트로 암살을 위해 마피아를 고용한 문제에 대한 진술을 들으려고 지안카나를 소환했어. 지안카나는 상원 출석 나흘 전에 그의 주방에서 처리됐지. 머리에 총을 맞은 후에 턱 아래에 여섯 방을 맞았어. 이건 시실리 스타일로, 그가 입을 부주의하게 놀렸다는 뜻이야. 그와 함께 올리브유로 소시지를 프라이할 정도로 가까운 사이였던 어떤 옛 친구가 집행한 일처럼 보였어. 러셀은 나한테 종종 말했어. "의심이 들면, 의심의 싹을 자르도록 해."

"우리의 시카고 친구는 많은 사람을 해칠 수도 있었어. 심지어 자네와 나까지도 말이야." 지미는 고래고래 소리를 질렀어. 수화기를 귀에서 멀찌감치 떨어뜨렸는데도 여전히 그가 하는 소리를 들을 수 있을 정도로 말이야. "그는 기록을 챙겼어야 했어. 카스트로 얘기, 댈러스 얘기들 말이야. 시카고에서 온 그 신사는 한 글자도 기록해두지 않았어. 그런데 호파는 기록을 남긴다는 걸 온 세상이 다 알아. 나한테 부자연스러운 일이 생기면, 기록들이 드러날 거야."

"나는 '예스 맨'이 아니에요, 지미. 그러니까 제발 나한테 '놈들은 감히 그러지 못할 거야'라는 말은 마요. 그리고 시카고에 있는 우리 친구에게 일어난 일 말인데, 당신은 지금쯤이면 현재 상황이 어떤지 알고 있어야 해요."

"이봐, 아일랜드 친구. 자네는 자네 일이나 걱정해. 어떤 사람들 눈에 자네는 나하고 지나치게 가까운 사이야. 내가 자네한테 했던 말 명심해. 조심하라고. 주위에 사람들을 모아두란 말이야."

"지미, 당신도 지금이 자리에 가만히 앉아 있어야 할 때라는 걸 잘 알잖아요. 노인네는 당신을 돕겠다는 제의를 하고 있는 거예요."

"그 부분은 나도 같은 생각이야." 지미는 노조 협상가의 모습으로 돌아가면서 약간은 마지못해 상황을 수긍했어.

"좋아요." 나는 거기서 논의를 약간 진척시켰어. "토요일에 우리가 차를 타고 12시 30분쯤에 호수로 갈게요. 공연히 손님 맞을 준비를 한다고 호들갑 떨지는 마시라고 조한테 전하세요. 여자들은 식당에 남겨두고 갈 거니까요."

"12시 30분에 준비하고 있을게." 지미가 말했어. 그가 12시 30분쯤에는 준비를 마친 상태일 거라는 걸 나는 잘 알고 있었어. 러스와 지미는 시간관념이 투철한 사람들이었거든. 그들과 만나기로 한 약속시간에 모습을 나타내지 않는 건 그들에게 존경심을 표하지 않는 짓이야. 지미는 상대에게 15분쯤은 시간 여유를 줄 거야. 그 시간이 지나도록 나타나지 않으면 그 약속은 취소된 거야. 상대가 얼마나 대단한 거물이건, 상대가 자신을 얼마나 대단한 거물이라고 생각하건 상관없이 말이야.

"자네를 위해 아일랜드식 연회—기네스 한 병과 볼로냐 샌드위치 한 개—를 마련할게. 그리고 하나 더 있어." 지미가 말했어. "자네들 두 사람만 와야 해." 지미는 그래달라고 요청하는 게 아니었어. 그렇게 해야만 한다고 단언한 거였지. "그 조그만 놈은 말고."

"무슨 얘기인지 알겠어요. 조그만 놈은 보고 싶지 않다는 거잖아요."

조그만 놈을 원치 않는다? 지미가 조그만 놈이 죽기를 원한다는 걸 나는 전혀 모르고 있었어. 지미가 말한 조그만 친구는 토니 '프로' 프로벤자노Tony 'Pro' Provenzano로, 브루클린의 제노비스 패밀리의 멤버이자 캡틴이었어. 프로는 원래는 호파의 사람이었는데, 지미가 조합을 다시 장악하는 걸 반대하는 팀스터즈 파벌의 리더로 변심한 놈이야.

프로와 지미 사이의 불화는 교도소에서 일어난 다툼에서 시작됐어. 그들은 교도소 식당에서 주먹다짐을 하기 직전까지 갔지. 지미는 프로가 옥살이를 하는 동안 연방법을 우회해서 연금 120만 달러를 받도록 도와주는 것을 거절했어. 반면, 지미는 같이 옥살이를 하는 신세이면서도 자기 몫의 연금 170만 달러를 수령하고 있었지.

2년 후, 출소한 두 사람은 화해하려는 노력의 일환으로 마이애미에서 열린 팀스터즈 컨벤션에서 같은 자리에 앉았어. 그런데 토니 프로가 지미의 창자를 맨손으로 꺼내고 지미의 손주들을 죽여 버리겠다고 으름장을 놓은 거야. 당시 지미는 나를 시켜 그 조그만 놈을 처리하는 걸 허락해달라고 러셀에게 부탁할 거라는 말을 내게 했었어. 프로는 패밀리의 정식 멤버였기 때문에, 심지어 캡틴이었기 때문에, 러셀의 승인이 없으면 프로를 처리할 수가 없었거든. 그런데 그와 관련된 얘기는 한마디도 듣지 못했던 나는 성질이 난 지미가 그냥 지나가는 말로 한 얘기라고만 짐작했었어. 그 얘기를 진지하게 여긴 사람이 있었다면, 나는 그들이 내가 그 일을 하기를 원한 날에 그 얘기를 들었을 거야. 그런 일이 행해지는 방식은 늘 그런 식이었으니까. 내가 어떤 문제를 처리하기를 원하면, 그들은 일을 벌이기 하루 전에 나한테 통고를 했어.

토니 프로는 TV 드라마 「소프라노스」의 배경인 저지 북부에 있는 팀스터즈 지부를 운영했어. 나는 그의 형제들을 좋아했어. 넌즈와 새미는 좋은 사람들이었지. 그렇지만 프로만큼은 전혀 마음에 들지가 않았어. 그는 별다른 이유 없이도 사람을 죽일 수 있는 자였거든. 언젠가 그는 투표에서 자기보다 더 많은 표를 얻은 사람에게 '죽음의 키스[20]'를 했어. 그와 그 상대는 같은 지역에 출마하려는 지부장 후보였지. 그가 있는 지부의 의장 자리에 출마한 프로는 후보들 중 선두주자였어. 자세한 건 까먹었는데, 지부장보다 하위직인 자리에 출마한 이 가여운 사람은 그의 아랫사람이었고. 그런데 투표를 해본 결과, 토니 프로는 그 사람의 인기가 자신에 비해 대단히 좋다는 걸 확인하게

---

20 'kiss of death', 마피아 보스가 상대를 죽이겠다는 표현으로도 쓰는 말

된 거야. 토니는 샐리 버그스Sally Bugs, 그리고 유대인 마피아와 함께 일하는 전직 복서 K.O. 코니그스버그K.O. Konigsberg를 시켜서 나일론 밧줄로 그를 목 졸라 죽였어. 꼴사나운 살인이었지. 호파 사건과 관련된 용의자들로 지명된 몇 안 되는 우리의 유죄를 밝히겠다고 기소할 수 있는 혐의라는 혐의는 다 뒤집어씌우면서 온갖 짓을 다 하던 수사기관은 프로에게 불리한 증언을 할 쥐새끼를 확보했어. 그러고는 그 꼴사나운 살인을 이유로 프로에게 종신형을 안겨줬지.

"나는 그 조그만 놈은 만나지 않을 거야." 지미가 말했어. "그 조그만 새끼는 엿이나 먹으라고 해."

"당신 때문에 내가 여기서 하는 일이 힘들어지고 있어요, 지미. 나는 지금 여기서 노벨평화상을 받으려고 애쓰고 있는 게 아니에요."

"호파가 이 골칫거리를 없애는 걸 도와주면 내가 자네한테 평화상을 수여할게. 명심하라고, 우리 세 사람만이야. 몸조심해."

나는 적어도 우리 세 사람이 일요일에 호숫가에 마주 앉게는 됐다는 것에 만족해야 했어. 지미는 그가 앉아 있던 자리에서 누군가가 발견할 수 있도록 전화기 근처에 놔둔 노란 메모장에 우리 이름 '러스와 프랭크'를 적었어.

이튿날은 28일 월요일이었어. 내 두 번째 아내이자 네 명의 딸들 중 막내인 코니의 엄마 아이린은 그녀 명의의 전화기로 친구와 통화하고 있었어. 아이린이 결혼식에 어떤 선물을 가져가야 할지 결정하려고 자기들끼리 수다를 떠는 중에 내 전화기가 울렸어.

"지미예요." 아이린이 말했어.

FBI는 우리 집에서 오간 모든 장거리전화의 기록을 갖고 있어. 그런데 나는 지미가 이런저런 것을 폭로하겠다고 으름장을 놓을 때 이런 종류의 기록에 대해서도 깊이 생각하고 있었다고는 생각지 않아. 사람들은 그런 위협들을 그렇게 오랜 기간 감내할 수가 없어. 설령 그가 한 말이 진심에서 우러난게 아니었다고 하더라도, 그는 명령체계의 밑바닥에 있는 사람들한테 그릇

된 메시지를 보낸 셈이야. 사람들이 밀고에 대한 얘기를 할 때, 그걸 감내해 주는 리더들의 인내심이 얼마나 강할 것 같은가?

"자네와 자네 친구는 언제쯤 도착할 건가?" 지미가 물었어.

"화요일에요."

"내일이군."

"그래요. 내일 밤 저녁 먹을 때쯤에요."

"좋아. 도착하면 전화해."

"제가 왜 전화를 안 드리겠어요?" 나는 디트로이트에 갈 때마다 그에게 존경심에서 우러난 전화를 걸고는 했었어.

"수요일 오후에 미팅이 예정돼 있어." 지미가 말했어. 그는 잠시 뜸을 들이더군. "그 조그만 놈하고."

"어떤 조그만 놈이요?"

"그 조그만 놈."

"왜 그 인간하고 만나기로 마음을 바꿔먹은 건지 물어봐도 돼요?" 나는 머리를 팽팽 돌리고 있었어.

"내가 잃을 게 뭐가 있나?" 지미가 말했어. "맥기는 내가 내 골칫거리를 먼저 해결하려고 애쓸 거라 예상할 거야. 토요일에 자네가 호수에 오기 전, 그 친구가 마지막 시도를 하게끔 만들어도 나는 개의치 않아."

"'리틀 브러더little brother'를 데려갈 것을 강력 추천하는 바예요." 그는 내 말이 무슨 뜻인지 알고 있었어. 그건 '피스'를 말하는 거였어. 노벨평화상의 '피스peace'가 아니라 총을 뜻하는 '피스piece'. 중재자라고 할 수 있지. "예방책으로 말이에요."

"호파 걱정은 붙들어 매. 호파는 '리틀 브러더'는 필요하지 않아. 토니 잭이 만남을 주선했어. 우리는 텔레그래프 가에 있는 레드 폭스 레스토랑에서 공개적으로 만날 거야. 거기 알지? 몸조심해."

안토니 '토니 잭' 지아칼로네Anthony 'Tony Jack' Giacalone는 디트로이트 그룹 소속이었어. 토니 잭은 지미와 지미네 가족하고 무척 가까운 사이였지. 아직만 그 상황에 얽혀 있는 인물들 중에서 토니 잭이 가까웠던 인물은 지미뿐만이 아니었어. 토니 잭의 아내가 그 조그만 놈 토니 프로의 사촌이었거든. 이탈리아인들에게 그건 굉장히 중요한 요소야.

지미가 토니 잭을 신뢰하는 이유를 이해할 수 있었어. 토니 잭은 무척 좋은 사람이었으니까. 그는 2001년 2월에 옥사했는데, 신문의 헤드라인은 이랬어. '미국의 유명 마피아가 호파의 비밀을 무덤으로 가져가다.' 아무 말도 할 수 없게 된 거지.

토니 잭이 마이애미에서 당혹스러운 사건이 일어난 이후로 지미와 토니 프로를 합석시키는 또 다른 자리를 주선하려 애쓰고 있다는 얘기가 돌고 있었어. 하지만 지미는 시스켈과 에버트[21]처럼 그 아이디어에 엄지를 내렸지. 그런데 갑자기 지미가 프로와 만나는 데 동의한 거야. 맨손으로 그의 창자를 꺼내겠다고 으름장을 놓은 바로 그 프로하고 말이야.

전후사정을 다 알게 된 지금 와서 돌이켜보면, 지미는 프로를 '호주'로 보내는 계획을 세우고 있었을 거야. 지미는 프로를 상대로 프로처럼 행동하고 있었던 거야. 토니 잭은 레스토랑의 그 자리에서 사리에 맞게 행동하는 지미와 재수 없게 구는 프로를 지켜보게 됐을 거야. 지미는 자신이 그 인간을 상대로 인간적으로 할 수 있는 모든 일을 다 하려 애써왔다는 걸, 그러니 이제는 프로를 '호주'로 보내야만 한다는 걸 토요일의 호숫가에서 러셀에게 알려주고 싶었던 거야.

"공개된 레스토랑에서라, 좋네요. 이 결혼식이 정말로 모두를 화합하게 만들 것 같아요." 내가 말했어. "평화의 파이프를 뻐끔뻐끔 피우면서 오래된 손도끼들은 땅에 파묻는 거예요. 내가 지원 병력으로 거기에 갈 수만 있다면 마음이 더 편할 것 같아요."

"알았어, 아이리시맨." 그는 내 기분을 풀어주려고 애쓰는 것처럼 말했어. 나한테 언제 디트로이트에 도착하느냐고 먼저 물어본 사람이 자기였는데도

21 Siskel and Ebert, 엄지를 올리고 내리는 것으로 영화를 평가한 걸로 유명한 미국의 영화평론가들

말이야. 언제 도착하느냐고 그가 물어본 순간, 나는 그가 원하는 게 무엇인지 알아차렸어. "잠깐 차를 몰고 와서 수요일 2시에 거기서 나를 만나는 건 어때? 그들은 2시 30분에 올 거야."

"예방조치를 취하도록 하세요. 하지만, 내 말 믿어도 돼요. 나는 '리틀 브러더'를 데려갈 거예요. 걔는 정말로 훌륭한 협상가예요."

나는 곧장 러스에게 전화를 걸어 지미가 잭과 프로와 만난다는 고무적인 뉴스와 내가 지미의 지원 병력으로 그와 함께 갈 거라는 소식을 전했어.

이후로 그때 생각을 많이 해봤는데, 그때 러셀이 무슨 말을 했었는지는 도무지 기억이 나지 않아. **"**

현재 상황

"

그 월요일 밤에 아이린과 내가 펜실베이니아 북부에 있는 윌크스-배리 근처의 킹스턴에 도착했을 때, 우리 계획은 러스와 그의 아내 캐리, 그리고 과부인 그녀의 언니 메리와 저녁을 먹는 거였어. 아이린과 나는 러스가 일부 지분을 갖고 있는 하워드 존슨 모텔에서 밤을 보낼 계획이었어. 그러고는 화요일 이른 시간에 우리 다섯이서 내 신형 검정 링컨 콘티넨털을 타고 디트로이트로 출발할 계획이었지—수사기관 사람들이 내가 뇌물로 받은 거라고 말한 차가 그 차야. 호파 실종사건의 용의자로 지명된 우리 여덟 명을 무슨 수를 써서든 잡아들이려 애쓸 때, 그들은 1981년에 노동 관련 협잡을 했다는 죄목으로 나를 감옥에 보내는 데 그 차를 이용했어—.

우리 드라이브는 열두 시간쯤 걸릴 터였어. 러셀이 차 안에서 담배 피우는 걸 허락하지 않았기 때문이지. 러스는 1960년에 메이어 랜스키Meyer Lansky가 있는 자리에서 빈센트 '지미 블루 아이스' 알로Vincent 'Jimmy Blue Eyes' Alo와 내기를 하면서 담배를 끊었어. 당시 그들은 카스트로가 그들이 소유한 카지노들을 빼앗고 그들을 추방하는 바람에 쿠바에서 쫓겨나는 보트에 타고 있었어. 카스트로 때문에 하루아침에 100만 달러를 날린 참인 그들은 완전히 꼭지가 돌아 있었는데, 러셀과 그의 가장 친한 친구 둘, 그러니까 뉴올리언스 보스 카를로스 마르첼로Carlos Marcello와 플로리다 보스 산토 트라피칸테Santo Trafficante는 특히 더 길길이 뛰었었지. 카스트로는 실제로 트라피칸테를 투옥하는 배짱을 보여줬어. 샘 '모모' 지안카나가 트라피칸테를 감옥에서 빼내 쿠바 밖으로 데려오려고 상당히 많은 돈다발을 뿌리기 위해 잭 루비를 쿠바로 파견해야 했다는 얘기를 들은 적이 있어.

머리에서 김이 모락모락 날 정도로 분이 치민 러셀은 그 보트에서 줄담배를 피워대며 카스트로에게 욕설을 퍼부었다더군. 그걸 본 지미 블루 아이스는 러스가 담배를 피우지 않고 1년을 보내지는 못할 거라는 데 25,000달러를 걸 기회를 포착한 거야. 배 밖으로 담배를 던진 러스는 이후로 결코 다시는 담배를 들지 않았어. 내기를 건 지 1년이 지나 지미 블루 아이스가 돈을 지불한 이후에도 말이야.

하지만 차에 탄 여자들은 누구하고도 그런 내기를 하지 않은 사람들이었어. 우리는 그들이 담배를 피울 수 있도록 종종 길가에 차를 세웠고, 그러면서 이동속도는 느려졌지—흡연은 내가 어렸을 때 신부님에게 고해성사할 필요가 결코 없던 악덕이었어. 나는 담배를 입에 문 적이 없어. 심지어 전쟁 중에도, 안찌오[22]의 대피호에서 넉 달 동안 카드놀이와 하나님께 기도드리는 것과 담배 피우는 것 말고는 꼼짝도 못하는 신세였을 때도 그랬어. 사람은 숨을 제대로 쉬면서 살아야 하는 거야—.

시간이 그렇게 오래 걸린 또 다른 이유는 러셀이 우리와 함께 가는 동안 언제 어디서건 길가에 있는 업체들을 업무상 들렀기 때문이었어. 그는 어떤 문제들에 대해 지시를 내리고 현금을 수금하는 식으로 일을 봤어.

우리 부부는 월요일 밤에 펜실베이니아 올드 포지에 있는 브루티코스 레스토랑에서 러셀과 캐리, 메리와 함께 저녁을 먹었어. 러스는 그가 세운 기준을

22 Anzio, 2차 대선 때 련합군이 상륙한 이탈리아 노시

충족시키는 특별한 레스토랑들을 알고 있었어. 그런 곳에서 식사를 하는 게 아니면, 혹은 자신이 직접 조리한 음식이 아니면 대체로 식사를 하지 않았어.

러스가 백발이 아니었다면, 사람들은 그가 70대라는 사실을 알 길이 없었을 거야. 그는 대단히 원기 왕성했어. 시칠리아 출신이었지만 영어를 완벽하게 구사했지. 그와 캐리 사이에는 자식이 없었어. 러스가 나한테 손을 뻗어 내 빰을 살짝 꼬집으면서 "자네가 이탈리아인이었어야 했는데"라고 말한 적이 많아. 나한테 '아이리시맨'이라는 별명을 붙여준 사람도 그야. 그러기 전에는 사람들이 나를 '치치Cheech'라고 불렀어. 프랭크의 이탈리아식 이름인 프란체스코의 약칭이지.

우리는 후추를 친 송아지고기, 스파게티 마리나라, 사이드디시로 나온 브로콜리 라베, 러셀이 주방에서 만든 드레싱을 뿌린 근사한 샐러드로 이뤄진 식사를 마친 후, 삼부카[23]를 넣은 커피를 마시면서 느긋하게 앉아 있었어.

그러고 있는데 레스토랑 주인이 와서 러스의 귀에 속삭이더군. 그때는 휴대전화가 발명되기 전이었어. 러스는 전화를 받으려고 테이블을 떠야만 했지. 그러더니 사무적인 분위기로 돌아오더군. 둥글고 울퉁불퉁한 얼굴에는 해를 보면서 실눈을 뜰 때 그러는 것 같은 미소를 띠고 있었어. 그는 얼굴 근육이 약해진 탓에 눈이 풀린 듯한 인상이었어. 그를 모르는 사람이라면 그가 눈을 깜박거리고 있거나 술에 취해 있다고 생각했을 거야. 그의 날카로운 눈빛이 펑퍼짐한 안경을 꿰뚫고는 내 파란 눈으로 날아왔어.

러셀은 처음에는 아무 말도 안 했어. 내 눈을 살피면서 어떻게 말을 할지 궁리하려 애쓰는 것 같았어. 러셀의 목소리는 쇳덩이가 부딪힐 때처럼 귀에 거슬렸는데, 그 목소리는 그가 화를 내면 낼수록 부드러워졌어. 그가 노동조합을 되찾으려고 기를 쓰지 말고 물러나라고 지미에게 경고했던, 나를 기념하는 '프랭크 시런 감사의 밤'의 만찬이 거행되기 전날 밤에도 그의 목소리는 무척이나 부드러웠지.

---

23 Sambuca, 커피에 설탕 대신 넣어 먹는 리큐어

브루티코스의 테이블에서, 러셀이 너무나 소곤거리는 바람에 나는 유별나게 큰 머리를 그의 곁으로 바짝 기울여야 했어. 그는 거친 목소리로 말했어. "계획이 조금 바뀌었어. 우리는 내일 떠나지 않을 거야. 수요일 오전이 될 때까지 여기 머무르도록 하세."

그 뉴스는 박격포처럼 나를 강타했어. 그들은 수요일 오후에 디트로이트의 그 레스토랑에 내가 있기를 원치 않았던 거야. 그 자리에 지미 혼자만 있기를 원했던 거야.

나는 러셀 가까이로 몸을 숙인 자세를 유지했어. 어쩌면 그는 나한테 하려는 얘기가 더 많이 있을 터였어. 귀를 기울이기만 해야 해. 질문을 해서는 안되고. 그는 할 말을 결정하기까지 한참이 걸리는 듯 보였어. 내 입장에서는, 그가 입을 열기 전까지 시간이 한없이 길게 늘어지는 것처럼 보였던 건지도 몰라. "자네 친구는 너무 늦었어. 자네하고 내가 토요일에 호숫가에서 그를 만날 필요가 없어졌어."

러셀 버팔리노의 사람을 꿰뚫어보는 예리한 눈이 내 눈에 머물러 있었어. 나는 몸을 일으켜 내 자리로 돌아가 앉았어. 얼굴에 아무 감정도 드러낼 수 없었지. 한마디도 할 수 없었고. 일이 그런 식으로 돌아가게 만들면 안 되는 거니까. 내가 잘못된 눈빛을 내비치기라도 했다가는 우리 집에 페인트칠이 될 터였어.

지미는 그 전년도 10월에 내가 그에게 현재 상황을 들려주려고 애쓸 때, 필리에 있는 워윅 호텔에서 나한테 몸조심하라고 경고했었어. "……몸조심해…… 자네는 만만한 표적이 될 수도 있어." 바로 그 전날에, 그는 전화로 내게 '어떤 사람들 눈에는' 내가 그에게 너무 가까운 사람이라며 다시 경고했었어. 나는 삼부카가 든 커피를 코 높이까지 들었어. 감초 냄새가 커피의 냄새를 이겨낼 만큼 충분히 강하지 않더군. 나는 삼부카를 조금 더 넣었어.

아이린과 내가 밤을 보내려고 하워드 존슨 모텔에 돌아왔을 때, 지미에게 전화하겠다는 생각조차 하지 않는 게 좋을 거라는 건 당연한 일이었어. 그 시점부터, 실제로 그랬긴 아니긴, 나는 감시를 당하고 있다고 가정해야만 했어.

러셀은 하워드 존슨에 도청장비를 설치해두고 있었어. 내가 그 밤에 지미에게 전화했다면, 아이린과 나는 이튿날 아침에 모텔 주차장에 도착하지 못할 가능성이 무척 컸어. 어쨌든 나는 어떤 사람들이 생각하던 일이 나한테 닥쳤다는 걸 깨달았어. 가여운 아이린은 그냥 부적절한 아일랜드인과 부적절한 시간에 부적절한 장소에 있게 된 거였지.

시미가 나한테 선화할 수 있는 방법은 전혀 없었어. 연방요원들이 듣고 있을 경우, 내가 어딘가로 이동할 때에는 도중에 어디서 머무를 것인지 전화로는 결코 말하지 않았거든. 당시에는 휴대전화가 없었어. 지미는 디트로이트에서 화요일 밤에 내가 건 전화를 받지 못할 테고, 일은 그들이 계획한 방식으로 진행될 거였어. 지미는 그런 일이 벌어지는 이유를 결코 알지 못할 거였어. 그는 수요일 미팅에 혼자 갈 거였고, 내 '리틀 브러더'하고 나는 지원 병력으로 거기에 가지 못할 거였어.

나는 자기들끼리 잡다한 주제로 수다를 떨고 있는 여자들과 함께 말없이 앉아 있었어. 그들은 빌 버팔리노의 지하실에 있는 폭포 위 다리의 건너편에 있는 거나 마찬가지였어.

상황을 빠르게 검토해봤어. 내가 그날 아침에 지미하고 통화했다고 러셀에게 전화를 건 직후, 러셀은 어떤 중요한 인물들하고 통화를 했을 거야. 러셀은 그들에게 내가 '리틀 브러더'를 데리고 지미와 함께 그 레스토랑에 가는 것에 대해 얘기했겠지. 옳건 그르건, 내가 그 순간에 할 수 있는 최선의 판단은, 그 사람들이 러셀에게 전화를 걸어 지미 한 사람만 처리할 수 있도록 러셀과 내가 이곳에서 하룻밤 머무르기를 원한다고 말했을 거라는 거였어.

그들도 러셀에게 전화를 걸기 전에 자기들 나름대로 상황을 검토해봤을 게 분명해. 뉴욕, 시카고, 디트로이트에 있는 어떤 사람들이 수요일에 내가 지미와 함께 그 자리에 있게 놔둘 것인지 말 것인지를 결정하느라 온종일을 보내고 있었을 거야. 미국에 있는 호파의 가장 가까운 지지자 중 한 명이 그런 식으로 지미와 함께 '호주'로 갈 거였어. 브로드웨이 에디스 회동이 있던 그날 밤에 지미가 워윅에서 털어놓은 비밀은 무엇이 됐건 나와 함께 숨을 거둘 터였어. 결국, 그들은 러셀에게 존경심을 표하는 차원에서 나를 제거 대상에서 제외시키기로 결정했어. 러셀이 심각한 상황에서 나를 구해준 건 그게 처음은 아니었지.

그들이 당신 명줄을 자기들이 쥐고 있다고 생각할 경우, 당신이 얼마나 터프한 사람이건, 또는 당신 자신을 얼마나 터프한 사람이라고 생각하건, 그건 아무 상관없는 일이야. 제일 친한 친구가 미식축구에 돈을 거는 문제를 얘기하면서 당신에게 걸어온 직후에 당신이 저승길에 오르는 게 보통이니까. 지안카나가 자신이 믿었던 오랜 친구와 함께 올리브유로 계란과 소시지를 프라이하던 중에 당한 것처럼 말이야.

내 입장에서, 그때는 지미를 걱정하고 있다는 식으로 들릴 만한 말을 하기에는 부적절한 타이밍이었어. 그럼에도, 도저히 참을 수가 없더라고. 지미를 구하려고 애쓰는 것처럼 들리지 않도록 노력하면서, 나는 러셀의 귀에 곧바로 입을 갖다 댔어. "연방요원들이 터뜨릴 핵폭탄의 낙진이 떨어질 텐데요." 말을 더듬지 않으려 애썼지만, 나는 아마도 말을 더듬었을 거야. 그는 그런 내 모습에 익숙했어. 나는 어렸을 때부터 말을 더듬었거든. 내가 지미한테 매우 충실했고 지미네 가족하고 대단히 가까웠다는 이유로 이 특별한 사안에 문제가 있다고 본다는 조짐이 그가 알아챌지도 모른다는 걱정은 하지 않았어. 나는 머리를 굽히고는 고개를 이쪽에서 저쪽으로 저었어. "핵폭발의 낙진 때문에 난장판이 벌어질 겁니다. 있잖습니까, 지미는 자신에게 부자연스러운 일이 벌어질 경우에 대비해서 기록들을 안전한 곳에 숨겨뒀습니다."

"자네 친구는 협박을 너무 많이 하면서 살았어." 러셀은 어깨를 으쓱했어.

"연방요원들이 그의 시체를 찾아내면 핵폭발 낙진 때문에 난장판이 벌어질 거라고 말씀드리는 것뿐입니다."

"시체는 없을 거야." 러셀이 테이블 위에서 오른손 엄지를 아래쪽으로 돌렸어. 러셀은 어렸을 때 왼손의 엄지와 검지를 잃었어. 그가 하얀 식탁보에 무엇인가를 가는 것처럼 엄지를 빙글빙글 돌리면서 말하더군. "흙에서 흙으로."

나는 몸을 젖히고는 입부기기 든 기피를 흘끽거렸어. "헌제 싱횡이 그렇군요.” 그렇게 말하고는 한 모금을 더 마셨지. “그러니까, 우리는 수요일 밤에 도착하겠군요.”

노인네가 내가 속으로 무슨 생각을 하고 있는지 잘 안다는 듯 손을 뻗어 내 뺨을 꼬집더군. “이봐, 아일랜드 친구, 우리는 이 사람을 위해 해줄 수 있는 일은 다했어. 그 남자의 현재 상황이 어떤지는 아무도 알 수 없을 거야. 우리는 수요일 밤에 함께 디트로이트에 도착할 거야.”

내가 커피 잔을 받침에 내려놓자, 러셀은 내 뒷목에 두툼하고 따스한 손을 올리고는 속삭였어. “차를 몰고 가다 여자들을 내려놓기 위해 어딘가에서 차를 멈추도록 하세. 그러고는 몇 가지 일을 보는 거야.”

나는 여부가 있겠느냐고 생각하고는 고개를 끄덕였어. 러셀은 킹스턴에서 디트로이트까지 이어지는 경로를 따라 벌이고 있는 사업들이 있었어. 우리는 길가 간이식당에 여자들을 내려주고는 여자들이 담배를 피우며 커피를 마시는 동안 우리 일을 보러 갈 거였어.

러셀이 나한테 몸을 기울였고, 나는 몸을 굽혀 그에게 가까이 몸을 기울였어. 그가 속삭였어. “파일럿이 기다리고 있을 거야. 호수 위를 빠르게 날아 디트로이트에 가서 작은 심부름을 하게. 그런 다음에 날아서 돌아와서는 여자들을 태우는 거지. 여자들은 우리가 거기에 갔다 왔다는 것조차 알아차리지 못할 거야. 그런 다음에 천천히 볼일을 보는 거지. 디트로이트까지 남은 길을 근사하고 느긋하게 드라이브하는 거야. 이 코스는 경치가 좋아. 우리 일정은 급할 게 전혀 없어. 그게 현재 상황일세.” 🙸

03

다른 샌드백을 장만하세요

"

　내가 펜실베이니아의 광업도시에 있는 조그만 이탈리아식 레스토랑에서 '속삭임'으로 하달되는 명령들에, 내 친구인 지미 호파를 상대로 벌이는 음모에서 내가 역할을 수행하기 위해 따라야만 했던 명령들에 조심스레 귀를 기울이던 바로 그 순간까지 나를 데려간 내 인생의 곡절 많은 행로는 뭐였냐고?

　나는 브루클린과 디트로이트, 시카고 같은 고장에서 태어난 젊은 이탈리아인들처럼 마피아 스타일의 삶의 방식이 지배하는 세계에 태어나지는 않았어. 나는 필라델피아 출신의 아일랜드계 가톨릭이었어. 2차 대전에 참전했다 귀향하기 전까지는 나쁜 일을 한 적이 전혀 없었지. 난동을 부린 적도 없었고.

　나는 조금 힘든 시대에 태어났어. 아일랜드계에게만 힘든 시대가 아니라 모두가 힘든 시대였지. 사람들은 대공황이 내가 아홉 살이던 1929년에 시작됐다고 말하지만, 내 생각에 우리 가족은 돈을 한 푼이라도 가져본 적이 없었어. 다른 가족들도 마찬가지였고.

　네가 처음으로 직의 충일을 밋본 긴 네가 꼬맹이었을 때 뉴지지 능부들이

41

쏜 총알이었어. 필라델피아는 넓은 델라웨어 강을 사이에 두고 뉴저지 캠던과 마주 보고 있어. 두 도시 모두 바다로 향하는 배들이 출발하는 포구 도시야. 월트 휘트먼 브리지로 연결돼 있지. 차를 몰고 캠던을 지나면 코딱지만한 텃밭도 잘 보이지 않을 정도로 유휴지가 없는 지금은 믿기 어려운 이야기지만, 내가 꼬마였던 '포효하는 20년대[24]'에 그 지역은 모두 울타리가 쳐진 생생한 농지였어. 뉴저지는 필라델피아에 비하면 깡촌이나 다름없었어. 성말로 평온한 곳이었지.

내 아버지 톰 시런은 발판이 달린 커다랗고 투박한 낡은 차를 빌리고는 했어. 내가 아주 어렸을 때부터 아버지는 나를 차에 태워 캠던 외곽의 농장으로 데려갔어. 그러고는 내가 서리를 할 수 있도록 지금의 캠던 공항이 있는 곳에 나를 내려놓았지.

우리는 사위를 분간하기에 충분할 정도의 햇빛이 남아 있는, 하지만 점점 어둑어둑해지는 초저녁에 농장에 갔어. 하루 중 그때가 농부들이 저녁 먹을 기대감에 한껏 부풀어 있을 때였으니까. 농부들이 세운 울타리를 타고 넘어간 나는 서리하는 곡물의 샘플들을 아버지에게 던졌어. 그건 옥수수자루도, 토마토도 될 수 있었고, 제철을 맞은 곡물이면 뭐든 될 수 있었지. 그게 식탁에 먹을 걸 올려놓으면서 그럭저럭 명줄을 이어가려면 반드시 해야만 하는 짓이었어.

그런데 자연이 베풀어주는 풍요는 만인이 공유해야 한다는 우리 생각을 농부들은 그리 탐탁지 않아 했어. 그들 중 몇몇은 밤에 샷건을 들고 우리를 기다리고는 했지. 어떤 농부는 우리를 쫓아왔고, 나는 울타리를 뛰어넘다 사냥용 산탄에 엉덩이를 맞기도 했어.

내가 가진 제일 어릴 적 기억 중 하나가 어머니 메리가 내 엉덩이에서 산탄을 뽑아내는 모습이야. 어머니는 궁금해 하셨어. "톰, 내가 왜 항상 프랜시스의 엉덩이에서 이런 것들을 뽑아내고 있는 거예요?" 그러면 어머니를 항상

---

24 The Roaring Twenties, 1939년에 만들어진 미국 갱스터 무비의 제목을 빌려 비유했다

메임이라고 불렀던 아버지는 이렇게 대꾸했지. "저 녀석이 충분히 빨리 뛰지 못하기 때문이야, 메임."

내 덩치는 스웨덴계인 외가에서 물려받은 거야. 외할아버지는 스웨덴에서 광부이자 철도노동자였어. 외삼촌은 필라델피아에서 의사로 일하는 닥터 한센이었고. 어머니는 키가 178센티미터였고, 몸무게는 90킬로그램 이하였던 적이 한 번도 없었어. 아이스크림을 날마다 1쿼트씩 드셨지. 나는 밤마다 어머니를 위해 아이스크림가게에 갔어. 손님이 직접 사발을 가져가면 가게에서는 아이스크림을 듬뿍 떠줬어. 그들은 밤이면 내가 올 거라고 예상하고 있었지. 어머니는 요리를 무척 좋아하셨고, 당신이 드실 빵을 직접 구우셨어. 나는 지금도 어머니가 요리한 로스트 포크와 사우어크라프트, 석탄 난로 위에서 고아지는 감자 냄새를 맡을 수 있어. 어머니는 말수가 무척 적은 분이었어. 나는 어머니가 우리를 향한 당신의 사랑을 요리를 통해 보여주셨다고 생각해.

부모님은 그 시절치고는 무척 늦은 나이에 결혼하셨어. 두 분의 첫 아이인 나를 가졌을 때 어머니는 마흔두 살이었고, 아버지는 마흔세 살이었거든. 부모님은 1년 터울로 자식들을 낳았어. 남동생은 나보다 13개월 어렸고, 여동생은 걔보다 13개월 어렸지. 가톨릭을 믿는 아일랜드인들은 아이들을 그렇게 짧은 터울로 낳는다고 해서 사람들이 '아일랜드식 쌍둥이'라고 부르는 아이들이 바로 우리였어.

어머니는 스웨덴계였지만, 아버지는 우리를 아일랜드식으로 키웠어. 친가 쪽은 더블린 외곽 출신인데, 조부모님을 뵌 적은 한 번도 없어. 그 시절의 사람들은 요즘 사람들이 하는 식으로 애정을 표현하지는 않았어. 나는 지금도 여전히 내 손주들을 다정하게 대하는 법을 배우는 중이야. 나는 어머니한테 뽀뽀를 받아본 기억조차 없어. 어머니가 남동생이나 여동생 마거릿한테 뽀뽀하는 걸 본 적도 없고. 딱히 누구를 진짜로 총애하는 식은 아니었지만, 아버지는 남동생 톰을 좋아했고 어머니는 마거릿을 좋아했지. 내가 덩치가 너무 커서 그랬던 것 같아. 그리고 부모님은 맏이인 내게 동생들보다 더 힘든 모습을 기대하셨던 것 같아. 학교에서조차 선생님들이 나한테는 나이 많은 아이를 대하듯 말했고, 내가 당신들이 얘기하는 바를 이해하기를 기대했어.

부모님은 당신들이 가진 재산으로 할 수 있는 최선을 다하셨어. 부활절 때마다, 부모님은 톰과 마거릿한테 새 옷을 사주셨어. 하지만 나한테 무엇인가를 사줄 돈은 한 푼도 없으셨지. 내가 자란 지역인 가톨릭 동네에서 부활절에 입을 새 옷을 장만하는 건 중요한 일이었어. 어느 부활절에 아버지에게 나는 부활절 선물을 받아본 적이 없다고 불평을 터뜨렸던 게 기억나. 그러자 아버지는 내게 말씀하셨어. "톰의 새 모자를 가져가 머리에 쓰고 창문 앞에 서 있도록 해. 그러면 이웃들은 너한테 새 모자가 생겼다고 생각할 거야."

시런 집안 자식들 중에 순전히 자기 것인 장난감을 가졌던 아이가 있었는지는 기억이 나지 않아. 어느 크리스마스에 우리가 돌아가며 타야 하는 롤러스케이트 한 켤레가 생겼어. 금속 스케이트로 사이즈를 조절할 수 있었지. 우리는 롤러스케이트 없이도 견딜 수 있는 법을 터득했어. 무엇인가 원하는 게 생길 경우, 우리는 그걸 살 돈을 스스로 장만해야 했어. 내가 첫 직업을 가진 게 일곱 살 때야. 지하실에서 재를 청소하는 사람을 돕는 일이었지. 용돈을 마련하려고 누군가의 정원 잔디를 깎는 일을 어찌어찌 구했다는 사실을 아버지가 알게 되면, 아버지는 내가 돈을 받을 때까지 그 블록에서 기다리고 있다가 오셔서는 액수가 큰 동전들은 가져가고 나한테는 10센트짜리 하나만 남겨주셨어.

우리는 많은 가톨릭 동네를 전전하며 살았지만, 그 동네들은 대개가 동일한 교구에 속해 있었어. 어딘가에서 두어 달을 살았는데 셋돈이 밀리는 지경이 되면, 우리는 서둘러 도망을 나와 다른 아파트로 이사했어. 그러다 그곳 임대료를 낼 때가 되면 다시 그 짓을 했지. 아버지는 철근을 다루는 노동자로 일했어. 고층빌딩에서 모호크 인디언처럼 들보 위를 걸어 다니셨지. 위험한 일이었어. 사람들이 항상 추락사하고는 했거든. 아버지는 필라델피아의 벤 프랭클린 브리지 건설현장에서, 그리고 대공황 시절에도 건설할 여유가 있던 몇 안 되는 고층빌딩들의 건설현장에서 일하셨어. 아버지는 어머니보다 키가

5센티쯤 작았어. 키는 173센티미터쯤이었고 몸무게는 66킬로그램이었어. 아버지가 오랫동안 할 수 있었던 일이 펜실베이니아 다비에 있는 블레스드 버진 메리 처치 앤 스쿨The Blessed Virgin Mary Church and School의 교회지기와 학교 잡역부 일이었어.

가톨릭 종교는 우리 삶에서 중요한 부분이었어. 종교생활은 우리 집안의 의무였지. 어머니의 취미가 뭐냐는 물음에 굳이 대답을 해야 한다면, 어머니는 대단히 신심이 깊은 분이라고 말할 거야. 나는 가톨릭 예배당에서 많은 시간을 보냈어. 아버지는 사제가 되려고 신학교에서 5년간 공부하다 중퇴하신 분이야. 아버지의 누이 두 분은 수녀님이었어. 나는 우리가 저지른 죄를 용서받는 방법으로서 고해성사와 관련한 모든 걸 다 배웠어. 당신이 저지른 나쁜 짓을 사제에게 털어놓으려고 고해성사를 하러 가던 중에 명줄이 끊어지면, 당신은 영원토록 지옥 불에 타게 될 거야. 당신의 죄를 고해성사한 후 집으로 오는 길에 사망할 경우에는 천국으로 직행할 거고.

나는 마더 오브 소로우스Mother of Sorrows 성당의 복사[25]였다가 성찬용 포도주를 마셨다는 이유로 쫓겨났어. 나를 고자질한 다른 복사를 탓하지는 않아. 사실 그 아이는 쥐새끼가 아니니까. 와인이 없어진 걸 본 오말리 신부님—믿건 말건, 그분의 이름은 빙 크로스비가 늘 연기했던 사제의 이름과 똑같았어—은 아이들에게 와인을 마신 사람은 누구건 천국에 가지 못할 거라고 말씀하셨어. 나를 고자질하면 자신이 천국에 갈 가능성이 커진다고 판단한 아이가 있었을 거라고 짐작할 뿐이야. 그 사건에서 최악은 뭐냐면, 나는 성당에서 사용하는 와인은 좋아하지 않았다는 거야.

아버지는 맥주를 좋아하셨어. 스피크이지[26]에서 나를 놓고 내기를 많이 하셨지. 사람들이 우리에 대해 잘 모르는 필라델피아의 새 구역에 가게 되면, 아버지는 스피크이지에 가서 당신에게 열네 살이나 열다섯 살배기를 때려눕

---

25 사제를 도와 시중드는 사람
26 speakeasy, 금주령 시내에 밀입하던 주류 밀매점

45

힐 수 있는 열 살배기 아들이 있다면서 사람들과 내기를 했어. 아버지는 어떤 아이의 아버지와 맥주 1쿼터 내기를 했고, 그러면 우리 형제는 장성한 사내들이 가득 있는 앞에서 싸워야 했어. 내가 이기면, 대체로 항상 이겼지만, 아버지는 나한테 10센트 동전을 던지셨지. 지면, 내 뒤통수를 세게 갈기셨고.

우리는 이탈리아인 동네에서 한참을 살았어. 그래서 학교를 파하고 집에 가려면 날마다 싸워야만 했지. 어렸을 때 이탈리아어를 많이 배웠는데, 그게 훗날 전쟁 때 시칠리아와 이탈리아 본토에서 작전을 벌일 때 도움이 됐어. 유럽에 있는 동안 이탈리아어를 썩 잘 구사하게 됐지. 대체로 이탈리아 여자들과 어울리면서 배웠어. 전쟁이 끝나고 내가 어울리게 될 사람들이 내가 이탈리어를 잘한다는 사실을 대단히 인상적으로 생각할 거라는 건 깨닫지 못했어. 그 사람들은 내가 이탈리아어를 잘하는 걸 그들에게 존경심을 표하는 것으로 받아들였지. 내 이탈리아어 실력은 그들이 나와 흉금을 터놓는 사이가 되게 해주고 그들이 나를 신뢰하고 존중하는 걸 훨씬 쉽게 만들어줬어.

아버지는 섀너헌스Shanahan's 가톨릭 클럽 소속 아마추어 복서였어. 터프한 웰터급이었지. 전쟁이 끝나고 몇 년이 흐른 뒤, 나는 섀너헌스 소속 미식축구 선수로 뛰었어. 내가 어렸을 때 우리가 한 많은 활동은 성당에서 제공한 거였어. 그때는 텔레비전이 등장하기 한참 전이었거든. 집에 라디오가 있는 사람은 손에 꼽을 정도였고, 영화관에 가려면 많은 돈이 필요했지. 그래서 사람들은 성당 행사에 와서 구경을 하거나 거기에 참여했어. 아버지는 링에서 많은 경기를 치렀어.

아버지는 집에서도 많은 경기를 치렀지. 아버지는 내가 뭔가 잘못을 저질렀다고 생각할 때면 나한테 복싱 글러브를 던지셨어. 하지만 내가 당신을 가격하는 건 허용하지 않으셨지. 아버지는 언터처블[27]이었어. 내 얼굴에 잽을 날리고 훅을 명중시키고 오버핸드 라이트를 꽂았어. 철근을 다루는 노동자였던 아버지는 사람을 제대로 때릴 줄 아는 사람이었어. 나는 몸을 앞뒤로 까

---

27 untouchable, '건드릴 수 없는 사람'을 뜻한다

딱거리고 옆으로 흔들고 글러브로 주먹을 막으려고 애썼어. 아버지에게 제대로 펀치를 날리려고 애쓰는 멍청하기 짝이 없는 짓을 했다가는 정말로 곤죽이 될 때까지 얻어맞았지. 가족 중에서 아버지가 글러브를 던진 상대는 내가 유일했어. 내 동생 토머스 주니어—아버지 이름을 따서 지은 이름이야—는 무슨 잘못을 저지르건 얻어맞은 적이 한 번도 없었어.

하긴, 걔는 나처럼 짓궂은 장난을 친 적이 전혀 없었으니까. 걔는 나쁜 짓은 해본 적이 없는 애야. 그에 반해 나는 늘 반항적이었지. 블레스드 버진 메리 초등학교 7학년 때, 집에 있는 오래된 아이스박스에서 림버거 치즈²⁸를 꺼내 학교로 가져간 적이 있어. 학교는 온기가 돌 때까지는 무척이나 추웠어. 그래서 우리는 겨울철이면 모두 스웨터와 재킷 차림으로 앉아 있었지. 학교는 스팀으로 난방을 했어. 라디에이터에 온기가 돌면, 우리는 공기가 데워질 때까지 기다려야 했어. 나는 림버거를 라디에이터에 집어넣었어. 온기가 돌면서 치즈가 말랑말랑해졌고 실내 곳곳으로 서서히 악취가 풍겨나갔지. 학교에서는 잡역부인 아버지를 불렀어. 냄새를 추적한 아버지는 림버거를 찾아냈고, 그러자 아이들은 나를 고자질했지. 노인네가 나한테 집에 가서 보자더군.

집에 가서 아버지를 기다리는 동안, 아버지가 집에 오자마자 글러브를 꺼내 나한테 던질 걸 알고 있었어. 아니나 다를까, 문을 열고 들어온 아버지가 조용히 말하더군. "밥부터 먹고 혼날래, 아니면 혼부터 나고 밥 먹을래?" 그래서 대답했지. "밥부터 먹을게요." 타작이 끝나면 저녁 먹을 기분이 아닐 걸 잘 알았으니까. 그날 밤 먼지가 날 만큼 두드려 맞았는데, 그래도 최소한 끼니는 때운 상태였어.

나는 자라는 동안 심하게 말을 더듬었어. 심지어 여든세 살인 지금도 말을 너무 빨리 할 때면 여전히 말을 더듬어. 어렸을 때 말을 더듬으면 싸움을 꽤 많이 하게 돼. 내가 얼마나 잘 싸우는지 모르는 놈들이 나를 놀려먹었고, 그러고 나면 대가를 치렀지.

28 벨기에의 리에쥐 지방에서 우유를 세척하며 숙성시킨 치즈

47

우리는 재미삼아 싸우기도 많이 했어. 금요일 밤이면 길모퉁이에서 복싱 시합을 벌이고는 했지. 심하게 다친 아이는 없었어. 그저 스포츠로 복싱을 했던 거고, 우리는 그걸 통해 싸우는 법을 배웠어. 가끔씩 두드려 맞는 걸 통해서 말이야. 복서가 돼볼까 생각해봤지만, 내가 조 루이스[29]만큼 훌륭한 선수는 결코 될 수 없다는 걸, 챔피언이 되지 못할 경우에 복싱은 시간낭비일 뿐이라는 걸 잘 알고 있었어. 요즘 아이들은 축구를 하고 리틀리그를 하더군. 나는 손주들이 뛰는 축구시합에 가는 걸 무척 좋아해. 하지만 그 시절에 우리는 스스로 알아서 즐거운 시간을 보내야 했어. 우리가 가진 놀거리는 싸우는게 전부였던 것 같아. 돌이켜 보면, 그건 우리에게 유익한 일이었어. 싸우는데 정신이 팔려 다른 근심걱정은 다 잊을 수 있었으니까. 게다가 우리는 그러면서 배운 게 많았어. 나라가 병사들을 필요로 할 때, 우리는 이미 군인의 골격을 갖추고 있었거든. 정신적 강인함도 이미 갖추고 있었고.

아버지의 일터이자 내가 신중하게 행동해야만 했던 곳인 블레스드 버진 메리를 8학년 때 졸업했어. 고등학교는 제약하는 분위기가 덜한 공립학교에 입학하려고 전학을 갔지. 다비 고등학교 9학년에 입학했지만, 그리 오래 다니지는 못했어. 어느 날 아침 조회에서, 연단에 선 교장선생님이 오래전 노래인 <On the Road to Mandalay(만달레이 가는 길에서)>를 부르면서 우리를 리드했어. 그분은 보드빌[30] 가수처럼 노래의 구절이 끝날 때마다 윙크를 하는 것으로 그걸 강조하고는 했었지. 키가 큰 나는 학생들 중에서 두드러져 보이는 놈이었고, 그래서 그분은 나를 똑바로 쳐다볼 수 있었어. 그런데 그분이 윙크할 때마다 나는 그분 흉내를 내면서 윙크를 되돌려 보내고는 한 거야.

조회를 마칠 때, 그분이 내게 당신 사무실에서 기다리고 있으라더군. 거기 가서 그분 책상 앞에 있는 의자에 앉았어. 그분은 덩치가 꽤 컸어. 키는 나하고 비슷했는데 체중은 나보다 더 나갔지. 사무실로 들어온 그분이 내 뒤로 다

---

29 Joe Louis, 미국의 헤비급 권투선수
30 vaudeville, 노래·춤·곡예·촌극 등 다양한 볼거리로 꾸며지는 공연

가오더니, 맥주 내기에 졌을 때면 아버지가 늘 그랬던 것처럼 내 뒤통수를 세게 갈기더군. "이 살만 뒤룩뒤룩 찐 개새끼가." 나는 소리를 치고는 벌떡 일어나 그를 때려눕혔어. 그의 턱이 부러졌고, 나는 그 자리에서 영구 퇴학을 당했지.

당연히, 아버지가 귀가하면 무슨 일이 벌어질지 알고 있었어. 그 문제를 오래 고민했는데, 머릿속에 떠오르는 건 내가 장성한 남자인 교장의 턱을 딱 한 방으로 부러뜨렸다는 생각뿐이더라고.

뚜껑이 열린 채로 귀가한 아버지는 나에게 거칠게 글러브를 던졌어. 나는 글러브를 잡았지만, 이번에는 그것들을 아버지에게 다시 던지면서 말했어. "다시 생각해보시는 게 좋을 거예요." 당시 곧 열일곱 살이 되는 내가 말했어. "아버지를 때리지는 않겠어요. 어찌됐든 제 아버지니까요. 하지만 다른 샌드백을 장만하시는 편이 나을 거예요." 🙷

04

리틀 이집트 대학

"

   그러고는 카니발에 합류했어. 매년 봄마다 필라델피아를 찾아오는 하이라이트는 '리젠트 순회 카니발The Regent traveling carnival'의 도착이었어. 그들은 아일랜드 가 근처 72번가에 텐트를 설치하고는 했지. 당시 그 지역에는 길게 펼쳐진 풀밭 말고는 아무것도 없었어. 인디언들이 남겨두고 떠난 딱 그대로의 모습이었지. 오늘날에는 자동차 대리점들이 줄줄이 늘어서 있지만.

   필라델피아는 크기로만 보면 가까이에 있는 뉴욕처럼 큰 도시였지만, 소도시 분위기를 풍겼어. 펜실베이니아 주의 청교도적인 법률은 일요일에 술집이 영업하는 걸 허용하지 않았어. 가게들조차 일요일에는 문을 열지 않았지. 그날은 예배를 올려야 하니까. 나중에 프로야구에 야간경기가 도입됐을 때에도, 필라델피아 필리스The Philadelphia Phillies와 필라델피아 어슬레틱스31는 일요일에는 쉐베 파크Shibe Park에 햇빛이 비치는 동안에만 야구를 할 수 있었어. 일요일에는 스타디움의 조명을 켜는 걸 허용하지 않았거든. 많은 일요일 경

---

31 The Philadelphia Athletics, 오클랜드 어슬레틱스의 전신前身

기가 어둠 때문에 콜드게임이 선언되고는 했지. 금주령 시대에 펜실베이니아 철도로 두 시간쯤 떨어진 곳에 있는 뉴욕에서 벌어지던 암흑가의 살인행각이나 그와 비슷한 사건들을 필라델피아에서 발행되는 신문에서는 하나도 읽을 수가 없었어. 도시 분위기가 그런 곳이라서, 필라델피아에 도착한 카니발은 엄청나게 큰 오락거리였어.

다비 고등학교에서 쫓겨난 후로는 잡다한 일들을 하면서 살았어. 펜 프룻[32]에서 청과물을 봉지에 담는 일도 하고, 날씨 좋은 날에는 히치하이킹으로 팩슨 할로우 골프 코스에 가서 캐디 일도 했지. 나는 그때 부모님과 함께 살고 있었는데, 이건 월세를 내지 못하는 바람에 툭하면 이사를 다니고 있었다는 뜻이야. 내 성깔이 난폭해진 건 셋돈 내는 날이 될 때마다 이사를 다니면서 살았던 것 때문일지도 몰라. 그런데 그 카니발이 도착한 봄날, 그 난폭한 성깔이 나무에 피어나는 많은 꽃봉오리들처럼 갑자기 생겨나더군.

당시 나와 제일 친한 친구는 프랜시스 '양크' 퀸Francis 'Yank' Quinn이었어. 나이는 나보다 한 살 많았고, 나와는 달리 고등학교를 마친 친구야. 2년 후에는 대학에 진학했고, 소위로 복무했지. 그는 유럽에서 많은 전투를 목격했어. 그렇지만 나는 유럽에서 그를 만나지는 못했어. 나중에 전쟁이 끝난 후에, 우리는 섀너헌스 가톨릭 클럽에서 미식축구 선수로 함께 뛰었어. 양크는 쿼터백이었어.

어느 따스한 밤에, 가진 돈이라곤 둘이 합쳐 1달러밖에 없고 안정적인 직업이 없던 우리는 그저 둘러보거나 할 심산으로 카니발에 갔어. 그런데 그 다음에 우리한테 생긴 일은 우리 둘 다 뉴잉글랜드[33] 투어에 나선 그들과 함께 순회공연을 다니는 일꾼으로 취직한 거였어. 젊었을 때 내가 원한 것이라고는 필라델피아를 벗어나 세상 구경을 하는 게 전부였는데, 이제 나는 그런 일을 하면서 일을 한 것에 대한 보수까지 받게 된 거야.

---

32 Penn Fruit, 1978년까지 영업한 필라델피아 지역의 슈퍼마켓 체인
33 미국 북동부 지역의 6개 주

나는 누드쇼 호객꾼으로 일했어. 리젠트에는 누드 댄서가 두 명 있었는데, 그들이 하는 일은 1970년대에 등장한 고고 댄서go-go dancer들이 하던 일과 비슷했어. 다른 게 있다면, 카니발의 댄서들이 옷을 좀 더 많이 걸쳤다는 것 정도야. 그래서 손님들에게는 상상할 여지가 많이 남았지. 우리 누드 댄서 두 명은 알라딘의 램프에서 튀어나온 것처럼 차려입은 검정머리 '리틀 이집트'와 깊고 푸른 바다에서 솟아난 것처럼 파란 베일을 겹겹이 설친 금발의 '넵뮨 오브 더 나일'이었어. 번갈아 공연한 두 사람은 전용 텐트에 있는 무대에서 이국적인 춤을 췄고, 나는 쇼를 홍보하는 호객꾼으로 일하면서 손님에게 50센트를 받고는 입장권을 건넸지.

리젠트 쇼는 옛날에 TV에서 하던 「에드 설리번 쇼The Ed Sullivan Show」처럼 순수한 버라이어티 엔터테인먼트였어. 저글러와 곡예사, 상품으로 인형을 내건 게임, 칼을 던지고 삼키는 묘기를 벌이는 재주꾼, 서커스 노래를 연주하는 밴드 들이 있었지. 도박장은 전혀 없었고. 손님들한테는 도박에 걸 돈이 정말이지 한 푼도 없었거든. 당시는 대공황이 절정에 달했을 때야. 사람들이 뭐라고 말하건, 대공황은 2차 대전이 일어나기 전까지는 끝나지 않았었어. 그리고 우리 노동자들한테 도박할 돈이 땡전 한 푼 없었다는 건 분명한 사실이야. 노동자들은 대체로 가출한 청소년들, 그리고 뿌리 없는 사람들이었어. 그렇기는 해도 모두들 굉장히 품위 있는 사람들이었지. 말썽꾼은 전혀 없었다는 말이야.

우리는 텐트와 손님들이 앉을 좌석을 설치하는 걸 도왔고, 공연을 마치고 여행을 떠날 때면 그것들을 해체하는 걸 거들었어. 손님들 사이에 벌어진 싸움 같은 말썽이 생기면 우리가 공연하는 지역의 사법당국은 우리에게 짐을 꾸려 도시를 떠나라고 명령할 터였어. 우리는 쇼가 좋은 반응을 얻으면서 흥행이 잘되면 그곳에 열흘 정도 머물렀어. 그와는 달리 돈이 벌리지 않으면 짐을 꾸려 반응이 더 좋은 곳을 찾아 이동했고. 우리는 코네티컷과 버몬트, 뉴햄프셔 같은 고장의 많은 소도시와 보스턴 외곽에서 공연했어.

낡아빠진 트럭과 폐차 직전의 차들을 타고 이동했고, 잠은 야외에 담요를 깔고 별들을 덮고 잤어. 유명 서커스단은 아니었어. 삼류 카니발이었지. 사막의 유목민들처럼 가족과 함께 사방을 떠돌아다닌 내 어린 시절이 이런 불편한 생활을 감내할 수 있도록 나를 단련시켰다고 말할 수 있어.

그들은 급여는 그리 많지 주지 않았지만, 식사만큼은 좋은 음식을 든든하게 먹여줬어. 야외에서는 냄새가 끝내주는 소고기 스튜를 푸짐하게 먹을 수 있었지. 우리 어머니 요리 솜씨에는 못 미쳤지만, 그래도 근처까지는 갈 정도였어. 비가 오면 트럭 밑에서 자야 했어. 그 카니발과 함께 떠난 여행길에서 내 생애 최초의 밀주密酒를 빗속의 트럭 아래에서 맛봤어. 맛이 썩 좋은 편은 아니더군. 사실, 나는 전쟁터에 가기 전까지는 술 마시는 습관을 들이지 않았어. 내가 처음으로 술을 제대로 마신 건 시칠리아의 카타니아에서였어. 거기서 생전 처음으로 레드와인을 맛봤는데, 그 이후로 레드와인은 내가 평생 동안 선택한 술이 됐지.

버몬트 주 브래틀보로의 도로에 행렬을 세운 어느 날 아침, 폭우가 쏟아지면서 온종일 그치지 않더군. 사방이 진창이었어. 손님도 없었고 수금할 50센트도 없었고 내줘야 할 입장권도 없었지. 온기를 유지하려고 기를 쓰면서 손에다 뜨거운 김을 불어대며 서 있는 나를 본 리틀 이집트가 나를 옆으로 데려가더니 귀에 속삭이더라고. 자기 텐트에서 넵튠과 셋이 함께 밤을 보내고 싶으냐고 묻는 거야, 글쎄. 그들이 나를 좋아한다는 건 알고 있었어. 그러니 "그럼요. 여부가 있겠어요?"라고 대답했지. 양크는 축축한 트럭 밑에서 자야 할 테지만, 나는 근사하고 건조한 곳에서 밤을 보낼 참이었어.

쇼가 끝난 후에 담요를 챙겨 그들의 분장실로 갔어. 발을 들이는 순간 향수 냄새가 코를 찌르더군. 그들의 분장실은 그들이 잠을 자는 곳이기도 한 텐트에 있었어. 등 뒤에 베개들을 부풀려서 받친 리틀 이집트가 말했어. "옷 벗고 편히 있지 그래? 다 젖었을 텐데."

그때 나는 열일곱 살이었어. 그녀가 장난을 치는 건지 아닌지 확신을 못하고는 약간 쭈뼛거렸어. 그랬더니 묻더라고. "여자랑 있어 본 적 있어?"

신실을 밀했시. "나요."

53

"그럼 오늘 밤에 한 명이랑 같이 있게 되겠네." 리틀 이집트는 그렇게 말하면서 깔깔거렸어. 침대에서 몸을 일으킨 그녀는 내 셔츠를 머리 위로 올려 벗겼어. 그 바람에 나는 거기에 웃통을 벗은 채로 서 있게 됐지.

"그걸 여자 두 명으로 만들어주겠어." 넵튠 오브 더 나일이 역시 깔깔거리면서 내 뒤에서 나타났어. 그러고는 나한테 휘파람을 불더군. 나도 모르게 얼굴이 빨개졌어.

그게 내가 총각 딱지를 뗀 밤이야. 나는 그때까지 몇 년이나 내 동정을 묵혀 뒀었어. 나는 자위를 하는 것에는 반감이 있었어. 성당은 자위를 반대했는데, 나 역시 마찬가지였어. 자위행위에는 올바르다는 생각이 들지 않는 무엇인가가 있었거든.

리틀 이집트의 주도 아래 내 최초의 성관계를 끝마쳤더니 넵튠이 자기 침대로 건너오라고 나를 부르더군. 리틀 이집트는 내 등을 살짝 떠밀고. 거기로 갔더니, 넵튠 오브 더 나일이 나한테 먼저 자기를 핥아달라고 하더군. 나는 더듬거리면서 말했어. "나는 이런 기회가 오기를 오랫동안 기다렸어요. 그걸 위해서라면 조금쯤은 더 기다릴 수 있어요." 그 시절에는, 믿거나 말거나, 여자한테 하는 오럴섹스는 죄악이자 추문으로 여겼어. 최소한 필라델피아에서는 그랬어.

내가 넵튠 오브 더 나일하고 몸을 섞을 때, 그녀는 내 얼굴의 반응을 자세히 살폈어. 그녀는 내 눈이 갑자기 휘둥그레지는 걸 보고는 말하더군. "기회가 생겼을 때 다 해봐. 이번 일이 널 완전한 사내로 만들어줄 테니까. 나는 명기야. 네가 앞으로 살면서 명기를 만날 일은 그리 자주 생기지 않을 거야." 오, 자비로운 성모님, 그녀가 한 말은 진짜였어! 그녀의 근육들이 나를 사정없이 물어대고 있다는 생각이 들 정도였으니까 말이야.

그날 밤 내내, 나는 산전수전 다 겪은 성숙한 여자 두 명의 침대를 옮겨 다니면서 넋을 완전히 잃었어. 자유분방한 여자들이었어. 당시 나는 넘치는 힘을 주체하지 못하는 소년이었고. 이튿날 아침에 이런 생각이 들더군. 그 짓을 얼마나 오래했던 거지? 내가 잃어버린 건 대체 무엇일까? 리틀 이집트와 넵튠 오브 더 나일은 나한테 여자를 기쁘게 해주는 방법에 관한 대학 교육을 시켜줬어. 그 시절에는 성교육 교과서가 없었어. 동네를 돌아다니면서 얻는 성 관련 지식은 일반 사람들보다 아는 게 적은 허풍선이 친구들한테서 얻은 게 다였지.

그 텐트에서, 대체로 리틀 이집트와 함께, 많은 밤을 보냈어. 그녀의 긴 갈색 머리를 우리 몸에 올려놓고는 침대에서 풍기는 향수 냄새를 맡으며 서로를 껴안고 자고는 했어. 축축한 땅바닥에서 추위에 시달리며 잠을 잤던 가여운 양크. 이후로 그가 나를 용서했을 거라고는 생각하지 않아—양크는 평생을 착하게 산 남자였어. 나쁜 일은 전혀 하지 않았지. 장수하지는 못했어. 내가 감옥에 있을 때 세상을 떠났으니까. 그의 장례식에 참석하고 싶었는데, 정부는 나한테 귀휴허가증을 내주고 내가 집에 가게 놔두지 않았어. 나는 내 남동생이나 여동생 장례식에도 가지 못했지. 양크는 웨스트 체스터 파이크에 있는 오말리스 레스토랑의 지배인이었는데, 옥중에 있는 나한테 출옥하면 성대한 귀향 환영파티를 열어주겠다는 편지를 보냈어. 그런데 가여운 양크는 심장마비로 세상을 뜨고 말았지—.

우리가 카니발과 함께 메인 주에 도착했을 때는 여름이 거의 저문 참이었어. 9월경이었는데, 리젠트 쇼는 겨울을 항상 남쪽의 플로리다로 가서 보내고는 했어. 쇼가 문을 닫았을 때, 우리는 메인의 캠턴에 있었어. 64킬로미터쯤 떨어진 곳에 있는 벌목캠프에서 사람들을 채용하고 있다는 소리가 들리더군. 그래서 양크와 나는 숲으로 난 흙길을 걸어서 갔어. 리틀 이집트가 그리워질 거라는 건 알았지만, 일단 마지막으로 캠프를 해체하고 트럭에 짐을 싣고 나면 카니발에서 우리가 할 수 있는 일은 더 이상 없었어.

벌목회사는 우리 둘 다 채용했어. 조리를 도우라면서 양크를 주방에 배치한 회사는 내 덩치를 보고는 나를 2인 1조로 톱질하는 팀에 배치했어. 거목들을 쓰러뜨리기에는 내가 너무 어리다고 본 거지. 나는 땅에 쓰러진 나무들의 가지를 톱질해서 통나무로 만드는 일을 했어. 내가 그 작업을 마치면 불도서가 통나무를 상에 밀어 넣었고, 그러면 통나무는 트럭이 그것들을 싣는 시점까지 하류로 흘러내려갔지. 온종일 톱질을 하는 건 고된 일이야. 나는 당시 키가 185센티 정도였고 몸무게는 79킬로그램이었는데, 그 일을 아홉 달 하고 나니까 몸에 지방이 1그램도 남아 있지 않았어.

잠은 장작을 때는 배가 불룩한 난로들이 설치된 작은 판잣집에서 잤어. 그리고—짐작하겠지만—우리는 스튜를 먹고 또 먹었어. 수작업으로 통나무를 톱질하며 종일을 보내고 나면 꿀맛도 그런 꿀맛이 없었거든.

우리가 번 얼마 안 되는 돈은 살뜰히 저금했어. 거기에는 그 돈을 쓸 데가 한 군데도 없었으니까. 양크나 나나 그 사람들이 벌이는 카드판에는 끼어들지 않았고, 그 사람들도 우리 같은 애송이들을 벗겨먹지는 않았어.

사람들은 일요일이면 거친 스타일의 럭비를 했어. 나는 럭비를 많이 했어. 럭비의 룰은, 룰이라는 게 있었더라도, 전혀 이해하지 못했어. 그건 그냥 서로를 쓰러뜨리는 짓만 엄청나게 해대는 거였지.

눈이 내리지 않는 밤이면 날마다 로프를 쳐서 링처럼 만들어놓은 구역에서 복싱시합을 했어. 그런 곳에 글러브 같은 게 있을 리가 없잖아. 그래서 선수들은 주먹을 붕대로 감고는 시합을 했지. 모두들 덩치 큰 꼬맹이가 20대 후반이나 30대인 남자들하고 싸우는 모습을 보고 싶어 했어. 그래서 나는 사람들 성화 때문에 많은 시합을 뛰었지. 아버지가 맥주 내기에 이기려고 나이 많은 애들하고 시합을 붙였던 게 떠오르더군. 우리 아버지를 비롯해서, 나는 늘 나보다 나이가 많은 사람들을 상대하는 것 같았어. 많은 경기를 졌지만, 그래도 항상 상대에게 주먹을 먹일 수는 있었고, 그러면서 싸움 기술을 엄청나게 많이 터득했어.

내 생각에, 사람을 타격하는 능력은 타고나는 거야. 로키 마르시아노[34]는 전쟁이 끝나고 스물여섯 살이 되기 전까지는 복싱을 시작하지 않았어. 하지만 그는 타고난 주먹꾼이었지. 복싱을 잘하려면 힘을 쓰는 요령을 알아야 했는데, 복서의 힘은 많은 부분이 팔뚝에서 시작돼서 손목으로 전달되는 거

---

34 Rocky Marciano, 1947~55년까지 활동한 유명 권투선수

야. 손목에서 주먹으로 전달되는 펀치의 스냅이라는 게 있다고. 바로 그 스냅이 상대를 쓰러뜨리는 거야. 그 스냅이 내는 소리는 실제로도 들을 수 있어. 스냅이 완벽하게 이뤄졌을 때는 권총 쏘는 소리와 비슷한 소리가 들려. 조 루이스는 그 유명한 6인치 펀치를 구사했어. 고작 6인치만 이동한 펀치로 상대를 쓰러뜨리고는 했다고. 그의 힘은 스냅에서 비롯된 거야. 타월로 누군가의 엉덩이를 잽싸게 휘갈기는 거랑 비슷해. 그럴 때 팔에는 전혀 힘이 들어가지 않아.

그런 식으로 한두 가지 수법을 배우게 되면, 평생 써먹을 수법을 배운 거나 마찬가지야. 사람들은 잭 뎀프시[35]가 콜로라도 탄광촌에서 13년간 일하면서 권투의 모든 수법들을 배웠다고 말하더군. 나는 메인의 깊은 숲 속에서 아홉 달을 보낸 후에 뎀프시에 대한 그 얘기들이 사실이라는 걸 믿게 됐어.

우리는 이듬해 여름에 히치하이킹을 해서 필리로 돌아왔어. 귀향한 우리는 복싱 말고도 새로운 흥밋거리가 있다는 걸 갑작스레 깨닫게 됐어. 여자들을 쫓아다니는 게 그거였지. 나는 일자리를 구할 수만 있으면 동시에 두세 가지 일을 했어. 그러던 중에 5번가와 롬바르드가 교차하는 곳에 있는 펄스테인 유리회사에 수습생으로 취직했어. 당시 그곳은 사우스 가 바로 옆에 있는 상업 지역이었어. 지금은 젊은 친구들이 쇼핑을 하러 가는 곳이지만. 거기서 창틀과 문틀에 유리를 끼우는 일을 배웠어. 시내에 있는 모든 대형건물에 달린 창문을 설치하는 법을 배웠지. 때로는 매장에 취직해서 유리를 비스듬하게 가는 일도 했고. 많은 일을 배웠지만, 고됨의 강도만 놓고 볼 때 벌목 근처에라도 갈 만한 일은 하나도 없었어. 근무시간이 끝난 뒤에도, 나한테는 동네 아가씨들을 놓고 양크를 상대로 경쟁을 벌이기에 충분할 정도의 에너지가 남아 있었어.

양크를 상대로 꺼낸 내 비장의 무기는 댄싱이었어. 덩치 큰 사람들은 대부분 몸놀림이 어설프고 둔하지만, 나는 그렇지 않아. 나는 리듬감이 좋았고,

---

35 Jack Dempsey, 미국의 헤비급 챔피언

몸의 모든 부분을 자유자재로 놀릴 수 있었어. 손놀림도 무척 빨랐고, 조정감각도 좋았지. 스윙 뮤직이 미국 전역을 휩쓸고 있었고, 사교댄스가 엄청나게 유행하고 있었어. 일주일 중 6일 밤을 춤추러 갔는데—일요일에는 절대 안 갔어—, 밤마다 다른 홀을 찾아다녔지. 그렇게 춤을 배웠어. 춤을 추러 다니는 것으로 춤을 배운 거야. 자기 내키는 대로 몸을 놀리는 식으로 추는 오늘날하고는 달리, 당시의 춤에는 정해진 스텝이 있었어. 전쟁이 끝난 후에 내가 가진 직업 중 하나가 볼룸댄스 강사였어.

열아홉 살이던 1939년에 내 댄스 파트너 로잔느 드 앤젤리스와 나는 매디슨 스퀘어 가든에서 열린, 커플 5천 쌍이 출전한 '하비스트 문 볼룸댄스 콘테스트'에서 폭스트롯 경연 부문 2등을 차지했어. 로잔느는 우아하기 그지없는 댄서였어. 나는 그녀의 파트너가 연습 도중에 댄스 플로어에서 부상을 당한 콘테스트 직전에 가든에서 그녀를 처음 만났어. 내 파트너는 완전히 탈진한 상태였고, 그래서 로잔느와 나는 팀을 결성했지. 하비스트 문은 전국에서 가장 큰 댄스 이벤트였어. 해마다 『뉴욕 데일리 뉴스』가 스폰서를 맡았었어. 오랜 세월이 흐른 뒤에 나는 딸들에게 춤을 가르쳤어. 모든 종류의 춤을, 심지어는 탱고와 룸바까지 말이야.

펄스테인에서는 벌이가 짭짤했어. 주당 45달러 가까이 됐는데, 아버지가 블레스드 버진 메리에서 버는 돈보다 많았어. 나는 그 돈으로 우리 집 셋돈을 지불했고, 그래서 우리는 계속 이사를 다니지 않아도 됐어. 여동생 마거릿은 여전히 학교를 다니던 중이었는데, 방과 후에는 마트에서 진열대에 상품을 채우는 일을 했어. 남동생 톰은 독립해서 살았고. 학교를 중퇴한 톰은 루스벨트가 대공황 시기에 젊은이들에게 일자리를 제공하려고 설치한 청년자원보존 단체인 CCC[36]에 가입했어. 젊은 남자들이 나라 곳곳의 시골에 설치된 캠프들로 떠나 보존프로젝트를 수행하고는 했지.

펄스테인에서 번 돈 중에 부모님께 드린 돈을 제외하고 남은 돈은 대부분

---

36 Civilian Conservation Corps, 민간자원보존단

댄스홀에서 썼어. 여자들과 데이트하는 데 쓰고 나면 남는 돈이 많지는 않았지. 그래서 양크와 나는 돈 없이도 재미를 볼 수 있는 방법들을 찾아냈어. 어느 날 오후, 나는 현재 머시 피츠제럴드 병원이 있는 곳인 다비 로드 옆 개울에서 주근깨가 있는 예쁘고 어린 아일랜드계 아가씨와 목욕을 하고 있었어. 도로에서 100미터쯤 떨어져 있는 개울이었어. 양크는 살금살금 다가와 우리 옷을 낚아채갔지. 그러고는 도로 옆에 있는 언덕 꼭대기에 서서 나랑 같이 있는 여자한테 물에서 나와 옷을 입고 자기랑 같이 가자고, 그러지 않으면 옷을 갖고 그냥 가버리겠다고 소리를 지르더군. 그래서 그녀는 개울에서 나가 그와 함께 떠났고, 그는 지나가는 꼬맹이를 붙들고 25센트 동전을 주면서 내 옷을 갖고 있다 자기랑 여자가 시야에서 벗어나면 옷을 개울가에 떨어뜨리고는 눈썹이 휘날리도록 줄행랑을 치라고 시켰어.

내가 그에게 앙갚음을 했던 건 분명해. 그런데 어떤 수법들을 썼는지는 정확하게 기억나지 않아. 그가 알지도 못하는 여자가 임신한 게 그의 책임이라고 소문을 퍼뜨렸던가? 그럴지도 모르지. 그에게 입천장이 델 정도로 뜨거운 음식을 줬던가? 의심의 여지가 없어. 하지만 우리가 친 장난은 딱 그 수준이었어. 정말로 장난 차원이었지. 사방을 돌아다니면서 빈둥거리는 수준의 장난. 우리는 더 이상은 복서도 아니고 투사도 아니었어. 순회 카니발의 외판원도 아니었고. 우리는 사랑꾼이자 댄서였어. 나는 리틀 이집트 대학과 넵튠 오브 더 나일 대학원을 다닌 사람이야. 내가 받은 그 모든 훌륭한 교육이 헛되이 낭비되지 않게 하는 것이 '형제애의 도시[37]'의 젊은 아가씨들에게 봉사해야 하는 내 의무였어.

나는 천하태평인 '라일리의 삶[38]'을 살았어. 여자들한테 인기 좋고 좋은 친구들을 뒀으며 책임은 전혀 지지 않는 삶을, 여생을 위해 좋은 추억들을 쌓아가는 것이 자신이 해야 할 유일하게 진정한 일거리인 삶을 말이야. 문제가 있

---

37 The City of Brotherly Love, 필라델피아의 별명
38 「The Life of Riley」, 1949년에 영화로 만들어진 라디오 시트콤으로 '안락하고 즐거운 삶'을 가리키는 표현

다면, 그런 삶을 계속 영위할 수는 없었다는 거야. 온몸이 근질거리기 시작하더군. 새로운 삶으로 옮겨가야 했어. 나는 꽤나 빠른 시일 내에, 어쩌다 보니 지구 반 바퀴 건너편에 있었지. 그런데 그 무렵에는 더 이상은 좀이 쑤신다고 안달하는 호사를 누릴 수가 없었어. 육군의 업무 수행방식으로 일을 해나가야 했으니까. 빠릿빠릿하게 움직이고 나서는 한없이 기다려야만 하는 방식으로 말이야. 🟦🟦

411일

"

    <Tuxedo Junction(턱시도 정션)>을 1941년에 처음 들었어. 그때 나는 콜로라도에서 육군 항공단 헌병으로 복무하면서 로우리 필드에서 보초를 서고 있었지. 글렌 밀러 때문에 이 노래가 유명해졌다고 생각하는 사람들이 대다수지만, 실제로는 흑인 밴드의 리더 어스킨 호킨스가 그 노래를 작곡했고 처음 히트시킨 사람이야. 그 노래는 전쟁 내내 내 주제가로 남았어. 전쟁이 끝난 후에, 훗날 결혼한 메리와의 첫 데이트도 필리의 유서 깊은 얼 공연장으로 어스킨 호킨스를 보러 간 거였지.

    1941년 12월의 어느 추운 밤에, 나는 덴버 댄스홀에서 <Tuxedo Junction>에 맞춰 지터버그를 춰서 댄스 콘테스트에서 우승했어. 내가 기억하는 그다음 일은 새벽 4시에 캘리포니아 방어를 위해 서부해안으로 향하는 군용열차에 타고 있었다는 거야. 일본군이 진주만을 공습했거든. 막 스물한 살이 된 나는 키가 188센티였어. 4년 후, 전쟁이 끝나고 스물다섯 살이 되기 하루 전에 제대명령을 받았을 때는 193센티였어. 키가 5센티 자란 거지. 사람들은 그들이 전쟁터에 보낸 우리가 얼마나 어린 사람들이었는지를 까먹었어. 우리 중 일부는 아직 성장이 채 끝나지도 않은 상태였다는 것을 말이야.

유럽에서 썬더버드Thunderbird사단―45보병사단―소총수로 전쟁을 치렀어. 사람들 말로는 참전군인이 실제 전투를 치르면서 보내는 평균일수가 80일쯤이라더군. 전쟁이 끝날 무렵, 육군은 내가 치른 전투일이 411일이라고 했어. 그러면서 나는 매달 20달러의 추가급여를 받을 자격을 취득했지. 나는 행운아였어. 진정한 영웅들은, 그중 일부는 전투일이 딱 하루밖에 안 되는 사람들인데, 지금도 거기 유럽에 있어. 나는 덩치가 큰 표적인데다 많은 총격전에 참전했는데도 독일군의 총알이나 포탄 파편에 맞은 적이 한 번도 없었어. 참호에서 기도를 많이 올렸어. 안찌오의 대피호에서 꼼짝 못하고 있었을 때는 특히 기도를 많이 드렸었지. 사람들이 내 어린 시절에 대해 뭐라고 말하고 싶어 하건, 내 유년기는 나한테 내 몸을 보신하는 법, 살아남는 법을 가르쳐줬어. 🙶

인터뷰 과정에서 제일 어려웠던 부분은 프랭크 시런에게서 그의 전투 경험에 대한 정보를 이끌어내는 거였다. 그가 자신의 전투 경험이 논의할 가치가 있는 주제라는 사실을 받아들이기까지는 2년이 걸렸다. 그런 후에도 전쟁 관련 얘기를 하는 건 공손한 심문자와 머뭇거리는 심문 대상 모두에게, 숱하게 얘기를 중단했다 다시 시작하기를 반복하는, 힘들고 스트레스 가득한 일이었다.

내가 그의 전투일을 이해하는 걸 도와주려고, 시런은 2차 대전이 종전되고 몇 달 이내에 발행된, 튼튼하게 제본된 45보병사단의 202페이지짜리 공식 전투보고서를 보여줬다. 내가 그 보고서와 프랭크에 대해 더 많은 걸 알게 될수록, 프랭크 시런이 장기간 지속된 전투기간 동안에 냉혹하게 사람 죽이는 법을 배웠다는 사실이 내게는 더 뚜렷해지는 것 같았다.

전투보고서는 이렇게 기술한다. '45사단은 우리 미국인의 유산을 지키기 위해 심한 대가를 치렀다. 전투사상자 21,899명.'

규정대로 정원이 모두 충원된 사단 병력이 15,000명이라는 걸 감안하면, 시런은 대체병력이 행군해오고 후송돼나가는 걸 날마다 목격한 셈이다. 보고서는 사단 자체의 전투일이 '511일'이었다고 기록한다. 전선에서 피아간에 총알을 주고받은 날이 511일이었다는 뜻이다. 썬더버드사단은 유럽에 발을 디딘 첫날부터 전쟁의 마지막 날까지 용맹하게 싸웠다.

행군하는 동안 제멋대로 부대를 빠져나가 휴식을 취한 후에 부대에 복귀했던, 전투일이 411일이나 되는 프랭크 시런 이병은 사단이 보낸 '총 전투일'의 80퍼센트 이상을 경험했다. 여생 동안 시런의 삶은, 사람을 죽이고 불구로 만들며 하루하루를 보내는 경험으로, 그리고 그 자신이 다음번 희생자가 되는 건 언제일지를 궁금해 하는 데 익숙해졌다. 세상의 모든 사람이 동일한 사건에서 동일한 방식의 영향을 받는 건 아니다. 우리는 제각기 고유한 특징을 갖고 있다. 우리는 우리 각자가 살면서 했던 경험을 모두 합쳐 놓은 것과 비슷한 존재다. 내가 인터뷰했던, 다른 참전군인들은 전투일 411일이라는 얘기를 듣고 벌린 입을 다물지 못했다.

"

"너 나한테 혼 좀 나야겠다."

찰리 '딕시' 메이어스Charlie 'Diggsy' Meiers가 그러더군. 나는 딕시보다 나이가 두 살 많았고 키는 30센티나 더 컸어. 우리는 초등학교 때부터 친구였어.

"내가 뭘 잘못했는데? 뭐 때문에 나를 혼내겠다는 거야, 딕시?" 나는 미소를 머금고는 그를 내려다보면서 물었어.

"너는 헌병에서 꿀 빠는 비전투 보직에 있었잖아. 이놈의 전쟁 내내 미국에서 전쟁이 끝나기만을 기다릴 수도 있었지 않느냐고. 그런데도 여기로 전속 배치된 걸 보니 정신이 나간 게 분명해. 네가 미친놈이라는 건 늘 알고 있었어. 하지만 이건 정말 압권이군. 우리가 여기서 실컷 재미를 보고 있다고 생각한 거냐?"

"실제 전투를 보고 싶었어." 나는 내가 지독히도 멍청한 놈이라는 걸 이미 느끼면서 말했지.

"그래, 이제부터 두 눈으로 똑똑히 보게 될 거다."

천둥 같은 폭발음이 나더니 윙윙거리는 휘파람 소리가 요란하게 하늘을 가르더군. "무슨 소리야?"

"저게 바로 네가 보고 싶어 하던 그 전투야." 그가 나한테 삽을 건네더군. "여기."

"이걸 대체 뭐에 쓰라는 거야?" 나는 물었어.

"네가 들어갈 참호를 파야 할 거 아냐. 삽질 시작해. 시칠리아에 온 걸 환영한다."

삽질을 마치니까, 찰리는 포탄이 폭발하면 파편이 위쪽으로만 퍼진다고 설명해줬어. 땅에 엎드린 자세를 유지하면 파편이 내 몸 위로 날아간다는 거지. 그러지 않으면 파편이 가슴을 가르면서 몸뚱어리가 두 동강 나는 거고. 우리가 꼬맹이였을 때는 내가 딕시를 보호해줬었어. 그런데 이제는 반대가 됐지.

내가 어쩌다 1943년에 시칠리아에서 삽질을 하는 신세가 됐느냐고?

나는 1941년 8월에 육군에 입대했어. 세계의 나머지 지역은 이미 전쟁을 벌이고 있었지만, 미국은 중립을 지키면서 그때까지는 참전하지 않은 상태였지.

미시시피 빌록시에서 기초훈련을 받았어. 어느 날 남부 출신 병장이 신병들을 모아놓고는 자기는 우리 중 누구라도 때려눕힐 수 있다는 연설을 하더군. 그러면서 달리 생각하는 놈 있으면 당장 앞으로 나오라고 하더라고. 나는 성큼 한 걸음을 내디뎠어. 그랬더니 나한테 닷새간 변소를 파라고 시키더군. 그건 우리가 그의 계급, 그리고 군대의 모든 계급을 존경하게 만들기 위한 수법일 뿐이었어. 그들은 우리에게 전쟁 준비를 시키고 있었던 거야.

기초훈련이 끝난 후, 육군은 나를 슬쩍 보더니 완벽한 헌병이 되려고 태어난 놈이라는 평가를 내렸어. "네가 받은 새 보직을 어떻게 생각하느냐?" 따위는 묻지도 않고 말이야. 전쟁이 시작되기 전에는 헌병 보직에서 벗어날 도리가 전혀 없었어.

그런데 전쟁이 계속돼 진주만 공습을 당하고 나니까 육군은 전투에 참가할 의향이 있으면 헌병 외부로 전속시켜주겠다고 했어. 하늘에서 낙하해 전장으로 들어간다는 아이디어가 마음에 들더군. 그래서 공수부대 지원서에 곧장 서명한 후에 낙하산병 훈련을 받으러 조지아의 포트 베닝으로 갔지. 나는 체격이 정말 좋았어. 그래서 낙하산병이 받는 엄격한 훈련은 나한테는 쉬운 일이었지. 드디어 실전을 목격한다는 생각에 마냥 좋았어. 낙하산을 타고 전장에 착지하면, 나는 혼자서 많은 시간을 보내는 일종의 독립적인 병사가 될 거였어. 나는 나를 뭔가 대단한 놈이라고 생각하고 있었는데, 훈련 도중에 타워에서 뛰어내렸다가 오른쪽 어깨가 탈구되고 만 거야. 착지를 잘못한 거였는데, 단 한 번의 실수로 그런 꼴이 된 거지. 부대는 나를 팀에서 제외시켰고 나는 땅개가 돼서 보병부대로 끌려가는 신세가 됐어.

제아무리 막강한 권위나 군대의 규율도 내가 사소한 곤경에 말려드는 걸 막을 수가 없었어. 나는 군에 복무하는 동안 이런저런 곤경에 연달아 휘말렸어. 이병으로 입대한 나는 4년 2개월을 복무하고 제대할 때도 여전히 이병이었어. 군에서는 나를 가끔씩 포상진급시켰지만, 나는 그럴 때마다 재미를 보다 강등을 당했지. 나는 총 50일 정도를 무단이탈했었어. 대체로 레드와인을 마시고 이탈리아여자, 프랑스여자, 독일여자들을 좇아다니느라 그런 거였어. 하지만 우리 중대가 전선으로 복귀할 때 무단이탈한 적은 결코 없었어. 우리 중대가 전장으로 복귀할 때 무단이탈했을 경우에는 가던 길을 그대로 곧장 가는 편이 나았을 거야. 직속상관들이 나를 쏴죽일 테니까. 그럴 경우, 상관들은 내가 독일군이 쏜 총에 맞은 거라는 해명을 할 필요조차 없었을 거야. 나는 적의 면전에서 탈영을 한 거나 다름없었으니까.

내가 해외로 수송되기를 기다리는 동안, 군은 나를 버지니아에 있는 패트릭 헨리 기지에 데려다놨어. 어느 남부 출신 병장에게 건방진 소리를 몇 마디 했더니 상관들이 나를 감자 벗기는 KP[39]에 투입하더군. 그렇게 첫 기회를 잡

---

39 Kitchen Patrol, 주방 잡일

은 나는 PX에서 산 변비약을 커다란 커피 주전자에 넣었어. 장교들을 비롯해서 모두가 심한 설사를 하게 됐지. 불행히도, 나는 의무실에 병이 났다는 신고를 하지 않은 유일한 병사였어. 윗사람들은 화장실 휴지를 추가로 신청하기도 전에 그런 장난을 친 범인을 색출했지. 무릎 꿇고 칫솔로 화장실 바닥을 북북 문지르는 최후를 맞게 된 영민한 범죄자가 누구였을지 상상이 되나?

45보병사단에 보병 소종수로 배치받은 나는 1943년 7월 14일에 북아프리카 카사블랑카로 가는 배를 탔어. 병사는 소속 사단은 선택할 수 없었지만, 사단 내의 중대는 그 중대에 결원이 있을 경우 선택할 수 있었어. 중대 병력은 120명 정도야. 필리에 있는 우리 성당은 우리 지역의 청년들이 주둔하고 있는 곳이 어디인지를 알려주는 소식지를 계속 발행했고, 그래서 나는 딕시가 썬더버드사단에 있다는 걸 알고 있었지. 나는 그의 중대에 가고 싶다고 요청했고 내 요청은 받아들여졌어. 그게 32명쯤으로 구성된 그의 소대나 8명으로 구성된 그의 분대로 가게 됐다는 뜻은 아니었지만, 나는 어찌어찌 그의 소대로 배치됐고, 우리는 같은 분대에서 함께 복무했어. **"**

사단의 장병들이 여전히 미국 내에서 전투를 위한 훈련을 받고 있으면서 아직은 해외로 파병되지 않은 상태이던 1942년 가을, 조지 S. 패튼 장군은 매사추세츠의 포트 데번스 강당 연단에서 딕시를 비롯한 45사단 장병들에게 훈시를 했다. 패튼 장군은 아직 어려서 외부의 영향에 쉽게 휘둘리는 45사단의 어린 병사들—처음으로 집을 떠났고 싸우다 죽기 위해 해외로 파병되기 직전인— 에게 이 전쟁에서 자신은 45사단을 위한 특별한 역할을 맡았다고 사자후를 토했다.

45보병사단 참모장 조지 E. 마틴 대령은 이렇게 기록했다.

[패튼 장군은] 할 말이 많았는데, 그 말들에는 모두 거칠고 속된 단어들이 섞여 있었다……. 그는 공격하려고 전진하던 영국군 보병부대가 적의 소규모 진지들을 우

회했다가 적군이 그들의 후방에 있다는 걸 알게 된 사건을 장병들에게 들려주고 있었다. 영국군이 적군 소탕을 위해 행군방향을 돌렸을 때, 독일군 병사들은 무기를 내던지고 항복의 표시로 두 손을 들었다. 패튼 장군은 이런 일이 우리에게 일어난다면 우리는 놈들의 항복을 받아들여서는 안 된다고 말했다. 대신, 우리는 그 망할 놈의 개자식들을 마지막 한 놈까지 죽여 없애야 마땅하다고 말했다.

그런 후, 그는 우리 사단은 미군의 다른 그 어떤 사단보다도 더 많은 전투를 치르게 될 거라고, 자신은 우리가 독일군에게 '킬러 사단'으로 알려지기를 원한다고 말했다.

6월 27일에 북아프리카 알제에서 한 후속 연설에서, 그 자리에 있었던 사단 소속 장교가 보고한 바에 따르면, 패튼은 그의 '킬러 사단' 장병들에게 이렇게 말했다.

……우리가 죽이고 계속 죽이고 더 많이 죽일수록, 우리가 나중에 죽여야만 하는 적의 수는 줄어들 것이고, 그건 우리 사단에게 장기적으로 좋은 일이 될 것이다…… 그는 우리가 포로를 더 많이 잡을수록 더 많은 놈들을 먹여야만 할 테니까 포로들을 데리고 노닥거리지는 말라고 했다. 그는 착한 독일인은 딱 한 종류가 있는데, 그건 뒈진 놈들이라고 말했다.

훈시를 들은 다른 장교는 민간인 살상에 대한 패튼의 입장을 이렇게 보고했다. '그는 전장 근처의 도시들에 머물러 살고 있는 사람들은 우리의 적이라고 말했다. 그러면서 우리는 그들을 무자비하게 죽여서 우리 앞길에서 치워버려야 한다고 말했다.'

"

참호 파는 걸 마치니까, 딕시는 충격적인 사건이 두 건 진행되고 있다고 내게 말했어. 모두들 저격수를 싫어했어. 양쪽 모두 저격수를 싫어했지. 그래서 저격수를 생포했을 경우에는 현장에서 그를 죽여도 아무 문제가 없었어.

비스카리[40] 비행장 외곽에서 저격이 몇 건 행해졌는데 그 탓에 미군 상당수가 피격된 상태였어. 이탈리아 병사 40명쯤이 항복했을 때, 거기 있던 미군들은 저격을 한 놈이 누구인지 알 길이 없었고, 그래서 그들을 모두 일렬로 세우고는 총을 갈겼지. 그러고는 병장 한 명이 포로 30명쯤을 대열 뒤로 데려갔어. 그들하고 거리가 어느 정도 떨어지자, 그는 기관총을 움켜쥐고 갈겨 댔어. 그 얘기는 휘파람 소리를 내며 우리 머리 위를 날아다니는 포탄처럼 나를 사로잡았어. 그 얘기 때문에, 내가 그런 상황에 처했을 경우 적에게 항복하는 문제를 다시 생각해보게 됐어." 〞

　패튼은 시칠리아에서 벌인 전투를 성공적으로 마친 이후인 1943년 8월에 야외에서 45보병사단 장병들에게 한 그의 마지막 훈시에서 이렇게 말했다. "제군들의 사단은, 미 육군 역사상 최고의 사단은 아니더라도, 최고의 사단 중 하나다." 패튼은 이런 찬사를 보내면서 '킬러 사단'에 대한 믿음을 강화하고 있었다. 45사단 장병들은 그가 자기 사단이 일을 처리하기를 바랐던 방식대로, 그가 앞선 연설들에서 그들에게 하라고 가르쳤던 방식대로 일을 처리하고 있었다.

　그가 45사단 장병들에게 이런 연설을 할 당시, 그들의 전우 두 명이 살인죄로 군법회의에 회부되어 있었다. 존 T. 콤튼 대위는 1943년 7월 14일에 시칠리아의 비스카리 비행장을 확보하는 전투를 끝낸 후, 총살형 집행부대에게 민간인 두 명을 포함한 대략 40명의 비무장 포로를 사살하라고 명령했다. 다른 사건은 호레이스 T. 웨스트 병장이 같은 날 같은 전투가 있은 후 비무장 전쟁포로 36명에게 개인적으로 기관총을 난사한 사건이었다.

　이런 살육이 있었던 다음 날인 1943년 7월 15일에 패튼은 일기에 이렇게 적었다.

40　Biscari, 2차 대전 때 미군이 비무장 포로들을 학살한 곳

[시런이 실제로 소속되었던 연대인] 45사단의 180연대전투단의 대위가 우리가 200미터 이내로 접근할 때까지 계속 사격을 한 놈들을 죽이라는 내 명령을 받아 포로 50명쯤을 냉혹하게 총살했는데, 오마 브래들리 장군-세상에서 제일 충성스러운 사나이-이 0900시쯤에 이건 굉장히 큰 실수를 저지른 것임을 알리기 위해 엄청나게 흥분한 상태로 도착했다. 나는 그에게 그건 아마도 과장된 보고일 거라고 말했다. 하지만 어찌됐든 죽은 놈들은 저격수였거나 탈출 시도를 했었다는 걸 증명하라고 그 장교에게 지시했다. 언론이 소동을 벌이고 민간인들도 길길이 뛸 테니까.

패튼과 같은 계급인 오마 브래들리 장군은 그런 짓을 한 적이 없었다. 브래들리는 사건 은폐에 전혀 가담하지 않았고, 그의 사건 조사는 대위와 병장을 살인 혐의로 기소하는 것으로 이어졌다.

존 T. 콤튼 대위는 군사법정에서 재판을 받았지만, 패튼이 45사단 장병들에게 내린, 포로들을 냉혹하게 사살하라는 명확한 명령을 따랐을 뿐이라는 근거로 무죄 판결을 받았다.

호레이스 T. 웨스트 병장도 살인죄로 군사법정에서 재판을 받았는데, 그도 콤튼 대위와 동일한 방어 논리를 내세웠다. 어느 중위는 시칠리아 침공이 있기 전날 밤에 윌리엄 H. 섀퍼 중령이 수송선의 확성기를 잡고는 패튼의 훈시를 장병들에게 상기시켰다고 병장에게 유리한 증언을 했다. "우리 사단은 포로는 결코 잡지 않을 것이다."

하지만 호레이스 T. 웨스트 병장은 유죄 판결을 받고 종신형에 처해졌다. 동일한 45보병사단 소속으로 동일한 작전에서 동일한 전투를 치른 다음에 동일한 날에 본질적으로 동일한 짓을 저질렀는데도 장교는 무죄 판결을 받고 사병은 유죄 판결을 받은 이후로 이어진 끊임없는 항의는 병장의 즉각 석방과 전장 복귀로 이어졌고, 거기서 이병으로 강등된 그는 전황을 아군 쪽에 유리하게 만드는 데 봉사했다. 무죄 판결을 받고 4개월 후, 콤튼 대위는 항복하겠다는 백기를 내거는 치명적인 일을 한 독일군 병사들에게 다가가다 총에 맞아 사망했다.

시칠리아에서 자행된 다른 잔혹행위들을 나지막한 목소리로 고발한 보고들도 있었다. 스탠리 P. 허치슨은 저서 『패튼 장군: 군인의 삶General Patton: A Soldier's Life』에서 버스 두 대에 탑승한 60명쯤이 총에 맞는 걸 목격한, 당시의 유명한 영국 신문기자의 얘기를 인용했다. 하지만 그 기자는 패튼이 모든 잔혹행위를 중단하겠다고 약속한 후 그 이야기를 보도하지 않기로 결정했다. 그러나 그 기자는 친구에게 그 사실을 밝혔고, 그 친구는 그 사건을 파헤친 보고서를 준비했다. 보고서에는 이렇게 적혀있다. '미 45사단의 장병들은 시칠리아에 상륙하기 전에 패튼이 했던 피에 굶주린 언행과 노골적인 지시를 특히 지나치게 문자 그대로 받아들였다.'

"
그날 이후에, 딕시는 해외에서 우연히 만난 동네 친구에게서 들은, 내가 어떤 아가씨를 임신시켰기 때문에 입대한 거라는 소문에 대해 물으면서 나한테 욕을 했어. 상상이 돼? 나에 대한 루머들이 지구를 반 바퀴 돌아서 내 귀에 들어오는 게 말이야. 양크가 어딘가에 있는 대학교에서 여전히 사소한 장난을 치고 있다는 걸 나는 잘 알고 있었어. "

06

해야만 하는 일을 하기

"

　내게 전쟁을 하면서 제일 편안했던 곳은 시칠리아였어. 이탈리아군은 끔
찍한 군인들이었어. 독일군은 이탈리아 영토의 중추지대를 지키고 있었지.
우리가 진격할 때 이탈리아 군인들이 각자의 여행가방을 꾸려놓고는 차렷
자세로 서 있는 일이 실제로 가끔씩 일어났어. 무솔리니가 항복하면서 이탈
리아군이 독일군에게 전쟁을 넘겨준 건 내가 시칠리아에 있을 때 일이었어.
시칠리아인들은 굉장히 우호적이었어. 나는 우리가 일단 독일군을 몰아낸 후
에 카타니아^{Catania}로 갔는데, 거기 있는 집들은 모두 집에서 만든 스파게티를
빨랫줄에 말리더군. 종전 후에, 러셀 버팔리노는 내가 그의 고향을 가로질러
행군했다는 사실을 좋아했어.

　거기서 처음 사귄 친구는 우리 분대의 터프가이로, 브루클린의 유대인 동
네 출신인 알렉스 시겔이었어. 시칠리아에서 내가 그의 어깨에 팔을 얹은 포
즈를 취하고 같이 사진을 찍었는데, 그는 그로부터 한 달 후에 살레르노의
상륙거점에서 기총소사에 맞아 전사하고 말았어.

　실레트노는 이닐리아 서부애안의 나뿔리 바토 아내 있는 소노시야. 1943

71

년 9월에, 우리는 독일군이 쏜 포탄이 사방에서 터지는 가운데 상륙정에서 지중해로 뛰어내렸어. 살레르노는 내가 했던 세 번의 상륙작전 중 최악이었어. 해안에 발을 디디는 데 성공한 우리의 목표는 상륙거점을 확보하기 위해 900미터쯤 전진한다는 거였지. 병사 각자는 군장에 삽을 한 자루씩 갖고 있었어. 우리는 삽질을 시작했어. 얼마나 피곤하건 상관없이, 적군이 포를 쏘는 소리가 들리면 넋을 놓고 자동적으로 삽질을 해대기 마련이지.

독일군이 쏘는 포탄하고 전투기가 갈겨대는 기총소사가 우리 진지를 두들겼어. 독일군 병사들이 접근하는 모습이 보이면 그냥 소총을 갈겨야만 했어. 내가 거기서 총질을 하던 기억이 나. 도대체 왜 이런 짓을 자원한 건지 나 자신에게 물었던 것도 기억하고. 하지만 살레르노에서 내가 적군에게 처음으로 한 사격에 대한 기억은 영 나지를 않는군.

우리는 독일군에 의해 해변에서 거의 밀려날 뻔했어. 하지만 나는 다른 모든 전우들처럼 동일한 위치에 머물렀던 걸 기억해. 모두들 겁에 질려 있었어. 그런 사실을 인정하고 싶어 하지 않는 사람들이 있겠지만, 그걸 인정하건 말건 달라질 건 없어. 우리는 여전히 겁에 질려 있었으니까. 🍎

전투보고서는 현장에 있던 다른 사단 소속 장군이 한 말을 이렇게 인용한다. '45사단은 독일군이 연합군 상륙부대들을 바다로 몰아내는 걸 저지했다.'

🍎

독일군은 우리 해군 포대가 막강한 화력을 퍼부으니까 해군 화포의 사거리 밖으로 퇴각했어. 그러면서 우리는 전진할 기회를 얻게 됐고, 해안 너머로 전진한 우리는 다른 사단들과 합류해서 적군을 북쪽으로 몰았지.

소총수들은 부여된 임무가 무엇이건 수행했어. 전투에서 명령을 따르지 않으면, 상관들은 바로 그 자리에서 서슴없이 그 사람을 쏠 수 있었어. 지미 호파는 군 복무를 한 적이 없었어. 그는 입대를 피하려고 이런저런 고생을 했다더군. 전장에서는 학습 속도가 빨라. 모르고 있던 것도 빠르게 배우게 되지. 엄격한 규칙들이 있는데, 그 규칙들 위에 군림하는 사람은 아무도 없어. 전투를 경험하기 전까지만 해도, 나는 명령을 고분고분 잘 따르는 사람이 결코 아니었어. 하지만 거기에서 명령을 따르지 않았다가는 대가를 톡톡히 치를 거라는 걸 배웠지. **"**

전투보고서는 살레르노에서 북쪽의 베나프로로 진군하는 과정에서 장병들이 '험난한 지역에서 심신의 피로와 지독한 전투'에 시달리는 동안 '장병들 사이에 퍼진 악화된 질환과 기력상실'을 지적했는데, 시런은 그곳에서 그런 것들에 시달리면서도 명령을 준수하고 있었다. 끊임없이 하달되는 명령은 '고통받는 장병들'을 독일군이 장악한 몬테카시노의 수도원에 설치된 대포들의 사거리 안에 있는 아펜니노 산맥의 '맹추위가 기승인 광활한 지역에서 벌이는 동절기 작전'으로 몰아갔다.

"

우리는 나폴리에서 로마를 향해 이탈리아 북부로 밀고 올라갔어. 1943년 11월경에 몬테카시노 주위의 작은 산들이 있는 곳에 다다른 우리는 머리 위 산맥에서 쏴대는 독일군의 포격을 받기 시작했어. 우리는 거기서 두 달 넘게 꼼짝을 못했어. 몬테카시노 꼭대기에는 수도원이 있었는데, 독일군은 그곳을 망루로 쓰고 있었기 때문에 우리의 모든 동태를 훤히 내려다볼 수 있었거든. 유서 깊은 수도원이었는데, 어떤 종파들은 그곳이 폭격당하는 걸 원치 않았어. 결국에는 그곳을 폭격했지만, 상황은 전체적으로 더 악화되기만 했어. 그때부터 독일군이 폭격의 잔해를 엄폐물로 쓸 수 있었기 때문이야. 1944년 1월에 독일군 전선을 공격하려고 애썼지만 산에서 더 아래쪽으로 밀려나기만 했어. 몇몇 밤에는 심문할 독일군 병사들을 생포하려고 정찰을 나갔지. 대다수 밤에는 그서 퍼붓는 비를 피해 나는사리에 머부드면서 총알에 맞지 않으려고만 애썼고.

그 무렵, 나는 너무 많은 사람과 가까워지지 않는 법을 배우고 있었어. 좋아하는 사람들이 죽는 걸 목격하고는 했거든. 열아홉 살 먹은 애송이가 보충병으로 왔었는데, 신고 있던 군화가 마르기도 전에 목숨을 잃은 적이 있어. 그렇게 되면 어쩔 도리 없이 정신적으로 영향을 받게 돼. 딕시하고도 친했는데, 그 친구도 그런 경우였어. 딕시가 두 번이나 총에 맞는 걸 보는 건 무척이나 힘든 일이었어.

그러다 최악의 상황이 닥쳤어. 상부에서 우리 중 일부를 나폴리 근처에 있는 휴양지인 카세르타로 보내기로 결정한 거야. 거기는 이탈리아 왕이 쓰던 궁궐이었어. 거기서 열흘쯤 편히 쉰 우리는 안찌오행 상륙정에서 내렸어. 안찌오는 몬테카시노에 있는 독일군 전선에서는 북쪽이고 로마에서는 남쪽에 있는 해안도시야. 그곳에 상륙한 건 독일군의 측면을 공격해서 우리 주력부대에게 몬테카시노를 돌파할 기회를 주려는 거였어. **,,**

몬테카시노의 수도원을 상대로 거듭해서 펼친 연합군의 공세가 성공을 거두지 못하고 비싼 대가를 치르자 45사단은 후퇴했다. 해군과 육군이 합동으로 안찌오를 침공해 독일군 측면에 또 다른 전선을 열기 위해서였다. 마크 클라크 장군은 45사단을 몬테카시노의 전선에서 이동시키는 것에 대해 이렇게 적었다. '지난 72일간 45보병사단은 극단적인 전투 환경 아래에서 강력한 적군 병력에 맞서 지속적인 전투를 펼쳤다.' 클라크 장군은 45사단─그리고 프랭크 시런 이병─이 몬테카시노에서 시달려야 했던 '혹독한 추위와 습기, 끊임없이 이어진 적군의 박격포 공격'을 회상했다. 장군이 알지 못했던 건, 그가 몬테카시노의 프라이팬에서 끄집어낸 45사단을 안찌오의 지옥 같은 화염 속에 곧장 투입하고 있었다는 거였다.

　전투를 벌이거나 상륙을 하기 전에는 신경이 약간 곤두서곤 했어. 그러다 총격이 시작되면 그런 긴장 따위는 자취를 감추게 되지. 무슨 생각을 할 겨를이 없으니까. 그냥 해야 할 일을 아무 생각 없이 수행하는 상태가 되는 거야. 전투가 끝나고 나면 그제야 상황이 이해가 되고는 했어.

　안찌오 해변에서 독일군을 기습 공격해서 200명을 포로로 잡았어. 우리가 해변에서 뭍으로 전진하는 처음 24시간 동안에는 사방이 너무도 조용했어. 그런데 사령관은 계속 전진하는 대신, 그걸 함정이라고 판단했어. 그는 안전하게 작전을 펼치면서 아군 탱크들과 포병들이 상륙하기를 기다렸지. 우리의 상륙이 지연되자 독일군은 자신들의 탱크와 포병을 우리보다 높은 위치에 배치할 시간을 벌었고, 그들은 우리를 꼼짝 못하게 만들면서 우리 탱크와 포대가 상륙하는 걸 저지할 수 있었어."

　윈스턴 처칠 경이 썼듯, 그리고 그가 정반대의 일이 일어나기를 소망한다고 밝혔음에도, '이제 재앙이 도래했다…… 상륙거점을 봉쇄하는 병력이 불어나고 있었고, 엄청난 노력을 쏟아 부어 만들어낸 기회는 사라졌다.' 히틀러는 증원 병력을 총동원해 연합군을 꼼짝 못하게 묶어놓고는, 그가 안찌오의 연합군 상륙거점의 '종기'라고 부른 것을 제거하라고 육군에게 명령했다.

　그러더니 강력한 포병들과 기총소사를 퍼붓는 전투기들이 찾아왔어. 우리는 땅을 깊이 파야만 했어. 웬만한 참호는 아무 소용이 없었기 때문이야. 순전히 삽으로만 깊이가 2.4미터쯤 되는 대피호를 파기에 이르렀지. 거기서 나오려면 사다리를 써야 할 정도였어. 우리는 떨어지는 빗물을 막고 끊임없는 포격 때문에 날아다니는 파편들을 막으려고 널빤지와 나뭇가지들을 머리 위에 얹었어.

우리는 결코 끝이 보이지 않는 4개월에 걸친 공격을 받으면서 거기에 그런 식으로 머물렀어. 낮 시간에는 대피호를 떠날 수가 없었어. 그랬다가는 총알받이가 될 테니까. 게다가 그 상황에서 갈 데가 어디 있겠어? 야간에 기회가 생기면 용변을 보러 밖에 나가거나, 낮에 참을 수가 없어서 쏟아낸 배설물이 담긴 철모를 비우러 밖에 나가는 정도였지. 우리는 통조림에 든 전투식량을 먹었어. 그곳의 병력에게 조리된 음식을 보낼 방도는 없었거든. 독일군은 우리의 보급선을 폭격했어. 우리는 카드를 치거나 전쟁이 끝나면 무슨 일을 하고 싶은지에 대한 수다를 떨면서 시간을 보냈어. 그리고 무엇보다도, 기도를 드렸지. 모두들 사회에서 어떤 사람이었건, 자신이 어떤 사람이었다고 생각하건 상관없이 기도를 드렸어. 나는 성모송과 주기도문을 헤아릴 수 없을 정도로 많이 암송했어. 여기를 살아서 떠날 수만 있다면 더 이상은 죄를 짓지 않겠다고 약속 드렸지. 여자들과 와인과 욕설과, 이전에 저질렀던 짓들 중에서 하나님께 기도의 대가로 바칠 수 있는 것은 무엇이건 단념하겠다고 맹세하면서.

최악의 포격은 우리가 '안찌오 특급'이라는 별명을 붙인 대포에 의해 야간에 이뤄졌어. 거대한 대포였는데, 독일군은 우리 항공기들이 찾아낼 수 없도록 낮에는 대포에 위장막을 쳐뒀었지. 그 대포는 로마 외곽의 철길에 계속 놓여 있었어. 어둠이 깔리면 독일군은 그걸 꺼내 배치했어. 우리 항공기들은 야간에는 지상에 있었으니까, 우리한테는 포탄이 쏟아지고 또 쏟아졌지. 날아오는 포탄이 내는 소리는 머리 위 밤하늘에서 화물열차에 실린 박스카[41]가 내는 소리랑 비슷했어. 어찌나 요란하고 섬뜩한지 그 소리를 들을 때마다 사기가 꺾였어. 나한테서 그리 멀리 떨어져 있지 않은 가여운 보병 몇 명이 그 포탄에 맞으면 온몸이 갈기갈기 찢어지면서 고향에 있는 가족에게 보내질 시신이 한 조각도 남지 않을 거라는 생각을, 그리고 그들 다음은 내 차례가 될 거라는 생각을 곧바로 하게 됐지.

41 boxcar, 덮개가 있는 화차

전우들이 조금이라도 잠을 잘 수 있도록 대피호에서 90미터쯤 떨어진 전초기지에서 돌아가며 불침번을 섰지만, 그 4개월간 나는 잠을 그리 많이 자지 못했어. 나는 밤새 초소에 나가 있는 것보다 더 나은 곳들을 찾아냈어. 항상 낮보다는 밤이 더 무서웠어. 야간에 날아오는 '안찌오 특급'이 없더라도, 우리는 낮에도 일상적으로 포격을 받는 중이었거든. 포격이 가해지면 신경이 곤두서는데, 신경이 곤두서지 않게 막으려면 마음을 굳게 먹어야 했어. 사람은, 완전히 정신이 나간 상태가 아닌 한, 포격에 영향을 받을 수밖에 없어. 독일군은 우리를 해변에서 몰아내려고 애쓰면서 우리 주둔지로 두 번이나 진격해왔지만, 우리는 잘 막아냈어. "

전투보고서는 45사단이 '상륙거점을 지우려는' 독일군의 시도를 '찢어발겼다'고 기술한다. 독일군의 공격을 물리친 이 시기의 뒤를, 끊임없는 포격을 받은 탓에 연합군 병력 6,000명 이상을 잃어가며 안찌오에서 '버티며 대기한 기나긴 몇 달'이었다. 5월에, 교착상태에 있던 주력부대가 몬테카시노의 독일군 전선을 돌파했다. 월말 즈음, 15만 명의 지쳤지만 행복감에 젖은 병사들이 안찌오의 대피호에서 나와 로마로 북진하는 주력부대에 합류했다. 한편, 6월 6일, 연합군이 노르망디에 상륙하면서 또 다른 전선이 펼쳐졌다.

"
우리는 전투 없이 로마에 입성했어. 로마는 사람들이 '비무장 도시'라고 부르는 곳이었어. 쌍방 어느 쪽도 그곳을 폭격하지는 않을 거라는 뜻이었지만, 폭격이 약간 있기는 했지. 노천카페를 로마에서 처음 봤어. 우리는 거기에 느긋하게 앉아 점심을 먹고 와인을 조금 마셨어. 카페 옆을 걸어 다니는 이탈리아 금발여자도 로마에서 처음 봤어. 두어 번 모험에 나섰었는데 어려운 일은 아니었지. 우리가 지급받은 초콜릿 바와 치즈 통조림, 통조림에 든 삶은 계란이면 만사 끝이었거든. 그들은 가진 게 아무것도 없는 사람들이었으니까. 그러니 우리가 그들을 도덕적으로 판단해서는 안 되는 거야. 현지 여자들과 사귀는 건 규율에 반하는 짓이었지만, 그런다고 위에서 우리를 어쩌겠어? 우리를 다시 전투부대로 보낼 건가?

이탈리아에서 한동안 독일군과 싸운 다음, 1944년 8월 14일에 '드라군 작전'이라고 불린, 프랑스 남부지역 침공을 위해 상륙정에 타야 했어. 상륙할 때 약간의 저항을 받았어. 진짜 심각한 화력이라기보다는 상륙을 약간 애먹인 쪽에 가까웠지만, 화력은 화력이었지. 총을 두 방 맞는 건 여전히 좋지 않은 일이었어.

파도에서 빠져나와 생 트로페 해변으로 달려가는 동안, 내가 총에 맞았다는 생각이 들더군. 아래를 내려다보니 군복 전체가 빨간 거야. 의무병을 큰소리로 불렀는데, 펜실베이니아 헤이즐턴 출신인 카보타 중위가 달려오면서 호통을 치는 거야. "야, 이 개새끼야, 그건 와인이야. 넌 총에 맞은 게 아니라고. 재깍 일어나서 계속 전진해. 놈들이 맞춘 건 네 물통이니까." 좋은 분이었어.

우리는 마침내 독일군을 밀어내고는, 일부는 프랑스 땅이고 일부는 독일 땅인 알자스-로렌 지역에 들어갔어. 우리가 '포프Pope'라고 부른 켄터키 출신 친구가 있었어. 더럽게 훌륭한 군인이었지. 전쟁터에서는 군인에게 '저놈은 이러이러한 짓을 한 겁쟁이'라고 함부로 놀려서는 안 돼. 사람이 충격을 너무 많이 받다보면 그렇게 될 수도 있는 법이니까. 알자스-로렌에서 포프가 나무 뒤에서 다리를 내미는 걸 봤어. 그를 고향으로 보내줄 100만 달러짜리 부상을 당하려고 말이야. 그런데 파괴력이 강한 총알이 날아와서 그의 다리를 날려버렸어. 그는 살아남기는 했지만 한쪽 다리를 잃은 채로 귀향했어.

사람들이 순식간에 약간 맛이 간 모습을 본 또 다른 사례는 포로를 잡았을 때였어. 당신을 죽이려고 애쓰면서 당신에게 총질을 하고 당신의 전우들을 지옥으로 날려버리는 독일인들이 여기 있다고 치자고. 그런데 당신이 이제 그들에게 그걸 되갚아줄 기회를 잡은 거야. 그런데 그들은 항복하기를 원해. 어떤 사람들은 그걸 개인적인 감정으로 받아들였어. 독일군이 하는 말을 이해하지 못해서 그런 걸 수도 있어. 그들을 생포해서 당신이 서 있는 전선의 후방으로 보냈다가는 놈들이 탈출을 시도할 테니까 그런 것일 수도 있고. 우리가 독일군 포로들을 학살했다는 뜻이 아냐. 우리가 생포해서 후방으로 보낸 포로는 많았어. 그렇지만 몇 안 되는 독일군에게는 우리가 해야만 하는 일을, 모두들 우리가 할 거라고 기대한 일을 했지. 중위는 내게 처리할 포로를 많이 넘겼고, 나는 내가 해야만 하는 일을 했어.

알자스에서 총격전을 벌일 때, 딕시가 언덕 중간쯤에서 등에 총을 맞았어. 의무병들이 달려가 그를 언덕 아래로 데려오기 시작했지. 이 무렵 나에게는 인간적인 감정이라는 게 그리 많이 남아 있지 않았었지만, 꼬맹이 딕시가 언덕에서 총에 맞는 걸 보면서 격한 감정에 휩싸였다는 말은 해둬야겠군. 그가 쓰러진 곳에 그의 소총이 있는 게 보였어. 윗사람들은 우리가 자신의 소총을 잃어버리는 걸 원치 않았어. 내가 약간 맛이 갔거나 그랬던 게 분명해. 다른 전우들에게 엄호해달라고 요청하고는 산을 기어 올라가 딕시의 소총을 그에게 갖다 줬거든. 전원이 산을 포복으로 내려왔을 때, 딕시가 나한테 이러더라고. "정신 나간 새끼. 너, 이따위 M-1 때문에 뒈질 수도 있었어." 나는 대꾸했어. "에이, 독일놈들은 지들이 우리보다 수가 많다는 걸 모르고 있었어." 그가 총에 맞는 걸 내 눈으로 본 건 그게 두 번째였어.

알자스-로렌에서, 우리는 노르망디 이후에 독일군이 우리 진군을 저지하려고 벨기에의 삼림지대를 통해 북쪽으로 필사적인 반격을 시작했다고, 그들이 '벌지 대전투The Battle of the Bulge'라고 부른 전투를 개시했다고 들었어. 독일군은 대규모로 진군해왔고, 그래서 연합군은 북부 전선을 강화하기 위해 남부 전선에서 병력을 빼낼 필요가 있었지. 우리 중대는 사단의 남부 전선 전체를 지키기 위해 남겨졌어. 10,000명에서 15,000명쯤 되는 1개 사단의 전체 병력이 담당하고 있을지도 모르는 전선을 120명이 지키고 있었다는 뜻이야.

우리가 한 일이라고는 후퇴밖에 없었어. 1944년 마지막 날에 우리는 밤새 걸었어. 알자스의 프랑스인들이 그들의 집에 걸린 성조기를 걷고 독일 깃발을 내걸기 시작하는 걸 지켜보면서 말이야. 하지만 얼마 안 있어 병력 증원이 이뤄졌고, 전력을 구축한 우리는 알자스의 독일군 점령지역으로 밀고 올라갔어.

거기서부터 하르츠 산맥까지 전투를 벌이며 진격했어. 독일군은 산꼭대기를 점령하고 있었지. 어느 날 밤에 우리는 정상에 있는 독일군에게 먹일 따뜻한 음식을 실은, 노새가 끄는 짐수레 행렬을 가로막았어. 우리는 그걸로 양껏 배를 채우고는 남은 음식을 우리 배설물로 더럽혔지. 독일 여자들은 그냥 놔줬고. 그들은 우리의 육군여군부대Women's Army Corps와 비슷한 사람들이었어. 그들이 음식을 장만한 거야. 우리는 그들을 그냥 거기에 남겨뒀어. 그런데 그 짐수레를 몬 건 몇 안 되는 독일군 병사들이었어. 우리에게는 그들을 산 아래로 데려갈 의향이 전혀 없었고, 진군하는 동안 그들을 데려갈 도리도 없었지. 그래서 우리는 그들에게 삽을 줬고, 그들은 각자 자신들이 묻힐 얕은 무덤을 팠어. 자기들 무덤을 파는 수고를 도대체 왜 하는지 궁금할 거야. 내 짐작에, 그들은 총을 가진 사람들의 마음이 바뀔지도 모른다는 희망에, 아니면 삽질을 하는 동안 자기편 사람들이 올 거라는 희망에, 그도 아니면 자기가 묻힐 무덤을 파는 것으로 협조를 하면 우리가 잔혹하거나 고통스럽지 않게, 깔끔하게 죽여줄 거라는 희망에 매달렸을 거야. 이 무렵, 나는 해야만 하는 일을 하는 것에 대해 아무런 생각도 하지 않고 있었어.

우리는 하르츠 산맥에서부터 오른쪽으로 방향을 틀어 독일 남부로 곧장 향하면서 밤베르크를, 그다음에는 뉘른베르크를 점령했어. 그 도시는 특히 심한 폭격을 당한 탓에 서 있는 건물이 하나도 없었어. 뉘른베르크는 히틀러가 대규모 집회들을 거행했던 고장이야. 우리는 폭격을 이겨낸 나치의 상징물을 모두 체계적으로 파괴했어.

우리 목표는 독일 남부에 있는 바이에른의 뮌헨으로, 히틀러가 맥주홀에서 권좌를 향한 시동을 건 곳이었어. 그런데 그리로 가던 우리는 도중에 강제수용소를 해방시키기 위해 다하우에서 행군을 멈췄어. **"**

전투보고서는 수용소 내부에 '시신이 1,000구쯤 있었다'고 밝힌다. '……

80

가스실과 화장장은 편의를 위해 나란히 배치돼 있다. 의복과 신발, 시체들이 하나같이 깔끔하고 정돈된 무더기로 쌓여 있다.'

"

　수용소에서 자행된 잔혹행위에 대한 소문은 이미 들은 상태였지만, 우리가 목격할 광경과 악취에는 준비를 채 못하고 있었어. 당신이 그와 비슷한 광경을 목격한다면, 그 광경은 당신 마음에 영원히 각인될 거야. 처음으로 본 그 광경과 냄새가 영원토록 뇌리에서 떠나지 않아. 수용소 책임자인 금발의 젊은 독일군 지휘관과 휘하 장교들을 전원 지프에 태워 보냈어. 우리는 멀리서 나는 총소리를 들었지. 곧바로, 우리는 나머지 병력 전원—다하우를 지키고 있던 독일군 병력 500명쯤—을 처리했어. 기력이 남아 있던 수용소 희생자 몇 명이 우리 총을 빌려 자신들이 해야 할 일을 했지. 그 일을 할 때는 모두들 눈 한 번 깜빡하지 않더군.

　그 직후, 우리는 진군을 재개해서 뮌헨을 점령했고, 2주쯤 후에 독일이 무조건 항복하면서 유럽의 전쟁이 끝났어.

　오랜 세월이 흐르고 이런저런 일을 겪은 후, 나는 전투에 대한 꿈을 다시 꾸기 시작했어. 내가 전쟁이 끝난 후에 어떤 사람들을 위해 하기 시작했던 일들과 온통 뒤섞인 꿈들을 말이야.

　나는 1945년 10월 24일, 내 스물다섯 번째 생일 전날에 제대했어. 하지만 그건 순전히 달력상으로만 제대한 것뿐이었어. "

07

미국에서 깨어나기

"

　1945년 10월에 프랑스 르 아브르 부두에서 남동생 톰과 우연히 마주쳤어. 전쟁은 끝났고, 우리는 각자 다른 배를 타고 필라델피아로 돌아가려던 중이었지. 톰은 전투를 잠시 경험했었어. 내가 인사했지. "잘 지냈니, 톰?" "안녕, 프랭크 형? 많이 변했네! 전쟁 전에 내가 기억하는 형하고는 다른 사람이 됐어." 그 애가 하는 말이 무슨 뜻인지 잘 알았어. 411일의 전투일이 나에게 한 짓이 그거였지. 걔는 내 얼굴에서, 아마도 내 눈빛에서 그걸 볼 수 있었던 거야.

　동생이 르 아브르 부두에서 한 말을 생각하다 보니 그 애가 내 영혼을 들여다보고 있었던 건 아닐까 궁금해지더군. 내 안의 무엇인가가 달라졌다는 걸 나는 알고 있었어. 나는 내가 처한 상황에 대해서는 신경 쓰지 않고 있었어. 나는 사실상 전쟁 내내 참전한 셈이었어. 그런 나한테 무슨 짓을 할 수 있는 사람이 누가 있었겠어? 바다 건너 유럽 어딘가에서 내면을 더 엄격하게 다진 나는 이후로 결코 다시는 정신을 느슨하게 풀지 않았어. 나는 죽음에 익숙해졌어. 사람을 죽이는 데 익숙해졌지. 외출해서 재미를 보기도 했지만, 그럴 때에도 날이 서 있었어. 투덜거릴 일은 아니었어. 나는 말짱한 몸으로 돌아온 행운아였으니까. 그런데 내가 전투에 자원하지 않았다면, 내가 목격한 것들을 결코 보지 못했을 거고 내가 한 짓을 결코 하지 않았을 거야. <Tuxedo Junction>에 맞춰 지터버그를 추는 헌병으로 미국에 머무를 수도 있었는데 말이야.

해외에 있다 귀국하니까 사방 어디를 봐도 미국인만 보이더군. 게다가 그들은 군복 차림도 아닌데다 영어를 쓰고 있었어. 그러자 엄청나게 의욕이 치솟더라고.

육군은 3개월간 매달 100달러를 지급했어. 전쟁터에 가지 않은 남자들이 괜찮은 일자리란 일자리는 모두 차지한 듯 보였고, 막 귀향한 사람들은 예전 일자리로 복귀하려고 애를 썼지. 나는 웨스트 필리에 있는 부모님 집에 돌아가 살면서 펄스테인 유리회사에 다시 들어가 수습생으로 일하다가 떠났던 자리를 되찾으려고 했어. 하지만 해외에서 지내는 내내 실외에서만 살았던 터라, 직장에 갇혀 지내는 생활이 감당되지 않더군. 펄스테인 가족은 나한테 잘해줬지만, 감시를 당하는 것 같아서 견딜 수가 없던 나는 결국 두 달 후에 그 일을 관뒀어.

내가 미국에서 깨어났다는 사실을 깨닫고는, 침대에 누워 있다는 사실을 깨닫고는 깜짝깜짝 놀라는 아침이 많았어. 나는 밤새 악몽에 시달렸고, 내가 있는 곳이 어디인지를 몰랐지. 적응하기까지는 약간의 시간이 필요할 터였어. 내가 침대에 누워 있다는 사실조차 믿어지지가 않았으니 오죽했겠어? 내가 침대에서 무슨 일을 하고 있었겠어? 전쟁이 끝난 후로는 서너 시간 넘게 잠을 잔 적이 전혀 없었어.

그 시절의 사람들은 그런 증상에 대한 얘기는 하지 않았어. '전쟁 증후군' 같은 건 존재하지 않았지만, 무엇인가가 달라졌다는 건 알고 있었어. 전쟁터에서 있었던 일은 기억하지 않으려 애썼지만, 그 일들은 거듭해서 나를 찾아왔어. 나는 냉혹하게 사람의 목숨을 빼앗는 것부터 원하는 건 무엇이건 훔치고 재물을 파괴하고 와인을 양껏 마시고 원하는 만큼 많은 여자를 사귀는 것까지 온갖 게망니니깃들을 해외에서 지길렀었이. 날미디 1분, 1분을 내 믹슴과 사지를 잃을 위험에 처해서 살았지. 위험을 감수해야 하는 짓거리는 할 수가 없었어. 내가 판사와 배심원과 집행자 중에서 무엇이 돼야 할지를 순식간에 결정해야만 할 때가 많았어. 따라야만 하는 규칙은 딱 두 가지였지. 전선으로 복귀할 때는 소속 부대로 복귀해야 한다는 것. 그리고 전투 중에는 직접 하달된 명령에 복종해야 한다는 것. 이 규칙들 중 하나를 위반하면, 심할 경우에는 즉석에서 저형될 수도 있었어. 한편으로는 내가 가진 알랑한 권한을 과시할 때도 있었지. 민간인으로 살 때 쌓았던 도덕성은 내버리고, 그걸 군대의 자체적인 규칙들로 대체했어. 납으로 둘러싸인 것처럼 딱딱한 외피를 발전시켰지. 그때까지 살면서 겪었던 것보다 훨씬 더 겁에 질려서 살았던 거야. 어떤 짓들을 저지르기도 했었어. 때로는 내 의지에 반해서 한 짓이지만, 어쨌든 내 손으로 저지른 짓이었지. 그런데 전쟁터에 꽤나 오래 머무르다 보니 그런 짓들을 저지른 것에 대해서는 더 이상 생각조차 하지 않게 되더군. 그런 짓들을, 머리의 가려운 곳을 긁는 것처럼 저지르게 되더란 말이야.

나는 지독히도 끔찍한 짓들을 목격했어. 강제수용소에는 피골이 상접한 시체들이 통나무처럼 쌓여 있었어. 면도를 해본 적도 없는 꼬맹이들이 전투에 뛰어들려고 나이를 속이고는 입대했다가 폭탄에 날아가는 걸 봤어. 심지어 내 전우들조차 진창에 시체로 누워 있었지. 당신이 장례식장에 시신이 딱 한 구만 누워 있는 걸 볼 때 어떤 심정일지 상상해봐. 그런데 거기서는 시체를 보고 또 보고 한없이 봤어.

집에 온 뒤로는 죽음에 대한 생각을 많이 했어. 모두들 그러잖아. 그러다가 든 생각이, '알게 뭐냐?'는 거였어. 죽음은 내 통제권 밖의 일이야. 사람은 모두 각자의 날짜 두 개가 이미 결정된 상태로 이 세상에 온다고 생각해. 태어나는 날짜와 떠날 날짜. 우리는 두 날짜 중 어느 쪽도 조금도 통제하지 못해. 그러니 '일어날 일은 일어나고야 만다(What will be will be)'가 내 신조가 됐어. 나는 전쟁을 겪었어. 그러니 나한테 그보다 심한 무슨 일이 더 일어날 수 있겠나? 나는 세상 돌아가는 상황에 대해서는 더 이상 그리 많은 신경을 쓰지 않았어. 일어날 일은 일어나고야 마는 거니까.

해외에서 와인을 많이 마셨었어. 와인은 나를 움직이게 만드는 연료였어. 가솔린이 지프차를 움직이는 에너지원인 것처럼 말이야. 나는 집에 돌아와서도 그 스타일을 유지했어. 내 아내들 둘 다 내 음주에 대해 투덜거리고는 했었어. 1981년에 투옥됐을 때, FBI의 의도는 그게 아니었겠지만, 그들은 내 목숨을 구해준 셈이었어. 일주일은 7일뿐이지만, 투옥될 무렵에 나는 일주일에 8일을 술을 마시고 있었거든.

귀국한 첫해에는 잡다한 직업들을 시도했었어. 베넷 콜 앤 아이스Bennett Coal and Ice가 나를 필요로 할 때면 언제든 그 회사에서 일했어. 여름에는 전쟁이 끝난 후에도 전기냉장고를 갖고 있지 않은 많은 사람들에게 얼음—아이스박스에 담은 두 덩이—을 배달했어. 겨울에는 난방용 석탄을 배달했고. 재미있는 건 일곱 살 때 얻은 내 첫 직업이 석탄이 타고 남은 재를 치우는 거였는데, 그때는 석탄을 배달하느라 재를 뒤집어쓰고 있었다는 거야. 이삿짐센터에서도 한 달 일했었지. 시멘트공장에서는 온종일 시멘트 자루들을 쌓았고. 공사장에서는 막일꾼으로 일했어. 얻을 수 있는 일은 닥치는 대로 했어. 은행을 터는 것만 빼고. 화요일, 금요일, 토요일 밤에는 와그너스 댄스홀에서 파트타임으로 기도를 서면서 볼룸댄스를 가르쳤어. 그 일은 10년쯤 계속했지.

해본 일이 너무 많아서 기억도 다 못하겠군. 기억이 나는 직업 하나가 레인지에서 나온 뜨거운 블루베리 파이 믹스를 차디 찬 알루미늄 컨베이어벨트에 올려놓는 일이야. 내가 갈퀴질을 많이 할수록, 테이스티케이크[42] 파이로 만들어지기 이전 상태에 있는 블루베리들은 더 차가워졌어. 관리인은 나한테 갈퀴질을 더 힘껏 하라고 잔소리를 했어. "너, 갈퀴질을 설렁설렁하고 있잖아." 그를 무시하려고 애썼지만, 놈이 이런 말까지 하더군. "이 꼬맹이 새끼가, 내 말 안 들려?" 도대체 무슨 생각으로 그런 말을 나불거리는 거냐고 물었어. 그가 이러더군. "이 꼬맹이 자식아, 너한테 말하고 있잖아!" 그러면서 내가 더 열심히 일하지 않으면 갈퀴를 내 엉덩이에 꽂아버리겠다는 거야. 나

---

42 Tastykake, 간식용 음식 브랜드

는 내가 그보다 힘이 더 세기 때문에 그의 목구멍에 갈퀴를 꽂아넣겠다고 받아쳤어. 덩치 큰 흑인인 그가 나한테 다가오더군. 나는 그를 몇 번 손본 다음에 의식을 잃은 그를 컨베이어벨트에 올려놨어. 그러고는 블루베리를 입에다 잔뜩 쑤셔 넣어줬고. 그렇게 그를 처리했어. 경찰들이 와서 나를 거기서 끌고 나와야만 했지.

그런 일이 있은 후, 어머니는 주 상원의원이었던 지미 저지를 만나러 가셨어. 어머니에게는 정치권 연줄이 조금 있었어. 오빠들 중 한 분이 필라델피아에서 의사로 일했고, 다른 한 분은 캠던에서 유리산업 노조의 거물에다 시의회 의원하고 비슷한 직책인 프리홀더[43]였거든. 나를 펄스테인에 노조 수습생으로 넣어준 분이 그분이었어. 어쨌든, 어느 날 아침에 일어났더니, 어머니가 나를 펜실베이니아 주 경찰로 임용하는 일을 상원의원하고 잘 처리해놨다고 말씀하시더군. 신체검사만 합격하면 된다는 거야. 고맙다는 인사를 드리고 싶었지만, 그게 내가 세상에서 제일 하기 싫은 일이었어. 그래서 상원의원에게 존경을 표하러 갈 생각조차 하지 않았지. 세월이 흐른 뒤에 내 변호사 F. 에밋 피츠패트릭에게 그 얘기를 했더니, 그가 이러더군. "자네 같은 사람이 경찰이 됐으면 어떤 경찰이 됐겠나?" 그래서 대꾸했지. "부자 경찰이 됐겠지." 나는 사람들을 마음 내키는 대로 강간이나 아동학대 같은 혐의로 체포했을 거야. 그밖에 다른 죄목으로 내게 체포된 사람들은 재판 대신 합의를 통해 자기들 갈 길을 갔을 거고.

전쟁터에 가기 전에 그랬던 것처럼 천하태평으로 살려고 애썼지만, 그러는 방법을 터득할 수가 없더라고. 만사에 짜증을 내게 되기까지는 많은 게 필요치 않았어. 가만 놔둬도 벌컥벌컥 화를 내고는 했으니까. 술이 그런 성깔을 누그러뜨리는 데 약간 도움을 줬지. 예전 패거리들하고 많이 어울렸어. 미식축구도 약간 도움이 되더군. 섀너헌스를 위해 태클을 하고 가드를 봤어. 옛친구 양크는 쿼터백이었어. 그 시절에는 미식축구를 할 때 가죽 헬멧을 썼었

43 freeholder, 뉴저지의 21개 카운티에 속한 카운티 입법기관 사람들

어. 그런데 내 대두에 편안하게 잘 맞는 가죽 헬멧을 찾을 길이 없는 거야. 그래서 나는 양모로 만든 모자를 쓰고 뛰었어. 허세를 부리려던 게 아니라, 그게 내가 찾아낸 모자 중에 내 큰 머리에 맞는 유일한 거였기 때문이야. 내가 이후에 더 좋은 시절에 태어났다면 프로 미식축구 선수를 뽑는 테스트에 나가는 걸 좋아했을 거라는 데에는 의심의 여지가 없어. 나는 덩치만 큰 게 아니었어. 힘도 무척 좋았고, 무척 빠른데다 민첩하고 영리한 선수였어. 내 팀메이트들은 지금은 한 명만 빼고는 이 세상 사람이 아니야. 앞서도 말했지만, 우리는 모두 시한부 인생이야. 가는 날짜만 모를 뿐이지. 젊은 사람들이 모두 그렇듯, 우리도 당시에는 우리가 영원토록 살 거라고 생각했었어.

어느 날 오후, 우리 무리는 위스키와 맥주를 계속 들이키는 데 필요한 돈을 벌겠답시고 피 1파인트[44]에 10달러를 받고 매혈을 하러 다운타운에 갔어. 그러고 돌아오는데 길에 카니발 간판이 보이더군. 캥거루랑 3라운드를 싸워서 버틸 수 있으면 100달러를 상금으로 주겠다고 적혀 있었어. 방금 전에 하고 온 매혈보다 훨씬 더 짭짤한 일이잖아? 그래서 카니발로 갔지.

카니발 측은 조련한 캥거루에게 복싱 글러브를 끼워 링에 세웠어. 친구들은 캥거루랑 붙어보라고 내 등을 떠밀었지. 나는 캥거루는 팔이 짧으니까 놈을 때려눕히는 데는 문제가 없을 거라고 판단했어. 그들은 나한테 글러브를 끼웠고, 나는 놈에게 잽을 날리기 시작했어. 그런데 내가 몰랐던 게 있었어. 캥거루는 턱이 자유자재로 돌아가는 동물이라, 내가 턱을 때리더라도 그 충격이 놈의 뇌에까지 전달돼 나가떨어지게 만들 수가 없다는 걸 말이야. 나는 놈에게 잽만 날리고 있었어. 왜냐고? 캥거루를 해치고 싶어 하는 사람이 세상에 어디 있겠어? 그런데 잽만 날려서는 놈한테 충격을 줄 수가 없다는 걸 깨달은 나는 정말로 강한 펀치인 오버핸드 라이트를 날리기 시작했어. 그런데 캥거루가 쓰러지는가 싶더니, 우리 노인네가 나를 후려치고는 했던 때처럼 뭔가가 내 뒤통수를 강하게 갈기는 게 느껴지지 뭐야. 나는 그 느낌을 떨

44 약 500밀리리터

쳐내고, 사방으로 깡충거리며 뛰어다니는 캥거루한테 잽을 날리는 일로 돌아갔어. 그러면서도 내 뒤통수를 때리는 개자식이 어떤 새끼인지 알아내려고 애썼고.

있잖아, 내가 몰랐던 게 또 있었어. 캥거루는 꼬리로 자신을 방어한다는 거. 내가 캥거루를 쓰러뜨릴 때마다 2.4미터 길이의 꼬리가 내 뒤에서 채찍처럼 날아오는 거야. 내가 놈을 세게 치면 질수록, 놈의 꼬리는 더 세고 빠르게 내 뒤통수로 날아왔어. 내 뒤에서 채찍처럼 날아오는 꼬리를 나는 전혀 보지 못했어. 꼬리에 복싱 글러브가 끼워져 있다는 건 신경도 쓰지 않았고. 놈의 리치[45]가 2.4미터나 된다는 걸 몰랐던 거야.

사실, 내 신경은 얼굴에 무척이나 달콤한 미소를 띠고 스탠드에 앉아 있는 예쁜 아일랜드계 아가씨에게 쏠려 있었어. 나는 그녀 앞에서 으스대려고 애를 쓰고 있었지. 그녀의 이름은 메리 레디로, 동네에서 본 적은 있지만 얘기는 한마디도 해본 적이 없는 여자였어. 그녀는 얼마 안 있어 프랜시스 J. 시런의 부인이 될 터였지만, 그 스탠드의 셋째 줄에 앉아 있던 당시에는 그 사실을 모른 채 나머지 관중과 함께 배꼽을 잡고 있었어.

내 친구들은 처음 두 라운드 사이에 배꼽이 빠져라 웃고 있었어. 그런데도 나는 일이 어떻게 돌아가는지를 전혀 몰랐지. 2라운드를 마치고 돌아왔는데, 이번 라운드에서도 내가 캥거루를 두 번 쓰러뜨렸다는 건—그렇게 하기는 쉽지 않아—그전 라운드와 똑같았지만, 뒤통수를 두 번이나 맞은 것도 똑같았지. 온종일 술을 마시고 피를 판데다 뒤통수를 계속 얻어맞는 바람에 정신이 혼미해지기 시작했어. 셋째 줄에 앉은 아가씨한테 멋진 모습을 보여주지도 못하고 있었고.

2라운드와 3라운드 사이에 도대체 일이 어떻게 돌아가고 있는 거냐고 친구들한테 물었어. "어떤 새끼가 내 머리를 자꾸 때리는 거야?" 친구들은 심판이 그러는 거라고, 그 심판은 아일랜드인을 좋아하지 않는다고 하더군.

---

45 reach, 권투에서 팔을 완전히 폈을 때 손끝이 미치는 범위

심판한테 걸어간 나는 한 번만 더 내 뒤통수를 때리면 때려눕혀버리겠다고 경고했어. 그랬더니 심판이 말하더군. "링으로 돌아가서 싸우기나 해, 이 애송이놈아."

이제 나는 한 눈으로는 캥거루를 보고 다른 눈으로는 심판을 보면서 링으로 나갔어. 정말로 뚜껑이 열린 나는 그 캥거루를 때려눕혔지. 그랬더니 날아온 놈의 꼬리가 내 머리를 얼마나 세게 때렸던지 얼얼한 통증이 사흘을 가더라고. 나는 심판에게 달려들어서 그도 때려눕혔어. 심판 쪽 사람들이 나를 좇아 링으로 뛰어들었고, 내 친구들도 그들을 좇아 뛰어들었어. 링에서 사람들을 뜯어말리느라 경찰들이 한참을 고생했지.

나는 모코로 끌려갔어. 10번가와 모야멘싱의 교차지에 있는 시 교도소 이름인데 우린 거길 모코라고 불렀어. 그 시절에 경찰은 사람들을 약식으로 한동안 체포할 수도, 법적 절차를 전혀 밟지 않은 채로 석방할 수도 있었어. 내가 그럴 일을 자초하지 않는 한, 경찰이 사람을 무턱대고 패거나 하지는 않았어. 경찰은 그런 쓸데없는 일에 힘을 뺄 생각은 없었거든. 그들은 내가 처벌을 충분히 받았다는 판단이 섰을 때 나를 석방했어.

나는 메리 레디의 집으로 직행해서 현관문을 노크한 다음, 데이트 신청을 했어. 우리는 얼 시어터에서 공연하는 어스킨 호킨스의 빅 밴드를 보러 가는 데이트를 했어. 신나는 데이트였지. 그녀는 정말로 신심이 깊은 가톨릭이었고, 나는 그녀의 그런 점을 대단히 존중했어. 그녀의 머리카락은 근사한 짙은 갈색이었고, 얼굴은 내가 본 가장 아름다운 아일랜드인의 얼굴이었어. 그리고 세상에, 그녀는 춤도 잘 췄어. 그날 밤 나는 내가 결혼할 여자는 이 여자라고 생각했어. 정착하고 싶었어. 떠돌이 생활은 물릴 만큼 했으니까. 어쨌든 내 의도만큼은 그렇게 선했어. 결과는 나도 모르겠지만.

착한 여자는 나쁜 남자를 좋아한다고들 하더군. 극과 극은 끌린다는 식으로 말이야. 메리는 나를 사랑했지만, 그녀의 가족들은 나를 싫어했어. 그들은 세상이 그렇게 부르듯 나를 '다 쓰러져가는 집에 사는 아일랜드놈'이라고 생각했고, 나는 역시 세상이 그렇게 부르듯 그들을 '센제하는 숭산승 아일랜드인'이라고 짐작했어. 아니면, 그들이 내 안에 있는 뭔가를 본 것인지도 몰라. 나는 변하려고 기를 쓰고 있었지만, 그래도 나는 그들의 메리와 어울리기에는 지나치게 럭비공 같은 놈이라는 사실을 본 건지도 모른다는 말이야.

메리는 일요일마다 성당에 갔고, 나는 그녀와 함께 갔어. 갖은 애를 다 썼지. 우리는 1947년에 마더 오브 소로우스 성당에서 결혼했어. 거기는 내가 와인을 마셨다는 이유로 복사에서 쫓겨난 곳이야. 나는 여전히 안정적인 직업이 없는 상태로 구해지는 일은 무엇이건 하고 있었고, 와그너스에서도 일하고 있었어.

금융회사 네 곳을 돌아다니면서 결혼식을 올리는 데 필요한 돈을 100달러씩 빌렸어. 그러다가 대출금 회수원이 찾아오면 나는 잠적한 상태라서 나를 찾아내지는 못할 거라고 설득하고는 했지. 내가 그렇게 설득하는 데 성공한 사람들 중 한 명이 내 대출 장부를 상관에게 넘겼는데, 내 잠적에 협조하지 않기로 결정한 그 상관이 어느 날 밤에 와그너스로 나를 찾아왔어. 그는 정문에 서 있는 게 나라는 걸 모르더군. 시런 씨에게 안내하겠다면서 따라오라고 했어. 그는 나를 따라 화장실로 왔고, 나는 그의 몸에 한 방, 턱에 한 방을 날려 쓰러뜨렸지. 발길질을 하거나 연장을 쓰지는 않았어. 그저 시런 씨는 너무 바빠서 그날 밤이건 다른 밤이건 그를 만날 수가 없다는 사실을 그가 확실히 이해하기를 원했던 것뿐이었어. 그는 내 생각을 곧바로 알아차리더군.

메리는 필라델피아 약학대학의 비서라는 좋은 일자리를 얻었어. 신혼 초기에 우리만의 보금자리를 마련할 형편이 안 된 우리는 친구들 대다수처럼 처갓집에서 결혼생활을 시작했어. 나는 경제적 형편이 되는 사람들에게 처갓집에서 더부살이를 하라고 권하지는 않을 거야. 결혼식날 밤 처갓집에서 연회가 열렸는데, 술을 두어 잔 들이켠 나는 들어온 결혼 선물을 모두 처갓집에 돌려보내겠다고 선언했어. 나를 원치 않는 사람들이 주는 선물은 원치 않는다면서 말이야. 나는 그런 짓을 하는 것도 권하지 않을 거야. 전쟁을 치르면서 생긴 일촉즉발의 성깔이 여전히 내게 남아 있었던 거야.

내 전과 기록에 따르면, 내가 처음으로 법적인 소송절차를 밟은 때는 1947

년 2월 4일이야. 전차에 탄 떡대 두 놈이 내가 좋아하지 않는 무슨 말을 했던 게, 아니면 나를 삐딱한 눈으로 봤던 게 분명해. 그때는 그렇게 대수롭지 않은 일로도 싸움이 붙던 시절이었어. 우리 셋은 한판 붙으려고 전차에서 내렸어. 내가 두 놈을 흠씬 두들기고 있을 때 경찰들이 나타나서는 같이 가자더군. 떡대 두 놈은 모퉁이에서 석방되는 행운을 누렸어. 나는 놈들하고 보던 용무를 끝마치기 전까지는 아무 데도 가지 않을 거라고 경찰에게 말했지. 내가 기억하는 다음 일은 내가 경찰 셋하고 싸우고 있었다는 거야. 경찰은 이번에는 나를 풍기문란과 체포에 저항한 혐의로 입건했어. 나한테 주머니칼이 있었어. 그래서 경찰은 보석금 액수를 높이려고 은폐한 무기를 소지했다는 혐의도 나한테 씌웠어. 내가 연장을 쓰기로 마음을 먹었다면 주머니칼 정도로 끝내지는 않았을 거야. 어쨌든 나는 벌금을 물었고, 경찰은 나한테 보호관찰 처분을 내렸어.

우리 부부는 열심히 저금을 했고, 그 덕에 처가살이는 그리 오래가지 않았어. 나는 안정적으로 정착할 수 있는 일자리를 계속 찾고 있었어. 자동차 부품을 만드는 버드 매뉴팩처링에서 일한 적이 있는데, 노예소굴이었어. 도살장이나 다름없었지. 제대로 된 안전기준 같은 게 없던 곳이었거든. 그 바람에 항상 누군가의 손이나 손가락이 잘려나갔지. 요즘 사람들은 적절한 작업환경을 쟁취하는 데 노조가 얼마나 유익한 역할을 했는지를 까먹었어. 나는 그 회사에 내 팔 하나를 기부할 생각은 눈곱만치도 없었고, 그래서 그곳은 내가 관둔 또 다른 직장이 됐어. 하지만 그곳에서 받은 인상은 훗날 내가 노조에 투신하게끔 만들어줬어.

일자리를 간절히 찾던 나는 진짜 정육회사들이 모여 있는 지라드 가를 걸어 내려가려고 있었어. 스위프트 육류회사 트럭에 하인드쿼터[46]를 싣는 흑인 남자가 보이더군. 그에게 그 일자리에 대해 물었더니 그는 나를 어떤 사내에게 보냈어. 사내가 하인드쿼터 싣는 일을 감당할 수 있겠느냐고 묻더군. 나는

---

46 hindquarter, 짐승의 뒷다리와 궁둥이

일주일에 사흘을 체육관에 가서 펀칭백과 스피드백을 두들기고 웨이트를 들 뿐 아니라 핸드볼을 하던 중이었어. 게다가 춤도 가르치고 있었고. 그래서 나는 하인드쿼터를 폭찹 들듯 들었어. 그렇게 취직이 됐지.

그 흑인 이름은 버디 호킨스야. 우리는 친구가 됐어. 버디는 날마다 아침으로 버번위스키 세 잔과 프렌치 애플파이 두 조각을 먹었어. 버디는 언젠가 챔피언 저지 조 월코트와 붙은 적이 있는 흑인 헤비급 선수 더스티 윌킨슨에게 나를 소개해줬어. 월코트하고 혈투를 벌인 선수였지. 더스티는 좋은 사람이었고, 우리는 친구가 됐어. 그는 훌륭한 파이터였지만, 훈련을 하는 건 좋아하지 않았어. 그는 닉슨 볼룸이라는 흑인 댄스클럽, 그리고 10번가와 월러스의 교차지에 있는 레드 루스터 바에서 기도로 일했어. 나는 바에 들러 더스티와 어울려 시간을 보내면서 공짜 술을 마시고는 했지.

안정적인 급여가 들어오고 아이를 가지게 되자, 메리는 직장에 퇴직하겠다고 알렸고 우리는 우리만의 보금자리를 마련할 형편이 됐어. 우리는 어퍼다비에 있는 집을 임대했어. 메리가 낮 동안 집주인의 딸을 보살피는 대가로 임대료는 절반만 냈지.

그런 후, 우리는 메리의 생일에 태어난 첫딸 메리 앤을 얻었어. 그보다 더 울컥한 감정은 세상에 없었지. 나는 가족을 위해 할 수 있는 한 많은 돈을 벌겠노라고 맹세했어. 가톨릭이던 우리는 하나님께서 우리에게 주시는 만큼 많은 아이를 가질 작정이었어. 메리 앤을 위해 집에서 근사한 세례식을 열었지. 더스티가 우리 집에 왔는데, 1948년에 필라델피아에서 그건 약간 흔치 않은 일이었어. 흑인 선수를 맨 나중에 선발한 메이저리그 팀이 필리스였으니 어떤 상황인지 짐작이 될 거야.

트럭에 고기 싣는 일을 한동안 한 후, 나는 결국 푸드 페어의 트럭운전사라는 좋고 안정적인 노조 일자리를 얻었어. 그 일자리를 10년간 유지했지. 나는 대체로 하인드쿼터와 닭을 배달했어. 더스티가 약간의 가욋돈을 버는 법을 알려주더군. 나는 닭 몇 마리를 옆으로 챙겨놓고는 상자의 무게가 똑같이 남아 있도록 그 공간에 얼음을 채웠어. 그러고는 트럭을 레드 루스터로 몰았고, 그러면 더스티는 닭을 살 사람들을 줄 세우고는 했지. 그는 갓 잡은 닭을 마리당 1달러에 팔았고, 그러고 나면 우리는 돈을 절반씩 나눠가졌어. 내가 닭 60마리를 따로 챙기면, 30달러가 내 몫이었던 거야.

둘째 딸 페기는 그보다 1년 조금 지난 때에 태어났어. 푸드 페어라는 안정적인 직장, 와그너스에서 하는 부업, 그리고 닭을 팔아서 챙긴 돈 덕에 시런 집안의 살림살이는 번창하는 듯 보였어. 장모님이 갓난아이 둘을 키우는 걸 도와줬고.

그러면서 주중 이틀 밤은 와그너스 댄스홀에서 일하고 다른 이틀은 더스티와 함께 기도로 일하는 닉슨 볼룸으로 옮겨가는 식으로 일했어. 흑인 여자들은 자기들 남자친구들이 질투하게 만들려고 내게 집적거리곤 했고, 그러면 나는 관련자 모두를 진정시켜야만 했어. 어느 날 더스티가 아이디어를 하나 냈어. 그는 내가 사람들을 진정시키고만 있는 걸 본 사람들이 내가 자기들과 싸우는 걸 두려워한다고 생각하기 시작했다고 했어. 그래서 우리는 내가 뒷걸음질을 치고 또 치는 동안, 더스티가 사람들로 하여금 내가 상대를 혼내줄 거라는 쪽에 내기를 걸게 하자는 아이디어를 궁리해냈어. 내기가 성사되면 더스티는 내게 고개를 끄덕여 신호를 보냈고, 그러면 나는 상대를 때려눕히고는 했지. 당신이 누군가를 때려눕힌 적이 있는지는 모르겠는데, 사람들을 가격할 때 가장 좋은 곳은 턱하고 귀가 만나는 지점이야. 거기를 제대로 맞은 사람은 그냥 앞으로 풀썩 쓰러지게 돼. 상대들은 쓰러지는 길에 늘 내 셔츠를 움켜쥐었고 그러면서 셔츠가 찢어지고는 했어. 그래서 나는 매일 밤마다 흰색 새 셔츠를 제공받는 걸 조건으로 내걸고 닉슨과 협상을 했어. 어쨌든, 더스티와 나는 내기에서 얻은 수익을 나눠 가졌어. 불행히도, 그 짓은 오래가지는 못했지. 얼마 지나지 않아 나랑 붙겠다고 나서는 놈이 없어졌거든.

1955년에 셋째 딸 돌로레스를 얻었어. 메리와 나는 일요일마다 성당에 갔고, 아이들도 각자 미사에 참석했지. 메리는 성당에서 노베나[47]를 열 때면 늘

47/ novena, 성녕 성님을 찬미하른 9일간의 기노

93

거기에 참가했고, 성례에도 빠지지 않았어. 메리는 정말로 훌륭한 어머니였어. 그녀는 우리 어머니처럼 말수가 무척 적었지만, 딸들에게 하는 애정 표현만큼은 확실하게 했어. 내 입장에서 애들에게 애정을 표현하는 건 힘든 일이었어. 어렸을 때 그런 애정을 받아본 적이 없었으니까. 나는 자식들보다는 손주들을 키우면서 애정 표현하는 법을 더 많이 배웠어. 메리는 딸아이들 기르는 일을 도맡아 했어. 딸들이 내가 골머리를 싸매게 만드는 일을 한 적은 선혀 없었어. 내가 잘 돌봐서 그런 게 아냐. 메리가 관심을 기울이면서 그 애들을 키운 덕이었지.

둘째 딸 페기를 조니 몽크스 클럽에 데려가고는 했어. 첫째는 집에서 엄마하고 새로 태어난 돌로레스와 같이 있는 쪽을 좋아했거든. 조니 몽크는 그 지역의 리더였어. 그의 술집은 음식이 무척 훌륭했지. 메리는 술을 마시지 않았는데도, 우리는 매년 마지막 날이면 거기에 가고는 했어. 메리는 아이들하고 소풍가는 걸 좋아했고, 우리는 애들을 윌로우 그로브 놀이동산에 데려가고는 했어. 내가 늘 일만 하고 살았던 건 아냐. 애들이 어렸을 때는 애들하고 외출을 다니고는 했어. 나는 페기와 무척 가까웠지만, 그 애는 더 이상 나랑 말을 섞으려고도 하지 않아. 지미가 실종된 이후로는 말이야.

내가 다운타운에서 노닥거리기 시작하면서 상황은 완전 딴판이 됐어. 푸드 페어의 운전사 중 일부는 이탈리아인들이었는데, 나는 특정한 사람들도 서성거리는 곳인 다운타운의 바와 레스토랑에 그들과 함께 다니기 시작했어. 또 다른 문화에 들어갔던 거야.

지금 와서 보면, 그건 무척 나쁜 일이었던 것 같아. 나는 아이들을 학대하는 아버지는 아니었지만, 아이들에게 조금씩 소홀해지기 시작했어. 메리는 무척이나 좋은 여자였고, 내게도 지나치리만큼 관대했어. 그런데 어느 시점에, 다른 문화에 마냥 빠져든 나는 귀가하는 걸 관뒀어. 하지만 매주 집에 현금은 갖다 줬지. 내가 착한 짓을 했다면, 그건 메리가 착한 일을 한 거였어. 나는 나 자신만 아는 망나니였어. 나는 돈을 갖다 주는 것으로도 충분히 좋은 일을 하고 있다고 생각했지만, 아이들에게 가족으로서 보내는 시간을 충분히 주지는 못했어. 아내에게 우리만의 시간을 충분히 주지도 못했고. 내가 두 번째 아내인 아이린과 결혼하고 내게는 넷째 딸인 코니를 얻은 60년대에는 상황이 달랐어. 그 무렵은 내가 호파와 팀스터즈와 함께하던 시기였어. 수입이 안정적으로 들어오고 있었고, 나이를 먹은 나는 집에서 보내는 시간이 더 많았지. 집밖으로 나돌지도 않았고. 이미 적당한 자리를 잡고 있었으니까.

50년대의 언젠가 극장에서 메리하고 「워터프론트」를 보면서 나는 적어도 말론 브란도의 캐릭터만큼만 나쁜 놈이라고, 그러면서 언젠가는 노조에 가입하고 싶다고 생각했던 걸 기억해. 팀스터즈는 내가 푸드 페어에서 안정적인 직장생활을 할 수 있게 해줬어. 회사는 내가 도둑질하는 현장이 발각됐을 때에만 나를 자를 수 있었지. 정확히 말하면, 내가 도둑질하는 게 발각되고 그들이 그 사실을 증명할 수 있을 때에만 회사는 나를 자를 수 있었어. "

러셀 버팔리노

1957년에 마피아의 실체가 세상에 드러났다. 본의 아니게 그렇게 된 거지만, 아무튼 드러난 건 드러난 거였다. 1957년 이전에 합리적인 사고를 하는 사람들은 미국에 조직화된 갱스터들의 네트워크가 존재하느냐 여부에 대한 의견이 제각기 달랐다. FBI의 J. 에드거 후버 국장은 그런 조직은 존재하지 않는다고 오랫동안 미국인들에게 장담해왔었다. 그러면서 그는 FBI가 보유한 자원의 엄청나게 많은 부분을 공산주의자로 의심되는 인물들을 수사하는 데 투입했다. 하지만 1957년에 마피아가 의도치 않게 벌인 홍보활동의 결과로 후버조차 입장을 바꿀 수밖에 없었다. 그 조직에는 '라 코사 노스트라'라는 이름이 붙었다. 이건 정부가 도청한 내용에서 들린 용어로 '우리들의 이것 (this thing of ours)'이라는 뜻이다.

아이러니하게도, 자기홍보를 꺼린 러셀 버팔리노는 1957년에 마피아가 원치 않게 수행한 홍보활동과 약간의 관련이 있었다. 그는 1957년 11월에 뉴욕주 아팔라친 마을에서 열린, 전국 각지에서 온 대부들이 참석한 유명한 회합을 준비하는 작업을 도왔다. 이 회합은 1957년 10월에 일어난, 대부 앨버트 아나스타시아가 뉴욕의 파크-쉐라톤 호텔에서 얼굴에 뜨거운 타월을 덮은 채로 이발소 의자에 앉아 피격된 사건 이후로 터질 수도 있었던 잠재적인 문제들을 진정시키기 위해 소집된 거였다.

아팔라친 회합은 마피아 입장에서는 득보다 실이 훨씬 큰 이벤트였다. 아팔라친 경찰은 그들의 관할구역에서 마피아가 벌이는 모든 행동을 의심스러워했고, 그래서 회합이 벌어지고 있던 저택을 급습했다. 이때는 미국 연방대법원이 압수수색과 관련한 모든 법을 바꾸기 이전이었다. 미국에서 가장 힘센 마피아 58명이 경찰에 체포돼 끌려갔고, 다른 50여 명은 숲을 가로질러 줄행랑을 쳤다.

역시 1957년에, 대중은 미합중국 상원이 주최한 조직범죄에 대한 맥클레런위원회 청문회[48]의 텔레비전 중계를 통해 날마다 TV로 조직화된 범죄의 존재를 자세히 목격하고 있었다. 모든 미국인들은 흑백화면으로 생중계된 청문회를 보면서 신문은 도저히 전달할 수 없는 광경을 생생히 시청했다. 새끼손가락에 다이아몬드 반지를 낀 터프한 마피아들은 그들이 거느린 마피아 변호사들과 조용히 상의한 다음, 상원의원들과 그들의 조언자인 바비 케네디를 똑바로 노려보기 위해 앉은 자리에서 몸을 돌렸다. 그러고는 그들에게 던져지는 모든 질문에 걸걸한 목소리로 수정헌법 5조[49]를 들먹였다. 그들에게 제기된 질문의 대부분은 살인과 고문, 다른 중범죄에 해당하는 활동에 대한 고발들로 가득했다. 그들이 질문을 받고 내놓은 장광설은 50년대 문화의 일부가 됐다. "의원님, 변호사의 조언에 따라, 대답을 했다가는 제가 유죄를 저지른 것처럼 보일 것 같다는 근거에서 저는 그 질문에 대답하는 것을 정중히 거절하는 바입니다." 그리고 물론, 대중은 그 대답을 유죄를 인정하는 것으로 받아들였다.

라 코사 노스트라의 위원회가 내린 중요한 결정 중에 러셀 버팔리노의 승

---

48 11장에서 자세히 다룬다
49 누구든지 형사사건에서 자신에게 불리하게 사용될 증언을 하지 않을 권리를 명시한 조항

인을 받지 않고 내려진 결정은 하나도 없었다. 그런데도 대중은 아팔라친 사건과 맥클레런위원회 청문회 이전까지는 러셀 버팔리노에 대해 아는 게 하나도 없었다. 자신들의 지위를 과시한 알 카포네나 대퍼 돈[50] 타입의 두목들과는 달리, 과묵한 버팔리노를 사람들은 전형적인 이탈리아계 이민자로 오해할 수도 있었다.

그는 1903년에 시칠리아에서 로사리오 버팔리노라는 이름으로 태어났다. 아팔라친과 맥클레런 청문회 이후로 몇 년 사이에, 법무부는 버팔리노를 그의 가장 친한 친구이자 동지로서 뉴올리언스의 범죄 집단 보스인 카를로스 마르첼로와 함께 미국에서 추방하는 데 성공하기 직전까지 갔었다. 자신이 패소할 거라는 예상 아래 비행기 표를 이미 구입하고 어느 정도의 현금을 소지하겠다는 협의까지 마친 상태였던 버팔리노는 그의 추방과 관련한 재판에서 승소했다.

카를로스 마르첼로를 법정에 데려가는 문제를 운에 맡기고 싶지 않았던 FBI는 러셀의 친한 친구인 카를로스를 뉴올리언스 길거리에서 말 그대로 낚아채서는 과테말라행 비행기에 태웠다. 카를로스에게는 과테말라 출생증명서가 있었다. FBI에 따르면, 그에게는 미국 시민으로서 행사할 수 있는 권리가 하나도 없었다. 약이 바짝 오르고 격분한 마르첼로는 비행기를 타고 돌아와서 추방 관련 소송을 제기하여 승소했다.

정부가 압박을 가했음에도, 버팔리노는 하던 사업을 계속 이어가며 번창했다. 펜실베이니아 조직범죄위원회가 1980년에 작성한 보고서인 『조직범죄의 10년A Decade of Organized Crime』은 당시 상황을 이렇게 폭로했다. '더 이상은 스테파노 마가디노[51]도 없고, 제노비스 패밀리도 존재하지 않는다. 이 패밀리들의 멤버들은 지금은 러셀 버팔리노의 통제 아래 있다.'

펜실베이니아 조직범죄위원회는 버팔리노를 미합중국 정부에 탄약을 납

---

50 Dapper Don, '말쑥한 두목'이라는 뜻으로, 이탈리아계 갱스터 존 고티가 단정한 외모와 화려한 차림새 때문에 얻은 별명
51 Stefano Magaddino, 뉴욕 서부가 근거지인 버펄로 패밀리의 보스

품하는 최대 공급업체 메디코 인더스트리스Medico Industries의 익명의 동업자로 인정했다. 러셀 버팔리노는 라스베이거스의 카지노들에 드러나지 않은 지분을 갖고 있었고, 피델 카스트로가 1959년에 전복시킨 쿠바의 독재자 풀젠치오 바티스타와는 비밀이랄 것도 없는 연줄을 맺고 있었다. 바티스타의 비호를 받은 버팔리노는 아바나 인근에 경마장과 대형 카지노를 소유하고 있었다. 카스트로가 마피아들을 쿠바에서 내쫓았을 때, 버팔리노는 경마장과 카지노를 비롯한 엄청난 규모의 현금과 부동산을 잃었다.

샘 '모모' 지안카나가 시카고에서 암살당하기 일주일 전이자 지미 호파가 디트로이트에서 실종되기 한 달 전이며 CIA가 조직범죄와 맺은 관계를 조사하는 상원 처치위원회 청문회[52]가 열리던 동안인 1975년 6월,『타임』지는 CIA가 카스트로를 살해하려는 미스터리에 싸인 CIA-암흑가의 음모를 실행에 옮기는 걸 도와달라며 러셀 버팔리노를 설득하는 데 성공했었다고 보도했다. 처치위원회는 1961년 4월에 피그스 만 침공이 감행되기 직전에 버팔리노가 카스트로를 독약으로 암살하려는 기이한 음모에 가담했었다는 결론을 내렸다.

버팔리노는 1970년대에 조직범죄 활동과 관련해서 무죄 판결을 세 번 받았다. 연방이 제소한 재물 강요 사건인 마지막 재판의 판결은 지미 호파가 실종되기 불과 닷새 전에 내려졌다. 1975년 7월 25일에 『버펄로 이브닝 뉴스』는 이렇게 보도했다. "내가 예측했던 방식으로 판명이 났소." CIA의 피그스 만 침공 음모에 관련이 있다는 의혹을 받은 버팔리노가 한 말이다. 같은 날 뉴욕 로체스터에서 발행된 『데모크랫 앤 크로니클Democrat and Chronicle』은 이렇게 보도했다. 은퇴할 생각이냐는 질문을 받은 버팔리노는 대답했다. "은퇴하고 싶소만, 정부가 나를 은퇴하게 놔두지 않을 거요. 나는 변호사들한테 지불할 수임료를 마련해야만 하는 처지입니다."

러셀 버팔리노가 조직범죄를 저지른 영역에는 필라델피아 외부의 펜실베이니아, 버펄로를 비롯한 뉴욕 북부, 플로리다와 캐나다에 가진 지분, 뉴욕

---

52 The Church Committee, 상원의원 프랭크 처치가 위원장인 미국 상원위원회

시티 일부 구역들, 뉴저지 북부 구역들이 포함된다. 하지만 그가 가진 진짜 권력은 미국 전역의 모든 마피아 패밀리로부터 받는 존경이었다. 더불어, 캐리라는 약칭으로 알려진 그의 아내 캐롤라이나 스치안드라Carolina Sciandra는 라 코사 노스트라의 스치안드라 계보와 관련이 있었다. 스치안드라 패밀리에서 대부의 지위에 오른 인물이 한 명도 없었음에도, 이 패밀리 멤버들의 계보는 미국 마피아의 초창기 시절까지 거슬러 올라간다.

버팔리노의 가장 친한 친구는 필라델피아의 보스 안젤로 브루노Angelo Bruno였을 것이다. 사법당국은 버팔리노를 '조용한 돈53 로사리오'라고 불렀다. 브루노는 주요 패밀리를 지휘할 때 취한 절제된 접근방식 때문에 '온순한 돈'으로 알려졌다. 버팔리노의 패밀리와 비슷하게, 브루노도 자신의 패밀리가 마약을 다루는 걸 허용하지 않았다. 브루노는 구닥다리로 인식된 처신 때문에 1980년에 욕심 많은 부하에게 살해당했다. 브루노가 최후를 맞으면서 그의 패밀리는 끊임없는 수렁에 빠졌다. 그의 후계자인 필립 '치킨 맨' 테스타Philip 'Chicken Man' Testa가 패밀리를 넘겨받고 1년 후에 말 그대로 산산조각이 났다. 테스타의 후계자인 니코데무스 '리틀 니키' 스카르포Nicodemus 'Little Nicky' Scarfo는 거느리던 부두목이자 조카에게 배신을 당하면서, 현재 살인죄로 복수複數의 무기징역54을 살고 있다. 리틀 니키의 후계자인 존 스탠파John Stanfa는 살인죄로 선고받은 5회 연속의 무기징역을 복역하는 중이다. 프랭크 시런은 존 스탠파가 레번워스 교도소에서 보낸 크리스마스카드를 해마다 받았다. 존 스탠파의 후계자인 랠프 나탈레Ralph Natale는 정부의 정보원으로 전향해서 그가 직접 거느렸던 부하들에게 불리한 증언을 한 최초의 보스다. 프랭크 시런은 필라델피아를 '밀고자들의 도시(The city of rats)'라고 부른다. 반면,

---

53 영화 「대부」에 나오는 돈 콜레오네에 빗댄 표현
54 미국의 법률에 의하면, 흉악범이라 하더라도 25년을 복역하면 가석방을 신청할 자격을 갖게 된다. 그래서 흉악범이 풀려날 가능성을 차단하려는 의도로 복수의 무기징역을 선고하는 경우가 생긴다. 2회 무기징역을 선고받은 죄수의 경우, 25년이 지나 가석방을 신청할 자격을 얻더라도, 무기징역 1회의 잔여 형기가 있기 때문에 다시 25년을 더 복역해야 가석방 신청 자격을 얻게 된다. 따라서 2회 무기징역일 경우는 50년, 3회 무기징역일 경우는 75년이 지난 후에야 가석방 신청 자격을 얻게 된다.

러셀 버팔리노는 장수했다. 그는 1994년에 90세의 나이로 요양원에서 노환으로 사망했다. 그는 숨을 거둔 날까지도 그의 '패밀리'를 통제했다. 안젤로 브루노의 필라델피아 패밀리와 달리, 그가 사망한 이후에 버팔리노 패밀리에게 불화의 조짐이 있었다는 보도는 전혀 나오지 않았다.

프랭크 시런은 자신이 만나본, 마피아 보스라는 혐의를 받은 모든 인물들 중에서 영화 「대부」에서 말론 브란도가 보여준 행동거지와 스타일에 가장 비슷한 인물은 러셀 버팔리노였다고 말했다.

미국 상원의 조직범죄에 대한 맥클레런위원회가 제출한 보고서는 러셀 버팔리노를 '미국 내부에 존재하는 가장 무자비하고 막강한 마피아 리더 중 한 명'이라고 불렀다.

1999년 여름에 펜실베이니아 북부의 주간고속도로 길가에서 어떤 남자와 그의 아내, 아들을 태운 적이 있다. 그들은 차가 고장 나는 바람에 휴게소까지 가야만 했다. 알고 보니 그 남자는 러셀 버팔리노가 거주했던, 그리고 그의 과부 캐리가 여전히 거주하는 소도시의 은퇴한 경찰서장이었다. 전직 검사였다고 내 소개를 하고는 러셀 버팔리노에 대해 해줄 수 있는 얘기가 있느냐고 물었다. 은퇴한 경찰서장은 미소를 지으며 말했다. "그가 다른 곳에서 저지른 짓이 무엇이건, 그는 그런 일들을 우리 관할구역 밖에서만 저질렀지요. 고루한 사람이었어요. 굉장히 예의 바른, 완벽한 신사였죠. 그가 사는 집이나 모는 차만 본 사람들은 그가 가진 재산이 어느 정도인지 알 길이 없었을 거예요."

09

프로슈토 빵과
집에서 빚은 와인

"

러셀 버팔리노를 만난 날, 내 인생이 바뀌었어. 훗날, 내가 그와 같이 있는 모습을 어떤 사람들이 목격한 게 명줄이 간당간당했던 특정 사안에서 내 목숨을 구해준 것으로 판명됐지. 내가 러셀 버팔리노를 만나고 내가 그와 어울리는 걸 세상 사람들이 목격하게 만든 건, 좋건 나쁘건, 다운타운 문화에 혼자 빠져들었을 때보다 그 문화에 나를 더 깊이 빠져들게 만들었어. 전쟁이 끝난 후, 러셀을 만난 건 결혼하고 딸들을 얻은 이후로 내게 일어난 가장 큰 사건이었어.

50년대 중반에, 그러니까 1955년쯤에 푸드 페어를 위해 냉동트럭으로 육류를 배달하던 중이었어. 시러큐스로 향하고 있는데, 뉴욕 엔디코트에서 엔진이 말을 안 듣기 시작하는 거야. 트럭휴게소에 차를 대고는 후드를 들췄는데 땅딸하고 나이 든 이탈리아계 사내가 트럭으로 와서 말하더군. "이보게, 좀 도와줄까?" 나는 그래 주시면 고맙겠다고 대답했고 그는 카뷰레터로 생각되는 곳을 한동안 만지작거렸어. 전용 장비를 갖고 있더군. 그가 작업하고 있을 때 이탈리아어로 말을 걸었어. 그가 무슨 일을 했는지는 정확히 모르지만, 그 덕분에 내 애마에 시동이 걸렸어. 엔진이 부르릉거리기 시작했고, 나는 차에서 내려서 손을 내밀어 악수를 청하고는 고맙다고 인사했어. 악수를 하는 데 손아귀 힘이 대단하더군. 우리가—따스하게—악수하는 모습만 보고서도 죽이 척척 맞는 사이였다는 걸 알 수 있었을 거야.

나중에 우리가 서로를 잘 알게 됐을 때, 그는 나를 처음 봤을 때 내가 하는 처신이 마음에 들었다고 했어. 나는 그에게도 뭔가 유별난 분위기가 있었다고, 마치 그 트럭휴게소의 주인인 것처럼 보이는, 아니면 도로 전체의 주인인 것처럼 보이는 분위기가 있었다고 대답했지. 그런데 그는 실제로는 그보다 더 큰 존재였어. 러셀은 챔피언이나 우승자가 가질 법한 자신감을 가졌으면서도 여전히 겸손하고 사람들을 존중할 줄 아는 사람이었어. 토요일에 고해성사를 하러 성당에 가면 어느 신부님이 계신 줄에 서야 할지를 알잖아. 사람들은 힘든 시간을 보내지 않게 해줄, 제일 괜찮은 신부님에게 가고 싶어 하지. 러셀은 그런 신부님하고 비슷한 사람이었어. 우리가 처음으로 악수를 한 그 순간, 그가 누구인지도 모르고 그를 다시 보게 될지 모르는 상태에서도 나는 그를 주목했어. 그리고 그는 내 인생을 송두리째 바꿔놓았지.

그즈음, 나는 푸드 페어에서 같이 일하는 동료들 중에서 사우스 필리에 거주하는 다수의 이탈리아계 친구들하고 다운타운의 5번가와 워싱턴이 교차하는 곳에 있는 보체 클럽에 다니기 시작한 상태였어. 내 입장에서 그들은 무척이나 새로운 무리였어. 우리는 거기서 놀다가 별명이 '스키니 레이저[55]'인 존이라는 사내가 소유한, 10번가와 워싱턴이 교차하는 지점에 있는 프렌들리 라운지로 넘어가고는 했지. 처음에는 존에 대해서 아는 게 하나도 없었어. 하지만 푸드 페어에서 일하는 몇몇 사람들은 배달 가는 길에 존에게 약간씩 돈을 맡겼지. 예를 들어, 간이식당에서 일하는 어느 웨이트리스는 존에게 100달러를 빌리고는 10주간 매주 12달러씩 갚았어. 12달러를 갚을 형편이 되지 않을 때에는 이자인 2달러만 갚아도 됐지만, 그녀는 여전히 그 주

[55] skinny razor, '깡마른 면도날'이라는 뜻으로 마른 체형을 빗대 치은 별명

103

에 갚을 12달러를 빚지고 있었고, 그 액수가 원금에 그대로 더해지는 식이었지. 원금을 제때 갚지 못하면 이자가 계속 쌓이는 식인 거야. 빚에 붙는 2달러 부분은 이자의 약자[56]인 '빅vig'으로 불렸지. 그런 돈놀이는 정말로 짭짤한 사업이었어.

푸드 페어의 이탈리아인 동료들은 그런 식으로 2달러씩을 벌었어. 언젠가 우리가 프렌들리 라운지에 갔을 때, 동료들은 나를 스키니 레이저에게 소개했고, 나는 내 계좌를 터서 돈놀이를 하기 시작했어. 손쉬운 돈벌이였지. 힘을 쓸 일도 없었고. 엄밀히 말하면 금융권에서 신용을 전혀 쌓지 못한 사람들에게 금융서비스를 제공하는 거였어. 신용카드가 등장하기 이전이던 그 시절에, 사람들은 급여를 받는 날이 될 때까지 몇 달러를 융통할 수 있는 곳이 아무 데도 없었어. 그런데 엄밀히 따지면 급전대출은 불법이었어. 불법 고리대금업이라고 볼 수도 있었으니까.

급전대출은 내 입장에서는 자연스러운 일이었어. 나는 이미 아일랜드계 건달이자 전직 복서인 조이 맥그리얼Joey McGreal을 위해 화이트 타워 햄버거 가게에서 미식축구 복권을 팔고 있었기 때문이야. 맥그리얼은 내가 속한 팀스터즈 107지부 조직책이었어. 푸드 페어의 이탈리아인 동료들은 나한테서 복권을 구입하고는 했지. 그런데 나는 복권의 당첨금을 감당할 형편이 안 됐어. 누군가가 대박을 터트릴 경우, 나는 거액의 당첨금을 지불할 수가 없는 형편이었던 거지. 그런 상황의 뒷감당을 해주는 게 맥그리얼의 역할이었고, 그래서 나는 복권판매 커미션에서 내 몫을 챙길 수 있었어. 나는 복권사업을 직접 했어. 오래지 않아 다운타운의 술집에 있는 사람들에게 복권을 팔기 시작했지. 스키니 레이저 같은 진짜 불법 마권업자들은 내가 술집에서 복권을 대놓고 팔아도 신경 쓰지 않았어. 그들은 미식축구 복권사업에는 관심이 없었으니까. 그들이 보기에 복권사업은 푼돈이 오가는 자잘한 사업일 뿐이었어. 그렇기는 해도, 그 시절에도 복권사업은 불법이었어. 지금도 여전히 그럴 거야.

---

56 vigorish, 고리대금업자에게 지불하는 이자

스키니 레이저가 부업으로 불법 마권을 팔고 돈놀이를 하는 방식을 보면서, 그리고 그와 상의하러 오는 사람들로부터 대단한 존경을 받는 걸 보면서 그가 성공한 사람이라는 걸 알 수 있었어. 그는 장교처럼 보였고, 다른 사람들은 모두 사병처럼 보이더군. 하지만 내 이탈리아인 친구들 중 누구도 그를 거물 갱스터나 그와 비슷한 사람으로 보지는 않았어. 어떤 종류의 거물이 스키니 레이저라는 별명을 가지겠나?

존이 스키니 레이저라는 별명을 얻은 건 살아 있는 닭을 파는 가게를 갖고 있었기 때문이야. 이탈리아계 여자들이 와서 늘어서 있는 닭장에 들어 있는 닭들을 살펴보고는 원하는 닭을 고르고는 했어. 그러면 존은 날이 제대로 선 면도칼을 꺼내 닭의 멱을 땄고, 여자들은 그걸 집으로 가져가 털을 뽑고는 저녁거리로 조리했지.

스키니 레이저는 굉장히 호감 가는 인물로 유머 감각도 출중했어. 모든 여성 손님을 굉장히 다정한 목소리로 '어머니'라고 불렀지. 요즘에는 그 호칭을 그런 식으로 쓰지는 않잖아. 그는 삐쩍 마른데다 키가 185센티였는데, 다운타운에서조차도 꽤나 큰 키였어. 생김새가 날이 선 가느다란 면도날하고 약간 비슷했지. 스키니는 약한 사람들에게 굉장히 잘 대해줬어. 누군가 실수를 저지른 사람은 항상 그를 대동하고 가서 가벼운 죄를 인정할 수 있었는데, 그렇게 하지 않으면 그 사람이 저지른 실수는 '심각한' 죄가 돼버리고 말았어. 그는 경범죄를 저지른 사람이 있으면 그 사람을 너그럽게 봐줬지만, 그 사람을 다시 받아들이지는 않았어.

오늘날에는 믿기 힘들겠지만, 그 시절의 사람들은 세상에 마피아 조직이라는 게 있다는 걸 정말로 몰랐어. 우리가 휘하에 갱들을 거느린 알 카포네 같은 개별 갱스터들에 대한 얘기를 들었던 건 확실해. 하지만 세상만사에 손을 뻗친 전국적인 마피아에 대해 아는 사람은 그리 많지 않았어. 많은 일을 잘 알고 있던 나조차도 그 문제에 대해서는 눈곱만치도 아는 게 없었다니까. 다른 모든 사람들처럼, 나는 우리 동네의 마권업자가 자동차 강도나 보석 도둑, 트럭 털도둑, 노동조합 보스나 정치인들하고 연계돼 있다는 건 꿈에도 떠랐어. 내가 그들의 문화를 접했을 때, 그 문화에 야금야금 젖어들기 시작했던 나는 그렇게 거창한 조직이 세상에 존재한다는 건 꿈에도 몰랐어. 어떤 면에서, 그건 부두 노동자가 날마다 석면에 노출되면서도 그게 얼마나 위험한지를 모르는 것하고 비슷해. 그들은 사람들이 자신들의 존재를 알아차리는 걸 원치 않았어.

푸드 페어에서 같이 일한 이탈리아계 친구들은 자신들이 스키니 레이저라고 부르는 사내한테 약간의 돈을 맡겨놓았으면서도 그가 얼마나 거물인지 모르고 있었지.

집에서 빚은 레드와인 병을 놓고 수다를 떨면서, 나는 푸드 페어 동료들에게 닭으로 더스티와 하고 있는 거래에 대해 떠벌렸어. 그랬더니 그들은 나한테 더 많은 돈을 벌 수 있는 현명한 방법을 알려주더군. 우리가 트럭에 하인드쿼터를 다 실으면 그곳의 창고 매니저는 자물쇠를 알루미늄으로 봉했고, 그 작업이 끝나면 우리는 목적지로 출발했어. 하인드쿼터를 싣고 푸드 페어 매장에 당도하면 매장 매니저가 알루미늄 봉인을 뜯었고, 그러면 우리는 고기를 매장 냉동고에 부렸어. 봉인을 일단 뜯고 나면 그걸 원상태로 돌려놓을 길은 전혀 없었어. 그러니 매장으로 고기를 운반하는 길에 봉인을 뜯을 수는 없는 노릇이었지. 매장 매니저만이 봉인을 뜯을 수 있었다는 말이야. 그런데 지독하게 추운 날이면, 트럭에 고기가 실린 다음에 봉인을 해야 할 창고 매니저가 약간 게으름을 피우는 거야. 자기 대신 하라면서 봉인을 우리한테 맡겼던 거지. 봉인이 우리 손에 들어오면, 우리는 간이식당에서 우리를 기다리고 있는 사내에게 하인드쿼터 다섯 덩이쯤을 넘겨줄 수 있었어. 그러면 그는 그걸 레스토랑들에 배달하고는 돈을 우리와 나눠 갖는 거야. 우리는 간이식당에서 그 사내에게 하인드쿼터 다섯 덩이를 넘겨주고 나서 트럭의 자물쇠에 봉인을 했어. 우리는 봉인이 온전한 상태로 매장에 도착했고, 그러면 매장 매니저는 봉인을 뜯었고, 만사는 흡족하게 진행되었지. 매장 사람들하고 관계가 좋을 경우, 우리는 정육코너 담당자에게 우리가 그 대신에 아이스박스에 고기를 부리겠다고 말하고는 했어. 안에 들어가면 하인드쿼터들이 오른쪽 레일에 있는 고리에 걸려 있었어. 그러면 거기서 다섯 덩이를 꺼내 왼쪽 레일로 옮겨 걸었지. 하인드쿼터 25덩이를 배달하는 대신, 왼쪽 레일에 옮겨 건 다섯 덩이에 우리가 배달한 20덩이를 더하는 식으로 일을 마무리했어. 매장 매니저는 우리가 배달한 25덩이를 세고 나서 서류에 서명을 했어. 재고조사를 해보면 물량이 부족하다는 걸 알 수 있었지만, 그게 누구 책임이었는지, 어쩌다 그런 일이 일어난 건지는 알아낼 수가 없었어. 창고 매니저는 대신 봉하라면서 우리한테 봉인을 건넸다는 것을, 자기가 너무나 게으른 탓에 자기가 해야 할 일을 올바르게 수행하기 위해 추운 데로 나가지 않았다는 사실을 절대로 인정하지 않을 거였고.

그 일은 이론상으로는 그런 식으로 진행됐어. 그런데 현실에서는 거의 모두가 그런 거래에 뛰어들었고, 다른 방식을 강구하면서 약간씩 떡고물을 챙기고는 했어.

전쟁 전에 내가 가진 건 모두 정당하게 일해서 번 거였어. 전시에, 우리는 원하는 건 무엇이건, 손에 넣고 달아날 수 있는 건 무엇이건 취할 수 있다는 걸 배웠어. 챙길 만한 가치가 있는 물건이 전쟁터에 많이 있는 것도 아니었지만 말이야. 그럼에도, 우리는 와인과 여자들을 취했었지. 필요할 경우에는 자동차도—그와 비슷한 물건들도—취하는 식이었고. 전쟁이 끝난 후, 챙길 수 있는 건 어디에서건 챙길 수 있다는 게 당연한 일처럼 보이더군. 1파인트에 10달러씩 팔아치울 수 있는 피가 체내에 무척 많았던 덕에 그런 짓을 하지 않았을 뿐이었지.

어느 날 약간 들뜬 상태였던 나는 애틀랜틱시티로 배달 가던 길에 트럭에 실린 고기를 전부 다 팔아버렸어. 고기 전체를 그 사내에게 넘기고는 내가 직접 자물쇠에 봉인을 했지. 애틀랜틱시티에 도착하고 매니저가 봉인을 뜯었을 때, 안에는 고기가 한 점도 없었고 나는 얼떨떨한 표정을 지었어. 트럭에 고기를 싣는 사내들이 고기 싣는 걸 깜빡한 모양이라고 둘러댔지. 매장 매니저는 가벼운 트럭을 운전하면서도 그걸 깨닫지 못했느냐고 묻더군. 내 애마의 싱능이 무척 뛰어나구나 생각했다고 내뱉었어. 그 사건 이후, 푸드 페어는 모든 매장 매니저에게 나를 주시하라는 지시를 하달했어. 그렇더라도, 내가 말했듯, 그들 중에도 어떤 식으로든 그런 짓에 관여하고 있던 사람들이 많았어.

회사의 지시도 나를 막지는 못했어. 회사는 내가 가는 곳마다 물건들이 사라진다는 걸 알았지만, 나한테 들이밀 증거가 하나도 없었지. 회사는 내가 그런 짓을 하고 있다는 건 알았지만, 어떤 식으로 그 짓을 하는지는 몰랐어. 그리고 고용 계약상, 경영진은 확실한 근거가 없는 한 팀스터즈 조합원을 해고할 수가 없었어. 그런데 그들에게는 확보한 근거가 전혀 없었잖아. 도둑질은 회사 측에서 입증할 수 있어야만 인정되는 비행이었어. 게다가, 나는 회사의 물건을 훔치지 않을 때면 그래도 회사를 위해 열심히 일했거든.

그러다 1956년 11월 5일에 회사는 그들이 확보한 증거로 나를 자르는 시도를 해보기로 결정했어. 그러고는 주간州間 상거래를 하는 도중에 도둑질을 했다는 혐의로 나를 기소했지. 내 변호사는 내가 나와 함께 그 짓을 벌인 사람들을 밀고해서 선처를 바라기를 원하더군. 하지만 나는 나와 함께 그 짓을 벌인 사람들을 불면, 그들 전원이 정부가 나를 상대로 벌이는 재판에서 나에게 불리한 증언을 하게끔 활용될 증인이 될 거라는 걸 잘 알고 있었어. 회사가 나를 감옥에 처넣을 경우, 회사가 확보한 증인들을 법정까지 실어 나르려면 왜건 한 대가 필요할 터였어. 회사는 나를 붙잡을 경우, 나머지 사람들도 모두 잡아냈을 거야. 회사가 원하는 건 내가 그 이름들을 부는 게 전부라고, 그러고 나면 나를 풀어주겠다고 했어. 나는 나한테 불리한 증언을 하려는 증인들에게 밀고자가 되지는 말라고 알리고는, 나는 어느 누구도 밀고하지 않을 거라고 말했어. 그러니 입 다물고 아는 게 하나도 없다는 식으로 행동하라고 말한 거야. 그러는 한편, 나는 사무실에 침입할 기회를 잡았어. 그러고는 내가 고기를 배달했다는 사실 말고는 푸드 페어가 설명할 수 있는 일이 하나도 없도록 모든 기록들을 훔쳐냈지.

정부 측 증인들은, 하나둘씩, 무슨 일도 내 탓으로 돌릴 수가 없었어. 변호사를 시켜 푸드 페어가 잃어버린 물건의 전체 내역과 모든 부족분에 대한 기록을 제출하라고 요청했어. 정부는 내가 그 기록들을 훔쳐갔다고 말하면서 항의했지. 나는 어떤 익명의 인물이 그걸 훔쳐 내 우편함에 넣어놨다고 말했어. 판사는 소송을 기각하면서, 자신이 푸드 페어 주식을 갖고 있다면 그걸 당장 매각할 거라고 했어. 그러자 푸드 페어는 내 변호사를 통해 내가 퇴직할 경우 25,000달러를 지불하겠다고 제안했어. 나는 급여를 받지 못하면서 생계를 꾸릴 만한 형편이 안 된다고 대꾸했지.

우리는 다운타운에서 축하파티를 열었고, 나는 스키니 레이저, 그리고 그와 동석한 사람들 중 일부가 내가 아무도 밀고하지 않았다는 사실을 굉장히 인상적으로 봤다는 걸 알게 됐어. 그들에게는 승소보다 밀고를 하지 않았다는 사실이 더 중요한 일이었던 거야.

내가 다운타운에서 노닥거리기 시작하던 그 시기의 어느 시점에 9번가에 있는 빌라 디로마로 저녁을 먹으러 갔어. 어느 날 밤, 어떤 사내를 본 나는 그 사람이 트럭휴게소에서 내 애마의 시동을 걸어준 나이 든 사내라는 걸 알아차렸어. 나는 그에게로 가서 존경의 예를 표했고, 그는 같이 있는 친구들과 합석하자며 나를 초대했어. 그의 친구는 안젤로 브루노로 밝혀졌고, 나는 안젤로 브루노가 스키니 레이저의 보스이자 필라델피아 전역의 보스라는 걸, 그리고 안젤로 브루노는 빌라 디로마를 비롯한 다운타운에 있는 모든 업체의 익명의 동업자라는 걸 나중에야 알게 됐어.

그들과 함께 와인을 한 잔 마셨는데, 러셀은 프로슈토 빵을 가지러 필라델피아에 자주 온다고 했어. 그건 안에다 프로슈토와 모차렐라를 넣고 굽는 빵이야. 잘라서 샌드위치처럼 먹을 수 있지. 샌드위치와 엇비슷하지만 다른 빵이야. 자신이 필라델피아에 오는 이유가 그 빵 때문이라는 말을 나는 진지하게 받아들였어. 그래서 다음번에 그의 집이 있는 방향으로 배달을 갈 때 프로슈토 빵 열두 덩어리를 그에게 갖다 줬지. 이건 당시 내가 얼마나 아는 게 없었는지를 잘 보여주는 일이야. 아무튼 그는 대단히 자상했어.

그러다가 다운타운의 다른 곳에서도 러셀을 만나기 시작했는데, 그는 늘 친구 안젤로 브루노와 같이 있었어. 나는 그의 집 쪽으로 갈 때면 언제든 그에게 로젤리스의 소시지를 갖다 주기 시작했어. 그가 필라델피아에 오는 이유는 그것 때문이기도 하다고 말한 적이 있었거든. 한편, 내가 프로슈토 빵과 소시지를 그에게 더 많이 건네면 건넬수록 나는 그를 필라델피아에서 더 자주 만나고 있었어. 그는 늘 합석하자면서 나를 초대해서는 레드와인을 마시고 빵을 와인에 담갔지. 그는 전쟁 중에 내가 그가 태어난 도시인 시칠리아 카타니아에 있었다는 사실을 무척이나 좋아했어. 나는 카타니아에서 일요일이면 마카로니를 빨래 말리듯 빨랫줄에 걸어 내놓는 것에 대해 그와 얘기를 나눴지. 때때로 그는 식사자리에 나를 초대했고, 우리는 짧은 이탈리아어로 대화를 했어. 그는 나한테서 2달러짜리 미식축구 복권을 구입하고 카드를 치기도 했어. 그것들은 그저 사교적인 제스처였을 뿐이야.

그러다가 푸드 페어 체인의 영원한 파트너가 되려던 내 계획들이 갑작스레 중단되고 말았어. 회사가 의심하고 있던 특정 레스토랑을 감시하는 일에 글로브 탐정사무소를 투입해서는 거기에 고기를 가져온 사내를 붙잡았거든. 그는 푸드 페어 직원이 아니었어. 스키니 레이저가 장악한 다운타운 일대에서 노닥거리는 놈일 뿐이었지. 그는 픽업트럭을 몰았는데, 그 안에는 내가 건넨 푸드 페어 고기가 실려 있었어. 다시 한 번, 회사는 내가 그 일에 관련됐다는 증거는 하나도 갖고 있지 않았어. 그 고기가 특정한 운전사가 그의 트럭에 실은 고기라는 걸 식별할 방법이 없었기 때문이야. 회사가 나에 대해 품은 생각은 그랬으면 하고 바라던 희망일 뿐이었어. 하지만 내가 범인이라는 걸 잘 아는 회사는 나한테 다가와서 퇴직하면 그 사내를 풀어주겠노라고 했어. 나는 퇴직할 테니 25,000달러를 달라고 했지. 그랬더니 경영진은 나를 비웃었어. 그들은 내가 그 친구가 경찰에 넘어가게 놔두지는 않을 거라고 판단했는데, 그들의 판단은 옳았어. 결국에는 내가 퇴사했으니까.

그러고 나서 빌라 디로마에 갔다가 러셀하고 우연히 마주쳤는데, 그는 모든 걸 다 알고 있었어. 그러면서 나한테 올바른 일을 했다고 하더군. 내가 처자식이 딸린 그 친구를 감옥에서 구해내는 올바른 일을 했다는 거야. 그런데 한편으로, 나 역시 처자식이 딸린 몸이었고 실직한 상태였어.

나는 노조회관 앞에서 일자리를 구하기 시작했어. 소속 운전사들이 병가를 낸 회사들을 위해 배달을 뛸 차례를 기다린 거지. 영화 「워터프론트」에 나오는 부두 노동자들처럼 열심히 일했어. 일이 있는 날도 있고, 공치는 날도 있었어. 아무튼 나는 늘 안정적인 직장을 갖는 걸 소망하고 있었어. 무도회장 일은 여전히 하고 있었지. 하지만 푸드 페어를 위해 배달을 다니는 일을 잃었는데, 그 일이 없으면 스키니 레이저한테 돈놀이용 자금을 맡기는 것도, 조이 맥그리얼을 위해 복권을 파는 것도 어려웠어.

실직자가 된 건 다운타운에서 노닥거릴 시간이 더 많아졌고 푼돈을 벌려고 여기저기서 애를 썼다는 뜻이었어. 푸드 페어에 있는 이탈리아계 동료들은 내가 체육관에서 운동할 때 400파운드 벤치 프레스를 할 수 있고 안정적인 자세로 275파운드를 스트레이트 프레스로 반복할 수 있다는 사실을 떠벌려대고는 했어. 어느 날 복권 발행업자 에디 레체가 찾아와서는 약간의 돈을 벌 생각이 있는지 알고 싶어 하더군. 그는 내가 자신을 위해 사소한 문제를 처리해주기를 원했어. 그는 자기 친척이 사귀는 여자친구와 희희덕대고 있는 저지에 사는 놈을 만나러 가라면서 나한테 2달러를 건넸어. 그는 그놈에게 보여줄 총을 주면서도 그걸 사용하지는 말라고, 그냥 보여주기만 하라고 했어. 그 시절에는 일이 그런 식으로 진행됐어. 총을 보여주기만 하면 됐지. 요즘에는 총을 보여주지는 않고 그냥 쏴버리지만 말이야. 그 시절의 사람들은 오늘 자기들 돈이 됐어야 하는 돈을 원했어. 그런데 요즘 사람들은 어제까지 자기들 돈이었던 걸 원하지. 오늘날 그런 놈들 중 절반은 약에 절어 있을 거야. 그래서 충동적으로 일을 저지르는 거지. 약물이 생각을 왜곡시키니까. 그런 놈들이 절반이 넘을 거야. 보스급에 속하는 놈들 중 일부도 그럴 거고.

저지로 가서 그놈하고 얘기를 했어. 놈에게 남이 키우는 잔디를 깎을 생각은 말고 너희 집 앞마당에 있는 잔디나 잘 깎으라고 했지. 누가 그렇게 전하라고 했다고 말하면서, 머리를 다듬으러 가라고 했어—그 시절에는 머리를 다듬는다는 표현을 많이 썼어—. 그에게 어디 다른 데 가서 머리를 다듬으라고 말한 거야. 그 로미오가 나를 상대로 말썽을 피울 생각은 없다는 걸 단박에 알 수 있었어. 그래서 놈에게는 총을 보여주는 수고조차 할 필요가 없었지. 놈은 상황이 어떤지를 잘 알고 있었으니까.

에디 레체를 위해 한 그 사소한 심부름이 제대로 실행된 걸로 알려지면서 다른 심부름이 많이 들어왔어. 다운타운에 있는 사람들에게 빚을 진 사람들이 있으면 내가 가서 받아왔지. 한번은 스키니 레이저가 애틀랜틱시티에 가서 대출금의 '빅' 지불일자를 놓친 놈을 데려오라는 거야. 가서 놈을 찾아냈어. 이놈은 차에 태우려고 총을 보여줘야만 했던 놈이었어. 우리가 프렌들리 라운지에 도착할 무렵이 되니까 놈이 바지에 오줌을 지리더군. 놈을 본 스키니 레이저는 돈을 갖고 돌아오라고 말했어. 놈은 돈을 가지러 가고는 싶은데 애틀랜틱시티에는 어떻게 돌아가야 하느냐고 스키니에게 물었어. 버스를 타라고 스키니가 대답하더군.

내가 유능하다는 평판을 듣고 있었다는 데에는 의심의 여지가 없어. 더불어 나는 믿을 수 있는 사람이라는 평판도 듣고 있었어. 사람들은 친구가 감옥에 가는 걸 막으려고 푸드 페어를 퇴직한 일을 내가 스탠드업 가이라는 걸 보여주는 증거로 받아들이고 있었어. 사람들은 나를 '치치'라고 부르기 시작했는데, 이건 프랭크—프란체스코—를 부르는 이탈리아어 약칭이야. 사람들이 10번가와 태스커 교차로에 있는 메시나 클럽으로 나를 초대하기 시작했는데, 그곳은 내 생전 먹어본 중에 제일 맛있는 소시지와 후추를 먹을 수 있는 회원 전용 술집이야. 거기서 카드를 치고는 했어. 옆 테이블에 일반 시민들이 없는 상태에서 우리끼리만 노닥거릴 수 있었지. 그 술집은 지금도 여전히 그 자리에 있어. 사우스 필리 전역에서 제일 좋은 소시지와 후추를 아직도 내놓고 있지.

수요일에 러셀과 우연히 마주친 적이 두어 번 있었는데, 그는 나한테 집에 가서 아내를 데려오라고 말하고는 했어. 그러면 우리 부부는 빌라 디로마에서 그와 그의 아내 캐리와 함께 저녁을 먹었지. 수요일 밤은 우리가 각자의 아내들과 외출하는 밤이었어. 그런 식으로 처신했기 때문에, 쿠마레[57]와 같

---

57 cumare, '정부情婦'라는 뜻의 이탈리아어 속어

이 있는 걸 발각되는 사람은 아무도 없었어. 수요일 밤에는 쿠마레와 외출을 해서는 안 된다는 걸 모두들 알고 있었어. 불문율 비슷한 거였지. 메리와 나는 러셀과 캐리 부부와 함께 수요일 저녁을 즐겁게 보낸 적이 많아.

노조회관 앞에 일거리가 없을 경우, 내 발길은 자동으로 다운타운으로 향하기 시작했어. 거기 가면 마음이 편했거든. 나는 늘 레드와인 잔을 들고 있었어. 늦은 시간까지 거기에 머무르기 시작했고, 때로는 아예 집에 가지 않았지. 일요일 밤에는 뉴저지 체리 힐에 있는 고급 나이트클럽인 라틴 카지노에 가고는 했고, 주중에 다운타운에서 빈둥거리던 사람들을 거기에서 모두 만나고는 했어. 가끔 메리를 거기 데려가기도 했지만, 그들은 메리가 같이 어울리고 싶은 부류의 사람들이 아니었어. 게다가 베이비시터는 실직 상태인 내가 지나치게 자주 부를 형편은 안 되는 사치품이었어. 메리는 내가 안정적인 직장을 구할 수 있기를 기도하며 초를 켜고 있었지. 나는 더스티와 함께 닉슨 볼룸에서 토요일 밤을 보낸 후 일요일에는 늦잠을 자기 시작했고, 그러면 메리는 미사에 혼자 갔어. 아이들도 자기들 미사에 갔고.

러셀이 가끔씩 주 북부에서 전화를 걸어 자기를 차에 태워 어딘가로 데려다달라고 부탁을 했어. 그는 뉴욕에서는 엔디코트부터 버펄로까지, 펜실베이니아에서는 스크랜튼부터 피츠버그까지, 저지 북부와 뉴욕 시티에 이르기까지 온갖 지역에서 사업을 하고 있었어. 그가 와서 자기를 태워달라고 전화를 걸 때면 내가 낮 시간에 어디에 있는지 훤히 알고 있는 듯 보였어. 나는 그와 동행하는 게 즐거웠고, 그에게 동전 한 닢이라도 달라고 한 적이 없었어. 그는 내가 자기와 함께 있는 모습을 사람들에게 보여주는 것만으로도 나한테 유익한 일을 해주는 것이라는 걸 알고 있었어. 하지만 나는 1957년 11월의 어느 날이 되기 전까지는 그게 얼마나 유익한 일인지를 몰랐어. 그는 펜실베이니아 북부의 주 경계선 너머에 있는 뉴욕의 소도시 아팔라친에 태워다달라고 부탁했어. 아팔라친에서 볼일을 보고 나면 펜실베이니아 이리에 갔다가 이후로 버펄로에 가겠다면서 말이야. 그러니까 그의 여정은 이리와 버펄로를 거쳐 킹스턴에 있는 그의 집으로 들어오는 거였어. 그래서 나는 그를 이필리

113

친에 있는 어느 집으로 모셔가서 내려줬어. 그 와중에 특이한 건 하나도 보지 못했지.

아팔라친에서 그 다음날에 가진 회합은 미국의 이탈리아계 갱스터들에게 일어난, 역사상 가장 큰 사건이야. 미국 전역에서 온 갱스터 50여 명이 느닷없이 체포됐는데, 그중 한 명이 내가 새로 사귄 친구 러셀 버팔리노였어. 이 사건은 이후로 며칠간 날마다 신문 1년을 상식했어. 텔레비전에서는 인기 만점의 뉴스거리였고. 마피아가 실제로 존재한다는 게, 그리고 그들이 미국 전체를 장악했다는 게 밝혀진 거야. 이 갱스터들 각자는 모두 자기들만의 구역을 갖고 있었어. 러셀이 나한테 온갖 곳으로 태워다달라고 하면서 누군가의 집이나 술집이나 레스토랑에서 잠깐씩 일을 보는 동안 차에서 자기를 기다려달라고 부탁한 이유가 그제야 이해되더군. 그들은 통화를 하거나 은행을 이용하는 게 아니라, 직접 찾아가서 현금을 주고받는 식으로 모든 사업을 진행했어. 러셀 버팔리노는 예전의 알 카포네만큼 거물이었어. 아니, 어쩌면 그보다 더 큰 거물이었을지도 몰라. 나는 정말로 경악했어.

나는 모든 기사를 다 읽었어. 이 사내들 중 일부는 실크 정장 차림이었지만, 다른 일부는 러셀처럼 차림새가 소박했어. 하지만 그들은 하나같이, 전차에서 싸움을 시작한 이후로 경찰과 드잡이를 하거나 푸드 페어에서 소량의 고기를 슬쩍하는 식의 하찮은 전과가 아니라, 세상에 자랑할 수도 있을 정도로 어마어마한 전과를 가진 막강한 사람들이었어. 러셀 버팔리노와 안젤로 브루노의 파트너들은 살인과 매춘부터 마약과 납치에 이르는 온갖 유형의 범죄에 관여하고 있었어. 이 사람들 입장에서 고리대금업과 도박은 큰 사업이었어. 노조를 이용한 공갈 협박도 마찬가지였고. 러셀은 프로슈토 빵과 로젤리스에서 파는 따끈따끈하고 냄새 좋은 소시지를 위해서만 필라델피아에 왔던 게 아니었어. 그는 그들이 특기를 발휘할 수 있는 사업에서 안젤로 브루노와 공동으로 지분을 갖고 있었어.

그리고 러셀 버팔리노는 그들 사업에서 최상위에 있는 거물에 속했어. 그런데 내가 그의 친구였던 거야. 사람들은 내가 그와 함께 있는 걸 봤어. 나는 그와 함께 와인을 마셨어. 나는 그의 아내를 알았어. 그는 내 마누라를 알았어. 그는 늘 우리 아이들에 대해 묻고는 했어. 나는 그와 이탈리아어로 얘기를 나눴어. 나는 그에게 프로슈토 빵과 소시지를 갖다줬어. 그는 내게 집에서 빚은 레드와인을 몇 갤런이나 줬어. 우리는 프로슈토 빵을 와인에 적셔서 먹고는 했어. 나는 그를 차에 태워 여러 곳으로 데려다줬어. 심지어 그를 아팔라친의 회합 장소에 태워다주기까지 했고.

이 모든 일이 신문에 오른 후, 나는 다운타운에서 그를 한동안 만나지 못했고, 그도 어디로 태워다달라는 전화를 걸어오지 않았어. 나는 그가 언론의 관심을 피하는 중이라고 짐작했어. 그러다가 그가 생후 40일째에 시칠리아를 떠나 미국에 도착했다는 이유로 미국 정부가 그를 시칠리아로 추방하려 애쓰고 있다는 기사를 읽게 됐지. 그를 추방하려는 법적 절차와 항소는 이후로 15년간 지속됐는데, 러셀의 뇌리에서는 추방에 대한 생각이 한시도 떠난 적이 없었어. 결국에 그가 최종심에서 패소하고는 가방을 꾸리고 비행기표를 구입했을 때, 나는 이탈리아 정부와 말이 잘 통하는 변호사를 추천하고는 약간의 리라[58]를 뿌려서 기름칠을 했어. 그러고는 이탈리아 정부가 러셀을 받아들이는 걸 거부하게 만들었지. 일은 그걸로 마무리됐어. 미국 정부는 어쩔 도리 없이 그를 계속 국내에 머물도록 했어. 러셀은 추방 관련 문제에서 내가 해준 추천을 무척이나 고마워했지. 그런데 내가 신문에서 그에 대한 기사를 처음 읽었을 때, 장차 내가 러셀 버팔리노가 추방당하는 걸 모면하게끔 도와준 것을 통해 조직 내부에 놓인 사다리를 밟아 저 높은 곳까지 오르는 길을 개척하게 될 거라고 상상한 사람이 세상에 누가 있었겠나?

다운타운 사람들 입에 오르내린 또 다른 화제는 그보다 한 달 전에 뉴욕의 부둣가 보스 앨버트 아나스타시아가 이발소 의자에서 암살을 당하면서 벌어질 뻔한 갱들의 전쟁을 막기 위해 아팔라친 회합을 소집한 사람이 러셀인 것으로 보였다는 거야. 날이 갈수록 뉴욕 엔디코트의 트럭휴게소에서 내 애마의 시동을 걸어준 정비공인 러셀 버팔리노의 존재감이 내 눈 앞에서 커져만 갔지. 그리고 이 말은 꼭 해야겠어. 당신이 영화배우나 유명인을 만난 경우, 그들에게서도 러셀과 비슷한 분위기를 느낄 수 있을 거라는 걸. 러셀 본인은 싫어했지만, 러셀은 엄청난 유명인이었어. 다운타운에서건 다른 어디에서건 그와 함께 있는 게 목격된 사람은 누구든 러셀의 그런 위세에 영향을 받았지.

그러던 어느 날이야. 위스퍼스 디뷸리오Whispers DiTullio라는 친구가 보체 클럽에서 내 테이블로 와서는 와인을 한 잔 사더군. 그가 주위에서 알짱거리는 건 봤지만 어떤 놈인지는 잘 몰랐었어. 그는 스키니 레이저하고 성이 같았지만 친척은 아니었어. 그가 스키니 레이저에게 대출용 자금을 맡겼다는 걸, 나나 내 친구들보다 훨씬 많은 액수를 맡겼다는 건 알고 있었어. 그가 돈을 맡겨 대출시킨 대상은 화이트 타워 술집의 웨이트리스들이 아니라, 레스토랑과의 합법적인 사업이었어. 위스퍼스가 멜로즈 다이너에서 만나자고 하더군. 그래서 거기로 갔지. 멜로즈 다이너에서는 다운타운 사람들을 볼 일이 없었어. 거기는 필리스 경기를 보러 가기 전에 간단히 허기를 달래려는 사람들이 찾는 식당이니까. 따뜻한 바닐라 시럽을 얹은 끝내주는 애플파이를 먹을 수 있는 곳이야. 위스퍼스가 자리에 앉더니 나한테 10,000달러를 벌고 싶으냐고 묻더군. 그에게 얘기를 계속해보라고 했어. ❞

10

다운타운 죽돌이

"

위스퍼스는 사우스 필리에서 흔히 볼 수 있는, 이런저런 불법적인 일로 어떻게든 살아가려고 애쓰는 30대 초반의 땅딸막한 이탈리아계였어. 이 친구는 그 무렵에 타고 있던 차가 폭발하는 바람에 차와 같이 날아간 위스퍼스와 동명이인이었어. 나는 폭사한 그 위스퍼스와는 아는 사이가 아니었어. 그저 그렇게 됐다는 얘기만 들었던 거지.

나는 그 시절에는 '메이드맨59'에 대해서는 아무것도 몰랐어. 그건 마피아들 사이에서 어떤 의식을 통과한 다음에야 도달하는 특별한 지위로, 일단 그 지위에 이른 사람은 언터처블이 되지. 승인을 받지 않고는 어느 누구도 그 사람을 건드릴 수가 없고, 어디를 가건 각별한 존경을 받게 되며, 집단 '내부' 사람, 그러니까 '핵심층'이 되는 거야. 그 지위는 이탈리아계에게만 적용돼. 나중에 내가 러셀과 무척 가까워졌을 때, 내 지위는 메이드맨보다 더 높았어. 러셀은 나한테 이런 말까지 했어. "자네는 나와 같이 있으니까 어느 누구도

---

59 made man, '마피아의 정식 멤버'를 뜻한다

자네를 건드리지 못할 거야." 그가 아귀힘이 강한 손으로 내 뺨을 쥐고는 "자네가 이탈리아계였어야 하는 건데"라고 말했을 때의 느낌을 나는 지금도 생생하게 느낄 수 있어.

내가 당시에 메이드맨에 대해 알았더라면 위스퍼스가 메이드맨 근처에도 가지 못하는 작자라는 것도 알았을 거야. 그는 다운타운에서 빈둥거리다가 해야만 하는 일은 무엇이건 하는 놈이었어. 모르는 사람이 없었고, 다운타운에서 쌓은 경험이 나보다 더 많았지. 그는 일요일 밤에는 라틴 카지노에서 스키니 레이저 부부와 동석하고는 했어. 아팔라친의 일이 있고 난 이후인 그 무렵, 나는 스키니 레이저가 안젤로의 부두목이라는 걸 알고 있었어. 그건 프렌들리 라운지 출신인 스키니 레이저가 필라델피아의 2인자였다는 뜻이었지.

위스퍼스는 스키니 레이저랑 성이 같았기 때문에, 나는 위스퍼스가 사람들이 자기를 존 '스키니 레이저' 디툴리오로 생각하기를 원했었다고 확신해. 그는 자기 지위를 상승시켜 메이드맨처럼 보이기를 원했어.

유일한 문제는, 위스퍼스가 사람이나 짐승에게 알려진 냄새 중에서 가장 고약한 냄새를 풍겼다는 거야. 그는 입 냄새로 고생하고 있었는데, 냄새가 얼마나 심한지 그의 옆에 있으면 그가 뱃속에서 마늘을 기르고 있는 것 같다는 생각이 들 정도였어. 껌이나 박하를 아무리 많이 씹어도 소용이 없었어. 그래서 그가 사람들한테 말을 할 때는 속삭이는 정도까지만 입을 여는 게 허용됐어. 위스퍼스가 입을 열었을 때 그의 입 냄새를 맡고 싶어 하는 사람은 아무도 없었으니까. 물론 그는 라틴 카지노에서 스키니 레이저 부부와 같이 있을 때는 어쨌든 그리 많은 말을 하려 들지 않았지. 그들에게 존경을 표하는 차원에서 그런 거였고, 자신이 그 상황에서 차지하는 적절한 위치를 잘 알고 있었기 때문에도 그런 거였어.

요기를 한 후—그와 마주 앉아 식사를 하는 건 쉽지 않은 일이었지만—위스퍼스와 나는 멜로즈를 떠나 블록 주위를 걸었어. 위스퍼스는 자신이 리넨 납품업체에 상당히 많은 돈을 대출해줬다고, 그가 여태까지 대출해준 돈보다 더 많은 돈을 빌려줬다고 설명했어. 그에게는 거금이었는데, 이제 그 일이 커다란 실수로 변하고 있다는 거였어.

리넨 납품은 대개는 벌이가 쏠쏠한 사업이었어. 산뜻한 리넨을 레스토랑과 호텔에 납품하는 거였지. 대형 세탁소랑 비슷했어. 리넨을 수거해서는 세탁하고 다림질한 후 산뜻한 상태로 배달하는 거였으니까. 돈을 찍어내도 좋다는 면허를 받은 셈이랄까.

그런데 위스퍼스가 돈을 빌려준 리넨 납품업체가 힘든 시기를 겪고 있었어. 델라웨어에 있는 캐딜락 리넨 서비스라는 업체와 경쟁이 붙었는데, 그 업체가 잇단 계약에서 그들을 꺾고 수주를 하고 있었거든. 그런 식으로 지속되면 위스퍼스는 빌려준 거금을 영원토록 회수하지 못할 터였어. 리넨 회사가 지불할 형편이 되는 유일한 액수는 '빅' 정도였는데, 그들은 그마저도 이따금은 제때 지불하지 못했어. 위스퍼스는 빌려준 원금까지도 몽땅 날릴 수 있다는 걱정을 심하게 하고 있었어.

그가 나한테 무슨 얘기를 하는 건지를 모르면서도, 나는 귀 기울여 듣기는 했어. 내가 델라웨어로 차를 몰고 가서 총을 보여주고는 그의 돈을 받아오기를 원하는 걸까? 그 정도 서비스를 하는 데 10,000달러를 지불하지는 않을 거야. 델라웨어는 필라델피아에서 남쪽으로 50킬로미터 정도밖에 떨어져 있지 않은 곳이야. 당시의 10,000달러는 요즘으로 치면 50,000달러가 넘어.

그러더니 그가 2,000달러를 꺼내 나한테 건네더군.

"이게 뭐야?" 내가 물었어.

"자네가 폭탄을 던지거나 불을 질러 쫄딱 태워버리거나, 아니면 다른 무슨 짓을 해서라도 캐딜락 리넨 서비스가 굴러가지 못하게 해줬으면 해. 그 개자식들을 업계에서 몰아내달라는 말이야. 그렇게 하면 내 사람들은 계약들을 되찾게 될 거고, 나는 이 망할 놈의 사업에서 내 돈을 회수할 수 있을 거야. 그 캐딜락이라는 놈들의 사업이 영원토록 재기 불능이었으면 좋겠어. 타이어를 펑크 내거나 페인트에 긁힌 자국을 내는 수준이 아니라 영원히 없애버리란 말이야. 문 닫게 만들라고. 과거의 유물로 만들라고. 셔츠에 풀을 먹이지 못하도록 영구 가공해버리라는 말이야. 가서, 놈들이 보험을 들어놓은 게 있으면 보험금을 받게 만들도록 해. 유대인들은 항상 보험을 든다는 걸 세상이 다 알잖아. 내 고객들을 건드리지는 말아야 한다는 교훈을 놈들에게 가르쳐 주라고."

"10,000달러라고 했잖아."

"걱정 마. 놈들을 영원토록 문 닫게 만드는 데 성공하면 나머지 8,000을 줄게. 놈들이 2~3주 안에 다시 영업을 시작하는 바람에 내가 주가로 10,000 달러를 날린 셈이 되는 상황은 원치 않아."

"나머지 8,000은 언제 줄 건데?"

"그건 자네 하기에 달렸어, 치치. 자네가 큰 손상을 입힐수록, 놈들이 이 사업에서 영원토록 떠났다는 걸 나는 더 빨리 알게 될 거야. 자네가 그 망할 놈의 유대인 세탁부들을 홀딱 태워버렸으면 해. 자네는 전쟁터에도 갔던 사람이니까 무슨 염병할 짓을 해야 할지 잘 알 거 아냐."

"괜찮은 얘기로 들리는군. 수수료 문제는 마음에 들어. 현장을 좀 답사해봐야겠어. 내가 무슨 일을 할 수 있는지 알아볼게."

"자네는 참전용사잖아, 치치. 잘 들어. 내가 얘기를 하자고 자네를 우리 동네에서 떨어진 여기 멜로즈로 데려온 건, 이게 자네하고 나만 아는 일이어야 하기 때문이야. 무슨 말인지 이해하지?"

"그럼."

"나는 자네가 일을 거들 사람을 쓰는 건 원하지 않아. 자네는 입이 무거운 사람이라고 들었어. 혼자 일을 한다고 들었고, 일솜씨도 좋다고 들었어. 그래서 내가 수수료를 두둑하게 지불하는 거야. 10,000달러는 이런 일을 하는 수수료치고는 꽤 많은 액수잖아. 사실, 이건 1,000달러나 2,000달러로도 할 수 있는 일이야. 그러니까 스키니 레이저한테는 입도 뻥긋 하지 마. 어느 누가 됐건 한마디도 하지 말란 말이야. 절대로. 알았어? 자네가 하려는 일에 대해 입을 열기 시작하면 자네 평판이 나빠질 거야. 알지?"

"얘기하는 폼이 조금 초조해하는 것 같군, 위스퍼스. 나를 못 믿겠으면 다른 사람을 알아보도록 해."

"아냐, 아냐, 치치. 내가 자네를 써본 적이 한 번도 없잖아. 그래서 그러는 거야. 그냥 자네하고 나 사이의 비밀로 해두자고. 우리가 다시 얘기를 해야 할 경우에는 여기로 와서 얘기하는 걸로 하고. 다운타운에서 만나면 평소처럼 그냥 인사만 하고 헤어지고 말이야."

그날 밤, 나는 곧장 집으로 갔어. 2,000달러를 꺼내서는 아이들 양육비로 쓰라고 1,500달러를 메리에게 건넸지. 그녀에게는 4달러를 걸고 숫자를 맞힌 덕에 생긴 돈이라고 둘러댔어. 마권업자들은 내기에 건 돈의 600배를 당첨금으로 지불했는데, 당첨이 되면 항상 건 돈 1달러당 100달러를 그들에게 팁으로 줘야 했지. 대다수 마권업자들은 애초부터 팁을 제하고 당첨금을 지불했어. 메리는 무척이나 고마워하더군. 그녀는 내가 500달러를 내 몫으로 따로 챙겼다는 걸 알고 있었어. 수입이 일정치 않아 매번 다른 액수의 돈을 주는 것에 메리는 익숙해져 있었지.

이튿날 아침에 캐딜락 리넨 서비스로 차를 몰고 가서 공장을 둘러보기 시작했어. 공장이 있는 블록을 두어 번 돌아봤지. 그런 뒤에 거리 건너편에 차를 세우고 그리로 가서 공장 내부를 슬쩍 훔쳐봤어. 공장에 들어가는 건 쉬워 보이더군. 그 시절에 그런 곳에는 방범장치나 다른 종류의 보안장치가 전혀 없었거든. 훔쳐갈 만한 게 하나도 없었고, 홈리스나 마약중독자가 침입할까 하는 걱정도 전혀 없었으니까. 큰일처럼 보였지만, 내가 받는 수수료도 컸잖아. 저지로 운전하고 가서 어중이떠중이를 상대로 문제를 해결하고는 200달러쯤 받는 일이 아니었단 말이야.

그러고 나서 어두워진 후에는 그곳이 어떻게 보이는지 확인하려고 밤에 다시 거기로 가봤어. 집으로 가는 동안, 그 문제를 고민하면서 계획을 세우기 시작했지. 그러고는 이튿날 거기로 돌아가 공장 앞을 두어 번 순찰하면서 다시 답사를 해봤어. 홀딱 태워버릴 수 있을 것 같더군. 남은 8,000달러를 곧바로 받을 수 있을 것 같더라니까. 소방관들이 진화하기 전에 불꽃이 빠르게 타올라야 아니까 방상 선체를 능유로 성발 제대로 석실 삭성이었어.

이튿날, 프렌들리 라운지에 갔더니 스키니 레이저가 나와 얘기하고 싶어 하는 사람이 뒤쪽에 있다고 하더군. 내가 뒤쪽 룸으로 가는 동안 스키니 레이저가 등 뒤에서 나를 따라왔어. 그런데 방에 들어갔더니 아무도 없는 거야. 몸을 돌려서 룸을 나서려는데 스키니가 길을 막고 서 있었어. 그가 문을 닫고는 팔짱을 끼더군.

"캐딜락에서 대체 뭐하고 있었던 거야?" 그가 물었어.

"돈 좀 벌려던 것뿐이에요."

"무슨 일을 해서?"

"어떤 사람 부탁이요."

"어떤 놈?"

"무슨 일인데 그래요?"

"나는 자네를 좋아해, 치치. 안젤로도 자네를 좋아하고. 하지만 자네는 이 문제에 대해 해명을 해야만 해. 거기 사람들이 펜실베이니아 번호판을 단, 자네 차와 비슷한 청색 포드를 봤고, 그 차에서 덩치 큰 개자식이 내리는 걸 봤어. 바로 자네를 말하는 거야. 자네를 알아보는 건 정말로 쉬운 일이잖아. 내가 자네한테 할 얘기는 그게 전부야. 그 사실을 부인하려고 애쓰지 않는 편이 좋아. 안젤로가 지금 당장 자네를 보고 싶어 해."

안젤로를 만나러 가면서 생각해봤지. 대체 무슨 일이 벌어지고 있는 걸까? 위스퍼스 이 자식이 나를 무슨 난장판에 끌어들인 걸까?

빌라 디로마로 들어갔어. 안젤로가 구석에 있는 테이블에 앉아 있었는데, 그와 동석한 사람은 다름 아닌 러셀이었어. 그때부터 나는 심각한 고민에 빠졌지. 내가 무슨 일에 연루된 걸까? 벗어날 수 있는 일일까? 이 사람들은 아팔라친 이후로 기사화된 모든 일을 저지른 바로 그 막강한 사람들이었어. 그런데 그들은 지금 거기에 내 친구로 앉아 있는 게 아니었어. 앞서 말했듯, 아버지 밑에서 자라는 동안, 나는 무슨 일이 잘못되고 있을 때는 눈치가 빨랐어. 뭔가 큰일이 잘못됐는데, 나는 그 일의 한복판에 놓인 신세였어. 군사법정 같아 보이더군. 그런데 적의 면전에서 탈영을 한 죄로 열린 군사법정 분위기였어. 술에 진탕 취해 무단이탈하는 따위의 경미한 비행 때문에 열린 재판이 아니라.

다운타운에서 푸드 페어의 이탈리아계 동료들과 빈둥거리기 시작하던 초기에는 아는 게 별로 없었지만, 아팔라친 사태를 겪고 텔레비전으로 생중계된 상원 청문회가 열린 이후인 그 즈음에는 이 사람들이 실망시켜서는 안 되는 사람들이라는 걸 잘 알고 있었어.

그러던 중에 앞쪽 룸에 있는 바텐더를 제외하고는 레스토랑이 텅 비어 있다는 걸 서서히 깨달았어. 바텐더가 바 뒤에서 나오느라 움직이면서 내는 소리를 들을 수 있었어. 해안의 교두보를 침공하기 위해 상륙용 주정[60]에 있을 때 그랬던 것처럼 소리 하나하나가 내 귀에 증폭돼 들렸어. 그 순간, 몸에 있는 모든 감각이 바짝 곤두서더군. 바에서 돌아서 나오는 바텐더의 발소리가 정말로 선명하게 들렸고, 그가 문을 잠그고는 영업 종료 표시판을 내거는 소리가 크게 들렸어. 문을 잠그는 소리는 딸깍거리는 요란한 소리로 메아리쳤고.

안젤로가 나한테 앉으라고 하더군.

나는 그가 가리킨 의자에 앉았어. 그러자 그가 말하더군. "좋아. 시작해 보세."

"의뢰를 받아서 캐딜락에 간 겁니다."

"누구한테?"

"위스퍼스요. 다른 위스퍼스 말입니다."

"위스퍼스? 그 염병할 자식은 아는 게 많아서 그런 짓을 하지는 않을 텐데."

"저는 그저 돈을 좀 벌려고 애썼던 것뿐입니다." 러셀을 살펴봤는데, 그는 무표정한 얼굴이었어.

"캐딜락이 누구 건지 아나?"

"예. 세탁업을 하는 유대인들 겁니다."

"캐딜락의 지분을 누가 갖고 있는지 아나?"

"아뇨."

"나야. 내가 지분을 갖고 있단 말이야. 나도 지분을 갖고 있다고."

온몸이 땀으로 흠뻑 젖었어. "그건 몰랐습니다, 브루노 씨. 저는 그건 몰랐습니다."

"미국의 이 지역에서 일을 벌이려고 놀아다니기 전에 그런 걸 확인해보시도 않았다는 거야?"

"위스퍼스가 이미 확인해봤을 거라고 판단했습니다."

"그게 유대계 마피아 것이라는 얘기를 그놈이 해주지 않았다는 거야?"

"그런 얘기는 하지 않았습니다. 어떤 유대인들 거라는 얘기만 했습니다. 저는 세탁업을 하는 유대인들일 거라고 짐작했습니다."

"그것 말고는 무슨 얘기를 하던가?"

"이 일을 입 밖에 내지 말라고 했습니다. 저 혼자서만 일을 해야 한다면서요. 대충 그 정도 얘기만 했습니다."

"그가 자네에게 혼자서만 알고 있으라고 말했다는 데 내 다음 끼니를 걸지. 그래야 자네가 델라웨어에 내려가서 일을 벌이고 다니는 게 목격됐을 때 나쁜 놈으로 보일 유일한 사람이 자네가 될 테니까."

"그에게 돈을 돌려줘야 할까요?"

"걱정 마. 그 녀석, 이제는 돈이 필요 없을 거야."

"사전에 확인해보지 않은 점, 정말로 죄송합니다. 다시는 그런 실수 없을 겁니다."

"자네는 실수를 한 번 저질렀어. 또 다른 실수는 저지르지 말게. 그리고 여기 있는 자네 친구에게 고마워해야 해. 러스가 아니었다면, 나는 내 시간을 허비하지 않았을 거야. 유대인들이 자네를 처리하게 놔뒀을 거라고. 자네는 그들이 어떻게 세상에 태어났다고 생각하나? 손가락 장난으로? 그들은 바보 천치가 아냐. 그들은 누군가가 자기들 구역을 돌아다니거나 그들의 재산을 둘러보게 놔두지 않을 거야."

"진심으로 사과드립니다. 그리고 고맙습니다, 러셀. 다시는 그런 일 없을 겁니다." 그를 '버팔리노 씨'라고 불러야 옳은 건지 잘 모르겠더라고. 상황이 그 지경에 이르렀을 즈음에는 그를 러셀이라고 부르는 데 익숙해져 있어서, 그 자리에서 그를 '버팔리노 씨'라고 부르는 건 지나치게 위선적인 것 같았어. 안젤로를 '브루노 씨'라고 부르는 것도 충분히 꼴사나운 일이었고.

러셀은 고개를 끄덕이고는 부드러운 목소리로 말했어. "그 문제는 걱정 말게. 위스퍼스란 놈은 야심이 큰 놈이야. 나는 지나치게 야심만만한 이런 놈들을 잘 알아. 파이를 독차지하고 싶어 하는 놈들이지. 남들이 출세하는 걸 시기하고. 놈은 자네가 나랑 같이 앉아서 같이 술을 마시고 식사를 하고 부부 동반 모임을 하는 걸 봤어. 놈이 그걸 좋아했을 거라고는 생각하지 않아. 눈곱만치도 마음에 들지 않았겠지. 자, 자네는 어깨 당당히 펴고 올바른 일을 하도록 하게. 여기 있는 안젤로가 하는 말을 귀담아 듣도록 해. 그는 상황이 어떤지를 잘 아니까."

러셀은 일어나서 테이블을 떠났어. 그런 후에 나는 바텐더가 그를 위해 문을 열어주고 그가 떠나는 소리를 들을 수 있었지.

안젤로가 묻더군. "자네하고 위스퍼스 말고 이 일에 관여된 사람이 또 누가 있나?"

"제가 아는 한 아무도 없습니다. 저는 어느 누구한테도 입을 열지 않았습니다."

"좋아. 그건 잘했어. 이 망할 위스퍼스 놈은 자네를 망할 상황에 데려다놨어, 젊은이. 이제 이 문제를 바로잡는 건 온전히 자네 책임이 됐어."

나는 고개를 끄덕이고는 말했어. "제가 해야만 하는 일은 무엇이건 하겠습니다."

안젤로가 속삭이더군. "내일 아침까지 이 문제를 처리하는 건 자네 책임이야. 이게 자네한테 주어진 마지막 기회야. 알겠나?"

나는 고개를 끄덕이고는 대답했어. "알겠습니다."

"가서 바땅히 해아 할 일를 하노톡 아세."

125

거리 아래쪽에 있는 펜실베이니아 대학에 입학해서 강의를 듣지 않더라도 그의 말뜻을 알아들을 수 있었어. 장교가 우리에게 독일군 포로 두 명을 전선 뒤로 데려가라고 명령하면서 빨리 돌아오라고 말할 때랑 비슷했으니까. 그때 우리는 해야만 하는 일을 실행에 옮겼었어.

나는 위스퍼스를 찾아내서 그날 밤 그 문제에 대해 얘기하기 위해 만날 곳이 어디인지를 알려줬어.

그는 이튿날 아침 신문 1면에 실렸어. 그가 인도에 쓰러진 시신으로 발견된 거야. 가까운 거리에서 발사된 32구경 비슷한 총에 맞아서. 32구경은 다루기 쉬운데다 38구경보다 위력이 떨어지기 때문에 경찰들이 '여성용 총'이라고 부르던 총이야. 탄환이 작은 탓에 38구경만큼 충격을 주지는 못하지만, 우리한테 필요한 건 제대로 된 곳에 구멍을 뚫는 게 전부잖아. 그 총의 장점은 총소리가 38구경보다는 약간 작고 45구경보다는 훨씬 작다는 거야. 한낮에 행인들을 흩어버리려고 큰 소음이 필요할 때가 있고, 한밤중 같은 때에는 큰 소리를 내고 싶지 않을 때가 있어. 잠든 사람들을 깨우며 돌아다녀봐야 득될 게 뭐가 있겠나?

신문은 미지의 범인이 한 짓이고 목격자는 전혀 없다고 했어. 그는 거기 인도에 드러누워 있는 신세니 나한테 준 돈을 돌려받을 필요가 전혀 없었지. 나는 그날 이후로 내 32구경을 결코 찾을 수가 없었어. 에디 레체가 저지에 있는 로미오에게 보여주라면서 나한테 건넨 총을 말이야. 그 총은 어딘가 다른 곳에 처박혀 있을 거야.

그날 아침, 나는 그냥 신문만 쳐다보며 앉아 있었어. 한 시간 넘게 그러고 있었을 거야. 나는 계속 생각했어. "이 꼴을 당한 게 나였을 수도 있었어."

러셀이 없었다면 그 꼴을 당한 게 나였을 수도 있었어. 위스퍼스는 자기가 무슨 짓을 하는지 잘 알고 있었어. 나는 캐딜락의 소유주가 유대계 마피아라는 건 전혀 몰랐어. 그저 몇몇 유대인들이라고만 생각했지. 위스퍼스는 나를 거기에 버려둘 작정이었어. 나는 코를 킁킁거리며 돌아다니는 걸 유대계 마피아들이 목격한 사람이었고, 사건이 벌어지고 나면 그들이 처치할 사람이었어. 위스퍼스는 그 공장이 전소되면 득을 볼 터였고, 유대인들이 나를 처치한 후에는 나머지 8,000달러를 지불할 필요도 전혀 없었을 거야.

나는 그 일을 하기 전이나 후에 아무 대책 없이 '호주'로 갔을 거야. 러셀이 아니었다면, 나는 바로 그때 그 자리에서 대책 없이 역사 속 인물이 됐을 거고 지금 이 자리에서 이런 얘기를 몽땅 털어놓지도 못했을 거야. 러셀은 내 생명의 은인이야. 그리고 그건 그가 나를 구해준 첫 번째 일이었을 뿐이야.

위스퍼스는 규칙을 잘 알고 있었어. 그런데도 위반해서는 안 되는 규칙을 위반한 거야. 그게 다야.

결국 의자에서 힘겹게 볼기를 떼서는 프렌들리에 갔을 때, 스키니 레이저와 합석한 모든 사람들이 나를 향해 더 큰 존경심을 품고 있다는 걸 알 수 있었어. 스키니 레이저는 나한테 술을 듬뿍 샀어. 빌라 디로마에 가서 안젤로와 자리를 마련해서는 경과를 보고했지. 흡족해하더군. 그는 거기서 나한테 저녁을 사면서, 다음번에 누군가와 같이 일할 때는 조심하라고 충고했어. 그는 위스퍼스가 자신이 무슨 짓을 하는지 잘 알고 있었고, 자신이 욕심을 부리고 있다는 것도 잘 알고 있었다고 했어.

그러자 두 남자가 다가와 우리와 합석했어. 안젤로는 캐피 호프먼Cappy Hoffman과 우디 웨이스먼Woody Weisman에게 나를 소개했어. 안젤로와 캐딜락을 공동으로 소유한 유대계 조폭들이었지. 그들은 나를 정말로 다정하게 대했어. 굉장히 성품이 좋은 공손한 사람들이었지. 안젤로가 그들과 함께 떠난 후, 나는 앞쪽 룸의 바에 머물렀어. 전날 내 뒤에서 문을 잠갔던 바로 그 바텐더는 내가 마신 와인 값을 받으려고 하지 않았어. 웨이트리스들조차 내가 모든 존경을 받고 있다는 걸 감지하고 나한테 추파를 던지기 시작했지. 나는 모두에게 팁을 듬뿍 줬어.

안젤로와 러셀을 만났을 때, 그리고 위스퍼스와 그 특별한 문제를 길거리에서 해결하고는 안젤로를 다시 만났을 때 사이의 24시간을 돌이켜보고 나니까, 더 이상은 집에 가지 않는 게 갈수록 쉬운 일이 돼버렸어. 달리 말하면, 집에 가는 게 필수곡 힘들여진 거야. 어느 쪽이 났건, 나는 십에 가시 않았어.

일단 그렇게 새로운 문화의 경계선을 넘고 나니까, 토요일에는 더 이상 고해성사를 하지 않았고, 일요일에 메리와 함께 성당에 가는 것도 더 이상은 하지 않게 됐어. 모든 게 달라졌지. 나는 다운타운을 떠돌아다니고 있었고 거기 죽돌이가 됐어. 처자식을 떠나기에는 좋지 않은 타이밍이었어. 그건 내가 평생 저지른 최악의 실수였어. 하지만 처자식을 떠나기에 좋은 타이밍이라는 건 애초에 존재하지 않는 거잖아.

스키니 레이저의 가게가 있는 모퉁이 근처에 방을 얻고 내 옷을 그리로 가져갔어. 트럭을 몰려고 팀스터즈 회관에는 여전히 가고 있었고 무도회장 일자리도 여전히 갖고 있었지만, 갈수록 많은 일을 다운타운에서 얻고 있었어. 그때 나는 열심히 달리고 있었어. 나는 그곳 문화의 일부였어. "

11

지미

지미 호파가 전성기에 접어들고 사망하기 전까지의 시기인 1950년대 중반부터 1970년대 중반 사이, 대략 20년에 걸친 세월 동안 누린 명성 또는 악명이 어느 정도였는지를 요즘 사람들이 제대로 인식하는 건 어려운 일이라는 데에 의심의 여지가 없다.

전성기에 그는 미국에서 가장 권세 좋은 노동운동 지도자였다. 일반 대중이 노동운동 지도자의 얼굴을 알아보지 못하는 요즘 시대에 그 사실은 어떤 의미를 가질 수 있을까? 노조와 관련해서 빚어진 사회적 갈등은? 노사가 벌이는 유혈 낭자한 전쟁은? 노사가 벌이는 전쟁에 제일 근접한 최근의 사건은 1994년에 프로야구선수들이 파업을 하겠다고 으름장을 놓은 일로, 메이저리그 정규시즌이 단축될 것인지 여부에, 월드시리즈가 열릴 수 있을 것인지 여부에 관심이 쏠린 사건이다. 그런데 2차 세계대전이 종전된 후 2년간, 그러니까 프랭크 시런이 안정적인 일자리를 찾으면서 결혼한 그 시기에, 미국의 48개 주에서 총 8,000건의 파업이 발생했다. 주당 연간 160건이 넘는 별개의 파업이 일어난 것으로, 그중 상당수 파업은 전국적인 규모였다.

오늘날 지미 호파는 미국 역사상 제일 악명 높은 실종사건의 피해자로 유명하다. 하지만 앞서 언급한 그 20년간, 생존해 있는 미국인 중에서 지미 호파를 보는 즉시 알아보지 못하는 사람은 아무도 없었다. 요즘 사람들이 토니 소프라노[61]를 알아보는 방식으로 말이다. 미국인 대다수는 목소리만 듣고도 그가 지미 호파라는 걸 알 수 있었다. 1955년부터 1965년까지, 지미 호파는 엘비스만큼이나 유명했다. 1965년부터 1975년까지, 지미 호파는 비틀스만큼이나 유명했다.

지미 호파가 노조 활동으로 처음 명성을 얻은 건 '스트로베리 보이즈 Strawberry boys'가 일으킨 성공적인 파업의 지도자로서였다. 그는 그 사건으로 유명해졌다. 1932년에 열아홉 살이던 지미 호파는 디트로이트에 있는 크로거 푸드Kroger Food의 화물 적재 플랫폼에서 시급 32센트를 받으며 신선한 과일과 채소를 트럭에 싣고 부리는 일을 하고 있었다. 그 급여 중 20센트는 크로거가 소유한 식품매장에서 청과물로 교환할 수 있는 포인트(credit)로 지불됐다. 그런데 노동자들은 작업이 있을 때에만 시급 32센트를 받을 수 있었다. 노동자들은 오후 4시 30분에 12시간 교대근무를 위한 신고를 회사에 해야 했고, 노동자들이 플랫폼을 떠나는 건 허용되지 않았다. 짐을 싣거나 부릴 트럭이 없으면, 노동자들은 급여를 받지 못한 채로 자리를 지켜야만 했다. 살인적으로 더운 어느 봄날 오후, 플로리다에서 보낸 신선한 딸기가 당도하면서 미국 역사상 가장 유명한 노동운동 지도자의 커리어의 막이 올랐다.

호파가 신호를 보내자, 훗날 스트로베리 보이즈로 알려지게 될 일꾼들은 사측이 노조를 인정하고 더 나은 노동환경에 대한 그들의 요구를 받아들일 때까지 플로리다산 딸기를 냉동차량에 옮겨 싣는 걸 거부했다. 그들의 요구에는 플랫폼 노동자의 경우 12시간 근무당 하루 4시간분에 해당하는 시급을 보장해달라는 것도 포함돼 있었다. 더위에 방치된 딸기들이 상하면서 손실이 생길 것을 두려워한 크로거는 백기를 들고 젊은 지미 호파의 요구에 응하면

---

61 미국의 인기 범죄 드라마 「소프라노스」의 주인공을 맡은 배우 제임스 갠돌피니를 가리킨다

서 1년 기한의 신생 단독 노조의 실체를 인정했다.

1913년 밸런타인데이에 태어난 지미 호파는 프랭크 시런보다 일곱 살 많았다. 두 사람은 대공황을 겪으며 자랐다. 경영진이 노사관계에서 우위를 점하고, 사람들은 식탁에 음식을 올려놓기 위해 분투하는 게 보통이던 시절이었다. 지미 호파는 일곱 살 때 탄광 광부이던 아버지를 잃었다. 어머니는 자식들을 부양하기 위해 자동차공장에서 일했다. 지미 호파는 어머니를 도우려고 열네 살에 학업을 접고 일터로 향했다.

1932년에 호파와 그가 이끈 스트로베리 보이즈가 거둔 승리는 그 시절에는 보기 드문 노조의 승리였다. 바로 그해, 1차 세계대전에 참전했다가 비참한 신세로 전락한 참전군인 무리가 대공황을 맞은 노동자의 무력함을 상징하는 심벌이 됐다. 1932년에, 지켜지지 않는 약속들에 신물이 난 참전군인 수천 명이 워싱턴에서 행진을 벌이고는, 의회가 1945년에 지급하기로 약속했던 보너스를 현금이 가장 필요한 바로 그때 그들에게 지급하기 전까지는 내셔널 몰을 떠나지 않겠다고 선언했다. 허버트 후버 대통령은 더글러스 맥아더 장군에게 '보너스 행진자들(The Bonus Marchers)'을 완력으로 해산시키라고 명령했고, 백마를 탄 맥아더는 참전군인들이 조용히 자리를 떠날 기회를 주지도 않은 채, 그들을 상대로 군대와 탱크, 최루탄을 투입한 공격을 지휘했다. 미 육군은 비무장 상태인 예전의 아군을 향해 발포했다. 두 명이 숨지고 대여섯 명이 부상했는데, 모두들 14년 전에 끝난 '민주주의를 구하기 위한 전쟁'이라 불렸던 피비린내 나는 세계대전에 참전했던 용사들이었다.

이듬해에, 크로거는 새로운 계약 협상을 거부했고, 그러면서 호파의 승리는 단명으로 끝났다. 하지만 스트로베리 보이즈라는 세력을 이끌었다는 업적 덕에, 지미 호파는 디트로이트의 팀스터즈 299지부 조직책으로 뽑혔다. 호파가 맡은 일은 트럭기사들에게 노조에 가입해서 단결된 행동과 조직을 통해 그들의 삶과 가족의 삶의 질을 향상시키라고 부추기는 거였다. 디트로이트는 미국 자동차산업의 고향이다. 자동차산업의 수석대변인 역할을 했던 헨리 포드의 노동운동 진반에 대한 입장은 이랬나. "노동조합은 시구를 상나한 역사상 최악의 존재다."

기업들은 노동조합이라는 그토록 가공할 악의 세력과 맞서 싸우려면 무슨 수단이건 정당화할 수 있다고 믿었다. 대기업과 중소기업 모두, 파업노동자들과 조직책들의 두개골과 투쟁의지를 박살내기 위해 폭력배들을 '파업 파괴자'로 고용하는 데 전혀 거리낌이 없었다.

일단 조직을 갖춘 노조가 협상과정에서 동원할 수 있는 유일한 무기는 파업이었는데, 충분히 많은 사람이 출근해서 각자의 업무를 수행할 경우 파업은 성공할 수가 없다. 호파가 출세하는 동안에는 일자리가 드물었기 때문에, 경영진은 파업을 벌이는 노조 소속 노동자들을 대체하기 위해 노조원이 아닌 '파업 불참자'를 어렵지 않게 고용할 수 있었다. 피켓 라인[62]에 선 파업 노조원들이 비노조원 파업 불참자들이 선을 넘어 일터로 들어가는 걸 허용하지 않으면, 경영진이 고용한 폭력배들이 길을 트려고 피켓 라인에 덤벼들고는 했다. 디트로이트에서 활동한 시칠리아 출신 조폭 산토 페로네Santo Perrone는 디트로이트의 경영자들을 위해 용역 깡패들을 제공했다. 페로네는 디트로이트에서 일어난 파업을 분쇄하기 위해 시칠리아 출신 깡패들을 곤봉을 들려 파견했고, 그러는 동안 경찰은 먼 산을 보거나 파업 파괴자들을 거들었다.

호파가 밝혔듯, "미시간 주에서, 특히 여기 디트로이트에서 일어났던 연좌농성과 폭동, 투쟁들은 거기에 참가한 사람이 아니면 어느 누구도 제대로 묘사할 수 없다." 그리고 다른 자리에서 그가 말했듯, "내가 299지부의 교섭위원으로 활동한 첫해에 내 머리가죽이 여러 바늘을 꿰매야 할 정도로 넓게 찢어졌던 적이 적어도 여섯 번이었소. 내가 경찰이나 파업 파괴자들에게 구타를 당한 게 그해에만 적어도 20번이 넘고."

그런데 이런 사태의 반대편에 선 팀스터즈 같은 노조들도 그들 나름의 '어깨'들을 고용하고, 폭파와 방화, 구타와 살인을 비롯한 그들 나름의 공포정치를 자행하는 일이 잦았다. 전쟁과 폭력은 노동계와 경영진 사이에서만 벌어진

---

62 picket line, 파업한 노동자들이 다른 노동자의 출근을 저지하는 투쟁을 벌이려고 늘어선 줄

게 아니었다. 노동자를 자기들 조합에 끌어들이려고 경쟁하는 라이벌 조합들 사이에서도 그런 일은 자주 벌어졌다. 서글프게도, 자신들이 속한 조합의 민주적 개혁을 촉구하는 일반 노조원들에게 폭력이 자행되는 일이 잦았다.

호파와 그가 이끈 노조가 함께 세력을 얻는 동안, 호파가 전국 각지의 조폭들과 맺은 동맹은 지금은 역사책에 마땅히 기록해둬야 할 사건의 차원에 접어들고 있었다. 하지만 1950년대 당시에 그런 상황은 이제 막 대중의 시야에 들어오기 시작한 수준이었다.

1956년 5월, 일간지 『뉴욕 저널 아메리칸』 소속 탐사보도 전문기자 빅터 리셀은 날마다 진행하는 라디오 쇼에서 반反호파 팀스터즈 특집보도를 방송했다. 리셀은 노동조합들이 보여주는 범죄적 요소들을 반대하는 대담한 활동을 벌여온 인물이었다. 라디오 방송이 있던 밤, 타임스 스퀘어 인근에 있는 브로드웨이의 유명한 린디스 레스토랑에서 걸어 나오는 리셀에게 인도에 있던 깡패가 접근해서는 컵에 든 산酸을 얼굴에 뿌렸다. 리셀은 산이 눈에 들어가는 바람에 실명했다. 호파의 동지이자 노동문제 모리배인 존 디오과르디 John Dioguardi, 일명 '조니 디오'의 명령에 의해 자행된 습격이라는 게 오래지 않아 명확해졌다. 디오는 이 악랄한 범죄를 명령한 혐의로 기소됐지만, 산을 투척한 범인이 시신으로 발견되고 다른 목격자들이 그 사건이 전달하는 메시지를 이해하면서 협조를 거부한 결과, 기소는 철회됐다.

짙은 안경을 끼고 TV에 출연해 여전히 노동운동 개혁을 용기 있게 주창하는 시각장애인 빅터 리셀의 이미지는 미국 전역에 공분을 일으켰고, 그 결과 미국 상원은 모리배들이 노동운동에 끼치는 영향력에 대한 TV 생중계 청문회를 실시하는 것으로 호응했다. 이 청문회들은 청문회를 주도한 아칸소 상원의원 존 L. 맥클레런의 이름을 따 맥클레런위원회 청문회로 알려지게 됐다. 훗날 대통령 후보가 된 애리조나의 배리 골드워터 상원의원과 매사추세츠의 존 F. 케네디 상원의원이 청문회 멤버였고, 위원회의 수석변호사 겸 주요 심문자는 훗날 대통령의 동생이자 법무장관이 될 바비 케네디였다. 바비 케네디는 이 청문회에서 적극적으로 활동한 결과, 지미 호파의 철천지원

133

수가 됐다.

조니 디오는, 지미 호파를 만난 적이 있는지 여부를 포함한, 그에게 제기된 모든 질문에 수정헌법 5조를 내세웠다. 지미 호파는 노조에서 직위를 갖고 있었기 때문에 5조를 내세웠다가는 일자리를 박탈당할 수도 있었다. 그는 질문을 받을 때마다 횡설수설하거나 기억이 나지 않는다고 대답했다. 그가 조니 디오와 가진 대화를 도청해서 녹음한 테이프가 제시되자, 호파는 조니 디오에게 자신의 부탁을 들어달라고 요청한 일조차 기억하지 못한다고 대답했다. 어느 시점에 호파는 바비 케네디에게 테이프와 관련해서 이렇게 대답했다. "제가 최선을 다해 기억을 더듬어봤는데, 기억하지 못한다는 기억밖에 나지 않습니다."

리셀이 실명했다는 소식을 들은 호파가 휘하 참모들에게 했던 얘기를 대중이 알았다면 엄청나게 큰 사회적 공분을 샀을 것이다: "빅터 리셀, 그 개자식. 결국에는 산을 뒤집어썼군 그래. 놈이 타자기를 두드릴 때 쓰는 염병할 손에 산이 쏟아졌으면 훨씬 더 좋았을 텐데."

호파가 벤처사업에 투자한 현금 20,000달러의 출처를 바비 케네디가 묻자, 호파는 이렇게 대꾸했다. "개인들에게서 구한 겁니다." 그 사람들 이름을 밝히라는 요구를 받자 호파는 대답했다. "지금 당장 말씀드리자면, 제가 빌린 그 액수가 구체적으로 얼마인지는 지금 당장은 모르겠습니다. 하지만 제가 요청한 대출에 대한 기록에 따르면, 제가 이 기간 동안 대출한 자금의 총액에서 나온 돈이 이 업체들에 투자됐습니다."

글쎄, 그런 식의 설명도 설명이라면 설명이랄까.

바비 케네디는 지미 호파를 '미국에서 대통령 다음으로 막강한 권력자'라고 불렀다.

50년대에 호파가 유명해졌을 때, 대중이 그에게 느낀 매력의 일부는 TV로 방송된 반항적이고 노골적인 터프가이 이미지에서 비롯됐다. 그는 사람들이 '반체제'라는 용어를 쓰기 이전부터 반체제적인 인물이었다. 오늘날, 그 당시 호파의 대중적인 이미지에 가장 가까운 존재는 헤비메탈 밴드일 것이다. 지미 호파가 거의 날마다 오만한 태도를 보여줬던 모습처럼 엘리트 경영진과 정부 체제에 그토록 도전적인 유명인사는, 노동계급을 그토록 옹호하는 유명인사는 오늘날에는 존재하지 않는다.

지미 호파가 팀스터즈 위원장이 된 것은 아팔라친에서 회합이 있기 1개월 전인 1957년 10월 14일로, 텔레비전이 대중화되기 시작하던 시절이었다. 당시 호파는 「미트 더 프레스Meet the Press」같은 토크쇼에 단골로 초대되는 유명인사였다. 그가 가는 곳마다 그의 얼굴에 마이크가 들이밀어졌고, 지미 호파가 기자회견을 열면 전 세계 언론이 모여들었다.

지미 호파의 활동을 이끈 건 그가 가진 두 가지 철학이었다. 그는 자신의 철학을 날마다 이런저런 방식으로, 종종은 말이나 행동을 통해 표방했다. 그 철학 중 첫째는 '목표'였고, 둘째는 '수단'이었다. '목표'는 그의 첫 번째 노동철학이었다. 호파는 자신의 노동철학은 단순하다는 말을 자주 했다. "미국에서 일하는 노동자는 미국에서 날마다 착취당하고 있습니다." '수단'은 그의 두 번째 철학으로, 그가 참석하게 된 사적인 파티에서 우연히 만난 바비 케네디에게 한 다음과 같은 말로 요약할 수 있다. "내가 하는 일은 남들이 나한테 한 짓을, 더 심하게 되돌려주는 거요." 간단히 말해, 지미 호파는 그가 노동조합을 이끄는 방식을 통해 노동하는 미국인들의 삶을 향상시킨다는 '목표'가 그걸 달성하기 위해 사용하는 '수단'은 무엇이건 정당화한다고 믿었다.

그가 조합에 속한 회원들에게서 얻은 인기는, 그가 그들에게 얻어준 급여와 휴가, 연금, 보건 및 복지혜택 같은, 구체적인 보상을 수확하겠다는 그들의 의향을 반영했다. 호파가 기억하지 못한다고 했던, 호파와 조니 디오의 도청된 대화에서 말했던 그대로였다. "……그들을 올바르게 대우하면, 자네는 걱정하지 않아도 돼."

당시에는 노동하는 미국인 남녀와 그들 가족들의 삶을 향상시키겠다는 호파의 열의를 공유한 이들이 많았을 것이다. 그런데 지미 호파는, 다른 사람들에게는 없는, 그런 내의를 좇기 위해 어떤 일이는 실행할 수 있는 힘을 갖고 있었다. 그의 열렬한 지지자인 프랭크 시런은 이렇게 말했다. "지미 호파는 노동 문제에 있어서는 시대를 앞서간 인물이었어. 그의 인생에서 중요한 건 딱 두 가지였지. 노조와 가족. 사람들이 믿건 말건, 그는 노조를 향한 열정도 강했지만, 그에게 제일 소중한 존재는 아내와 아들딸이었어. 그에게 노조는 노동자만을 돕는 조직이 아니라, 노동자들의 가족들도 돕는 조직이었어. 요즘 사람들은 하나같이 가족의 가치에 대해 떠들어대더군. 지미는 그 문제에 있어서도 시대를 앞서간 인물이었어. 그의 인생에서는 그 두 가지가 전부였지."

지미 호파는 언젠가 프랭크 시런에게 열정적으로 말했다. "이봐, 아이리시, 자네가 무슨 물건을 손에 넣으면, 그건 트럭운전사가 자네에게 가져다준 거야. 그걸 절대로 잊지 마. 우리가 하는 일의 비결은 그게 전부야." '자네가 손에 넣은 물건'에 해당하는 품목에는 식품, 의복, 의약품, 건축자재, 가정용 및 산업용 연료, 말 그대로 세상만물이 해당됐다. 전국적인 트럭기사 파업이 말 그대로 미국 전체를 굶주리게 만들고 작동을 정지시킬 수 있었기 때문에, 바비 케네디는 지미 호파의 팀스터즈를 '미국 정부를 제외하면 미국에서 가장 강력한 조직'이라고 부르면서 "……미스터 호파가 그 조직을 운영함에 따라 이 조직은 사악한 범행 모의기관이 됐다"고 말했다. 존 L. 맥클레런 상원의원은 그 이미지를 한층 더 격상시켰다. 맥클레런은 '미스터 호파의 리더십 아래 있는 팀스터즈'를 '이 나라의 슈퍼 권력, 인민보다 더 강력하고 정부보다 더 강력한 권력'이라고 불렀다.

그의 전임자이자 멘토인 데이브 벡Dave Beck이, 여러 혐의 중에서도, 아들의 집을 건축할 자금을 마련하려고 팀스터즈 서부연맹에서 37만 달러를 횡령한 게 들통 나는 바람에 위원장 자리에서 물러나 감옥으로 떠난 1957년부터, 신임 위원장 지미 호파는 절대적인 권력을 행사했다. 모든 권력은 부패하고, 절대 권력은 절대 부패한다는 말은 사실일 것이다. 그렇기에, 지미 호파는 그의 목표를 달성하기 위해 직접 동맹을 맺은 사람들이 어떤 전과를 가진 사람들인지에 대해서는 조금도 미안해하는 기색이 없었다.

언젠가 호파는 텔레비전 시청자에게 이렇게 공언했다. "여러분이 깡패와 갱스터 문제를 얘기하시는데, 깡패와 갱스터를 먼저 이용한 건 바로 고용주들입니다. 우리 공동체에 불법적인 세력이 어떤 형태로건 존재한다면, 고용주들은 그런 세력을 이용할 겁니다. 완력과 그런 것들을 말입니다. 그러니 우리가 조직화되지 않은 노동자들을 조직화하는 일을 계속 수행하려면, 우리가 가진 노조를 유지하려면, 저항세력을 확보하는 편이 낫습니다."

호파의 '저항세력'은 새로이 폭로된 가장 강력한 대부들과 맺은, 조직범죄를 저지르는 24개 구역으로 미국을 분할하고—패밀리라고 부르는—각자의 조직을 운영해온 아팔라친 갱스터들이 구성한 비밀스럽고 복잡한 거미줄과 맺은 친밀한 동맹으로 구성됐다. 그들은 '보스들'로, 장성에 상응하는 대부들이었다. '부두목'과 '법률 고문'들은 고위 참모에 해당했다. '지부장'은 대위에 해당했고, '병사'들은 사병이었다. 이런 계통을 통해 상부로부터 명령들이 하달됐다. 더불어, 스스로 자기 지위를 따냈음에도 이탈리아계 패밀리의 군대식 구조에서는 공식적인 계급을 가지는 게 허용되지 않았던 프랭크 시런 같은 '준회원'들이 있었다.

역사적 기록을 보면, 호파가 그의 '저항세력'을 구성한 조폭 대다수가 호파가 추구하는 이상에는 거의 관심이 없다는 사실을 무척이나 잘 알고 있었다는 데에 의심의 여지가 없다. 조니 디오는 노조가 조직되어 있지 않은 의류 산업에 속한 드레스 숍을 소유하고 경영한 인물이었다. 이 어둠의 인물들 다수는 노조를 더 많은 범죄를 의뢰받는 걸 도와주는, 그리고 그들이 더 많은 부와 더 강력한 권력을 축적하는 걸 도와주는 또 다른 수단으로만 봤다.

한편, 일반 노조원들을 상대로 연설할 때마다, 호파는 형제 팀스터즈들에게 이렇게 말했다. "모리배와 사기꾼들에 대한 이 모든 간교한 속임수는 그 자들이 여러분을 낡아빠진 트럭을 처치하듯 고철수집소에 내버릴 수 있었던 시절로 여러분을 다시 데려가려고 동원한 연막입니다."

반면, 바비 케네디는 조직범죄와 노동조합에 대한 맥클레런위원회 청문회의 수석변호사로서의 경험과 견철에 대해 저서 『내부의 적The Enemy Within』에 이렇게 썼다. '우리는 미국에서 가장 악명 높은 갱스터들과 모리배들 중 일부를 만나 심문했다. 그러나 지미 호파와 노조 안팎에 있는 그의 수석 참모 몇몇보다 예전의 알 카포네 조직의 프로토타입에 더 잘 맞아떨어지는 집단은 없었다.'

20세기 폭스는 바비 케네디의 책을 시나리오로 각색해달라고 의뢰했다. 「워터프론트」의 시나리오를 쓴 저명한 시나리오작가 버드 슐버그가 시나리오를 썼지만, 스튜디오는 이 프로젝트를 포기했다. 그러자 콜럼비아 픽처스가 이 프로젝트를 확보하는 데 관심을 표명했지만, 그곳 역시 프로젝트를 포기했다. 바비 케네디의 수석보좌관이던 월터 셰리던은 호파에 대해 쓴 1972년 저서의 서두에서 두 스튜디오가 그 프로젝트를 포기한 이유에 대한 버드 슐버그의 설명을 소개했다. "노조의 폭력배가 20세기 폭스의 신임 회장 사무실로 곧장 들어와서는 이 영화가 제작될 경우 팀스터즈 소속 운전사들은 영화의 필름통을 극장에 배달하는 걸 거부할 거라고 경고했답니다. 다른 수단을 통해 필름통이 극장에 전달될 경우에는 악취탄(stink bomb)이 관객들을 몰아냈을 거요."

20세기 폭스가 이런 협박을 당했다는 사실은 당시 호파의 변호사이기도 했던 팀스터즈의 변호사 빌 버팔리노가 콜럼비아 픽처스에 보낸 경고 서한이 뒷받침한다. 버드 슐버그는 버팔리노의 서한에 대해 이렇게 썼다. '서한은, 20세기 폭스가 그들에게 일어날 수 있는 모든 사태를 지적받자마자 현명하게도 프로젝트를 포기했다는 단호한 말로 시작됐다. 그러면서 그는 콜럼비아도 비슷하게 행동할 정도로 충분히 현명할 거라고 확신한다고 했다.'

12

" 페인트 일을 하는
사람이라고 들었소"

"

한 군데서 가만히 있지를 못하는 내 역마살은 아무리 해도 없어지지 않더 군. 두 발로 일어서서 돌아다니는 걸 썩 잘할 수 있는 지금도 여전히 내 안에 는 평생 가져온 집시 기질이 남아 있는 듯해.

소속 직장 없이 노조회관 앞에서 일용직을 구하는 생활을 한 덕에, 나는 필요한 날이면 언제든 자유로이 운신을 할 수 있었어. 다운타운에서 자질구 레한 일을 얻는 날이면, 운전할 트럭을 구하려고 노조회관에 가는 수고조차 하지 않았지. 평판이 조금씩 좋아지면서 나는 다운타운에서 구한 자질구레한 일거리들을 더 많이 수행했어. 내 생활비를 벌고, 집에 들러서는 내가 그 주 에 번 액수가 얼마냐에 따라 메리와 딸아이들의 생활비를 건넸지. 내가 다운 타운에서 한 일은 모두 현금 기반 사업이었어. 댄스홀들조차 나한테는 급여 를 현금으로 지급했을 정도야.

하지만 몰 수 있는 트럭을 구한 날에는 급여를 현금으로 받을 수가 없었 지. 트럭을 당일만 모는 경우에는 트럭에서 짐을 훔쳐내는 일은 전혀 할 수 없었고, 철도시스템을 구축하려면 여기저기 적입을 하느라 아주 이싱이 필요한 법이거든. 푸드 페어에서 하인드쿼터를 빼돌렸을 때처럼 말이야. 그러니 다운타운의 술집에서 빈둥거리는 건 현금으로 추가 수입을 벌기 위해 더 열심히 일하는 거랑 비슷했어.

스키니 레이저와 그의 밑에 있는 많은 사람들로부터 요령을 배웠어. 그들은 직업전선에서 활약해온 전투의 베테랑들과 비슷했고, 나는 그 집단에 갓 배치된 신병이랑 비슷했지. 사람들이 보기에, 나는 러셀보다는 안젤로 무리와 더 가까운 듯 보였을 거야. 하지만 내 충성의 대상은 러셀이었어. 나는 그저 안젤로와 그의 무리를 더 자주 만났던 것뿐이야. 그는 다운타운에 있었고 러셀은 대체로 주 북부에 있었기 때문이지. 안젤로는 자기가 나를 러셀에게 임대해줬다고 말했지만, 사실은 그 반대였어. 러셀이 나를 안젤로한테 임대해준 거야. 러셀은 안젤로의 사람들과 함께 다운타운에서 일을 배우고 돈벌이를 하는 게 나한테 유익할 거라고 생각했어. 어느 날, 러셀이 나를 그의 '아이리시맨'이라고 불렀어. 그러자 다운타운에 있는 사람들 모두가 나를 치치 대신에 아이리시나 아이리시맨이라고 부르기 시작했지.

위스퍼스 사건이 있은 후, 나는 무슨 목적으로건 항시 꺼내들 수 있도록 총을 갖고 다니기 시작했어. 운전하고 있을 때 일이 터질 경우를 대비해서 차 글러브 박스에 총 한 자루를 넣어두기도 했지. 어느 날 새벽 2시에 닉슨 볼룸에서 집으로 돌아오던 길이었어. 가로등이 고장 난 스프링가든 가의 어두운 모퉁이에서 빨간불 신호를 받고 차를 세웠지. 나는 혼자였고 창문은 내린 상태였어. 젊은 흑인 한 놈이 다가오더니 내 코에 대고 총을 흔들더군. '가로등 전구를 깨서 모퉁이의 불빛을 없애버린 게 분명 이놈이겠군' 하고 짐작했어. 거기가 놈의 구역이었던 거야. 놈의 뒤에는 놈의 뒤를 봐주는 파트너가 한 명 있었는데, 그놈을 슬쩍 봤더니 겉으로 드러난 총은 보이지 않더라고. 총을 든 놈이 나보고 지갑을 내놓으래. 내가 말했어. "그렇게. 그런데 지갑이 글러브 박스 안에 있어." 그리고 그에게 "진정해. 경솔한 짓은 하지 마, 젊은이"라고 했어. 글러브 박스로 팔을 뻗어서는 총신이 짧은 38구경을 집었지. 하지만 놈은 총을 볼 수가 없었어. 내 넓은 어깨가 놈의 시야를 가리고 있었으니까. 내가 놈 쪽으로 몸을 돌렸을 때도 놈은 총을 보지 못했어. 내가 손이 큰데다가 몸을 캥거루 꼬리처럼 빠르게 돌렸거든. 놈은 내 지갑을 건네받게 될 거라는 생각에 빈손을 내밀고 있었어. 나는 놈의 무릎에 총알을 날렸고, 놈이 허리를 꺾을 때 다른 쪽 무릎도 쐈어. 차를 몰고 떠나면서 놈이 길거리에서 데굴데굴 구르는 모습을, 그리고 놈의 파트너가 스프링가든 가를 곧장 뛰어 내려가는 모습을 백미러로 볼 수 있었어. 그놈이 도와줄 사람이나 응원군을 부르려고 뛰어가는 게 아니라는 건 직감으로 알았지. 땅바닥에서 구르는 놈이 더 이상 자기 발로 세상을 달리지 못할 거라는 것도 알았고. 이제부터 놈은 평생토록 걸음을 뗄 때마다 총알을 맞았던 무릎 근처 부위들에서 아픔을 느끼면서 내 생각을 하게 될 터였어.

안전한 지역에 당도하자마자 그 38구경부터 처분했어. 차나 집 근처에 총을 보관할 경우에는 한 번도 사용된 적이 없는 새 총을 장만하는 게 최선이야. 그렇게 하면 그 총이 어떤 사건과 연관 지어질 일이 전혀 없으니까. 누가 사용했던 총이라면 다른 사람이 당신이 하지도 않은 일을 하는 데 그걸 썼는지 여부를 알 수가 없잖아. 그러니까, 총을 쓸 생각이면 상자에서 갓 꺼낸 새 총을 쓸 것을 추천하는 바야.

돈놀이에 조금 더 빠져든 나는 거기에 더 큰 액수를 투입하고 있었어. 내가 어디에 있는지 아는 사람들이 돈 문제로 나를 찾아오고는 했어. 그래서 더 이상은 트럭 일이 필요치 않게 됐지. 화이트타워 햄버거 가게에서 웨이트리스들한테 10달러씩 돈놀이를 하던 시절은 저문 거야.

나한테 돈을 빌린 뒤 나를 피해 다니고 있다는 생각이 드는 놈이 있었어. 놈을 어디에서도 찾을 수가 없더군. '빅'이고 뭐고 한 푼도 못 받았는데 말이야. 어느 날 밤에 어떤 사람이 프렌들리에 와서는 내가 찾고 있는 놈을 해리 '헌치백' 리코베네Harry 'The Hunchback' Riccobene의 예스터이어 라운지에서 봤다고 알려줬어. 해리의 술집에서 카드를 치고 있는 놈을 붙잡았지. 그랬더니 놈은 어머니가 돌아가시는 바람에 나한테 주려고 모아둔 돈을 장례비용으로 다 써버리고 말았다고 하더군. 막혀 보이더라고. 니는 프렌들리로 가서 스키니 레이저에게 해리의 술집에서 놈을 찾아냈다고 말했어. 스키니가 "빌려준 돈은 받았어?"라고 묻기에, "아직요"라고 대답했더니 스키니가 이러더군. "잠깐. 내가 맞춰볼게. 그놈 어머니가 돌아가셨을 거야." 내가 말했어. "맞아요. 불쌍한 자식. 당신도 그 소식 들었나보네요." 스키니 레이저가 말했어. "그 자식의 염병할 어머니는 지난 10년간 수십 번은 돌아가셨어."

나는 풋내기라서 놈의 거짓말에 당했다고 느꼈어. 자기 어머니의 죽음을 그딴 식으로 이용해먹는 놈을 상상해봐. 해리의 술집으로 돌아가서는 놈에게 카드 테이블에서 일어나라고 소리를 질렀어. 놈은 키는 나하고 엇비슷했지만 몸무게는 나보다 조금 더 나갔어. 놈은 싸울 준비를 갖추고는 일어나 나한테 주먹을 날렸고, 나도 놈을 주먹으로 쳤어. 놈을 때려눕히고 카드 테이블 아래로 쓰러뜨리는 바람에 사방으로 의자들이 날아다녔지. 놈은 의자를 들고 달려들었어. 놈에게서 의자를 낚아채 놈에게 던졌지. 그러고는 놈을 두들겨서 피투성이로 만들고는 의식을 잃은 놈을 바닥에 내버려뒀어.

갑자기 해리가 들어와서 주변을 둘러보더니 길길이 뛰는 거야. 그는 꼽추였지만 무척이나 터프한 사람이야. 안젤로와 어깨를 마주하는 신분 높은 메이드맨이었지. 그는 바닥이 피투성이가 되고 자기 술집을 엉망으로 만들었다고 나한테 고함을 지르기 시작했어. 내가 피해액을 보상하겠다고 했지만, 그는 그런 건 중요하지 않다면서 자기 술집을 엉망으로 만들어서 보여주는 존경은 어떤 종류의 존경이냐고 묻더군. 놈하고 싸우려면 여기 술집에서가 아니라 길거리로 데리고 나갈 수도 있지 않았느냐는 거야. 나는 해리하고는 썩 잘 아는 사이가 아니었지만, 어쨌든 놈이 먼저 나한테 주먹을 휘둘렀다고 했어. 놈이 나한테 빚을 졌는데 돈을 갚겠다고 코빼기를 비치지도 않았다고 말이야. 해리가 이러더군. "이 놈팡이가 저 밖의 거리로 나가서 더 많은 돈을 빌릴 배짱이 있었겠어? 놈은 이미 세상에 빚을 지지 않은 사람이 없어." 내가 말했어. "돈을 빌려줄 때는 그걸 몰랐어요." 그러자 '꼽추' 해리는 바닥에 있는 놈에게로 걸어가더니 놈의 머리끄덩이를 잡고는 얼굴에 주먹을 날리기 시작하더군.

스키니 레이저는 내가 그의 술집에 들를 때마다 더 이상 트럭운전은 하지 않는 게 옳다는 견해를 표명하기 시작했어. 스키니 말은 이랬어. "어째서 아무 일도 않고 있는 거야, 친구? 자네는 무슨 일을 해야 마땅해." 그는 자기들이 나를 위해 무슨 조치를 취하고 있어야 옳다고 말했어. 나는 그냥 누가 시키는 작전만 고분고분 실행하는 신세여서만은 안 된다는 거였지. 조직의 사다리 위로 오르기 시작해야 마땅하다는 거였어. 거물들과 어깨를 나란히 해야 옳다는 거였어. 그는 그런 얘기를 여러 번 했어. 언젠가 그가 그런 말을 할 때, 나는 그에게 영화 「워터프론트」를 좋아한다고 말했어. 어떤 일이건 노조일을 시작하는 걸 개의치 않는다고 했지. 조이 맥그리얼 같은 조직책과 교섭위원들이 내가 속한 노조, 즉 팀스터즈 조합원들의 처지를 향상시키기 위해 처신하는 방식이 마음에 들었거든. 스키니 레이저가 안젤로에게 그 말을 전했던 게 분명해. 안젤로는 러셀에게 그 말을 전했던 게 분명하고. 얼마 후, 러셀과 합석해서 빵을 와인에 담글 때 러셀이 나한테 힌트를 주기 시작했어. 러셀은 이런 말로 논의를 시작했어. "이봐, 아이리시맨, 자네는 평생 트럭만 몰다가 죽지는 않을 거야."

언젠가는 어떤 새끼가 도둑질한 보석을 잔뜩 삼키고는 돈을 한 푼도 내놓지를 않는 거야. 그런 식의 일이 일어나면, 그런 일을 당한 상대가 바짝 약이 오를 거라는 걸 당신도 알 거야. 그런데 이런 놈들 대부분이 진실을 털어놓는 방법이나 사람들의 허락을 구하고 정직하게 살아가는 법을 도무지 알지 못해. 놈들에게 남들을 이용해먹는 건 껌 씹는 것과 비슷한 습관 같은 거야. 놈들 중 일부는 그런 판단에 영향을 끼치는 음주문제나 도박문제를 갖고 있기도 해. 놈이 그런 놈이었는지 아니었는지는 몰라. 놈이 가진 문제가 뭐였는지는 모른다는 말이야. 내가 아는 건 놈한테 문제가 있었다는 것뿐이야.

그놈에게 메시지를 전하라는 임무를 받고 여기저기 돌아다녔어. 놈에게 현재 상황을 알려주려고 애쓰는 사람이 몇 있다는 걸 알았지. 하지만 놈은 만나는 사람마다 하는 말이 나 빌났어. 다운타운의 사람들은 나한테 놈의 근서에 있으라고 충고하더군. 놈을 만난 나는 놈하고 잠깐 어울렸어. 어느 날 밤에 나는 63번가와 해리슨의 교차점에 있는 하버포드 다이너에서 놈과 함께 있었어. 놈이 거기 남아서 내가 아는 다른 사람을 기다리고 있겠다고 하기에, 나는 8시 30분에 놈을 거기에 남겨두고 떠났어.

그런데 그 놈팡이는 그날 밤 늦은 시간에 자기 집 지하실에서 357구경 매그넘에 맞었어. 나는 당시 시티라인 가에 살고 있었는데, 경찰들이 우리 집을 덮쳐서는 심문을 해야겠다며 나를 끌고 가는 거야. 대법원이 법규를 바꾸기 전인 당시에 경찰은 마음대로 그런 일을 할 수 있었어. 지금은 자기들 마누라나 여자친구를 죽이고도 사방을 휘젓고 돌아다니는 놈들이 천지인데 어느 누구도 그런 놈들을 잡아다 이름조차 묻지 못하는 세상이지만 말이야. 당시 경찰은 내킬 때면 언제든 우리를 체포했어. 우리를 앉혀놓고 취조실의 모든 구석에서 우리한테 따발총처럼 질문을 쏘아댔지. 고문이나 다름없는 혹독한 심문이었어.

경찰은 내 아파트에서 357구경 매그넘을 찾아냈지만, 그 총은 발사된 적이 전혀 없는 새 거였어. 내가 앞서도 그런 걸 강조한 적 있잖아? 경찰은 하버포드에 있던 목격자를 확보했는데, 그는 내가 피살된 놈하고 같이 있는 동안 웨이트리스에게 지금이 몇 시인지를 큰 소리로 계속 물어봤다고 진술했어. 내가 떠나려고 일어선 8시 30분에 웨이트리스에게 시간을 다시 물어봤다고도 했고.

경찰의 주장에 따르면, 이건 그놈이 그날 밤 늦은 시간에 살해당할 때 내가 그 자리에 있었노라고 말할 사람이 아무도 없도록 내가 웨이트리스 뇌리에 알리바이를 구축하려 애쓴 수작이었어. 그런 후, 경찰은 놈의 집 지하실로 내려가는 난간에서 내 지문을 찾아냈다고 말했어. 나는 그 전날에 그에게서 갓난아기용 침대를 빌려서 가져왔는데, 그 침대가 지하실에 있었기 때문에 지하실 사방에서 내 지문을 찾을 수 있을 거라고 항변했지. 내가 그놈과 친해진 건 다행스러운 일이었어. 그렇지 않았다면 그 지문은 나한테 불리하게 작용했을 테니까. 경찰은 속 시원하게 털어놓고 싶은 게 있느냐고 물었고 나는 대답했어. "나는 아무 짓도 하지 않았기 때문에 속 시원하게 털어놓을 게 하나도 없습니다." 경찰은 나한테 거짓말 탐지기 테스트를 받겠느냐고 물었고, 내가 바보천치가 아니라는 점을 상기시킨 나는 경찰들한테 그들이 범행현장에서 회수한 장물 몇 가지를 슬쩍한 적이 전혀 없었는지를 놓고 그들 스스로 거짓말 탐지기 테스트를 받아보는 게 마땅하다고 생각한다고 대단히 공손한 어투로 비아냥댔지.

나는 이런저런 요령을 터득하는 동안, 보스들과 대위들은 어떤 사람을 해치우는 일에 그 사람의 친구를 보낸다는 걸 배웠어. 여러 합리적이고 타당한 이유에서 말이야. 일을 그런 식으로 처리하는 명백한 이유는, 살인자가 외딴 곳에서 표적에게 접근할 수 있다는 거야. 조금 덜 명백한 이유는, 살인자에게 불리한 증거가 발견됐을 경우, 피살자가 살인자의 친구라면 그 증거가 어떻게 살인자의 집이나 차나 몸뚱어리에 있게 됐는지를 설명해서 결백을 주장할 수 있는 근거들이 많다는 거고.

FBI가 지미 호파의 머리카락을 차에서 발견한 사례를 예로 들어 볼게. 지미는 토니 지아칼로네[63]와 그의 가족하고 가까운 사이였어. 그러니 지미의 머리카락은 지아칼로네 식구 중 한 명의 옷에 쉽게 붙어 있을 수 있었지. 그 머리카락은 지아칼로네 식구 중 한 명의 옷에서 지아칼로네 꼬맹이의 자동차로 옮겨갈 수 있었고. 아니면 지미 자신이 그 이전에 그 차에 탔을 수도 있었고, 처키 오브라이언Chuckie O'Brien[64]의 옷에 묻어 차에 들어갔을 수도 있었어. 그 차가 그날 지미 호파를 태워서 어딘가로 데려가는 데 사용됐다는 것 말고도 다른 가능성이 백만 가지나 있는 거야.

어쨌든, 나는 살인이 벌어지기 전날에 그놈 집에 가서 아기용 침대를 가져왔어. 경찰들은 내가 현장을 파악하려고, 말하자면, 그의 시체가 발견된 지하실에 친숙해지려고, 어쩌면 창문이나 문을 잠그지 않은 채로 남겨두거나 지하실에 무엇인가를 남겨두려고 거기에 갔다고 생각했어. 하지만 경찰은 그

63, 64 지미 호파 실종사건 용의자 중 한 명

사건으로 어느 누구도 기소하지 못했지. 나를 유력한 용의자로 만들려고 기를 썼지만 말이야.

그놈이 강도질로 얻은 다량의 보석을 혼자 꿀꺽했다면, 놈이 그다음에 무슨 짓을 했을지는 도무지 알 길이 없어. 놈에게 압박이 가해질 경우 놈이 무슨 말을 하는지 아무도 모르는 거야. 놈은 경찰의 심문을 받는 중에 밀고를 했을 거야. 질서가 잡힌 사회에서 살고 싶은 사람에게 이런 종류의 일은 반역 행위지. 정부조차 그런 사람을 반역자로 처형하잖아. 그런 종류의 실수는 '심각한' 짓이야. 그들이 그놈에게 해준 것처럼 그런 실수를 바로잡을 수 있는 기회가 많이 주어졌을 때에는 특히 더 그렇지. 우리에게는 따라야 할 특정한 법규들이 있는 거야. 아무렴, 그렇고말고.

그 무렵에 나는 그 문화의 주요한 일부였고, 러셀과 안젤로 양쪽의 친구로서 굉장한 존경을 받고 있었어. 상황이 그렇다는 걸 나는 잘 알고 있었지. 메리와 나는 가톨릭이었기 때문에 이혼을 하지는 않았지만, 우리는 별거를 했고, 나는 살고 싶은 인생을 마음대로 살았어.

골든 랜턴은 닉슨 볼룸 건너편에 있는 레스토랑이었어. 그 레스토랑에는 웨이트리스가 44명 있었는데, 어느 여름의 현충일[65]부터 노동절[66]까지, 나는 그중 39명과 섹스를 했어. 리틀 이집트와 넵튠 오브 더 나일이라는 훌륭한 스승님들을 둔 덕에 나는 여자들한테 인기가 무척 좋았지. 여자들 사이에 소문이 퍼지면서 여자들은 자기들 차례가 오기를 고대했어. 여자들은 나를 매력적으로 여겼고, 나는 그런 상황이 마음에 들었어. 나는 독신이었어. 그런데 독신인지 아닌지 여부가 대체 뭐가 중요하겠나? 중요한 건 자존심이 전부였어. 내가 여자들하고 놀아난 짓거리에 애정 따위는 전혀 없었어. 그저 많은 술과 많은 자존심만 있었을 뿐이야. 그런데 술과 자존심이 사람을 잡을 수도 있는 법이야.

---

65 5월 마지막 월요일
66 9월 첫째 월요일

그들은 내게 단테스 인페르노 나이트클럽의 일자리를 줬어. 잭 로핀슨이라는 사람이 주인이었는데, 로핀슨은 그 클럽 때문에 거기서 빈둥거리는 고리대금업자 조지프 말리토에게 많은 빚을 지고 있었어. 내 일은 로핀슨과 말리토를 위해 돈을 지켜보는 거였어. 그러니까 돈이 오가는 현장을 지키는 금전출납감시원으로, 고객들이 낸 돈이 바텐더들 주머니가 아니라 현금등록기에 제대로 들어가는지 확인하고 손님들이 줄에서 벗어나는 일이 없도록 질서를 유지시키는 일을 하는 거였지.

시끄럽게 떠들어대는 팀스터즈 107지부 조직책 제이 팰런Jay Phalen은 조이 맥그리얼의 부하로, 클럽에 와서 툭하면 고주망태가 되고는 했어. 나는 그가 마신 술이 주량에 다다랐다 싶을 때쯤이면 더 이상은 술을 주지 말라고 바텐더에게 알려야 했어. 어느 날 밤, 팰런이 총을 꺼내 다른 손님을 겨눴고 나는 그를 쓰러뜨렸어. 바닥에 쓰러진 그를 들어 길거리에 내동댕이치고는 다시는 여기에 오지 말라고 호통을 쳤어. 그는 평생 클럽 출입이 금지됐고, 내가 단테스 인페르노에 있는 한 절대 들어오지 못했어.

그들이 나를 위해 무슨 일을 하는 중이라고 스키니 레이저가 했던 말을 생각할 때마다, 나는 팰런 같은 자들을 상대로 단테스 인페르노에서 하는 일이 더욱 더 지겨워졌어. 내가 단조로운 한 가지 일상에 내내 갇혀 지내지 않았다는 건 어떤 면에서는 좋은 일이었지만, 거기서 하던 일은 군대생활이랑 비슷했어. 서둘러서 이동한 다음에 마냥 대기해야 한다는 점에서, 그리고 전투와 전투 사이의 시간이 무척이나 지루하다는 점에서 말이야. 노조 활동에 참여하고 안정적인 급여를 받으며 조직에서 승진하는 건 어떤 느낌일지 꽤 자주 생각했어. 그렇게 되면, 의심의 여지없이, 메리에게 매주 더 많은 돈을 줄 수 있겠지. 그렇지 않더라도, 떼돈 아니면 쪽박을 오가는 부침 심한 생활 대신, 적어도 고정적인 액수를 매주 그녀에게 줄 수 있을 거고. 게다가 술집에서만 죽 때리는 대신 어딘가 다른 곳에 있게 될 테고, 그렇게 되면 술도 줄일 수 있을 터였지.

러셀이 나한테 평생 트럭만 몰다가 죽지는 않을 거라는 말을 할 때마다,

나는 그에게 노조 일을 하고 싶다고 대놓고 말하기 시작했어. 그가 이러더군.

"그러면 해보지 그래, 아이리시."

내가 말했어. "조이 맥그리얼이라고 있어요. 제가 그 밑에서 미식축구 복권 일을 하는데, 그 사람이랑 이미 그 문제를 알아보고 있어요. 그는 팀스터즈 107지부 조직책이에요. 맥그리얼 말로는 조직에 빈자리가 전혀 없대요. 내가 단테스에서 쫓아낸 조직책이 있는데, 조직에서 그놈을 쫓아내야 마땅하다고 그에게 충고했지만, 맥그리얼은 그건 중요한 게 아닐 거라고 하더군요. 이미 대기 중인 사람이 있다면서요. 그는 이 문제를 해결하려면 높은 곳에 아는 사람이 있어야 할 거라고 했어요. 나를 지지하고 내 신원을 보증해줄 랍비 같은 사람이 필요할 거예요. 그런데 맥그리얼 말고 내가 아는 사람이라고는 내가 속한 노조 대표가 유일한데, 그 사람은 내 길을 뚫어줄 만한 영향력이 없어요. 그가 가진 영향력이 어느 정도건, 그는 그걸 자기가 승진하는 데 쓸 거예요. 그도 조직책이 되고 싶어 하거든요."

러셀은 시칠리아어로 폭풍우가 몰아치는 날씨에 대해 무슨 말을 했는데, 영어로 대충 옮기면 "일이 어떻게 풀릴지는 도저히 알 수 없는 노릇이지. 날씨는 하나님 손에 달려있으니까" 정도 될 거야.

어느 날 오후, 단테스로 출근하기 전에 프렌들리에 들렀어. 스키니 레이저가 말하더군. "러셀이 오늘밤에 올 건데 자네가 8시 전에 여기 있었으면 한다더군. 누군가한테 전화가 올 건데, 자네가 그 사람하고 통화를 했으면 한대." 러셀이 원하는 게 무엇인지, 그가 나하고 통화시켜주려는 상대가 누구인지는 전혀 몰랐지만, 시간을 엄수해야 한다는 건 알고 있었어.

7시 30분쯤에 거기로 갔더니 러셀이 술집 밖에서 어떤 사람들과 얘기를 하고 있더군. 그는 나한테 안에 들어가 있다가 그에게 전화가 오면 나와서 알려달라고 했어. 정각 8시에 술집 전화기가 울렸고 스키니 레이저가 전화를 받았어. 러스를 데리러 가려고 테이블에서 일어났는데, 러스가 알아서 들어오더군. 밖에서도 벨소리를 들은 게 분명했어. 나는 테이블을 전화기 가까운 곳으로 옮겼어. 스키니가 수화기 건너편에 있는 사람에게 말했어. "어떻게 지

148

내요? 좋군요. 가족들은요? 그래요, 우리도 모두 잘 지내요. 다 잘될 거예요. 아, 그럼요. 안젤로도 잘 지내요. 지난주에 의사를 만났는데, 몸 상태가 아주 좋대요. 건강해요. 다시 말하지만, 다 잘될 거예요. 맥기한테 수화기 넘길게요. 몸조심해요. 알았죠?" 스키니는 수화기를 러스에게 넘겼어.

러스는 수화기를 받았지만 거기다 대고는 아무 말도 하지 않았어. 전화기를 내 테이블로 가져오더니 자리에 앉더군. 그러고는 테이블에 봉투를 올려놨어.

"자네한테 얘기했던 그 친구를 데리고 있네. 여기 나하고 같은 자리에 있어. 좋은 노조 일꾼이야. 그 친구가 그가 속한 노조의 지부장을 만났으면 해. 어떤 사람인지 자네가 직접 확인해봐." 러스가 고개를 돌리고는 말했어. "지미 호파한테 인사하게." 그러고는 나한테 수화기를 넘겨줬지.

팔을 뻗어 수화기를 받으면서 생각했어. 이걸 상상이나 해봤겠어? 지미 호파가 나랑 통화하려고 전화를 거는 걸? "여보세요." 나는 인사를 했어. "인사 드리게 돼서 기쁩니다."

지미 호파는 인사조차 하지 않았어. 본론으로 직행했지. 내가 그다음에 들은 말이 지미 호파가 나한테 처음으로 한 말이었어.

"페인트 일을 하는 사람이라고 들었소." 지미가 말했어.

"에-에-예. 그, 그, 그리고 목수 일도 직접 합니다." 말을 더듬은 게 부끄러웠어.

"내가 듣고 싶었던 말이 그거요. 당신이 우리 형제라고 알고 있소만."

"맞습니다." 나는 문장을 계속 짧게 끊었고, 말을 거의 하지 않았어. "107지부입니다. 1947년부터요."

"우리 친구가 당신을 무척 높이 평가하더군."

"감사합니다."

"그 친구, 기분 좋게 해주기가 쉽지 않은 사람인데."

"최선을 다하고 있습니다." 내가 말했어.

"노동운동에 가장 유익한 건, 노동운동을 할 때 무엇보다도 중요한 건, 반드시 깃줘야 하고 그길 지거내러 무쟁해아 하는 내싱은 탄결이오. 내기입들은 계속 우리를 공격하면서 공세를 펼쳐왔지. 놈들은 노조를 갈기갈기 찢어 발기는 걸 목표로 삼은 분파들에 자금을 대고 있단 말이오. 대기업들은 우리가 통화하는 이 순간에도 내 거점인 디트로이트와 다른 곳에서 우리 휘하에 있는 지부들을 훔쳐내려 애쓰면서, AFL-CIO[67] 소속 노조들이 자행하는 일부 공세적인 작전의 배후에 똬리를 틀고 있소. 대기업들은 지금도 상황이 변할 때마다 우리를 가로막고 대중과 우리 조합원들 앞에서 우리를 망신시키려고 정부와 공동으로 작업하고 있고 말이요. 우리의 단결이 필요한 시기에 그런 식으로 불화의 씨앗들을 뿌리고 있는 거요. 지금 우리는 우리 역사상, 아니, 우리 역사뿐 아니라 미국에서 노동자들이 펼친 투쟁의 역사상 그 어느 때보다 더 단결이 필요하오. 당신도 이 투쟁에 함께하고 싶소?"

"예. 그렇습니다."

"이 역사의 일부가 되고 싶소?"

"예. 그렇습니다."

"내일 디트로이트에서 일을 시작할 수 있겠소?"

"여부가 있겠습니까."

"그럼 299지부로 와서 빌 이사벨Bill Isabel과 샘 포트와인Sam Portwine에게 신고하도록 하시오. 그들은 팀스터즈의 대외홍보를 책임지는 사람들이오."

우리는 전화를 끊었고, 나는 생각했어. 세상에, 대단한 언변이야. 그렇게 1분을 통화하는 동안 패튼 장군[68]이 떠오르더군.

"러스," 내가 말했어. "정말 놀랐습니다. 크리스마스 선물을 이렇게 일찍 받을 거라고는 생각도 못했어요. 게다가 오늘은 내 생일도 아니잖습니까."

"걱정 마. 자네가 그와 함께 있고 싶어 하는 만큼이나 그도 자네가 필요하니까. 자네를 잃는 건 마음에 들지 않아. 나는 그 친구가 자네를 디트로이트에 너무 오래 붙들어두고 있는 건 바라지 않네."

---

67 American Federation of Labor and Congress of Industrial Organizations, 미국 노동 총연맹 산업별 조합회의
68 제2차 세계대전 때 프랑스·독일 등에서 전투를 지휘한 미국의 육군 장군

"맞아요, 그렇죠. 그에게 내일 디트로이트에 있을 거라고 얘기했습니다. 지금 당장 차를 몰고 가는 게 나을 것 같습니다."

"그렇게 서두를 것 없어." 러스는 자리에 앉을 때 책상에 올려놓은 봉투를 내게 건넸어. "열어봐."

봉투에 디트로이트행 비행기 표와 100달러짜리 뭉치가 들어 있더군.

갑자기 나는 폭소를 터뜨리기 시작했어. 앉은자리에서 껄껄 웃어댔지. "제가 드릴 수 있는 말은," 내가 말했어. "이와 비슷한 일을 저한테 해준 사람은 평생 아무도 없었다는 겁니다. 이 일을 절대 잊지 않겠습니다."

"자네는 그걸 스스로 노력해서 얻은 거야, 아이리시. 자네한테 무언가를 공짜로 주는 사람은 아무도 없어. 자네가 스스로 애를 써서 벌어들인 거지. 이제 가서 식사하고 안젤로를 만나봐."

"단테스는 어쩌고요?" 내가 물었지. "오늘밤에 거기서 근무해야 하는데요."

"그 문제는 스키니 레이저가 이미 처리했어. 자네가 디트로이트에서 돌아올 때까지 자네 대신 그 일을 맡을 사람을 구해뒀어. 그리고 공항까지 가는 택시 잡으려고 신경 쓰지 마. 안젤로가 아침에 자네를 태우러 갈 사람을 찾는 중이니까. 자네, 지미 호파를 만나는 자리에 늦고 싶지는 않을 거 아냐. 호파는 시간문제에 있어서는 나보다 더 칼 같은 사람이야."

나는 다시 껄껄거리기 시작했어. 러스가 나를 정신 나간 놈으로 볼까봐 겁나더라고. 하지만 나는 그 상황이 무척이나 재미있었어. 이유는 지금도 몰라. 그 노인네가 나를 무척이나 많이 보살펴주고 있다는 사실 자체가 약간 민망해서 그랬던 것 같아. 🎧

13

세상에 그렇게 큰
낙하산은 없다

프랭크 시런이 장거리전화로 취직 면접을 할 당시, 지미 호파는 출세와 악명의 정점에 오르던 중이었다. 50년대 중반과 후반에, 지미 호파는 공격적인 태도와 허세를 보이면서 맥클레런위원회 청문회라는 난관을 헤쳐 나갔다. 그는 팀스터즈 위원장이 됐다. 그리고 대여섯 건의 형사 기소를 당하고서도 살아남았다.

그의 미래에, 그리고 그의 노조원들의 미래에 더 의미가 있었던 사건은, 1955년에 지미 호파가 기업 경영진들로 하여금 그들의 회사에 속한 팀스터즈 직원들의 은퇴를 대비해서 일정액을 정기적으로 적립하게 만든 연금펀드를 창설했다는 거였다. 중부지역연금펀드The Central States Pension Fund가 창설되기 전까지만 해도 많은 트럭기사들은 은퇴한 이후에 사회보장연금에만 의지해야 했었다.

"

지미는 자기 성깔을 유용하게 써먹는 법을 잘 알았어. 나는 그가 연금펀드

일을 진행 중일 때는 그의 곁에 없었지만, 트럭회사들과 만나는 자리에서 그가 어떻게 성질을 터뜨렸는지는 빌 이사벨에게서 들었어. 그는 펀드를 원했고, 펀드를 특정한 방식으로 설립하기를 원했고, 그 펀드에 대한 통제권을 갖기를 원했어. 그는 그가 승인한 특정한 사람들만이 그 펀드의 자금을 빌릴 수 있도록 펀드를 설립하기를 원했어. 내 말 오해하지 마. 펀드 매니저들은 대출금에 이자를 물렸어. 대출은 펀드의 자금을 투자하는 것과 비슷했지. 대출금에는 안전장치가 잘돼 있었어. 하지만 지미는 그 펀드를 자기가 원하는 방식으로 장악했어. 그래서 그는 특정한 사람들에게 돈을 대출해줄 수 있었지. 펀드는 창설되자마자 시간이 갈수록 규모가 커져갔어. 펀드의 혜택을 받는 사람들은 아직 다 현직에 있었던데, 기업들은 모든 인력이 근무한 시간에 해당하는 액수를 계속 펀드에 투입하고 있었기 때문이야. 내가 거기 당도했을 무렵에 펀드 총액은 2억 달러 정도였어. 그 액수는 내가 은퇴할 무렵에는 10억 달러로 불어 있었지. 그런 종류의 돈에서 떡고물이 얼마나 많이 떨어지는지 내 입으로 얘기하지 않아도 잘 알거야. 🙶

호파가 기획한 팀스터즈 연금펀드는 창설되자마자 대중에게 라 코사 노스트라로 알려진 전국적인 범죄 조직이 돈을 빌리는 주된 자금원이 됐다. 전용 은행을 갖게 된 거나 다름없어진 이 독점적인 범죄 집단은 성장하고 번창했다.

팀스터즈의 자금을 받은 벤처사업들은, 특히 아바나와 라스베이거스에 카지노를 건설하는 사업은 대부代父 기업가들의 꿈을 실현시켜주는 곳이었다. 사업은 하늘을 뚫을 기세로 성장했고, 조만간 대기권 너머까지 성장할 거라는 전망이 나왔다. 지미 호파가 실종된 1975년 무렵은 애틀랜틱시티에 합법적인 도박장이 개장하려던 참이었다.

"

지미의 몫은 장부에 기재되지 않는 중개수수료를 받는 거였어. 그는 대출을 승인해준 대가로 뒷돈을 챙겼지. 지미는 러셀 버팔리노, 뉴올리언스 보스인 카를로스 마르첼로, 플로리다 보스인 산토 트라피칸테, 시카고 출신 샘 '모모' 지안카나, 뉴저지 출신 토니 프로벤자노, 뉴욕 출신으로 그의 오랜 친구인 조니 디오 같은 특정한 친구들을 도와줬어. 그들은 돈을 빌리려는 손님들을 지미에게 데려왔고. 보스들은 손님들에게 대출금의 10퍼센트를 중개수수료로 부과하고는, 그 돈을 지미와 나눠가졌어. 지미는 우리 친구들과 많은 사업을 했지만, 항상 자신이 내세운 조건에 따라서만 사업을 했지. 그 연금펀드는 황금알을 낳는 거위였어. 지미는 시카고 그룹의 레드 도프먼Red Dorfman과 친했어. 레드는 시카고의 환경미화원노조를 노조 위원장이 살해당한 1939년에 장악한 사람이야. 레드가 잭 루비를 그 노조의 참모로 데리고 있었다는 말이 있어. 리 하비 오스월드[69]를 죽인 바로 그 잭 루비 말이야. 레드는 루비의 보스인 샘 '모모' 지안카나와 조이 글림코Joey Glimco, 그리고 시카고의 이탈리아계 나머지 사람들 모두와 연줄이 있었어. 더불어, 레드는 조니 디오 같은 사람들과 함께 동부 해안의 거물이었지.

레드한테는 앨런 도프먼Allen Dorfman이라는 의붓아들이 있었어. 지미는 레드와 앨런에게 노조의 보험정책을 맡겼고, 그런 후에는 앨런을 연금펀드의 대출을 감독하는 책임자로 임명했어. 앨런은 태평양전쟁의 영웅이었어. 해병대 출신의 터프한 유대인이었지. 스탠드업 가이이기도 했고. 앨런과 레드는 증인으로 불려나간 어느 의회 청문회에서 총 135회나 수정헌법 5조를 내세웠어. 앨런 도프먼은 스스로도 명망이 대단했던 사람이야. 앨런은 뒷돈을 챙겨서 그걸 지미와 나눠 갖고는 했지. 큰돈은 아니고 맛보기 정도에 불과한 액수였지만 말이야. 지미는 늘, 가난하지는 않지만 소박하게 살았어. 벡, 그리고 지미의 후임자들과 비교하면, 지미가 우표가 없어서 회사 우표를 집에 가져

---

69 Lee Harvey Oswald, 케네디 대통령의 암살범으로 지목된 인물

가서 쓸 정도로 검소하게 살았다고 봐도 무방할 거야. **"**

  하지만 지미 호파에게는 걱정거리가 된 사소한 사업적 비밀이 적어도 두 개 있었다. 두 비밀 모두에서 호파의 동업자는 호파와 가까운 팀스터즈 동지 오웬 버트 브레넌Owen Bert Brennan이었다. 브레넌은 지미가 속한 디트로이트 팀스터즈 지부의 위원장으로, 회사 트럭과 건물들을 폭파한 사건 네 건을 비롯한 폭력행위로 체포된 전과가 있었다. 브레넌은 지미를 자신의 '브레인brain'이라고 불렀다.

  호파와 브레넌은 테스트 플리트Test Fleet라는 트럭회사를 설립했다. '브레인'과 파트너는 그 회사를 각자의 아내들이 처녀 때 쓰던 이름으로 세웠다. 테스트 플리트가 맺은 계약은 딱 한 건이었다. 캐딜락을 운송하는 업체와 맺은 것으로, 이 업체는 팀스터즈에는 가입할 수가 없는 개인트럭을 모는 운송업자들의 노조와 문제를 겪던 중이었다. 이 트럭기사들 집단은 본부의 승인을 받지 않은 파업을 벌였다. 노조의 단결을 해치는 이런 행태에 분노한 지미 호파는 그들에게 작업에 복귀하라고 명령했다. 호파의 승인을 받은 캐딜락 운송회사는 독립적인 운송업체들과 맺은 리스계약을 종료하고 그들 중 다수를 업계에서 몰아낸 후 운송 일감을 테스트 플리트에게 넘겼다. 이 합의는 호파 부인인 조세핀 포지와크Josephine Poszywak, 그리고 일명 브레넌 부인인 앨리스 존슨Alice Johnson이 테스트 플리트를 위해서는 단 1분도 일하지 않은 채로 10년간 배당금으로 155,000달러를 버는 걸 도왔다.

  호파와 브레넌은 선 밸리라는 플로리다의 부동산 개발업체에 투자하기도 했다. 그러고는 추후 투자를 약속하는 담보물로서 노조 자금 40만 달러를 무이자로 그 업체에 대출해주기도 했다. 이런 계약을 체결할 때, 지미 호파는 자신이 조만간 대중이 철저하게 검증하는 대상이 될 것이라고, 그가 보기에는 정말로 사소해 보이는 죄상일지라도 과거에 저질렀던 죄상에 대한 질문을 받아내야 하는 세세식 인물이 될 것이라고 미처 예상하지 못했다.

맥클레런위원회가, 황금알을 낳는 거위인 연금펀드를 비롯해서, 그가 가진 사소한 비밀 다수를 조만간 밝혀내고야 말 거라는 걱정에, 지미 호파는 위원회의 관심을 자신에게서 다른 곳으로 돌리려는 일에 집착하게 됐다.

1957년 초에 위원회가 결성됐을 때, 위원회의 표적은 팀스터즈 위원장 데이브 벡이었다. 바비 케네디의 오른팔 월터 셰리던에 따르면, 호파는 벡이 저지른 범법행위들을 케네디에게 상세히 밀고했다. 셰리던은 1972년 저서 『지미 호파의 몰락과 출세The Fall and Rise of Jimmy Hoffa』에 이렇게 썼다. '그는 벡의 변호사 중 한 명을 시켜 벡과 관련한 정보를 케네디에게 넘기게끔 일을 꾸미는 것으로 이런 짓을 시작했다.'

이 짤막한 문장은 셰리던 씨가 용기 있게 쓴 문장이다. 책이 출판됐을 때, 호파는 말 그대로 교도소에서 막 나온 참이기는 했지만 여전히 생존해 있었고 바비 케네디는 4년 전에 사망한 상태였다. 케네디가 살아 있었다면, 그리고 이 문장에 담긴 뜻을 누군가가 알아차렸다면, 변호사 윤리 위반과 관련한 조사가 당연히 이뤄졌을 것이다. 실제 사실이 어땠느냐에 따라, 케네디는 벡의 변호사가 의뢰인에 대한 도덕적 의무를 위반하면서 호파를 대신해 벡이 저지른 불법행위들을 '밀고'하게 만드는 걸 허용하는 짓을 공모했다는 이유로 변호사 자격을 박탈할 수도 있었다.

셰리던은 호파가 "위원회에 협조하겠다고 제안하려는 그와 케네디 사이의 만남을 주선하는 일을 바로 그 변호사에게 맡겼다"고 발언을 이어나갔다.

셰리던의 책이 출판된 1972년에 이 두 문장의 의미를 알아차린 호파의 대부 친구들은 뭔가 의문을 제기할 수 있었을까? 버팔리노와 트라피칸테, 마르첼로, 프로벤자노, 지아칼로네 같은 무자비하고 막강한 인물들이 보기에, 어떤 사람이 밀고자가 되는 것은 심각한 성격적인 결함이고, 자신의 동지를 밀고하는 것은 심각한 실수였다. 조금의 과장도 없이 표현하자면, 그런 사람은 결코 다시는 믿을 수가 없는 사람이고, 그런 짓은 용서할 수 없는 짓이었다. 셰리던의 책이 서점에 도착한 바로 그 시점에, 호파는 디트로이트 길거리에 발을 디디고 있었다. 그 책은 호파에게 '밀고자' 낙인을 찍었다. 그리고 호파는 팀스터즈 위원장 자리를 노리던 와중에 피츠시먼스 휘하의 팀스터즈 연금펀드에 마피아가 영향력을 발휘했다는 사실을 폭로하겠다고 공개적으로 으름장을 놓으면서 그 낙인에 신빙성을 부여했다. 그런데 그 모든 건 한참의 세월이 흐른 뒤의 일이었다. 50년대 후반, 노조 동지인 데이브 벡을 늑대들에게 먹잇감으로 내준 호파의 마키아벨리식 전략은 원원 전략이었다. 벡에 대한 자료에만 집중한 위원회는 호파의 테스트 플리트와 선 밸리 계약에 대한 조사를 일시적으로 보류했고, 호파는 벡을 그의 앞길에서 제거했다.

"

지미는 자신이 처한 환경을 통제하는 걸 좋아했어. 그는 술을 마시지 않았어. 그래서 그의 면전에서는 아무도 술을 마시지 않았지. 그는 담배를 피우지 않았어. 그래서 그의 주변에서는 아무도 담배에 불을 붙이지 않았어. 때때로 그는 주위에 있는 모두를 짜증나게 만들었어. 그 자신이 안달을 하기도 했고, 사람들이 수두에 걸린 꼬맹이가 온몸을 긁어대는 모습을 떠올리게 만들게끔 일을 처리하기도 했어. 그런데도 사람들은 그에게 나중에 얽은 자국이 남을 거라는 말을 할 수가 없었어. 한마디도 할 수가 없었지. 그저 그가 하는 말을 귀담아 듣기만 할 뿐이었어. "

지미 호파는 맥클레런위원회의 내부 정황에 대해 가급적 많은 것을 알아내고자 하는 일에 안달하며 집착하게 됐다.

1957년 2월, 호파는 존 사이 채스티라는 뉴욕 변호사와 계약했다. 채스티는 해군과 대통령 경호실에 근무한 경력이 있는 인물로, 그의 전문 분야에는 조사 업무도 있었다. 호파는 채스티에게 위원회가 조사관들을 고용하고 있다고 말했다. 채스티가 위원회에 취직해 위원회의 활동에 대해 호파에게 보고해줄 경우, 채스티는 1년간 월 2,000달러의 수수료를 받는 식으로 현금

157

24,000달러를 받는 계약을 맺게 될 거라고 호파는 말했다. 호파는 그 자리에 취직하는 데 드는 비용을 위한 착수금조로 채스티에게 1,000달러를 지불했다. 하지만 조바심을 낸 호파는 채스티가 어떤 사람인지를 충분하게 확인하지는 않았다. 그는 뉴욕의 정직한 조사관이자 애국자였다. 채스티는 이 불법 행위 계획을 곧바로 당국에 신고했다.

바비 케네디는 채스티에게 연봉 5,000달러짜리 위원회 일자리를 줬다. FBI는 채스티의 몸에 마이크를 부착하고 접선현장에 카메라를 여러 대 설치했다. 채스티는 호파에게 위원회의 민감한 서류들이 담긴 봉투가 있는데 그 봉투를 넘겨주는 대가로 또 다른 현금을 받고 싶다고 알렸다. 두 남자는 워싱턴 D.C.의 듀퐁 서클 근처에서 만났다. 채스티는 지미 호파에게 봉투를 넘겼고, 호파는 현금 2,000달러를 채스티에게 넘겼다. FBI가 설치한 카메라들은 이 교환 장면을 촬영했다. 현장에 다가온 FBI는 지미 호파를 서류를 가진 현행범으로 체포했다.

자신은 이렇게 '빈틈없는 사건'에서 "그런 가능성은 전혀 고려해보지 않았다"고 밝힌 적이 있는 바비 케네디는 호파가 무죄 판결을 받으면 어떻게 하겠느냐는 어느 기자의 질문에 이렇게 대답했다. "제가 국회의사당에서 뛰어내리겠습니다."

1957년 6월에 호파는 위원회의 활동에 대한 내부 정보를 얻으려고 맥클레런위원회 조사관에게 뇌물을 건넨 혐의로 워싱턴 D.C.에서 열린 재판에 출석했다.

배심원단은 흑인 여덟 명과 백인 네 명으로 구성돼 있었다. 호파와 그의 변호를 맡은 전설적인 변호사 에드워드 베넷 윌리엄스는 배심원 선정과정에서 백인 배심원들만 공격했다. 호파는 캘리포니아에서 날아온 흑인 여성 변호사를 변호인 테이블에 앉혔다. 그는 『아프로-아메리칸The Afro-American』 신문이 호파를 '검둥이 인종(Negro race)'의 옹호자로 칭송하는 광고를 게재하게끔 일을 꾸몄다. 광고에는 흑백으로 구성된 호파의 법률 팀 사진이 실렸다. 그런 후 호파는 그 신문을 흑인 배심원들 각자의 집에 배달시켰다. 마지막으로, 시카고 지하세계를 호령하는 호파의 친구 레드 도프먼은 전설적인 복싱 챔피언 조 루이스를 그의 디트로이트 집에서 비행기로 데려왔다. 지미 호파와 조 루이스는 오랜 친구지간인 것처럼 배심원단 앞에서 포옹했다. 조 루이스는 증언을 듣는 이틀간 법정에 머무르며 재판을 지켜봤다.

채스티가 증언할 때, 에드워드 베넷 윌리엄스는 그에게 NAACP[70]를 공식적으로 수사해본 경험이 있느냐고 물었다. 채스티는 그런 적이 없다고 부인했지만, 씨앗은 이미 뿌려진 상태였다.

호파는 무죄 판결을 받았다.

에드워드 베넷 윌리엄스는 리본을 두른 포장된 상자를 바비 케네디에게 보냈다. 상자 안에는 케네디가 국회의사당에서 뛰어내릴 때 쓸 장난감 낙하산이 들어 있었다.

"

지미는 그 재판 전에는 조 루이스를 만난 적이 없었어. 그 사실을 모르는 건 배심원단뿐이었지. 하지만 지미는 민권운동을 강력히 지지했어. 그 부분은 진실이야. 중요한 건, 그가 재판에서 승소할 때마다 자신은 절대로 패소하지 않을 거라는 생각을 하게 됐다는 거야. 그리고 의심의 여지가 없는 건, 그가 바비를 지독히도 미워했다는 거고. 그가 바비와 같이 탄 엘리베이터에서 바비의 면전에 대고 그를 '버릇없는 새끼'라고 부르면서 달려들던 걸 본 적이 있어. 나는 지미를 만류했어. 지미가 나한테 "케네디 형제 중에서 엉뚱한 놈이 죽었다"고 말한 적도 많아. 하지만 그는 바비의 형도 싫어했어. 지미는 케네디 형제가 땀 흘리는 일은 단 하루도 해본 적이 없는 철없는 백만장자들이라고 했어. "

70 National Association for the Advancement of Colored People, 미국 흑인지위향상협회

『내부의 적』에서, 바비 케네디는 재판 당시 실직 상태인데다 빚도 많이 지고 있던 조 루이스가, 재판이 끝난 즉시 팀스터즈 연금펀드에서 200만 달러를 대출받은 레코드회사의 급여가 좋은 자리에 취직이 됐다고 주장했다. 그런 후, 조 루이스는 법정에서 만난, 캘리포니아에서 날아온 흑인 여성 변호사와 결혼했다. 바비 케네디의 오른팔이자 수석조사관이면서 미래의 작가인 월터 셰리던이 레코드회사에 취직한 것에 대해 맥클레런위원회를 대신해서 조 루이스와 인터뷰하려고 애썼을 때, 전 챔피언은 협조를 거부하며 바비 케네디와 관련해서 이렇게 말했다. "그한테 엠파이어스테이트 빌딩에 가서 뛰어내리라고 전하쇼."

그럼에도, 바비 케네디는 1957년 연말 무렵에는 최후의 미소를 짓는 사람은 자신일 거라고 예상했다.

호파는 자신이 처한 상황을 통제하고픈 욕구 때문에 그가 거느린 참모들 중 누구도 맥클레런위원회에, 그가 벡을 상대로 했던 짓처럼, 그에게 불리한 증거를 제공하지 않을 거라는 것을 확실히 해두고 싶어 했다. 그래서 호파는 팀스터즈 사무실을 불법 도청하고 녹음하는 일에 친구인 조니 디오를 고용한 혐의로 연방정부에 의해 기소당하기에 이르렀다. 도청범행을 호파와 공모한 이는 테스트 플리트와 선 밸리 벤처사업의 동업자인 오웬 버트 브레넌이었다. 그 역시 이 두 건의 벤처사업과 관련해서 그에게 제기될 가능성이 있는 법적 문제들 때문에 그런 일에 나설 동기가 충분했다.

바비 케네디는 미해결 상태인 도청 기소 말고도, 맥클레런위원회에서 증언할 때 도청사건들과 관련해서 거짓말을 했다는 이유로 호파를 위증죄로 별도 기소하기도 했다.

호파가 이 두 건의 기소 때문에 골머리를 싸매던 시점에, 팀스터즈는 세계 최대의 노동조직인 AFL-CIO와 몇십 년간 제휴한 상태였다. 1957년 9월에 AFL-CIO 윤리위원회는 데이브 벡과 지미 호파가 '사적인 이익을 위해 자신들이 속한 노조의 공식 직위'를 이용했다며 고소했다. AFL-CIO는 한 걸음 더 나아가 호파가 '악명 높은 노동문제 모리배들과 어울리면서 스폰서 노릇을 했으며 그들의 이익을 위해 홍보활동을 했다'고도 공격했다.

팀스터즈의 반응은 연방이 두 건의 기소를 제기한 호파를 초선 위원장으로 선출한 것이었다.

엄격한 통제가 이뤄지던 그 시절에는 일반 노조원들이 위원장을 직선으로 선출하는 게 아니었다. 5년마다 열리는 팀스터즈 컨벤션에서 위원장에게 유리하게끔 선정된 대표자들이 위원장을 간선으로 선출했다. 비밀투표는 행해지지 않았다. 순전히 안전한 결과를 얻으려는 목적에서였다. 지미 호파는 위원장 수락 연설에서 말했다. "우리, 서로의 온갖 의견 차이는 땅에 묻읍시다."

지미 호파와 그가 동원한 모리배들이 이미 땅에 묻은 반대세력의 수는 얼마나 많았을까? 장래에 페인트칠이 될 집은 몇 채나 될까?

지미 호파가 그의 마피아 동지들에게 접근할 수 있었던 것은 그가 위원장으로 등극한 덕분이었다는 것을 이제는 온 세상이 다 안다. 안토니 '토니 프로' 프로벤자노는 1957년 당시 충실한 호파의 사람이었고, 전국에서 규모가 가장 큰 지부에 속하는 뉴저지 유니언 시티의 560지부 지부장이었다. 1970년대에는 그런 입장에 변화가 생겼지만 말이다. 호파는 취임 즉시 프로벤자노를 회원이 10만 명이나 되는 뉴저지 73공동협의회 회장으로 임명하는 것으로 그가 두 번째 급여를 받을 수 있게 해주었다. 1959년에 정부는 팀스터즈를 감독하기 위해 감시위원회를 설치했다. 감시위원회는 호파에게 프로벤자노를 노조에서 제명하라고 명령했다. 호파는 그러는 대신, 1961년에 자신의 동지를 팀스터즈 부위원장으로 만드는 것으로 그에게 세 번째 급여와 엄청난 권한을 추가로 내줬다. 같은 해, 프로벤자노는 K.O. 코니그스버그와 살바토레 신노Salvatore Sinno, 살바토레 '샐리 버그스' 브리구글리오를 시켜 560지부의 인기 좋은 개혁적 마인드의 노조원 안토니 '스리 핑거스' 카스텔리토 Anthony 'Three Fingers' Castellito를 교살해 뉴욕 주 북부의 농장에 암매장하는 것으로 그와 카스텔리토 사이의 '의견 차이를 땅에 묻었다.'

1957년에 호파가 취임선서를 하고 열흘 후, AFL-CIO는 팀스터즈가 지미 호파와 그의 모리배 노조 임원들의 '부패한 통제력'을 소식에서 세서했을 경우에만 다시 받아들일 수 있다고 밝히면서 팀스터즈를 조합회의에서 축출했다.

1957년 11월 15일, 대중은 아팔라친 회합에 대한 뉴스를 들었다. J. 에드거 후버의 그렇지 않다는 주장과는 반대로, 별도의 국가처럼 운영되고 뉴욕 시티에 수도를 둔 전국적인 범죄 조직이 존재하는 것처럼 보였다.

열흘 후, 뉴욕 시티에서 도청 혐의로 기소된 호파와 브레넌을 재판하기 위해 연방 배심원단이 선정됐다. 배심원단은 11대 1로 의견이 갈리면서 평결을 내리지 못했다.[71] 그 즉시 새로운 배심원단이 선정됐다. 두 번째 재판이 진행되는 동안 배심원단 중 한 명이 자신에게 뇌물을 건네려는 시도가 있었다고 신고했다. 그는 다른 배심원으로 교체됐다. 새 배심원은 지미 호파는 무죄라고 평결했다.

바비 케네디는 패소했지만, 그에게는 여전히 의지할 수 있는, 호파를 상대로 한 위증죄 재판이 있었다. 위증죄 기소는 조니 디오와 지미 호파가 가진 대화들을 도청한 테이프에 의지했다. 도청은 뉴욕 주법에 따른 공인된 행위였고, 뉴욕 주의 기존 법률 아래 전화통화의 압수 수색은 타당한 행위였다. 그런데 바비에게는 불행하게도, 이때는 얼 워렌[72]이 이끄는 대법원이 주와 지방의 수사절차에 대한 통제력을 확장하던 시기의 초엽이었다. 미국 대법원은 주의 승인을 받았다 하더라도 그런 도청은 헌법에 위배되며 도청으로 획득한 증거나 거기에서 파생된 증거들은 모두 '독수독과[73]'라고 판결했다. 그 결과, 지미 호파를 매장하는 데 동원할 수 있는, 법정에서 인정되는 증거는 하나도 없었다. 그래서 위증 기소는 기각됐다.

---

71 일반적으로 미국 형사재판에서 유무죄 평결을 내리려면 배심원 전원의 의견이 일치되어야 한다
72 Earl Warren, 미국의 대법원장
73 毒樹毒果, 유독한 나무에서 딴 유독한 열매

" 　내가 노조 일을 하러 간 건 이런 일들이 모두 진행되던 와중이었고, 지미가 위원장 자리에 막 오른 직후였어. 도청 재판이 끝난 후, 세상사람 모두가 바비 케네디가 국회의사당에서 뛰어내릴 때, 세상에 그의 볼기를 구해줄 수 있을 만큼 큰 낙하산은 없다고 말하고 있었지. "

14

복면을 하지 않은 총잡이

"
　디트로이트로 날아가 트럼불 가에 있는 299지부에 신고했어. 그곳은 지미의 고향 지부야. 타이거 스타디움에서 거리를 따라 내려가면 그곳이었어. 299지부는 디트로이트 택시기사들을 노조에 가입시키려는 조직화 운동을 벌이고 있었어. 노조회관 바로 건너편에 커다란 택시회사 차고가 있었는데, 내가 탄 택시가 299지부 앞에 섰을 때 거리 건너편에 있는 팀스터즈 피켓 시위자들을 볼 수 있었어. 나도 장래에 거기에 합류할 터였지. 내가 소속될 곳이 어떤 곳인지에 대한 내 판단이 옳았다는 걸 알게 됐고, 299지부에 소속된 조직책이 돼서 무척 기뻤어. 내가 이 일을 열심히 해서 성과를 내면, 조직은 나를 필라델피아에 있는 107지부 조직책으로 보낼 거였어. 나를 위해 별도로 자리를 마련해야만 하는 상황이 되더라도 말이야. 나는 스승들 중에서도 최고의 우두머리 스승을 스승으로 모실 기회를 잡은 거야.

　나는 언젠가 팀스터즈의 조직책이 되겠다는 목표에 이미 눈길을 고정시켜 두고 있었어. 조직의 최상위층에 있는 자리였지. 전국 단위 조직의 사무실에서 일을 하는 거였어. 그 직위에 오른 후로는 노조원들이 나를 필요로 하는 곳이면 어디건 미국 곳곳을 돌아다녔어. 합법적인 부탁들을 많이 들어줄 수 있으면서도 여전히 내 생계를 꾸릴 수가 있었던 거야. 지미가 결국에 그런 일을 당하지 않았더라면, 나는 결국 팀스터즈 조직책이 됐을 거야.

나는 디트로이트에서 빌 이사벨과 샘 포트와인 아래에 배치됐어. 그들은 팀을 이뤄 홍보 일을 하고 있었지만, 사실 샘은 빌을 팀의 보스로 여기고 있었어. 키가 173센티쯤 되는 빌은 캔디를 다루는 능력으로 유명했어. 먹는 캔디를 말하는 게 아니라, 뭔가를 날려버리는 데 사용되는 종류의 캔디, 즉 다이너마이트를 말하는 거야. 빌은 폭파에 능했고, 무언가를 날려버릴 준비가 항상 돼 있었지. 빌은 아일랜드에서 태어났지만 말투는 미국인과 다를 게 없었어. 트럭기사로 일하면서 일반 노조원에서부터 시작해서 그 자리까지 올라간 사람이야. 세인트루이스에 배치된 적이 있는 그는 세인트루이스 지부를 위한 조직책이자, 정말로 훌륭한 노조 인력인 해럴드 기븐스Harold Gibbons가 이끈 세인트루이스 공동협의회를 위한 조직책으로 선발됐어. 1967년에 지미가 '학교(교도소)'에 갔을 때, 지미는 자기 자리를 맡을 후임자로 프랭크 피츠시먼스 대신에 해럴드 기븐스를 지명했어야 옳았어.

샘은 워싱턴 D.C. 출신으로, 빌보다 키가 약간 더 크고 체중도 조금 더 나갔지만, 나이는 내 또래인 빌보다 상당히 어렸어. 그때 나는 서른일곱 살이었어. 나는 샘이 대학을 졸업하자마자 곧장 노조 일에 투신했다고 생각해. 두 사람은 지미 호파랑 무척 친했어.

택시기사들을 조직화하는 운동에 배정된 조직책은 여덟 명쯤이었어. 우리는 아침마다 모였다가 피켓 시위를 하러 현장에 갔고, 빌과 샘은 홍보요원으로서 현황에 대해 설명하는 전단지를 돌렸어. 때로는 노조회관 건너편에 있는 택시회사 차고에서 피켓을 들기도 했지. 그렇지 않을 때는 코보 홀 대형 컨벤션센터나 워너 호텔 같은 시내 곳곳에 있는 택시 대기소에서 정보 안내용 피켓 라인들을 세웠지.

택시기사들을 한쪽으로 데려가 노조를 조직했을 때 생기는 장점들을 설명하고 노조 가입원서에 서명하라고 요청하고는 했어. 전체 노동자 중 30퍼

165

센트가 서명하면, 노동법은 노동자들이 노조를 원하는지 아닌지를 확인하기 위해 투표를 실시할 수 있는 자격을 부여해. 그런데 빌은 50퍼센트를 족히 상회하기 전까지는 투표를 요청해서는 결코 안 된다고 나한테 가르쳤어. 서명인원이 그에 못 미칠 때는 투표에서 질 게 확실하기 때문이야. 빌은 우리가 투표를 실시할 수 있는 권리를 획득할 경우, 다른 노조가 끼어들어 그 노조를 우리에게서 앗아가려 애쓸 거라는 설명도 해줬어. 그런 노조가 전체 노동자 10퍼센트의 가입원서를 확보할 경우, 그들은 투표에 개입해서 모든 작업을 다 마쳐놓은 상황의 우리 노조를 꺾을 수도 있었어. ALF-CIO에서 축출된 후, 우리 팀스터즈는 거기에 소속된 노조가 우리 투표에 개입해서 투표의 승리를 강탈하거나 어느 누구도 승리하지 못하도록 우리가 확보한 표를 빨아들이는 문제를 늘 걱정해야 하는 신세였어. 한동안은 그렇게 인정사정없는 상황이었지. 누구를 믿어야 할지 몰랐지만, 택시기사들을 계속 한쪽 구석으로 데려가 가입원서에 서명하라고 설득했어. 몇 가지 이유에서, 당시 디트로이트에는 택시기사로 일하는 레즈비언들이 많았어. 그들은 남자와 비슷한 대접을 받는 걸 좋아했는데, 우리는 그 점도 존중해야 했지. 그러지 않으면 서명을 받지 못할 테니까.

그들이 가입원서에 서명했더라도 그게 그들이 나중에 투표에서 반드시 노조를 지지하는 표를 던질 거라는 뜻은 아니었어. 그 투표들은 엄격한 감독을 받는데다 비밀투표였기 때문이야. 그래서 택시기사들은 순전히 우리를 제거하려는 속셈으로 서명을 한 다음에 자기들 내키는 쪽으로 표를 던질 수도 있었어. 그러면 우리는 속수무책으로 당하는 거였지.

나는 홀리데이 인에 기거하고 있었어. 노조는 내 호텔비를 떠맡고 나한테 식비와 일당을 지불했지. 게다가 나는 급여를 별도로 받았어. 그 시절에는 전임專任 노조 직위를 하나 이상 가질 수 있었어. 그래서 지미나 일반 노조원의 다른 스승들처럼 많은 전임 급여를 받을 수 있었지. 나는 직위가 하나였지만, 빌과 샘은 대여섯 개의 다른 계좌를 통해 급여를 받는다는 걸 나는 알고 있었어.

눈먼 돈처럼 보였어. 게다가 디트로이트는 필라델피아와 무척 비슷했어. 할 일이 엄청나게 많았지. 잠시도 지루할 틈이 없었다는 점에서 말이야. 우리는 권투경기나 미식축구경기를 보러 가거나 시내에서 벌어지는 일은 무엇이건 보러 갔어. 빌과 샘은 말술도 마다하지 않는 술꾼들이라 함께 술도 많이 마셨지.

그들은 내게 '조합(union)'이라는 단어에는 특별한 뜻이 있다고 가르쳤어. 노동자는 모두 한 방향으로 단결돼 있어야지, 그렇지 못하면 노동자를 위한 진보는 없는 거야. 노조는 그 노조에 속한 가장 약한 노조원만큼만 강한 거라고. 노동자들 사이에 불화가 생기면, 고용주들은 그걸 알아차리고 그걸 이용해먹어. 노조 내부의 불화와 저항적인 파벌의 존재를 용인할 경우, 그건 노조를 잃는 길에 오른 셈이 되는 거라는 말이지. 노조에 보스는 딱 한 명만 있을 수 있어. 조력자들을 둘 수는 있지만, 지부 한 곳을 운영하려고 애쓰는 인력을 아홉 명이나 둘 수는 없는 법이야. 그렇게 할 경우, 고용주는 저항세력과 남몰래 거래해서 노조를 분열시킬 거야. 고용주는 노조가 반으로 쪼개져 있는 동안 투쟁심이 제일 강한 노조원들을 불법적으로 해고하고는 회사를 자기들 마음대로 운영할 거야.

"저항적인 파벌들은 전쟁기의 나치 부역자들과 비슷해. 노르웨이와 프랑스에 있었던 자들과 말이야." 빌 이사벨이 나한테 한 말이야. "지미 호파는 저항적인 파벌들을 절대로 좌시하지 않을 거야. 그는 우리가 지금 확보한 것을 이루느라 뼈 빠지게 일해 왔어. 그는 아침에 제일 먼저 일어났고 밤에는 제일 늦게 침대에 들었어. 오늘날 우리 형편이 얼마나 나아졌는지 잘 보라고. 저항하는 놈들은 우리한테는 눈곱만큼도 신경을 쓰지 않아. 이 모든 건 지미가 얻어낸 거야. 펀드도 그렇고, 우리가 아플 때마다 전 가족에게 지불되는 입원수당도 그렇지. 그는 트럭기사라면 전국 어디에서나 동일한 급여를 받게 해주는 기본화물협정Master Freight Agreement을 성사시키려고 투쟁하고 있어. 지미가 우리에게 얻어주는 게 무엇이건, AFL-CIO 내부에 있는 꿈에 젖어 사는 빅내무의사놈들은 시미를 바라하면서 소속 노조원들에게 삵은 셋을 넌어

줬지. 그러고서도 놈들은 지미의 전술이 지나치게 과격하다고 툴툴거려. 자네는 전쟁터에 갔었잖아. 그러니 A지점에서 B지점으로 이동하기 위해 해야만 하는 일이 뭔지 잘 알 거야. 그렇게 이동하는 와중에 기네스를 몇 리터 흘리는 일이 생기더라도, 그건 잘하려던 와중에 피치 못하게 생긴 운 나쁜 일일 뿐인 거야, 동지."

어느 날 밤에 우리 세 사람은 시외에 있었어. 빌은 우리를 이탈리아식 레스토랑에 데려가는 중이었지. 나는 새 직장을 잡은 지 불과 2주밖에 안 된 상태였고, 나는 뒷자리에 앉았고, 빌은 그런 나를 백미러로 주시하고 있었어. 빌이 내게 말하더군. "자네가 페인트 일을 한다는 말을 지미한테 들었어."

나는 아무 말도 하지 않았어. 그저 '맞다'는 뜻으로 고개만 끄덕였지. "그래, 올 게 왔군" 하고 생각했어. 다운타운 문화에서 벗어나 새로운 밥벌이에 뛰어들고 있는데, 꼴이 참.

"시카고에 해결해야 할 일이 있어. 조이 글림코라고, 거기서 택시 노조 777 지부를 운영하는 친구가 있어. 부두에서 트럭 노조도 운영하고 있고. 그 친구 얘기 들어본 적 있어?"

나는 여전히 입을 열지 않았어. 그저 '아뇨'라는 뜻으로 고개를 젓기만 했지. 2주 후에 러셀한테서 조이 글림코는 본명이 주세페 프리마베라Giuseppe Primavera였다는 말을 들었어. 알 카포네와 같이 일했던 인물로, 시카고 그룹에서는 엄청난 거물이었어. 전과가 화려했는데, 살인 혐의로 두 번 체포됐었어. 그는 맥클레런위원회 청문회에서 모든 질문에 5조를 들먹였는데, 그중에는 지미 호파를 아느냐는 질문도 있었어.

"거기에 정리해야 할 놈이 있대." 빌이 말했어. "자네가 내일 아침에 시카고로 날아갔으면 해. 공항에 자네를 기다리는 사람이 있을 거야."

그게 전부였어. 누구냐고, 무슨 일이었냐고 묻지 마. 나도 모르니까. 어쨌건, 그건 내가 얘기하고 싶은 일이 아냐. 그건 그냥 정리할 필요가 있는 문제였고, 그래서 나는 그들을 위해 그걸 정리한 거야. 지금 와서 보니, 그건 내가 평생 해온 그런 일이었던 것 같아. 우리 아버지가 맥주 내기에서 이길 수 있도록 나를 다른 아이들 때려눕히라고 내보냈던 것까지 친다면, 맞는 말일 거야.

그들은 분명히 그들이 노리는 자와 안면이 없는 사람이 필요했던 거야. 그 자가 길에서 만나는 지인들은 모두 그가 엿 먹였던 사람이거나 경계하는 사람이었으니까. 그자는 아일랜드인처럼 생긴 사람이 거리에서 자기 쪽으로 걸어오더라도 별로 걱정하지 않았을 거야. 그리고 그들은 일이 끝나면 그자를 바로 그 자리에 버려두고 오기를 원했어. 그자가 벌인 짓이 무엇이건, 그자가 그런 짓을 벌이면 이런 처벌을 받는다는 사실을 알아야 할 사람들에게 전하는 메시지로서 말이야.

당신이 복면을 쓴 총잡이에 관한 기사를 신문에서 읽을 때, 그 총잡이는 실제로는 복면을 쓰고 있지 않았다고 확신해도 좋아. 거리에서 범행을 목격한 목격자가 있을 경우, 그들은 항상 총잡이가 복면을 쓰고 있었다고 말하지. 그래서 살인자를 보낸 쪽 사람들은 모두 목격자가 범행을 보지 못했고 그래서 범행과 관련해서 목격자 문제를 걱정할 필요는 없다는 걸 알게 되지.

나는 군대에서 상륙용 주정에 들어가는 일에 익숙했었는데, 새로운 세계로 이동하고 있던 그 시점에서도 나는 비행기를 타고 시카고를 침공하는 중이었어. 시카고에 한 시간쯤 있었어. 그들은 내게 장비를 공급했고, 일을 끝낸 후에 나한테서 장비를 회수하고는 그걸 실은 차를 몰고 떠날 사내 한 명을 바로 그 자리에 배치했어. 그가 맡은 유일한 일은 장비를 해체하고 파기하는 거였지. 내가 탄 차를 추적하려는 경찰이 있을 경우, 경찰의 앞을 막을 도주 엄호 차량들에는 다른 사내들이 배치됐어. 내가 탄 차는 나를 공항으로 데려가기로 돼 있었어.

공항이 눈에 들어오는 순간 긴장이 풀리더군. 마피아들이 때때로 '카우보이'들을 활용한다는 걸, 그리고 문제가 완전히 해결되고 나면 그 카우보이들을 처리한다는 걸 나는 잘 알고 있었어. 카우보이들은 소모품이었어. 카를로스 마르첼로가 가족이 없는 전쟁고아들을 구하려고 시칠리아에 사람 보내는 걸 무척 좋아한다는 얘기를 러셀한테서 들은 적이 있어. 그 전쟁고아들을 강슬 사이에 두꼬 니드도니드와 마주 보는 윈서 같은 개나나 노시를 몽해 빌입

국시키는 거야. 시칠리아의 전쟁고아들은 자신들이 해당 문제를 처리하고 나면 미국에 눌러앉아 피자가게나 다른 가게들을 받을 수 있을 거라고 생각했어. 그런 생각에 젖은 그들은 어떤 집에 '페인트칠'을 하고는 도주용 차량에 올라 어딘가로 이동했지. 그러고 나면 그들의 집에 페인트가 칠해지는 거야. 그런데 그들의 고향 시칠리아에는 그들을 그리워할 사람이 아무도 없어. 고아에다 혈혈단신이니, 시칠리아에서 대단히 인기 좋은 일인 앙갚음을 하겠다고 나설 사람도 없을 거고.

차가 이동하는 동안 카를로스 마르첼로와 전쟁고아들 생각이 문득 떠오르더군. 그래서 앉아 있는 내내 운전사에게서 눈을 떼지 않았어. 덩치가 작은 사내였는데, 그가 운전대에서 손을 뗄 경우 머리통을 몸통에서 뽑아버릴 작정이었어. 비행기를 타고 디트로이트로 돌아왔는데, 빌과 샘이 공항에서 나를 기다리고 있더군. 우리는 저녁을 먹으러 갔어. 빌이 나한테 봉투를 건넸지만 나는 그걸 돌려주면서 말했어. "친구의 부탁인데 들어줘야죠." 러셀은 나를 잘 가르쳤어. '싸구려처럼 굴지 마라.' "자네가 친구의 부탁을 들어주면," 러셀이 말한 적이 있어. "그 친구도 때때로 자네 부탁을 들어줄 거야."

내 업무능력을 평가할 기회를 잡은 빌과 샘은 나를 계속 데리고 있어야 한다고 지미 호파에게 추천했어. 나는 학습할 수 있는 더 좋은 기회를 그렇게 잡았어.

우리는 시카고로 날아가 에지워터 비치 호텔에 짐을 풀었어. 노조는 18층에 있는, 방마다 침대가 2개 있는 침실 2개짜리 스위트룸을 잡아두고 있었어. 샘과 빌이 방 하나를 쓰고 나는 다른 방에서 잤지. 시카고에서 맞은 이틀째 밤에 나는 조이 글림코에게 소개됐어. 빌은 조이가, 그 자신만의 문제뿐 아니라, 시카고에 있는 모든 지부의 중요한 문제들을 처리한다고, 앞으로 내가 그에게 파견될 가능성이 크다고 했어.

다음날 밤에 지미 호파가 시카고로 왔고, 나는 에지워터의 맞은편 거리에 있는 조 스테인스 레스토랑에서 그를 만났지. 지미 호파는 무척이나 매력적인 사람이었어. 상대가 하는 말은 한마디도 빼놓지 않고 경청하는 대단히 호감 가는 사람이었지. 그는 내게 내 딸들 모두에 대해 물었어. 그는 우리 노조가 AFL-CIO에서 축출된 이유는 AFL-CIO의 리더들이 그 '버릇없는 새끼' 바비 케네디의 심기를 거슬렀다가는 그들 자신이 수사 대상이 되고 지미가 처했던 무척이나 귀찮은 법적 상황들에 처하게 될까봐 겁을 먹어서였다고 말했어. 그는 그 모든 압박을 받는 상황에서도 대단히 느긋해 보였어. 참호에 같이 있었으면 좋았겠다고 생각할 만한 사내였지.

웨이터가 와서 내가 키안티[74]를 한 잔 주문했더니 빌이 테이블 아래에서 나를 발로 툭 치고는 안 된다는 뜻으로 고개를 젓더군. 나는 고집을 꺾지 않고 와인을 주문해서 마셨어. 하지만 테이블에서 내가 잔을 들 때마다 빌의 얼굴에 약간의 긴장감이 감도는 걸 감지할 수 있었어. 빌과 샘은 진저에일을 고수했어. 저녁을 먹기 전에 자기가 나를 지미에게 추천했고, 그래서 내가 지미한테 좋은 인상을 심어줬으면 했다고 빌이 나중에 말하더군.

저녁을 먹는 동안, 빌은 지미에게 내가 평생 잊지 못할 말을 했어. "아이리시맨처럼 사람들 많은 데서 몸을 꼿꼿이 세우고 걸으면서도 단 한 명과도 부딪히지 않는 사람은 제 평생 본 적이 없습니다. 그가 다가오면 모두들 자동으로 가던 길에서 벗어납니다. 모세가 홍해를 가르는 것처럼 말입니다."

지미는 나를 보고 말했어. "자네, 시카고에 한동안 머물러야 할 것 같군."

그런데 시카고에서 지내보니 시카고는 정말로 끝내주는 동네더라고. 시카고에서 돈을 벌지 못하는 사람은 세상 어디에서도 돈을 벌지 못할 거야. 그들은 시체를 길거리에 그냥 방치해버려. 이승에서 개랑 어울리던 놈은 저승길도 개랑 같이 가게 되는 거지.

그들은 조이 글림코가 겪고 있는 문제와 관련해서 그를 만나보라며 나를 시서로로 보냈어. 그런데 나는 길을 잃었고 어느 술집에 들어가게 됐지. 시서로는 알 카포네가 장악했던 소도시야. 길을 물어보려고 술집에 들어가자마

---

74 Chianti, 이탈리아산 적포도주

자 스무 명쯤 되는 험상궂은 사내들이 나를 에워싸더군. 모두들 장비를 갖고 있었어. 동네를 제대로 찾았다는 생각이 들더군. 나는 친구를 찾는 중이라고 말했고, 그들은 통화를 몇 통 할 때까지 가만히 앉아 있으라고 했어. 조이 글림코가 나를 데리러 직접 술집에 들어와서는 내가 그를 만나기로 돼 있던 술집으로 나를 데려갔어.

글림코는 노조에 저항하면서, 해고한 노조 대표를 복직시키려고 들지 않는 화물운송업체 때문에 골머리를 앓고 있었어. 이 일 때문에 부하들에게 창피스러운 입장이던 글림코는 내가 그 문제를 처리해주기를 원했어. 나는 누구 집에 페인트를 칠할 필요는 없는 일 같다고 말했어. 그러면서 옛날 디자인의 코카콜라 병들이 담긴 콜라 한 상자를 달라고 요청했어. 그러고는 부하한 명을 달라고, 그러면 우리가 문제를 처리하겠다고 말했어. 우리는 운송회사가 있는 거리 바로 아래에 있는 다리에 올라갔어. 트럭이 회사에서 나와 다리 아래로 접어들면, 그의 부하와 나는 트럭을 향해 콜라병들을 떨어뜨렸지. 그러면 폭탄이 터지는 것 같은 소리가 났고, 트럭들은 무슨 일인지 몰라 허둥대다 다리의 기둥 받침대를 들이받았어. 결국, 기사들은 주차장에서 트럭을 끌고나가는 걸 거부했고, 정신을 차린 운송회사는 노조 대표를 재고용했어. 하지만 그는 체불임금은 받지 못했어. 내가 쓴 콜라는 두 상자쯤이었을 거야.

밤 시간은 에지워터에서 보냈어. 지미 호파가 고향 디트로이트에서 거기로 왔을 때는 내가 대체로 그와 같은 방을 썼지. 샘과 빌과 나는 수박에 구멍을 뚫고 그 안에 럼을 채웠어. 우리가 술을 마시고 있다는 걸 지미가 알지 못하도록 말이야. 지미가 이렇게 말하고는 했지. "세상에, 자네들 수박을 엄청 좋아하는군." 지미가 호텔에 오지 않기로 예정돼 있던 어느 날 밤, 나는 와인 1갤런을 채운 수박을 시원하게 만들려고 창문 밖에 내놨어. 그런데 내가 잠이 든 동안 지미가 방에 들어왔고, 나는 그가 들어오는 소리에 깼지. 그가 침대에 들더니 묻더군. "창밖에 저게 뭐야?" 내가 대답했어. "하늘에 뜬 달일 거예요, 지미." 샘과 빌은 지미와 관련된 곤경을 내가 세상 그 누구보다도 잘 모면했다고 말했어.

지미는 아침마다 제일 먼저 일어나는 사람이었어. 지미는 아침을 7시에 칼같이 먹었는데, 우리도 일어나 있어야 했지. 그렇지 않으면 아침은 못 먹는 거니까. 그의 아들인 제임스 호파가 에지워터에 가끔 들렀어. 아버지를 존경하는 좋은 청년이었지. 지미는 자기 아들이 로스쿨에 갈 거라면서 대단히 자랑스러워했는데, 실제로 그는 로스쿨에 진학했어. 지금은 팀스터즈 위원장이야.

중요한 사람들을 많이 만나야 했어. 샘 '모모' 지안카나가 에지워터에 들르고는 했지. 처음에 내가 거기에 머무른 건 그들의 사업을 위해서가 아니었어. 하지만 나는 지안카나가 지미의 스위트룸에 도착했을 때 그를 맞으러 그 자리에 있고는 했어. 그 시절 지안카나는 유명인들과 데이트하는 걸로 신문에 자주 실렸어. 그는 자기 홍보와 관련해서는 러셀과 정반대되는 사람이었어.

나중에, 지미가 내가 하는 일의 결과를 직접 알아야 했을 때, 나는 무슨 일이 벌어지고 있을 때마다 호텔방에 머물렀어. 지안카나는 가끔씩 댈러스에서 온 잭 루비라는 사내를 데리고 다녔어. 나는 잭 루비를 두어 번 만났어. 지미의 아들이 에지워터에서 그를 만났다는 것도 알아. 루비는 지안카나의 측근이었고, 레드 도프먼의 측근이었어. 언젠가 우리 모두가 식사하러 외출한 적이 있는데, 루비가 지안카나를 위해 댈러스에서 금발여자를 그 자리에 데려왔어. 지미 호파가 잭 루비를 직접 만난 적은 없었더라도, 그가 잭 루비의 존재를, 지안카나를 통해서만이 아니라 레드 도프먼을 통해서도 알고 있었다는 데는 의심의 여지가 없어. 🙶

1978년 9월, 『호파 전쟁』의 저자 댄 E. 몰데아는 지미의 아들 제임스 P. 호파와 가진 대화를 녹음했다. 몰데아는 지미 호파, 그리고 호파가 벌인 많은 전쟁을 꼼꼼하게 조사해서 일목요연하게 정리한 책의 후기에 이렇게 썼다. '제임스 호파에게 지미 호파와 잭 루비의 관계에 대해 그가 나한테 말한 내용을 상기시키자, 그는 [그 사실을] 확인해줬다. 나는 나 자신을 보호하기 위해 제임스 호파와 통화한 내용을 호파 모르게 비밀리에 녹음했다.'

"

지미와 샘 지안카나 사이에서 무척이나 뜨거웠던 화제 중 하나가 존 F. 케네디 상원의원의 다가오는 대통령 선거운동이었어. 그들 사이에서 이건 굉장히 격렬한 논쟁거리였어. 지안카나는 케네디의 부친에게서 자기가 바비를 통제할 수 있으니 잭[75]이 당선되더라도 그 누구도 바비를 걱정할 필요는 없을 거라는 약속을 받아둔 상태였어. 케네디의 부친은 금주령시내에 주류 밀수입자로 일하면서 이탈리아계 사람들과 손잡고 돈을 번 사람이야. 그는 캐나다를 통해 위스키를 들여와 이탈리아계 사람들에게 그걸 유통시켰어. 케네디의 부친은 개인적으로 관계를 맺고 있던 글로리아 스완슨 같은 무비스타들에게 자금을 대는 일 같은 더 합법적인 사업으로 가지를 쳐나가던 오랜 동안에도 이탈리아계와 계속 접촉했어.

샘 지안카나는 닉슨과 싸우는 존 F. 케네디를 도울 작정이었고, 지안카나의 단짝인 프랭크 시나트라, 그리고 사실상 할리우드 스타들 전원도 그럴 참이었지. 지안카나는 케네디가 일리노이 주에서 승리할 수 있도록 그 주의 선거 결과를 조작할 거라고 말했어. 지미는 자신의 귀를 믿을 수가 없었지. 지미는 그러지 말라고 그를 설득하려 애썼어. 바비는 정신 나간 놈이라서 아무도 그를 통제할 수 없다고 지미는 말했지. 지미는 맥클레런위원회 청문회가 열리는 동안에도 사람들이 케네디의 부친을 찾아갔었지만, 그는 자신의 백만장자 아들들 중 누구에게도 손을 쓰지 못하지 않았느냐고 주장했어.

지안카나는 케네디가 쿠바에서 카스트로를 몰아내는 걸 도울 것이고, 그렇게 되면 자신들의 카지노를 돌려받을 수 있을 거라고 말했어. 지미는 그들이 맥클레런 청문회에서 그런 망신을 당하고 나서도 케네디 형제를 믿는 건 미친 짓이라고 받아쳤지. 지미는 닉슨이 케네디를 꺾을 거고 닉슨도 쿠바에서 그들을 도와줄 거라고 말했어. 지안카나는 쿠바에서 일어난 일들은 모두 아이젠하워와 닉슨의 집권기에 일어났다고 대꾸했어. 그러니 공화당원들이 무

<hr>

75 존 F. 케네디의 애칭. '잭'은 '존'을 부르는 보편적인 별명이다

174

슨 소용이 있겠느냐는 거였지. 이건 귀담아 듣고 깊이 고민해야 하는 문제였어. 이때는 라 코사 노스트라라는 조직이 실제로 존재한다는 걸 세상 모두가 알게 해준 아팔라친의 일이 있고 불과 2년 뒤였어. 그런데 여기서 그들은 시카고 그룹이 대통령 선거 결과를 조작해야 옳으냐 아니냐를 얘기하고 있었어. 우리가 자란 곳이 어디이건, 우리는 그 지역의 선거 결과가 조작된다는 걸 알고 있었어. 필라델피아의 지역선거가 됐건 무엇이건 조작된다는 걸 알고 있었다고. 하지만 이건 그런 선거하고는 차원이 다른 선거잖아. 그런데 거물급 인사들이나 나눌 법한 그런 얘기가 바로 내 면전에서 오가고 있었던 거야.

팀스터즈는 1960년 대선에서 닉슨을 지지한 유일한 노조인 것으로 밝혀졌어. 요즘 TV 히스토리 채널에서 그 사안을 거침없이 다루던데, 케네디가 그 선거에서 승리한 원인 중 하나는 샘 지안카나가 묘비에서 이름들을 얻어낸, 그러니까 죽은 사람들의 이름을 동원한 가짜 투표로 케네디를 지지하는 식으로 일리노이 선거 결과를 조작한 거였어.

나는 동부에 있는 친구들, 그리고 전국에 있는 그들의 친구들에게 쿠바가 얼마나 중요한 곳인지 잘 알고 있었어. 카스트로가 모두를 추방하고 그들의 카지노와 경마장과 저택과 은행계좌와 쿠바에 소유하고 있는 그 밖의 모든 것을 압수하기 시작하던 바로 그때, 러셀은 나를 데리고 쿠바에 갔었어. 그 쿠바 여행 때보다 러셀이 더 미쳐 날뛰는 모습을 본 적이 없어. 나는 플로리다에서 온 그의 친구 산토 트라피칸테가 빨갱이들에게 체포돼 감옥에 갇히는 바람에 그가 더욱 길길이 날뛰었던 그의 마지막 쿠바 여행에는 동행하지 않았어. 샘 지안카나가 잭 루비를 쿠바에 보내 산토를 석방시키려고 약간의 돈을 뿌렸다는 소문을 들은 적이 있어.

그 무렵, 나는 노조 활동에 더 깊이 관여하고 있었고, 빌과 샘과 조이 글림코와 함께 있기 위해 필라델피아의 107지부와 시카고의 777지부 사이를 오가고 있었어. 피켓 라인에 속해 걸어 다니거나 노동자들의 가입원서에 서명을 받는 일은 너 이상 내 일이 아니었지. 나는 피켓시위 참가자들이 시위 현장에 모습을 보이도록 확실히 해두는 일을 책임졌어. 나는 사람들이 피켓 라인을 세우기 위한 '어깨'라고 말하는 존재였어. 피켓 라인이 질서정연하게 유지되도록 하는 일을 한 거지. 파업시위 참가자 중 누군가 시위 현장에 모습을 보이지 않고 노조원으로서 의무를 이행하지 않으면, 그는 피켓 라인에 속해 걸어다닌 데 대한 대가를 받지 못했어. 나는 그가 그날치 파업 수당을 받는 일이 없도록 확실하게 일을 처리했어.

필라델피아의 107지부는 미국에서 네 번째로 큰 지부로, 늘 많은 문제를 안고 있었어. 조직의 규모가 크다는 이유 하나만으로도 관리하기가 어려운 곳이었지. 미국 상원은 부패 혐의가 있다며 이 지부를 조사했고, 지부장인 레이먼드 코헨Raymond Cohen은 늘 곤경에 처해 있었어. 107지부에는 항상 파벌들이 존재했어. 휘하에 어깨부대를 거느린 조이 맥그리얼은 언제든지 지부를 장악할 수 있도록 불화의 씨앗을 늘 뿌리고 있었지. 나는 레이먼드 코헨의 편에는 설 수가 없었어. 그는 조직을 철권으로 통치하려고 애쓴 자였거든. 사람들을 존중하지 않았어. 나는 그를 괴롭히기 위해 달마다 그가 타는 자동차나 비용계좌나 무엇인가를 그에게서 앗아가려는 활동을 벌이고는 했어. 코헨은 사람들 앞에서는 지미 호파를 열정적으로 지지했지만, 지미에게는 나에 대한 불평을 늘어놓기만 했지.

하지만 코헨이 모르는 게 있었어. 빌과 샘이 호파로부터 받은 명령이라면서 나를 부추기고 있었다는 걸 몰랐던 거야. 팀스터즈 내부에서 코헨은 거물이었어. 그는 조직의 이사 세 명 중 한 명이었지. 그렇지만 코헨은 사람들 앞에서는 지미를 지지하면서도 지미가 무슨 일인가를 완료하고 싶어 할 때는 내부에서 지미에 맞서는 그런 놈이었어. 예를 들어, 그는 전국 트럭기사들에게 일제히 적용되는 협약이라는 지미의 가장 원대한 꿈인 기본화물협정을 반대했어. 골칫거리인 코헨은 나중에 횡령 혐의로 기소되기에 이르렀고, 조직은 결국 그를 제거하는 데 성공했지.

푸에르토리코에 프랭크 차베즈Frank Chavez라는 지미의 충성스러운 지지자가 있었어. 그런데 그는 골치 아픈 말썽꾼이기도 했어. 성미가 급한 자였지.

존 F. 케네디가 암살당한 날에 푸에르토리코에 있는 지부에서 바비 케네디에게 편지를 보낸 자가 바로 그야. 그는 바비 케네디가 지미 호파에게 했던 그 모든 못된 짓을 기념하는 의미에서 자신이 이끄는 푸에르토리코 지부가 리 하비 오스월드의 무덤에 꽃을 보내고 그것들을 잘 관리해서 신선하게 유지시킬 작정이라고 바비에게 말했어. 그 일 때문에 우리는 약간 민망했어. 죽은 사람은 편히 쉬게 놔둬야 하는 거잖아. 케네디는 초계어뢰정 사고 때 부하들을 구해낸 전쟁 영웅이었어. 그리고 바비가 개자식인 건 맞지만, 그래도 그는 방금 형을 잃은 사람이잖아. 게다가 그는 암살이 전적으로 그 자신과 관련된 일이었고 그 자신의 실수 때문에 일어난 일이라는 걸 잘 알았을 거야.

프랭크 차베즈는 푸에르토리코에서 폴 홀Paul Hall이라는 거물이 이끄는 국제선원 노조와 관할권을 놓고 분쟁 중이었어. 폴 홀은 AFL-CIO 소속이었는데, 그들은 선박에 실린 화물을 운반하는 부두의 트럭기사들을 대표하고 싶어 했어. 그 기사들은 부두에서 일하는 사람들이라는 이유에서 말이야. 하지만 프랭크 차베즈는 그들은 운전기사니까 팀스터즈로 봐야 한다고 주장했어. 호파와 홀은 앙숙이었어. 폴 홀은 팀스터즈를 축출한 AFL-CIO의 세력 중 한 명이었거든. 지미 호파는 홀이 자신과 팀스터즈를 굴복시킬 수 있는 일이라면 무슨 짓이건 하려고 든다고 믿었어. 유혈이 낭자한 전쟁이었지. 양쪽 다 휘하에 행동대원들을 거느리고 있었으니까.

어느 날 밤, 필라델피아에 있던 나는 지미한테서 다음 날 아침에 비행기를 타고 푸에르토리코로 가서 두어 가지 문제를 해결한 다음에 시카고로 날아가 문제 하나를 해결하고, 그다음에는 오후 8시에 샌프란시스코에 있는 페어 몬트 호텔에서 자기랑 만나자는 전화를 받았어.

사람들이 당신이 가서 누군가를 죽여주기를 원한다고 말하는 건 영화나 만화책에나 나오는 일이야. 그들이 하는 말은 당신이 가서 문제를 하나 해결 해줬으면 한다는 게 다야. 당신이 문제를 해결하기 위해 해야만 하는 어떤 일을 해주기를 원한다고 말하는 거지. 그곳에 가면, 거기 있는 사람들이 모든 걸 다 준비해놨기 때문에 우리는 자기가 해야만 하는 일을 그냥 실행하면 돼.

그런 다음에 우리가 실행했으면 하는 명령이 더 있을 경우, 우리를 파견한 사람이 누구건 그에게 상황 보고를 하러 돌아가는 거야. 전쟁터에서 야간정찰을 다녀온 후에 보고를 하는 거랑 비슷해. 그런 다음에 집으로 가는 거야.

나는 푸에르토리코로 날아가서 당일에 사안 두 개를 해결했어. 그러고는 시카고로 날아가 문제 한 건을 해결했어. 그러고는 샌프란시스코로 날아가 와인을 두 잔 마시려고 술집에 들렀지. 지미를 만나서 보고를 하려고 페어몬트에 도착하고 나면 술을 한 잔도 마시지 못할 거라는 걸 알았기 때문이야. 오후 8시 정각에 지미의 호텔방에 들어갔어. 그랬더니 그는 자기가 기다릴 시간을 주지 않았다면서 나한테 고함을 치더라고.

"시간 맞춰 왔잖아요, 지미." 내가 말했어. "지금 8시 정각이에요."

"자네가 그 일을 다 마치고 이렇게 일찍 올 수는 없는 노릇이잖아!" 지미는 고함을 쳤어. **"**

같은 해 연말, 존 F. 케네디가 근소한 차이로 대통령에 당선됐다. 그가 제일 처음 한 일은 동생을 미국의 법무장관으로 임명한 거였다. 그러면서 바비는 법무부와 미국 정부에 속한 모든 법률 대리인들, FBI와 FBI의 J. 에드거 후버 국장을 지휘하게 됐다. 바비 케네디가 맨 처음 내린 명령은 그의 형이 당선되도록 도와준 바로 그 사람들에게 등을 돌리는 거였다. 미국 역사상 처음으로 법무부 장관이 조직범죄를 근절하기 위해 휘하 인력을 동원했다.

그 목표를 달성하기 위해, 바비 케네디는 법무부 내부에 변호사와 조사관으로 이뤄진 팀을 결성했다. 그러고는 맥클레런위원회 청문회 동안 오른팔 노릇을 했던 월터 셰리던에게 그 팀을 맡겼다. 바비 케네디는 팀의 구성원을 직접 선발했다. 그는 그 팀에 대단히 구체적인 임무를 부여하고는 무척이나 절묘한 이름을 붙였다. '호파전담반.'

“
모든 일이, 분명히 말하는데, 모든 일이 그 일의 결과였어. „„

15

봉투로 표하는 존경심

"

고향에서 107지부 일을 하고 있을 때는 틈틈이 예전에 어울렸던 다비 지역 사람들과 부모님을 뵈러 가고는 했어. 케네디가 대통령 취임 선서를 하기로 예정돼 있었던 시기에, 내가 아일랜드계 가톨릭신자들을 위해 조금이라도 미소를 지을 수 있는 유일한 기회가 그때였거든. 옛날에 살던 다비 동네로 돌아가 양크 퀸 같은 옛 친구들과 어울리다 보면, 새로 취임한 아일랜드계 대통령이 약간은 특별한 존재로 느껴졌어. 그는 대통령에 당선된 최초의 아일랜드계 가톨릭이었어. 우리랑 비슷하게, 전쟁터에서 전쟁을 겪은 사람이라는 사실은 따로 언급할 필요도 없을 거야. 내가 꼬맹이였을 때, 대통령이 되려고 애썼던 앨 스미스Al Smith라는 아일랜드계 가톨릭 정치인이 있었어. 뉴욕 출신인 앨 스미스는 "대통령이 되기보다는 올바른 사람이 되는 쪽을 택하겠다"고 말하고 다닌 사람이야. 그가 가톨릭이라는 사실에 대해 미국의 여러 지역에서 우려를 표명하던 그 시기에, 앨 스미스는 교황으로부터 명령을 받을 작정이었어. 사람들 말로는, 그가 선거에서 패한 이유는 그거였어.

내가 지미 호파 주위에 있을 때 어떻게 처신했을지는 말할 필요도 없을 거야. '존 F. 케네디는 좋은 대통령'이라는 말은 입 밖에 낼 수조차 없었어. JFK가 바비를 법무부 장관으로 임명하겠다고 발표한 이후로는 그의 이름을 언급조차 할 수가 없었고. 지미는 케네디의 당선이 자신에게 나쁜 일이 될 거라는 걸 그 발표 이전부터 알고 있었어. 지미와 러셀과 그 외의 모든 사람들은 이 발표를 대통령의 아버지인 조 케네디가 옛 친구들에게 행한 정말로 비열한 짓거리로 봤어. 지미는 자신을 겨냥한 법적 조치들이 갈수록 악화되기 이전부터 그런 상황이 벌어지는 건 단지 시간문제일 뿐이라는 걸 알고 있었어.

지미는 이런 말을 하고는 했어. "그 족제비 같은 바비는 자기가 법무부 장관이 된 유일한 이유가 형 덕분이라는 걸 무척이나 잘 알아. 형이 없으면 놈은 아무것도 아냐. 바비는 투표용지를 세는 동안 자기 입술을 핥고 있었어. 그들 형제는 최악의 위선자들이야. 시카고에 있는 우리 친구들은 휘황찬란한 할리우드와 프랭크 시나트라 같은 똥덩어리에 환장한 놈들이 되기로 결정하고 술통에 빠져 넋을 놓고 있었어. 랫 팩76은 제대로 지은 이름이야. 못돼먹은 생쥐들 패거리니까."

프랭크 시나트라는 러셀에게도 전혀 쓸모가 없었어. 러셀이 할리우드의 화려함에는 눈곱만치도 현혹되지 않는 사람이라는 걸 나는 잘 알아. 러셀은 입을 잠시도 가만히 안 두고 잘난 체를 해대는 시나트라를 못 견뎌했어. 프랭크 시나트라는 러셀 버팔리노가 있는 자리에서는 처신을 잘하는 편이었지. 그런데 어느 날 밤 애틀랜틱시티의 500 클럽에서 러셀이 시나트라에게 이런 말을 하는 걸 들었어. "궁둥이 자리에 붙여. 그러지 않으면 네놈 혀를 뽑아내서 엉덩이에 꽂아줄 테니까." 시나트라는 술이 들어가면 개차반이었어. 술에 취하면 고릴라 의상을 차려입고는 했지. 다른 사람들한테 시비를 걸고는 했는데, 그때마다 그는 누군가가 나서서 싸움을 말려줄 거라는 걸 알고 있었어. 주사가 심한 술꾼이었지. 나? 나는 술을 마시면 가무歌舞를 하려고 들어. 시나트라가 그런 식의 주사를 부리는 건 그 자식이 이미 가수이자 댄서이기 때문

---

76 rat pack, 프랭크 시나트라가 리더였던 배우들 무리

에 그러는 거라고 생각해.

바비 케네디가 그의 앞길을 가로지른 이후로 지미가 예전과는 완전히 다른 사람이 됐다는 얘기를 빌 이사벨한테 들었어. 하얀 고래를 계속 좇는 사내에 대한 옛날 소설과 비슷했어. 바비와 지미의 경우에는 두 사람 다 하얀 고래를 좇는 사내들이라는 점만 소설과 다를 뿐이었지. 동시에, 두 사람 모두가 추적을 당하는 하얀 고래였어. 실제로, 지미가 정말로 좋아했던 취미가 그거였어. 지미는 심해낚시를 하러 가는 걸 꽤나 좋아했거든. 팀스터즈는 지미를 위해 마이애미비치에 12미터 길이의 낚싯배를 보유하고 있었어. 배에는 상근 선장에다 침실들이 있어서, 여섯 명이 배에서 잠을 잘 수 있었어. 언젠가 지미가 나한테 자기랑 같이 심해낚시를 가자고 청하기에 대답했지. "나는 걸어서 돌아올 수 없는 곳은 아무 데도 안 가요."

필라델피아에 있던 1961년의 어느 날 밤에 러셀과 저녁을 먹었어. 부활절 훨씬 전이었을 거야. 매년 부활절과 크리스마스에는 파티에서 특별한 보스를 만나 봉투를 건네는 것으로 존경심을 표하고는 했기 때문이지. 러셀은 그해에 나한테 많은 걸 베풀어줬어. 나는 파티에서 만난 그에게 크리스마스 봉투를 건넸지만, 부활절 봉투는 아직 건네지 않았었어. 실제로 그때는 크리스마스 파티를 열고 2주가 넘지 않은 때였을 거야. 이듬해에 러셀은 나한테서 봉투를 받는 걸 그만뒀어. 대신, 그가 나한테—보석 같은—선물을 주기 시작했지.

그 특별한 밤에 러셀과 나는 코우스 리틀 이탈리아 레스토랑에서 둘이서만 저녁을 먹고 있었어. 러셀은 케네디 대통령이 쿠바에 대한 무슨 조치를 취할 예정이라고 말하더군. 나는 지미와 샘 지안카나 사이에 오간 정보—구술 메시지—들을 통해 쿠바에서 무슨 일이 진행되고 있다는 걸 이미 짐작하고 있었어.

러셀은 금주령 기간 동안 케네디의 부친이 미국으로 들어오는 스카치 한 병마다 1달러씩 벌었다고 말했어. 그는 그 노인네가 대통령을 통제하는 데 성공했다고, 노인네가 쿠바에서 그들이 하는 일을 대통령이 돕고 맥클레런 청문회를 중단시키면서 정부가 모두를 가만히 내버려두도록 돕기로 돼 있다고 말했어.

지금 와서 돌이켜보면, 나는 케네디의 부친이 케네디 대통령에게 샘 지안카나가 선거에서 그를 도와준 대가를 갚을 수 있도록 쿠바 문제를 이런 식으로 진행시키라는 말을 했다고 생각해. 쿠바는 그들이 기울인 노고에 대해 존경심을 표하는, 그 나름의 봉투를 건네는 방법이 될 터였어. 케네디는 그 사람들이 카지노와 경마장과 거기에 갖고 있던 다른 사업체들을 되찾는 걸 돕고 있는 것처럼 보였어. 그들은 쿠바에 새우잡이 배와 합법적인 사업체를 비롯한 모든 걸 갖고 있었어.

러셀은 백내장이 있었고, 운전하는 걸 좋아하지 않았어. 차로 장거리를 갈일이 있는데 내가 마침 동부에 있을 경우, 나는 여전히 그를 원하는 장소까지 태워다줬어. 나한테는 자유시간이 꽤 많았으니까. 필라델피아의 107지부에내가 할 일이 늘 있었던 건 아니었어. 내가 해야 할 일이 생기더라도, 레이먼드 코헨은 내가 그런 일을 하는 걸 탐탁지 않아 했지. 당시 107지부에서, 나는 불이 나기를 기다리는 소방관하고 비슷했어. 그런데 시카고와 디트로이트에 있을 때면 늘 화재가 일어난 것만 같았지. 그렇게 한가하던 107지부가 두어 달 후에는 눈코 뜰 새 없이 바빠졌어.

러셀은 내가 모는 링컨에 타면 자리에 앉자마자 잠이 들고는 했어. 러스는잠을 잘 잤어. 그렇게 하도록 교육을 받았던 거야. 잠은 그에게는 보약이나다름없었어. 그는 나도 그렇게 만들려고 애쓰고는 했지만, 나는 아무리 노력해도 그렇게 할 수가 없었어. 나는 전쟁 이후 하루에 서너 시간 이상은 잠을자지 못했어. 전쟁이 나를 잠을 덜 자는 쪽으로 단련시킨 거야. 전쟁터에 가면 그런 식으로 잠을 자는 법을 배워야만 해. 자다가도 언제든 깨어나서 튀어나가야 하는 처지니까. 러셀이 필라델피아 경마장 근처에 있는 내 아파트에서 밤을 보낼 때면, 우리는 권투경기를 보고는 했어. 그러다가 그는 자기 방으로 가서 곧바로 침대에 들었지. 나는 라디오를 들으면서 와인을 마시고 새벽 2시가 넘을 때까지 글을 읽었고.

어느 날 밤 러셀이 나한테 니트로이트까지 태워나달라고 했어. 자에 탄 그

183

는 내가 집 앞 진출로를 빠져나가기도 전에 잠에 빠져 들더군. 내 차에는 일
반인용 무전기가 있었어. 나는 노상검문이나 경찰차에 대한 무전에 계속 귀
를 기울였지. 조용한 밤이었어. 그래서 내내 시속 140에서 160킬로미터 사이
를 유지했어. 러셀이 잠에서 깨 눈을 떴을 때, 그는 디트로이트에 있었어. 손
목시계를 보더니 이러더군. "다음에는 안전하게 비행기를 타야겠군."

내가 아는 한, 러셀은 내가 그를 서부에 있는 피츠버그 지역으로 태우고
가서 뉴 켄싱턴에 있는 절친 켈리 만나리노Kelly Mannarino의 집을 방문하게 해
주는 걸 좋아했어. 그들은 토마토소스를 요리하면서도 그걸 그레이비[77]라고
부르고는 했어. 그들은 낮 시간 내내 요리를 했고, 때로는 밤에도 요리를 했
어. 저녁자리에서는 러셀이 조리한 음식과 켈리가 조리한 음식을 다 먹어야
했지. 다른 사람 음식을 먹지 않고 한 사람 음식만 먹는 건 있을 수 없는 일이
었거든. 그러다가 저녁이 끝날 무렵에는 아무리 배가 불러도 접시에 있는 그
레이비에 빵을 적셔 먹어야 했어. 러셀은 맛있는 프로슈토 그레이비를 만들
었어. 켈리도 음식솜씨가 좋았지. 요리경연대회와 비슷한 자리였어. 하지만
최종우승자는 늘 집에서 빚은 와인과 느긋한 휴식이었어. 두 사람 다 유머감
각이 끝내주는 사람들로, 다른 사람이 조리하고 있는 음식을 농담거리로 삼
고는 했어. 러셀은 나를 아들처럼 대했어. 그와 캐리는 슬하에 자식이 없었
어. 내가 그에게 아들이나 다름없는 존재였는지 아닌지는 나도 몰라. 그가 나
를 곁에 두는 걸 좋아했다는 것만, 그러지 않았다면 나는 지금 이 자리에 앉
아 있을 수 없었을 거라는 것만 알뿐이야. 그가 나를 좋아하지 않았다면, 나
는 오래전에 저세상 사람이 됐을 거야.

러스가 감정을 드러내는 걸 본 유일한 때는 내가 필라델피아에서 첫 재판
을 받기 직전인 1980년에 켈리가 암에 걸렸을 때였어. 켈리는 6개월 사이에
체중이 45킬로그램으로 줄었고, 러셀은 그 모습을 보는 것만으로도 눈물을
흘렸지.

---

77 gravy, 육즙에 밀가루 등을 넣어 만든 소스

켈리는 캔디회사를 갖고 있었어. 그 회사에서 만든, 코코넛 누가나 땅콩버터 누가로 속을 채우고 초콜릿으로 겉을 둘러싼 큼지막한 부활절 달걀들은 정말로 끝내줬어. 나는 '학교'에 가 있는 동안에 항상 그 달걀을 내 변호사들의 부인에게 보냈었어.

켈리와 그의 동생은 메이어 랜스키와 아바나에 있는 상 수씨San Souci 카지노를 공동으로 소유한 동업자였어. 사람들은 조폭을 떠올릴 때면 마피아나 이탈리아계 사람들을 생각하지만, 사실 이탈리아계는 더 커다란 조직의 일부일 뿐이야. 유대계 조폭도 있고, 상이한 다른 유형의 조폭들도 있어. 하지만 그들은 모두 동일한 조직의 일부야. 켈리와 러셀은 메이어 랜스키와 아주 각별한 사이였고, 랜스키는 상당히 존경받는 인물이었어.

쿠바에서 도망 나오는 보트에서 러셀에게 담배를 끊지 못할 거라고 내기를 걸었던 사람인 빈센트 '지미 블루 아이스' 알로는 메이어 랜스키의 측근이었어. 지미 블루 아이스는 이탈리아계로, 메이어 랜스키의 절친이었지. 그들의 사이는 켈리와 러셀의 관계와 비슷했어.

나는 플로리다 주 할리우드에 있는 조 손켄Joe Sonken의 골드 코스트 라운지에서 메이어 랜스키에게 처음으로 인사를 했어. 내가 러셀을 만나려고 들어갔을 때, 메이어 랜스키는 테이블을 떠나는 중이었지. 나는 그를 만나기만 했지 말은 한마디도 섞은 적이 없어. 그런데 내가 '학교'에 있고 내 동생이 암으로 죽어가는데 버지니아의 의사가 그 애에게 모르핀 주는 걸 거부했을 때, 러셀은 감옥에서 메이어 랜스키에게 전화를 걸어 내 동생이 겪는 고통을 덜어주는 걸 도울 의사를 그 자리에서 구했어. 메이어 랜스키와 켈리 형제는 러셀이 그랬던 것처럼 쿠바에서 많은 걸 빼앗긴 사람들이야.

러셀은 켈리와 같이하는 사업이 많았어. 그런데 두 사람 다, 안젤로와 사뭇 비슷하게, 마약은 단호히 반대했지. 그들이 있는 곳에는 마약이 없었어. 켈리는 러셀과 안젤로처럼 마음씨가 고운 사람이었어. 러셀은 자기 구역에 있는 가난한 사람들을 잘 돌봤어. 추수감사절과 크리스마스에, 그런 사람들이 징밀로 믹슬 게 필요일 때 믹을 길 바련애뒀시. 겨울에는 노누에서 석탄을 베풀었고. 켈리도 같은 식으로 행동했어.

러셀을 태우고 플로리다 할리우드에 있는 조 손켄의 골드 코스트 라운지에 간 적이 여러 번 있었어. 급한 일이 있을 때는 비행기를 탄 적도 가끔 있었지만, 대부분의 경우는 내가 차를 몰았지. 조 손켄은 러셀의 가족들과 어울렸어. 모두들 회합에 참석하려고 골드 코스트로 갔어. 전국 곳곳에서 온 온갖 다양한 사람들이 골드 코스트에서 만남을 가졌지. 플로리다에는 최상급 바위게(stone crab)가 있었어. 러셀은 거기서 플로리다 출신 산토 트라피칸테와 뉴올리언스 출신 카를로스 마르첼로를 연중 여러 차례에 걸쳐 만났어. 내가 트라피칸테의 변호사 프랭크 라가노Frank Ragano를 만난 곳도 거기야. 그들은 지미가 바비와 호파전담반 때문에 결국에 걸리게 된 재판들을 처리하는 걸 돕기 위해 프랭크 라가노를 지미에게 임대해줬지.

카를로스 마르첼로의 비행사를 만난 곳도 거기야. 데이브 페리Dave Ferrie라는 사내야. 나중에 사람들한테서 그가 게이라는 말을 들었지만, 그가 실제로 그런 사람이었다고 해도 그는 나한테 수작을 걸지는 않았어. 내가 그를 만났을 때, 그는 아직은 탈모가 시작되지 않은 상태였지. 나중에는 약간 맛이 가서 메이크업 키트를 소지하고 다녔다는 얘기가 있더군. 그가 카스트로를 끔찍이도 싫어한다는 걸 알 수 있었어. 그는 플로리다에 있는 반反카스트로 쿠바인들과 무척 친했어.

내가 데이브 페리를 만난 골드 코스트 회합이 있고 2주쯤 지난 어느 날 아침이었어. 필라델피아로 돌아와서 지부에 있던 중 지미 호파에게서 전화를 받았어. 우리가 얘기했던 일을 확인하러 가보라고 하더군. 그건 내가 자주 이용하는 공중전화로 가서 걸려오는 전화를 기다리라는 뜻이었어. 나는 공중전화로 갔고, 전화가 울린 후 지미의 목소리를 들었어. "자네인가?" 나는 대답했어. "예."

그가 말했어. "자네 친구한테 얘기했더니, 그가 자네한테 전하라고 하더군. 내일 안전한 장비를 챙겨 볼티모어 외곽의 이스턴 가에 있는 해리 C. 캠벨Harry C. Campbell 콘크리트공장에 가봐. 그 공장을 못 알아보고 지나칠 일은 없을 거야. 운전을 도울 사람을 데려가도록 해. 도로를 건너야 할 거야. 그러고 나서 자네 친구한테 전화하는 걸 잊지 말게."

전화를 끊고는 공중전화로 러셀에게 전화를 걸어 그 사람한테 얘기를 들었다고 말했어. 러셀은 잘됐다고 말했고, 우리는 전화를 끊었지.

마일스톤 운송회사에 있는 필 마일스톤Phil Milestone을 만나러 필라델피아 시내로 차를 몰았어. 그는 도저히 갚을 능력이 안 되는 거금을 빚지고 있었고, 그래서 그는 빚을 갚는 대신에 이런저런 부탁을 들어주고 있었지. 아무 일도 하지 않는 나에게 급여를 주는 식의 편의를 봐주는 걸로 말이야. 왕년에는 주류 밀수업자였던 사람이야. 좋은 사람이었지. 그에게서 트럭을 구하더라도 안전한 사람이었어. 밀고자는 절대 아니었으니까. 필은 나중에 국세청 요원에게 뇌물을 먹이려고 애쓰다 징역을 살게 됐어.

필은 나한테 트럭을 내줬고, 나는 함께 운전하고 갈 잭 플린Jack Flynn이라는 젊은 친구를 구했어─잭은 내가 가석방 규정을 위반한 죄로 '학교'로 돌아간 1995년에 운전을 하다가 심장마비로 젊은 나이에 세상을 떠났어. 나는 전화를 걸어 그의 여자친구가 노조원 사망수당을 받을 수 있게 해줬지─. 우리는 마일스톤 운송회사 트럭을 볼티모어로 몰고 가서 캠벨 공장에 들어갔어. 최근에 그 공장에 다시 가봤는데, 공장 이름이 '본살Bonsal'로 바뀌었더군. 건물 두어 채가 증축돼 있었지만, 예전의 석조건물들은 여전히 그 자리에 있었어. 우리가 공장 안으로 차를 몰고 간 1961년에 거기에는 작은 가설 활주로가 있었어. 가설 활주로에 소형 비행기가 한 대 있었는데, 얼마 전에 골드 코스트에서 만났던 카를로스 마르첼로의 비행사 데이브 페리가 비행기에서 내려 우리한테 다가오더니 거기 있는 군용트럭 몇 대 옆으로 차를 후진시키라고 지시했어. 우리가 후진하자, 난데없이 건물 한 곳에서 군인들이 우르르 몰려나와 군복과 무기와 탄약들을 군용트럭에서 내려 우리 트럭에 싣기 시작했어.

데이브 페리는 우리 트럭에 실리는 군수물자가 메릴랜드 주 방위군의 물자라고 했어. 그는 검문을 받을 경우에 세시알, 트럭에 실린 화물과 관련한 서류를 내게 줬어. 그러고는 잭슨빌 외곽에 있는, 플로리다 주 오렌지 그로브의 개 경주장으로 그걸 가져가라고 하더군. 거기 가면 귀가 큼지막한 '헌트'라는 사내가 나를 기다릴 거라면서.

우리는 예전의 13번 도로를 곧장 타고 내려갔어. 푸드 페어에서 일할 때 커피를 싣고 플로리다로 내려갔다 오렌지를 싣고 돌아오는 일을 자주 했었어. 럼스 칠리 핫도그를 먹으려고 차를 세우는 걸 좋아했었지. 거기 당도하는데 12시간쯤 걸렸어. 우리는 헌트와 일부 반카스트로 쿠바인들에게 짐을 넘겨줬어. 잭 플린은 트럭을 몰고 돌아오려고 플로리다에 머물렀고, 나는 비행기를 타고 필라델피아로 돌아왔지. 나중에, 헌트라는 그 사내는 워터게이트 사건의 책임자인 E. 하워드 헌트E. Howard Hunt라는 이름으로 TV에 모습을 나타냈지만, 당시에 그는 어떤 식으로건 CIA와 관련이 있었어. 헌트는 양쪽 귀도 수술을 받은 것 같았어. 다음번에 그를 봤을 때는 그의 두 귀가 머리에 더 가까이 붙어 있었기 때문이야.

이 일에 대해 러셀에게 보고하려고 킹스턴으로 차를 몰았어. 그는 내게 쿠바에서 무슨 일이 벌어질 예정이라면서 지미가 플로리다로 트럭을 몰아달라는 전화를 한 건 그 때문이라고 했어. 그는 지미 호파가 케네디 형제에 대해 개방적인 태도를 유지하고 있다고 했어. 지미는 샘 지안카나와 러셀을 존중하는 차원에서 협조하고 있었던 거야. 게다가 빨갱이들에게서 쿠바를 되찾는 건 모두에게 좋은 일이 될 터였지. 설령 그게 케네디 형제에게도 유익한 일인 것으로 밝혀지더라도 말이야.

내가 그해 4월에 텔레비전에서 들은 다음 소식은 케네디 대통령이 카스트로를 상대로 한 피그스 만 침공을 엉망으로 만들었다는 거였어. 케네디는 마지막 순간에 수륙 양쪽의 침공에 나선 보병대를 지원할 공군을 파견하지 않기로 결정했어. 나는 존 F. 케네디가 전쟁에 참전해서 배운 것보다 더 많은 걸 알고 있었어야 한다고 생각했어. 항공 지원 없이는 침공 병력을 상륙시킬 도리가 없어. 침공에 나선 반카스트로 쿠바인들은 상륙거점 상부에 있는 지역에 포격을 가할 연안 선박들조차 갖고 있지 않았지. 침공 병력은 그

해변에서 무방비 상태였던 거야. 그 자리에서 목숨을 잃지 않은 사람들은 빨갱이들에게 생포됐어. 그 후에 그 많은 사람들에게 무슨 일이 생겼는지는 그 누가 알겠나?

나는 케네디 형제가 별것 아닌 일도 제대로 망치는 재주가 있다고 생각했어.

샘 트라피칸테와 일부 인사들을 만나려고 러셀과 함께 비행기로 골드 코스트로 갔어. 카스트로를 독극물이나 총으로 암살하려고 케네디 정부와 함께 짠 음모에 대해서는 러셀을 비롯한 누구에게서도 한마디도 듣지 못했어. 그렇지만 10년쯤 후에 일부 음모에 대한 기사가 신문에 실렸지. 사람들은 조폭으로 추정되는 자들은 자기들끼리만 살인을 저지른다고 말하고는 했어. 그런데 그들은 카스트로도 자신들과 무척 비슷한 자라고 판단했던 것 같아. 카스트로는, 나름의 방식에서, 조직의 보스였어. 부하들을 거느렸고 구역을 갖고 있었지. 그런 카스트로가 러셀 일당의 구역을 침공해서 그들의 가치 있는 재산을 탈취하고는 그들을 쫓아낸 거야. 그런 수모를 당하고도 모르는 척 넘길 보스는 세상에 없지.

조 손켄의 라운지에 모인 사람들 중 일부는 케네디의 부친을 자신들과 같은 부류의 사람으로 여겼다고 장담할 수 있어. 그들이, 어떤 면에서는, 그의 아들들인 잭과 바비도 자신들 무리의 일원으로 봤었다는 데에는 의심의 여지가 없고. **〝〞**

1975년 여름, 미 상원은 피그스 만 침공과 피델 카스트로를—주로 독극물로—암살하려는 음모 양쪽에 조폭이 개입했다는 주장에 대한 비공개 청문회를 열었다. 상원 특별위원회The Senate Select Committee 의장은 아이다 호의 프랭크 처치 상원의원이었다. 그래서 이 위원회는 처치위원회로 알려지게 됐다. 위원회는 1961년 4월의 피그스 만 침공에 조폭이 관련돼 있었다는 의혹 및 피델 카스트로를 암살하려는 조폭·CIA 음모가 있었다는 의혹과 관련한 증언을 듣고 증거를 수집했다. 1975년에 청문회가 시작될 때, CIA는 피그스만 침공에 조폭이 개입됐고, 자신들이 작전을 지원했으며, 카스트로를 암살하려는 조폭·CIA 음모가 존재했었다고 처치위원회에 인정하는 충격적인 행보를 취했다. 이 음모의 작전명은 '몽구스 작전Operation Mongoose'이었다.

샘 '모모' 지안카나는 처치위원회에서 증언하기로 했던 예정일을 이틀 앞두고 암살됐다. 그는 증언을 한마디도 하지 못했다. 하지만 지안카나의 부두목은 증언했다. 잘생기고 말쑥한 조니 로셀리Johnny Roselli는 비공개 상태에서 선서를 하고 장시간 증언을 했다. 증언을 하고 두 달 후, 조니 로셀리는 암살됐고, 그의 시신은 기름통에 처박혔다.

처치위원회가 비공개 청문회를 개최하는 동안 『타임』은 1975년 6월 9일자 신문에서 러셀 버팔리노와 샘 '모모' 지안카나가, 조폭이 CIA와 맺은 관계 및 피그스 만 침공과 카스트로를 독살하려는 암살 음모의 배후에 있는 범죄조직 보스들이라고 보도했다.

독자적으로 밝혀낸 진실과 CIA 고백의 결과, 처치위원회는 CIA가 다른 주권국가의 내정에 개입하는 것을 규제하는 입법을 제정했다. 이 법률은 의회를 통과했다. 처치위원회의 활동과 위원회가 밝혀낸 진실, CIA를 법률로 개혁한 일은 9·11의 비극이 발생한 후, 일부 전문가들이 처치위원회가 CIA의 활동을 지나치게 규제했다고 믿으면서 이후로 격렬한 논쟁의 주제가 됐다.

"

쿠바야 어찌 됐건, 우리에게는 운영해야 할 노조가 여전히 있었어. 1961년 7월의 어느 날, 지미는 나를 플로리다 마이애미비치의 도빌 호텔에서 열릴 컨벤션을 경비할 경호원으로 임명했어. 컨벤션은 주요 직책을 맡을 인물들을 투표로 선출하고 다른 사안들을 논의하기 위해 5년마다 열렸어. 내가 그런 안건이 기획되고 있다는 얘기를 듣자마자 마음에 들어한, 어쩌면 이 컨벤션이 산출할 최고의 작품일지도 모르는 다른 사안 중 하나가 판공비 대폭 증액이었어. 부유하게 자라지 못한 사람으로서, 나는 판공비야말로 잘라서 파는 식빵 이후로 세상에 나온 제일 훌륭한 아이디어라고 생각했거든.

1961년 컨벤션은 내가 참석한 첫 컨벤션이었어. 레이먼드 코헨은 내가 거기에 참석하는 걸 원치 않았지만, 지미가 바라는 일이었기 때문에 코헨은 찍소리도 못했지. 내가 경호원으로서 할 일은 컨벤션에 들어가려고 애쓰는 사람들의 신분증을 확인하는 거였어. AFL-CIO는 스파이들을 파견하려고 애썼고, 당연한 일이지만, FBI도 식장에 들어오려고 애썼어. 하지만 그들 때문에 고생하지는 않았어. 그들은 식장에 들어오려고 시도했지만, 우리한테 걸려서 쫓겨나면 경계선 밖에 머무르면서 멀리서나마 소리를 듣고 안을 훔쳐보려고 애쓰기만 했거든. 돌이켜보면, AFL-CIO와 FBI 모두 컨벤션 룸에 도청장치를 이미 심어놨을 거야. 정문으로 식장에 들어가려 애쓰는 모습을 보인 건 우리가 그들을 들어오지 못하게 막아냈다고 생각하게끔 만들고 싶었던 거겠지.

내 입장에서 큰 문제는 사진기자들을 다루는 거였어. 작은 틈이 있는 곳에서 물러나라고 밀어내면, 그들은 슬금슬금 돌아와 플래시를 터뜨리려고 애쓰고는 했지. 특히 그들 중 한 명 때문에 나는 완전히 꼭지가 돌아버릴 지경이었어.

현관문에 배정된 경찰에게 몸을 돌리고는 물었어. "외과의사가 필요할 것 같은데, 외과의사 좀 보내달라고 무전 좀 쳐주겠소?"

"외과의사?" 경찰이 묻더군. "의사가 왜 필요한데?"

"그냥 의사 말고." 내가 말했어. "저 사진기자놈 카메라를 놈의 엉덩이에서 뽑아내는 수술을 할 외과의사가 필요하단 말이오. 다음번에 플래시를 터뜨리면 카메라가 있을 곳이 거기니까."

경찰조차 배꼽을 잡더군.

지미가 좋은 친구인 오웬 버트 브레넌을 심장마비로 잃은 건 1961년 컨벤션이 열리기 한 달 전쯤이었을 거야. 일부 사람들은 브레넌이 바비가 조사하고 있던 지미와 빌인 사업 때문에 노심초사나 심정마비를 일으켰나고 생각했어.

지미는 친구 브레넌이 사망했기 때문에 브레넌이 맡았던 팀스터즈 부위원장 자리를 다른 인물로 대체해야 했는데, 그는 크로거에서 파업을 벌였던 왕년의 '스트로베리 보이즈' 일원이었던 바비 홈스Bobby Holmes 대신 프랭크 피츠시먼스를 선택했어. 지미는 동전을 던져서 그런 결정을 내렸지. 훗날, 이 동전 던지기는 지미가 '학교'에 갔을 때 피츠가 지미의 자리를 승계하는 결과로 이어졌어. 바비 홈스는 호파에게 충성을 다 바치는 사람이었어. 그는 원래 영국 출신의 광부로, 지미가 크로거 하치장에서 딸기를 놓고 벌인 첫 파업의 참가자였어. 바비 홈스가 지미를 배신할 일은, 그리고 피츠가 지미에게 한 짓들을 할 일은 결코 없었을 거야. 지미가 동전 던지기 대신 자신의 직감을 따랐다면 모든 일이 모두를 위해 제대로 돌아갔을 거고, 나도 훗날 팀스터즈 조직책으로 은퇴했을 거야.

컨벤션에서 지미는 마이크 스위치를 잡고는 듣고 싶지 않은 얘기가 나올 때면 스위치를 내렸어. 지미는 이렇게 말하고는 했지. "이보게, 동지, 자네는 토론 규칙을 위배했어. 그러니 입 닥쳐." 지미가 "나한테는 단점들이 있을지도 모르지만, 그 단점들 중에 '나쁜 사람이 되는 단점'은 없습니다"는 말을 한 게 이 컨벤션이야.

지미는 피츠를 지명했고, 피츠는 그 1961년 컨벤션에서 부위원장으로 선출됐어. 마이크를 잡은 피츠는 지미 호파에 대한 얘기를 입이 닳도록 해댔어. 피츠는 사실상 지미에게 '충성 맹세'를 했지만, 지금 우리는 이후로 일이 어떻게 흘러갔는지 알고 있잖아.

공석이 된 다른 부위원장 자리도 지미 호파에 의해 채워졌지. 호파는 저지 북부의 '리틀 가이', 안토니 '토니 프로' 프로벤자노를 지명했고, 지부 대표자들은 그를 그 자리에 선출했어. 그리고 지금 우리는 그와 관련한 일이 어떻게 흘러갔는지 알고 있지. "

16

놈들에게 약간의
메시지를 전하게

"

　지미는 컨벤션이 열리기 전에 나를 시카고로 파견했어. 컨벤션이 끝난 직후에는 조이 글림코의 직속부하로 일하라면서 나를 다시 시카고로 보냈고. 다수의 저항세력이 조이 글림코가 소유한 택시기사 지부를 장악하고는 그걸 독립적인 노조로 만들고 싶어 했거든. 이 저항세력의 배후에 폴 홀의 선원노조와 AFL-CIO가 함께 자리하고 있으면서 그 노조가 일단 독립적인 노조가 되면 그걸 자신들 지부로 만들려고 든다는 걸 모두들 알고 있었지. 그곳은 팀스터즈 777지부였어. 저항세력의 리더는 도미닉 아바타Dominic Abata였고.

　저항세력들에게도 조이 글림코 밑에서 떠나려는 나름의 이유들이 있었다고 확신해. 하지만 조이는 시카고에만 총 15곳의 택시기사 노조를 장악하고 있었고, 그것 말고도 다른 사업들을 하면서 장악한 팀스터즈 지부들과 배후에서 쥐락펴락하는 다른 노조들도 있었어. 따라서 그 지부들 모두가 위태로운 상황에서, 조이 글림코는 777지부의 저항세력이 팀스터즈를 별 탈 없이 떠나는 나쁜 사례를 좌시할 만한 여유가 없었지. 결국에는 지부가 그의 손아귀를 빗이닐지도 모르지만, 그는 그들이 길끅 그렇게 이틸하너라도 꼬동스터운 경험을 한 끝에 그렇게 되도록 만들어야만 했어. 그리고 자유를 얻는 과정에서 그들이 치러야 할 대가를 보여주는 것으로 그가 장악한 나머지 지부들에게 지금 있는 자리에 그대로 머무르는 게 낫다는 메시지를 전달해야만 했고.

조이 글림코는 지미보다도 키가 작았어. 탄탄한 체구에 힘이 장사였지. 그의 키가 163센티미터라는 주장이 있었는데, 젊었을 때는 그 정도가 됐을지도 몰라. 하지만 사람은 나이를 먹으면서 키가 줄어드는 법이야. 나도 한창 때는 193센티미터였어. 그런데 지금은 키를 재는 것조차 싫어. 글림코는 매부리코에다 눈도 매처럼 날카로웠어. 오래전에 저지른 살인 전과가 두 건 있었지. 그가 말하는 모습을 보면 알 카포네를 떠올리게 될 거야.

조이는 먹는 걸 좋아했고, 진[78]을 엄청나게 잘했어. 조이는 진을 할 때마다 지미 호파를 무참하게 깨부쉈지. 지미는 진을 할 때마다 카드 여섯 목을 찢어발기고는 했어. 조이는 나한테서 미식축구 복권을 구입했는데, 그가 그러고 나니까 모두들 복권을 사기 시작했어. 시카고에는 멋진 사람들이 많았는데, 그는 그중에서도 으뜸이었지. 그는 무척이나 큰 존경을 받았어. 시카고에서는 모두들 오랫동안 알고 지낸 사이인데다 서로서로 잘 어울려 지냈기 때문에 누가 보스인지 구분하는 게 늘 어렵더라고. 고위급 몇 명은 시카고에 오기 전에 왕년의 브루클린에서부터 알고 지낸 사이였어.

조이뿐 아니라 시카고 사람들은 모두 먹는 걸 좋아했어. 시카고 그룹 사내들은 러셀과 켈리와 안젤로보다도 식탐이 많았어. 그들의 식탐은 별난 얘깃거리야. 시카고에서는 모두 증기탕에 모여 식사를 했으니까 말이야. 그들이 소유한 증기탕은 굉장히 인기 좋은 식당으로, 거기에는 먹을 걸 놓고 다툴 외부인이 전혀 없었어. 그들은 일반인들이 출입하지 못하도록 증기탕 문을 걸어 잠그고 음식과 와인과 술을 들여와서 널따란 라운지 구역에 놓인 큼지막한 식탁들 위에 올려놨어. 송아지고기와 닭고기로 이뤄진 메인 디시, 바칼라[79],

---

78 gin, 두 명이서 하는 카드게임
79 baccala, 소금에 절여 말린 대구

소시지, 미트볼, 갖가지 파스타 접시, 채소, 샐러드, 두 종류의 스프, 신선한 과일과 치즈, 카놀리[80]를 비롯한 온갖 이탈리아식 페이스트리가 펼쳐진 성대한 연회였지. 그들은 바닷가에 온 사람들처럼 목욕가운 차림으로 자리에 앉고는 했어. 그러고는 먹고 마시고 큼지막한 시가들을 피워댔지. 카드를 치는 사이사이에 메시지가 도착할 때도 있었어. 그러고 나면 그들은 다시 식사를 했어. 그러는 내내 음담패설을 주고받으면서 갖가지 웃기는 얘기들을 해댔고, 때로는 그들 중 두 명이 자리를 떠서 옆으로 가 사업 얘기를 짤막하게 하기도 했어. 그러다 깜빡 잠이 들고, 잠에서 깨면 증기탕에 들어가 몸에 집어넣은 모든 음식과 알코올을 땀으로 빼냈지. 샤워를 마치고 백만장자 같은 모습으로 돌아온 그들은 다시 식사를 시작했어. 정말 대단한 구경거리였어. 그 모습을 보니까 영화에 나오는 로마인들의 목욕탕이 떠오르더군.

솔직히 말해, 택시기사들은 조직화를 시작하기가 힘든 사람들이야. 더군다나 저항세력은 내가 거느린 조직에서 독립해 나가기에 충분히 많은 양의 가입원서에 이미 서명을 받아놓은 상태였어. 우리는 내가 디트로이트에 있을 때 벌인 최초의 조직화운동에서 패한 적이 있어. 우리에게 맞선 다른 조직도 없는 상태였는데 말이야. 레즈비언 택시기사들이 디트로이트에서 우리를 꺾었어. 택시기사들은 부업이라고 부를 만한 다른 생계수단을 갖고 있는 게 보통이었어. 손님들에게 몸 파는 여자를 권하거나 이런저런 종류의 물건을 배달하기도 했지. 법정 영업시간이 지난 시간에도 영업하는 술집이나 레스토랑에 손님들을 꼬드겨 가기도 했고. 심지어 그들 중 일부는 그 시절에 보석을 밀매하기도 했어. 그들은 자기들 보스와 마찰을 빚고 싶어 하지 않았어. 그들의 보스들은 자기들 나름대로 다른 많은 일에 눈길을 두고 있었으니까. 어쨌든, 그들 중 다수는 단기간만 일하고 떠나는 뜨내기였어.

그런데 지미는 시카고에서 폴 홀을 꺾고 싶어 했어. 그래서 우리가 시카고로 간 거야.

---

80 cannoli, 시실리아식 우식으노 시스 등으노 빅슐 새워 뉘긴 뺑

어느 날 아침에 글림코의 척후병들이 돌아와 도미닉 아바타가 부하 둘과 함께 특정 장소에 있다고 보고했어. 이때는 경찰이 그를 24시간 보호하기 이전이었어. 조이 글림코가 나한테 "거기 가서 놈들에게 약간의 메시지를 전하게"라고 지시했어. 그건 연장을 가져가지는 말라는 뜻이야. 메시지만 전달하러 가는 거니까. 몸만 쓰는 일인 거지. 나는 지미가 시카고로 보낸, 필라델피아 출신의 어깨 둘을 데리고 아바나가 있다고 보고된 장소로 갔어. 철조망 울타리를 지나 콘크리트 블록으로 지은 빌딩으로 걸어갔지. 그런데 난데없이 50명이나 되는 놈들이 빌딩에서 우르르 쏟아져 나와 우리한테 오지 뭐야. 내가 데려간 두 놈은 잽싸게 몸을 돌려 줄행랑을 치더군. 나는 그 자리를 고수했어. 놈들은 나한테 몰려왔고, 나는 말했지. "너희들이 누군지 알아. 나를 쫓아버릴 거면, 그냥 이 자리에서 죽여 버리는 게 나을 거야. 그러지 않으면 돌아와서 너희들을 죽여 버릴 테니까."

아바타가 나한테 눈을 맞추고 말하더군. "네가 누군지 알아."

내가 그랬어. "제일 솜씨 좋은 놈으로 두 명만 뽑아봐. 이 자리에서 한 판 뜨자고. 세 명도 괜찮은데, 결과가 어찌 될지는 나도 잘 모르겠군."

아바타가 말했어. "뭐, 괜찮아. 그리고 너, 가도 좋아. 배짱이 두둑하군. 하지만 다음번에는 일행을 고를 때 조금 더 신경 쓰도록 해."

에지워터로 돌아온 나는 지미를 보자마자 길길이 뛰었어. "그 망할 새끼들, 내 눈에 띄기 전에 비행기에 태워서 필라델피아로 돌려보내는 게 나을 거예요." 이후 그 두 놈을 다시는 보지 못했어.

그날 밤에, 나한테 일어났던 일을 말하니까 시비가 이러더군. "이 아일랜드 개자식 좀 보게나. 똥통에 빠져도 갈색 정장을 입고 나올 놈이군."

이튿날 아침에 글림코에게도 그가 준 정보에 대해 알렸어. 전쟁 때 하던 일과 똑같았어. 정찰을 나갔다가 돌아오면, 저 앞에 독일군 분대가 있다고 보고하며 거기 가서 독일군 연대 전체와 맞닥뜨리지 않는 게 낫겠다고 말하잖아. 볼일 보려다가 엉덩이가 똥통에 빠지는 꼴이 될 거라고 말이야. 조이에게 이랬어. "다음번에 메시지를 전하라고 나를 보낼 때는 내가 한 번에 몇 명을 때려눕히기를 원하는지 알려주셨으면 좋겠습니다."

그해 여름에 했던 제일 큰일은 저항세력의 스티커나 선원 노조 스티커를 붙인 택시들을 훔친 거였어. 저항세력에 속한 택시기사가 택시 승차장에 택시를 세워두고 커피를 마시러 갈 경우, 돌아온 그는 자기 택시가 없어졌다는 사실을 깨달았어. 철사를 이용해 시동을 걸거나, 그가 차에 꽂아두고 간 키를 이용해서 시동을 걸었지. 미시간 호수로 달려간 택시는 호숫가에 세워진 경찰차 앞을 곧장 지나쳤어. 차에서 내리고 차가 저절로 굴러 호수로 들어가서는 택시기사가 다시는 차를 몰 수 없도록 물에 잠기게 놔뒀지. 그런 식으로 저항세력들의 돈줄을 잘라내고, 그들이 쓰지 않아도 될 돈을 쓸 수밖에 없게끔 만들었어. 그리고 나면 백업으로 따라온 차가 우리를 태워 경찰차 앞을 지나쳤지. 그러면 우리는 경찰에게 돈 봉투를 건넸어. 봉투는 안에 든 20달러짜리 다섯 장을 아무도 보지 못하게 하려고 마련한 거였어. 차 브레이크가 고장 났다거나 기름이 다 떨어졌다는 식으로 둘러대면 경찰은 배꼽을 잡았고, 우리는 호수에 밀어 넣을 또 다른 차를 찾으러 돌아다녔어.

경영진에 대한 불만은 없었어. 그건 서로서로 싸워대는 두 노조가 벌인 일이었어. 결국에는 아바타의 저항세력이 1961년 여름 시카고에서 실시된 투표에서 승리를 거뒀지.

나쁜 일은 거기서 그치지 않았어. 아바타가 저항적인 택시 노조 지부를 장악한 직후에 AFL-CIO 컨벤션이 열렸는데, 거기서 마이크를 잡은 폴 홀이 지미 호파를 '꼴 보기 싫은 작자'라고 부른 거야. 그런 후 노동계의 거물인 폴 홀은 아바타의 저항세력에게 선원 노조 가입 인가증을 주는 것으로 그들을 AFL-CIO의 일원으로 만들었지. 그의 모습을 보기만 해도 그가 투사라는 걸 알 수 있을 거야. 그는 우리가 꺾을 수 있을 만한 상대라는 생각이 들 정도로 만만해 보이는 사내였지만, 그와 다시 싸우는 문제에 대해서는 싸움에 들어가기에 앞서 이틀 정도 심각하게 고민을 해봐야만 하는 그런 사람이었어.

지미는 그 문제에 대해 공개적으로 선전포고를 했어. 아니, 정확히 말하자면, 선전포고를 한 건 지미가 아니라 AFL-CIO였어. AFL-CIO 임원진 선 선원이 지지한 게 아닌데도 폴 홀이 시카고에서 그런 행보를 보이지는 않을 거라는 건 세상이 다 아는 일이니까. 어쨌든 그건 폴 홀이 주도한 전쟁이었어. AFL-CIO가 폴 홀의 전술이 지미의 전술과 비슷하다는 걸 알고 있었다는 것도 세상이 다 아는 일이었지. 시카고에서 있었던 이 택시 노조 사안은 두 노조의 싸움을 화공火攻에 맞불로 맞서는 식의 싸움으로 바꿔놓았어.

지미는 두어 가지 사안에 대해 해야 할 일을 하라며 나를 파견했어. 그중 하나는 미시간 플린트의 일이었어. 다른 건 미시간 칼라마주의 일이었고. 그런데 둘 다 미시간에서 일어난 일이었는데도 어쩐 일인지, 그 사안들이 시카고의 택시 노조나 폴 홀과 관련이 있는 게 분명하다는 느낌이 드는 거야. 나는 선원 노조가 자체적인 행동대원들을 갖고 있다는 것도 알고 있었어.

폴 홀이 저항세력에게 인가증을 건넨 직후, 폴 홀과 도미닉 아바타는 시카고 해밀턴 호텔의 칵테일 라운지로 축하연을 열러 갔어. 조이 글림코는 정보 안내용 피켓 라인을 호텔 밖에 배치했고, 팀스터즈 20여 명은 '불공정'이라는 구호를 외치기 시작했어. 그러던 중에 그중 한 명이 호텔로 들어가 홀과 아바타에게 온갖 쌍욕을 다 퍼부었어. 아바타를 지키던 경찰들은 그에게 호텔에서 나가라고 말했지만, 난입한 자는 경찰 한 명을 때려눕혔지. 경찰은 그를 체포해서 밖으로 데리고 나왔고, 아바타와 홀이 그 뒤를 따라 나왔어. 그런데 바로 그게 조이 글림코가 계획한 거였어. 그들이 호텔에서 나오도록 유인한 거야. 글림코의 부하들이 경찰과 홀과 아바타에게 달려들었고, 순찰차들이 도착하기까지 2분간 한바탕 아수라장이 펼쳐졌지.

시카고 사건이 진행되는 동안, 나는 주말에는 비행기를 타고 필라델피아로 돌아가 단테스 인페르노 바에 갔어. 바에 앉아 있는 놈을 봤는데 다름 아닌 제이 팰런이더라고. 손님에게 총을 뽑았다는 이유로 나한테 찍힌 그놈 말이야. 바텐더한테 무슨 일이냐고 물었어. 그는 어깨를 으쓱하더니, 그곳 주인 잭 로핀슨이 팰런을 다시 손님으로 받기 시작했다고 하더군. 손님에게 총을 뽑은 일로 영원토록 출입 금지를 당한 놈을 다시 받은 술집주인은 무슨 꿍꿍

이가 있는 사람일까? 팰런을 보는 순간, 뭔가가 잘못됐다는 걸 알았어. 본능이랄까. 아니면, 전에 내가 맥그리얼 밑에서 미식축구 복권을 팔 때, 맥그리얼의 일당이던 팰런을 말투 때문에 맥그리얼이 가까이 두지 않았다는 걸 내가 알고 있어서 그럴 수도 있고.

"굿나잇." 나는 인사를 하고 주말을 보내려고 얻어둔 셋방으로 귀가했어. 그러다 새벽 2시에 단테스 인페르노에서 처형 스타일의 살인이 발생해 두 명이 사망했다는 뉴스를 라디오로 들었어. 잭 로핀슨의 아내 주디스와 그의 '회계 담당자' 존 말리토가 총에 맞아 사망했고, 로핀슨은 미지의 가해자에 의해 팔에 부상을 입었다는 거야. 나는 재빨리 옷을 입었어.

"하나님 맙소사," 나는 생각했어. "시런 부인의 세 아이 중 하나가 강력반이 두드리는 노크소리를 들은 참이라고 상상해보니 끔찍하군."

심문실의 눈부신 전구들 아래서 밤을 보내고 싶은 기분이 아니었어. 그래서 신중한 걸음걸이로 모텔로 이동한 나는 월요일 아침에 시카고로 돌아갔어. 지방검사 사무실에 있는 아는 사람이 내가 건 전화를 받고, 셋방 여주인이 나일 것으로 추정되는 어떤 사람이 10시쯤에 집에 오는 소리를 들었고 2시쯤에 누군가가 계단을 내려와 밖으로 나가는 소리를 들었다고 진술했다는 얘기를 전하더군. 그녀는 그날 밤 9시경에 나를 위해 내 문밖에 남겨둔 냄비에 든 스파게티와 미트볼을 누군가가 먹었다고 강력반에게 말했어. 그녀가 일어났을 때는 빈 냄비가 문밖에 있었다면서. 강력반은 여주인의 진술이 그리 달갑지 않았어. 마침내 나를 현행범으로 체포할 수 있게 됐다고 확신하고 있었기 때문이야. 나는 검시를 참관하기 위해 소환될 거라는, 그리고 강력반이 나를 입건시키려고 한창 작업 중이라는 귀띔을 받았어.

그런데 그에 앞서 그들은 사인을 조사하기 위해 제이 팰런과 잭 로핀슨을 비롯한 목격자 무리와 형사들을 한자리에 모았어. 그리고 목격자들을 분류해서는 심문을 진행하려고 큰 방에 모았지. 경찰은 그날 밤 술집에 있던 사람들 중 여전히 필라델피아에 있는 사람들 가운데 찾을 수 있는 사람은 모두 찾아서 데려왔어. 제이 팰런도 거기 있이 있있는데, 그는 자기가 충분히 주목

받고 있다는 생각이 들지 않았던 모양이야. 그는 형사들이 거기 모인 사람들 전원에게 나에 대한 질문만 던지는 걸 계속 듣고 있었어. 결국, 그가 벌떡 일어나 말한 거야. "어째서 프랭크 시런에 대해서만 물어보는 겁니까? 그 짓을 한 사람은 나인데 말입니다."

잭 로핀슨이 금발여자와 결혼할 수 있도록 자기 아내 주디스를 죽여 달라고, 그리고 그를 상대로 고리대금업을 한 손 날리토에게 빌린 돈을 갚지 않아도 되도록 말리토를 죽여 달라고 팰런을 고용했다는 게 밝혀졌어. 팰런이 계단으로 올라올 때, 로핀슨은 그를 총으로 쏘고는 팰런이 술집을 털려고 시도하다 자기 아내와 친구를 죽였다고 주장할 작정이었지. 팰런이 약간 맛이 간 놈이기는 했어도 잭 로핀슨보다는 영리했어. 팰런은 로핀슨이 계단 위에서 자기를 기다리고 있을 거라고 감을 잡았어. 그래서 계단을 오르기 전에 술집에 있는 불을 모두 다 끄고 로핀슨의 팔에 부상을 입힌 다음에 그의 손아귀에서 벗어난 거야.

주디스 로핀슨은 착한데다 얼굴도 예뻤어. 로핀슨이 했어야 하는 일은 그녀하고 조용히 이혼하는 거였지. 존 말리토는 그리 잘 알지 못하는 사람이지만, 좋은 사람인 것 같았어. 로핀슨이 팰런을 시켜 그를 죽이는 대신에 돈을 더 빌려달라고 부탁했다면 그가 더 많은 돈을 빌려줬을 거라는 걸 나는 알아.

이 두 빈대새끼들은 그 사건으로 종신형을 선고받았어. 강력반은 나한테 검시에 참석하기 위해 시카고에서 돌아와 달라는 전화조차 하지 못했지.

그즈음, 나는 필라델피아에 있을 때마다 나중에 내 두 번째 아내가 될 아이린과 데이트를 시작했어. 그녀는 나보다 연하였고, 우리는 사랑에 빠졌어. 그녀는 가족을 갖고 싶어 했어. 나를 메리를 찾아가 상황을 설명했고, 메리는 이혼에 동의해줬어. 아이린과 나는 곧바로 결혼했고, 이듬해에 딸 코니가 태어났지. 아이린과의 결혼생활은 달랐어. 내가 유흥가를 달리고 또 달리던 날들은 저물었어. 나는 미식축구 복권을 파는 걸 중단했어. 복권을 팔면서 두어 번 위기에 몰리고 두어 번 벌금을 냈던데다, 팰런의 친구 조이 맥그리얼 같은 자들하고 일하는 게 신물이 났거든. 다운타운에서 이런저런 불법행위를 저지르는 따위의 일은 내 인생에 더 이상 필요치 않았어. 빌 이사벨과 샘 포트와인과 함께 디트로이트에서 캐나다 윈저로 건너가는 것도 중단했어. 윈저는 미국이 개방화된 60년대 이전의 그 시절에도 이미 모든 일이 자유분방하게 행해지던 그런 도시였어. 많은 활동이 벌어지는 무척이나 활기차고 멋진 곳이었지. 하지만 새로 결혼해 유부남이 된 이제, 나는 구경꾼 입장에만 머물렀어. 어쩌면 나는 지미 호파가 세운 가정생활의 모범을 따르고 있었을 거야. 아이린과 재혼생활을 하는 동안, 나는 하나 이상 맡은 팀스터즈 직위에서 나오는 고정적인 급여를 쏠쏠하게 받고 있었어. 이건 그런 관행이 불법화되기 이전의 일이야. 막내딸 코니를 키우는 데 돈이 좀 들기는 했지만, 세 딸을 키우는 데에 비하면 많은 돈은 아니었어.

메리는 정말로 착한 여자고 정말로 신실한 가톨릭이었어. 나는 이혼 때문에 마음이 좋지 않았지만, 그녀는 이혼 때문에 우리가 남남이 되는 일은 결코 없을 거라고 했어. 메리는 상스러운 농담을 던져서는 안 되는 여자였어. 오늘, 메리가 알츠하이머에 걸리는 바람에 입원한 주립요양원에 딸아이 중 하나가 면회하러 갔다가 울면서 돌아오는 걸 보고는 무척이나 마음이 아팠어.

우리가 아바타 때문에 시카고에서 갖은 문제에 시달리던 바로 그해에, 필라델피아 107지부의 상황도 달아오르기 시작했어. 저항적인 분파 하나가 결성되더니, 자기들 조직에 '팀스터즈 107지부의 목소리'의 약칭인 '보이스The Voice'라는 이름을 붙이더군. 그들은 아바타가 시카고에서 했던 일을 하려고 애쓰고 있었고, 지미는 반항적인 보이스의 배후에도 폴 홀과 AFL-CIO가 있을 거라고 의심했어.

폴 홀은 필라델피아로 어깨부대를 데려와 오리건 가와 4번가 교차점에 있는 국제선원노조회관에 재웠어. 지미는 시카고의 일꾼 두 명과 함께 나를 필라델피아로 돌려보냈어. 어떻게 하면 회관 안으로 들어갈 수 있을지를 파악하려고 회관 주위를 들여봤지. 정문을 꽤나 튼튼한 사물쇠도 삼가봤더군. 실거리와 경계를 지으려고 인도에 설치한 울타리 뒤에 웅크린 나는 관음증 환자처럼 내부를 살폈어. 4번가에 설치된 벽은 두꺼운 판유리였는데, 그걸 통해 라운지로 짐작되는 곳의 내부에 줄지어 놓인 이층 침대들을 볼 수 있었어.

그곳을 떠난 나는 107지부 주차장에서 소형화물차를 빌려 여덟 명인가 아홉 명을 가득 태웠지. 각자에게 흰색 모자를 나눠주고는 말했어. "모자 잃어버리면 안 돼. 모자가 없으면 너희가 누구 편인지 알 길이 없으니까." 그중 한 명에게 당신의 임무는 트럭을 몰고 멀리 가는 것이라고, 나머지 사람들은 도보로 도망갈 거라고 말했어. 아침 6시 30분에 4번가로 차를 몰고 가서는 길거리와 경계 구실을 하는 인도의 덤불로 우회전을 했어. 트럭을 도로경계석 위로 몰고 울타리를 넘으면서 거기 서 있는 나무 두 그루 사이로 들어가 판유리 창문을 뚫고 들어간 거야. 유리조각이 사방으로 날아다녔어. 회관 소속인 어깨들은 여전히 잠을 자던 중이었는데, 우리는 침대에서 벗어나는 그들을 후려갈기기 시작했어. 순전히 주먹만 써서. 그들은 경황이 없는데다 잠기운 탓에 비몽사몽인 상태라서 변변한 반격의 기회조차 잡지 못했어. 경찰들이 사방에서 몰려오더군. 트럭은 그곳을 무사히 벗어났고, 나머지 사람들은 재빨리 튀어서 달아나는 데 성공했지.

선원 노조 습격은 그냥 메시지를 전하는 일이었어. 누군가를 심하게 해칠 생각은 아니었거든. 우리는 붙잡힐 경우에 보석금을 내는 조건으로 우리를 풀어줄 치안판사를 사전에 확보해뒀지만, 그 사건으로 체포된 사람은 아무도 없었어. 우리가 보이스와 다투던 중에 내가 24시간 안에 26번 체포된 날이 있었어. 모코 교도소에 끌려가면 보석금을 내고 나와서 피켓 라인으로 돌아갔다가 보이스 사람들과 맞붙은 또 다른 드잡이에 끼어들고는 했거든.

우리는 107지부에서 조직원 모집운동과 조합원 고충 해소, 다른 정규적인 노조 활동을 여전히 하고 있었어. 언젠가는 필라델피아에 있는 혼 앤 하다트 레스토랑 체인을 조직화하려고 애쓴 적이 있어. 우리는 링컨 레스토랑 체인을 이미 조직화한 상태였는데, 링컨 측은 경쟁관계에 있는 혼 앤 하다트가 노조원의 급여와 수당을 보조할 비용을 지불하지 않아도 됐기 때문에 자신들이 사업을 하는 데 불리한 처지라고 불만을 제기하고 있었어. 그래서 우리는 혼 앤 하다트 노동자들에게서 가입원서를 받으려고 계속 애썼지만, 그들의 원서는 어디서도 받을 수가 없었어. 그들 중 다수가 교외에 거주하는 주부들로, 노조에 반감을 가진 사람들이었거든. 어느 날 나는 바지 양쪽 밑동 주위에 끈을 묶은 채로 혼 앤 하다트에 들어갔어. 끈 끝부분을 양손에 쥐고는 레스토랑을 가로질렀지. 레스토랑 중간쯤에 도착한 나는 끈을 풀어 바지에 들어 있던 흰 생쥐 떼를 풀어놨어. 내 손녀 브리타니가 중학교에 이런 글을 제출했더군. "쥐들은 옆에 있는 여자의 스파게티로 뛰어들었고, 그녀는 비명을 질렀다. 다른 쥐는 웨이트리스의 다리를 기어올랐고, 그녀는 비명을 지르며 쟁반을 떨어뜨렸다. 도망가야 한다는 사실을 깜빡할 정도로 그 모습이 정말로 재미있었던 할아버지는 붙잡히고 말았다." 맞아. 나는 브리타니와 그 애의 남동생 제이크에게, 내가 잡혔다는 얘기를, 혼 앤 하다트 사람에게 내가 한 짓을 정말로 미안하게 생각한다면서 다시는 그러지 않겠다고 말했다는 얘기를 들려줬었어.

지미 호파는 필라델피아의 상황에 대해 걱정이 많았어. 그는 나를 더욱 더 오래 필라델피아에 두기 시작했지. 다른 저항집단 두 개가 더 생겨났어. 저항세력들은 그들 사이에서조차 의견이 갈렸어. 조이 맥그리얼도 저항집단을 하나 만들었는데, 적법한 집단은 아니었어. 이름도 없었고, 이름이 있었더라도 나는 그 이름을 몰라. 그건 그냥 코헨이 하고 있던 도둑질과 똑같은 짓을 할 수 있도록 레이먼드 코헨에게서 집단을 인수하려 애쓰는 그의 어깨들 무리였을 뿐이야. 사업체에서 돈을 갈취하는 건 지부를 운영하는 사람 입장에서는 쉬운 일이야. 노사 간의 평화를 확실하게 보증하는 대가로 고용주에게서 많은 돈을 뒷돈으로 받아 챙길 수 있거든. 뒷돈을 받지 못할 경우, 고용주에게는 문제가 항상 끊임없이 발생하는 듯 보일 거야. 이런 상황에서 가여운 노조 조합원은 장기판의 졸일 뿐이지. 맥그리얼은 자기 잇속을 차리려고 이 사업을 하고 싶어 했어. 지미 호파가 1966년에 델라웨어 주 윌밍턴 지부를 나한테 맡겼을 때, 고용주들은 모두 나를 손숭해줬어. 내가 그늘 중 누구도 갈취하지 않았기 때문이야. 노동환경개선위원회는 또 다른 저항적 파벌이었어. 보이스보다는 덜 과격한 그룹으로, 어깨들은 아니었어. 더 지적인 사람들이었지. '형제애의 도시의 온건파들Tempers in the City of Brotherly Love'은 우리와 폴홀, 그가 꼭두각시로 내세운 다른 저항집단들과 레이먼드 코헨이 우두머리인 집단 사이에서 독자적인 목청을 높이고 있었어.

보이스는 107지부에서 투표를 이끌어내는 데 성공했어. 그래서 우리는 조합원들의 지지를 얻기 위해 대형 강당을 빌려 집회를 열었지. 우리는 지미 호파를 초빙했어. 그가 조합원들을 상대로 연설을 하면서 그가 조합원들을 위해 한 일이 모두 유익한 일이었다는 생각을 그들에게 전달할 수 있도록 해주려는 거였지. 지미가 거기 도착했을 때, 경찰은 그가 무대로 곧장 올라갈 수 있도록, 그리고 몽둥이로도 사용 가능한 나무기둥이 있는 표지판을 들고 집회에 참석한 보이스 사람들이 있는 통로를 지나가지 않아도 되도록 뒤쪽 길로 그를 데려가고 싶어 했어.

지미는 뒷문을 이용하라는 말도 안 되는 권유를 절대로 받아들이지 않았어. 그는 경찰에게 말했지. "호파는 뒷문으로 다니지 않소. 우리 조합원들이 있는 통로를 내려갈 때 경찰이 나를 호위하는 것도 원치 않고. 나한테 필요한 건 아이리시맨이 전부요." 나는 지미와 함께 통로를 내려갔고, 통로 양쪽에서는 요란한 함성이 단 한 번도 나오지 않았어. 군중 저 뒤쪽에서 야유가 나왔지만, 통로 양쪽에서 공격적인 움직임이 전혀 보이지 않았다는 건 명백한 사실이야. 지미는 끝내주는 연사였어. 지미는 연설능력이 뛰어났을 뿐 아니라, 사람들에게 진실만을 알렸어. 그는 자신이 그들을 위해 유익한 일들을 많이 하고 있다는 것을 알리면서, 그 목표들을 달성하기 위해서는 단결이 필요하고, 그렇게 되면 모두의 형편이 더 나아질 거라고 주장했지. 그의 입장에 모두가 동의한 건 아니었지만, 그를 반대하면서 집회에 온 사람들 중 다수가 그에 대한 존경심을 품고는 집회장을 떠났어. 우리는 그 투표에서 이겼어. 압승은 아니고 200표쯤 앞섰지만, 어쨌든 이긴 건 이긴 거니까. 보이스는 물러서지 않았지만 그들의 성장세는 주춤했어. 하마터면 투표에서 질 뻔해서 사람을 겸손하게 만들어준 그 경험을 한 후, 그리고 자신을 구해줄 지미가 필요했던 레이먼드 코헨은 약간 다루기 쉽고 싹싹한 사람이 됐지.

그날 지미가 한 연설에서 가장 인상적인 점은 그가 이미 테네시 주 내슈빌에서 기소를 당한 상태였다는 거야. 지미와 버트 브레넌은 각자의 아내 이름으로 설립한 자동차 운송회사 테스트 플리트 때문에 '태프트-하틀리 법[81]'을 위반한 혐의를 받고 있었어. 그는 고인이 된 버트 브레넌과 함께 '투 플러스 투[82]'를 횡령한 혐의로 피소됐어. 그런데도 지미는 필라델피아의 107지부 조합원들에게 연설할 때는 세상에서 가장 태평한 사람처럼 보였어. 지미 호파는 쇳덩이 같은 용기와 강철 같은 배짱을 가진 사람이었어. 그러나 아무리 기를 쓴다고 해도 동시에 1,000가지나 되는 중요한 일을 한꺼번에 처리할 수는 없는 노릇이잖아.

지미는 그 시대에 눈여겨봐야 할 별난 인물이었어. 그는 미국 전역에서 빚어지는, 대체로 저항세력을 상대로 한, 팀스터즈 내부의 불화들에 개입했어. 동시에 그는 팀스터즈가 25년간 얻어내려고 애써온 최초의 기본화물협정을 체결시키려고 애쓰고 있었지. 같은 시기에, 바비 케네디는 그를 형사 입건하려고 애쓰면서 13개 주에서 대배심[83] 회합을 갖고 있었어. 그럼에도, 내가 그와 알고 지낸 그 모든 밤마다, 그때가 밤 11시건 새벽 1시건, 그는 하루 일과를 다 마치면 그제야 잠자리에 들었어. 지미 호파의 머리가 베개에 닿는 순간, 그는 누군가한테 몽둥이로 가격당한 것처럼 잠에 빠져들었어. 그는 빨리 잠드는 데 있어서 러셀을 능가했어. 그러고는 알람시계 없이도 5시에 기상했지. 지미 호파 옆에 있을 때는 집에 편히 머무르면서 상처를 치료할 기회를 잡을 수가 없었어. **"**

---

81 Taft-Hartley criminal law, 노동조합의 활동을 제한하고 고용주의 권리를 보장하는 미국의 노사관계법
82 two plus two, 20만 달러를 뜻하는 속어
83 대략 20여 명의 일반시민이 참여하여 어떤 사건의 형사 기소를 제기해야 옳은지 여부를 결정하는 배심제

17

조롱거리에 지나지 않는

1962년 여름의 어느 밤, 격분한 지미 호파는 건장한 팀스터즈 임원에게 플라스틱 폭발물에 대해 아는 게 있느냐고 물었다. 워싱턴 D.C. 소재 팀스터즈 본부인 '마블 팰리스The marble palace'에 있는 호파의 사무실에는 창밖을 바라보는 두 사람만 있었다. 그러더니 호파는 그 임원에게 총에 장착할 소음기를 어디서 구할 수 있는지 안다고 말했다. 그 남자에 따르면, 호파는 "바비 케네디 그 개자식을 손봐야겠어. 놈은 저세상으로 가야돼"라고 말했다. 그러더니 호파는 바비 케네디를 죽이는 게 얼마나 쉬운 일일지 묘사했다. 바비 케네디에게는 개인적인 안전 예방책이 없었고, 심지어 자택에조차 철저한 보안대책이 없었다. 그리고 그는 컨버터블을 타고 홀로 돌아다니는 일도 잦았다.

호파의 대화 상대인 그 임원은 에드워드 그레이디 파틴Edward Grady Partin으로, 루이지애나 주 배턴루지에 있는 팀스터즈 5지부 위원장이었다. 그는 그 지부에 속한 트럭기사가 개입된, 가족의 양육권 다툼에서 파생된 유괴 혐의로 체포되었다가 보석금을 내고 나온 상태였다. 파틴은 노조 기금 1,659달러를 개인적인 용도로 유용한 혐의로 기소된 상태이기도 했다. 파틴은 젊었을 때

광범위한 분야에서 전과를 쌓은 거구의 험상궂은 사내였다. 호파는 파틴을 오판했다. 거구에 험상궂게 생긴데다, 카를로스 마르첼로의 고향인 루이지애나 출신이면서 보석 상태였기 때문에 파틴은 페인트 일을 하는 사람인 게 분명하다고 생각한 것이다. 하지만 호파는 그런 일을 하라는, 절반은 협박이고 절반은 권유인 견해를 파틴에게 밝히기 전에 그와 관련된 질문은 파틴에게 하나도 묻지 않았었다. 파틴은 이렇게 설명했다. "호파는 내가 루이지애나 출신이라는 이유로 항상 나를 마르첼로의 뒷주머니에 있는 놈이라고 짐작했었다."

파틴은 월터 셰리던이 지휘하는 호파전담반에 호파의 언행을 신고했다. 셰리던은 '믿어지지 않는 이야기였다'고 저서에 썼다. 파틴의 진술을 들은 후, 셰리던은 FBI에 파틴을 상대로 거짓말 탐지기 테스트를 해달라고 요청했다. 파틴은 무리 없이 테스트를 통과했다. 셰리던은 법무부 장관의 생명에 대한 이런 위협을 바비 케네디에게 보고했다.

이 일이 있은 직후, 존 F. 케네디 대통령은 워싱턴에서 개인적으로 주최한 만찬파티에서 만난 저널리스트 벤 브래들리에게 지미 호파가 자기 동생 바비를 살해할 음모를 꾸미는 중이라는 얘기를 흘렸다. 케네디 대통령은 존경받고 영향력 있는 언론인 벤 브래들리에게 이야기를 흘리고 그게 기사화되면 호파가 그 협박을 실제로 실행에 옮기는 걸 저지할 수 있을지도 모른다고 생각한 것 같다. 나중에 벤 브래들리는 워터게이트 스캔들이 한창일 때 '딥스로트[84]'의 도움을 받아 리처드 M. 닉슨 대통령을 하야시키는 데 도움을 준 『워싱턴 포스트』의 편집장으로 명성을 얻었다. 브래들리는 개인적인 일지에 그날 밤 '대통령은 눈에 띄게 심각했다'고 적었다. 암살 위협을 확인하려고 바비 케네디에게 접근하자 바비가 그에게 그걸 기사화하지 말라고 애원했다고 브래들리는 자서전에서 밝혔다. 그게 기사화되면, 바비가 당시 감독하고 있던 조직범죄 재판에 나올 잠재적인 증인들이 겁을 먹고 물러날 것이기 때문이었다. 당시, 바비 케네디는 미국 역사상 가장 거대한 반反조직범죄 운동

---

84 Deep Throat, 훗날 FBI 부국장 윌리엄 마크 펠트로 밝혀진 내부 고발자

을 진두지휘하고 있었다. 브래들리는 그 이야기를 기사화하지 않았다.

테스트 플리트 사건을 통해 태프트-하틀리 노사관계법을 위반한 혐의를 받은 지미 호파의 재판은 1962년 10월 22일로 예정되어 있었다. 나중에, 호파전담반은 에드워드 그레이디 파틴에게 그 법정에 참석하는 지미 호파의 수행단의 일원이 되라고 부추기는 것으로 지미 호파의 헌법적 권리를 침해했다는 것을 부인했다. 동기가 무엇이었건, 파틴은 내슈빌로 가서 호파가 묵은 스위트룸의 출입문을 지키는 경비원으로 일했다. 월터 셰리던은 호파와 하는 통화를 모두 녹음할 수 있는 녹음장비를 파틴에게 제공했다는 사실은 인정했다. 셰리던은 내슈빌에 도착하면 배심원들에게 뇌물을 먹이려는 시도를 하는지 잘 살펴보라고 파틴에게 지시했다는 것도 인정했다.

바비 케네디는 지미 호파를 상대로 한 배심재판[85]을 이미 세 건이나 지휘했었다. 그리고 무슨 죄로든 호파가 유죄 판결을 받게 만들 작정이었다. 앞선 재판들에서는 배심원들이 매수됐을 것으로 의심했다. 호파를 상대로 한 테스트 플리트 고소는 경범죄였다. 그런데 배심원 매수가 사실로 밝혀질 경우 중죄로 바꿔놓을 터였다.

테스트 플리트 관련 기소들에는 지미 호파와 죽은 오웬 버트 브레넌이 아내들 이름으로 자동차 운송회사를 차린 일이 포함되어 있었다. 그중에는 5년 전에 마무리된 활동도 있었다. 맥클레런위원회와 법무부의 철저한 조사를 받았던 활동도 있었다. 찰리 섀퍼 검사는 배심원단을 상대로 모두진술을 하면서 테스트 플리트는 그 회사를 이용해서 고용주로부터 지속적으로 돈을 받아내려는 호파의 장기 계획의 일환으로 설립됐다고 주장했다. 정부의 주장은 테스트 플리트가 나중에 그들과 계약한 고용주가 처한 파업상황을 호파가 우호적으로 해결해준 이후에 창설됐다는 사실에 기초하고 있었다.

호파의 방어논리는 그의 변호사들이 브레넌과 호파, 그들의 아내들에게

---

85 jury trial, 법률전문가가 아닌 일반인이 배심원으로 참여해 유무죄나 사실관계 인정에 대한 판단을 내리는 재판

아내들이 회사를 소유하는 건 합법적인 일이라고 조언했다는 것, 그리고 맥클레런위원회가 회사의 적법성에 의문을 제기한 뒤 호파와 브레넌의 아내가 회사에서 물러났다는 거였다. 지미 호파를 위해 증언에 나선 그의 변호사들은 그가 변호사들로부터 받았다고 주장한 법적 조언이 1948년에 실제로 이뤄졌다는 걸 확인해줄 준비가 되어 있었다.

테스트 플리트의 설립은 태프트-하틀리 법이 의회를 통과하고 열흘 뒤에 이뤄졌다. 변호사들은 그 법에 대한 법적 의견을 제시하기 위해 기초로 삼을 만한 선례가 하나도 없는 상태에서 법률을 해석하고 있었다. 뿐만 아니라, 호파는 그가 해결한 파업이 저항세력들에 의한 불법 파업이며, 사측이 팀스터즈를 상대로 제기한 '대단히 심각한 소송'을 회피하기 위해 그 파업을 사측과 해결한 것임을 입증할 준비가 되어 있었다.

호파 입장에서, 이 사건은 바비 케네디가 그에게 품은 앙심의 산물이었다. 그리고 법정에 제시된 정보가 진부한 것들이라는 사실은 케네디의 호파 전담반이 얼마나 절박한 상황인지를 입증했다. 호파전담반은 그를 체포하겠다는 목표로 전국을 순회하며 소집한 다른 13번의 모든 대배심에서도 이미 그를 기소하는 데 실패한 바 있었다.

지미 호파는 그가 찾아낼 수 있는 최상의 법률 분야 인재들로 팀을 꾸렸다. 수석변호사는 내슈빌의 으뜸가는 변호사 토미 오스본Tommy Osborn으로, 미국 대법원에서 '1인 1표' 법칙을 낳은 기념비적이고 대단히 복잡한 선거구 재확정 사건에서 승소하는 데 성공한 젊은 변호사였다. 내슈빌에서 호파를 돕고 있는 다른 변호사들은 팀스터즈의 변호사 빌 버팔리노, 산토 트라피칸테와 카를로스 마르첼로의 변호사 프랭크 라가노였다.

판사인 윌리엄 E. 밀러는 어느 쪽도 편들지 않는 공정한 재판 진행으로 많은 존경을 받는 법관이었다.

지미 호파는 연방법원 청사가 있는 거리의 아래쪽에 있는 고급스러운 앤드루 잭슨 호텔에 본부를 설치했다. 그는 법정에 변호사들을 배치하고, 호텔에도 법률 고문단의 일부로 변호사들을 배치했다. 호텔에서 내기하는 변호사들은 조언자이자 조사자로 활동했다. 그들 외에도 아주 많은 노조 동지들과 친구들이 대의에 봉사하기 위해 그의 법정과 호텔을 찾았다. 그중에는 호파의 '양아들'로 알려진 처키 오브라이언과, 연금펀드 일을 하는 호파의 사람인 전직 해병 앨런 도프먼도 있었다. 변호사가 아닌 내슈빌 출신의 많은 수행원들은 배심원 선정 과정 동안 배심원들에 대한 정보를 제공하고 그들을 향한 통찰력을 발휘할 터였다. 이때는 전문석인 배심원 소언자jury adviser들이 등장하기 이전 시대였다.

호파 지지자들 중 다수는 단일한 대의가 아니라 여러 가지 대의에 봉사하려고 내슈빌의 앤드류 잭슨에 있었다고 말하는 게 더 정확한 표현일 것이다.

이후로 두 달간 법정에서는 동시에 두 개의 드라마가 전개됐다. 첫 드라마는 재판 자체가 될 터였다. 증인 호출, 증인에 대한 반대심문, 변호사의 주장, 이의, 동의, 판결, 휴회, 사이드바[86], 선서. 그런데 나중에 밝혀지기를, 재판은 B급 영화였다. 다른 드라마가 A급 영화였다. 에드워드 그레이디 파틴이라는 스파이는 재판 내내 행해지던 노골적인 배심원 매수 행각이 벌어지는 동안, 호파전담반에 관련정보를 상세하게 알렸다. 지미 호파를 결국 감옥으로 보낸 것이 바로 이 배심원 매수행위였다. 변호도 괜찮게 됐고, 호파도 자신을 잘 방어했으며, 평판 좋고 재능 있는 토미 오스본이 이끌고 빌 버팔리노와 프랭크 라가노, 그 외 많은 법조계 인재들로 구성된 재판 스태프가 법정에 자리하고 호텔에 대기 중이었으며 판사도 공정했음에도, 지미 호파가 부정행위에 의존한 이유는 뭐였을까? 그는 왜 경범죄를 중죄로 둔갑시킨 걸까?

"

지미의 자존심 때문이었어. 지미는, 폭행이나 그런 수준의 혐의 외에는, 정말로 잘못된 일을 해서 받은 유죄 판결을 전과기록에 하나도 갖고 있지 않았어. 그는 경범죄 전과조차 원치 않았어. 범죄 경력이 하나도 없는 이력을 원

---

86 sidebar, 판사와 검사와 변호사 세 명만 재판에 대해 의논하는 것

한 거야. 그는 바비 케네디가 그에게 진짜 심각한 범죄와 연루된 전과를 안겨 주는 걸 원치 않았어.

있잖아, 바비 케네디가 법무부 장관으로 왔을 때 FBI는 여전히 근본적으로는 소위 조직범죄의 존재를 무시하고 있었어. 잊지 마, 내가 아팔라친 회합 이전에 다운타운 사람들과 처음 어울렸을 때, 나는 내가 들어가고 있는 세계의 규모가 어느 정도인지조차 몰랐다는 걸. 금주령이 끝나고 오랜 세월이 흐르는 동안, 소위 조폭들이 씨름해야 할 유일한 상대는 지역 경찰들이었고, 그들 중 많은 수가 뒷돈을 챙기는 부패한 자들이었지. 내가 스키니 레이저의 술집에서 빈둥거릴 때, 우리는 FBI 생각은 조금도 하지 않았었어.

그러다 아팔라친과 맥클레런 청문회가 닥쳤고, 연방정부가 사람들을 괴롭히기 시작했어. 그러다 바비 케네디가 등장했고 흉한 꿈은 모든 사람의 최악의 악몽으로 변했어. 난데없이 모두들 자기들 영업장이 기소를 당하기 시작했다는 사실에 계속 가슴을 조여야 했어. 사람들이 실제로 감옥에 가고 있었어. 추방을 당하고 있었어. 긴장되는 상황이었지.

1962년 연말에 열린 테스트 플리트의 내슈빌 재판에서, 바비가 법무부 장관에 임명된 이후에 치른 대대적인 전쟁 비슷한 상황이 형성되는 동안, 지미는 바비에 맞서는 태도를 취하고 있었어. 🙶

법무부 장관 취임선서를 하고 이틀 후인 1961년 2월 22일, 바비 케네디는 전국의 갱스터들과 조직범죄에 대해 각각의 정부기관에서 가진 정보들을 한데 모으기 시작하자며 국세청을 비롯한 연방정부의 27개 기관 전부를 설득했다.

테스트 플리트 재판이 열리기 전의 몇 달 사이에, 국세청장은 이렇게 썼다. '법무부 장관께서 우리 청에 주요 모리배들의 세금문제를 조사하는 걸 최우선순위에 두라고 요청했습니다.' 그 모리배들의 이름이 지명됐고, 그들은 '먼지를 탈탈 떠는 fì청의 조사'를 받게 됐다. 국세청장은 제대로 힌 판 붙어야 한다는 분위기를 명확히 했다. '사용 가능한 모든 전자 장비와 다른 기술적인 지원들을 한껏 활용할 겁니다.'

조니 로셀리는 국세청이 겨눈 첫 표적 중 하나였다. 그는 할리우드와 라스베이거스에서 호화롭게 살았지만, 직업도 없었고 겉으로 드러난 생계수단도 없었다. 전임 법무부 장관 재직 시에는 그가 정부 앞에서는 취약한 존재라는 것을 보여줄 만한 일이 전혀 생기지 않았었다. 로셀리는 전임 로스앤젤레스 시장의 동생에게 이렇게 말했다. "정부는 나를 늘 들여다보고 있어. 주위 사람들을 협박하고, 내 적들과 친구들을 찾아다니고 있어." 로셀리가 더욱 화가 났던 건 로셀리가 카스트로를 상대로 한 작전들에서 CIA와 공조했다는 것을 바비 케네디가 알고 있을 거라고 판단했기 때문이다. 나중에 로셀리는 이런 말을 했다고 전해진다. "지금 나는 정부를 돕고 미국을 돕고 있는데, 그 개자식은 나를 고자로 만들고 있어."

같은 시간, 국세청은 카를로스 마르첼로에게 체납세금과 벌과금으로 835,000달러를 부과했다. 그 시기에 마르첼로는 추방문제로 여전히 다투는 중이었고, 위증과 출생증명서 위조 혐의로 기소당한 상태였다. 러셀 버팔리노도 추방문제로 다투고 있었다.

내슈빌 재판 전, 바비 케네디는 법무부에 조직범죄에 초점을 맞추라고 강권하면서, 휘하 부대를 순시하는 장성처럼 개인적으로 전국을 순회하고 있었다. 그는 FBI와 법무부가 집중해야 할 조직범죄 세계의 표적 명단을 만들었다. 그러고는 그 명단의 규모를 꾸준히 늘려나갔다. 의회를 찾아간 그는 FBI가 그 표적들을 도청하고, 도청을 녹취한 자료를 법정에서 사용하는 것을 용이하게 해줄 법안들을 통과시켰다. 그는 협조하는 증인들의 죄를 면제해줄 권한을 자신에게 더 자유로이 부여해주는 법안들을 통과시켰다.

테스트 플리트 재판의 배심원 선정은 쿠바 미사일 위기가 발생한 지 이틀째에 시작됐다. 바비 케네디는 내슈빌에 있지 않았다. 그는 JFK가 소련 총리 니키타 흐루쇼프를 위압하면서, 소련에서 쿠바로 수송되는 모든 공격용 핵무기를 소련으로 되가져가지 않으면 발포하라고 해군에 명령을 내리는 동안

형의 곁을 지킬 필요가 있었다. 세계는 핵전쟁의 벼랑 끝에 서 있었다.

월터 셰리던은 이렇게 썼다. '나는 핵전쟁이라는 지독히도 생생한 위협, 그리고 지미 호파와 내가 내슈빌에서 함께 숨을 거두게 될 가능성에 대해 고민하며 이른 새벽에야 잠자리에 들었다.'

그러는 대신, 이튿날 깨어난 월터 셰리던은 배심원 매수 소식을 처음 접하게 됐다. 배심원단에 속한 보험설계사가, 배심원단이 무죄 평결을 내리도록 투표할 경우 100달러 지폐로 10,000달러를 주겠다고 주말에 만난 이웃사람이 제안했다는 얘기를 밀러 판사에게 신고한 것이다. 호파가 보험설계사를 선택한 건 합리적인 선택이었다. 형사사건의 변호사들은 보험 사기를 치는 사람들한테 호구 노릇을 하는 보험설계사들을 어리숙한 사람 취급했다. 분명, 정부는 배심원단에 속한 보험설계사를 공격하지는 않았을 것이다.

밀러 판사는 보험설계사에게 이웃의 이름을 밝히라고 강하게 압박한 후, 배심원으로 선정될 가능성이 높았던 그를 배심원단에서 제외시켰다.

그런 후, 배심원단에 선정될 가능성이 높았던 배심원 다수가 『내슈빌 배너Nashville Banner』 소속 기자 앨런이라고 신분을 밝힌 인물로부터 지미 호파에 대한 관점을 묻는 전화를 받았다는 게 밝혀졌다. 『내슈빌 배너』에는 앨런이라는 이름을 가진 기자가 없었다. 누군가가 재판에서 자신들에게 우호적일지도 모르는 배심원을 찾으려고 일부 배심원의 의중을 캐묻고 있었다. 배심원으로 선정될 가능성이 높았음에도 그런 행위 때문에 순수성이 더럽혀진 그 배심원들은 재판에서 제외됐다.

배심원단이 선정되고 재판이 시작된 후, 에드워드 그레이디 파틴은 팀스터즈 내슈빌 지부장이 테네시 주 고속도로 순찰대원의 아내에게 뇌물을 주려는 시도가 진행되고 있다고 월터 셰리던에게 보고했다. 그 순찰대원의 아내는 배심원석에 앉아 있었다. 셰리던은 배심원들에 대한 자료를 확인하고는 그들 가운데 주 경찰관의 아내가 있는 걸 찾아냈다. FBI요원들은 주 경찰관이 순찰차에서 대기하고 있는 인적 없는 도로로 팀스터즈 임원의 뒤를 쫓아갔다. 요원들은 두 남자가 순찰차에 앉아 얘기 나누는 모습을 관찰했다.

이 정보를 손에 쥔 채, 하지만 정보의 출처는 밝히지 않은 채, 정부 측 검사들은 판사에게 주 경찰관의 아내를 배심원단에서 제외시켜달라고 요청했고, 밀러 판사는 검사 측 요청을 듣는 자리를 마련했다. 정부는 주 경찰을 만나러 간 내슈빌 팀스터즈 지부장을 추적한 요원들을 호출했다. 요원들은 판사로부터 심문을 받았다. 그런 후 정부는 팀스터즈 임원을 호출하고 그를 옆방에서 데리고 나왔다. 월터 셰리던에 따르면, 지미 호파는 그 임원에게 손가락 다섯 개를 펴는 신호를 잽싸게 보냈고, 임원은 수정헌법 5조를 내세웠다. 다음으로, 주 고속도로 순찰대원이 법정에 불려왔다. 처음에는 모든 것을 부인하던 경찰관은 밀러 판사로부터 심문을 받으면서 팀스터즈 임원이 비밀에 부쳐진 호의를 베푸는 대가로 주 고속도로 순찰대 내부에서 승진하고 출세하게 해주겠다는 거래를 제안했노라고 인정했다. 경찰관은 팀스터즈 임원이 훗날 자신에게 베풀어줘야 할 호의의 내용이 무엇일지에 대해서는 전혀 설명하지 않았다고 주장했다.

밀러 판사는 경찰관의 아내를 배심원단에서 제외시키고 그녀의 자리를 다른 배심원으로 교체했다. 그날 밤, 그녀는 집에서 기자들에게 자신이 배심원단에서 제외된 이유를 전혀 모르겠다고 하소연하며 눈물을 쏟았다.

빌 버팔리노는 토미 오스본과 프랭크 라가노, 그리고 나머지 팀원을 대표해서 이렇게 말했다. "부정은 없었습니다. 부정이 있었다면, 그건 바비 케네디의 사무실에서 나온 것입니다."

젊은 변호사 토미 오스본은 대법원에서 선거구 재확정에 대한 주장을 펼때와 사뭇 다른 종류의 재판을 맡고 있었다. 그 사건은 그를 이미 내슈빌 변호사협회 회장 자리에 앉혀줬고 그가 호파 사건에 안착하는 걸 도와줬었다. 호파를 무죄로 만들 수 있다면 그는 전국적으로 으뜸가는 커리어를 구축할 수 있을 터였다. 하지만 동시에, 그가 자신이 접하고 있던 문화에 휩쓸릴 경우, 이 사건은 그의 커리어를 망가뜨릴 수도 있었다.

토미 오스본을 위해 적당한 배심원단 후보 명단을 선정할 수 있도록 사설 조사관 노릇을 부업으로 한 내슈빌 경찰관은, 오스본이 배심원 한 명을 부동산 개발 거래에 참여시키는 작업을 하는 중이라고 호파전담반에 밝혔다. 호파전담반은 그걸 믿기 어려운 정보라고 봤다. 그 정보가 없어도 그들은 이미 손 안 가득 정보를 갖고 있었다. 그들은 훗날을 위해 그 정보를 따로 비축해뒀다.

세 번째로 문제가 된 배심원은 지미 호파의 고향인 디트로이트 지부 소속의 흑인 교섭위원으로부터 10,000달러 뇌물을 주겠다는 제안을 받은 아들을 둔 흑인 배심원이었다. 정부 측이 파틴의 서명을 받으려고 준비해서 진실을 밝히겠다는 선서와 함께 작성한 진술서에 따르면, 재판이 시작되고 배심원단이 선정되기 전에 뇌물의 계약금 5,000달러가 전달되면서 거래가 성사됐다. 파틴은 진술서에서 어느 날 지미 호파가 자신에게 이렇게 말했다고 폭로했다. "유색인종 남자 배심원을 내 뒷주머니에 넣게 됐어. 내 밑에서 일하는 교섭위원 래리 캠벨이 재판 전에 내슈빌로 와서 그 문제를 처리했단 말이야." 밀러 판사는 봉인된 진술서를 읽은 후 피고 측이 그 진술서에 접근하는 걸 막고는, 그 배심원을 다른 배심원으로 교체하면서 배심원단에서 제외시켰다. 이즈음, 파틴이 변절했다는 걸 모르는 피고 측은 재판이 시작되기 전부터 정부 측이 자신들을 도청하고 녹음해왔다는 것을 확신했다.

"
내슈빌에서 나를 필요로 한다는 빌 이사벨의 전화를 받고 그리로 차를 몰았어. 통화에서 그는 호파에게 항의하는 시위자들이 좀 있을 거라고 예상한다면서, 지미에게 버릇없이 구는 시위자가 있을 경우에 대비해 내가 거기에서 도움을 주기 바란다고 했어. 그 무렵이면 모든 말이 도청되고 있다는 걸 모두가 확신하고 있었기 때문에, 그가 전화에 대고 이런 말을 하는 건 유별난 일이었지. 내슈빌에서는 SF 드라마가 펼쳐지고 있는 것 같았어. 그들이 진정 내가 거기서 해주기를 원하는 일은 법정에 앉아서 배심원단이 내 존재감을 느끼게 만드는 거였어. 나 말고 다른 사람이 있을 경우 배심원단이 난데없이 엉뚱한 생각을 떠올릴 수도 있다는 판단에서였지. 어느 누구도 나한테 내놓고 말은 안 했지만, 그들이 나한테 가끔씩 배심원들과 눈을 마주치라고 말했을 때 나는 무슨 말을 하는 건지 알아들었어.

나는 앤드류 잭슨 호텔에 짐을 풀었지만, 그 재판과 관련된 일원은 아니었어. 사공이 너무 많아서 배가 이미 산을 오르고 있더군. 그 호텔 레스토랑에서 먹은 남부식 프라이드치킨이 끝내줬다는 기억이 나. 샘과 빌을 다시 보는 것도 좋은 일이었지. 레스토랑에서 에드 파틴을 본 기억이 나지만, 그 문제에 대해서는 아무 생각도 들지 않아. 그는 거기에 프랭크 라가노와 앉아 있었는데, 라가노는 자신이 밀고자와 앉아 있다고는 꿈에도 생각하지 못했어. 오늘날 정부가 당신의 변호사 사무실에 밀고자를 심어두는 걸 상상해봐. 그들이 묵은 그 호텔 방이 그들의 변호사 사무실이었는데, 파틴은 그들과 함께 바로 그 자리에 있었던 거야.

물론 시위자는 한 명도 나타나지 않았어. 그래도 어쨌든 그곳은 FBI 요원들로 가득 차 있었지. 그러던 어느 날, 빌 이사벨이 나를 거기로 부른 이유가 실현되기 직전에 이르렀어. 내가 법정 뒤쪽에서 빌과 샘하고 얘기하며 서 있을 때 어떤 미친놈이 법정에 들어온 거야. 휴정하고 있을 때인데, 레인코트를 입은 젊은 놈이 법정 앞으로 곧장 걸어가더니 지미 뒤에 다가가서 총을 꺼내는 거야. 총이 발사되는 소리를 들은 내가 제일 처음 본 건 책상이 참호나 되는 것처럼 책상 아래로 몸을 던지면서 몸을 숨길 공간을 차지하려고 드잡이를 하는 양측 변호사들 모습이었어. 그런데 지미는 총을 든 미친놈한테 돌진하고 있었어. 그놈이 꺼낸 총은 실제 총하고 비슷하게 생긴 공기총이라는 게 밝혀졌어. 다람쥐나 토끼를 잡을 때 쓰는 종류의 총이었지. 그는 지미에게 그걸 쏴서 지미의 등을 두 번 맞췄지만, 마침 지미는 두꺼운 옷을 입고 있었어. 지미는 놈에게로 몸을 날려 놈을 제대로 쓰러뜨렸어. 처키 오브라이언이 놈의 위로 몸을 날려 놈을 바닥에 붙들어뒀고. 기골이 장대한 처키는 놈을 꼼짝도 못하게 붙들고 있었어. 법정 경비원들이 다가왔고, 경비원 한 명이 리볼버 손잡이로 놈을 갈겼지만 처키는 계속 놈을 두들기고 있었어. 경비원들과 지미는 그를 떼어내야 했지. 그러지 않았다면, 그는 놈을 죽였을 거야.

나는 빌 이사벨에게 말이 씨가 된다면서, 다음번에 일부 시위자들이 우리가 감당할 수 없는 지경이 되지 않도록 말을 조심하라고 했어. 그놈은 하나님이 가서 지미 호파를 죽이라는 말을 자신에게 했다고 주장했어. 사람에게는 누구나 각자 모시는 보스가 있나봐.

그 공기총 카우보이 때문에 배심원단은 법정에 출석하지 않았고, 피고 측은 심리 무효[87]를 신청했지. 피고 측 변호사들은, 레인코트를 입은 그 미친놈은 정부가 바비 케네디와 그의 지지자들이 제기한 기소를 중심으로 온갖 반호파 선전전을 벌이면서 지미 호파에 맞서는 걸 내슈빌 주민들이 얼마나 짜증스러워 하는지를 보여주는 사례라고 주장했어. 나한테는 괜찮은 얘기로 들렸지만, 판사는 그 주장을 인정하지 않았지.

지미가 "칼을 든 놈한테서는 늘 도망을 쳐야 하고, 총을 든 놈에게는 늘 다가가야 한다"고 말한 적이 있다고 빌 이사벨한테 들었어. 그게 맞는 말인지는 나도 모르겠어. 정황에 따라 다른 것 아닐까? 총을 든 놈을 깜짝 놀라게 만들 수 있다면 그의 말이 맞아. 놈은 상대가 자기에게 다가올 거라고는 예상하지 않을 테니까. 지미는 그 상황에서 올바른 일을 했어. 그런데 총을 든 놈에게 다가가는데도 놈이 놀라지 않는다면, 놈에게 가까워질수록 놈의 총이 명중할 확률이 커지게 되지. 우리는 칼에 베이기 전까지는 칼을 보지 못하는 경우가 대부분이야. 뭐니 뭐니 해도 가장 좋은 건 교회 성가대원이 되는 거 아닐까.

지미는 법정 경비원들이 "모두의 몸을 수색했다"고 말했어. 맞는 말이야. 나도 수색을 당했으니까. 경비원들은 법정에 들어오는 모든 사람을 수색했어. 지미는 이놈이 그의 등 뒤에까지 걸어올 수 있었던 건 우연한 일이 아니었다고 주장했지. 정부가 그를 해치려고 미치광이를 활용했다는 의견이었어. 이 미치광이는 지나치게 정신이 나간 바람에 제대로 된 연장을 입수하

87/ mistrial, 불공정하게 신행된 재판

지 못했던 것뿐이었어. 지미는 특정한 사람들이 특정한 사안을 위해 가끔씩 미치광이를 써먹는다는 걸 잘 알고 있었어. 내슈빌 재판이 열리던 그해에, 샘 지안카나의 친구인 프랭크 시나트라가 출연한 「맨츄리안 캔디데이트The Manchurian Candidate」가 전국의 극장에 걸렸어. 빨갱이들이 대통령 경선에 나선 사람을 죽이려고 미치광이를 써먹는다는 내용의 영화였지.

그런데 현실세계에서 미국이나 시칠리아에서 미치광이가 활용될 때, 그는 항상 곧바로, 심지어는 범행현장에서 처리되는 법이야. 크레이지 조이 갈로 Crazy Joey Gallo가 몇 년 후에 브루클린에서 콜롬보 패밀리의 보스 조 콜롬보Joe Colombo를 없애려고 흑인 미치광이를 써먹었을 때처럼 말이야. 그놈은 센트럴파크 인근의 콜럼버스 서클에서 열린 이탈리아계 미국인 민권연맹 집회에서 콜롬보에게 세 방을 쐈지. 갈로가 모든 걸 상세하게 계획한 다음에 그 미치광이를 데리고 리허설까지 했었다는 데는 의심의 여지가 없어. 놈들은 그 녀석에게 차에 잽싸게 올라타서 안전한 곳으로 도망가는 법을 정확하게 보여줬을 거야. 당연한 말이지만, 이 미치광이는 콜롬보를 쏘는 자기 임무를 수행한 후 특정한 사람들에 의해 인도의 그 자리에 뻗어버렸지.

러셀은 그 일—조 콜롬보에게 미치광이를 써먹은 일—과 관련해서 크레이지 조이 갈로를 결코 용서하지 않았어. 나는 크레이지 조이가 어쨌든 '건방진 자식(fresh kid)'이라고 항상 생각했어. 가여운 조 콜롬보는 죽기 전까지 오랫동안 채소처럼 혼수상태로 누워 지냈지. 미치광이를 쓸 때 생기는 문제가 그거야. 놈들의 사격은 충분히 정확하지가 않거든. 미치광이들은 당하는 이에게 많은 고통을 안겨줄 수 있어. 조지 윌러스[88]를 쏴서 전신마비로 만들어버린 미치광이처럼, 또는 레이건 대통령과 그의 언론담당 수행원 브래디를 쏜 미치광이처럼 말이야. 🎧

---

88 George Wallace, 앨라배마 주지사를 역임한 정치인

218

내슈빌 재판은 42일간 지속됐다. 배심원단은 크리스마스 이전에 딱 나흘간만 숙고과정[89]에 들어갔다. 배심원단이 숙고과정에 들어간 동안, 월터 셰리던은 뇌물을 먹은 배심원 전원을 정부가 다 제거하지는 못한 것 같다고 여전히 걱정하고 있었다. 에드워드 그레이디 파틴이 있는 자리에서 논의되지 않은 배심원이 한두 명 있을지도 모르는 일이었다.

배심원단은 격리됐고, 그들의 의견이 가망이 없을 정도로 교착상태에 빠졌다는 보고를 거듭해서 받은 밀러 판사는 숙고과정 사흘째에 배심원단을 해산시켰다. 하지만 밀러 판사는 그들이 배심원석을 벗어나는 걸 허용하기 직전에 그들을 돌려세우고 배심원들이 착석하자 법정에서 연설을 했다. 기록을 보면 다른 의견들 가운데서 다음과 같은 밀러 판사의 견해가 두드러져 보인다.

재판이 시작될 때부터, 배심원으로 봉사하기 위해 소환된 이들의 명단에서 배심원단을 선정하는 동안, 배심원으로 선정될 가능성이 높은 배심원 멤버들을 상대로 부적절한 접촉들이 이뤄지고 있었습니다. 본 법관은 배심원들과 배심원으로 선정될 가능성이 높은 배심원들에게 특정 개인이나 개인들을 통해 영향을 끼치려는 불법적인 시도들이 이뤄진 이 재판과 관련된 모든 사건을 철저하고 완벽하게 조사하고, 개연성이 있는 원인들이 존재하는 기소로 되돌리기 위해 신년이 된 직후에 또 다른 대배심을 소집한다는 명령장에 서명했습니다. 배심원 재판시스템은, 부도덕한 사람들이 부적절하고 불법적인 수단들로 그 시스템을 뒤집어엎는 걸 허용할 경우 조롱거리에 지나지 않는 존재가 됩니다. 본 법관은 우리 배심원 시스템을 훼손하기 위한 그런 수치스러운 행위들이 본 법정에서 간과된 채로 놔두지는 않을 겁니다.

한편, 지미 호파는 크리스마스이브에 TV 시청자들을 향해 이렇게 말했다. "이 배심원단이 매수됐다는 발표를 하는 것은 누구에게나…… 수치스러운 일입니다."

89 deliberation, 피고의 책임여부를 심리하는 과정

18

이제는 그저
또 한 명의 변호사

"

　1963년에 지미 호파가 연말까지는 기본화물협정을 타결 짓겠다는 결심을 굳혔다고 내게 말했어. 1963년에는 지미가 신경 써야 할 일이 많았지만, 그는 결국 그해 연말에 그 문제를 마무리 지었지. 첫 접촉에서 우리는 시급 45센트 인상안을 따냈어. 거기에 더불어 우리가 받는 연금이 꽤 늘어나기 시작했지. 요즘 지부에서 은퇴하는 노조원은 한 달에 3,400달러를 받아. 거기에 사회보장연금까지 더하면 생계를 꾸리는 데는 큰 무리가 없지. 이 모든 게 신경 쓸 일이 그렇게 많았던 그해에 지미 호파가 얻어낸 거야. 기본화물협정에 서명을 마친 지미는 나를 전국협상위원회의 노조 측 위원으로 임명했어.

　기본화물협정이라는 꿈은 그 유래가 멀리 대공황까지 거슬러 올라가. 전국의 모든 팀스터즈를 대상으로 하는 단일 협정을 맺으면서, 조합원 모두가 동일한 시급을 받고 동일한 복지혜택과 동일한 연금을 받게 된 거지. 그런데 이 협정의 가장 큰 장점은 딱 한 건의 계약만 협상하면 됐다는 걸 거야. 전국의 모든 트럭회사들이 건마다 일일이 계약을 협상하는 대신, 사측이 결성한 경영자협상위원회가 노조 측 전국협상위원회와 단일계약을 협상하기만 하면 됐거든. 우리가 협상조건에 동의하지 않으면서 파업에 들어가는 경우에는 전국적인 규모의 파업이 일어날 터였지만, 우리는 그 경로를 밟을 필요가 전혀 없었어. 지미는 전국적인 규모의 파업은 절대로 일으키지 않았으니까. 그렇더라도, 사측과 정부 측이 전국적인 규모의 파업이 일어날 거라는 공포를 항상 염두에 두고 있는 상황에서 지미가 이런 과업을 이뤄내는 게 얼마나 힘든 일이었을지 상상해봐. 그는 모든 트럭회사가 협상안에 동의하게 만들어야 했고, 노조의 모든 지부가 협상안에 동의하게 만들어야 했어. 단일계약을 맺어야 하는 상황이 되면, 트럭회사들은 노조를 더 이상 분할 통치할 수 없었고, 레이먼드 코헨 같은 도둑놈들은 결탁 임금 협정90을 체결한 대가로 뒷돈을 챙길 수가 없었지.

지미가 우리로 하여금 저항세력들을 상대로 그토록 힘겹게 싸우게 만들고 우리가 때때로 해야만 하는 일을 하게 만든 이유가 바로 그거였어. 지미는 일치단결된 노조가 필요했던 거야. 지미 입장에서 필라델피아는 가장 깨뜨리기 어려운 호두 같은 곳이었어. 우선, 코헨은 권력을 내놓는 데 반대하고 있었어. 둘째, 보이스와 다른 저항그룹들이 여전히 활발하게 활동하면서 목소리를 높이고 있었지. 필라델피아의 트럭기사들은 107지부의 그런 상황을 이용해먹고 있었고, 그들은 지역 단위의 협정을 맺는 것조차 협조하려 들지 않았어. 코헨이 파업을 일으키지는 않으리라는 걸 알고 있었지. 지미는 필라델피아 외부에 있는 터미널들에서 파업을 일으켜 트럭 운송을 봉쇄하겠다고 으름장을 놓는 것으로 그들을 설득했어. 🎧

1963년 2월 내슈빌에서 소집된 대배심이 배심원을 매수한 것과 관련한 증거를 수집하는 동안, 지미 호파는 필라델피아에서 트럭회사들에 대한 연설을 했다. "그들은 이곳에서 우리와 함께 살아가거나 각지에서 우리와 맞서 싸우

90 sweetheart contract, 회사와 노조간부가 밀약해서 서로끼리 합의하는 협상

는 것 중에서 양자택일을 해야 할 겁니다."

호파는 저항세력인 보이스 문제에 대해서도 연설했는데, 그는 당시 보이스가 AFL-CIO와 바비 케네디의 지원과 부추김을 받고 있다고 믿었다. "우리는 그들의 사고방식을 우리의 사고방식으로 바꿔놔야 합니다."

그는 내슈빌에서 진행되는 소송에 대해서도 밝혔다. "바비 케네디라는 사람에 의해 이 나라에서 무슨 일인가가 벌어시고 있습니다. 한 사람이 저를 거냥해서 기획한 작업에 법무부의 차장검사 23명으로 구성된 엘리트 팀이 배정됐습니다."

에드 파틴은 앤드류 잭슨 호텔에 호파의 내슈빌 수행원단의 일원으로 있던 다른 사람들이 그랬던 것처럼 내슈빌에서 열린 대배심에 소환됐지만, 호파 일행의 노선을 답습하며 수정헌법 5조를 내밀었다. 빌 버팔리노는 그가 대배심 법정에 가지고 들어가서 읽을, 정확한 용어로 적은 내용을 담은 카드를 써줬다. 정부는 파틴의 변절을 계속 비밀로 감춰두기로 결정했다. 한편, 주 고속도로 순찰대원 같은 사람들이 진실을 인정하기 시작하면서, 정부 측 인사들이 보기에 배심원 매수행위로 호파를 기소할 수 있다는 전망은 밝아 보였다.

지미 호파는 필라델피아 워윅 호텔에 머무르면서 다가오는 4월의 투표에서 보이스와 대결하기 위한 운동을 벌이느라 14주를 보냈다. 그보다 2개월 앞서 거행된 투표에서 보이스는 회원이 11,000명인 지부에서 불과 600표차로 패배했었다. 그 투표가 무효화된 것은 투표과정을 장악한 반보이스 폭력 때문이었다. 호파는 이번에는 폭력에 의존하지 않으면서 열렬히 선거운동을 벌였다. 그는 팀스터즈 노조를 위해 마련한 계획들에서 비롯된 급여와 연금의 혜택들을 설명했다. 1963년 4월에 행해진 투표에서, 호파의 팀스터즈는 보이스를 다시 꺾으면서 팀스터즈에서 네 번째로 규모가 큰 지부를 투쟁 대열에 복귀시켰다. 호파는 "지나간 일은 과거지사로 묻어둘 것"이라고 약속했다. 호파에게 보이스를 꺾은 일과 비슷하게 중요한 일은, 코헨이 이제는 기본화물협정 사안에 있어 호파에게 철저하게 충성할 수밖에 없는 처지가 됐다는 거였다.

1963년 5월 9일, 지미 호파는 배심원 매수 혐의로 내슈빌에서 기소됐다. 자신이 무죄임을 항변하는 행보를 시작한 호파는 기자회견을 열어 "바비 케네디가 저에 대해 개인적인 앙심을 품고 언론에서 거론하는 음모가 주입된 기사들로 저에게 유죄 판결을 내리려 애쓰고 있습니다"라고 말했다. "……물론 저는 무고합니다. 이 기소는 10명의 이름을 거론하는데, 그중에서 제가 아는 사람은 세 명밖에 없습니다."

1963년 6월 4일, 코헨이 노조 기금을 횡령한 죄로 유죄 판결을 받았다. 이제, 기본화물협정이라는 꿈이 실현되리라는 데에는 의심의 여지가 없었다. 코헨은 107지부 지부장 자리에서 밀려나 감옥에 갈 터였다. 코헨은 호파가 필라델피아 트럭회사들과 벌이는 협상을 방해하는 비밀 작업을 수행할 직위를 갖지 못할 터였다.

코헨이 유죄 판결을 받은 날 오후, 사적인 이익을 위해 중부지역연금펀드를 유용했다는 혐의로 시카고 대배심이 지미 호파를 기소했다. 호파에게 씌워진 주요 혐의는 플로리다의 선 밸리 부동산 개발 계약을 위한 자금을 개인적으로 대출받으려고 노조 기금 40만 달러를 무이자로 담보로 제공했다는 거였다. 제임스 R. 호파가 그 벤처사업에서 생긴 수익에 대한 22%의 소유권 지분을 비밀리에 소유하고 있다는 주장이 대두되었다. 호파는 자신이 그런 비밀 지분을 갖고 있다는 주장을 부인했다.

"

코헨이 '학교'에 간 직후, 나는 워싱턴 외곽에 있는 버지니아 주 알링턴의 어느 모텔에서 사측과 협상을 벌이는 자리에 지미와 동행했어. 대학생 몇 명을 모은 나는 모든 공중화장실에 빈칸이 없게 만들고 엘리베이터들도 계속 움직이게 만들라면서 각자에게 60달러씩을 나눠줬지. 그러고는 대형 커피주전자 한 곳에 설사약을 탔어. 우리 노조 측 인사들 중에서 커피를 마시는 사람은 약을 탄 주전자가 아닌 다른 주전자에서 커피를 따라 마셨어. 사측 사람들의 투신사 신뢰은 50대 50으로 살렸지. 사측 사람들 중 절반이 내가 손을 쓴 주전자에서 커피를 따라 마신 거야. 얼마 안 있어 한 명이 협상장에 있는 화장실로 부리나케 달려가더니 영 나올 생각을 않더군. 다른 몇 명은 협상장을 빠져나가서는 비어 있는 화장실을 찾아 호텔 사방을 미친 듯이 뛰어다녔고. 그들 모두는 부글거리는 속을 비운 후 휴식을 취하고 옷을 갈아입느라 협상장 밖에 머물렀어. 사측 협상단의 규모를 토막 내는 데 성공한 거야. 규모가 작은 집단을 상대로 협상을 하는 건 쉬운 일이야. 우리가 묵는 방에 돌아온 지미는, 온갖 압박에 시달리는 처지였음에도, 배꼽을 잡고 나뒹굴었어. 지미가 그러는 모습은 난생 처음 봤어.

그해 여름과 겨울에는 지미의 모습을 그리 많이 보지 못했어. 지미는 새로 제기된 기소들과 관련해서 변호사들을 지겹도록 만나고 있었지. 예정된 첫 재판은 소위 배심원 매수와 관련된 재판이었어. 10월에 내슈빌에서 열릴 예정이었지. 나는 거기 내려가서 「그랜드 올 오프리Grand Ole Opry 91」에 가볼 계획이었어. 선 밸리 사안과 관련된 시카고 연금펀드 사건의 재판은 1964년 봄에 열릴 예정이었어. 그래서 나는 시카고로 갈 핑계거리를 찾는 데 정신이 팔려 있었지.

프랭크 라가노 변호사는 자신이 쓴 책과 TV 히스토리 채널에서 지미 호파가 자신에게 산토 트라피칸테와 카를로스 마르첼로에게 전할—존 F. 케네디 대통령에게 '키스'를 하라는—메시지를 줬다고 주장하더군. 그는 워싱턴에 있는 지미의 사무실에서 재판 준비를 하던 중에 메시지를 받았다고 주장했지. 나로 말하자면, 지미가 그런 말을 전령(messenger)을 통해 전달하는 모습을 한 번도 본 적이 없는 사람이야."

1994년에 프랭크 라가노는 『조폭 변호사Mob Lawyer』라는 딱 어울리는 제목의 회고록을 집필했다. 회고록에서 라가노는 내슈빌과 시카고에서 대배심이

---

91 내슈빌의 라디오 방송국이 진행하는 컨트리 뮤직 라이브 프로그램

열리고 있던 1963년 연초에 지미 호파와 조이 글림코, 빌 버팔리노가 논의하는 얘기를 자신이 직접 듣게 됐다고 주장했다. 하지만 이때는 기소 의견이 공표되기 전이었다. 라가노의 주장에 따르면, 호파는 글림코와 진 게임을 하던 중에 버팔리노에게 물었다. "부비[92]한테 무슨 일이 생길 경우에 어떤 일이 벌어질 거라고 생각하나?"

논의 끝에 그들은 바비에게 무슨 일이 생길 경우 대통령이 개들을 풀어놓을 거라는 결론에 도달했다. 그런데 대통령에게 무슨 일이 생긴다면 린든 존슨 부통령이 대통령 자리를 이어받게 될 텐데, 린든이 바비를 싫어한다는 사실은 비밀이 아니었다. 린든은 분명히 법무부 장관 자리에서 바비를 몰아낼 거라는 데 일행은 뜻을 모았다. 프랭크 라가노의 회상에 따르면, 지미 호파는 이렇게 말했다. "그래, 린든은 반드시 그렇게 할 거야. 그도 나만큼이나 그놈을 싫어하니까."

두어 달 후, 그리고 케네디 대통령이 암살되기 네 달 전인 1963년 7월 23일 화요일, 라가노는 5월과 6월에 공표된 새 기소들 때문에 호파와 만나던 중이었다고 주장한다. 격분한 호파는 제정신이 아니었다. 라가노에 따르면, 지미 호파는 이렇게 말했다. "무슨 조치를 취해야만 해. 자네 친구와 카를로스가 그들을 제거할 때가 왔어. 존 케네디 그 개자식을 죽일 때가 왔다고. 그렇게 일을 해치워야 해. 내 말을 그들에게 반드시 전하도록 해. 더 이상은 수수방관해서는 안 돼. 우리한테는 시간이 없어. 그러니 무슨 조치를 취해야만 해."

"
좋아, 내가 프랭크 라가노를 보는 시각은 이래. 그들은 파틴에 대해서는 몰랐다는 것. 지미는 그 내슈빌 재판 동안 자기들 중에 스파이가 있다는 걸 꽤나 확신하고 있었어. 지미의 마음속에서 그 앤드류 잭슨 호텔의 현장에 있던 모든 사람이 용의자였다는 걸 나는 잘 알아. 당시 지미는 프랭크 라가노

---

92 Booby, 병신이 라는 뜻의 속어로 호파는 설천지원수인 바비를 항상 '부비'라고 불렀다

를 막 알아가던 참이었어. 오랫동안 서로 알고 지내면서 함께 사업을 하고 상호신뢰를 구축해온 빌 버팔리노가 그런 짓을 하는 놈일 리는 없었지. 지미한테는 언제라도 마음대로 부릴 수 있는 전용제트기가 있었어. 심각하기 그지없는 그런 메시지를 전달하고 싶었다면, 그는 플로리다로 직접 날아갔을 거야. 지미는 마이애미비치에 근사한 숙소도 갖고 있었어. 지미는 전화로 만남의 자리를 마련하는 법에 정통한 사람이었어. 내가 지미를 만난 방법—스키니 레이저의 술집에서 한, 사전에 약속된 통화—이 바로 그런 거야. 내 말을 오해하지는 마. 프랭크 라가노는 좋은 사람이라는 게 중평이고, 산토 트라피칸테와 카를로스 마르첼로는 그를 변호사로서 무척이나 신뢰했지. 프랭크 라가노가 자기 기억에는 일이 그런 식으로 벌어졌다고 말했다면, 나는 그 문제에 대해서는 그의 기억을 따라야만 할 것 같아. 하지만 내가 지금 여기서 얘기하고 싶은 건, 제정신이 박힌 사람이라면 지미가 라가노가 말한 방식대로 그 문제를 얘기했을 거라고 말할 사람은 아무도 없다는 거야. 지미가 라가노에게 그렇게 얘기했고, 라가노가 다른 사람들에게 그런 말을 전했다면, 그들은 프랭크 라가노에게 그런 얘기를 떠들썩하게 떠벌리는 지미가 맑은 정신으로 그랬을 것인지 의아해 했을 게 분명해. 내가 당신한테 그런 얘기를 듣는 사람 입장에 서보라는 말을 굳이 하지 않더라도 잘 이해할 수 있을 거야. 카를로스의 사무실에는 '세 사람이 비밀을 지키는 건 그중 두 사람이 죽었을 때에만 가능하다'고 적힌 표지판이 걸려 있었어.

1963년에 일어난 일들만으로는 충분치 않다는 듯, FBI가 조지프 발라치 Joseph Valachi라는 똘마니를 확보했다는 소문이 퍼지더군. 발라치는 제일 처음으로 FBI에 넘어간 놈이야. 그는 뉴욕의 제노비스 패밀리에 속한 똘마니에 불과했어. 제노비스 패밀리는 오래전에 럭키 루치아노Lucky Luciano가 메이어 랜스키와 어울리던 시절에 루치아노가 창설한 패밀리야. 발라치는 거물들 중에는 누구하고도 가까운 사이가 아니었어. 나는 러셀을 통해 그놈을 만나는 건 고사하고, 러셀 입에서 그놈 이름이 나오는 것조차 들어본 적이 없어. 내가 잘못 아는 게 아니라면, 러셀도 상황이 그렇게 되기 전까지는 그놈 이름을 들어본 적이 없을 거야. 그런데 이 발라치라는 놈은 신기하게도 고릿적 이야기들을 속속들이 알고 있었어. 놈은 누가 누구를 왜 해치웠는지를 잘 알았어. 놈은 비토 제노비스Vito Genovese가 어떤 일반인의 아내와 결혼하려고 그 일반인을 지붕에서 어떻게 던져버렸는지도 떠벌렸지. 비토는 결국 그 여자와 결혼했어. 발라치는 모든 패밀리를, 그리고 이탈리아계 조직에서 만사가 계획되고 실행되는 방식을 잘 알고 있었어.

발라치는 타고난 밀고자에 마약 밀매자였어. 그의 직속 보스인 비토 제노비스는 그놈하고 연방교도소에 함께 복역하고 있을 때 그놈이 교도소 내 밀고자이며 정보원이라고 의심하면서 놈에게 '키스'를 할 작정이었어. 의심이 들 때는 의심의 싹을 잘라야 하는 거야.

조 발라치는 자신에게 다가오는 어떤 무고한 수감자를 자기한테 '키스'를 하러 오는 거라고 생각해서 죽이기에 이르렀고, 그 사건 이후로 그는 모두에게 자신이 알고 있는 모든 사건에 대한 모든 얘기를 털어놨어. 그는 메이드맨이 되는 과정이 어떻게 전개되는지 밝혔어. 나조차 모르고 있던 이탈리아계 사람들만의 비밀들을 털어놓은 거야. 심지어는 카를로스 마르첼로가 다른 패밀리에 속한 사람은 그 누구도 그의 승인을 받지 않으면 뉴올리언스를 방문하는 것을, 심지어 마르디 그라[93]를 구경하려고 방문하는 것도 허용하지 않는다는 사소한 얘기까지 다 까발렸더라고. 카를로스 마르첼로는 위험한 짓은 하지 않는 보스였어. 부하들을 다잡으면서 패밀리를 운영한 사람이었지.

지미의 배심원 매수 재판이 열리기 2주 전에는 바비 케네디가 이 조 발라치라는 놈을 맥클레런 청문회가 열릴 때보다 더 심하게 TV 카메라 앞에서 퍼레이드를 시키기로 예정돼 있었어. 그건 전쟁 중에 하던 프로파간다, 전쟁채권을 판매하려는 홍보운동하고 비슷했지. 밥 호프[94] 역할을 맡은 놈이 조

---

93 Mardi Gras, 뉴올리언스 지역에서 행해지는 전통 축제
94 Bob Hope, 미국이 참전한 전쟁에 군 위문공연을 다닌 유명 코미디언

발라치라는 점만 달랐을 뿐이야. 소위 조직범죄에 맞서는 운동이라는 발라치 청문회에 대한 대대적인 홍보가 행해진 이후로는 이미 벌어지고 있던 것보다 훨씬 더 거창한 활동이 제대로 개시될 예정이라는 걸 온 세상이 알 수 있었어. 전국 각지의 목욕탕과 이탈리아식 회원제 클럽들의 TV 세트 앞에 꼼짝 못하고 앉아 있던 관련자들이 많았지. **"**

지미 호파의 배심원 매수 관련 재판이 예정돼 있던 시기보다 한 달쯤 전인 1963년 9월, 조지프 발라치가 맥클렌런 청문회를 중계하는 텔레비전에 등장해 바비 케네디가 "미국의 조직범죄 역사상 가장 거대한 폭로"라고 말한 것의 온갖 세세한 내용을 대중에게 공개했다.

'학교'를 제집처럼 드나드는 밑바닥 똘마니에서 미디어에 센세이션을 일으키며 바비 케네디를 대표하는 포스터 보이로 급부상한 조 발라치의 오디세이는 1년 전인 1962년 여름에 애틀랜타 연방교도소에서 시작됐다. 발라치는 그의 보스인 비토 제노비스가 복역하고 있던 시기에 마약 밀매 혐의로 복역 중이었다. 연방마약국 요원들은 발라치를 정기적으로 면회했다. 발라치가 수사에 협조하고 있는 것처럼 보이게 만들어 발라치를 당혹스러운 처지로 몰아넣으려는, 그러면서 제노비스가 발라치에게 피해망상을 갖게끔 만들려는 아이디어였다. 마약국의 행동 때문에 발라치는 죽음에 대한 공포를 느꼈고, 그런 압박감은 발라치가 변심을 하는 원인이 됐다. 이건 훗날 샌드스톤 교도소에서 FBI가 프랭크 시런에게서 호파의 실종에 대한 진술을 이끌어내려고 사용했던 책략이었다. 발라치와 제노비스의 경우, 그 책략은 제대로 먹혔다.

비토 제노비스는 자기 똘마니 조 발라치에게 다가갔다. 발라치의 증언에 따르면, 제노비스는 천천히, 신중하게 말했다. "내가 사과를 한 통 갖고 있는데 그 사과들 중 하나가 사람의 손을 탔다면, 그 사과가 전부 썩은 게 아니라 사람 손이 약간 닿았을 뿐이더라도, 그 사과를 제거해야지. 그렇지 않으면 나머지 사과 전부가 손을 타게 될 거라는 걸 자네도 잘 알 거야."

제노비스는 양손으로 자기 똘마니의 머리를 붙들고는 조 발라치의 입에 '죽음의 키스'를 했다.

발라치가 쇠파이프를 휘둘러서 그에게 접근한 첫 수감자를 죽였을 때, 그 책략은 성공했다. 조지프 발라치는 사형을 피하면서 종신형을 선고받기 위해 지미 호파와 친구들에게 바비 케네디를 미워할 또 하나의 이유를 제공했다.

바비 케네디는 1963년 9월 청문회에서 조지프 발라치가 증언을 하기에 앞서 맥클레런 상원의원이 호출한 첫 증인이었다. 바비 케네디는 위원회와 전국에 있는 TV 시청자에게 이렇게 밝혔다. "조지프 발라치가 모은 정보 덕분에, 저희는 라 코사 노스트라가 위원회에 의해 운영되고, 대다수 대도시에 있는 라 코사 노스트라의 리더들이 위원회를 책임지고 있다는 걸 알게 됐습니다. 그리고 저희는 현재 위원회에서 활동하는 멤버들이 누구누구인지를 압니다."

"

발라치 청문회가 열린 직후, 지미의 변호사들은 배심원 매수 재판을 1964년 1월 이전의 시기로 연기시켰어. 그런 후, 판사는 이런저런 이유로 재판 장소를 테네시 주의 채터누가로 변경했지. 내슈빌에서 어떤 일이 벌어지고 있었기 때문이야. 우리 모두는 새해를 위해 <Chattanooga Choo Choo(채터누가 열차)>에 맞춰 춤을 출 예정이었어. "

1963년 11월 8일, 내슈빌에서 테스트 플리트 사건 재판이 열리는 동안 토미 오스본에게 상황을 알렸던 바로 그 내슈빌 경찰관이 호파전담반에 중요한 내용을 제보했다. 당시 1964년 연초로 예정돼 있던, 다가오는 배심원 매수 재판을 위한 내슈빌 배심원 후보 명단에 속한 어떤 멤버를 오스본이 매수하려고 시도한다는 거였다. 호파전담반은 이번에는 제보 내용을 테이프로 녹음해 이번 재판의 수석판사인 밀러 판사에게 보고했다.

토미 오스본을 자기 방으로 부른 밀러 판사는 오스본이 배심원 후보를 찾아내 무죄 선고 쪽으로 표를 던지는 대가로 10,000달러를 제공하겠다며 뇌물을 먹일 것을 내슈빌 경찰관에게 요청했다는 해당 경찰의 주장을 오스본에게 내밀었다. 배심원 후보는 재판의 배심원으로 선정될 경우 5,000달러를 받고, 이후 재판에서 배심원단이 자기들의 의견이 가망이 없을 정도로 교착상태에 빠졌다고 판사에게 보고할 경우 5,000달러를 추가로 받게 될 터였다. 오스본은 처음에는 그 주장을 부인했다. 그러자 밀러 판사는 오스본이 한 그 서투른 요청을 호파전담반에 제보한 그 경찰관이 오스본과 가진 결정적인 대화를 비밀리에 녹음했다고 말했다. 토미 오스본에게 자신의 변호사 자격이 박탈돼서는 안 되는 이유와 관련한 사유 진술 규칙[95]이 적용됐다. 오스본은 그 사실을 빌 버팔리노와 프랭크 라가노에게 알렸다. 판사에게 돌아간 오스본은 그게 자기 목소리라는 건 인정했지만, 그건 경찰관이 내놓은 아이디어였을 뿐이고 오스본 자신은 그 아이디어를 실행에 옮길 의도가 없었다고 말했다. 달리 말해, 오스본은 그냥 담배만 피우면서 터프한 얘기만 해대고 있던 것뿐이라는 거였다. 결국, 오스본은 별도의 재판에서 유죄 판결을 받고 짧은 기간을 복역했다. 교도소에서 풀려났지만 절망감에 빠져 살던 그는 1970년에 자기 머리에 총을 발사했다. 1963년 연말에만 해도, 다가올 지미 호파의 배심원 매수 재판을 지휘하던 호파의 수석변호사는 훗날 더 많은 배심원 매수 혐의 때문에 자신의 변호사 자격이 박탈당할 거라는 것을 모르고 있었다.

내슈빌 시 전체가 어떻게 손을 보지 못할 정도로 오염됐다고 판단한 판사는 재판장소를 채터누가로 옮겨 1964년 1월에 재판을 하자는 피고 측 요청을 받아들였다.

---

95 Rule to Show Cause, 재판의 한쪽이 다른 쪽에게 특정한 시간에 법정에 나타나 특정 행위가
    행해져서는 안 되는 정당한 사유를 밝히라고 법정이 내리는 명령

"

　1963년 11월 22일부터 일주일 전쯤인가 며칠 전쯤인가 되는 어느 날 아침, 지미에게서 공중전화로 가라는 전화를 받았어. 공중전화에 갔을 때 지미가 나한테 한 유일한 말은 "가서 자네 친구를 만나봐"였어.

　러셀의 집에 차를 몰고 갔더니 문간에서 나를 맞은 러셀이 한 말은 이게 전부였어. "브루클린에 가서 거기 있는 우리 친구들을 만나봐. 자네가 볼티모어로 가져갈 물건이 그들한테 있어." 러셀답지 않더군. 물건의 정체가 무엇인지는 모르겠지만, 그 물건과 관련해서 그가 풍기는 분위기는 심각했어.

　차를 돌려 브루클린에 있는 몬테스 레스토랑으로 갔어. 거기는 제노비스 사람들 소굴로, 뉴욕 시티에서 제일 오래된 이탈리아식 레스토랑이었어. 고와너스 운하에서 그리 멀지 않은 사우스 브루클린에 있지. 음식 맛이 끝내주는 곳이야. 레스토랑 왼쪽에 그들만 쓰는 전용주차장이 있었어. 차를 대고 들어가 바에 섰지. 토니 프로가 테이블에서 일어나더니 뒤로 들어갔다가 더플 백을 들고 돌아오더군. 그가 그걸 나한테 넘기면서 말했어. "볼티모어의 캠벨 시멘트 공장에 가봐. 자네가 저번에 트럭을 몰고 갔던 데야. 우리 친구의 파일럿이 거기서 이걸 기다리고 있을 거야."

　전쟁터에서 그 많은 시간을 보낸 내가 라이플 세 자루가 든 더플 백이 나한테 넘어왔다는 걸 모를 리가 있겠어? 그게 라이플이라는 건 알았지만 어디에 쓰려는 것인지는 감도 잡지 못했어.

　거기 갔더니 카를로스의 파일럿인 데이브 페리가 제노비스와 같이 있던, 내가 몬테스에서 알게 된 다른 사내와 함께 있더군. 그 사내는 지금은 이 세상 사람이 아니지만, 이승에 좋은 가족을 남겨둔 사람이야. 그러니 그의 이름을 여기에 끌어들일 이유는 전혀 없겠지. 그가 물었어. "자네 친구는 어때?" 내가 대답했지. "잘 지내고 있어." 그가 물었어. "자네, 우리한테 줄 물건을 갖고 있지?" 러셀이 풍기던 분위기에 따라, 나는 차에서 내리지도 않았어. 나는 그에게 열쇠를 건넸고 그는 트렁크를 열고 백을 꺼냈어. 우리는 작별인사를 냈고, 나는 십으로 돌아갔지.

"

몬테스에서 이 대화가 있을 무렵, 프로벤자노는 1963년 6월 13일부터 노조를 이용한 협잡질을 한 죄로 받은 유죄 판결에 대한 항소를 한 상태였다. 그의 부하 폭력배이자 동료 피고인인, 허드슨 카운티의 전직 검사 마이클 코뮤날레도 유죄 판결을 받았다. 프로벤자노는 1963년 6월의 유죄 판결 때문에 루이스버그 교도소에서 4년 반을 보냈다. 게다가 그건 노동법을 위반한 사건이었기 때문에, 그는 석방되고 나서도 5년간은 노조 활동을 금지당할 터였다. 재판이 열리는 동안 『뉴욕 포스트』 기자 머레이 켐튼은 프로벤자노를 '미국에서 가장 많은 급여를 받는 노동계 보스'라고 인정했다. 당시 그는 팀스터즈에서 맡은 세 가지 직위를 바탕으로 지미 호파보다, 그리고 미국 대통령보다 더 많은 급여를 받고 있었다.

바비 케네디는 프로벤자노의 유죄 판결을 배후에서 이끌어내는 데 큰 몫을 해낸 주역으로 언론에서 대대적인 찬사를 받고 있었다. 프로벤자노는 자신의 친구들과 이웃들, 그리고 도저히 용서할 수 없게도 그의 자식들을 심문하려고 조사관들을 보낸 법무장관의 전술을 비난했다. 『뉴욕 타임스』는 프로벤자노가 'TV 화면에서는 도저히 사용할 수 없고 기자들이 직접 인용해서 활자화할 방안을 도무지 찾아낼 길이 없는 지독히도 상스러운 단어들'로 케네디를 맹비난했다고 보도했다.

1963년 11월 20일 내슈빌에서, 밀러 판사는 토미 오스본의 변호사 자격을 박탈했다.

이틀 후인 1963년 11월 22일, 존 F. 케네디 대통령이 댈러스에서 암살됐다.

형을 잃은 바비 케네디는 월터 셰리던과 여러 통의 통화를 하던 중 자신의 형을 암살한 음모와 관련이 있는 것으로 의심되는 자들에 대한 의견을 밝혔다. 바비 케네디는 지미 호파가 개입됐을 가능성을 확인해달라고 월터 셰리던에게 부탁했다.

"

당시 델라웨어 윌밍턴에 있는 노조회관은 기차역에서 가까웠어. 그곳은 지금도 필라델피아 107지부의 하부조직이야. 거기에서 처리해야 할 노조 일이 몇 가지 있던 나는 길을 가는 도중에 트럭 터미널 두어 곳에 들러야 했어. 노조회관에 들어갔을 때 라디오에서 케네디가 피격됐다는 뉴스가 나왔어. 댈러스에 관한 뉴스를 처음 들었을 때, 온 세상 사람이 괴로워하는 것만큼이나 나도 괴로운 심경이었지. 그는 내가 좋아한 사람은 아니었지만, 개인적으로 그에게 반감이 있던 것도 아니었으니까. 게다가 그에게는 근사한 가족이 있었어. 루비가 오스월드를 죽이기 한참 전부터, 내가 몬테스에서 한 일과 암살사건 사이에 어떤 연관이 있을지도 모른다는 생각이 들어서 자꾸 마음에 걸렸어. 그런데도 세상에 그런 일에 대해 상의할 수 있는 대화상대가 없다는 얘기는 굳이 하지 않아도 잘 알겠지? **"**

암살뉴스가 퍼지면서 워싱턴의 모든 국기가 조기로 게양됐고, 정부기관의 공무원 전원에게 귀가 명령이 하달됐다. 지미 호파는 팀스터즈 부위원장인 세인트루이스 지부의 지부장 해럴드 기븐스가 팀스터즈 본부의 깃발을 조기로 게양하고 건물을 폐쇄했다는 걸 알고는 길길이 날뛰었다.

"
지미는 해럴드 기븐스가 조기를 게양한 걸 절대 용서하지 않았어. 지미에게 물었지. "그가 어쨌어야 하는 건데요? 전국의 모든 빌딩이 다 조기를 게양했잖아요." 지미는 내 말을 들으려고도 안 했어. 나중에 지미가 '학교'에 가게 됐을 때, 나는 그에게 피츠 대신 해럴드 기븐스를 위원장 대행으로 임명하라고 권했어. 세상에 해럴드 기븐스보다 더 헌신적이고 뛰어난 노조원은 없었거든. 그런데 지미가 나한테 한 대꾸는 "그놈은 엿이나 먹으라고 해"가 전부였어. **"**

케네디 대통령의 장례식이 치러진 날, 전 세계가 미합중국의 절명한 젊은 총사령관을 애도하고 있을 때, 내슈빌에서 지미 호파는 TV 카메라 앞에 서서 토미 오스본에게 누명을 씌우고 변호사 자격을 박탈했다며 정부를 맹비난하고 있었다. 호파는 주장했다. "이건 그냥 정의를 꼴사납게 흉내 낸 것일 뿐이라고 느낍니다. 정부와 지방 관료들, 판사들이 내 재판에서 나를 대표할 유능한 변호사를 앗아가려고 그를 음모와 덫에 빠트리려는 활동에 일조했던 게 분명합니다."

그런 후, 그날 거행된 가슴 미어지는 엄숙한 장례식을 험악한 표정으로 언급한 호파는 내슈빌의 TV 시청자에게 고소하다는 심정을 밝히고는 이렇게 말했다. "이제 바비 케네디는 그저 또 한 명의 변호사일 뿐입니다."

19

나라의 영혼을 매수하기

로버트(바비) 케네디는 일찍이 1963년 12월 9일—그의 형이 암살된 후 불과 17일밖에 지나지 않은 시점—에 아서 M. 슐레진저 주니어에게 조폭이 암살에 개입했을 가능성을 짤막하게 언급했다. 퓰리처상을 수상한 사학자이자 전직 하버드 교수인 슐레진저는 케네디 대통령의 특별 보좌관으로 일했었다. 슐레진저는 그가 저술한 두 권짜리 전기 『로버트 케네디와 그의 시대Robert Kennedy and His Times』에서 그와 로버트 케네디가 12월 9일 저녁을 함께 보내던 중에 "내가 눈치도 없이 그에게 오스월드에 대해 물었다. 그는 오스월드가 유죄라는 데에는 의심의 여지가 없지만, 그게 그의 단독 범행이었는지, 아니면 카스트로나 갱스터들이 기획한 거대한 음모의 일부였는지에 대해서는 여전히 논란의 여지가 있다"고 말했다.

워렌위원회⁹⁶가 1964년도 보고서를 공개한 지 2년 후, 바비 케네디는 자기 형을 보좌했던 전직 백악관 보좌관 리처드 굿윈에게 말했다. "쿠바인들이

---

96 Warren Commission, 케네디 임기시킨의 민성을 포사아기 위해 실시신 위권외

한 짓이라고는 생각하지 않아. 개입된 자들이 있다면 그건 조폭들이야. 하지만 내가 그에 대해 할 수 있는 일은 하나도 없어. 지금 당장은 그래."

바비 케네디가 친구지간이기도 한 전직 백악관 관리들에게 이런 의견을 표명할 당시, 그는 조직범죄의 내부 동향에 대해 미국 내 그 어떤 '아웃사이더'보다 정통한 인물이었다. 바비 케네디는, 조폭 간 전쟁이 벌어지는 중이 아니라면, 보스들이 다른 보스의 부두목을 제거하지 않는나는 걸 확실히 알고 있었다. 그런 짓을 했다가는 처절한 보복전이 초래될 것이기 때문이다. 전통적으로 조폭 보스들은 자신들에게 바람직한 방향으로 정책이 변화하도록 영향을 주기 위해 상대 세력의, 부두목들이 아니라, 두목들을 제거해왔다― 그리고 지금도 여전히 제거한다―. 국제적인 규모에서 자행되는 이런 행태는 '정권 교체'라고 불린다. 이탈리아계 보스들 입장에서 이런 행태는 "개를 죽이려면 꼬리를 자를 게 아니라 머리를 잘라라"라는 시칠리아의 옛 격언을 따르는 것일 뿐이다.

댈러스에서 형이 피격돼 사망한 그 고통스러운 날, 로버트 케네디는 워싱턴에서 휘하에 있는 연방검사들을 모아놓고 조직범죄에 대한 이틀짜리 회합을 주재하고 있었다. 그들은 법무부에서 열린 이 중요한 회합에 참석하려고 미국 전역에 있는 미합중국 법률대리인 사무실에서 온 사람들이었다. 회합의 목적은 조직범죄를 상대로 법무장관이 벌이는 소탕작전의 다음 단계의 세부 사항들을 도출하는 것이었다.

로버트 케네디가 댈러스에서 날아온 참담한 뉴스를 들은 건 회합 2일차 점심시간이었다.

법무부 범죄국 조직범죄부의 우두머리는 윌리엄 헌들리라는 검사였다. 헌들리가 밝혔듯, "총알이 존 F. 케네디의 머리를 강타한 바로 그 순간, 모든 게 끝났다. 바로 그 순간에 말이다. 조직범죄 제거 프로그램은 작동을 멈췄다."

조직범죄의 존재를 폭로하고 그걸 미국에서 제거하는 것은 바비 케네디가 집착이라고 할 정도로 열정적으로 벌인 숙원이었다. 그의 입장에서 그건 대단히 개인적인 작전이었다. 그는 그 활동을 휘하 스태프와 조직범죄에 몸담은 숙적들이 볼 때에도 그게 무척이나 개인적인 작전으로 보이게끔 만들었다. 바비 케네디는 그 활동에 격렬한 경쟁적인 성격을 부여했다.

조직범죄를 상대로 벌인 6년짜리 작전이 돼버린 활동의 처음 3년 동안, 바비는 맥클레런위원회의 수석변호사였다. 그 3년간, 그는 미국에서 가장 악랄하면서도 복수심에 불타는 인물들 중 다수를 몰아붙이고 조롱하고 놀려댔다. 케네디는 그들을 상대로 유도심문을 하고 또 했는데, 그가 각각의 질문을 할 때마다 돌아오는 대답은 늘 똑같았다. "저는 제가 하는 대답이 저를 유죄인 것처럼 보이게 만들 수도 있다는 근거에서 대답하기를 거부합니다." 그렇게 상대를 몰아붙이던 어느 순간, 바비는 샘 '모모' 지안카나의 눈을 노려보며 말했다. "당신은 카포네 패거리를 계승한 집단을 위해 활동하는 우두머리 총잡이입니다." 바비 케네디는 프랭크 시나트라의 친구이자 칼-네바 카지노의 사업 파트너에게 숙적들의 시신을 트렁크에 넣어 처리했는지 여부를 캐물으며 몰아붙였다. 지안카나가 실실 웃으면서 다시 한 번 5조를 들먹이자, 케네디는 냉소적으로 빈정거렸다. "사람들 앞에서 키득거리는 건 어린 여자애들이나 하는 짓이라고 생각합니다, 지안카나 씨."

이렇게 빈정거릴 때, 바비 케네디는 샘 '모모' 지안카나가 사람을 죽일 때 악명 높을 정도로 가학적인 방법들을 동원한다는 걸 확실히 알고 있었다. 지안카나는 1958년 12월에 거스 그린바움 부부를 애리조나 피닉스에 있는 그들의 집에서 잔혹하게 살해하라고 명령했다. 두 사람은 고문을 당한 후 목이 따였다. 거스 그린바움은 메이어 랜스키의 동료였다. 그린바움은 벅시 시걸이 살해당했을 때 라스베이거스에 있는 플라밍고 호텔 앤 카지노의 사장 자리를 시걸에게서 승계한 인물로, 살해당할 당시에는 샘 지안카나가 소유한 라스베이거스의 리비에라 호텔 앤 카지노의 사장이었다. 지안카나는 그린바움이 도둑질을 한다고 의심했다. 지안카나는 그린바움을, 그리고 털끝만큼도 죄가 없는 그의 부인을 고문하고 살해하는 것으로 그의 밑에서 일하는 모든 이들에게 규칙을 준수하라는 메시지를 전달했다.

지안카나는 1961년에 부하들에게 그런 메시지를 다시 전달했다. 윌리엄

'액션' 잭슨William 'Action' Jackson은 지안카나 밑에서 일하는, 체중이 136킬로그램이나 나가는 고리대금업자였다. 잭슨은 정부의 정보원이라는 의심을 받았다. 고기도축장으로 끌려간 그는 고기를 거는 데 쓰는 15센티미터 길이의 철제 갈고리에 매달린 채로 이틀간 고문을 받았다. 잭슨은 체계적으로 구타당하고 베이고 인두로 지져지고 무릎에 총을 맞았으며, 죽을 때까지 소몰이용 막대로 전기 충격을 받았다. 지안카나는 잭슨의 모습을 촬영했다. 시카고와 라스베이거스, 댈러스와 할리우드, 피닉스에 걸친 지안카나의 광대한 범죄제국에서 지안카나를 위해 일하는 모든 부하들은 그 사진들을 필수적으로 열람해야 했다.

바비 케네디는 맥클레런위원회에서 두려움을 모르고 활동하며 보낸 3년을 결산하는 차원에서 책을 저술했고, 그 책은 베스트셀러가 됐다. 케네디는 저서에서 조직범죄를 대단히 상세히 폭로하면서, 대중을 위해 거물들의 이름을 밝히고 그들이 저지른 죄상을 기술했다. 바비 케네디는 저서의 제목을 통해 조직범죄에 '내부의 적'이라는 딱지를 붙였다.

조직범죄를 상대로 벌인 그의 활동의 다음 3년간, 케네디는 미국의 수석법집행관인 법무부 장관으로, J. 에드거 후버 FBI 국장의 보고를 받는 인물이었다. 바비 케네디는 표적으로 삼을 갱스터들의 명단을 작성하고는 그들을 겨냥한 활동을 벌이고 그들을 감옥에 가뒀다. 바비 케네디는 정보원과 도청 활용의 범위를 대폭 확장했다. 그는 거의 날마다 미국과 연방정부, 특히 FBI의 후버 국장에게 조직범죄의 존재에 대해, 미국에서 조직범죄를 제거해야만 하는 필요성에 대해, 당시까지는 활용되지 않고 있던 연방정부의 어마어마한 권한을 그 일을 하는 데 사용하는 방법에 대해 가르쳤다.

바비 케네디의 뇌리와 심중에서 지미 호파보다 더 큰 개인적인 표적이나 미국에 위협적인 위험인물은 존재하지 않았다. 하지만 그때까지도 호파는 그를 잡으려고 쳐놓은 그물을 계속해서 유유히 빠져나가고 있었다.

그런데 댈러스 사건 이후, 바비 케네디의 동력원은 차단됐다. 지미 호파와 친구들이 미래에 불법적인 짓들을 자행하더라도, 바비 케네디는 친형이자 제일 친한 친구를 위해 일하는 법무부 장관이라는 엄청나게 막강한 직위에 더 이상은 머무르지 못할 터였다.

하지만 호파가 과거에 저지른 죄들의 경우, 호파가 당시에 기소돼 있던 죄들의 경우, 바비 케네디는 미국의 법무부 장관으로 가진 권한을 그대로 행사할 수 있었다.

바비 케네디와 린든 존슨 부통령은 호파의 재판들이 끝날 때까지 케네디가 법무장관직을 유지하기에 충분히 긴 기간 동안 두 사람의 견해 차이를 어찌어찌 수습해나갔다. 호파전담반은 전혀 타격을 입지 않았고, 그들의 감독관이자 수석전략가는 지휘부에 계속 머물렀다. 지미 호파가 앞두고 있는 재판은 두 건 다 1964년 연초로 잡혀 있었다. 배심원 매수 혐의 재판은 1월 20일에 채터누가에서 시작될 예정이었고, 선 밸리 연금펀드 재판은 1964년 4월 27일에 시카고에서 시작될 예정이었다. 호파전담반은 연이어 벌어지는 재판을 통해 지미 호파를 교도소로 보낼 수 있을 거라고 믿고 있었다.

"

1월 중순에 나는 기본화물협정의 최종 서명식에 참석하려고 지미와 함께 시카고에 있었어. 나는 팀스터즈 소속이었고, 그 시절 시카고에서 팀스터즈는 노조원을 잘 대변하고 있었지. 시카고에는 구역이나 연맹이 4개 있었고 이들 각각에는 부위원장이 있었는데, 그들 모두 그 자리에 참석했어. 노동운동의 새 역사가 창조되는 순간이었어. 협정은 대단히 기발한 작품이야. 승인을 받아야 할 지부들이 여전히 남아 있었지만, 시카고에서는 근본적으로 협정이 마무리된 상태였지. 각각의 지부는 지역적인 사안들에 대해 자치권은 여전히 갖고 있었어. 그들의 연맹은 그들 자신을 위해, 또는 그곳 운영진 나름의 특별한 필요를 위해 전국적 단위로 체결한 계약을 각 지부의 사정에 맞게끔 보충하는 협상을 벌일 수 있었어. 지부들은 그들 스스로 어떤 사안에 대해 더 나은 조건을 협상할 수 있었지만, 기본화물협정이 노조원에게 부여한 혜택의 수준에 미치지 못하는 협정은 어느 누구도 낼 수가 없었어. 불행히도,

그 이후로도 이런저런 속임수들은 여전히 자행됐지. 뉴욕은 그곳 노동자들에게 협정에 미달된 액수를 지급하는 것으로 악명이 높았어. 노조원들에게 전국 단위의 협정을 제공했음에도, 그게 노조원들에게 실제로 적용되느냐 여부는 그곳 리더가 어떤 사람이냐에 달려 있었어. 토니 프로 휘하의 노조원들은 토니 프로를 위해 감사의 밤 행사를 한 번도 열어주지 않았어. 그의 노조원들 다수는 급여를 덜 받거나 일을 원하는 만큼 하지 못했는데, 그런 상황에서도 프로는 사측으로부터 뒷돈을 받아 챙겼거든.

지미는 기본화물협정에 서명하고 나흘 후에 배심원 선정을 위해 채터누가의 참호로 돌아갔어. 나는 재판이 시작된 다음에 빌 이사벨과 샘 포트와인과 함께 법정에 앉으려고 채터누가로 내려갔고. 그들은 자격을 박탈당한 변호사를 대체할 새 지역 변호사를 선임한 상태였어. 빌 버팔리노와 프랭크 라가노가 다시 거기에 있었어. 그들은 다른 피고인 전원을 위해서도 변호사들을 구했어. 연금펀드를 운용한 앨런 도프먼도 지미의 배심원 매수를 도운 혐의로 기소된 사람들 중 하나였지. 처키 오브라이언도 지미랑 거기에 있었는데, 군중 속에 총을 가진 미치광이가 또 있는지 주시하고 있었다는 건 불문가지야.

그리고 세상에, 채터누가는 시장바닥 같았어. 법정은 만원이었어. 나는 거기 있은 지 이틀 후에 내가 법정에 모습을 나타낼 필요는 없다는 얘기를 들었고, 그래서 채터누가를 떠나 일터로 돌아왔어. 내가 테네시를 떠날 때 모두들 정부가 일부 사람들을 법정에 세울 수 있는 몇 건의 사건을 갖고 있다고, 그렇지만 정부는 지미를 그 사건에 연루시킬 수 있는 증인은 한 명도 확보하지 못했다고 생각하고 있었어. 그들의 말을 들어보면 바비 케네디에게 낙하산을 몇 벌 더 보낼 준비가 돼 있는 듯한 분위기였지. 그들은 그때까지도 파틴에 대해서 모르고 있었어. 정부는 마지막을 위해 파틴을 아껴뒀어. 그가 정부가 내세운 깜짝 증인이었어. **"**

정부 측 증인들의 신분을 사전에 밝혀야만 하는 것은 법적인 필요요건이 전혀 아니었다. 에드워드 그레이디 파틴은 테네시의 룩아웃 마운틴에 있는 오두막집에 은신하고 있었다.

채터누가 배심원 매수 재판은 정부 측 검사 제임스 닐이 호파의 공범들을 상대로, 즉 그들이 내슈빌 재판 동안 수행했던 그 모든 추잡한 일들을 상대로 연이어 사건을 입건하려고 증인들을 호출하는 바람에 느릿느릿 진행됐다. 호파는 진심에서 우러난 미소를 지으며 자신감을 내비쳤다.

그러다가 재판이 석 달째에 접어든 마지막 날, 호파 측이 승리를 거머쥐었다고 확신하는 듯 보였을 때, 정부 측이 마지막 증인을 호출했다. 에드워드 그레이디 파틴이 법정에 들어왔고, 법정은 고함소리로 뒤덮였다. 피고 측 변호사들은 그 즉시 부당하다고 외쳤다. 파틴이 내놓을지도 모르는 증언을 재판에서 제외시키기 위해 명령신청[97]이 제기됐다. 정부 측은 피고 측 캠프 내부에 스파이를 심는 것으로 헌법이 보장한, 호파가 조언을 받을 권리를 침해했다는 비난을 받았다. 그렇다는 사실이 입증될 경우, 파틴의 증언은 배심원단에게서 배제될 것이고 지미 호파는 다시금 승자가 되어 법정을 걸어 나갈 터였다.

정부 측 주장은, 에드워드 그레이디 파틴은 검사들이 심어 넣은 사람이 아니라는 거였다. 오히려, 그는 재판에 자발적으로 출석했다. 파틴이 비리를 신고한 대상은 정부 측 검사들이 아니었다. 파틴은 변호사가 아닌, 전직 FBI 요원 월터 셰리던에게 신고했다. 파틴은 셰리던에게서 당시 진행 중인 배심원 매수라는 범죄행위의 증거를 살피는 일을 하라는 지시를 받은 것뿐이었다. 파틴은 배심원을 매수한 증거를 월터 셰리던에게 알렸고, 셰리던은 그걸 검사들에게 신고했으며, 검사들은 그걸 판사에게 전한 거였다. 파틴은 테스트 플리트 사건 자체나 테스트 플리트 사건에 대한 호파의 변론 양상과 관련해 내슈빌에서 들었을지도 모르는 그 어떤 얘기도 월터 셰리던과 논의한 적이

___

97 motion. 피고 측 변호사가 판사에게 요청하는 것으로, 판사가 압리석이라고 판난할 경우 뮤요애신나

없었다.

피고 측이 제기한 명령신청에 대한 의견을 듣는 데에만 네 시간이 걸렸다. 판사는 사건들에 대한 정부 측 주장을 받아들였고, 에드워드 그레이디 파틴이 다시 법정으로 호출된 배심원단 앞에서 증언하는 게 허용됐다. 지미 호파는 자리에 앉은 채로 파틴을 노려봤다. 파틴은 겁먹지 않았다. 파틴은 사전에 이뤄졌거나 진행 중인, 호파가 배심원들에게 뇌물을 먹이려는 시도에 대해 자랑삼아 떠들어댄 내용을 배심원단 앞에서 반복하는 것으로 배심원 매수의 특정 사례들과 지미 호파를 연계시켜 나갔다. 그의 증언이 진행되는 동안 지미 호파가 내슈빌에서 꼭두각시들에 묶인 끈을 잡아당긴 인형조종사였다는 게 점차 명확해졌다.

다음 휴정시간 동안 지미 호파는 법원청사 피고인실에 있는 육중한 의자를 들어 올려 방 건너편으로 내동댕이쳤다.

파틴은 정부 측에게 유리한 증언을 했다. 그런 후, 피고 측이 파틴을 심문하기 시작했다. 반대심문은 거의 닷새간 진행됐다. 그런데 파틴은 시간이 지나는 동안 냉정과 기력을 잃기는커녕, 날이 갈수록 더욱 강해져만 갔다. 어느 순간, 피고 측 변호사가 파틴이 증언을 암기하고 리허설도 했다고 비난하자, 파틴은 대꾸했다. "제가 증언을 제대로 리허설했었다면, 당신들은 당신들이 들은 것보다 더 많은 내용을 듣게 됐을 겁니다. 제가 몇 가지를 까먹었으니까요."

어느 날 저녁에 파틴이 증언을 하는 동안 배턴루지에 있는 파틴의 동업자이자 친한 친구의 집에 산탄총알이 날아들었다.

파틴의 증언이 행해지는 동안 가진 휴정시간에, 지미 호파는 월터 셰리던과 길이 엇갈릴 때마다 셰리던에게 상스러운 욕설을 퍼붓기 시작했다. 어느 순간, 호파는 셰리던이 암에 걸렸다는 얘기를 들었다면서—사실이 아니었다—"암이 효력을 보이는 데 얼마나 걸리겠소?"라고 궁금해 하는 특이한 작태를 셰리던에게 보였다. 다른 때, 호파는 셰리던에게 말했다. "당신은 몸에 배짱이라고는 눈곱만큼도 없는 사람이야." 그는 사람들 앞에서 자기 변호사들한테 고함을 지르기 시작했다. 호파가 피고 측 변호사들에게 치는 호통소리를 우연히 들은 기자들은 "당신들이 밤새 거기 머물러야 한대도 나는 상관치 않아" 같은 코멘트들을 보도했다. 호파로부터 이런 식의 대접을 받은 변호사 중 최소 한 명은 판사 앞에서, 법정 모독으로 감금되기에 이르는 정도까지, 자주 큰 소리로 울화통을 터뜨렸다. 어느 휴정시간에 지미 호파는 제임스 닐 검사에게 말했다. "닐, 나는 당신이 죽을 때까지 당신을 쫓아다닐 거요. 당신이 영원토록 정부 소속은 아닐 테니까." 파틴이 증언을 마친 후, 지미 호파가 증인석에 앉았다. 그런데, 호파는 이번에는 겁에 질려 있었다. 그는 내슈빌에서 그가 파틴에게 한 말을 녹음한 테이프를 정부 측이 갖고 있는지 몰랐다. 그는 정부가 그런 테이프를 보유하고 있을 거라고 확신했다. 이런 믿음의 결과, 그는 자신에게 불리하게 언급되는 일들 중 다수를 대놓고 부인하지 못했다. 대답을 얼버무리면서, 검찰 측 코멘트들을 딱 잘라 부인하기보다는 중언부언 해명하려 애썼다.

호파에게는 불행하게도, 이 코멘트들이 뇌물을 먹은 배심원들의 증언에 의해 사실로 입증된, 실제 배심원 매수 사건들에 대한 것들이었다. 아무리 많은 해명을 한데도 그에게는 도움이 되지 못했다. 그가 배심원단을 만족시키려고 내놓을 수 있는 유일한 해명은 그가 에드워드 그레이디 파틴 같은 부류들에게 그런 식의 견해를 내비쳤다는 사실을 명확하게 부인하는 게 될 터였다. 그런데 전자 감시 장치들에 대한 호파의 두려움은 그에게서 그런 선택지를 앗아갔다. 채터누가 증인석에서 호파가 보인 모습은 특유의 노골적이고 호전적인 모습이 아니었다.

나머지 변론은 더욱 허약하기까지 했다. 호파와 변호사들은 충격적인 깜짝 증인에 대한 대비가 전혀 돼 있지 않았다.

프랭크 피츠시먼스가 자신이 직접 몇 가지 노조 조직화 일을 하라면서 흑인 교섭위원 래리 캠벨을 내슈빌로 파견했다는, 호파에게 유리한 증언을 했다. 하지만 캠벨이 거기에 간 목적이 배심원을 매수하는 게 아니었다는 암시를 주기에는 약한 증언이었다. 이랬든 호파가 이런 말을 한 긴 피단의 증인을 거부하려는 의도에서였다. "유색인종 남자 배심원을 내 뒷주머니에 넣게 됐어. 내 밑에서 일하는 교섭위원 래리 캠벨이 재판 전에 내슈빌로 와서 그 문제를 처리했단 말이야."

또 다른 피고 측 증인이 호출돼서 에드워드 그레이디 파틴은 마약중독자라고 말했다. 증거가 미약했던 그 증언은 정부 측이 그 증언을 논파하는 바람에 오히려 검사 측을 거드는 결과를 낳았다. 검찰 측은 마약전문가 두 명을 시켜 파틴의 상태를 평가했다. 중독자들을 치료한 경험이 있는 내과의사가 법정에 출두해 파틴이 현재 마약을 하고 있거나 살아오는 동안 그런 약물을 사용했다는 증거는 없다고 증언했다.

자포자기 상태인, 심각한 편집증에 빠진 피고 측은 정부 측이 피고 측 변호 팀을 상대로 전자 감시 장치 및 비非전자 감시방법을 채택했다고 비난하면서 심리 무효를 선고해달라는 명령신청을 했다. 그러면서 전자 감시 장치 분야의 전문가들이 제출한 진술서와 FBI가 감시하는 모습을 촬영한 것이라고 주장하는 사진들로 명령신청을 뒷받침했다. 사진들 중 한 장에만 FBI 요원이 찍혀 있었는데, 그는 우연히도 차를 몰고 현장을 지나가던 운전자였다. 다른 사진들은 모두 유명인사인 피고들의 스냅사진을 찍고 있는 채 터누가의 평범한 시민들이었다. 피고 측 변호사 중 한 명인 재크스 쉬퍼는 명령신청을 위한 주장을 펴던 중 제임스 닐 검사에게 결투를 신청했다. 쉬퍼는 말했다. "목숨을 걸고 지킬 작정이 아니라면 그런 말은 다시는 하지 마시오. 나는 당신을 어떤 무기로건, 어느 곳에서건 상대하겠소. 누가 먼저 겁에 질려 안색이 변하는지 확인해봅시다." 결국, 판사는 FBI가 피고 측 변호 팀을 감시했다는 주장을 근거로 심리 무효를 선고해달라는 명령신청은 "전혀 고려할 가치가 없다"고 결정했다.

그런 다음, 피고 측은 재크스 쉬퍼가 큰 소리로 법적인 요점을 주장하는 소리를 배심원단이 우연히 들었으며, 일부 배심원이 쉬퍼의 활기 넘치고 적극적인 변론 전술에 비판적인 얘기를 하는 소리를 우연히 들었다고 주장하면서 심리를 무효로 해달라고 명령신청을 냈다. 피고 측이 주장한 사건이 벌어지던 시점에 배심원단은 배심원단실에 격리돼 있었고, 그들이 법정에서 오가는 법적 주장을 듣는 것은 허용되지 않았었다. 그런데 피고 측 변호사가 큰소리로 변론을 한 것과 관련해서, 배심원단은 쉬퍼가 한 말을 한마디도 듣지 못했었다. 피고 측은 명령신청을 뒷받침하기 위해, 쉬퍼의 우렁찬 변론이 최고조에 달했을 때 피고 측 변호사 프랭크 라가노가 변호인석을 떠났다가 배심원단이 쉬퍼가 하는 변론을 들을 수 있는지 확인하려고 배심원단실 출입문에 가봤었다고 주장했다. 못 믿겠다는 표정을 지은 판사는 라가노에게 그가 한 짓은 배심원단실의 존엄성을 훼손한 것이며, 그는 심리 무효를 위한 증거를 조작하는 대신에 동료 변호인들에게, 판사가 재판 내내 그에게 요청해온 것처럼, 정숙을 지키라고 요청하는 게 옳다고 지적했다.

최종 변론에 나선 정부 측 검사 제임스 닐은 내슈빌에서 일어났던 일은 "배심원 재판시스템을 향한, 인류에게 알려진 가장 극악한 도전 중 하나"라고 배심원단에게 말했다. 그가 내세운 스타급 증인의 진실성과 관련해서, 닐은 배심원단에게 간단명료하게 말했다. "파틴이 진실을 말하고 있다고 정부 측이 주장하는 이유는 그가 말한 내용이 모두 실제로 일어나고 있었으며, 그가 진행 중이라고 말했던 내용이 실제로 일어났다는 것을 확인하고 밝혀냈기 때문입니다."

지미 호파 측의 수석변호사 제임스 해거티는 이 모든 걸 "악랄하고 추잡한 모함"이라고 불렀다. 그런 후 해거티는 바비 카드를 꺼냈다. 해거티는 바비 케네디를 언급하고는 노예제를 연상시킬만한 단어들을 선택하면서 바비 케네디가 법무부 인력들을 인종통합정책의 배후에 배치하고 마틴 루터 킹 주니어 목사를 지원하는 일에 투입하고 있다면서 남부 사람들이 바비 케네디를 향해 갖고 있는 것으로 인식되는 선입견에 호소하려 들었다. 해거티는 법정 뒤쪽에 앉아 있는 한 사람을 비난했다. 그는 재판에서 증언을 하지 않는 그 남자 월터 셰리던을 지미 호파를 상대로 한 "사악한 음모의 기획자"이며 "로버트 케네디를 주인님으로 모시는 하인"이라고 비난했다.

다음에 이어진 피고 측 최종변론도 로버트 케네디와 그의 '돌격대원 월터

245

셰리던'을 공격했다.

배심원단은 진실이 아닌 발언에 넘어가지 않았다. 태평양전쟁에 해병으로 참전했던 베테랑으로 배심원 매수에서 맡은 역할이 미미했던 앨런 도프먼은 무죄 판결을 받았다. 지미 호파와, 호파의 매수 행위를 수행한 다른 세 명은 유죄 판결을 받았다. 별개의 재판 두 건에서, 호파를 대신해 행동에 나섰던 다른 사람 두 명이 유죄 판결을 받았다.

1964년 3월 12일에 있었던 선고에서, 피고 측 변호사 재크스 쉬퍼는 법정 모독 혐의로 60일간 구금한다는 판결을 받았다. 프랭크 라가노 변호사는 배심원단의 대화를 엿듣기 위해 배심원단실 밖에서 출입문에 귀를 대고 서 있으라는 공개적인 질책을 받았다.

호파와 같은 재판에서 유죄 판결을 받은 세 명의 동료 피고는 각각 3년형을 받았다. 별개의 재판들 중 한 건에서 내려진 선고에서, 호파를 위해 배심원 문제를 해결한 인물은 5년형을 받았다. 별개의 다른 재판의 선고에서, 의뢰인 지미 호파를 위해 배심원 매수라는 선을 넘어버린 내슈빌 변호사 토미 오스본은 3년 6개월형을 받았다.

이 모든 사태의 기획자이자 이 모든 행각에서 이익을 볼 수 있었던 유일한 인물인 지미 호파는 8년형을 선고받았다.

프랭크 W. 윌슨 판사는 선고를 내리면서 말했다.

호파 씨, 본 법정의 견해입니다. 당신은 유죄 판결을 받은 그 배심원 매수 사건들에서, 1심 재판관이 당신이 배심원에게 뇌물을 제공하려는 시도들과 관련한 정보를 당신에게 알린 이후에조차 고의로 범행을 저질렀고 부패하게 행동했습니다. 본 법정은 이보다 더 계획적으로 법률을 위반한 경우를 상상하기가 어렵습니다. 선고를 받으려고 본 법정에 섰던 대다수 피고들은, 다른 개인들의 재산권을 침해했거나 다른 개인들의 개인적 권리들을 침해했습니다.

본 법정에 선 당신에게 이 나라의 영혼을, 정말로, 매수하려고 한 죄로 유죄를 선고합니다.

20

호파의 코미디극단

"
　그들에게는 파틴이 죽는다고 득 될 게 없었어. 그들 입장에서는 그가 살아 있어야 했지. 그는 진술서에 서명할 수 있어야 했어. 그들은 그가 법정에서 지미에게 불리하게 말한 모든 내용이 호파전담반에 속한 바비 케네디의 부하들이 그에게 제공한 각본에서 얻은 거짓말이었다고 선언할 필요가 있었던 거야. 파틴이 그런 짓을 한 건 그의 모가지에 납치 혐의들이 걸려 있었기 때문이지, 지미가 바비를 죽이겠다고 으름장을 놨기 때문이 아니었다는 말을 그의 입으로 해야만 했어. 배심원 매수와 관련해서 그게 지미가 가진 최상의 기회였어. 그가 자신들을 위해 거짓말을 해줄 거라고 그들이 믿는 한, 파틴은 어느 누구도 그에게 '키스'하지 않을 거라는 걸 잘 알고 있었어. 파틴은 지미의 변호사들에게 쓸모없는 진술서들과 증언 녹취록을 건넸어. 결국, 그들은 파틴에게서 "나는 지미가 부당한 유죄 판결을 받게끔 만들었다"는 말을 제대로 받아내지 못했어. 지미가 받은 부당한 유죄 판결과 관련해서 그들이 그에게서 얻어낸 건 고작 이것뿐이었어. "파틴, 이 친구야, 그게 재버누가 열차야?[90]" "

호파 입장에서 파틴이 앞으로도 오랫동안 살아 있어야 할 필요가 있었던 또 다른 이유는 교도소에 갇힌 호파가 가석방 심의위원회 앞에 서거나 대통령의 사면을 받을 가능성과 관련이 있었다. 지미 호파는 1971년 3월 27일에 파틴이 그의 변호사들에게 '29페이지에 달하는 고백'이 담긴 증언 녹취록을 건넸다고 자서전에 썼다. 호파가 집필한 버전만 놓고 보면, 이 사태를 이해하는 누구에게나 그 녹취록이 파틴과 정부가 지미를 부당하게 유죄로 몰았다는 '고백'이 아니라는 것은 명확하다. 나아가, 그것의 정확한 실체가 무엇이건, 증언 녹취록은 호파 캠프가 영화배우이자 '2차 대전에서 가장 많은 훈장을 받은 영웅' 오디 머피와 파틴이 짭짤한 수익이 예상되는 비즈니스 거래를 할 수 있게 해주는 대가로 건네진 거였다.

전쟁에서 겪은 악몽에 여전히 시달리고 있던 머피는 비참한 시기를 겪고 있었다. 그는 1968년에 파산 신청을 했고, 1970년에는 살인 의도가 있는 폭행 혐의를 받았지만 무죄 판결을 받았다. 그럼에도, 파틴 같은 남부 사람에게, 테네시 출신의 훈장을 받은 군인은 환하게 반짝거리는 스타였다. 그 거래를 오디 머피와 파틴에게 수익성이 좋은 거래로 만들기 위해서는 지미 호파가 베푸는 특정되지 않은 호의가 필요했다고 호파는 뻔뻔하게 썼다. 호파는 증언 녹취록을 받은 직후 '조지 머피 상원의원[99]이 개인적으로 증언 녹취록을 존 미첼 법무장관에게 건넸고, 오디 머피는 그걸 닉슨 대통령에게 건넸다'고 썼다.

"
오디 머피를 지미랑 같이 만난 적도 없었고, 해외에 파병됐을 때 만난 적도 없었어. 우리는 유럽에서 같은 작전에 투입됐지만, 소속된 사단은 달랐으니까. 전쟁이 끝난 후, 그는 나처럼 엄청나게 술을 마셔댄 술꾼이었어. 그가

<hr>

98   노래 <채터누가 열차>의 가사를 개사한 문장
99   캘리포니아 공화당원이자 전직 영화배우

지미랑 동업한다는 말은 들었지만 무슨 사업이었는지는 몰랐어. 그는 소형 항공기 추락사고로 사망했지. 지미는 한동안 석탄사업을 했었는데, 오디 머피가 그런 사업을 했다고는 생각하지 않아.

한편, 1964년 봄에 필라델피아에서 보이스 소속 저항세력들이 지미의 소송 수임료로 더 많은 돈이 쓰인다면 팀스터즈를 고소하겠다고 으름장을 놨어. 채터누가 배심원 매수 재판만 해도 이미 100만 달러 넘는 돈이 들어간 상황이었지. 그런데 이제는 시카고의 선 밸리 재판이 길모퉁이를 막 돌아서 다가오고 있었어. 위태위태한 요소가 몽땅 다 들어 있는 그 재판에 이전 재판보다 더 많은 수임료와 비용이 들어갈 거란 건 불 보듯 뻔했어. 지미는 시카고에 있는 셔먼 하우스 호텔의 한 층을 통째로 예약하면서 거기 묵는 모든 인원을 위한 요리를 해줄 전담 요리사를 고용하기까지 했어. 시카고 재판은 몇 달이 걸릴 예정이었어. 지미는 소대 규모 절반 정도에 해당하는 변호사를 선임했는데, 무료 봉사로 변호를 하는 사람은 아무도 없었어. 그 사람들 전원에게 대가를 지불해야 했던 거야.

지미는 팀스터즈 이사회에 보이스 문제는 걱정할 것 없다고 말했어. 그는 팀스터즈가 자신의 재판비용을 부담하는 것은 완벽하게 적법한 노조의 비용 지출이라고 팀스터즈의 변호사 에드워드 베넷 윌리엄스가 말했다고 이사회에 알렸어. 에드워드 베넷 윌리엄스는 지미가 맥클레런 청문회 조사관에게 뇌물을 먹이려고 애쓰던 문제로 워싱턴에서 재판을 받을 때, 그러니까 조 루이스를 법정에 데려와 승소했을 때 바비 케네디에게 낙하산을 보낸 재판에 선임됐던 변호사였지. 지미는 그 재판을 승소한 데 따른 보상으로 에드워드 베넷 윌리엄스에게 팀스터즈의 법무를 맡겼어. 그는 윌리엄스가 자기 발언에 동의할 거라고 판단했어. 그런데 팀스터즈가 윌리엄스에게 확인하자, 그는 지미에게 그런 얘기를 한 적이 없다고, 지미가 유죄 판결을 받을 경우에 팀스터즈가 소송비용을 지불하는 것은 노조 헌장에 따르면 합법적인 게 아니라고 밝혔지.

노조는 내가 빕킹에 실 내나나 소송비용을 내뒀시민 패소냈을 때는 내 시갑에서 비용을 지불했던 터라 나는 그 사실을 잘 알고 있었어. 아니, 솔직히 말하면 누군가가 돈 봉투를 나한테 건네고는 했어. 나는 내가 패소한 그 두 사건의 재판 수임료와 비용을 지불하는 데 보태려고 상당한 액수의 개인적인 자금을 긁어모았어. 하지만 아무리 그렇게 해도 패소할 경우에는 여전히 돈이 모자라더군.

시카고 재판은 지미가 채터누가에서 8년형을 선고받고 한 달쯤 후에 시작됐어. 나는 어쩌다 보니 그 재판의 일부를 참관하러 시카고에 있었는데, 휴정 때면 복도에서 기다리고는 했어. 지미를 만나 행운을 빌어준 나는 법정에서 엄청난 사람들이 쏟아져 나오는 걸 봤어. 대부분이 팀스터즈 노조원으로, 조폭으로 추정되는 인물은 한 명도 없더군. 심지어 팀스터즈 노조원이기도 한 조이 글림코조차 없었어. 나는 바니 베이커Barney Baker와 수다를 떨었어. 그는 키 198센티미터에 체중이 159킬로그램이 나가는 거구였어. 대식가이기도 했고. 믿기지 않을지도 모르지만, 그는 권투를 할 때는 미들급이었어. 그는 워싱턴 재판에 조 루이스를 데려온 일에 어느 정도 관련이 됐었을 거야. 지미는 그를 좋아했어. 그는 넥타이를 파는 사람이라 늘 판매용 넥타이를 많이 갖고 다녔지. 바니는 배짱이 정말로 두둑했어. 언제든지 남을 도와주려는 사람이었고, 훌륭한 경호원이었지. 댈러스 사건이 있기 이틀 전에 그와 잭 루비가 나눈 통화 몇 통을 수사기관에서 추적하는 바람에 그가 조사를 받은 사실이 워렌 보고서에 기재되기도 했어.

빌 버팔리노는 방청객으로 법정에 있었고, 프랭크 라가노는 거기서 다른 피고인을 대표하고 있었어. 지미는 변호사들 말은 경청하지 않는 게 보통이었어. 지미는 변호사들에게 그들이 하기를 원하는 일을 하라고 말했어. 그리고 지미는 기억력이 좋았어. 증인들이 2주 전에 한 증언을 변호사들이 노트를 보고 말하는 것보다 변호사들에게 더 잘 말해줄 수 있었지. 듣고 싶지 않은 무슨 얘기를 변호사가 할 경우, 그는 이렇게 말했어. "흐음, 그럼 자네가 일을 제대로 바로잡으면 되겠군." 그런데 그때 내가 복도에서 보니까 그가 변호사들 얘기를 조금은 더 경청하고 있는 듯 보이더군.

지미는 나한테 재판이 끝난 후에 노조 사무실에서 만나자고 말했어. 시카고 사무실에서, 지미는 나한테 동부에 돌아가 우리 친구들에게 파틴에게는 아무 일도 생겨서는 안 된다고 전하라고 딱 잘라 말했어. 지미는 시카고 재판과 관련해서는 훌륭한 변론거리를 갖고 있다고 했고, 파틴에게서 채터누가 재판에 대한 진술서를 받아내려는 작업은 여전히 진행 중이었지.

그것 외에도, 그들은 롤랜드 리본티라는 시카고 하원의원을 확보했어. 나는 그 의원을 만난 적은 없지만 얘기는 들어봤지. 그는 샘 지안카나 편이었어. 나중에 지안카나의 사위 안토니 티치Anthony Tisci가 리본티 의원 사무실의 급여 대상자 명단에 있다는 기사가 신문에 실렸어. 그들은 리본티를 시켜 바비 케네디를 의회 차원에서 조사하자는 결의안을 제출하게 만들었지. 바비 케네디가 불법적인 도청과 감시를 자행하고 내슈빌의 앤드류 잭슨 호텔에 있는 그들의 방에 파틴을 심는 것으로 지미 호파의 헌법적 권리를 침해했다는 아이디어였어. 지미는 형세를 '부비'에게 불리한 쪽으로 역전시켜서 의회 청문회에 출석한 바비가 수정헌법 5조를 내세울 수밖에 없게끔 만드는 걸 고대하고 있었어. 지미는 바비 케네디와 마릴린 먼로가 섹스하는 걸 녹음한 테이프들을 갖고 있다고 주장했어. 조니 로셀리와 지안카나가 마릴린 먼로의 집을 도청했었거든. 그가 나한테 그 테이프들을 틀어준 적은 없었지만, 의회에서 청문회가 열릴 경우 청문회장에서 그 테이프들을 틀 계획을 품고 있다는 인상은 받았어.

시카고를 떠나 필라델피아로 돌아간 나는 재미도 보고 게임도 즐겼어. 그러면서 친구들에게 지미가 한 파틴 얘기를 전했지. 우리는 107지부에서 여전히 저항세력들과, 그리고 AFL-CIO 소속의 다른 그룹들과 전투를 치르고 있었어. 델라웨어 가에 우리가 다니는 술집이 있었는데, 우리는 거기서 셔츠를 계속 갈아입고는 했어. 경찰들이 녹색 셔츠를 입은 사내를 찾아다닐 경우, 나는 파란 셔츠를 입은 채로 바에 앉아 있었지. 경찰한테 내 외상 장부를 보여주면서. 그걸 보면 나는 하루 종일 거기에 앉아 있는 사람처럼 보였어. 나는 그 징토 춤은 1시간 님짓니넌 나 애시를 수 있는 술안이시만 말이야."

지미 호파와 다른 피고 일곱 명을 대상으로 한 시카고 재판은 호파가 채터
누가에서 치명적인 8년형을 선고받고 5주가 지난 후인 1964년 4월 27일에 시
작됐다. 채터누가에서 그랬던 것처럼, 배심원 후보 명단에 들어 있는 배심원
후보들의 신원은 배심원을 선정하는 날 아침까지 양측에 공개되지 않았다.

배심원 선정은 별다른 사건 없이 진행됐다. 정부 측은 생생한 증언과
15,000페이지가 넘는 서류를 배심원들이 고려해볼 증거로 제출하면서 13주
라는 고통스러운 기간으로 구성된 연금펀드 사기사건을 진행했다. 증거로
제출된 문서의 어느 구절을 보더라도 이 사건은 연방 차원의 사건이었다.

연금펀드 사기는 은퇴 후 거주용 또는 휴가용 별장 부지를 구입하는 식
으로 개인적으로 부동산 투자를 하고자 하는 팀스터즈 노조원들을 위해 플
로리다에 있는 대규모 토지를 주거용 부동산으로 개발하는 작업에 초점을
맞췄다. 대규모 토지는 선 밸리 빌리지라는 이름으로 알려져 있었다. 개발용
토지가 지미 호파를 비롯한 팀스터즈 노조원들에게 매각되기는 했지만, 개
발업자는 토지를 전혀 개발하지 않은데다 이후 사망하기까지 했다. 선 밸리
빌리지 개발사업은 파산하기에 이르렀고, 미개발된 토지는 쓸모없는 땅이
돼버렸다.

지미 호파는 불행하게도, 선 밸리가 1958년 파산하기 전, 그 토지로 이어
지는 도로를 닦고 전기를 끌어올 용도로 선 밸리 개발업자에게 빌려주는 대
출금에 대한 담보금으로 어느 플로리다 은행의 무이자계좌에 40만 달러를
보증금으로 맡기는 걸 인가했다. 지미 호파가 보증한 그 40만 달러는 그가
속한 디트로이트 지부의 연금펀드에서 빠져나온 돈이었다. 선 밸리가 파산
을 신청하자, 은행은 40만 달러 담보를 압류했다. 40만 달러를 되찾으려면,
호파는 개발업자가 사망 당시 은행에 지고 있던 채무 총액 50만 달러를 내
놔야 했다.

정부 측 주장에 의하면, 호파는 거기에 들어갈 자금 50만 달러를 모으기
위해 1958년부터 1960년 사이에 연금펀드의 대출을 제멋대로 해줬다. 호파
의 다른 피고 일곱 명은 연금펀드 자금을 투기성 짙은 벤처사업들에 무턱대

고 대출해주기 시작하면서 중개수수료와 뒷돈을 받았고, 그렇게 받은 돈의 일부는 플로리다 은행의 대출금을 지불하기 위해 호파에게 전달됐다. 그 임무는 1960년에 종료됐다. 호파는 플로리다 은행에 진 빚을 갚았을 뿐 아니라, 299지부의 연금펀드 40만 달러를 갚았을 때 손해 본 이자 42,000달러도 지불했다.

이 모든 활동을 사기행각으로 탈바꿈시킨 것은, 지미 호파가 선 밸리 빌리지 구역에 투자하라고 팀스터즈 노조원들을 부추기는 동안 사적인 이익을 취하려 들었다는 사실이라고, 그가 299지부의 연금펀드 자금을 담보로 잡을 때 사적인 이익을 취하려 들었다는 사실이라고, 그가 299지부에 갚아야 하는 돈을 빼돌리기 위해 중부지역연금펀드를 헤집어 가며 어찌어찌 방안을 마련하는 동안 사적인 이익을 취하려 들었다는 사실이라고 정부 측은 주장했다. 정부 측은 사적인 이익을 취하려는 호파의 동기가 그가 서명한 서류에 담겨 있다고 주장했다. 정부 측은 개발 프로젝트가 완전히 종료됐을 때 개발에 따른 총수익의 22퍼센트는 호파의 몫이라는 내용으로 개발업자와 맺은 비밀 신탁계약서에 지미 호파가 서명했다고 주장했다.

지미 호파의 변론은 단순했다. 그는 그 서명이 자신의 것이라는 사실을 부인할 작정이었다. 개발업자는 사망했으니 그 신탁계약서에 적힌 서명이 호파의 것이라는 사실을 증언할 수가 없었다. 지미 호파의 동업자인 오웬 버트 브레넌도 사망했으니 그 서명이 호파의 것이라는 사실을 증언할 수가 없었다. 버트 브레넌이 서류에 호파의 이름을 서명하고는 그 22퍼센트의 수익을 자기 것으로 삼킬 작정이었는지도 모른다. 개발업자가 연금펀드라는 거금을 가진 호파가 프로젝트의 배후에 있다고 주장해서 다른 투자자들로부터 신뢰를 얻으려고 호파의 이름을 서명한 것인지도 모른다.

정부 측은 마이애미 소재 에버글레이즈 호텔 건설을 위해 대출해준 330만 달러에 따른 리베이트 33만 달러 같은 것들을 비롯한, 1958년부터 1960년 사이 은행에 상환할 자금을 얻기 위해 행해진 갖가지 사례를 제시했다. 또 다른 사례에서, 65만 달러가 '벌 팩 컨스트럭션 컴퍼니'라는 회사에 대출됐다. 그린

253

데 블랙 컨스트럭션 컴퍼니라는 이름의 회사는 존재하지 않았다. 세실 블랙은 주급 125달러를 받는 노동자로, 그 자금을 동전 한 닢도 본 적이 없었다.

이 시카고 재판이 지미 호파를 특히 짜증나게 만든 것은 1958년에서 1960년 사이 그가 자행한 것이라고 주장된 모든 일이 그가 자기 방어용으로 한 일이라고 여겼던 일들이라는 것이다. 디트로이트 지부에 자금을 상환하기 위해 행해신 이 모든 싯은 맥클레런위원회 청문회 동안 바비 게네니에 의해, 그리고 담보로 잡힌 무이자 예금 40만 달러를 향해 케네디가 비춘 부정적인 조명에 의해 더해진 열기가 낳은 직접적인 결과였다.

시카고 재판에서 지미 호파에게 불리한 증언을 한 으뜸가는 증인은, 신탁계약서에 서명된 'J. R. 호파'라는 서명은 지미 호파의 전형적인 필적으로 알려진 것과 일관된 것이라고 증언한 FBI의 필적 전문가였다.

정부 측은 증인을 더 이상 세우지 않았다. 그러면서 지미 호파가 증인석에 앉았다. 예상했듯, 호파는 신탁계약서의 서명이 자기가 한 서명이라는 걸 부인했다. 예상과는 달리, 호파는 한 걸음 더 나아가 그가 법적인 서류에 'J. R. 호파'라고 서명한 적은 평생 단 한 번도 없었다고 주장했다. 자신은 법적인 서류에 늘 '제임스 R. 호파'라고 서명했노라고 맹세했다.

정부 측에게 깜짝 증인은 없었다. 하지만 정부 측은 깜짝 서류를 찾아내려고 산더미처럼 쌓인 서류를 뒤졌다. 반대심문을 받은 지미 호파는 마이애미 비치에 있는 블레어 하우스의 펜트하우스를 개인적으로 임대한 적이 있느냐는 질문을 받았다. 펜트하우스 임대는 노조 비용을 적절하게 사용했다는 주장을 정당화해줄 거라고 확신한 호파는 그런 적이 있다고 대답했다. 임대서류에 직접 서명했느냐는 질문에 호파는 그랬다고 대답했다. 그러자 검사는 호파에게 서명이 진짜가 맞는지 확인해달라고 요청하며 임대서류를 호파에게 건넸다. 지미 호파는 눈앞이 깜깜해졌다. 임대서류에는 'J. R. 호파'라고 서명이 돼 있었다.

월터 셰리던은 시카고 재판에서 지미 호파에게 불리했던 모든 정황을 매끄럽게 정리했다. "호파는 자신의 사적인 이익을 위해 팀스터즈 조합원들의 소유물인 기금을 유용했다가 생긴 상황에서 탈출하기 위해 팀스터즈 조합원들을 위해 비축해둔 기금을 사용하고 있었다." 지미 호파는 노조의 형제들에게서 40만 달러를 슬쩍했다. 그러고는 법적인 문제가 되기 전에 그 돈을 상환하려고 동일한 노조의 형제들에게서 또 다른 50만 달러를 슬쩍했다.

1964년 7월 26일, 배심원단은 지체 없이 지미 호파와 그의 아랫사람 일곱 명에게 연금펀드 사기사건의 유죄 판결을 내렸다. 1964년 8월 17일, 지미 호파는 채터누가에서 받았던 8년 형량을 이어받아 교도소에서 5년을 추가로 복역하라는 선고를 받았다.

지미 호파가 불운을 상징하는 숫자인 총 13년을 연방교도소에서 보내라는 선고를 받은 지 일주일 뒤인 1964년 8월 25일, 바비 케네디가 법무장관 직에서 사임한다는 뉴스와 뉴욕에서 상원의원 선거에 출마할 거라는 발표가 나왔다. 월터 셰리던은 바비 케네디의 선거운동을 도우려고 법무부에 사표를 냈다.

"

지미는 승소하는 데 익숙해진 터라 자신이 바비에게 연패를 당하는 모습을 쉽게 상상하지 못했어. 그가 이렇게 나가떨어진 신세를 순순히 받아들이지 않을 거라는 건 직감적으로 알 수 있었지.

그럼에도, 그가 테네시에서 열린 첫 재판에서 보여준 대처방식 때문에 그는 가벼운 경고 정도로 끝날 일을 심각한 복역 기간으로 탈바꿈시키기에 이른 거야. 그는 배심원들에게 현금을 먹이는 짓이 계속 적발됐음에도 그런 짓으로 계속 돌아가고 있었어. 캥거루가 머리를 계속 까닥거리면서 자신이 처한 상황을 절대로 이해하지 못하고 계속 전진하기만 하는 것하고 비슷하게 말이야.

우리 친구들 중 일부는 잘 알지도 못하는 에드 파틴 같은 놈한테 큰 소리로 정보를 까발려댄 지미의 판단력에 의문을 제기했어. 우리 세계에서, 남들의 신뢰를 받기를 기대한다면 모든 걸 가슴속에 꽁꽁 싸매두고 있어야만 해.

사람들이 우리에 대해 표하는 존경심을 잃고 싶지 않다면 말이야.

시카고의 일들이 끝나고 나서, 나중에 해럴드 기븐스한테 들은 얘기가 있어. 지미는 모든 서류에 '제임스 R. 호파'라고 서명하려고 조심, 또 조심했다더군. **"**

상원의원 출마를 발표할 때, 바비 케네디는 호파와 팀스터즈를 겨냥하면서 3년 반을 보낸 참이었다. 바비 케네디의 활동은 팀스터즈 임원 201명을 기소하고 그중 126명이 유죄 판결을 받는 결과를 낳았다.

바비 케네디 덕에, 전국 곳곳의 조폭들은 대중의 날카로운 시선 아래 놓이게 됐다. 그들은 경찰의 급습을 받는 일 없이는 레스토랑에 함께 모일 수가 없을 지경이었다. 1966년 9월 22일, 뉴욕 퀸스의 포레스트 힐스에 있는 라 스텔라 레스토랑의 테이블에 둘러앉은 전국 각지에서 온 조폭들이 경찰에 체포됐다. 체포돼서 이런저런 시달림을 당한 후에 기소되지 않고 석방된 그 무리에는 카를로스 마르첼로와 산토 트라피칸테, 조 콜롬보, 카를로 감비노 Carlo Gambino가 포함돼 있었다. 한 달 후, 똑같은 무리가 반항하듯 라 스텔라에서 또다시 회합을 가졌는데, 그들은 이번에는 그들을 대표하는 프랭크 라가노 변호사를 대동했다.

조직범죄를 상대로 한 바비 케네디의 활동은, 특히 그가 고안해낸 방법들—정보 수집, 표적의 선택과 집중, 정보원과 거래하기, 첨단 감시용 전자장비 채택, 이질적이고 종종 경쟁관계인 정부기관들에게 정보를 공유하라고 강권하기—은 이후 연방정부가 조직범죄를 상대로 벌인 모든 활동의 체계를 잡았다. 오늘날 조직범죄의 존재나, 조직범죄를 박멸하려는 연방정부와 FBI의 헌신에 의문을 제기하는 사람은 아무도 없다. 바비 케네디 덕에, 오늘날 조직범죄를 일개 지역의 경찰이 해결할 문제라고 생각하는 사람은 거의 없다. 그런데 개의 머리는 잘려나갔을지 모르지만, 개는 절대로 죽지 않았다. 그래도 바비 케네디가 조직범죄의 권력자들과 조폭이나 다름없는 팀스터즈에 입힌 피해는 회복할 수 없는 수준이었다.

> " 지미 호파는 돈 문제는 전혀 신경 쓰지 않았어. 돈을 펑펑 썼지. 하지만 그는 권력은 좋아했어. 자신이 교도소에 있건 그렇지 않건, 그는 권력을 내주려고 하지 않았어. 우선, 그는 감옥에 가지 않을 수만 있다면 무슨 짓이든 하려고 들었어. 교도소에 갔을 경우, 그는 자신을 교도소에서 빼내줄 수 있는 일이라면 무엇이건 하는 한편 계속해서 조직을 통치해나가려고 들었어. 일단 출옥하고 나면, 그는 만사에 대한 통제권을 되찾을 작정이었어. 나는 그를 도울 작정이었고. "

1965년, 채터누가 재판이 진행되는 도중에 배심원들이 매춘부와 정사를 가졌다는 근거로 새 재판을 열어야 한다는 피고 측 명령신청이 채터누가 법정에 제기됐다. 명령신청은 배심원들을 정부 편으로 끌어들일 유인책으로 법원 경비원들이 매춘부들을 모아 배심원들에게 제공했다고 주장했다. 그 신청에는 채터누가 매춘부 네 명의 진술서도 첨부됐다. 그중 한 명인 마리 먼데이는 채터누가 재판의 판사가 자신은 "호파를 잡아들이려 애쓰고 있다"는 말을 그녀에게 했다고 주장했다. 그녀가 법정에서 한 이런 '애드리브' 때문에 채터누가의 신성한 법정에서 사람들이 터뜨린 웃음소리가 얼마나 컸는지는 상상만 가능할 것이다. 판사는 껄껄 웃으면서 명령신청을 기각했다. 정부 측은 매춘부 중 한 명을 법정에 데려와 그녀에게 위증을 했다는 유죄 판결을 내렸다. 그 결과 마리 먼데이는 법정에 제출한 진술서를 즉시 철회했다.

1966년 7월 마이애미비치에서 열린 팀스터즈 컨벤션에서, 지미 호파는 새 직책—총괄 부위원장—을 신설하기 위해 팀스터즈 헌장을 개정했다. 신설된 부위원장은 위원장이 감옥에 가는 일이 벌어질 경우에 노조를 운영하는 데 필요한 모든 권한을 가졌다. 호파는 모두가 자신의 쏙누각시라고 여겼던 프랭크 피츠시먼스를 신설된 총괄 부위원장에 임명했다. 호파는 자신의 연봉을 75,000달러에서 100,000달러로 인상했는데, 이는 미국 대통령의 연봉과 같은 액수였다. 달라진 게 있다면, 이제는 위원장이 감옥에 가는 일이 벌어지더라도 호파의 급여는 계속 지불될 것이라는 조항이 규정에 포함될 거라는 점이었다.

교도소에 투옥되는 것은 건강을 유지하려고 휴식을 취하는 기간 동안 여행을 가는 것과 동일한 것이므로 호파가 받는 급여는 심해낚시 여행을 갈 때 발생하는 비용과 비슷한 것으로 간주해서 호파가 감옥에 있더라도 계속 급여를 받아야 마땅하다는 설명을 지부 대표들은 들었다. 호파는 지부 대표들로 하여금, 그가 패소를 했건 그렇지 않건, 과거에 발생한 모든 재판 수임료와 비용을 지불하는 걸 승인하게 만들었다. 그 비용은 컨벤션이 열리는 날 기준 1,277,680달러에 이르렀다. 호파는 지부 대표들로 하여금 미래에 발생할 그의 소송비용을 액수가 얼마가 되건 지불하는 걸 승인하게 만들었다.

한편, 호파의 채터누가 재판의 항소장이 대법원에 접수됐다. 대법원은 호파의 항소 이유를 들어보기로 합의했다. 항소 이유가 변호사의 조언을 들을 수 있는 호파의 헌법적 권리, 그리고 파틴이 앤드류 잭슨 호텔에 있었던 게 그 권리를 침해했는지 여부와 관련한 새로운 이슈를 제기했기 때문이다. 대법원이 항소 이유를 들어본 시기는 '형법 혁명'이 절정에 달한 시점, 즉 이전까지만 해도 존재한 적이 없던 형법상 권리들이 새롭게 생겨나고 있던 1961년에서 1971년 사이의 10년간이었다. 호파 팀에 새로 합류한 노련한 항소 전문 변호사 조지프 A. 파넬리가 호파의 항소를 적절하게 다루고 있었다. 대법원에서 구두 변론이 있은 후 검사 팀은 '재판이 끝날 때 판사가 어떤 판결을 내릴지 도무지 확신이 서지 않았다'고 월터 셰리던은 적었다.

하지만 호파가 이끄는 코미디극단은 안전한 지대에만 머무르겠다는 심산에서, 리버럴한 성향의 대법관 윌리엄 브레넌을 강하게 압박하기로 결정했다. 월터 셰리던은 항소 과정에서 '애드리브'로 자행된 기괴한 행각에 대해 이렇게 썼다. '어느 팀스터즈 임원이 윌리엄 브레넌 대법관의 남동생에게 접근했다. 맥주양조장을 소유한 대법관의 남동생은 그의 형이 호파 사건에 올바른 표를 던지지 않으면 그의 양조장은 문을 닫게 될 것이며 다시는 문을 열지 못할 것이라는 얘기를 들었다.'

호파가 이런 강압전술을 썼음에도, 대법원은 지미 호파의 항소를 기각했다. 브레넌 대법관은 포터 스튜어트 대법관이 집필한 다수의견의 편을 들었다. 얼 워렌 대법원장은 호파의 유죄 판결을 뒤집는 쪽에 표를 던지고 소수의견을 집필했다. 워렌은 정부가 파틴을 은밀하게 활용한 것을 "연방정부가 법집행의 품격과 공정성에 가한 모욕"이라고 불렀다.

포터 스튜어트 대법관의 견해가 나오고 9일 뒤, 대법관은 예전의 대학교 친구가 지미 호파를 대신해서 쓴 편지를 받았다. 편지를 보낸 이는 뉴햄프셔의 영향력 있는 신문 『맨체스터 유니언 리더』의 소유주이자 발행인 윌리엄 로엡이었다. 로엡은 익명의 정부 고위관료가 바비 케네디가 호파를 잡으려는 열망 때문에 불법적인 도청을 활용했다는 사실을 그에게 장담했다고 친구인 스튜어트 대법관에게 알렸다. 로엡이 편지에 포함시키지 않은 중요한 사실은 그가 팀스터즈 연금펀드에서 거금을 대출받게 될 거라는 약속을 받았다는 거였다. 나중에 그는 실제로 대출을 받았다. 호파의 변호사들이 로엡으로 하여금 이 편지를 쓰게 만들었다는 게 입증될 경우, 그들은 변호사 윤리 위반과 관련한 절차에 직면했을 테지만 사태는 그 정도까지 진행되지는 않았다.

호파의 변호사들은 포터 스튜어트 대법관의 결정을 재심리해달라는 명령신청을 제기했다. 법정에서 그런 명령신청들이 제기되는 건 일상적인 일이지만 받아들여지는 일은 드물다. 영향력 있는 인사들이 보낸 부적절한 서신들은 말할 것도 없다.

재심리 명령신청이 미처리 상태에 있는 동안, 호파의 극단은 법조계에서 신선하게 여기는 것을, 그들이 "정부의 도청과 전자장비를 동원한 엿듣기, 다른 권리 침해 때문에 생긴 고통의 경감을 위한 명령신청"이라고 부른 것을 대법원에 제출했다. 벤저민 '버드' 니콜스Benjamin 'Bud' Nichols라는 도청과 전자장비를 이용한 엿듣기 분야의 프리랜서 전문가가 작성한 신술서가 명령신청을 뒷받침했다. 진술서에서, 니콜스는 자신이 배심원 매수 재판이 시작되기 직전에 채터누가에서 월터 셰리던을 만났다고 주장했다. 니콜스는 셰리던이 배심원단실에 있는 전화기들을 도청해달라며 돈을 지불했고, 그래서 셰리던의 지시에 따라 자신이 배심원단이 있는 방의 전화기에 도청장치를 심었다고 주장했다. 호파가 새로 제기한 명령신청에는 사소한 문제가 하나 있었다. 채터누가에 있는, 또는 미국의 다른 지역에 있는 배심원단실에는 전화기가 단 한 대도 설치돼 있지 않았던 것이다.

폭소는 1967년 3월 7일 오후 3시 30분에 뚝 그쳤다. 배심원 매수 혐의로 유죄 판결을 받은 지 3년하고 사흘째인 그때, 지미 호파는 펜실베이니아에 있는 루이스버그 연방교도소에 수감됐다. 1967년 3월 17일자 『라이프』지는 '수감번호 33298-NE: 제임스 리들 호파─추운 날씨에 긴 산책길에 오른 뽐내기 좋아하는 남자'라는 제목을 단 포토 에세이를 게재했다. 사진 중 한 장은 지미 호파의 사진 중앙과 주위에 '언제나 당신을 생각하며'라는 문구가 달린 밸런타인 하트가 그려진 거였다. 이 밸런타인 사진은 법무부에 있는 월터 셰리던의 사무실 문을 다년간 장식했다. 밸런타인데이, 2월 14일, 알 카포네가 호령하던 시카고에서 '밸런타인데이의 학살'이 자행된 날, 지미 호파의 생일. 에세이는 이런 의문을 제기했다. '이 수감은 거대한 노조를 좌지우지한 호파의 권력이 끝났다는 것을 의미하는가, 아니면 잠시 휴지기에 접어들었음을 의미하는가. 호파가 복귀하지 못할 거라는 쪽에 돈을 걸 노조 관계자는 지금 당장은 그리 많지 않다.'

21

그가 내게 해준 일이라고는
전화를 끊은 것밖에 없었어

1967년 3월 7일 행해진 호파의 투옥은 『라이프』지가 썼듯 '거대 노조에서 호파가 휘두르던 권력의 끝일까, 아니면 잠시 휴지기에 들어간 걸까?' 피츠 시먼스에게 위원장 자리를 넘겨준 것은 직함만 넘어간 것에 불과했을까, 아니면 실질적인 변화의 바람이 불어오고 있던 걸까? 1967년에 필라델피아 노조 내부에서 벌어진 폭력적인 전투의 최전선에서 사태를 바라본 시런은 새로 몰아치는 바람의 쌀쌀함을 느낀 첫 팀스터즈 리더이자 최초의 '호파 사람'이었을 것이다.

"

지미가 '학교'에 가기 전날 밤에 그를 만나려고 윌밍턴에서 워싱턴까지 차를 몰았어. 지미는 1964년에 107지부 노조회관에서 존 고리와 그의 여자친구 리타에게 총을 쏜 혐의로 기소된 조니 설리번과 다른 두 명을 변호하는 변호사들에게 주라며 25,000달러를 내게 줬어. 고리는 보이스 편이었는데, FBI는 그가 저항세력이었기 때문에 살해를 당할 거라고 말하려 애썼어. 그 이 여자친구는 그저 잘못된 때에 잘못된 장소에서 잘못된 남자랑 같이 있었던 것뿐이야. 순전히 민간인 사상자였던 거지.

고리가 보이스 편이었던 건 틀림없어. 하지만 그렇다고 해도 그를 죽일 필요까지는 없었어. 고리보다 더 중요한 놈들이, 죽여야 할 놈들이 많았거든. 1번 타자는 고리가 아니라 찰리 메이어스였을 거야. 메이어스는 보이스의 우두머리였어. 고리는 보이스에서 별 볼 일 없는 자였고. 게다가 보이스에 폭로해야 할 구린 구석이 뭐가 있었겠나? 보이스는 폭로할 거리가 하나도 없었어. 구린 구석이 많은 데가 어디인지는 모두들 알고 있었지.

고리는 도박꾼이었어. 어떤 놈이 노름빚을 갚지 않을 경우, 극단적인 조치를 취하는 것보다는 놈을 상대로 협상을 하려고 드는 게 보통이야. 그런데 세상만사는 상황에 따라 달라지는 법이잖아. 고리가 반항하면서 존경심을 보이지 않았을지도 모르지. 협상으로 해결하기에는 빚이 지나치게 많았을지도 모르고. 아니면 놈과 협상을 하고 또 하다가 결국에는 인내심이 바닥난 것인지도 몰라. 그것도 아니면 경기가 나빠지던 시기라 빚을 지기 시작한 다른 고객들에게 경고 메시지를 보낼 필요가 있었는지도 모르고. 제일 가능성이 큰 건, 그들이 그냥 그를 끝장냈다는 거야. 무슨 새로운 일을 시작하고 싶은 생각이 털끝만큼도 없어서 그냥 죽여 버린 거지.

그런데 고리 사건은 불필요한 문제를 만들어냈어. 고리는 어느 누구도 괴롭힌 적이 없는 놈이었거든. 놈을 약간 거칠게 다루기만 해도 놈의 문제는 해결할 수 있었을 거야. 그를 죽인 건 쓸데없는 짓이었던 거지. 여자를 죽인 것도 그렇고. 요즘 세상의 좋은 점에 대해 한마디 할까? 요즘에는 도박꾼이 빚을 갚지 않으면, 하우스는 그놈을 내기에 받아주지 않아. 하우스에서는 그놈에 대한 소문을 퍼뜨리고, 그러면 그놈이 돈을 갚기 전까지는 어느 누구도 그놈을 판에 끼워주지 않는 거지.

정부 측에서 지미가 그 짓을 지시했다고 주장하려 애썼다는 걸 알아. 하지만 지미 호파가 그따위 짓—노조회관에서 어떤 사내와 그의 여자친구를 죽이는 짓—을 누군가한테 시키는 일은 절대 없을 거라는 걸 나는 당신에게 한

점의 의심도 품지 않고 말할 수 있어. 지미가 총잡이들의 변호사들에게 줄 돈을 나한테 왜 준 거냐고? 내가 아는 거라고는 그가 내게 한 말이 전부야. "이러기로 약속했었어." 나한테는 그 대답으로 충분했어. 지미가 변호사들한테 줄 돈 25,000달러를 나한테 준 이유는 알 바 아냐. 지미가 누군가의 부탁을 들어주겠다고 마음먹을 경우, 그런 종류의 돈은 지미에게는 아무것도 아니었어. 누군가가 그에게 기부를 해달라고 요청했던 것 같은데, 그게 그의 기부금이었을 거야. 아마도 일이 벌어진 후에, 지미에게 금전적 도움을 달라고 요청한 사람이 누구건, 그 사람은 고리가 어쨌든 보이스 소속의 말썽꾼이라는 사실을 알렸을 거야. 나는 그 문제에 대해서는 모르지만, 아무튼 고리는 지미 때문에 살해된 게 아니었어. 고리는 조용하게 처신하는 아일랜드계로, 어떤 식으로건 눈에 띄는 사람이 아니었거든. 지미 호파는 그가 누구인지조차 몰랐을 거라고 확신해.

내가 설리번 일행의 변호사들에게 줄 지미의 기부금을 받으러 워싱턴에 있는 팀스터즈 본부에 갈 거라는 걸 다운타운 전체가 알고 있었어. 필라델피아로 돌아오니까 빅 바비 마리노가 돈을 달라고 하더군. 자기가 내 대신 그 돈을 변호사들에게 넘겨주겠다는 거야. 나는 나를 바보천치로 생각하는 거냐고 물었어. 그로부터 13년 후에 나는 빅 바비를 처치한 죄로 기소됐지만, 배심원단은 내게 무죄 판결을 내렸지.

그 돈을 변호사들에게 전달하는 걸 "돕겠다"면서 나한테 접근한 다음 놈은 해리 '더 헌치백' 리코베네였어. 내가 그랬지. "절대 안 돼요. 이 돈을 갖게 될 사람들은 변호사들밖에 없어요." 해리 더 헌치백이랑 빅 바비 같은 놈들은 재판을 받으러 가야 하는 사람들한테는 눈곱만치도 신경을 쓰지 않아. 놈들은 자기들이 챙기려고 돈을 갖고 싶어 한 거지. 다운타운에 있는 특정한 사람들 주위에서는 뒤통수를 얻어맞는 경우가 늘 많았어.

지미가 '학교'에 간 직후인 1967년에 내가 드조지 살인사건으로 체포됐을 때, 빅 바비 마리노가 프랭크 피츠시먼스에게 내 보석금을 부탁하려고 워싱턴에 갔어. 피츠시먼스는 그의 부탁을 거절했지. 마리노가 피츠를 만나려고 워싱턴에 간 건 나를 위해서가 아니었어. 우리는 무슨 일을 같이 한 적이 없던 사이야. 개인적인 친분이 있는 것도 아니었고. 빅 바비는 자기 자신을 위해 거기에 간 거였어. 남의 고통을 기회 삼아 제 주머니를 불리려고 애쓰고 있었던 거지. 놈들은 그런 부류였어. 나는 판사가 내 보석금을 내가 직접 지불하게 해줄 때까지 필라델피아 구치소에 넉 달간 있었어. 풀려난 뒤로는 빅 바비를 쫓았지. 그는 키가 198센티미터에 몸무게가 160킬로그램은 족히 나가는 거구야. 하지만 놈은 나 때문에 곤경에 처하는 선 원치 않았어.

감옥에서 나온 나는 피츠에게 내가 쓴 비용을 달라고 요청했지만, 그는 내 부탁을 거절했어. 지미라면 그 문제를 당장 그 자리에서 정리했을 거야. 나는 러셀에게 전화를 걸었고, 러셀은 피츠에게 전화를 걸어 내 돈을 받을 수 있게 해줬어. 워싱턴에 가서 피츠한테 35장을 받았지. 그들은 나를 위해 '마켓 인'에 그 돈을 놔뒀어. 그곳은 '마른자리(dry spot)'였어.

'마른자리'는 돈이 숨겨진 곳을 가리키는 말이야. 어떤 사람을 한동안 아무도 모르는 곳에 조용히 데리고 있는 안가랑 비슷한 곳이지. 다른 게 있다면 여기는 돈을 숨기는 데 쓰는 곳이라는 거야. 안가는 어느 누구하고도 관련이 없는, 평범한 거리에 있는 민간인 주택하고 비슷해. 마른자리는 그 돈을 가져가기 전까지 일시적으로만 운영할 수 있어. 마켓 인은 그런 일을 하는 곳이었어. 마른자리였다는 거지. 상대편이 돈을 가져갈 때까지 거기 지배인에게 돈 꾸러미를 맡기는 거야. 지배인은 꾸러미 안에 뭐가 들었는지 몰라야만 했어. 꾸러미는 누군가가 그걸 받으러 올 때까지 안전하게 보관됐어. 마켓 인이 워싱턴의 E 거리에 있던 그 자리에 여전히 있을 거라고 확신해. 하지만 지금도 그런 일에 쓰이고 있는지는 모르겠어.

상원의원들과 하원의원들, 그리고 다른 사람들이 그들을 위해 남겨진 작은 꾸러미를 가지러 거기에 가고는 했어. 그런 식으로 거기에 맡겨진 것들은 그다지 심각한 물건들은 아니었어. 50만 달러 정도가 아니라, 그에 못 미치는 액수, 예를 들어 5만 달러 정도였지. 마켓 인은 그 시절에는 꽤 잘나가는 곳이었어. 나는 35장을 가지러 거기로 가야 했어. 그리고 50장을 채워줄 15

장을 위해 뉴욕에도 가야 했지. 재크스 쉬퍼 변호사의 사무실에서 15장이 든 꾸러미를 받았어.

드조지 사건은 살인 의도는 없었던 우발적인 살인사건이었어. 알렌 스펙터는 상원의원이 되기 전 필라델피아의 지방검사였는데, 세상에 이름을 날리려고 기를 쓰는 사람이었어. 스펙터는 워렌위원회 소속 변호사로, 댈러스에서 케네디 대통령과 코넬리 주지사에게 난 모든 총상자국을 설명하는 단일탄환이론single bullet theory을 고안해내면서 스포트라이트를 약간 받은 적이 있어.

드조지 사건이 어떻게 일어난 일이냐면, 당시 나는 델라웨어 지부의 지부장이었어. 지미는 '학교'에 가기 1년쯤 전에 107지부를 3개 지부로 분할했어. 그렇게 하면 거기에서 빚어지는 폭력을 줄일 수 있을 거라고 판단해서야. 그는 델라웨어 윌밍턴에 있는 신생지부인 326지부를 내게 맡겼어. 나는 투표를 실시해서 그 지부의 조합원들이 나를 투표로 선출할 수 있을 때까지 326지부의 지부장으로 활동하게 됐어. 지미가 내가 하기를 원했던 첫 일은 필라델피아로 가서, 107지부장인 마이크 헤션이 해고하기 두려워하는, 분란을 일으키는 조직책 다섯 명을 해고하는 거였어. 나는 I-95 도로로 차를 몰고 가서 조니 설리번을 해고했어. 맥그리얼의 측근이던 그는 고리 사건을 항소하던 중이었어. 또 스티비 부라스를 해고했는데, 천장에 총을 쏴서 헤션을 겁먹게 만들고 일자리를 얻은 놈이었어. 또 다른 놈도 해고했는데, 그놈 이름은 기억나지 않아. 그 시절에 일어났던 일이 너무 많아서 그걸 전부 기억하기는 어렵지만, 지미가 그런 일을 하라고 나를 거기 보냈던 건 확실히 기억해. 빅 바비 마리노와 베니 베다치오도 잘랐지. 그런데 그놈들한테는 친구들이 있었어. 나는 거기서는 인기가 그리 좋지 않았어. 하지만 내 주위의 천장에 대고 총을 쏘려고 기를 쓰는 놈은 없었지.

놈들을 다 자른 후, 반발하는 놈들이 없게 확실히 해두려고 한동안 필라델피아에 머물렀어. 그러다 남쪽으로 50킬로미터쯤 떨어져 있는 델라웨어로 돌아갔지. 나는 내 새 직위에 대해 배우고 있었어. 지미가 지부를 나한테 맡기면서 내게 건 신뢰가 정당한 것이라는 건 입증하고 싶었거든. 델라에어 뉴어크에 있는 크라이슬러 자동차 공장에서 자동차 운반회사인 앵커 모터스 소속으로 2주간 자동차 운송트럭을 몰아봤어. 그렇게 해서 자동차 운송기사들이 겪는 문제는 화물 운송기사들의 그것하고는 다르다는 걸 알게 됐지. 나는 화물 트럭만 몰아봤었잖아. 그 사람들한테서 자동차 운송에 대해 이해하지 못한다는 불만을 듣고 싶지는 않았어. 그들의 고충을 현장에서 직접 겪어보려고 자동차들을 트레일러로 운전하는 법을 배운 거야.

326지부에서는 아침마다 내가 담당하는 차고들(트럭회사들)을 일일이 몰아다녔어. 아침에 일어난 뒤로는 잠시도 가만히 있지 않았지. 나는 사람들과 같이 있는 걸 좋아해. 상황이 어떻게 돌아가는지 철저히 파악하려고 사람들을 직접 만나 상황을 확인해봤어. 그들이 나를 존경하게 만들어야 했거든. 존경은 돈으로 살 수 있는 게 아냐. 처신을 잘해서 버는 거지. 나는 회사들이 연금펀드를 협정에 맞게 잘 납부하고 있는지 확인했어. 회사들이 펀드에 돈을 납부하지 않는데도 그런 상황을 확인하지 않고 있다가는 소송을 당할 수도 있었어.

그렇다고 해서 실무자가 자기 주머니를 채우는 일을 할 수 없었다는 뜻은 아냐. 신생회사에서 노조를 조직할 경우, 지부장은 그 회사가 연금펀드를 납부하는 걸 1년간 면제시켜 줄 수 있었어. 그렇게 해서 그 회사가 변화된 상황에 적응할 수 있도록 유예기간을 주는 거지. 고객들에게 부과하는 수수료를 인상하든가 다른 일을 하는 식으로, 회사들은 펀드에 돈을 납부하는 바람에 늘어난 간접비에 적응할 준비기간을 갖게 되는 거야. 어떤 회사가 기사 1인당 1시간에 1달러를 납부해야 한다고 치자고. 그 기사가 주에 40시간을 일하면 회사가 납부해야 하는 액수가 40달러야. 그 회사에 직원이 100명이라면 납부액이 주당 4,000달러가 되지. 그 회사에 면제기간으로 6개월을 줄 경우, 회사가 절약하는 액수는 100,000달러가 조금 넘어. 계산을 시작할 때는 시간당 1달러에 불과한 액수가 계산이 끝날 때는 그렇게 큰 액수가 되는 거지. 거액을 아낀 회사는 절약한 액수를 테이블에 올려놓고, 양자는 그 뒷돈을 공유하는 거야. 모두들 그런 식으로 일을 처리했어. 그렇게 해도 상처받는 사람은 아무도 없었어. 모든 팀스터즈 기금은 노조원이 그 회사에서 일하기 시작한 날부터 소급되기 때문이었어. 그 회사가 펀드에 돈을 납부하지 않았더라도 말이야. 노조원들은 지부장이 회사에 면제기간을 주건 말건 각자가 받아야 할 기금을 정확하게 받았어.

필라델피아에서 한바탕 칼춤을 추고 난 후에도 긴장은 계속 고조됐어. 조 맥그리얼과 그가 거느린 어깨부대는 트럭회사들을 갈취해서 자기들 주머니를 채울 수 있도록 107지부를 완전히 접수해 노조의 모든 직책을 독차지하기로 결심했어. 그래서 그들은 1967년 9월의 어느 밤, 스프링가든 가에 있는 107지부 회관 앞에서 대규모 시위를 벌였어. 분을 삭이지 못하는 온갖 파벌에서 몰려온 사람이 3,000명은 되더군. 고함을 지르면서 건물 주위를 돌아다니는 사람들이 있었고, 주먹다짐도 두어 번 벌어졌어. 조이 맥그리얼은 다운타운에서 어깨들을 데려왔어. 안젤로 밑에 있는 이탈리아계는 아니었지만, 어쨌든 어깨는 어깨였지. 로버트 '로니' 드조지Robert 'Lonnie' DeGeorge와 찰스 아모로소Charles Amoroso는 맥그리얼이 데리고 있는 어깨들이었어. 그들은 건물을 장악하려고 들었어. 모든 조직책과 교섭위원들과 지부 임원들이 겁을 먹고 물러나게 만들려고 애썼지. 그날 밤 기마경찰들은 눈코 뜰 새 없이 바빴어.

그 일이 벌어질 때 나는 그 자리에 없었어. 집에 있는데 밤늦게 피츠로부터 이튿날 아침에 거기에 오라는 전화를 받았지. 피츠가 전화를 건 건, 그렇게 규모가 큰 집회가 있으면 이튿날에는 상황이 더 악화될 거라는 게 일반적인 일이기 때문이야. 놈들은 덩치가 더 큰 놈들을 찾아서 돌아올 테니까. 피츠가 말했어. "상황 좀 통제해봐." 지미가 그런 말을 했다면, 나는 지미가 뜻하는 바가 무엇인지 대번에 알아차렸을 거야. 안젤로 브루노한테 전화를 걸어서 이탈리아계 어깨 몇 명을 빌렸어. 조지프 '치키' 치안카글리니Joseph 'Chickie' Ciancaglini와 로코 투라Rocco Tura와 다른 몇 명을 불렀지. 우리 어깨들은 솜씨가 좋았어. 나는 인력들을 회관에 들어가게 하고는 창문을 통해 거리에 있는 사람들을 살폈어. 나는 노조회관을 등지고 있었어. 두 집단은 스프링가든 가의 반대쪽 끝에서 서로를 향해 걸어오고 있었어. 맥그리얼 무리는 이쪽에서 오고, 지부에 충성하는 사람들 무리는 저쪽에서 오고.

그런데 난데없이 총격이 발생한 거야. 첫 총알은 내 뒤에서 날아와 내 머리를 쌩하고 지나갔어. 사람들은 내가 사격을 개시하라는 신호를 보냈다고 말했어. 내가 드조지를 손가락으로 가리키니까 우리 쪽에 있는 누군가가 그를 쐈다고 말이야. 총알이 너무 많이 날아다닌 탓에 누가 누구를 쏘고 있었는지, 또는 누가 사격을 개시했는시 알 수 있는 사람이 아무도 없었어. 진날 밤에는 그 자리에 있던 기마경찰들이 그날 아침에는 한 명도 모습을 보이지 않았어. 그날 아침에는 전투가 몇 번 벌어졌어. 결국에는 치키의 배에 총알이 두 방 박혔지. 치키를 차에 태워서 의사인 외삼촌한테 데려갔어. 존 한센 박사는 치키를 곧바로 병원에 데려가라고 말하더군. 그 정도 총상이면 목숨을 잃을 게 분명했기 때문이야. 외삼촌의 진료실이 있는 거리 건너편에 있는 세인트 아그네스 병원으로 갔어. 치키를 눕히고 누가 그를 데리러 나올 때까지 쓰레기통을 힘껏 때려 큰 소리를 냈어.

차를 몰고 델라웨어 뉴포트로 갔어. 상황이 잠잠해질 때까지 술집 위에 있는 아파트에 숨어 있으려고 말이야. 피츠한테 전화를 걸어서 보고했지. "한 명 중상, 두 명 경상입니다." 피츠는 패닉에 빠져서 전화를 끊어버리더군. 피츠 치하에서는 일이 생판 다르게 돌아갈 거라는 걸 그때 처음 깨달았어. 그렇지만, 그 시점에만 해도 나는 내가 체포됐을 때 발생한 비용을 팀스터즈에서 내달라는 요청을 그가 거절할 거라고는 전혀 생각 못하고 있었어. 그가 나한테 처리해달라고 요청한 일을 실행한 혐의로 체포된 거였는데도 말이야. 일을 어떻게 마무리지어야 할지 감도 잡지 못하던 나는 그 문제를 처리해달라면서 러셀을 찾아갔어. "한 명 중상, 두 명 경상입니다." 얘기를 들은 그는 전화를 끊었어.

지방검사 사무실은 내 체포영장을 발부했어. 검찰은 치키와 흑인 조니 웨스트, 백인 블랙 팻을 체포했어. 나는 한동안 델라웨어에 머물렀지만, 도주죄로도 기소되고 싶지는 않았어. 그래서 윌밍턴 경찰서에서 힘깨나 쓰는 사람인 빌 엘리엇에게 거기로 와서 차로 나를 필라델피아까지 태우고 가달라고 부탁했어. 나는 노인네들이 입는 드레스에다 턱 끈 달린 모자를 쓴 차림으로 『필라델피아 불레틴』의 필 갈리오소 기자에게 자수했고, 그는 나를 프랭크 리조 경찰서장에게 데려갔지―생각해보면 우스운 일이야. 리조는 1974년에 시장이 돼서 '프랭크 시런 감사의 밤'에 찾아왔거든―.

치키는 목숨을 부지했어. 강철 체질이었거든. 경찰은 흑인 조니 웨스트를 꼬드겨서 우리 세 사람을 엮으려고 애썼지. 경찰은 그에게 내가 그를 넘겼다고 말했는데, 그 소리를 들은 그는 코웃음을 쳤지. "프랭크가 아니라 다른 사람이 그랬다고 했으면 그 말을 믿었을 거예요. 하지만 그가 그랬다고 하면, 나는 계속 입을 닫고 있겠습니다." 경찰은 그들 세 사람을 6주간 데리고 있었는데, 배심원단은 그들 모두에게 무죄 판결을 내렸어. 그러는 동안, 나는 감옥에 머물렀지. 내가 넉 달간 감옥에서 썩는 동안, 내 변호사 찰리 페루토는 이탈리아에서 휴가를 즐기고 있었고 피츠는 손가락 하나 까딱하지 않았어. 아마도 골프치거나 술 마시는 데 푹 빠져 있었을 거야. 내가 그 대가로 치른 건 내가 맡은 윌밍턴의 326지부에서 행해진 투표였어. 감옥에 있던 터라 선거운동을 할 수가 없었거든. 그런데도 나는 불과 몇 표 차이로 졌어. 결국, 판사는 내가 스스로 보석금을 낼 수 있게 해줬고, 나는 풀려났어.

그 무렵 107지부 노조회관이 화재로 전소됐어. 우리는 보이스나 맥그리얼 패거리가 한 짓이라고 짐작했지만, 범인은 결코 찾아내지 못했지. 그 직후, 마이크 헤션이 지부장 자리에서 물러났어. 헤션은 길거리에서 싸움이 벌어지면 당장이라도 거기에 뛰어들 사람이었지만, 내 짐작에는 지나치게 부담스러운 다른 일들이 있었던 것 같아.

한편, 알렌 스펙터는 휘하에 있는 으뜸가는 검사인 딕 스프라그를 시켜서 드조지를 일급살인[100]한 혐의로 나를 법정에 데려오려 애썼어. 스프라그는 이건 살인사건으로 입건할 수조차 없는 사건으로, 법정에 가도 패소할 거라고 말했지. 스펙터는 팀스터즈의 뒤를 봐주는 정계에 자신의 존재를 부각시

---

100 first-degree murder, 사전에 범행을 계획해서 실행한 살인으로 법정 최고형이 선고된다

키려고 애쓰고 있었어.

그 자리에는 3,000명이 있었고 총알도 많이 날아다녔어. 누가 무엇을 쐈다는 말을 어떻게 할 수 있겠나? 총을 찾아낸 사람도 없었어. 나한테 제기된 혐의들은 1967년부터 1972년까지 오래도록 남아 있었어. 결국, 검찰은 배심원을 선정하고 재판을 시작하려고 나를 법정에 데려갔지. 나는 성격 증인[101]들을 데려갔어. 모두 상이한 일을 하는 노동자로, 철강노동을 하는 사람, 1980년에 내 재판이 열리기 직전에 살해당한 내 친구이자 지붕수리공 노조원 존 맥컬러프, 그리고 기타 몇 명이었어. 배심원을 선정하기 전에, 판사가 나를 증인석에 세우고는 주 검찰이 재판을 연기해달라고 요청한 게 몇 번이었냐고 묻더군. 나는 "68번"이라고 대답했어. 그러자 판사는 내가 심리를 연기해달라고 요청한 건 몇 번이냐고 물었고 나는 "한 번도 없다"고 대답했지. 그러자 판사는 수치스러운 일이라면서 명령신청은 유효하다고 말했어.

내가 새로 선임한 변호사 짐 모런은 펜실베이니아에서 처음으로 제기한 신속한 재판 명령신청을 판사가 받아들이게 만들었어. 그 명령신청이 진행되는 동안, 주 검찰은 나에게 소송 철회를 받아내주려고 애썼지만 나는 재판을 계속 고수하겠다고 말했지. 소송 철회에 합의하면 혐의들이 기각되는 건 확실하지만, 검찰이 언제든지 나를 재기소할 수 있기 때문이야. 조언 한마디 하자면, 그런 상황에 처하면 가능할 경우 판사로부터 기각 판결을 이끌어내도록 해. 지방검사에게서 소송 철회를 받아내지 말고 말이야. 내가 그 재판에서 얻은 교훈이 그거야.

1968년에 넉 달간 감옥에 있는 바람에 투표에서 졌을 때, 나는 아직 임기가 끝나지 않은 교섭위원 자격으로 일하러 갔었어. 그건 좋은 일이었어. 사람들한테 봉사하는 일이지. 회사가 확실히 협정을 준수하도록 만들었어. 나한테는 담당해야 할 차고들이 있었어. 나는 노조원들의 고충들을 처리했지. 회사가 자르려고 애쓰고 있는 사람들을 옹호했고. 노조가 제대로 운영될 경우,

---

101 character witness, 피고의 평소 성격이나 인품 등에 대해 증언하는 사람

사람들이 해고되는 일이 지나치게 많지는 않아. 반면 도둑질이나 기사의 부주의로 사고가 나면 끝장나는 거야. 회사한테도 몇 가지 권리는 있으니까.

내가 옹호했던 어떤 폴란드계가 기억나는군. 도박문제가 있는 사람이었어. 회사는 그가 네덜란드산 햄을 훔치는 걸 붙잡았지. 청문회장에서 나는 그에게 입 다물고 말은 나 혼자만 하게 놔두라고 당부했어. 사측 관리자가 증인석에 나와 그 폴란드계 사내가 하역 플랫폼에서 햄 열 상자를 가져가 자기 트럭에 싣는 걸 목격했다고 증언했어. 그러자 그 폴란드계 놈이 나를 쳐다보고는 큰 소리로 이러는 거야. "프랭크, 저 새끼 빌어먹을 구라쟁이예요. 거기에는 일곱 상자밖에 없었다고요." 나는 즉시 고충 제기를 철회하겠다고 밝힌 다음, 사측 대표자를 옆으로 데려갔어. 우리는 그 폴란드계 놈이 일신상의 이유로 사직한다는 내용의 사직서를 작성했어.

생각해보면, 나는 지미가 몸소 겪기 훨씬 전에 피츠시먼스 치하에서 상황이 어떻게 돌아갈 것인지를 미리 맛본 셈이야. 나는 피츠가 나중에 지미를 배신했을 때 지미가 어떤 심정이었을지 가장 먼저 느껴본 사람이었지. 그가 나한테 한 짓은 지미에게 한 짓에 비하면 사소한 일이었지만, 나는 지금까지도 그게 불쾌해. 나는 감옥에 있는 바람에 출마한 선거에서 졌고 내 지부도 잃었어. 게다가 나는 피츠 때문에 넉 달간이나 감옥에 있었어. 감옥에서 석방된 후에는 노조의 직위를 하나도 갖지 못한 채로 있었고. 처음에 나를 그 상황에 밀어 넣은 자가 그였는데도, 나는 그에게서 존경을 전혀 받지 못했어. 나는 목숨을 걸면서까지 총싸움에 휩싸이고 기소를 당하면서까지 그를 위해 일을 처리하려 애썼지만, 그가 내게 해준 일이라고는 내 전화를 끊은 것밖에 없었어. **"**

22

우리에서 어슬렁거리기

'연방 교도소 관련 Q&A' 브로슈어에서:

— **41번 질문:** 사회에서 하던 사업을 복역 중에는 어떻게 관리할 수 있나요?

— **대답:** 복역하는 동안 당신의 사업을 운영할 다른 사람을 임명해야 합니다.

지미 호파는 그 나름의 원칙에 따라 살았다. 그리고 그는 교도소에 들어가고 얼마 안 있어 41번 질문에 대한 나름의 대답을 개발할 터였다.

1967년 3월 7일에 그가 입소한 펜실베이니아 루이스버그의 연방교도소는 영화 「좋은 친구들」에서 이탈리아계 조폭들이 자체 조리시설을 갖추고 좋은 음식과 좋은 와인, 고급 시가를 한없이 공급받으며 안락하게 생활할 수 있는 장소로 재미있게 묘사됐다. 그들은 '식사 개시'라고 함성을 질렀다. 지미 호파는 그런 곳에서 이런저런 요령들을 확실하게 터득하고, 펜실베이니아 중부의 구릉진 농경지와 그가 세운 꼭두각시 지도부와 신설된 총괄 부위원장 프랭크 피츠시먼스 사이에 길게 이어진 끈들을, 더불어 피츠시먼스 너머로 뻗어나가 워싱턴 D.C.의 팀스터즈 본부 '마블 팰리스'에서 일하는, 호파가 예전에 직접 선임한 스태프들에게까지 이어진 끈들을 당기는 제일 효과적인 방법을 가늠해내는 데 거의 어려움을 겪지 않았을 것이다.

교도소 규정상 변호사가 아닌 방문객이 수감자를 면회할 수 있는 시간은 한 달에 총 세 시간이었고 면회 신청은 가족만 가능했다. 면회가 이뤄지는 날에 수감자가 전화를 쓰는 특권은 허용되지 않았다. 편지는 친척과 변호사 명단에 들어 있는 일곱 명에게만 쓰는 게 허용됐다. 들고 나는 모든 편지는 검열을 받았다. 지미 호파를 면회하거나 그에게 편지를 보내는 것이 허용된 노조 임원은 아무도 없었다. 그런데 재판 중인 사건들을 변론하는 변호사들의 면회에는 제한이 없었다. 호파의 아들은 노조를 위해 일하는 변호사였다. 그래서 가족 명단에 속하는 구속을 받지 않았고, 그래서 그는 일주일에 한 번씩 아버지를 면회할 수 있었다.

지미 호파가 루이스버그에 처음 들어가 살충소독을 받고 사진을 촬영하고 지문을 찍고 청색 죄수복을 입었을 때, 배심원 매수 재판의 항소는 기력이 다한 상태였지만 시카고 재판의 항소는 여전히 진행 중이었다. 더불어, 호파는 2년 반 후에―1969년 11월에―가석방 청문회 개최를 요청할 수 있는 자격이 있었다. 법정과 관련된 이 모든 활동은 호파가 다수의 변호사를 면회할 수 있다는 걸 뜻했다. 프랭크 라가노는 호파를 면회하고 이런저런 이슈들에 대해 조언을 제공하며 노조와 조폭 인사 모두에게 메시지를 전달하는 변호사 중 한 명이었다. 모리스 솅커Morris Shenker 변호사는 호파의 가석방 전략과 다른 사안에 대한 계책을 짜내는 일―훗날 부패한 정권이라는 게 폭로될 리처드 M. 닉슨 대통령에게서 대통령 사면을 확실하게 받아내는 일과 관련된 민감한 술책들―을 하면서 호파를 대표했다. 빌 버팔리노는 변호사 겸 조언자라는 역할에 따라 호파를 정기적으로 면회했다.

면회와 관련된 엄격한 규제는 지미 호파가 누리는 것만큼의 금전적인 여유도 없고 선임한 변호사도 많지 않으며 별다른 힘도 없는 수감자들을 옭아맸다. 면회를 하러 펜실베이니아까지 먼 길을 올 형편이 되는 친척이 없는 청년들이 많았다. 그들은 자신에게 할당된 면회시간 세 시간을 다 쓸 수가 없었다. 지미 호파는 그런 청년들이 프랭크 시런과 '취업 면접'을 하는 자리를 마련하고는 했다. 젊은 수감자들은 면회실로도 사용되는 대형식당에서 프랭크 시런을 만나고는 했다. 그들은 자신이 선임한 많은 변호사 중 한 명에게서 자문을 받는 지미 호파의 옆 테이블에 앉았다.

“

　내가 셔츠를 입으면 앞에 앉은 애송이는 그게 지미와 내가 잠깐 사업얘기를 할 수 있도록 자리를 피해달라는 신호라는 걸 알아차렸어. 그러면 교도관은 먼 산을 봤지. 교도관들은 크리스마스에는 웬만한 일은 다 눈감아 줬어. 그런데 왕년의 그 시절에 그들 중 몇 명에게는 매일매일이 크리스마스였던 것 같아. 내가 직접 '학교'에 갔던 80년대와 90년대는 그들이 상당히 빡빡하게 구는 걸 내 눈으로 직접 목격했어. 대중에게 감옥의 실태가 널리 알려진 탓에, 그리고 새로운 유형의 수감자들, 특히 자메이카인들과 카스트로한테 쫓겨난 쿠바인들 같은 마약상들 때문에 그렇게 됐다는 게 내 생각이야.

　지미가 건설업계에 취직할 수 있게 도와달라고 나한테 부탁한 게리라는 청년이 있었어. 사회에 나갔을 때 그들을 기다리는 일자리가 있는 사람의 경우 가석방될 가능성이 컸어. 그런데 게리는 가석방되지 말고 감옥에 그대로 있었어야 했어. 석방된 다음에 누군가에게 목숨을 잃었거든. 그는 토미 바커의 친구였는데, 이 바커라는 놈은 나중에 내가 재판을 받은 1980년에 델라웨어의 술집에서 나한테 와인 병을 쏟았다는 이유로 프레드 고우론스키라는 자를 해치우라는 말을 나한테서 들었다고 주장한 놈이야. 조이 맥그리얼은 지미가 석방될 때까지 한동안 거기에 같이 있었어. 감옥생활을 꽤 편하게 받아들인 조이는 좋은 감방 동료였지. 토니 프로는 이미 감옥에서 지미를 기다리는 중이었어. 지미가 루이스버그에 입감됐을 때 그들은 여전히 무척 가까운 사이였어. 찰리 앨런, 그 밀고자 새끼는 은행을 턴 죄로 거기에 있었어. 본명이 찰리 팔레르모였지만 찰리 앨런으로 개명한 놈이었지. '블링키' 팔레르모'Blinky' Palermo의 조카였어. 블링키는 미국의 권투계를 좌지우지

하던 사람이야.

FBI가 자체적으로 작성한 짤막한 명단에 오른 사람을 모두 잡아들이려고 애쓰던 70년대 말에, 찰리 앨런은 지미의 실종과 관련한 정보를 우리에게서 짜낼 수 있도록 도청장치를 몸에 달고는 나한테 누명을 씌우려고 든 놈이야. FBI는 놈이 다섯 살밖에 안 된 의붓딸에게 망측한 짓을 한 유아강간범에다 변태새끼라는 걸 알고 있으면서도 나를 잡아들이려고 앨런과 거래를 했지. 그러고는 내 변호사와 나한테는 앨런에 대한 정보를 숨겼어. 찰리 앨런은 바로 그런 짓을 저질렀기 때문에 루이지애나의 교도소에 있었던 거야. 나를 잡아들이겠답시고 그런 쓰레기 같은 놈까지 끌어들인 걸 보면 FBI가 나를 얼마나 원했는지 상상이 되지?

내 1980년 재판, 1981년 재판, 1982년 재판에서 찰리 앨런은 자신이 감옥에서 지미를 지키는 경호원이었고 지미가 겁탈을 당하는 걸 막다가 뺨에 칼자국이 생겼다고 주장했어. 지미가 천국에서 그 재판을 듣고 있었다면 배꼽을 잡았을 거야. 앨런의 뺨에 있는 칼자국은 어떤 흑인이 모아놓은 사탕 몇 개를 훔치려다 발각되면서 생긴 거였거든. 누가 누구를 보살펴주느냐로 따지면 실제는 정반대였어. 지미는 찰리 앨런을 챙겨주려고 했었거든. 지미는 앨런을 딱하게 여겼고, 그가 가석방될 수 있도록 취직하는 걸 도와주라고 나한테 부탁한 여러 명 중 하나였어. 심지어 나는 그를 취직시켜주기까지 했지. 나랑 어울리면서 시간을 보내게 해줬고. 내가 어디를 갈 때 기사 노릇을 하게 해주기도 했어. 나중에는 326지부 조직책으로 급여를 받게 해주기도 했다니까. 나는 놈을 경비견으로 사용했지만, FBI가 필로폰을 제조한 혐의로 놈을 다시 잡아들이니까 놈은 방향을 돌려 나를 향해 짖어대더군. FBI는 놈이 그러게 놔뒀지만, 놈이 유아강간죄에서 벗어나게 해줄 수는 없었어. 그건 연방이 관할하는 사건이 아니었으니까.

3달러를 내면 수감자들과 점심을 먹을 수 있었어. 수요일 점심메뉴는 스파게티와 미트볼이었지. 지미는 스파게티와 미트볼을 무척 좋아했어. 그래서 나는 지미에게 내 접시의 미트볼을 선물이라며 주고는 했어. 지미는 아이스크림도 무척 좋아했어. 감옥 면회는 우리 둘이 친목을 다지는 사교적 면회에 불과했어. 사업 얘기는 꺼내지도 않았지. 언젠가 지미가 시카고의 에지워터 호텔 스위트룸에서 빌 이사벨과 내가 먹었던 수박 얘기를 꺼내더군. 지미는 우리가 수박에 럼 2리터를 몰래 넣고 그걸 뚜껑으로 덮어버렸다는 걸 전혀 모르고 있었어. 그는 루이스버그에서, 토니 프로가 그런 짓을 할 때 같이 있던 브루클린 출신 사람들에게서 그 수법을 익게 됐지.

밖에서는 그의 항소와 관련해서 많은 해프닝이 벌어졌는데, 지미는 모든 얘기를 내게 들려줬어. 나는 지미가 석방된 후에도 존 미첼 법무장관에게 돈을 몇 번 운반했었지만, 지미는 루이스버그에 있을 때도 가석방이나 사면을 받기 위해 미첼에게 돈을 보냈었어. 사람들은 라스베이거스에서 빼돌리거나 지미가 주머니에서 직접 꺼낸 돈에 신경을 쓸 거야. 러셀은 라스베이거스에 시저스와 데저트 인 호텔 같은 곳들을 소유한 무척 큰 거물이었어. 지미가 '학교'에 갔을 때, 모두―러스, 피츠, 카를로스, 산토를 비롯한 전원―가 그의 석방을 도우려 애쓰고 있었지. 지미는 피츠가 일부러 꾸물거리고 있는 것 같다고 투덜거리기는 했지만, 처음에는 피츠가 자신을 배신할 거라는 의심은 하지 않았어. 그냥 푹신한 의자에 퍼질러 앉아 위원장 자리를 즐기는 데 정신이 팔린 바람에 충분히 적극적으로 나서지 않는다고만 생각했지.

지미가 '학교'에 간 직후에 누군가가 앨런 도프먼에게 메시지를 전했어. 그가 자기 집 진입로에서 차를 빼던 중에 몇 놈이 튀어나와서 그의 캐딜락 차체에 샷건을 쏜 거야. 그건 누군가에게 '키스'를 하는 방식이 아냐. 대놓고 메시지를 전하는 방식이지.

연금펀드 책임자인 도프먼은 배짱이 두둑한 사람이야. 어느 누가 무슨 짓을 해도 그를 겁먹게 만들 수는 없었지. 지미와 나는 그걸 어떤 놈들이 피츠한테 메시지를 전한 거라고 생각했어.

피츠는 배짱 따위는 없는 자라는 걸 온 세상이 다 알았어. 놈들이 피츠의 차에 샷건을 쐈다면 그는 호들갑을 떨면서 연방요원들의 품으로 달려갔을 거야. 이런 사건이 일어나면서, 피츠는 놈들이 도프먼에게 한 짓을 통해 메시지를 받았어. 어떤 사람이 '키스'를 당하는 많은 경우, 관련된 메시지는 당사자가 아닌 다른 사람에게 전달되는 법이야.

이후로 피츠는 연금펀드 쪽으로는 눈도 돌리지 않으면서 사람들이 많은 돈을 알아서 챙겨가게 놔뒀어. 적절한 담보를 잡지도 않은 채 대출이 이뤄졌지. 피츠 치하에서 그렇게 이뤄진 대출 중 많은 건수가 대출금을 납입하려는 노력조차 보이지 않았어. 피츠가 도프먼의 뒤를 받쳐주지 않을 거라면 도프먼이 계속 연금펀드에 신경 쓸 이유가 있겠나?

나중에, 내가 감옥에 있던 80년대 초에, 앨런 도프먼에 대한 흉한 소식을 들었어. 팀스터즈 위원장이던 재키 프레서Jackie Presser가 도프먼에게 누명을 씌운 거야. 프레서는 FBI를 위해 활동하는 드라이 스니치[102]였어. FBI가 비밀리에 챙겨두고 있던 밀고자였다는 거야. 그는 몸에 도청장치를 달거나 법정에서 증언을 하지는 않았지만, 연방요원들에게 그가 들은 얘기를 모두 알려줬고, 연방요원들이 하라고 한 짓은 하나도 빼놓지 않고 수행했어. 그는 도프먼이 밀고자라는 말을, 도프먼이 감옥에서 나오려고 연방요원들에게 협조할 거라는 말을 퍼뜨렸어. 그러자 놈들은 백주대낮에 시카고의 호텔 야외주차장에서 소음기를 단 총으로 도프먼을 해치웠지. 내가 도무지 이해하지 못하는 건, 도프먼이 밀고자라는 거짓말에 어떻게 시카고가 속아 넘어갈 수 있었느냐는 거야. 내가 그보다 20년 전에 시카고에 있을 때, 시카고 사람들은 모두 프레서가 밀고자라는 걸 알고 있었는데 말이야. 이 사건은 누군가가 의심스러울 때는 그를 제거하는 것으로 아예 의심을 싹을 잘라버린 사례에 해당했을 거라고 나는 짐작해. 하지만 그건 엿 같은 일이었어. 시카고가 그를 살해했다는 말이 아냐. 하지만 시카고의 승인이 없었다면 시카고에서 그런 짓을 벌이는 건 가능하지 않았을 거야. 앨런 도프먼은 그 나름의 방식으로 세상을 산 사람이야. 그는 밀고자가 아니었어. 지미에게 무척이나 충직한 사람이었지. **"**

---

102 dry snitch, 어떤 사람에 대한 정보를 간접적으로 밀고하는 사람

277

앨런 도프먼의 변호사는 참전 경험이 있는 전직 해병인 도프먼에 대해 이렇게 말한 것으로 알려졌다. "그가 굴복하거나 타월을 던졌을 거라는 생각은 정말로 하기 싫습니다. 그런 일은 불가능합니다." 도프먼을 상대로 제기된 기소들을 담당한 미합중국 검사는 "도프먼은 우리에게 전혀 협조하지 않았다"고 확인해줬다.

"

학교에서 지미는 파틴 얘기를 많이 했어. 프랭크 라가노는 정부가 지미에게 누명을 씌웠다는 내용의 진술서를 파틴에게서 받아낼 작정이었지. 파틴을 체포한 뉴올리언스 지방검사가 있어. 그들은 진술서를 받아내는 대가로 그 지방검사를 파틴의 배후에서 떼어낼 작정이었지. 그 지방검사는 월터 셰리던을 뇌물 수수 혐의로 체포한 바로 그 사람이었어. 그 사건은 지미가 신문지상에서 셰리던의 평판을 떨어뜨리는 걸 도와줄 터였지. 그 모든 도움은 러셀과 지미의 좋은 친구이자, 그 지방검사가 일하는 지역인 뉴올리언스의 보스 카를로스 마르첼로에게서 비롯됐어.

그 지방검사는 JFK 암살 혐의로 의심 가는 사람을 모두 체포했던 바로 그 사람[103]이야. 우호적인 지방검사는 가끔씩 풀밭에서 생쥐들을 몰아내는 버드독[104]처럼 굴기도 해. 밀고자가 지방검사에게 협조하려고 모습을 드러내면, 사람들은 무슨 일을 해야 하는지 단박에 알게 되지. 나는 그 지방검사에 대해서는 아는 게 없었어. 그에 관해 논의하는 자리에는 한 번도 있었던 적이 없으니까. 하지만 그는 그 시기에 파틴과 셰리던을 체포했어.

지미가 '입학'하고 1년쯤 후, 바비 케네디가 대통령에 출마하겠다고 선언했어. 내가 아는 한, 그 출마 선언은 지미한테는 전혀 영향을 주지 못했어. 지미는 감옥에서 이미 닉슨을 지지하면서 미첼과 닉슨 선거운동에 현금이 전

---

103 짐 개리슨 검사로, 올리버 스톤 감독의 영화 「JFK」의 주인공 캐릭터
104 bird dog, 총에 맞아 떨어진 새를 물어오는 개

달되도록 일을 지휘하고 있었기 때문이야. 지미는 바비가 더 이상은 법무장관이 아니라는 사실이 기쁘기만 했을 거야.

모두들 린든 존슨의 법무장관 램지 클라크를 반기면서 승인했어. 바비 케네디와는 정반대되는 사람이었어. 어느 누구도 괴롭히지 않았지. 사람들은 그가 유약하다며 램지가 아니라 여자이름인 팸지로 불렀어. 그는 도청에 반대했어.

두 달 후, 바비 케네디가 테러리스트의 총에 쓰러졌어. 지미가 그 문제 때문에 잠도 못 이룰 정도로 고민하지는 않았다는 건 알고 있었어. 그런데 지미는 아예 그 사건 자체를 입에 담지도 않았지. 지미의 초점은 온통 감옥에서 나가는 데만 맞춰져 있었던 것 같아. 그는 늘 탐독하던 모든 신문을 통해 온갖 사건들의 추이를 좇고 있었지만, 감옥 바깥에서 벌어지는 일들 중 그를 감옥에서 꺼내주는 일과 상관없어 보이는 일에는 눈 깜짝할 시간도 허비하지 않았어. 나는 지미가 감옥을, 바비를 싫어했던 것보다 더 싫어했다고 믿어.

조그만 감방의 철창이 닫히고 머릿속으로 이런저런 생각을 하는 것 말고는 할 수 있는 일이 하나도 없는 밤을 날마다 보내는 동안, 지미는 피츠가 그의 뒤통수를 치고 있다는 걸 직감적으로 깨달았어. 그러면서 지미는 피츠를 미워하기 시작했어. 하지만 피츠에게 그런 속내를 드러낼 수는 없었지. 감옥에서 나가려면 여전히 그의 도움이 필요했으니까.

지미가 교도소에 있으면서 처하게 된 제일 큰 문제는 토니 프로였어. 프로는 갈취죄로 '입학'했어. 기사들의 태업 때문에 골치를 앓던 어느 트럭회사 소유주와 관련된 사건이라고 들었어. 그 사람은 프로에게 돈을 건넸고, 프로가 노조원들에게 복귀를 명령하자 기사들은 전속력으로 복귀했지. 그런 종류의 일은 가끔씩 일어나는 것으로 알려져 있었어. 그런데 무슨 일인가가 잘못됐고, 그러면서 프로는 그 죄로 '학교'에 온 거야.

어느 날 지미와 프로는 식당에 앉아 있었어. 프로는 자기 연금과 관련해서 지미한테 도움을 받고 싶어 했는데, 지미는 그를 도와줄 수가 없었어. 그건 그들이 받고 있는 혐의가 서로 달랐다는 것과 관련이 있었어. 연금법에 따르면 갈취죄로 복역할 때는 몇 가지 추가적인 제약이 따르지만, 지미가 '학교'에 간 명목의 죄에는 그런 제약이 따르지 않았거든. 지미는 그의 연금을 받고 있는데 자신은 자기 몫의 연금을 받지 못하는 이유를 프로는 이해할 길이 없었어. 그런 연금 관련 상황을 지미가 해결해주지 못하는 이유를 이해할 수 없었던 거야. 어찌어찌 한 가지 사안이 다른 사안으로 이어졌고, 지미는 자신이 프로보다 더 우수한 사람이라는 분위기를 풍기는 '너희들'이라는 표현을 썼던 것 같아. 프로는 지미에게 '창자를 꺼내 찢어발기겠다'는 투의 말을 했고, 교도관들이 그들을 뜯어말려야만 했다는 얘기를 들었어. 그날부터 두 사람이 세상을 떠날 때까지, 지미는 프로를 미워했고 프로는 지미를 그보다 더 미워했어.

나는 프로가 눈곱만치도 마음에 들지 않았어. 반면에 그의 동생 샘과 넌즈는 좋은 사람들이었지. 프로는 이런저런 유죄 판결 때문에 직위를 유지할 수 없을 때 동생 중 한 명을 그 자리에 임명했어. 그럼에도, 프로는 늘 지미 호파를 지지하는 열성적이고 충직한 지지자였어. 지미의 배심원 매수 재판이 열리기 전에 프로는 지미가 재판비용으로 쓸 많은 배춧잎들을 거두는 걸 도왔지. 지미는 집행위원회에서 원할 때면 언제든 프로의 표를 받았고. 프로는 늘 지미를 칭송하는 연설을 했어.

프로는 제노비스 패밀리였어. 러셀이 때로로 그 패밀리의 보스 노릇을 했었지. 프로는 조직에서 러셀보다 한참 아랫사람이었어. 그래서 나는 지미가 러셀을 자기편으로 만들고 두 사람이 그토록 가까운 사이가 된 이후 더 이상은 프로에 대한 고민을 할 필요가 없다고 판단했을 거라고 짐작해. 러셀은 정말로, 진정으로 지미를 무척 좋아했어. 겉으로만 좋아하는 척하는 게 아니라 진심에서 우러난 호감이었어. 러셀은 자기처럼 냉정하지만 공정한 사나이를 존경했어. 지미와 러셀이 서로에게 느끼는 유대감은 그들이 나누는 얘기에 잘 드러났어. 그들이 누구한테 일단 무슨 말을 하면, 그 말을 들은 사람은 그 말을 신뢰할 수 있었어. 그게 자신에게 유익한 말이건 불리한 말이건, 그 말을 철석같이 믿을 수 있다는 데에는 의심의 여지가 없었다고.

나는 지미가 프로와 누구 목소리가 더 큰지 가리는 대회를 벌일 당시에는 그 자리에 없었지만, 빌 버팔리노가 지미와 의절하던 자리에는 있었어. 빌은 디트로이트에서 루이스버그를 정기적으로 찾아오고는 했는데, 그때마다 지미는 그를 괴롭히기만 했어. 어느 날 점심 먹는 자리에서 지미가 파틴 얘기를 하고 있었는데 버팔리노는 그 얘기가 지긋지긋했어. 나는 그가 말하는 소리를 들었어. "아니, 나는 잘리는 게 아니에요. 자의로 사임하는 거지." 그는 면회실을 뚜벅뚜벅 걸어 나갔어. 내가 아는 한, 그는 다시는 지미를 면회하러 감옥에 오지 않았어. 어쨌든 빌은 피츠 치하에서도 여전히 노조의 변호사였어. 하지만 그때부터 그는 지미의 편이 아니었어. 피츠 편이었지. 지미가 없어도 자기는 아무렇지 않게 일을 해나갈 수 있을 거라는 걸 빌은 잘 알고 있었어. 빌은 자신이 좌지우지할 수 있는 지부를 가진 지부장인데다 다른 사업체도 많이 갖고 있었거든. 빌은 굉장한 부자였고, 러셀은 빌의 딸의 대부였어.

한동안 지미는 필라델피아동물원에서 볼 수 있는 호랑이랑 비슷한 존재가 돼갔어. 하루 종일 우리에서 사람들을 쳐다보며 앞뒤로 어슬렁거리기만 하면서 시간을 보내는 그런 호랑이 말이야. **"**

지미 호파가 신청한 첫 가석방은 1969년 11월에 기각됐다. 1968년에 허버트 험프리를 꺾은 리처드 M. 닉슨은 당시 대통령 임기 1년차를 마치는 중이었고, 존 미첼은 법무장관으로서 보낸 첫 해를 마무리하는 중이었다. 1969년에 가석방을 신청할 즈음, 호파가 시카고에서 받은 유죄 판결에 대한 항소는 여전히 진행 중이었다. 호파의 머리에 여전히 씌워져 있는 시카고에서 받은 5년형의 결과로, 가석방 위원회는 호파의 신청을 거부했다. 어쨌든 호파가 자신이 처음 신청한 가석방이 곧바로 받아들여질 거라고 예상했을 것 같지는 않다. 호파가 새 행정부에 끼치는 자신의 영향력이 어느 정도일 거라고 생각했건 상관없이 말이다.

호파가 다음 가석방을 신청할 자격을 얻는 날은 1971년 3월이었다. 호파가 1971년 청문회에서 가석방 승인을 받았다면, 그는 1971년 7월에 마이애미 비치에서 열린 팀스터즈 컨벤션에 맞춰 옥문을 나섰을 것이고, 그 컨벤션에서 팀스터즈 재선 위원장으로 손쉽게 당선됐을 것이다. 그렇게 되면 그는 더 이상 저 멀리 떨어진 곳에서 끈들을 당길 필요가 없었을 것이다. 나아가, 그는 예전에는 한 번도 겪어보지 않았던 부류들을 상대하는 우호적인 상황에서 권좌에 올랐을 것이다. 호파는 1971년에 5년짜리 임기를 수월하게 따냈을 것이고, 닉슨은 1972년에 4년 임기의 대통령에 재선됐을 것이다. 지미 호파는 백악관에 든든한 동지를 둔 상황에서 전국에서 가장 막강한 노동조합을 쥐락펴락했을 것이다. 그를 추적하는 대신 그가 제공하는 현금을 받아 챙기는 법무장관을 우군으로 둔 상황에서, 함께 사업을 해나가며 그의 노조와 동지들을 위해 많은 것을 이뤄줄 수 있는 우군을 둔 상황에서 말이다.

1971년 연초에, 프랭크 피츠시먼스는 지미 호파가 3월에 가석방되지 않을 경우 자신이 위원장 경선에 나서겠다고 밝혔다. 이건 지미 호파에 대한 직접적인 도전이었다. 호파는 교도소에서도 위원장 경선에 나설 수 있는 권리를 갖고 있었기 때문이다. 그가 유죄 판결을 받은 죄목들은 사회에서 가진 직위를 유지할 수 있는 자격을 재소자로부터 5년간 박탈하는 내용의 랜드럼-그리피스법The Landrum-Griffith Act의 금지죄목 명단에 해당하지 않았다. 선거가 치러질 시점에 호파가 몇몇 종류의 노조 직위를 갖고 있는 한, 그는 위원장 경선에 출마할 수 있었다. 호파는 교도소에 수감돼 있을 때에도 여전히 팀스터즈 위원장 자리를 비롯한 대여섯 개의 직위를 갖고 있었다. 피츠시먼스는 출마를 발표한 후, 1971년 1월에 캘리포니아 팜 스프링스에서 가진 회합에서 집행위원회의 조건부 지지를 받아내려 들었다. 피츠시먼스는 호파가 가석방을 받지 못할 경우 그가 위원장에 입후보하는 것에 대한 승인을 투표를 통해 결정하기를 원했다. 집행위원회는 피츠시먼스의 요청을 조건부로조차 지지하는 것을 거부했다.

1971년 3월에 열린 호파의 가석방위원회 청문회에서는 그의 변호사 아들 제임스 P. 호파와 모리스 셍커 변호사가 호파를 대표했다. 호파는 파틴에게서 받은 증언 녹취록을 변호사들에게 전달했다. 파틴이 그걸 건네자마자 언론은 그 사실을 대서특필했다. 호파가 자서전에서 밝힌 '29페이지짜리 고백'이 이거였다. 하지만 호파의 법무팀은 호파의 뜻을 꺾고 그걸 사용하지 않기로 결정했다. 이런 결정을 내린 건, 세상천지의 모든 가석방위원회는 자신이 결백하다고 소리 높여 외치는 수감자를 탐탁지 않게 여긴다는 것을 변호사들이 이해한 결과라고 가정할 도리밖에 없다. 가석방위원회의 시각에서 볼 때, 유죄 여부는 배심원단에 의해 이미 결정이 난 사안이고, 자신이 결백하다고 계속 목소리를 높이는 수감자는 복역기간 동안 갱생되지 않은 사람이자 자신이 저지른 악행을 후회하지 않는 사람이다. 그런 가석방 신청자는 구제불능으로 보인다. 호파의 친아들은 호파가 타당한 법적 조언을 받아들이게 만드는 일을 다른 변호사들보다 더 잘해냈을 것이다.

어쨌든, 호파는 가석방위원회의 마음을 얻지 못하면서 1972년 6월까지는 가석방을 재신청할 수 없다는 얘기를 들었다. 호파는 1971년 7월의 팀스터즈 컨벤션을 놓칠 터였다. 출마하려면 옥중에서 해야 했다.

청문회 동안, 가석방위원회는 호파가 여전히 팀스터즈 위원장이라는 사실에 부정적인 초점을 맞춘 듯 보였다. 위원회 규정에 따르면, 새로운 증거를 기초로 한 재청문 요청은 90일 이내에 이뤄질 수 있었다. 그래서 호파에게는 7월 컨벤션 이전에 가석방되기에 충분할 정도의 시간이 여전히 있을 거라는 지독히도 희미한 희망의 빛줄기가 남았다. 그렇다면 호파는 어떻게 새 증거를 제시할 수 있을까? 결국 그는 교도소에서 출마해야만 하는 걸까? 아니면 1976년에 열릴 팀스터즈 컨벤션에 만족해야만 하는 걸까?

4월 7일, 갑작스럽게 심장마비를 일으킨 탓에 샌프란시스코에 있는 캘리포니아대학 메디컬센터에서 회복 중인 아내 조와 부활절을 보내기 위해 호파는 감시자 없는 4일짜리 일시 출소를 허가받아 교도소를 나왔다. 호파는 샌프란시스코 힐튼 호텔에 머물렀는데, 4일짜리 일시 출소의 규정을 무시하고 프랭크 피츠시먼스, 그리고 그가 장악한 299지부의 충직한 간부이자 스트로베리 보이스 신구인 바비 홈스를 비롯한 다른 팀스터즈 임원과 조언자들이 모이는 중요한 회합을 소집했다. 이 샌프란시스코 회합 이후로 몇 달간 호파가 한 일은 모두 그 자리에서 논의된 내용을 반영했다.

23

세상에 싼값에
얻어지는 건 없어요

"

　5월에, 존 프랜시스John Francis에게서 자기한테 철저하게 포장해서 파티에 배달할 선물이 있다는 전화를 받았어. 존은 러셀의 기사가 돼 있었어. 굉장히 좋은 사람이었지. 존과 나는 굉장히 가까워졌어. 존은 내가 러셀을 위해 많은 일들을 처리할 때 운전사로 나를 거들었어. 무척이나 믿음직했지. 타이밍 감각이 뛰어났거든. 길모퉁이에서 내가 차에서 내려 술집 안으로 들어가야 하는 특정한 문제들의 경우, 존은 계속 차를 몰아서 그 블록을 한 바퀴 돌았어. 그러면 나는 화장실에 갔다 나오는 길에 그 술집에 있는 특정 상대에게 '키스'를 했고, 그리고 나서 모퉁이로 돌아오면 존이 거기에 있고는 했지.

　존은 아일랜드 출신으로 별명이 '레드헤드The Redhead'였어. IRA[105] 소속으로 여러 차례 살인을 저질렀었지. 존은 뉴욕 교외에 살았어. 레드헤드는 웨스티스Westies를 많이 알았어. 웨스티스는 뉴욕의 서부지역인 헬스 키친[106] 출신

105　Irish Republican Army, 아일랜드공화국군
106　Hell's Kitchen, 뉴욕의 투빔 시역

의 아일랜드계 카우보이 무리를 가리키는 말이야. 마약을 취급하는 그룹이었지. 불필요한 폭력도 행사했고. 마약과 폭력, 그 두 가지는 항상 붙어 다녔어. 존은 순전히 돈을 조금 벌 요량으로 마약 일을 가끔씩 했었지만, 러셀에게는 그 사실을 숨겼어. 러셀이 그걸 알았다면 그는 절대로 러셀의 운전사가 되지 못했을 거야.

처음에 존을 러셀에게 추천한 사람이 누구였는지는 나도 몰라. 뉴욕 외부에 있던 사람인 게 분명해. 러셀은 뉴욕에서 벌이는 사업이 많았어. 러셀은 콘술레이트 호텔의 침실 세 개짜리 스위트룸을 25년간 임대해둔 상태였어. 그는 일주일에 세 번은 뉴욕에 갔을 거야. 그 스위트룸에서 우리를 위해 요리를 하고는 했지. 그가 나한테 접시를 건네면서 하던 말이 지금도 귀에 선해. "이봐, 아이리시, 자네가 요리에 대해 아는 게 뭔가?" 그는 밤도둑[107]들을 거느리고 보석 사업을 하러 뉴욕에 간 적이 많았어. 러셀은 그 특유의 예리한 눈에 끼는, 보석상들이 쓰는 그런 렌즈들을 소지하고 다니고는 했어. 러셀은 뉴욕에서 온갖 종류의 사업을 하고 있었어. 드레스의 일부분이나 드레스 전체를 짓는 의류사업과 트럭사업, 노조 협상, 레스토랑, 그 외에 생각할 수 있는 모든 사업을 다 하고 있었지. 그의 주된 소굴은 극장구역인 48번가에 있는 베수비어스 레스토랑이었어. 러스는 그곳, 그리고 거리 건너편에 있는 조니스 레스토랑의 지분 일부를 익명으로 갖고 있었어.

5월에, 배달할 선물이 있다는 전화를 존 프랜시스에게 받고는 루스벨트 대로 7600번지에 있는 브랜딩 아이언 레스토랑으로 차를 몰고 갔어. 존이 내게 검정 여행 가방을 건네더군. 족히 45킬로그램은 됐어. 내가 배달하는 그 50만 달러가 지미가 연금펀드를 담당하는 앨런 도프먼에게서 받은 지미의 돈인지 여부는 나도 확신이 서지를 않아. 도프먼이 지미가 '학교'에 있는 동안 지미를 위해 연금펀드 대출액에서 직접 떼어서 모은 뒷돈이었을 거야. 아니면, 러스와 카를로스가 그들의 라스베이거스 사업체에서 빼돌린 자금이었

---

107 cat burglar, 창문 등을 통해 건물에 침입하는 도둑

을 수도 있고. 아무튼 그건 내가 알 바가 아니었어.

가방을 내 대형 링컨의 뒷자리에 넣었어. 트렁크에는 기름을 이미 75갤런이나 채워둔 상태였지. 연방요원들이 쫓아올 경우, 그들이 기름을 넣으러 주유소에 들러야만 할 때에도 나는 그냥 여분의 기름을 이용해 차를 계속 몰고 갈 수 있도록 말이야.

워싱턴 힐튼 호텔로 차를 몰고 갔어. 필라델피아에서 워싱턴까지는 240킬로미터쯤 되는데, 95번 주간고속도로를 타면 델라웨어와 메릴랜드를 가로질러 곧장 도착할 수 있어. 항상 차에 달고 다니는 일반인용 무전통신장치는 속도계를 설치해둔 스모키[108]에 대해 경고를 해줄 거였어. 그런데 나는 이 정도 규모의 배달물을 운반할 때는 속도위반 따위는 신경 쓰지 않았어.

거기 도착한 나는 주차를 하고는 가방을 직접 갖고 로비로 갔어. 그런 일을 하는 데 호텔 보이까지 필요하지는 않으니까. 로비에 있는 편한 의자에 앉았어. 잠시 후, 존 미첼이 정문으로 들어오더군. 주위를 둘러보다가 앉아 있는 나를 발견한 그는 내 옆에 있는 의자에 앉았어. 날씨 얘기를 꺼내더니 드라이브가 어땠느냐고 묻더라고. 모두 잡담이었기 때문에, 이게 어떤 상황인지가 명확하게 파악이 안 됐어. 그가 나한테 노조원이냐고 물었고, 나는 윌밍턴에 있는 326지부 지부장이라고 말했어. [참, 그 무렵 나는 1970년 선거에서 당선되면서 지부를 되찾았어. 감옥에 있지 않은 덕에 선거운동을 벌일 시간이 있었던 나는 3대 1의 차이로 당선됐지.] 그는 나한테 윌밍턴 어디에 있느냐고 물었고, 나는 사무실이 기차역 아래쪽에 있다고 대답했어. 나한테 노조회관까지 안전하게 운전해 가라고 덕담을 하더군. 그러더니 이러는 거야. "세상에 싼값에 얻어지는 건 없어요."

그는 여행 가방을 들고 일어섰어. 내가 물었지. "어디 가서 세어볼 생각은 없으신 겁니까?" 그랬더니 이러더군. "내가 액수를 세어봐야만 하는 상황이라면, 그들이 당신을 보내지는 않았을 겁니다." 그는 자기가 하는 일이 어떤

일인지를 잘 알고 있었어. 딱 그런 사람이었지.

나는 미첼이 파틴에게도 압박을 가하고 있다는 얘기를 들었어. 법무부는 파틴에게 그 문제로 압박을 가했어. 하지만 나는 그 돈이 파틴 때문에 오가는 돈이 아니라 가석방이나 사면의 대가로 오간 돈이라고 생각해. 정확히 말하자면, 그 50만 달러는 닉슨의 재선을 위한 돈이었어.

지미가 당시 모르고 있던 건, 그리고 나중에야 드러난 건 샐리 버그스가 피츠를 대신해 토니 프로에게서 받은 돈 50만 달러를 배달했다는 거였어. 러스는 그 일에 대해서는 알지도 못했어. 그 돈도 지미의 석방과 관련해서 오간 돈이었는데, 차이점이 있다면 지미가 받은 전체 형량이 끝나는 1980년 3월까지는 지미가 노조의 직위를 위해 출마하는 걸 막는 내용의 제약이 달린 가석방을 끌어내려는 돈이었다는 거지.

1980년까지 기다려서 출마해야만 한다면, 지미는 노조 운영에서 13년간 떨어져 있어야 하는 거였어. 그 13년 동안 지미의 오랜 지지자들은 대체될 것이고, 그 무렵이면 그는 어쨌든 67세가 될 거였어. 그 시절에 일반 노조원들은 팀스터즈 위원장이나 다른 직위의 간부들을 선출하는 투표는 하지 못했어. 투표는 컨벤션에 참가한 지부 대표들의 공개투표로 행해졌지. 지부 대표들은 각자의 소속 지부에서 일반 노조원들의 의견을 경청했지만, 대체로 그들을 그 자리에 임명한 지미나 관련자들의 의견을 더 경청했어. 1980년경이면 피츠는 지미를 펀드는 지부 대표들을 다수 제거한 상태일 거고, 그들 중 다수는 어쨌든 은퇴한 상태일 것이며, 피츠는 그 자리를 자신의 지지자들로 채울 거였어. 지금도 여전히 디트로이트의 299지부를 장악한 그의 아들 리처드 피츠시먼스 같은 자들로 말이야. 요즘에는 일반 노조원들이 임원들을 비밀투표로 직접 선출하고 있어.

그러니 미첼과 닉슨은 양쪽에서 모두 이익을 챙기고 있었던 거야. "

1971년 5월 28일, 오디 머피는 호파 세력과 연루된 사업현장을 둘러보던 중에 소형비행기 추락사고로 사망했다. 지미 호파가 에드 파틴과 거래하는 와중에 오디 머피에게 얻어내려고 기대했던 것이 무엇이건, 그것은 머피의 비행기와 함께 추락했다.

머피가 사고를 당하고 엿새 뒤, 그리고 미첼이 프랭크 시런에게 "세상에 싼값에 얻어지는 건 없다"고 말하고 2주 후, 프랭크 피츠시먼스는 젊은 제임스 P. 호파를 대동하고는 마이애미비치에 있는 플레이보이 플라자 호텔에서 기자회견을 열었다. 피츠시먼스는 지미 호파가 자신은 재선 위원장 후보로 출마하지 않을 것이고, 디트로이트의 299지부 출신인 그의 옛 친구이자 총괄 부위원장인 프랭크 피츠시먼스를 팀스터즈 위원장으로 지지한다는 내용의 편지를 보냈다고 발표했다.

2주 후인 1971년 6월 21일, 피츠시먼스는 마이애미에서 열린 집행위원회 분기회합에서 발표를 했다. 기자들이 회의실에 들어오는 건 허용되지 않았지만, 이상하게도, 피츠시먼스는 신문사 사진기자들이 회의실에 들어오는 것은 허용했다. 피츠시먼스는 지미 호파가 위원장 자리에서 사임했으며 다가오는 컨벤션까지 위원장 자리를 맡아달라며 자신을 위원장으로 지명했노라고 위원회에 알렸다. 그 마지막 순간, 리처드 M. 닉슨 대통령이 회의실에 들어와 피츠시먼스의 옆자리에 앉았다. 사진기자들은 정신없이 셔터를 눌러댔다.

이틀 후인 1971년 6월 23일, 제임스 P. 호파는 가석방위원회를 상대하는 새로운 게임 계획에 따라 자신의 의뢰인이 팀스터즈 위원장과 디트로이트의 299지부 지부장, 43공동협의회 회장, 중부지역 팀스터즈 컨퍼런스 의장 자리를 사임했다는 내용의 편지를 집행위원회에 보냈다. 이 새로운 증거를 바탕으로, 제임스 P. 호파는 가석방위원회에 재청문회를 열어달라고 요청했다. 편지에서, 제임스 P. 호파는 자신의 아버지가 연금을 받아 생활하고 강연과 강의를 하면서 은퇴 이후의 삶을 보낼 계획을 세웠다고 알렸다.

1971년 7월 7일, 가석방위원회 앞에서 예비청문회가 열렸다. 가석방위원회는 서신에 언급됐고 예비청문회 때 제시된 '새로운 증거'를 바탕으로 1971년 8일 20일에 열릴 예정인 재청문회를 승인했다.

"

　1971년 7월에 마이애미비치 컨벤션에 갔을 때, 컨벤션센터 외벽에 지미의 근사한 대형사진이 걸린 걸 봤어. 그런데 실내로 들어가니까, 지미의 사진이 어느 곳에서도 단 한 장도 보이지 않는 거야. 러시아에서 빨갱이들이 하는 짓 하고 비슷했어. 어떤 사람을 선택해 그의 흔적을 깡그리 지워버리는 짓 말이야. 나는 두어 명을 붙잡아서 밖으로 나간 다음에 지미의 사신을 내리게 해 그걸 실내로 가져와 걸었어. 피츠의 사진이 걸려 있는 눈에 잘 띄는 곳에 말이야. 마음 같아서는 피츠의 사진을 내려서 그걸 외벽에 걸고 지미의 사진을 피츠가 자신의 사진을 걸어둔 곳에 걸고 싶었지만, 차마 그렇게까지 할 수는 없었지. 당시는 우리를 향한 적대감이 암암리에 흐르던 단계였거든. 그때까지 공개적으로 표출되지는 않았지만, 지미한테 그래도 좋다는 허락을 받지 않은 채로 그런 짓을 벌일 수는 없었어.

　1971년 7월의 그 컨벤션에서 지미의 부인 조가 연설을 했어. 지미가 모두에게 안부를 전해달라는 말을 했다고 조가 말하니까 컨벤션장은 광란의 도가니가 됐어. 그녀는 기립박수를 받았지. 그들은 호파를 지지하는 엄청난 군중이었어. 피츠는 운 좋게도 야유를 받지는 않았어.

　FBI는 유지보수 인력으로 위장해서 컨벤션에 들어오려 애썼지만, 나는 그들을 발견하고는 쫓아버렸어. 자신들이 진짜 유지보수 인력이라는 걸 증명하려고 보스들하고 같이 돌아오는 일이 없을 때는 그들에 대한 내 짐작이 맞았다는 걸 알게 되지.

　그 시절에 내가 무슨 생각을 하고 있었는지 모르겠지만, 지미가 1967년에 '학교'에 갔을 때에도 여전히 그가 팀스터즈 위원장이었다는 사실을 나는 얼마 전까지 전혀 모르고 있었어. 내가 당시 벌어지고 있던 상황을 오해하고 있었던 게 분명해. 나는 지미가 그 자리를 포기했고, 지미가 석방될 때까지 피츠가 그 자리를 맡아서 위원장 노릇을 하고 있다고 생각했어. 피츠가 두 자리 —부위원장과 위원장—를 다 맡았다고 생각한 거야. 피츠는 내가 그와 같이 무슨 일을 할 때면 언제든 위원장처럼 굴었거든. 그가 나를 스프링가든 가의 총격전에 보냈을 때, 나는 그를 위원장으로 생각하고 있었어. 벌여 놓은 일이 너무 많을 때면 그런 사실들을 놓치기도 하는 법이잖아? 🙶

가석방위원회 앞에서 지미 호파의 재청문회가 열리기 전날인 1971년 8월 19일, 프랭크 피츠시먼스는 기자회견을 열어 닉슨 대통령의 경제 패키지가 국가를 위해서도 유익하고 노동계를 위해서도 유익하다고 칭송했다. 미국 내 다른 모든 노동조합 리더들은, 특히 AFL-CIO의 조지 미니 위원장은 이미 닉슨의 경제계획들에 강한 반대의견을 표명한 상태였다.

이튿날인 1971년 8월 20일, 제임스 P. 호파와 그의 의뢰인은 그들이 기대했던 반응을 가석방위원회로부터 받지 못했다. 지미 호파가 노조 직위들에서 사임했다는 통고에 대한 반응은 하품이었다. 제임스 P. 호파는 "당신은 팀스터즈에서 무슨 직위를 맡고 있느냐?"는 질문을 받았다. 그의 직위가 지미 호파가 가석방됐을 때 영위할 생활 계획들과 연관이 있다는 투였다. 그런 후, 위원회는 제임스 P. 호파에게 그의 어머니가 팀스터즈의 정치행위위원회인 DRIVE[109]에서 맡은 직위에 대해 꼬치꼬치 캐물었다. 최근에 사임한 지미 호파가 미래에 매달 받을 연금 액수를 현재 가치로 정산했을 때, 그가 일시불로 받을 수 있는 총액은 170만 달러였다. 교도소에서 자신도 연금을 받게 도와달라고 호파에게 요청했던 샐리 버그스의 보스 토니 프로가 알면 짜증을 냈을 게 분명한 액수였다. 가석방위원회도 지미가 받을 일시불의 규모를 보고는 짜증을 냈다. 위원회는 적대적인 언어와 분위기로 그 문제를 파고들었다. 결국, 지미 호파가 조직범죄와 맺은 관계가 대단히 상세하게 분석됐다. 왠지 모르지만, 위원회는 그제야 그 사실을 깨닫고는 충격을 받은 듯했다. 그야말로 큰 충격을 받은 듯했다. 가석방위원회는 지미 호파가 노조에서 가진 모든 직위에서 사임했다는 '새로운 증거'와 강연과 강의를 하겠다는 미래 계획들

109 Democratic Republican Independent Voter Education, 민수공화국의 녹립석 뮤권자 교북

에 대한 '새로운 증거'에 대한 재청문회를 승인하기 위해 7월에 이미 투표를 했었음에도, 가석방을 시켜달라는 그의 요청은 만장일치로 기각했다. 호파는 이듬해인 1972년 6월에야 가석방을 다시 신청할 수 있다는 말을 들었는데, 우연히도 그 시점은 리처드 닉슨을 실각시키고 법무장관 존 미첼과 다른 백악관 보좌인력 대여섯 명을 감옥으로 보낸 워터게이트 사건이 일어난 해와 달이었다.

'호파 석방반'이 직면해서 분석해야 할 암담한 가석방 성공 확률은 어느 정도였을까? 프랭크 피츠시먼스는 지미 호파가 1971년 7월에 감옥에서 팀스터즈 위원장에 출마할 자격을 갖지 못하도록, 호파가 노조에서 갖고 있던 많은 직위에서 모두 사임하게끔 만드는 정교한 기만 계획을 은밀히 기획했던 걸까? 호파는 1971년 7월에 옥중 출마를 하겠다는 생각을 포기할 경우 1971년 8월에 감옥에서 풀려나는 자유를 얻게 될 거라고 믿기에 이르렀던 걸까? 호파는 노조의 직위들에서 사임하는 것이 가석방위원회와 닉슨 행정부가 그를 가석방하는 핑계로 삼을 수 있도록 체면을 세워주는 행위가 될 거라고 믿었던 걸까? 타협하지 않는 것으로 유명했던 사나이는 헌신의 대상이던 심장병을 앓는 아내와 가족의 품으로 돌아가겠다는 열망 때문에 이런 함정에 빠진 것일까? 그가 이런 함정에 빠진 것은 자유의 몸이 됐을 때 1976년 컨벤션에서 자신이 갖고 있던 노조 직위들에 수월하게 복귀하고 위원장 자리를 되찾을 수 있다는 것—아니면 얼마 지나지 않아 유약하고 겁 많은 피츠시먼스를 말 그대로 완력으로 위원장 자리에서 몰아낼 수 있다는 것—을 철석같이 믿었기 때문일까? 지미 호파는 프랭크 피츠시먼스 같은 부류보다 지략이 모자랐던 걸까? 닉슨과 피츠시먼스, 미첼은 일심동체로 움직이는 듯 보였고, 모든 에이스 카드를 다 쥐고 있는 듯 보였다.

닉슨의 가석방위원회가 그의 손가락 위로 창문을 거칠게 닫아버린 지금, 지미 호파는 그가 푼 자금과 닉슨 대통령을 향해 보낸 지지의 대가로 무엇을 얻게 될까?

디트로이트에서 열린 노동절 집회에서, 프랭크 피츠시먼스 위원장은 자신의 새 친구인 리처드 M. 닉슨 대통령에게 지미 호파를 사면해달라고 공개적으로 강권했다.

1971년 12월 16일, 모리스 셍커 변호사는 팡파르가 울리지도 않은 가운데, 모든 정규적인 경로들을 건너뛰면서까지 사면탄원서를 백악관에 제출했다. 탄원서는 대중의 반응, 그리고 검찰과 FBI의 의견을 얻기 위해 법무부를 거치는 경로를 택하는 대신, 그리고 사실상 몇 년이 소요된 법적 절차에 대한 의견을 듣기 위해 형량을 선고한 두 판사에게 보내는 대신, 법무장관 존 미첼로부터 '인가' 도장을 받았다.

"

크리스마스 직전에 지미를 면회하러 루이스버그에 갔었어. 모리스 셍커가 닉슨이 서명할 사면서류들을 갖고 거기 있더군. 나는 어떤 애송이하고 다른 테이블에 있었어. 교도관들은 먼 산을 봤지. 그들은 나를 예우하는 차원에서 서류들을 나한테도 보여줬고, 나는 서류들을 읽어봤어. 지미는 모범수로서 감형을 받아 1975년 11월에 석방될 수 있다고 적혀 있었지만, 닉슨은 당장은 그를 내보내려 하지 않았어. 지미가 1980년까지 위원장에 출마하지 못한다는 내용은 서류에 단 한 글자도 없었어. 내가 그걸 그 자리에서 바로 파악했다는 걸 장담할 수 있어. 지미는 1976년에 출마할 계획을 이미 세우고 있었어. 나는 가방끈이 긴 사람은 아닐지 모르지만, 오랫동안 생계를 위해 노조의 협약서와 법무서류들을 읽어온 사람이야. 그 사면장보다 훨씬 더 복잡한 서류들을 수백 건 읽어본 사람이라고. 사면장에 적힌 내용은 지미가 결국에는 석방될 거라는 게 전부였어. 그런데도 당시 그 식당에서 우리는 흐뭇한 기분이었지. 지미는 파틴과 피츠시먼스와 닉슨과 미첼에게서 연신 뒤통수를 맞은 끝에 그가 대금을 지불했던 대상을 결국 손에 넣고 있었어. 그는 크리스마스를 밖에서 맞을 수 있었어. 우리가 한 유일한 일은 지미가 본격적인 활동에 복귀하기 전에 심신을 추스르려고 두어 달간 플로리다에서 휴가를 갖는 것에 내해 수나를 떠는 거였어. 그날 루이스버그에서 논생은 선혀 멀어

지지 않았어.

논란은 지미가 석방돼서 디트로이트에 갔을 때, 정부 측이 그에게 닉슨이 서명한 최종 서류를 건넸을 때 시작됐다. 우리는 평범한 영어 문장에 최후의 배신이 자리 잡고 있는 걸 목격했지. 지미는 1980년까지는 출마할 수가 없었어. 1976년 선거를 놓칠 터였지. 감옥에 그대로 남아 모든 형기를 마쳤다면, 그는 1975년에 세상에 나와서 1976년 컨벤션을 준비할 시간이 충분했을 거야. 이때는 워터게이트 스캔들이 터지기 이전이었어. 그러니 우리가 상대하는 놈들이 어떤 도둑놈들인지를 세상에 그 누가 알 수 있었겠나. **"**

리처드 닉슨이 호파의 형기를 13년에서 6년 반으로 줄여주는 관용적인 법 집행 특별사면장에 서명한 공식적인 일자는 1971년 12월 23일이었다. 형기가 6년 반으로 줄어들면서, 모범수로서 감형을 받은 호파는 그 즉시 석방됐다. 펜실베이니아 주 루이스버그의 교도소에서 걸어 나온 그날, 호파는 가족과 크리스마스를 보내려고 세인트루이스에 있는 출가한 딸 바버라의 집으로 날아갔다. 그는 연방 가석방 보호관찰사무소에 등록하기 위해 그곳에서 디트로이트에 있는 집으로 돌아갔다. 호파는 6년 반의 형기가 만료되는 1973년 3월까지는 여전히 '서류상' 가석방 상태일 것이기 때문이다. 호파는 3개월간 휴지기를 갖기 위해 디트로이트에서 플로리다로 향할 예정이었다. 디트로이트에 있는 동안, 호파와 프랭크 시런을 비롯한 지지자들은 리처드 닉슨이 작성한 사면장에서 다음과 같은 문장을 읽었다.

상기 제임스 R. 호파는 1980년 3월 6일 이전까지는 그 어떤 노동조직의 운영에도 직간접적으로 관여하지 않아야 하며, 상기한 조건이 충족되지 않을 경우 이 감형은 완전히 무효화될 것이다.

1972년 1월 5일, 지미 호파는 비행기 편으로 플로리다 마이애미비치에 있는 그의 블레어 하우스 아파트로 갔다. 프랭크 라가노가 공항에서 그를 맞이했다. 이건 산토 트라피칸테와 카를로스 마르첼로가 존경을 표하는 방식이었다. 두 사람은 여러 가지 이유에서 공항에 직접 얼굴을 보일 수가 없었기 때문이다. 가장 중요한 이유는 연방 차원에서 가석방된 인물은 조직범죄 쪽 인물이나 유죄 판결을 받은 중죄인과 어울리는 게 허용되지 않기 때문이었을 것이다. 1972년 2월 12일에 ABC의 「이슈들과 대답들Issues and Answers」에 출연한 지미 호파는 개인적으로 1972년에 리처드 닉슨을 지지할 거라고 밝혔다. 그는 가석방 기간인 1973년 3월이 지나기 전까지는 얌전하고 고분고분하게 지낼 작정이었다. 이즈음 충분히 많은 일을 겪은 지미 호파는 그가 피츠시먼스의 자리를 차지하려고 드는 도발을 감행한다면 리처드 닉슨 행정부가 그의 가석방을 공정하게 처리하지 않을 거라고 믿었다. 지미 호파는 그들을 자극하지는 않을 작정이었다.

워터게이트 사건이 있고 한 달 후인 1972년 7월 17일, 프랭크 피츠시먼스의 집행위원회는 19대 1의 투표 결과에 따라 11월에 열릴 대선에서 리처드 M. 닉슨 대통령의 재선을 공식적으로 지지하기로 결정했다. 반대표를 던진 해럴드 기븐스는 피살된 존 F. 케네디에게 조의를 표하기 위해 조기를 내걸어서 호파를 격노케 했던 부위원장이었다. 프랭크의 아내인 패트리샤 피츠시먼스 부인은 닉슨에 의해 '공연예술을 위한 케네디센터 예술위원회' 위원으로 지명됐다.

준비를 마친 지미 호파의 공격 계획은 그의 사면에 달린 조건들을 헌법 차원에서 도전하는 데 집중될 터였다. 그의 민권운동 변호사들은 대통령이 사면에 조건을 다는 것으로 자신에게 주어진 권한을 넘어서는 일을 했다고 주장할 터였다. 헌법에 따르면 대통령에게는 사면을 할지 말지에 대한 권한만 있지, 그의 사면을 나중에 철회하면서 사면대상자를 감옥에 다시 데려가는 방식으로 사면할 수 있는 권한은, 명시적으로나 암묵적으로나, 없었다. 조건부 사면은 미국 헌법 제정자들이 대통령에게 부여하려고 의도했던 것보다 더 큰 권한을 대통령에게 주게 될 터였다.

뿐만 아니라, 이 특별한 규제에는 노조를 운영하는 것을 허용하지 않는다는 체벌도 덧붙여졌다. 호파는 심지어 옥살이를 하는 동안에도 그런 규제를 조금도 받지 않았었다. 교도소 규정들 때문에 노조를 운영하는 게 힘들기는 했지만, 그렇다고 금지당한 건 아니었다. 이 새로운 처벌규정은 호파가 두 번의 형기를 치르는 동안에는 주어지지 않았었고, 형기를 선고한 판사에 의해 부과된 체벌을 늘릴 권한은 대통령에게 없었다.

더불어, 이런 조건은 표현과 결사의 자유를 호파에게 부여하는 수정헌법 1조를 위반하는 것이었다. 그런 조건을 행사하기 위해 타당하고 적법한 토론의 장에 출입하는 것을 막았기 때문이다.

하지만 감옥이 싫었던 호파는 그런 소송을 제기할 경우 닉슨 행정부가 그의 가석방 생활을 더 꼼꼼히 감시할 거라는 두려움 때문에 1973년 3월에 가석방 기간이 끝나고 '서류상 자유인'이 될 때까지는 그런 상황을 모르는 척 지냈다. 피츠시먼스는 한동안 느긋하게 마음을 놓을 수 있었다.

그런 규제가 어떻게 사면장에 담기게 됐는지에 대한 많은 주장과 삿대질이 닉슨의 백악관 안에서 벌어졌다. 백악관 자문이자 워터게이트 사건에서 공범들에게 불리한 증언을 한 증인인 존 딘은 마지막 순간에 규제조항을 덧붙인 것은 자신의 아이디어였다고 증언했다. 그는 자신은 그저 선한 변호사였을 뿐이라고 증언했다. 미첼이 그에게 사면서류를 준비하라고 요청했을 때, 호파가 1980년까지는 노조 활동에서 벗어나 있겠다는 구술 합의를 했노라고 미첼이 무심코 언급했다는 거였다.

규제조항을 덧붙이는 것을 공모했다는 의혹을 받은 다른 백악관 자문이자 훗날 워터게이트 사건으로 수감된 인물은 대통령의 특별자문이자 악명 높은 '닉슨의 정적政敵 명단'의 작성을 책임진 찰스 콜슨 변호사였다. 존 딘은 닉슨의 재선을 지지하는 표를 던지지 않은 팀스터즈 집행위원회의 유일한 멤버인 해럴드 기브스의 재산 상태에 대해 국세청이 조사에 착수하게 만들라는 요청을 콜슨이 했노라고 증언했다. 콜슨이 감사를 요청하면서 딘에게 보내는 메모에 기브스를 '철천지원수'로 부르는 내용이 들어 있었다. 지미 호파는 증언 녹취록에서 이렇게 증언했다. "제가—제 사면에 딸린 규제와 관련해서—비난하는 대상은…… 찰스 콜슨입니다." 콜슨은 워터게이트 청문회 동안 그 주제에 대해 5조를 내세웠다. 사면이 허용되기 전에 사면 문제를 피츠시먼스와 논의했다는 사실은 인정했지만 말이다. 그런 규제와 같은 중요한 주제를 두 남자가 논의하지 않았을 거라고 상상하기는 어렵다.

규제는 딘이 선한 변호사 노릇을 한 결과물이었을까? 딘이 규제조항을 덧붙인 것은 순전히 그 자신의 아이디어에서 비롯된 일이었다고 생각하게 만든 방식으로 문구를 지시한 것은 콜슨과 미첼이었을까? 규제조항을 달라는 얘기가 상급자로부터 곧장 하달되면, 신중한 젊은 변호사는 그 조항을 알아서 덧붙일 것이다. 존 미첼은 월스트리트에서 변호사로 활동했었다. 그는 동료들을 주무르는 법을 알고 있었다.

콜슨은 백악관에서 사임한 직후, 그리고 감옥에 가기 전, 개인사무실을 개업한 변호사로 복귀했다. 프랭크 피츠시먼스는 팀스터즈의 짭짤한 법무계약을 에드워드 베넷 윌리엄스에게서 빼앗아 찰스 콜슨에게 넘겼고, 그 결과 콜슨은 1년간 최소 10만 달러의 수임료를 보장받았다.

그 의기양양한 시절을 보낸 이후로, 찰스 콜슨은 새사람이 됐다. 그는 교도소를 방문해서 수감자들에게 구원으로 이르는 영적인 길을 따르라고 권유하는 활동을 후원하는 기독교단체를 창설했다. 나는 델라웨어에서 가장 큰 교도소에서 프랭크 시런이나 다른 의뢰인을 면회하던 중에 과거를 뉘우치고 품위 있는 모습을 보이는 찰스 콜슨이 수감자들을 면회한 후에 성경을 들고 교도소를 떠나는 모습을 목격한 적이 있다.

한편, 지미 호파는 호시탐탐 기회를 엿보고 있었다. 호파는 자신을 교도소로 되돌려 보낼 빌미를 전혀 주지 않을 작정이었다. 그가 자서전에 썼듯, '나는 루이스버그에서 58개월을 보냈다. 나는 여러 권의 성경에 손을 얹고 당신에게 이렇게 얘기할 수 있다. 감옥은 낡았고 잔혹하며 사람을 갱생시키지 못하는, 사람이 지나치게 북적거리는 지옥의 구덩이로, 수감자들이 짐승 대접을 받는 곳이다. 거기에 수감된 사람들은 일단 석방되고 나면 무슨 일을 할 것인지에 대한 인도적인 생각을 단 한 번도 하지 못한다. 당신은 우리에 갇힌 짐승과 비슷한 존재이고, 사람들은 당신을 그런 존재로 취급한다.'

24

그가 부탁한 거니까
토 달지 마

“

지미는 석방된 첫 해 동안에는 어디를 가건 허가를 받아야 했어. 노조 회의에 가는 건 허용되지 않았지만, 몇 가지 다른 이유로 캘리포니아나 다른 곳에 가는 건 허용됐지. 그는 다른 사람들과 같은 호텔에 묵었고, 그런 와중에 로비에서 그들과 우연히 마주치고는 했어. 사람들은 그런 만남에 대해 지미가 자기들을 상대로 강연과 강의를 하는 중이었다고 해명할 거라고 짐작해.

지미는 물밑 선거운동을 많이 하고 다녔어. 반드시 그래야 하는 건 아니었는데도 말이야. 그는 전화로 많은 일을 처리하고 있었어. 모두를 그를 지지하는 대오에 붙들어놓고는 그가 돌아올 거라는 걸 그들에게 주지시켜 그들이 피츠에게 넘어가려는 유혹을 느끼지 못하게 만들려는 행보에 가까웠지.

나는 지미의 콘도미니엄에서 그를 만나려고 플로리다로 날아가 이틀을 머물렀어. 공항에서 렌터카가 오기를 기다리는 동안 그에게 전화를 걸었지. 거기에 조랑 같이 있는 건 아니라면서, 특식을 먹을 수 있도록 오는 길에 럼스에서 칠리 핫도그를 몇 개 사오라고 시키더군.

밋토그글 나 믹은 우리는 쫀 니첼이 닉슨의 새션 선서운농을 멀히려고 법무장관 자리에서 사임한 것에 대한 얘기를 나눴어. 그 친구들은 자기들에게 유리한 그 CREEP[110] 덕택에 마음대로 돈을 찍어낼 수 있는 면허를 받게 될 거였어.

지미는 자신의 사면에 규제를 가한 피츠와 토니 프로에게 앙갚음을 할 작정이라고 했어. 자신은 반드시 위원장 자리에 복귀할 거라고 다짐했지. 그는 규제조항을 상대로 제기하려는 소송을 이미 줄지어 세워두고 있었고, 나는 나도 소송 당사자가 되고 싶다고 지미에게 말했어. 나는 필라델피아에서 지붕수리공 노조를 이끄는 존 맥컬러프와 다른 사람들이 나를 위한 감사 만찬을 준비하고 있다고 말했어. 그러고는 그에게 연사로 참석해줄 수 있겠느냐고 물었지. 지미는 자신이 서류상 자유로운 신분이 될 때까지 감사 만찬을 연기하라고 부탁하면서 그렇게 되면 자신이 연설을 하는 영예를 누리겠다고 했어.

이즈음 지미는 자신이 조폭들과 어울린 덕에 대단히 강력한 인물이 됐다고 판단했어. 그에게는 러스와 카를로스, 산토, 지안카나, 시카고, 디트로이트가 있었어. 루이스버그에 있는 동안에는 보나노 패밀리의 보스인 퀸스 출신의 카마인 '더 시가' 갈란테Carmine 'The Cigar' Galante와 친해졌고. 갈란테는 굉장히 거친 사람이야. 타협이라는 걸 전혀 모르는 사람이었지.

지미는 자신이 조폭 문화 때문에 겪는 유일한 문제는 '학교'에서 토니 프로가 제기한 불만 때문에 프로와 빚은 갈등이라고 생각했어. 지미는 프로가 자신의 연금펀드를 일시불로 정산해서 100만 달러를 받아내는 걸 도와줄 피츠를 지지하고 있을 거라고 판단했어. 그는 얘기의 대부분을 프로와 피츠 얘기로 채우면서 "놈들은 대가를 치르게 될 것"이라고 말하더군. 지미는 피츠에게 메시지를 보낼 거라고, 프로를 처리할 작정이라고 했어. 구체적인 얘기는 안 했지만, 나는 프로를 처리하는 게 피츠에게 전하는 메시지가 될 거라고 짐작했지.

---

110 Committee to Reelect the President, 대통령 재선을 위한 위원회

"프로와 관련해서 무슨 조치를 취해야만 해." 지미가 말했어.

"당신은 하던 일을 계속하세요. 그의 집에 페인트칠하는 일은 내가 맡을게요." 내가 말했어. "나한테 운전 잘하는 친구가 있어요. 레드헤드라고."

"운전은 내가 할게." 지미가 말했어. "놈이 내가 한 일이라는 걸 알게 만들고 싶어."

자신이 직접 차를 몰겠다는 말을 했을 때, 그는 그 일과 관련해서 심각한 부분을 맡겠다고 나선 거야. 그가 그런 말을 한 후, 나는 그가 흥분해서 숨을 헐떡거리고 있다고, 김을 모락모락 피워내고 있다고 생각했어. 그런데 밀튼 버얼[111]처럼 세상이 다 아는 얼굴을 운전사로 쓰지는 않는 법이지.

레드헤드는 운전 문제에 있어서는 자신이 스탠드업 가이라는 걸 스스로 입증한 상태였어. 1972년 봄에 플로리다에서 지미와 마주 앉아 칠리 핫도그를 먹기 얼마 전에, 레드헤드가 무슨 일을 하러 가는 나를 태우고 간 적이 있었거든.

어느 날 밤늦은 시간에 남동생을 데리고 레드헤드를 만나러 가라는 전화가 러스한테서 왔어. 남동생은 총을 가리키는 거야. 이런 일의 경우 나는 동생을 둘 데려가고는 했어. 하나는 허리띠에 꽂고 백업용 총은 발목 권총집에 넣었지. 32구경이나 38구경 리볼버 같은 걸 썼는데, 22구경으로 얻을 수 있는 저지력보다 더 큰 위력을 원했기 때문이야. 소음기는 쓰고 싶지 않았어. 그렇게 하면 위력이 22구경 정도로 떨어지니까. 목격자들을 피신하게 만들려고 사방으로 요란하게 난사를 하고 싶었지. 하지만 45구경이 내는 소음 정도의 소리를 내면 안 됐어. 그렇게 하면 몇 블록 떨어진 곳에 있는 순찰차에도 소리가 들리거든. 그러니 45구경 두 자루를 한꺼번에 사용하지는 않는 법이야. 45구경의 위력이 1급이기는 하지만 말이야. 게다가, 45구경은 7.5미터를

---

111 Milton Berle, 미국의 코미디언

301

벗어난 상대를 향해서 쏘면 정확성이 떨어지는 편이야.

전화를 끊고 차에 탈 때까지 러스가 염두에 두고 있는 상대가 누구인지 몰랐지만, 그가 부탁한 일이니까 토를 달 일이 아니었어. 그들은 사전에 많은 것을 알려주지는 않아. 그들은 표적을 미행하는 사람들을 데리고 있었어. 그 사람들이 틈틈이 전화를 걸어 정보를 알려주게 했지. 그들은 표적의 전화기를 도청했고, 표적이 취약한 상태로 거리에 있을 때가 언제인지를 가늠했어. 그들은 표적이 있는 거리에 아무 관련도 없는 시신이 많이 나뒹구는 건 원치 않았어.

내가 컨벤션센터 내부로 지미의 사진을 옮겨 걸었던 1971년 8월 컨벤션이 열리기 이틀 전, 크레이지 조이 갈로가 할렘에서 데려온 미치광이를 시켜 콜롬보 패밀리의 보스 조 콜롬보에게 '키스'를 했어. 이 일은 콜럼버스 서클에서 열린 이탈리아계 미국인 민권연맹 집회 중에 일어났는데, 가여운 조 콜롬보는 이후로 5~6년을 혼수상태로 연명했지. 무엇보다 심각한 건, 조 콜롬보가 가족과 친척들이 보는 앞에서 당했다는 거야. 그런 일을 그런 식으로 처리한 건 전례에 어긋나는 거였어. 갈로가 콜롬보 같은 보스에게 '키스'를 해도 좋다는 승인을 받았다는 데에는 의심의 여지가 없지만, 가족들이 보는 앞에서 그런 식으로 일을 처리해도 좋다는 승인을 받은 건 아니었어. 내 짐작에는 사람들이 그놈을 '크레이지 조이'라고 부르는 이유가 그걸 거야.

내가 이해한 바로는, 콜롬보 사건에 승인이 난 건 조 콜롬보가 이렇게 참가한 모든 집회와 그에 수반되는 홍보활동을 통해 조폭들에게 지나치게 많은 눈길을 끌어 모으고 있었기 때문이야. 게다가 그는 누구의 말도 귀담아 듣지 않았고 그런 짓을 하는 걸 그만두려고 하지도 않았어. 그러니 이승을 하직할 밖에. 러셀이 위원회에 있었다면, 그에게 '키스'하는 것을 반대하는 쪽에 표를 던졌을 거라고 확신해. 러셀 자신이 펜실베이니아 북부에 콜롬보가 이끄는 이탈리아계 미국인 민권연맹의 지부를 갖고 있었거든. 그들은 내게 '올해의 인물상'을 수여하기도 했어. 그 명판은 지금도 내 방에 있어.

조이 갈로는 콜롬보에게 '키스'를 하는 불쾌한 짓을 벌인 놈이 되는 데서 그치지 않고, 연예계의 온갖 거물들과 함께 뉴욕을 누비며 돌아다니고 있었어. 그의 모습이 신문지면에 늘 등장하고 있었지. 그는 무비 스타나 작가와 같이 외출하거나 뉴욕의 야간 유흥에 나선 군중과 함께 노닥거리고 있었고, 사진기자들은 이런 상황을 즐기고 있었어. 크레이지 조이는 끝내주는 주목을 받고 있었지. 그런데 문제는 조폭들에게 필요치 않은 게 그거였다는 점이었어. 그는 홍보 측면에서 조 콜롬보가 했던 짓보다 훨씬 더 나쁜 짓을 벌이고 있었던 거야. 콜롬보는 사람들의 주목을 받는 걸 좋아했는데, 갈로는 그런 주목을 받는 걸 콜롬보보다 더 좋아했어. 지금 와서 그 시절을 돌아보면, 나는 그가 에롤 플린[112]이나 된 양 사방을 돌아다니고 있었다고 생각해. 그토록 부유하고 호사스러운 라이프스타일을 유지하는 데 필요한 재력을 확보하려고 리틀 이탈리아[113]에 있는 어느 레스토랑을 갈취하고 있다는 소문을 들은 적도 있어. 리틀 이탈리아를 함부로 손대는 건 절대로 해서는 안 되는 짓인데 말이야.

존 프랜시스, 즉 레드헤드는 뉴욕에서 발행된 신문들에서 얻은 크레이지 조이 갈로의 사진 뭉치를 갖고 있었어. 그 덕에 나는 그 자식을 직접 만난 적은 없었지만 놈이 어떻게 생겼는지 알 수 있었지. 존은 움베르토스 클램 하우스 레스토랑의 평면도를 갖고 있었는데, 그 레스토랑에는 구석에, 그리고 멀버리 거리 쪽에 문이 하나 있었고, 남성용 화장실이 있었어. 그곳 주인은 친동생에게 그곳 운영을 맡긴 유명한 보스였어. 레스토랑은 그 이후로 다른 곳으로 이전했지만, 그래도 여전히 리틀 이탈리아에 있어.

갈로는 생일을 맞아 시내로 외출해 있었어. 갈로를 해치우길 원한 사람이 누구인지는 모르지만, 그 사람은 갈로가 한밤중에 마지막으로 움베르토스에 들를 거라는 괜찮은 정보를 갖고 있었어. 더불어 그가 앉을 곳—멀버리 거리 쪽 문으로 들어갔을 때 왼쪽으로 멀리 떨어진 구석—이 어디인지도 잘 파악

---

112 Errol Flynn, 방탕한 사생활로 유명한 영화배우
113 Little Italy, 미국 웨스트버지니아 주 랜돌프카운티에 있는 자치구

하고 있었고. 아마도 어떤 사람들이 밤에 마지막으로 거기에 들러달라고 갈로를 초대했던 것 같아. 어쨌든 그곳은 새벽의 그 시간에 문을 여는 유일한 술집이었어.

계획은 잘 수립됐지만, 그걸 제대로 실행하려면 사격솜씨가 뛰어난 총잡이가 필요했어. 크레이지 조이 갈로는 보디가드, 그리고 새로 맞은 아내와 누이를 비롯한 여성 동행 몇 명과 함께 거기에 갈 거였거든. 갈로를 쏘는 것과 여자들을 쏘는 것은 차원이 다른 일이야. 그러니 무척이나 정확하게 쏴야 했어. 4.5미터에서 6미터 사이로 가깝게 다가갈 수는 없을 테고, 그의 일행인 여자들을 맞추고 싶지는 않았으니까.

놈에게 4.5미터 이내로 접근할 도리는 전혀 없었어. 그랬다가는 보디가드가 연장을 꺼내들 테니까. 갈로는 누군가가 자신을 찾는 걸 보면 의심을 품을 게 분명했어. 그는 자신이 사람들의 감정을 상하게 만들었다는 것을 잘 알았고, 그가 상대하는 사람들이 누구인지를 잘 알았어. 갈로 자신도 자신에게 감정이 상했을 게 분명해. 하지만 그는 개인적으로는 연장을 소지하고 다니지 않았어. 그는 유죄 판결을 받은 중죄인 신분이라, 다시 '학교'로 끌려갈 수도 있는 빌미를 조금도 주지 않으려고 했지. 뉴욕의 총기규제법인 설리번 법은 엄격했어. 동행한 여자들은 데이트 상대들이 아니었기 때문에 그녀들이 그를 위해 핸드백에 연장을 갖고 다닐 거라는 예상은 하지 않아도 됐어. 그 여자들은 그의 친척들이었어. 다른 테이블에 태연한 척 앉아서 그를 지켜주려고 드는 사람은 없을 터였어. 그런 놈이 있었다면, 존 프랜시스는 또 다른 남자가 그날 밤에 갈로 일행을 가까이 따라다니고 있다는 얘기를 들었을 거야. 그건 그의 주위에 연장을 갖고 있을 가능성이 제일 큰 유일한 인물은 보디가드라는 뜻이지. 총잡이라면 누구든 그를 먼저 처치하고 싶을 거야. 그에게 치명상을 입힐 이유는 없었어. 그러니 목에 있는 동맥이나 심장 같은 치명적인 곳을 피해 등이나 엉덩이를 쏘려고 들었을 거야. 그를 그냥 무력하게 만들고만 싶었거든. 지금 얘기하는 이런 문제를 다룰 때 가장 필요한 건 솜씨 좋은 뛰어난 총잡이야. 게다가 총잡이는 홀몸으로 현장에 들어가야 하지. 그렇지 않으면 서부영화에나 나올 법한 총격전이 벌어질 테니까. 그런데 그런 자리에 단신으로 들여보낼 사람을 아무나 쓸 수는 없는 법이잖아.

어쨌든 나는 험상궂게 생긴 것도 아니고 그렇다고 눈에 익은 얼굴도 아니었어. 나는 정문에서 멀리 떨어져 있지 않은 화장실을 이용하려고 가게에 들어온, 모자를 쓴 고장 난 트럭의 운전사처럼 보였어. 나는 피부가 굉장히 하얘. 그래서 마피아 총잡이처럼 보이지는 않지.

고려해야 할 또 다른 점은 가족들 앞에서 상대를 죽이는 짓은 하지 않는다는 거야. 그런데 문제는, 갈로가 콜롬보한테 한 짓이 바로 그거였다는 거지. 가족들이 보는 앞에서 그런 짓을 한 거야. 콜롬보를 식물인간으로 만들었다고. 따라서 크레이지 조이한테 하는 일도 그런 식이어야 했어. 놈은 '건방진 자식'이었으니까.

그때는 휴대전화가 나오기 전이야. 그래서 일단 일을 하러 떠난 우리가 현장에 도착했을 무렵에는 상황이 생판 달라져 있을 수도 있었어. 그곳이 사람들로 북적거릴 수도 있었고, 표적이 이미 그곳을 떠났을 수도 있었지. 하지만 그는 자기 생일을 축하하러 외출해서 술을 마신 탓에 차츰 부주의해지고 있었어. 싸움꾼은 말이야, 술을 마시면 싸움 실력이 줄어드는 법이야. 내가 이해한 바로는, 갈로는 사람들 부추김에 잘 넘어가는 놈이었어. 싸울 줄도 아는 놈이었고. 사람들이 그를 그 자리에 붙들어놓으려고 그에게 연신 술을 사고 있을 거라는 데에는 의심의 여지가 없었어. 그들은 그러다가 우리가 그곳에 곧 도착할 거라는 판단이 들쯤에는 이제 집에 가야겠다고 하면서 그 자리를 빠져나올 거였지. 그러는 동안, 그는 앞에다 바닥을 보아야 할 샴페인 잔과 온갖 술잔들을 줄지어 세워놓았을 거고 놈이 주문한 음식도 모두 거기에 놓여 있었을 거야.

크레이지 조이 갈로는 리틀 이탈리아를 어느 정도 안전하고 편안한 곳으로 여겼던 게 분명해. 리틀 이탈리아에 있는 레스토랑에서 총질을 하는 건 안 될 일이었거든. 그곳 레스토랑들을 비밀리에 동업하고 있는 사람들이 많았기 때문이야. 이 특별한 이탈리아식 애신물 레스토랑은 굉장히 중요한 인물이 대놓고 소유한 곳인데다, 막 개장한 곳이었어. 게다가 관광객들이 그 지역에 가는 걸 불안해하는 건 리틀 이탈리아의 관광산업에도 악재잖아. 더불어 관광객들은 좋은 목격자가 되는 법을 모를 수도 있고, 키가 1미터밖에 안 되는 난쟁이 여덟 명을 봤는데 하나같이 복면을 쓰고 있었다고 경찰에게 진술할 정도로 충분히 눈치가 좋지 않을 수도 있지.

어쨌든, 사람들한테는 시켜야 할 규칙이 있었지만, 그들은 항상 자신들에게 적용되는 규칙들을 약간씩 어기고는 했어. 우리, 그들이 규칙을 무시할 권한을 갖고 있었다고 치고 얘기를 계속해보세. 그들은 피치 못할 경우에는 리틀 이탈리아의 레스토랑에서 암살을 실행하는 문제를 고려할 수 있었어. 게다가, 어쨌든 이 계획이 고려하는 시간은 영업시간이 끝나는 시점에 무척 가까웠어. 뉴욕의 술집들은 법적으로는 새벽 4시에 문을 닫게 돼 있었지만, 이일을 벌인 시간은 영업시간이 끝났을 때나 그 직전이기 때문에 아이다호에서 뉴욕으로 구경 온 많은 관광객을 걱정할 필요는 없을 터였어. 갈로는 다른 시간대에는 다가가기 쉬운 자가 아니었어. 정상적인 시간에는 그가 어디를 가건 사진이 잘 나오는 각도를 찾아 그의 근처를 어슬렁거리는 사진기자들이 있을 수 있었기 때문이야. 놈이 뻔질나게 유명인들과 홍보활동을 벌이면서 돌아다닌 이유가 그거였을 거야. 그렇게 하면 안전하니까. 사진기자들이 경호원들보다 더 나았던 거야.

존 프랜시스는 리틀 이탈리아의 멀버리 거리와 헤스터 거리가 교차하는 모퉁이에 있는 움베르토스 클램 하우스에 나를 내려줬어. 이런 일이 진행되는 방식은 이래. 우선 존이 나를 차에서 내려주는 거야. 내가 화장실에 가는 동안 레드헤드는 그 블록을 한 바퀴 돌고, 내가 나오는 시간에 딱 맞춰서 그자리에 돌아와 있는 거지. 내가 그 시간에 거기에 없으면 그는 2분쯤 나를 기다려줄 거고, 그런데도 내가 나오지 않으면 나는 혼자 알아서 도망갈 길을 찾아야 하는 거야. 그가 혹시라도 나를 밀고할 경우, 존이 그 사건에 대해 할 수 있는 말이라고는 내가 화장실에 갈 수 있게 차에서 내려줬다는 것밖에는 없었어. 술집 안에서 무슨 일이 벌어졌건 레드헤드는 그걸 볼 수가 없었으니까. 그가 아는 건 딱 나를 내려준 시점까지의 일들뿐이야.

때로는 실제로 먼저 화장실에 들르는 경우도 있었어. 상대를 지나쳐야만 화장실을 갈 수 있는 상황이 아닌 경우에만 말이야. 화장실을 먼저 들르면, 나를 쫓아오는 사람이 아무도 없다는 걸 확인할 기회를 갖게 되지. 상황이 어떤지를 살펴볼 기회를 얻게 되고, 내가 걱정해야 하는 사람이 화장실에 아무도 없다는 걸 확인할 기회도 얻게 되는 거야. 더불어, 실제로 화장실에 다녀올 기회도 얻게 되잖아. 경찰차 두어 대를 따돌리려고 기를 쓰는 동안 오줌이 마려워 어쩔 줄 몰라 하고 싶지는 않으니까.

그런데 그 일이 벌어지는 테이블에 목격자들이 있는 이런 일을 할 경우, 화장실에 아무도 없을 거라는 건 순전히 운에 맡겨야만 해. 일이 너무 꾸물거리지 않고 충분히 빠르게 진행될 경우, 테이블에 있는 목격자들이 아무것도 보지 못하는 쪽으로 일이 진행됐으면 하는 기대에 의지하고 싶어질 거야. 화장실로 향하던 중에 상황이 괜찮아 보이면 곧바로 일에 착수하고 싶어질 거라는 말이야. 이런 곳에서 일하는 바텐더와 웨이트리스들은 눈앞에서 무슨 일이 벌어지더라도 그런 일은 전혀 본 적이 없다고 딱 잡아떼는 식으로 처신해야 좋다는 걸 알 정도로 영리한 사람들일 거야. 그렇지 않다면 이런 주인들이 운영하는 술집에 취직하지는 못했을 테니까. 그 시간에, 아이다호에서 온 관광객들은 모두 침대에 있을 거야.

어쨌든, 존이 할 수 있는 말이라고는 내가 화장실에 가던 중이었다는 것뿐이었어. 일을 실외에서, 길거리에서 처리하려 들 경우, 운전사는 바로 그 자리에서 나를 기다리고 있어야 하기 때문에 돌아가는 상황을 볼 수 있어. 때로는 운전사를 일이 처리되는 바로 그 인도에 세워둬야 할 필요가 있지. 연장을 처분하거나 목격자들을 겁주기 위해서 말이야. 하지만 실내에서는 단독으로 일하고 싶었어. 그렇게 하면, 일이 최악으로 치닫는다 하더라도 늘 정당방위를 주장할 수 있으니까. 내가 그 사람들과 함께한 기간 내내, 나는 실내에서 다른 사람과 함께 일을 처리할 정도로 다른 사람을 충분히 신뢰한 적이 전혀 없었어. 운전가는 자기가 아는 만큼만 알 뿐이고, 그게 오견지 지 신을 포함한 모두에게 유익했어. 사람은 전기의자 앞에 서면 마음이 약해지고 무너져 내리기 십상이야. 그런데 만사를 내가 직접 처리하면 내가 밀고할 수 있는 상대는 오직 나밖에 없는 거잖아.

길모퉁이에 조폭 거물 몇이 빈둥거리고 있었어. 그들의 임무는 크레이지 조이 일행이 도착했을 때 그들을 맞이하는 거였지. 누군가가 레스토랑 출입문으로 들어오너라도 조이는 덜 미심쩍어 할 터였어. 길모퉁이에 있는 사람들은 우리 차의 헤드라이트가 보이자 흩어졌어. 그들의 역할은 그걸로 끝난 거지. 리틀 이탈리아의 이 사람들 중 누구도, 그리고 크레이지 조이와 그의 부하들도 예전에 나를 본 적은 없었어. 러셀과 나는 뉴욕에 왔을 때는 제노비스 사람들과 함께 브루클린의 도심 밖에 있는 베수비어스나 몬테스에 가고는 했었으니까.

나는 멀버리 거리 쪽 문으로 들어갔어. 갈로가 있는 방의 멀버리 거리 쪽을 등지고 바bar로 곧장 걸어갔지. 바에 도착해서는 몸을 돌려 사람들이 있는 테이블을 마주 봤어. 어린 여자애가 사람들하고 같이 있는 걸 보고는 약간 놀랐지만, 해외에서 전투를 할 때도 그런 상황을 겪은 적이 가끔 있었어. 내가 테이블을 마주 보려고 몸을 돌린 직후, 크레이지 조이 갈로의 운전사가 등에 총을 맞았어. 그러자마자 여자들과 어린 여자애는 테이블 아래로 몸을 날리더군. 크레이지 조이는 앉아 있던 의자 주위를 잽싸게 돌아가 총잡이의 오른쪽에 있는 모퉁이 쪽 문으로 향했어. 놈이 그렇게 한 건, 총격을 테이블에서 먼 쪽으로 끌어가려 애쓴 것일 수도 있고, 그저 자기 목숨을 구하려고 애쓴 거였을 수도 있어. 그가 양쪽 다를 하려고 애쓰고 있었다는 게 제일 그럴 법한 것 같아. 바에서 문으로 곧장 이동해 놈이 갈 길을 차단하고는 놈의 등 바로 뒤에 자리를 잡는 건 쉬운 일이었어. 놈은 움베르토스의 길모퉁이 쪽으로 난 문을 통해 바깥으로 나가는 데 성공했어. 크레이지 조이는 모퉁이 쪽 문에서 멀지 않은 레스토랑 밖에서 세 방쯤 맞았지. 놈이 차에 있는 자기 연장을 챙기러 가던 중이었을 수도 있어. 하지만 그러는 데 성공할 기회는 갖지 못했어. 크레이지 조이 갈로는 생일날에 피가 흐르는 도시의 인도에서 '호주'로 떠났어.

시중에 떠도는 이야기들은 현장에 총잡이가 세 명 있었다고 하지만, 나는 그렇다고는 말하지 않을 거야. 어쩌면 그 경호원 놈이 자기 체면을 세우려고 총잡이 둘을 추가했을 거야. 아니면 총 두 자루에서 난사된 총알이 많은 탓에 총잡이가 한 명 이상이라는 느낌을 줬을지도 모르지. 나는 그 일에 나 말고는 어느 누구도 투입하지 않았어.

중요한 점은, 존 프랜시스가 전혀 동요하지 않은 채로 그 자리에 있었다는 거야. 그는 런던에서 아일랜드계 조폭들하고 이런 경험을 한 적이 있었어. 존 프랜시스는 백수나 다름없었어. 일정한 직업 없이 그럭저럭 살아가는 사람이 었지. 그래도 그런 재주는 있는 사람이었어.

존은 따라붙는 자들이 없다는 걸 먼저 확인하고는 차를 몇 번 갈아탄 후에 융커스로 아주 먼 길을 돌아갔어. 무척이나 당연한 일이지만, 그가 다음으로 한 일은 그가 잘 아는 지점에 있는 강물에 연장을 던져 넣은 거야. 필라델피 아에 있는 스퀼킬 강에도 그곳과 비슷한 지점이 있어. 경찰이 거기에 잠수부 들을 보내 총을 건져내면 작은 국가 하나쯤은 거뜬히 무장시킬 수 있을 거야.

나중에, 자기가 갈로를 담갔다고 자랑하는 이탈리아계 놈 얘기를 들었어. 그런 놈이 나타난 건 내 입장에서야 괜찮은 일이었어. 그놈들은 유명인이 되 고 싶었나봐. 아마도 그놈은 밀고자가 됐을 거야. 밀고자들은 늘 자기 이력서 를 꼭꼭 채우는 법이거든. 그래야 정부가 놈들을 더 존중하면서 대우해주니 까. 정부는 대형사건들을 해결할 기회를 제공하는 밀고자를 사랑해. 그 밀고 자가 대형사건에 대해서는 아는 게 눈곱만치도 없는 밑바닥 마약 딜러에 불 과할지라도 말이야.

믿음직한 출처를 통해 들은 얘기가 있어. 레드헤드가 암으로 눈을 감기 전 에, 그가 크레이지 조이 갈로를 비롯한 14건의 암살에 관여했고, 그가 차를 모는 동안 내가 그 일들을 실행했다는 주장을 했다는 얘기야. 그건 그가 죽 어가고 있고 나는 교도소에서 복역하고 있던 1980년대의 일이었어. 나도 확 실히는 모르겠어. 아마도 손은 스밴느냽 가이었을 거야. 하지만 손이 의식이

혼미한 상태에서 그런 말을 했다면, 나는 개의치 않아. 존은 암으로 죽어가고 있었고 무척이나 통증에 시달린데다 이런저런 약물도 많이 투여받고 있었을 거야. 게다가 그는 감옥에서 죽고 싶지는 않아 했어. 레드헤드의 정신 상태는 누군가에게 불리한 진실을 증언할 수 있는 상태가 전혀 아니었어. 그는 좋은 사람이었어. 나는 평화를 누리고 싶어 하는 사람을 탓하지는 않아.

러셀은 '건방진 자식'을 처리하는 일 같은 중요한 심부름을 시킬 사람으로 존과 나를 모두 신뢰했어. 다른 보스들은 자기들 패밀리와 연루될 그런 암살은 절대로 하려고 들지 않을 거야. 그렇게 했다가는 갱들의 전쟁이 시작되니까. 뉴욕 패밀리들은 철저한 이탈리아계였어. 위원회는 러셀이 비非이탈리아계에게 매우 개방적인 태도를 취한다는 걸 알고 있었어. 전투경험이 많은 닳고 닳은 아일랜드계 사내 두 명은 러셀이 갈로 같은 중요한 문제들을 처리하기 위해 제공할 수 있는 혜택이었어. 위원회는 늘 러셀에게 정말로 큰일들을 맡겼어. 게다가 러셀은 콜롬보와 친한 사이인데다 이탈리아계 미국인 민권연맹을 지지하는 사람이었지.

지미가 변방에서 그 나름의 정치를 벌이고 있던 게 그 즈음이었어. 그는 교도소 수감환경 개선운동 분야에서 엄청난 거물이 됐어. 그는 진심에서 우러난 열정으로 그 운동을 벌였어. 그런데 그 운동은 그가 자신을 위한 선거운동을 하는 기회도 많이 제공했지. 언젠가 지미는 교도소 환경 개선 모금행사를 하는 중에 찰리 앨런을 무슨 일인가에 활용했어. 배달 업무에 말이야.

찰리 앨런은 지미가 석방된 후 루이스버그에서 출소했고, 지미는 나한테 그를 보살펴달라고 부탁했지. 나는 다운타운에 있을 때 이미 앨런하고 약간 아는 사이였어. 드조지 사건이 있고서 직위를 빼앗겼을 때 그를 처음 만났어. 그때 나는 크라운 젤러바흐[114]를 위해 트럭을 몰고 있었어. 무장 강도 행각

114 Crown Zellerbach, 미국의 펄프제조사

을 벌인 앨런은 필라델피아를 벗어날 필요가 있었어. 그를 내 트럭에 태워 스크랜튼에 데려가 데이브 오스티코Dave Osticco와 함께 내려줬어. 데이브는 오랫동안 러스와 함께한 사람이야. 데이브는 여론이 상당히 악화될 때까지 안가에 앨런을 데리고 있었고, 결국 앨런은 필라델피아로 돌아가서 자수하기로 결심했어. 내가 잘못 알고 있는 게 아니라면, 그때 했던 무장 강도 행각이 그가 루이스버그에 간 죄목일 거야. 지미가 나한테 그를 도와달라고 부탁한 후, 나는 앨런을 기사로 활용했어. 그즈음 내 지위는 운전사를 두고 사람들이 나를 위해 잡다한 일을 처리해주며 나에게 특정한 방식으로 존경을 표하는 데에까지 이르렀어.

찰리 앨런이 내 재판 때 증언한 일들 중에서 그가 실제로 했던 일 하나가 지미 호파가 CREEP을 위해 존 미첼에게 건넨 돈을 전달한 거였어. 지미는 닉슨에게 이어지는 의사소통 경로들을 여전히 모두 유지하고 있었어. 지미는 워싱턴에서 가진 교도소 환경 개선 모금행사장에 있었어. 그의 가석방 담당관은 지미가 그런 종류의 활동을 위해 워싱턴에 여행 가는 걸 허용했지. 지미는 사업을 같이하고 싶은 사람들을 그런 행사에 초대하고는 했어. 수감생활 체험담을 나누며 추억을 공유할 수 있는, '학교'에 같이 있던 사람들도 초대했고. 지미는 나보고 워싱턴에서 갖는 이 특별한 행사에 반드시 찰리 앨런, 그리고 앨런의 파트너인 프랭크 델 피아노Frank Del Piano와 같이 오라고 했어. 지미는 필라델피아 출신의 정치운동가 앨런 코헨을 그 자리에 불렀고, 지미와 앨런은 찰리 앨런에게 닉슨 선거운동을 위해 미첼에게 전달하라며 현금 40,000달러를 줬지. 그런데 미첼이 그중 17,000달러만 CREEP에 전달했다는 게 나중에 밝혀졌어. 미첼이 23,000달러를 중간에서 슬쩍한 거야. 내가 말했듯, 그는 자기가 하는 사업에 정통한 사람이었어. 난놈이었지.

3~4년 후에, 연방요원들은 찰리 앨런을 붙잡아 자백을 받으려고 했어. 앨런은 그들과 처음 나눈 대화에서 이 사건에 대한 진실을 FBI에 털어놨지. FBI와 가진 이 대화는 그가 나를 함정에 빠뜨리기 위해 몸에 도청장치를 하기로 동의하기 1년 전쯤의 일이었어. 놈은 FBI가 호파 실종사건에 나를 엮

어 넣는 일에 그를 깊숙이 개입시키고 싶어 한다는 걸 처음에는 깨닫지 못했던 것 같아. 놈은 호파 사건과 관련해서는, 적어도 처음에는 나를 옹호하고 있었어. 어찌됐든, 조직에서 한참 밑바닥에 있는 그런 놈들은 내가 하는 일에 대해 아는 게 없었을 거야. 놈이 출소했을 때부터 1979년에 놈이 도청 장치를 달고 있는 걸 내가 잡아낸 날까지, 나는 찰리 앨런을 무척이나 잘 보살펴줬어. **"**

다음은 연방법원 규정에 따라 프랭크 시런의 재판들에서 정부 측이 작성한, '302보고서'로 알려진 FBI의 공식 보고서에서 발췌한 내용이다. [앨런이 미첼에게 돈을 배달한 연도에 대한 앨런의 실수는 발췌문에서 삭제됐고, 1977년 11월 4일자의 후속 302보고서에서는 그렇게 한 사유가 설명됐다.]

호펙스HOFFEX 파일

1977년 9월 22일, PH 5125-OC[찰리 앨런]는 SA[115] 헨리 O. 핸디 주니어와 SA 토머스 L. 반 더슬라이스에게 다음과 같이 알렸다.

앨 코헨을 마지막으로 본 게 언제냐고 물었을 때, 정보원은 이렇게 대답했다. "그가 존 미첼에게 주라며 돈이 가득 든 여행 가방을 저한테 줬을 때입니다." 정보원은 워싱턴 D.C.에 있는 '굉장히 크고 화려한 호텔'에서 열린 감사 만찬에 참석했던 일을 기억했다. 이 만찬의 목적은 지미 호파가 대단히 큰 관심을 기울인 교도소 수감 환경 개선을 위한 기금을 모으는 거였다. 호파는 이 만찬에 참석했다… 이 만찬 동안 톤토라는 별명으로 알려진 프랭크 델 피아노와 정보원에게 호파와 앨 코헨이 접근했다. 호파는 정보원에게 "이 돈을 존 미첼에게 갖다 주게"라고 말했다. 이때 코헨은 정보원에게 여행 가방을 건넸는데, 정보원은 그 여행 가

---

115 Special Agent, 특수요원

방을 길이가 대략 60센티미터이고 너비가 대략 30센티미터인 검정 책가방으로 묘사했다. 정보원은 안을 들여다보지 않았는데, '누구도 지미에게는 그런 불경한 일을 하지 않기' 때문이었다. 하지만 그는 그 가방이 무척 무거웠다고 기억한다. 책가방을 받은 정보원과 델 피아노는 호텔을 떠나, 자신들의 행선지가 어디인지를 알지 못한 채로 대기 중인 리무진에 올랐다. 차는 그들을 워싱턴 외곽에 있는 '웅장하고 근사한 저택'으로 데려갔고, 정보원은 현관에서 존 미첼을 만났다. 정보원은 미첼에게 "지미가 보내서 왔습니다"라고 말했다. 미첼은 책가방을 받고 "고맙소"라고 말하고는 문을 닫았다. 정보원은 리무진에 다시 탑승해서 호텔로 돌아왔다.

"

내가 살아오면서 했던 온갖 잡다한 직업과 일들을 뒤돌아봤을 때, 그중에서 내가 좋아하는 부분은 326지부 지부장으로 일했던 거야. 내가 투옥되자, 지부는 나를 종신 명예 지부장으로 위촉했어. 그들이 나를 좋아해야만 하는 이유 같은 건 없었어. 하지만 그들은 나를 존중해줬고, 내가 그들을 위해 해준 일들을 존중해줬지. 나는 지미를 통해 그들이 그들만의 지부를 갖게끔 해줬어. 내가 가기 전까지 그 지부는 필라델피아에서 운영하고 있었어. 나는 1979년에 지부를 위해 신축건물을 마련해줬는데, 그곳은 오늘날에도 여전히 지부 본부야. 나는 날마다 그들의 고충을 처리해줬고, 그들이 맺은 협약들을 집행했어. 내가 감옥에 갈 무렵, 우리 노조원은 3,000명이 넘었어. 오늘날에는 1,000명이 조금 넘을 거야.

1979년에 쓰던 우리 옛날 사무실은 기차역 옆에 있는 쇠락한 동네인 이스트 프런트 거리 109번지였어. 지금은 그 지역 전체가 개발됐어. 1972년 연말쯤에 그 옛 건물로 무척이나 유명한 변호사가 나를 찾아왔어. 그 변호사가 민주당의 굉장한 거물이라는 걸 나는 잘 알고 있었지. 그는 다가오는 1972년 상원의원 선거에 출마하는 문제로 나랑 얘기를 하고 싶어 했어.

애초에 현직 상원의원 칼렙 보그스가 사무실에 들러 우리 노조원들을 상

313

대로 연설하는 걸 허용해달라고 내게 요청한 적이 있었어. 나는 보그스에게 당신은 노동운동에 지나치게 부정적이라고 말했지. 그는 자신이 노동운동에 부정적이라는 사실을 부인했어. 공화당원인 그는 팀스터즈가 닉슨의 재선을 지지하고 있기 때문에 자신도 일반 노조원들을 상대로 연설할 기회를 얻어야 마땅하다고 말했어. 보그스는 상원의원이 되기 전에 주지사와 하원의원을 역임했던 사람이야. 나는 그가 선거에서 지리라고는 생각하지 않았어. 모두들 그를 좋아했으니까. 그는 평판이 좋고 굉장히 호감 가는 사람이었지만, 내가 아는 한, 델라웨어에서 그는 회사들 편이었어. 나는 집행위원회에 그 안건을 가져갔고, 우리는 그를 초대하지 않기로 결정했어.

그의 경쟁자인 조 바이든[116]이 노조원들을 상대로 연설을 해도 되겠느냐고 물었을 때, 나는 그 안건을 집행위원회에 가져가 사람들의 의견을 물었는데, 반대하는 사람이 아무도 없었기 때문에 그에게 그러라고 했어. 바이든은 카운티 의회 의원이었고 민주당원이었는데, 카운티 의회에는 노동운동에 우호적인 굉장히 좋은 사람들이 있었어. 조 바이든은 보그스에 비하면 풋내기였지. 하지만 우리를 찾아온 그는 화려한 언변을 자랑했어. 알고 보니 엄청난 달변가더라고. 그는 노조원 회합에서 일반 노조원들을 상대로 노동운동을 지지하는 정말로 훌륭한 연설을 했어. 참석자들에게서 질문을 받은 그는 무척이나 노련한 사람처럼 대처도 잘하더군. 자기 사무실의 문은 팀스터즈 노조원들을 위해 늘 열려 있을 거라고 말하면서 말이야.

그래서 내가 아는 이 유명 변호사가 투표일 직전에 내 사무실을 들렀을 때, 나는 이미 바이든 편이었어. 바이든 옆에는 『모닝 뉴스』와 『이브닝 저널』에서 일했던 다른 사람이 있었는데, 그 두 신문은 같은 신문사에서 발행하는 거였어. 둘은 사실상 동일한 신문으로, 월밍턴에서 발행되는 둘 밖에 없는 일간지들이었지.

월밍턴은 주의 최북단 지역으로 남쪽 지역들보다 더 개방적이었어. 굉장

---

116 Joe Biden, 오바마 행정부에서 부통령을 연임한 인물

히 작은 주인 델라웨어의 당시 인구는 60만 명쯤이었어. 그중 절반이 북쪽 카운티에 살았고, 나머지는 남쪽에 있는 두 카운티에 살았지. 메이슨-딕슨[117] 라인은 델라웨어를 곧바로 관통해. 남쪽에 있는 두 카운티는 오랫동안 인종을 분리해서 학교를 운영했었어. 북쪽에도 인종을 철저히 분리하는 곳들이 있었지만, 북쪽의 대부분은 필라델피아 같은 북부 도시들하고 관습이 더 비슷했어. 그 시절에는—어쩌면 심지어 오늘날에도—델라웨어의 거의 모든 신문 구독자들이 윌밍턴 신문을 읽었어.

바이든은 보그스 상원의원이 투표 전 마지막 주에 날마다 신문에 몇 가지 광고를 삽지 형태로 끼워 배포할 거라고 설명했어. 보그스는 자신의 투표기록을 조 바이든이 왜곡했다고 주장하고 있었는데, 그 광고들은 바이든이 보그스에 대해, 그리고 보그스의 실제 투표기록에 대해 한 말을 강조해서 보여줄 예정이었지. 바이든은 그 신문들이 배달되는 걸 원치 않았어. 바이든은 굉장히 좋은 사람이었어. 굉장히 영리했지. 노련한데다 선거에 뛰어든 양쪽이 각자에게 이익이 되는 짓을 하고 있다는 사실을 잘 알고 있었어. 기업들은 다년간 자신들에게 유익한 짓을 많이 해왔어. 소속 노동자들에게 누구에게 표를 던져야 하는지 떠들어대고, 막후에서 끈들을 당겨가면서 말이야.

신문사에서 일했다는, 거기 있던 남자는 올바른 정보를 알리는 피켓 라인을 세우고 싶다고 했어. 하지만 신문사에서 같이 일하는 동료들 중에 자신과 함께 행동할 거라는 믿음이 가는 좋은 사람이 아무도 없다더군. 나는 신문사에도 이미 노조가 있을 거라고 생각했지만, 이 피켓 라인은 다른 노조가 세운 라인이 돼야 했어. 나는 내가 몇 사람을 뽑아 바이든을 위한 피켓 라인에 투입하겠다고 말했어. 라인에 설 사람들은 아무하고도 관련이 없는 사람들이어야 했어.

정보 안내용 피켓 라인을 세운다는 아이디어의 배후에는 내가 신문사에

---

117 Mason-Dixon Line, 미국이 식민지이던 시기에 메릴랜드와 펜실베이니아 주민 간의 토지 분쟁을 애설아려고 설성한 경계선

315

노조를 조직하려고 애쓰고 있다는 주장이, 아니면 신문사가 불공정한 태도를 보이면서 협상장에 앉아 노조와 협상하려 들지 않는다는 주장이, 또는 노조 가입원서에 서명하지 말라며 노조원들을 압박하고 있다는 주장이 깔려 있었어. 폴 홀과 선원 노조가 지미 호파를 상대로 했던 것처럼, 사내에 이미 설립돼 있는 기존 노조를 대체하기 위한 투표를 거행하라고 압력을 가하려 애쓰는 척하는 거였지. '노동운동에 불공정하다'는 문구가 피켓 라인에 보이면, 그건 정보 안내용 피켓 라인이야. 그럴 경우, 우리는 표지판에 '파업 중'이라는 문구를 넣을 수는 없었어. 우리는 아직까지는 법적으로 인정된 노조가 아니었으니까. 그렇게 했다가는 전국노동관계위원회 규정을 위배하는 거야.

내 친구인 바이든과 그의 일행에게 그 문제는 나를 믿고 나한테 맡기라고 했어. 나는 바이든을 항상 무척 존경했고, 어쨌든 바이든은 노동운동에 더 나은 대안이라고 생각했어. 우리가 일단 피켓 라인을 투입하면 그 피켓 라인을 지나는 트럭기사는 아무도 없도록 내가 상황을 주시할 거라고 말했지. 팀스터즈는 다른 노조가 세운 정보 안내용 피켓 라인을 존중해. 그들이 어떤 이름을 사용하는 노조건 말이야.

라인이 세워졌어. 신문들이 인쇄됐지만, 그 신문들은 창고에 머무를 뿐 절대로 배달되지 못했지. 신문사는 나한테 전화를 걸어 내가 우리 사람들을 일터로 복귀시키기를 원했어. 나는 우리는 피켓 라인을 존중하는 거라고 말했지. 그 사람은 신문 인쇄에 사용될 재료—종이나 잉크, 또는 다른 종류의 재료—들을 실은 철도차량이 폭파된 사건에 내가 무슨 연관이 있느냐고 묻더군. 나는 모른다고 대답했어. 하지만 그 폭발로 다친 사람은 아무도 없었어. 나는 그에게 우리는 피켓 라인을 존중하는 중이라고 답했고, 회사의 철도차량을 지켜볼 경비원을 고용하고 싶으면 구인광고를 들여다봐야 옳은 일 아니겠느냐고 대꾸했어.

선거 이튿날, 정보 안내용 피켓 라인은 철수했고, 신문은 정상적인 상황으로 복귀했으며, 델라웨어에는 새 상원의원이 탄생했어. 그게 30년도 더 된 일이라는 게 믿기 힘들군.

이 사건에 대해 집필된 글들이 있는데, 그 글들은 늘 내 이름을 거론해. 그들은 이 작전 덕에 조 바이든 상원의원이 당선된 거라고 말하지. 공화당원들은 보그스 측이 제작한 삽지들이 신문에 삽입돼 배달됐다면 조 바이든의 평판이 무척 나빠졌을 거라고 특히 더 열을 올려 얘기하고는 해. 보그스 광고들은 투표 전 마지막 주에 제작됐기 때문에 바이든은 거기서 받은 충격에서 회복할 시간이 없었을 거야. 조 바이든이 그 피켓 라인 사건이 그를 대신해서 의도적으로 행해진 거라는 사실을 아는지 여부는 나도 몰라. 설령 그 사실을 알았다고 해도 그가 내게 그렇다는 말을 한 적은 없었거든.

그가 미국 상원의원이 된 이후로 우리 노조원에게 했던 약속을 철저히 지켰다는 것을 잘 알아. 누구하고도 만나주는 사람인 그는 상대가 하는 말을 귀담아 듣는 사람이야. 〞

25

그건 지미의 방식이
아니었어

지미 호파가 고치에 갇혀 지낸 시기는 가석방 기간이 만료된 1973년 3월에 끝났다. 그는 서류상으로 더 이상 죄인이 아니었다. 이제 나비가 된 그는 자유로이 외출해서 원하는 곳은 어디건 가고 심중에 있는 말은 무엇이건 할 수 있었다.

1973년 4월에 워싱턴에서 열린 연회에서 연단에 오른 지미 호파는 닉슨 대통령이 그의 사면에 걸어놓은 규제에 법적으로 도전할 예정이라고 발표했다. 그런 발표에 나선 지미 호파가 1976년 컨벤션에서 팀스터즈 위원장 자리를 놓고 프랭크 피츠시먼스에게 도전할 의향이라고 주장했을 때 놀란 사람은 아무도 없었다.

지미 호파의 발표 타이밍은 최소한 한 가지 측면에서는 딱 맞아떨어졌다. 피츠시먼스는 리처드 닉슨과 더 이상은 친한 사이가 아니었고 그를 강하게 지원하고 있지도 않았다. 호파가 그런 발표를 한 그 달은 워터게이트 스캔들의 파문이 점차 확산됨에 따라 닉슨 입장에서는 특별히 암울한 시기였다. 그 결과, 닉슨은 지미 호파보다 더 걱정해야 할 문제들이 있었다. 닉슨의 핵심

세력들은 워터게이트 사건을 통제하려고 사방팔방으로 미친 듯이 뛰어다니는 중이었다. 호파가 사면에 걸린 규제조항에 법적으로 도전할 계획임을 밝힌 그달 말에, 닉슨의 백악관 수석보좌관 H. R. 밥 홀드먼이 사임했다. 홀드먼은 나중에 교도소에 가게 된다. 그보다 한 달 전에 닉슨의 특별 고문인 찰스 콜슨은 개인변호사로 개업하겠다며 백악관을 떠나서는 쏠쏠한 팀스터즈의 법무 업무를 따냈다가 감옥으로 갔다. 얼마 안 있어, 중동의 석유 금수조치가 미국 전역을 덮치면서 닉슨에게 한층 더 큰 걱정거리를 안겨줬다.

호파가 사면조항에 법적으로 도전하고 1976년에 출마하겠다는 계획을 발표하자, 프랭크 시런은 친구이자 멘토에게 멋들어진 지지의사를 표명했다. "나는 놈들이 내 얼굴을 삽으로 토닥거리고 내 커프스 단추를 훔쳐가는 날이 올 때까지 호파의 사람으로 지낼 겁니다."

"

지미가 1976년 선거에서 패배할 일은 결코 없었어. 지부 대표들이 지미 편이기 때문에 그럴 거라는 단순한 문제가 아니었어. 일반 노조원들은 한층 더 지미 편이었으니까. 그것만으로도 충분치 않았는지, 노조에 속한 이들 중에 피츠에 대해 우호적으로 얘기하는 사람은 그리 많지 않았어. 그는 유약한 자였어. 지미가 그를 그 자리에 앉힌 이유가 그거였지. 지미가 고려하지 못했던 건 그의 유약함이 조폭 세계에 있는 어떤 이들에게는 무척이나 매력적인 특징이 될 거라는 거였어.

지미의 지지자들이 1973년 2월에 지미의 환갑생일을 맞아 감사 만찬을 열어줬어. 만찬은 뉴저지 체리 힐에 있는 라틴 카지노에서 열렸는데, 1년쯤 후에 나를 위한 만찬이 열린 곳도 바로 거기야. 나는 거기에서 가운데 맨 앞자리에 있었어. 피츠시먼스가 누구도 거기에 가는 것을 원치 않았음에도, 참가자 수는 상당했어. 해럴드 기븐스는 그 자리에 참석한 유일한 집행위원회 멤버였어. 내 만찬회에서 그랬던 것처럼, 주최 측은 전문 사진사들을 데려왔지. 지미는 나를 불러 포즈를 취하고는 많은 사진을 같이 찍었어. 그중에는 내가

319

지금까지도 소중하게 여기는, 우리가 악수를 하는 사진도 있어.

지미가 마이애미에서 토니 프로와 사적으로 만난 자리에서 문제가 생긴 직후에 나는 오리온 호수로 그를 찾아갔어. 지미가 마이애미에서 프로를 만나는 자리를 마련한 건 1976년에 프로의 지지를 받고 싶어서였어. 그런데 지지는커녕, 지미는 프로한테서 지미의 손녀를 납치하고 맨손으로 지미의 창자를 뽑아내겠다는 협박만 들었지. 그 만남이 있은 후 마이애미에서, 지미는 러셀에게 내가 토니 프로를 상대로 해야만 하는 일을 하게 해달라고 부탁하겠노라고 내게 말했어. 그는 이번에는 일을 하러 가는 내 차를 모는 운전사가 되겠다는 얘기는 하지 않았어. 그 시점에 지미는 심각했어. 지미와 프로는 서로를 증오했고, 두 사람 모두에게는 자신들이 하겠다고 말한 짓을 상대에게 할 수 있는 능력이 있었지. 누가 먼저 총을 뽑느냐의 문제일 뿐이었어.

내가 오리온 호수로 간 건 마이애미 사건의 추이를 파악하기 위해서였어. 지미는 프로와 관련해서 무슨 조치를 취해야만 한다는 말을 다시 꺼냈지만, 러셀에게 얘기해보라거나 무슨 일을 하라는 얘기는 하지 않더군. 그런 후 지미는 피츠는 메이드맨이 아니니까 피츠를 처리하는 일은 누구로부터 승인을 받을 필요는 없는 일이라고 말했어. 그래야만 하는 상황이 올 경우 피츠를 상대로 해야만 하는 일을 할 카우보이를 이미 확보하고 있다고도 했고.

지미가 최근에 찰리 앨런과 몇 번 접촉했다는 것을 아는 나는 그에게 말했어. "그 일에 앨런을 쓰겠다는 생각은 아닌 거죠, 그렇죠?"

지미가 말했어. "당연히 아니지. 그놈은 구라쟁이잖아. 입만 산 놈이고."

내가 말했어. "나도 알아요. 당신도 그걸 안다니 기쁘네요."

[그 시점에는 우리 둘 다 로이드 힉스Lloyd Hicks를 언급하지 않았지만, 내가 그 순간에 힉스를 떠올리고 있었던 건 확실해. 로이드 힉스는 마이애미 지부 임원이었어. 롤랜드 맥마스터Rolland McMaster가 이끄는 파벌에 속한 사람이었는데, 맥마스터는 피츠를 지지하면서 지미를 떠난 자들 중 하나였어. 지미는 맥마스터가 자신을 등졌다는 이유로 그를 미워했지. 지미와 프로가 마이애미에서 만났을 때, 로이드 힉스는 맥마스터를 위해 그 회의실을 도청했어. 힉스

는 술집으로 갔고, 술이 두어 잔 들어간 후에는 지미와 프로의 만남을 도청한 테이프가 자기 손에 들어올 거라고 떠벌리고 돌아다녔지. 그 테이프는 피츠에게는 유용한 물건이 됐을 거야. 지미는 그 테이프 때문에 다시 한 번 길길이 뛰었을 테고.

헉스는 그날 밤 늦게 발견됐어. 몇 발인지 헤아리기도 힘든 총알이 몸에 박힌 채로 말이야. 하지만 그런 놈을 처리하는 데 여러 자루의 총이 동원될 가치가 있다는 건 확실한 일이야. 그놈의 집에서 작업한 총잡이는 두 명이었던 것 같아. 그 특별한 시점에, 레드헤드와 나는 우연히도 마이애미에서 지미의 곁에 서 있었어.]

오리온 호수에서, 지미는 규제를 없애려는 소송을 작업하는 중이고 실탄을 조금 더 확보한 후에 소송서류를 제출할 거라고 했어. 나는 지미가 노조에 복귀하기를 원하는 열성적인 팀스터들이 제기할 그 소송에 원고의 한 사람으로 참여하겠다고 말했지. 지미는 두 달쯤 후에 몇 가지 일을 정리하자마자 미첼에게 돈을 전달하려고 하니 내가 그 일을 맡아줘야겠다고 했고, 내 감사 만찬 일정이 잡히면 얘기해달라고 했어. 무슨 일이 있어도 그 자리에 참석할 거라면서 말이야. 나는 그에게 가장 큰 도움이 될 때가 오기를 기다리면서 만찬을 연기시켜온 참이라고 말했어. 지미는 충직하게 지지해주는 내가 고맙다며 사의를 표했지. 그는 내가 326지부 지부장 재선에 출마했다는 것을 알고는 도움을 주겠다고 제의했지만, 나는 내 지부에는 아무 문제도 없을 거라고 대답했어.

그해 10월에, 가서 레드헤드를 만나라는 전화를 지미에게서 받았어. 브랜딩 아이언에 갔더니 그가 나를 위해 또 다른 여행 가방을 갖고 있더군. 지난번 가방만큼 무겁지는 않았지만, 그래도 묵직했어. 27만 달러가 들어 있었으니까. 나는 마켓 인으로 차를 몰았어. 술 한 잔조차 하지 않은 상태로. 실내로 들어가자마자 내가 모르는 어떤 남자가 오더군. 그는 내가 가야만 하는 곳으로 나를 데려가겠다고 했어. 우리는 그의 차를 탔고, 차는 인상적인 저택을 향해 달렸어. 차에서 내려 초인종을 누르자 미첼이 문을 열더군. 나는 그에게

321

가방을 건넸고 그는 내게 진술서가 담긴 봉투를 넘겨줬어. 우리는 이번에는 잡담 따위는 하지 않았어. 나는 필라델피아로 차를 몰고 돌아와 레스토랑에서 러셀을 만났어. 러셀은 미첼이 봉투에 넣어 내게 건넨 진술서를 읽고는 이후 문제를 처리했어. **"**

적절한 절차에 따라 선서를 마친 본인 존 W. 미첼은 아래와 같이 밝히는 바입니다.

1. 미합중국 법무장관으로서 본인이나, 그리고 본인이 아는 한, 본인이 법무장관으로 재임하던 시기에 법무부 소속의 다른 어떤 관리도 대통령령에 따른 제임스 R. 호파의 감형에 규제조항들을 포함시키는 일을 착수하거나 제안하지 않았습니다.

2. 리처드 M. 닉슨 대통령은 본인이나, 본인이 아는 한, 본인이 법무장관으로 재임하던 시기에 법무부 소속의 그 어떤 관리에게도 호파 씨가 노동운동 관련 활동을 하는 것을 제약하는 조항을 호파 씨를 위한 대통령령에 따른 감형의 일부로 삽입하는 일을 착수시키거나 제안하지 않았습니다.

존 W. 미첼
1973년 10월 15일에 선서하는 바입니다.

로즈 L. 쉬프
뉴욕 주 공증인

이 진술서가 진술서의 구매자를 대신해 사법시스템 내부를 여전히 느릿느릿 통과하고 있던 1년하고 조금이 더 지난 후, 이 서류의 진실성을 맹세한 당사자 존 W. 미첼은 워터게이트 은폐 공작과 관련한 선서를 하고서도 노골적인 거짓말을 한 혐의로 위증죄와 사법방해죄로 유죄 판결을 받게 된다.

진술서를, 그러니까 아직은 진술서 작성자의 위증죄 유죄 판결에 의해 더럽혀지지 않은 진술서를 입수한 지미 호파는 선거운동에 한층 박차를 가했다.

1974년 2월 16일, 호파는 "하루에 18시간을 일해야 하는 중책인 팀스터즈 위원장을 맡고 있음에도 망할 놈의 골프 토너먼트가 열리는 곳을 찾아 전국 곳곳을 여행하고 다닌다"고 피츠시먼스를 비난했다.

호파는 텔레비전 인터뷰에서 이렇게 언급했다. "피츠시먼스는 미쳤습니다. 그는 일주일에 두 번씩 정신과 의사를 찾아갑니다. 그런 그가 노조원이 200만 명이 넘는 팀스터즈를 운영할 수 있겠습니까?"

호파는 꾸준히 피츠시먼스를 '미치광이'에 '거짓말쟁이'로 부르기 시작했다.

피츠시먼스는 그에 대한 보복으로 호파의 아내 조세핀을 그녀가 맡은 노조 직위에서 해고했고, 그녀는 연 수입 48,000달러를 잃었다. 동시에, 피츠시먼스는 제임스 P. 호파의 연 30,000달러짜리 법무 상담료도 잘라냈다. 호파의 집에서 수양아들로 자라며 호파를 '아빠'라고 불렀던 처키 오브라이언은 팀스터즈 직위를 유지했다. 오브라이언은 갈수록 피츠와 가까워지면서 호파와 소원해졌다. 가정적인 사람인 지미 호파는 오브라이언의 결별에 대놓고 실망감을 드러내며 오브라이언의 도박벽과 낭비벽을 강하게 책망했다. 지미 호파는 디트로이트 299지부 지부장이 되려는 오브라이언을 지지하는 걸 거절했고, 둘 사이의 불화는 깊어졌다.

1974년 3월 13일, 호파는 무척이나 고대하던 소송을 제기했다. 그는 평소처럼 예스맨들로 구성된 변호사들 대신, 이번에는 저명한 민권운동 변호사 레오너드 부딘을 선임했다. 법정에서 호파는 1971년 12월 21일에 감옥에서 석방될 당시에는 규제조항에 대해 전혀 알지 못했으며 그런 조항들에 합의한 적도 없다고 주장했다. 나아가, 그가 설령 그 조항들에 합의했다 하더라도, 대통령에게는 그나 다른 사람의 사면을 그런 방식으로 규제할 수 있는 헌법적 권한이 없다고 주장했다.

젊은 변호사들이 배우는 오래된 격언이 있다. '상대를 법적으로 꺾지 못하겠다면 팩트로 꺾어라. 여기서, 부딘이 그의 의뢰인을 대신해 내세우고 있는 주장은 그를 비롯한 많은 헌법학자들이 승리의 원인으로 간주한 것이었다. 그러면서 정부 측은 팩트를 주장해야 하는 처지가 됐고, 지미 호파는 부지불식간에 그가 한 행위들을 통해 정부 측에 팩트와 관련한 주장들을 제공했다.

호파와 그의 특별한 친구들은 법적 주상을 보충하기 위해 소송에서 주장할 팩트들을 부딘에게 제공했다. 그 덕에, 소송은 규제조항이 법무장관 같은 정당한 출처에서 비롯되지 않았고, "대통령의 특별 고문인 찰스 콜슨이 주도한 합의와 공모에 의해 상기한 감형에 덧붙여지도록 초래된, 일반적인 사면 절차가 아닌, 비정상적 절차에 의해 비롯되고 파생됐다"고 주장했다.

호파는 소송 서류를 제출한 후 가진 텔레비전 인터뷰에서 소송의 그 부분에 대해 자세히 설명했다. "저는 그가 그 일에 관여했다고 확신합니다. 그가 그 문구의 설계자였다고도 확신합니다. 그는 피츠시먼스의 환심을 사려고 그런 짓을 했습니다. 그리고 그렇게 함으로써 팀스터즈의 법무를 담당하는 변호사 자리를 따냈습니다. 그리고 피츠는 팀스터즈 위원장 자리를 유지할 수 있도록 콜슨을 통해 그런 짓을 했습니다."

피츠시먼스는 이렇게 대꾸했다. "그 규제조항들에 대해서는 아는 게 하나도 없습니다."

콜슨은 이렇게 덧붙였다. "그건 순전히 헛소리에 불과합니다. 호파가 석방되기 하루 전쯤이라고 생각하는데, 아무튼 그날에 나는 피츠시먼스 씨에게 호파가 당시 노동운동계와 미국에 최선으로 보이는 조항들 아래 석방될 거라고 조언했습니다. 그 조항들이 어떤 내용인지에 대해서는 한마디도 알려주지 않았습니다."

콜슨의 말을 믿을 경우, 피츠시먼스는 전혀 호기심을 보이지도 않았고 절대로 "규제라니요, 무슨무슨 규제인데요?"라고 묻지도 않은 게 된다. 그런데 변호사들이 '상호 충돌 증언'이라고 부르는 이 모든 상황에서, 정부 측은 이게 핵심에서 벗어난 부차적인 사실이라고 주장할 기회를 갖게 됐다. 1974년

7월 19일, 미합중국 워싱턴 D.C. 지방법원의 존 H. 프랫 판사는 호파가 내세운 사실에 기초한 주장에 대한 대응으로 호파에게 불리한 판결을 내렸다. 프랫 판사는 설령 콜슨-피츠시먼스 공모가 입증되더라도 규제조항에 대한 대통령의 서명은 '국회의원이 부적절한 동기에서 특정 행위에 우호적인 투표를 했다는 근거로 국회가 제정한 법률의 타당성을 공격할 수는 없는 것과 동일한 이유로' 유효하다고 판단했다.

이렇게 패소하면서 호파에게는 상급심에 항소하는 것 말고는 선택의 여지가 없었다. 상급심에서는 부딘이 제기한 법적 이슈들에, 헌법 관련 이슈들에 초점을 맞출 터였다. 호파와 부딘은 그들이 펼치는 법적인 주장이 상급심에서 승소를 거둘 거라고 굉장히 낙관하고 있었다. 하지만 항소는 1년 아니면 그보다 더 긴 시간이 걸릴 터였다. 결정은 1975년 연말까지는 내려지지 않을 터였다.

호파가 프랫 판사의 법정에서 열린 소송 1라운드에서 패소하고 채 한 달이 지나지 않은 1974년 8월 9일, 닉슨이 타월을 던졌다. 그가 대통령직에서 하야하면서 부통령 제럴드 R. 포드가 대통령 자리에 올랐는데, 포드는 닉슨이 두 달 전에 스피로 T. 애그뉴를 대신할 부통령으로 고른 인물이었다. 애그뉴는 부통령 신분임에도 주지사로 재직했던 메릴랜드의 부정직한 공공 공사 하청업체로부터 급여를 계속 받아왔다는 게 들통 나자 사임했었다. 닉슨이 사임한 이튿날, 워런위원회의 멤버 일곱 명 중 한 명이었던, 닉슨이 엄선한 신임 대통령 제럴드 R. 포드는 닉슨이 기소될지도 모르는 그 어떤 범죄를 저질렀더라도 닉슨을 사면한다고 발표했다. 포드는 닉슨의 사면에는 규제조항을 달지 않았다.

이제 지미 호파가 해야만 하는 일은 항소심을 믿는 것뿐이었다.

"

지미가 그 소송에서 승소할 거라고 예상했다는 데에는 의심의 여지가 없어. 모두들 그가 미국 건국 200주년이 되는 바로 그날에 사실상 노조를 되찾는 승리를 거둘 거라고 예상했지. 지미는 2년간은 변호사들이 항소를 처리하게 놔두고 설렁설렁 사무실에 출퇴근하는 것 말고는 아무 짓도 할 수가 없었어. 그런데 그건 지미의 방식이 아니었어. 지미의 방식은 설령 싸울 상대가 아무도 없더라도 싸우는 거였지. **"**

26

난장판이 벌어질 거야

스티븐 브릴은 그의 저서 『팀스터즈』에서 1974년경에 팀스터즈 노조의 중부지역 연금펀드가 카지노를 비롯한 영리 목적의 부동산 벤처사업에 대출해준 액수가 10억 달러를 넘었다고 주장한다. 그 액수는 대표적인 금융기관인 체이스 맨해튼 은행이 대출해준 액수에 불과 20% 모자란 액수였다. "요약하자면," 브릴은 주장했다. "조폭은 미국의 주요 금융기관 중 한 곳이자 세계에서 가장 규모가 큰 민간 부동산 투자업체 중 한 곳을 쥐락펴락했다."

팀스터즈 위원장을 통제하는 것은 연금펀드를 통제하는 것, 그리고 노조와 계약을 맺을 때 우호적인 대우를 받는 것을 보장했다. 호파가 실종되고 피츠시먼스가 권좌에서 내려온 후 다년간, 조폭들은 선거에서 표를 던지는 지부 대표들을 좌지우지하는 것으로 팀스터즈 위원장 직위를 계속해서 쥐락펴락했다. 시간이 한참 흐른 1986년에도 위원회 멤버이자 제노비스 패밀리 보스인 안토니 '팻 토니' 살레르노Anthony 'Fat Tony' Salerno는 팀스터즈 위원장 로이 윌리엄스Roy Williams의 선거를 조작한 죄로 유죄 판결을 받았다. FBI는 뉴욕에 있는 파마 보이스 소셜 클럽을 도청했고, 팻 토니는 그가 내뱉은 말 내문에 유죄 판결을 받았다. 프랭크 시런과 팻 토니는 팻 토니가 암으로 죽어가던 1980년대 말에 미주리 스프링필드에 있는 연방 의료교도소에 함께 수감된 동료 수감자가 된다.

시런과 팻 토니와 함께 수감된 인물 중에 세일러Sailor라는 문신투성이의 근육질 오토바이족이 있었다. 세일러는 팻 토니처럼 암으로 죽어가던 중이었다. 살날이 고작 두어 달 남은 상태였던 그는 병을 사유로 석방됐다. 시런에 따르면, 팻 토니는 석방되는 그에게 25,000달러가 전달되도록 일을 꾸몄다. 세일러는 그 돈에 대한 대가로 롱아일랜드로 차를 몰고 가 팻 토니에게 불리한 증언을 했던 민간인 증인을 살해했다. 러셀 버팔리노가 스프링필드 의료교도소에서 종교생활에 심취하며 다음 생을 맞을 준비를 할 때, 살레르노는 그런 종교적 통찰을 전혀 얻지 못하고 있었다.

지미 호파가 실종된 1975년에 팻 토니는 토니 프로가 소속된 바로 그 범죄 패밀리, 즉 제노비스 패밀리의 보스였다.

"

'프랭크 시런 감사의 밤'이 열린 날은 1974년 10월 18일이었어. 내 연회가 열리기 6개월쯤 전부터 지미가 장래에 연금펀드 대출 문제에서 그리 유용한 인물이 아닐지도 모른다는 속삭임들이 떠다니고 있었지. 이런 소문의 출처는 대부분 토니 프로의 구역이었어. 그가 지미를 반대하는 선거운동을 벌이고 있었기 때문이야. 여기저기서 들은 얘기를 러셀에게 알렸더니, 러셀은 팀스터즈가 대출해줄 수 있는 돈이 무척 많지만, 누가 노조의 책임자가 되건 어쨌든 얼마 안 가 기금 자체가 말라버릴 거라고 하더군. 러셀은 토니 프로와 캔자스시티에 있는 다른 몇 사람 때문에 생긴 문제들이 있다고 했어. 하지만 지미는 옛 친구들에게서 많은 지지를 받고 있었지. 러셀은 지미 편이었어. 그는 자기 재판이 끝난 후에 나를 데리고 토니 프로의 보스인 팻 토니 살레르노를 만나러 갈 거라고 했어. 토니 프로는 저지 북부에 있는 지부 두세 곳을 통제하고 있었지만, 노조 대표들에게 행사하는 영향력 면에서 팻 토니는 그보다 훨씬 더 중요한 인물이었어.

한편, 러셀은 뉴욕 북부에서 벌어지는 그 자신의 재판에서 승소해야만 했어. 러셀의 부하 둘이 거기서 담배자판기 사업을 벌였는데, 뉴욕 빙햄튼에 있는 다른 회사와 심한 경쟁이 붙은 상태였어. 러셀의 부하들은 빙햄튼에 있는 회사의 소유주 두 명과 그들이 거두는 수익 중 일부를 테이블에 올려놓는 문제에 대해 대화하고 싶어 했지. 하지만 상대 회사 소유주들은 러셀의 부하들을 비밀 동업자로 받아들인다는 아이디어가 탐탁지 않았어. 그러던 어느 날밤, 상대 회사의 두 소유주가 흠씬 구타를 당했다고 주장했어. 그다음에 알려진 일은 러셀과 그의 패밀리에 속한 다른 10여 명이 재물강요죄로 체포됐다는 거야. 경찰이 체포한 사람들 중 일부는 증거 부족으로 풀려났지만, 경찰은 러셀과 그중 여섯 명쯤을 법정에 세웠지. 법정에 찾아간 나는 맨 앞줄에 앉았어. 3주짜리 재판이었는데, 나는 러셀을 응원하려고 날마다 거기에 앉았지. 배심원단은 법정에 있는 러셀의 친구들 모습을 볼 수 있었어. 1974년 4월 24일, 러셀과 부하들은 모두 무죄 판결을 받았어. 이때가 지미가 자기 소송을 제기한 바로 그 봄이었어. 1974년 봄은 아이리시맨의 친구들 입장에서는 매력적인 봄이었어.

승소한 러셀은 나를 뉴욕으로 데려갔고, 우리는 베수비어스에서 팻 토니 살레르노를 만났어. 러셀하고 나는, 토니 프로의 연금을 놓고 토니 프로와 지미 사이에 개인적인 불화가 빚어졌지만, 우리는 토니가 나중에 1975년 컨벤션에서 지미에게 줄 수 있는 도움은 어떤 것이건 고맙게 생각할 거라고 말했어. 팻 토니는 입에 항상 시가를 물고 있었어. 자신이 지미의 길을 막지는 않을 거라고 하더군. 프로에게 할 일을 하라고 말하려 애쓰지는 않을 테지만, 자기는 이 문제에 있어서는 프로의 편이 아니라고 했어. 지미가 과거에 그에게 유익한 일을 많이 해줬었거든.

1974년 5월인가 6월쯤에 기차역 옆에 있는 우리 326지부 사무실로 나를 깜짝 방문한 사람이 있었어. 뚜벅뚜벅 들어온 사람은 다름 아닌 존 미첼이었이. 내가 있는 곳을 이렇게 알았는지, 내가 누구인지 어떻게 알았는지는 묻지 않았어. 그는 시간이 1분밖에 없다면서 인사를 하는 둥 마는 둥 하더니 지미에게 얘기를 전해줬으면 한다고 말했어. "내가 부탁하는 거라고 지미에게 전해주시오. 노조에서 나오는 연금을 즐기고 손주들과 재미있게 놀아주면서 출마는 잊어버리라고 전해줘요." 내가 대답했어. "누추한 곳을 들러주셔서 고맙습니다. 다음번에 그를 만나면 선생께서 하신 말씀 전하겠습니다."

그러는 동안, 디트로이트 299지부의 상황은 점점 가열되고 있었어. 그곳 지부장은 초년기부터 여전히 지미의 오랜 친구인 데이브 존슨Dave Johnson이었어. 데이브는 지미가 팀스터즈를 장악할 준비가 될 때까지는 은퇴하지 않는다는 계획을 세우고 있었어. 그런데 피츠는 데이브에게 조기 은퇴하라고 압력을 가하고 있었어. 그렇게 하면 친아들 리처드를 지부장으로 임명할 수 있었으니까. 지미는 자신에게 걸린 규제들을 풀어낼 때까지는 거기 299지부에 자기 사람이 필요했어. 규제가 풀리면, 데이브 존슨은 지미를 299지부의 교섭위원으로 임명할 예정이었지. 그렇게 되면 지미는 1976년 컨벤션에 지부 대표 자격으로 갈 수 있을 것이고, 그러면 지미는 노조헌장에 따라 팀스터즈 위원장 자리를 놓고 피츠를 상대로 출마할 자격을 갖게 될 거였어.

데이브 존슨한테 전화가 걸려오기 시작했는데, 그가 전화를 받으면 누군가 수화기에 대고 낄낄거리고는 전화를 끊었어. 어떤 놈은 노조회관 아래층에 있는 그의 사무실 창문에 샷건을 쐈고. 지미가 규제 소송의 1라운드에서 패소하기 일주일 전에는 누군가가 데이브가 가진 14미터 길이의 모터보트를 날려버린 일도 있었어. 모두 피츠와 그의 부하들이 보낸 메시지였지.

피츠의 아들 리처드가 데이브의 상대 후보로 299지부 지부장에 출마하겠다고 발표했어. 리처드는 데이브의 보트가 폭파된 데 따른 책임은 지미에게 있다고 주장했지. 이런 종류의 상황은 데이브 존슨 같은 사내를 더 강하게 단련시켰을 뿐이야. 데이브는 좋은 사람이었어. 그는 지부장 직을 유지했고, 그들은 협상을 통해 리처드를 부지부장으로 임명했어. 나중에 누군가가 리처드의 차를 날려버렸지만, 피츠 아들의 차를 날린 건 지미가 한 짓이 결코 아냐. 지미라면 친아들을 최전선에 세워 앙갚음에 노출시키고 싶어 하지는 않앉을 거야.

지미는 판사들이 마지막에 뭐라고 하든 출마할 예정이라는 말을 퍼뜨렸어. 항소심에서 패소할 경우에는 규제조항들을 그냥 무시해버릴 작정이었지. 정부가 그를 다시 교도소에 집어넣고 싶어 할 경우, 공은 그들 코트에 넘어가 있을 거였어. 지미는 무슨 일이 있더라도 1976년에 출마할 작정이었어. 일부 사람들은 '옛 친구들은 얼마나 활기차게 느끼나(How Old Friends Feel Active)'라는 말의 약자인 HOFFA라는 이름의 조직을 만들기도 했지.

지미는 결코 밀고자가 아니었어. 하지만 밀고의 냄새를 솔솔 풍길 수는 있었지. 지미는 자신이 '그 뚱보 노인네' 피츠가 해준 모든 악성대출의 대출금을 회수할 거라는 말을 하기 시작했어. 그런 대출금 중 다수는 조폭들을 위한 카지노를 짓는 데 들어간 돈이야. 그들은 피츠 치하에서만 대출금 상환을 신경 쓰지 않을 수 있었어. 지미가 위원장일 경우에는 늘 대출금을 납기에 맞춰 상환해야 했지. 미친 소리처럼 들리겠지만, 지미는 피츠가 조폭들과 맺은 관계를 폭로하겠다고 공공연히 말하고 다녔어. 위원장 자리에 일단 복귀하고 대출 관련 장부를 입수하고 나면 모든 걸 폭로하겠다고 떠들고 다닌 거야. 지미는 카스트로가 했던 방식으로 그 대출 중 일부를 압류하고 일부 카지노들을 인수할 것처럼 보였어.

나는 러셀에게 이건 그냥 지미가 평소 하던 방식대로 하는 것이라고, 그냥 냄새만 풍기고 있는 것뿐이라고 계속 말했어. 러셀은 지미에게 긴장 풀고 세간의 주목을 자기 친구들에게 끌어오는 짓을 그만두라는 말을 나에게 전하라고 했어. 지미가 맥클레런위원회에 밀고하고 있고, 데이브 벡을 앞길에서 치우고는 그의 자리를 넘겨받을 수 있도록 벡이 기소당하게 만들고 있다는 말이 이미 돌고 있다는 얘기를 언젠가 러셀이 한 적이 있어. 데이브 벡은 내가 팀스터즈에 가입하기 전에 재임하던 팀스터즈 위원장이었어. 지미에 관한 그 소문을 믿어야 할지 말아야 할지는 몰랐지만, 의심스러운 소문이기는 했어. 그럼에도, 지미가 친구들을 폭로하겠다는 쓸데없는 얘기를 계속 떠벌려 대디기는 문제가 생길 게 분명했어. **"**

331

순회 선거운동에 나선 지미 호파는 벌떼처럼 쏘아대는 일이 잦았다. 호파가 "팀스터즈를 조폭들에게 팔아넘기고 세상이 다 아는 모리배들이 조직에 침투하는 것을 방치했다"고 피츠시먼스를 비난하는 말이 뉴스에 인용됐다. 그는 피츠시먼스와 조직범죄를 혹독하게 비난했는데, 그가 동원한 언어는 1976년 선거를 6개월 앞두고 출판될 예정이던 자서전에 그대로 반영됐다. '나는 지하세계의 지배자들이 노조의 보험 제도를 갖고 노는 걸 허용한 그를 비난한다. 시간이 흐르고 내가 추가적인 정보를 더 많이 입수하면 더욱더 많은 게 드러날 것이다.'

지미 호파는 문제에 휘말리지 않도록 점잖게 처신하면서 자기 자신이 이해충돌 상황에 처하는 걸 회피하기 위해 펜실베이니아 북동부에 갖고 있던 탄광회사의 지분을 직접 협상해서 처분했다. 팀스터즈가 그 회사의 석탄을 운반하는 동안에도 그가 계속 그 회사의 경영진에 속해 있는 한, 호파는 피츠시먼스와 '지하세계'를 상대로 진창을 계속 던져대는 동안 보여줄 필요가 있던 백옥같이 순결한 모습을 보여줄 수 없을 터였다.

❝

라틴 카지노는 '프랭크 시런 감사의 밤'을 개최하기 위해 그날은 영업을 하지 않았어. 라틴은 왕년에 내가 스키니 레이저하고 다운타운 일당과 함께 일요일 밤마다 찾아가던 곳이었어. 프랭크 시나트라가 고정 출연하고는 했었지. 오랫동안 온갖 빅 스타들—알 마르티노, 딘 마틴, 리버라치—이 거기에 출연했었어. 라스베이거스에서 공연하는 그런 스타들이 라틴에도 출연했었지. 그 근방에서 유일한 나이트클럽이었어.

지붕수리공 노조의 존 맥컬러프가 만찬을 함께 주최했어. 만찬에 참석해서 프라임 립이나 로브스터를 먹고 무료 음료를 즐기는 인원이 3,000명이었어. 금요일 밤이었는데, 당시 가톨릭신자 대부분은 금요일에 생선만 먹었어. 그래서 그들은 로브스터를 선택했지만, 프라임 립도 맛이 끝내줬지. 다른 팀스터즈 지부에서 찾아온 사람들과 내 예전 전우들, 그리고 경영자 몇 명을 비롯해서 온갖 사람이 하객으로 찾아왔었어. 676지부 지부장 존 그릴리John Greely가 팀스터즈 '올해의 인물' 명판을 내게 건넸지. 만찬장에 있는 인물들을 모두 소개한 존 맥컬러프는 쌍안경을 들고 만찬장 밖 나무에 올라가 있는 FBI 요원들 얘기도 거론했어. 그날 밤에는 카지노 입장권을 갖고 있더라도 지인이 없을 경우에는 만찬장에 들어올 수가 없었어. 지인이 없는 사람일 경우에는 입장료를 환불해주고 입장권을 압수했지.

지미 호파는 축사를 하면서 테두리에 다이아몬드가 박힌 순금시계를 내게 선물했어. 지미는 내가 펜실베이니아와 델라웨어에서 노동하는 남녀를 대신해 행했던 훌륭한 일들을 그 자리에 있는 모든 사람에게 들려주는 빼어난 축사를 했지. 지미가 연단 주위를 둘러보고는 내게 말하더군. "자네가 이렇게 파워 있는 사람이라는 건 꿈에도 생각 못했어." 프랭크 리조 시장이 연단에 올랐어. NAACP 필라델피아 지부장인 세실 B. 무어가 연단에 올랐고, 전직 지방검사인 에밋 피츠패트릭도 연단에 올랐지. 연단이 정계와 노동계 고위인사들로 채워졌어.

아내 아이린과 딸 넷 다 거기 맨 앞 테이블에 있었어. 막내딸 코니는 그때 열한 살이었어. 돌로레스는 열아홉 살이었고, 페기는 스물여섯 살, 메리 앤은 스물여덟 살이었지. 그날 밤에 우리 딸들은 나를 무척이나 자랑스러워하는 것처럼 보였어. 지미는 아이린을 무대로 불러올리고는 그녀에게 장미꽃 12송이를 안겼지. 그녀는 무대에 올라가는 걸 민망해했지만, 그는 그녀가 두 손을 들 때까지 계속 그녀를 구슬렸어.

맨 앞줄에, 아이린과 내 딸들이 앉아 있는 테이블 오른쪽에 다른 테이블이 있었어. 러셀의 테이블이었어. 그의 아내 캐리는 그 테이블에 있는 유일한 여성이었어. 러셀 패밀리의 고위인사인 데이브 오스티코와 거프 과르니에리가 거기 있었어. 안젤로 브루노와 부하 두 명도 거기 러셀의 테이블에 있었고. 다운타운에서 찾아온 사람들은 또 다른 테이블에 앉았지.

러셀은 내가 연설을 망칠 거라는 쪽에 내기를 걸었어. 나는 내 연설을 이런 말로 끝미쳤이. "참석해주신 모든 분께 진심으로 감사드립니다. 오늘 밤의 이런 영광을 누릴 자격이 저한테 없다는 걸 잘 압니다. 저는 관절염을 앓고 있는데, 저한테는 그런 병을 앓을 자격도 역시 없습니다. 봤죠, 러스. 저, 연설 망치지 않았어요." 러셀은 나를 향해 손을 흔들었고 모두들 폭소를 터뜨렸어.

존 맥컬러프는 여흥을 위해 이탈리아계 가수 제리 베일을 출연시켰어. 그는 그를 유명하게 만든 <Sorrento(돌아오라 소렌토로)>와 <Volare(날아갑시다)> 같은 옛날 이탈리아 노래들을 불렀어. 그러고는 맥컬러프가 그에게 부르라고 부추긴 아일랜드 노래도 몇 곡 불렀고. 그는 당시 러셀과 내가 좋아한 노래 <Spanish Eyes>를 특별 공연했어. 노래를 부르는 사람이 누구인지 모르는 채로 들었으면 알 마르티노가 부르는 노래라고 생각했을 거야.

주최 측은 다리를 어깨까지 들어 올리는 골드디거 댄서들을 등장시켰어. 모두 어여쁜 아가씨들이었어. 모두들 나더러 무대에 올라가 댄서들과 어울리라고 계속 농담을 던지더군. 라틴은 만원이 된데다 별도의 댄스플로어가 없었어. 댄스플로어가 따로 있었다면 나는 실내에 있는 가장 어여쁜 아가씨들하고 춤을 췄을 거야. 우리 딸들 말이야.

그날 밤, 우리 모두는 사진을 찍으려고 포즈를 취했지. 사진을 찍는 동안 지미가 내게 말했어. "이 친구야, 자네가 이렇게도 파워 있는 사람인 줄은 정말이지 전혀 몰랐어. 자네가 오랫동안 나한테 베풀어준 모든 성원을 정말로 고맙게 생각해. 자네가 내 편이어서 기뻐. 프랭크, 내가 복귀하면 자네는 내 옆에서 나랑 같이 가게 될 거야. 내 옆에는 자네가 있어야 해. 자네가 제의를 받아들일 경우, 나는 자네를 경비를 무제한으로 쓸 수 있는 팀스터즈 조직책으로 임명할 작정이야."

"진심으로 하는 얘기라는 거 알아요, 지미." 내가 말했어. "언제가 됐건 팀스터즈 조직책으로 봉사하는 건 영광스러운 일이 될 거예요." 그건 내 꿈이 실현되는 거였지.

존 맥컬러프는 우리 가족을 집으로 태우고 갈 리무진들을 잡아줬고, 나는 지미를 워워 호텔로 데려다줬어. 지미를 리무진에 혼자 태워 호텔로 돌아가게 놔둘 수는 절대로 없었으니까. 우리는 중요한 얘기는 한마디도 하지 않았어. 우리 사이에 오간 중요한 얘기는 모두 전날 밤에 다 오간 상태였어.

전날 밤, 우리는 브로드웨이 에디스에서 우리만의 은밀한 파티를 가졌었어. 브로드웨이 에디스는 10번가와 크리스티안센이 교차하는 모퉁이에 있는, 테이블이 몇 개 안 되는 작은 술집이야. 그 술집은 지금도 그 자리에 있지만, 이름은 달라졌어. 그날 밤에 그 술집은 일반인들 상대로는 영업을 하지 않았고, 거기 들어가려면 특별 초대장이 필요했어. 다운타운하고 주 북부에서 온 친한 친구들이 프랭크 시런에게 사의를 표하기 위해 모두 그 자리에 왔지. 당연히, 지미도 그 은밀한 행사에 올 터였어. 누군가가 그곳을 감시하고 있었다면, 전체적인 상황이 나를 위주로 돌아가고 있는 것처럼 보였을 거야. 하지만 그 행사는 실제로는 러셀과 안젤로가 지미하고 얘기를 하려고 마련한 자리였어. 러셀이 지미가 내 특별한 친구들과 갖는 회합에 참석할 것 같으냐고 나한테 물었어. 지미가 "자네한테 중요한 자리인가?" 하고 묻기에 나는 대답했어. "예." 브로드웨이 에디스의 만남은 그렇게 성사된 거야.

지미는 그날 오후에 디트로이트에서 필라델피아로 왔어. 나는 그가 비행기를 타고 왔다고 짐작했지만, 그에게는 마음껏 이용할 수 있는 전용비행기가 더 이상은 없었어. 그건 피츠가 차지했으니까. 워윅 호텔에서 그를 차에 태운 나는 러셀과 내가 팻 토니 살레르노를 불러서 마련한 회합자리에 지미를 앉혔어. 지미는 그 부분에 대해서는 흡족해했어. 우리는 내가 모는 큼지막한 링컨에 탔고, 나는 676지부의 존 그릴리를 만나러 저지로 차를 몰았지. 그릴리는 호파의 사람이었어. 지미는 무슨 문제에 대해 그와 얘기를 하고 싶어 했고, 지미가 그릴리를 만나는 동안 나는 밖에서 기다렸어. 그러고 나서 우리는 브로드웨이 에디스로 갔지.

그날 밤에 브로드웨이 에디스에는 60명쯤 있었어. 테이블에 앉아 식사를 하는 사람은 안젤로와 러셀, 지미와 나뿐이었어. 나머지 사람들은 모두 바에 있었지. 바에 있는 사람들에게 줄 음식이 담긴 쟁반이 계속 주방에서 나왔어. 지미는 스파게티와 미트볼을 먹었고, 나는 라비올리를 먹었어. 우리 네 사람은 일렬로 앉아 있었어. 그래서 누군가와 얘기를 하고 싶으면 몸을 약간 숙여야 했지. 안젤로는 러셀의 옆인 맨 끝자리였고, 지미는 러셀하고 나 사이에 있었어.

안젤로는 아무 말도 하지 않았고, 나도 내내 한마디도 하지 않았어. 두 사람은 내가 호파 편이라는 걸 알고 있었어. 나는 내가 모는 링컨 사방에 호파 스티커들을 붙이고 다녔거든. 모두들 그 자리에 모인 이유와 관련해서 오래 이어지는 대화는 없었어. 나는 지미가 그 자리에 참석해달라는 요청을 받은 이유를 알았을 거라고 상상하고는 하지만, 사실 여부는 정확히 모르겠어.

"무얼 위해 출마하려는 건가?" 러셀이 물었어.

"이건 내 노조니까." 지미가 대답했어.

"4년만 기다리면 되잖아. 자네는 1980년에 출마할 수 있어. 그게 사리에 맞아."

"나는 지금 당장도 출마할 수 있어. 나를 지지하는 사람들이 있으니까."

지미가 건방진 모습을 보이지는 않았지만, 그의 태도는 단호했어. 러셀은 지미가 선거운동을 벌이는 방식과 조폭에 대해 떠들면서 사방을 돌아다니는 상황에 대해서는 아무 말도 하지 않았어. 하지만 공개적인 자리에서 그런 얘기를 해대면 러셀이 우려하게 될 거라는 사실을 지미는 알고 있었어야 마땅했어. 지미는 조 콜롬보와 그가 불러온 홍보효과, 그리고 크레이지 조이 갈로에 대해 알고 있었어. 러셀을 골치 아프게 만든 모든 문제들이 아팔라친이 일으킨 홍보효과 때문에 어떻게 시작됐는지도 잘 알았고. 적어도 지미는 러셀이 어째서 1976년에 그의 당선을 도우려고 그의 뒤에 서면서 팻 토니와 만남을 주선하겠다는 입장을 바꿔 현재 상황에 대해 이런 방식으로 얘기를 하는 건지 그 이유를 궁금해 했어야 옳아.

"왜 출마하려는 거야?" 러셀이 물었어. "자네는 돈이 필요한 게 아니잖아?"

"돈 문제가 아냐." 지미가 대답했어. "나는 피츠가 조합을 좌지우지하게 놔두지는 않을 거야."

러셀은 1분간 아무 말도 않더군. 묵묵히 식사만 할뿐. 사람들은 러셀에게 "노"라고 대답하지 않았고, 그는 살면서 두 번을 물어야 했던 적이 전혀 없던 사람이야.

지미가 말했어. "나를 엿 먹였던 놈들을 처치할 작정이야."

러셀이 지미에게 몸을 돌리면서, 이제 러셀은 지미와 나를 모두 마주 보게 됐어. "나보다 높은 분들이 자네가 고마움을 표하는 데 실패하고 있다고 느끼고 계시네." 그러고는 그가 어찌나 조용히 말을 하는지 나는 그의 입술을 읽어야만 했어. "댈러스 문제에 대한 고마움을 말이야."

지미는 그 말에는 대꾸하지 않았어.

러셀은 몸을 돌려 안젤로와 몇 마디 잡담을 했는데, 그건 회합이 끝났다는 뜻이었어. 우리는 식사를 마쳤어. 이제 시작됐구나 하는 생각이 들더군. 사람들이 끼리끼리 얘기를 했고, 러셀도 이제 사람들의 목소리를 대변하고 있었어. 사람들은 모두 지미가 출마하는 데 반대했고, 러셀도 마찬가지였어. 토니 프로가 사람들의 마음을 놓고 벌인 전투에서 승리한 거야. 나는 친구들이 지미에게 보내는 지지를 철회하려는 게 지미가 출마한다는 사실 때문에 그러는 것은 아니라는 느낌을 받았어. 문제는 그가 출마하겠다면서 보여준 모습이었던 거야.

지미와 내가 떠날 채비를 마칠 때까지 지미가 그걸 얼마나 심각하게 받아들였는지를 나는 알지 못했어. 러셀이 나를 옆으로 데려가 말하더군. "일부 사람들이 자네 친구를 심각한 문제라고 생각해. 자네 친구에게 잘 얘기해봐. 지금 상황이 어떤지를 잘 알려주란 말이야."

"최선을 다할게요. 잘 아시잖아요, 러스. 그는 대화하기 힘든 상대라는 걸."

"그 친구는 달리 선택의 여지가 없어."

"지미가 무척 흥분한 탓에 그러는 겁니다." 내가 말했어.

"정신 똑바로 차려, 이 친구야. 대통령을 없앨 수 있는 사람들은 팀스터즈 위원장도 없앨 수 있는 거야."

지미는 워웍 호텔을 좋아했어. 17번가와 월넛이 교차하는 곳 주변에 있는 곳으로, 호파 스티커들을 붙인 내 링컨을 타면 브로드웨이 에디스에서는 금방이었지. 지미하고 얘기를 하려고 그의 방에 같이 갔지만, 먼저 입을 연 건 지미였어.

"모두들 호파가 물러나기를 원해. 모두들 내가 알고 있는 내용을 무서워하지. 내가 여기에 갖고 있는 꾸러미가 하나 있는데, 자네가 그걸 마켓 인으로 배달해줬으면 해." 지미가 나한테 작은 책가방을 건넸는데, 지나치게 무겁지는 않았어. 가방에 이름은 붙어 있지 않았어. 그걸 받을 사람이 누구건, 그걸 받으리 올 정도로 충분히 가치 있는 게 들어 있을 거라는 점을 잘 알 수 있을 거야.

"이걸 보니까 드는 생각이 있어요, 지미." 내가 말했어. "당신한테 진심으로 이런 얘기를 하려던 적이 있어요. 미첼이 지난봄에 노조회관에 들러서, 당신한테 출마하지 말라는 말을 전하라고 했어요. 연금이랑 손주들하고 노는 걸 즐기라면서요."

"놀라운 일도 아냐. 그 망할 놈의 미첼 자식은 이미 나한테 그런 얘기를 했어. '당신이 알고 있다고 생각하는 걸 활용할 생각은 꿈도 꾸지 마쇼'라나 뭐라나."

"러셀이 오늘밤에 당신에게 무슨 말을 하려던 건지는 몰랐어요, 지미." 내가 말했어. "하지만 그들의 말이 진담이라는 건 알아요. 오늘밤에 거기서 나오는 길에 러셀이 나한테 지금 상황이 어떤지 당신한테 전하라고 했어요."

"호파한테 자연스럽지 않은 일이 생기면, 난장판이 될 거라고 장담할 수 있어. 나는 언론에 보낼 준비가 돼 있는, 자네가 상상할 수 있는 것보다 훨씬 많은 기록과 명단을 갖고 있거든. 나는 내가 믿을 수 있다고 생각했던 망할 자식들을 평생 지나치게 많이 알고 지냈어. 나는 자네 같은 사람이 더 필요해. 그리고 지금 나한테는 그런 사람들이 있어. 나는 누가 내 친구인지를 알아."

"지미, 당신이 지나치게 많은 냄새를 풍기고 다니는 탓에 사람들이 걱정하고 있어요."

"그건 빙산의 일각일 뿐이야. 빙산의 일각일 뿐이라고. 얘기 좀 할까? 댈러스라, 자네 오늘밤에 그 말 들었지? 자네가 볼티모어에 배달했던 꾸러미 기억하나? 나는 당시에는 몰랐는데 말이야, 그게 댈러스에서 케네디를 저격할 때 쓴 고성능 라이플이라는 걸 알게 됐어. 썬더버드를 운전하던 놈이 술에 취해 교통사고를 일으키는 바람에 멍청한 망나니들이 트렁크에 싣고 있던 지들 라이플을 잃어버린 거야. 카를로스 밑에서 일한 비행사는 자네가 배달한 대체 라이플을 전달하는 일에 관여했어. 우리는 봉이었어. 그걸 어떻게 생각하나? 놈들은 그 일에 진짜 경찰이랑 가짜 경찰들을 연루시켰어. 잭 루비가 끌어들인 경찰들이 오스월드를 해치우기로 돼 있었지만, 루비가 서툴게 일을 처리하다 그걸 망쳐버린 거야. 그래서 그가 직접 가서 오스월드를 처치하는 일을 해던 거지. 그가 오스월드를 처치하지 않을 경우, 자네는 그들이 그에게 무슨 짓을 했을 거라고 생각하나? 루비를 도축장 갈고리에 걸었겠지. 자네, 착각하지 마. 산토와 카를로스와 지안카나와 그들 패거리의 일부는 모두 케네디하고 한 패거리였어. 그들 패거리는 한 놈도 빼놓지 않고 피그스 만 침공에 연루돼 있었어. 심지어는 모모와 로셀리와 함께 카스트로를 암살할 계획까지 갖고 있었다고. 나는 전원을 교수대로 보내기에 충분한 증거를 갖고 있어. 만약에 나한테 자연스럽지 않은 일이 벌어질 경우 그 증거들은 하나도 남김없이 세상에 공개될 거고, 모두들 대가를 치러야 할 거야. 나를 엿 먹인 놈들 모두가 대가를 치르게 될 거라고.”

나는 책가방을 무릎에 얹은 채로 조용히 앉아 있었어. 지미는 때때로 광분하고는 했고, 그럴 경우에는 세상 무엇도 그를 막을 수가 없었지. 그냥 그가 하는 소리를 경청만 해야 했어. 그런데 그의 그런 모습은 생전 처음 보는 모습이었어. 나는 다른 사람이 그런 모습을 보이는 걸 본 적이 없었어. 현실 같아 보이지 않았어. 무슨 말을 하고 싶은 생각이 굴뚝같았지만, 내 입장에서 할 수 있는 말은 하나도 없었어. 누가 그 방을 도청할 경우에 내 목소리가 녹음되는 걸 원치 않았거든. 고성능 라이플 얘기를 꺼내다니, 맙소사.

“자네는 실체의 절반은 몰라. 피츠놈의 멍청함을 능가하는 건 그놈의 오만함뿐이야. 놈들은 호파가 잠수를 탈 거라고 생각해. 나와 맞설 배짱을 눈곱만큼이라도 가진 놈은 하나도 없어. 이봐, 아이리시, 자네가 알면 목숨을 내놔야 하기 때문에 자네한테 말해줄 수 없는 일들이 있어. 내가 알고 있고 두 눈으로 봤고 뒷받침했던 비밀스러운 일들이 있어. 공개되면 이 나라가 뒤집혀질 일들이 있다고."

그런 후 지미는 지금 우리가 얘기하고 있는 주제하고는 관련이 없는, 우리의 좋은 친구들이 관련된 사건들에 대한 주장을 내게 밝혀댔지. 공개할 수 없는 일들을 말이야. 내가 그 일들을 모두 알고 있었다고까지는 말 못해도, 어쨌든, 나는 그 일들 중 대다수를 알고 있었고, 나머지 일들 일부는 "혹시?" 하고 생각하고 있던 일들이었어. 그런데 그 일들 모두가 나나 그가 상관할 바가 아니었어. 내 입장에서는 바로 그때가 그 위험에서 빠져나갈 시점이었어. 방이 도청당할 경우를 대비해서 나는 말했어. "나는 그중 어느 것도 참말이라는 소리를 듣지 못했어요, 지미."

"그 문제는 걱정할 것 없어. 나는 적절한 사람들 손에 기록들을 쥐여줬고, 그 망할 놈들은 내가 모든 일을 기록해왔다는 걸 알아. 그 기록들을 모두 안전한 곳에 보관해뒀어."

"지미, 부탁 하나만 들어줘요. 밖을 다닐 때는 당신하고 길거리 사이에 사람들을 배치하도록 해요."

"경호원을 두면 조심성을 잃게 돼."

"경호원 얘기를 하는 게 아니에요. 그냥, 사람들과 같이 다니라는 거예요. 이번 일만 해도 당신은 필라델피아에 혼자 왔잖아요."

"나는 그쪽 길은 택하지 않을 거야. 내가 그런 방식을 취하면 놈들은 우리 가족을 노릴 거야."

"그렇더라도, 길거리에 혼자 나가려고 하지는 마요."

"호파는 누구도 두렵지 않아. 나는 피츠 놈을 쫓을 거고, 이번 선거에서 이길 거야."

"이게 무슨 의미인지 알잖아요, 지미." 나는 조용히 말했어. "맥기가 직접 지금 상황이 어떤지 당신에게 전하라고 했다고요."

"놈들은 감히 그러지 못할 거야." 지미 호파는 목청을 높였어.

내가 문으로 향하는 길에 지미가 내게 말했어. "몸조심해." ""

340

27

1975년 7월 30일

"

러셀에게 돌아가 지미가 여전히 1976년에 출마할 작정이라고 보고했어. 지미가 말했던, 그에게 뭔가 자연스럽지 않은 일이 생길 경우 기록과 명단이 대중에게 공개될 것이라는 말도 보고했고. 지미가 했던 험한 말들을, 세세한 내용을 모두 전하지는 않았지. 내가 알 필요가 없는 일들이 있었으니까. 러셀은 지미의 사고가 "삐딱하다"는 내용의 코멘트를 했어.

"이런 상황이 이해가 안 돼." 러셀이 말하더군. "그가 훌훌 털어버리지 못하는 이유가 도통 이해가 안 된다고."

나는 지미를 위해 마켓 인에 배달을 갔고, 지미에게 전화로 그 사실을 알렸어. 그 꾸러미에 들었던 게 돈이라고는 장담을 못하겠어. 꾸러미 안을 들여다보지는 않았어. 그 이후로 나는 내가 지미와 대화를 너무 많이 한 게 아닌가 두려웠어. 지미와 대화를 하고 나면 러셀에게 그 내용을 고스란히 전해야 했기 때문이야. 이 모든 상황을 통해, 지미가 자존심과 복수심에 휘둘리고 있다는 느낌을 받았어. 지미가 출마를 위해 1980년까지 기다릴 경우에는 피츠기 은퇴한 뒤일 것이고, 그렇게 되면 컨벤션에서 그를 망신시킬 기회를, 그기

341

저지른 과오들을 대중 앞에서 들먹일 기회는 완전히 없어질 거라고 판단했던 것 같아. 지미는 우리 친구들과 동일한 관점으로 사태를 바라보는 방식이 흡족하지는 않았던 것 같아. 브로드웨이 에디스의 회합을 마련하면서 지미에게 접근한 러셀이 출마하지 않았으면 한다는 의사를 전달한 후, 지미는 토니 프로가 선거운동의 그쪽 부분에서 상당한 진전을 이뤄내고 있다고 판단했던 게 분명해.

그 일 이후, 나는 그들이 지미를 사라지게 만들어서 조와 아이들에게 상처를 주고 싶어 하는 이유를 전혀 이해할 수가 없었어. 그들은 해야 할 일은 뭐든 실행에 옮긴 반면, 러셀과 안젤로 같은 사람들은 직계가족에게 상처를 입히고 싶어 하지는 않았어. 그들은 가족들이 지미의 생사도 모르고 지미를 위해 적절한 장례식을 치르지도 못하게 만들었고, 그의 재산을 물려받기 위해 지미가 사망했다는 법적인 선고를 받으려고 오랜 세월을 기다리게 만드는 것으로 가족들에게 고통을 줬어. 토니 프로가 팻 토니에게 승인을 받고 최종 결정권을 얻지 않았다면 그런 일은 없었을 거야. 앞으로도 우리는 정확한 내용은 절대 알 수 없을 거야. 프로는 이미 지미의 손녀를 죽이겠다고 으름장을 놓은 적이 있었어. 아무리 미운 상대라고 해도 상대의 손녀에게 해코지를 하겠다는 그런 식의 말을 하는 놈들이 어떤 놈들이겠어? "

1975년 4월, 팀스터즈 컨벤션에는 지미 호파가 FBI에 협조하고 있다는 소문이 돌고 있었다. 『디트로이트 프리 프레스Detroit Free Press』는 1992년 12월 20일자 기사에서 이런 루머들이 도는 것을 처키 오브라이언 탓으로 돌렸다. 처키 오브라이언은 지미 호파가 실종됐을 때 지미 호파가 탄 차를 운전한 운전사라는 혐의를 받은 인물이다. 지미 호파의 실종사건을 다루는 FBI 파일에 속한 FBI 302보고서, 일명 '호펙스 파일'은 이런 루머가 있었다는 사실과 이 루머가 진실에 기초한 것일 가능성이 있는 그럴 법한 이유를 인정한다.

"호파가 팀스터즈의 통제권을 손에 넣으려고 시도하는 와중에, 그에게 걸려 있는 노조 활동 규제들을 해제하는 것과 관련한 우호적인 결정들과 맞바꾸기 위해 정부에 정보를 제공했을 거라는 소문이 정보원들 사이에 돌았다."

- 1975년 5월 15일, 지미 호파는 그의 예전 디트로이트 299지부에 '출근도 하지 않는' 직위를 가진 것에 대해 대배심에서 증언을 했다. 이후, 어느 기자의 질문을 받은 호파는 자신은 "그게 빌어먹게도 자랑스러웠다"고 말했다. 같은 날, 지미 호파는 친아들의 법률사무소에서 열린 회합에 아들과 디트로이트 조폭 안토니 '토니 잭' 지아칼로네와 함께 참석했다. 지아칼로네는 호파와 토니 프로의 만남을 주선하려 애썼지만, 호파는 그 자리에 참석하는 것을 거부했다. 그러자 지아칼로네는 자신이 보험 사기를 벌였다고 기소한 정부 측이 재판에서 사용할 기록을 입수하는 걸 도와달라고 호파에게 요청했다. 호파는 지아칼로네의 요청을 거절했다.

- 5월 말, 프랭크 피츠시먼스는 호파가 예전에 맡은 지부이자 호파의 세력기반인 326지부를 신탁관리에 맡기고 워싱턴에 있는 팀스터즈 본부에 지부를 운영할 감시요원을 배치하겠다고 으름장을 놨다.

- 1975년 6월 19일, 지미 호파의 동지이자 좋은 친구인 샘 지안카나가 피델 카스트로를 암살하려는 CIA의 음모에서 조폭이 맡은 역할에 대해 처치위원회에서 증언하기로 예정된 날을 닷새 앞두고 시카고 자택에서 암살당했다.

- 1975년 6월 25일, 299지부에 속한 프랭크 피츠시먼스의 지지자 랠프 프록터가 점심을 먹고 레스토랑을 나오는 길에 등 뒤에서 공격을 당했다. 프록터는 그를 가격한 게 무엇인지 전혀 보지 못했다. 프록터는 백주대낮에 구타를 당하고 나서 혼절했다. 피츠시먼스 진영에서 프록터의 윗사람인 롤랜드 맥마스터는 이렇게 말했다. "우리에게 그런 쓰레기 같은 일이 일어났습니다. 나는 조사관들을 투입했지만, 그들은 아무것도 찾아내지 못했습니다."

• 1975년 7월 10일 오후, 프랭크 피츠시먼스의 아들 리처드 피츠시먼스는 디트로이트에 있는 네모스 바에서 휴식을 취했다. 리처드는 299지부 부지부장으로, 그는 그 자리에 오르면서 노조업무 수행용으로 1975년형 백색 링컨 콘티넨털을 받았다. 네모스에서 막잔을 마신 리처드가 술집을 나서 주차된 링컨으로 걸어갈 때 차가 폭발했다. 리처드는 간신히 부상을 면했지만, 백색 링컨은 산산조각 났다.

• 1975년 7월 30일 오후, 지미 호파가 실종됐다.

"

전체적인 계획은 결혼식을 중심으로 세워졌어. 빌 버팔리노의 딸이 1975년 8월 1일 금요일에 결혼할 예정이었지. 그건 지미가 실종되고 이틀 뒤의 일이야. 전국 각지의 모든 패밀리에서 사람들이 올 터였어. 하객이 500명이 넘을 거였지. 러셀과 나, 우리 아내들과 러셀의 처형은 펜실베이니아를 곧장 가로지르는 직선으로 차를 달리면서 오하이오의 대부분을 통과한 후 북쪽으로 우회전해서 디트로이트로 향할 계획이었어.

결혼식 때문에, 지미는 토니 프로와 러셀 버팔리노가 디트로이트에 올 것이고, 그래서 그가 실종된 오후에 그들이 자기를 만날 수 있을 거라고 믿게 될 거였어. 토니 프로가 자기 몫의 연금 100만 달러를 원한다는 사실은 미끼였어. 프로는 당시에는 자기 연금을 그다지 신경 쓰지 않고 있었거든. 그들은 지미를 밖으로 끌어내려고 연금 때문에 생긴 불화를 이용한 거야.

토니 지아칼로네는 디트로이트 외곽의 텔레그래프 로드에 있는 마커스 레드 폭스 레스토랑에서 1975년 7월 30일 오후 2시 30분에 만나자는 약속을 지미와 했어. 토니 프로가 2시 30분에 토니 잭과 함께 거기에 오기로 돼 있었지. 전체적인 아이디어는 토니 잭이 토니 프로와 지미를 화해시키려 한다는 거였어. 지미는 그 만남을 위해 집을 나섰어. 지미는 레스토랑 주차장에 있는 게 목격됐지만 그 만남 이후로는 절대 귀가하지 못했지.

결혼식이 거행될 즈음, 모두들 지미의 실종 얘기를 하고 있었어. 나는 299

지부에서 온 지미의 오랜 벗으로 보트 폭발사건을 겪은 지부장 데이브 존슨, 그리고 영국에서 광부로 일했던 왕년의 스트로베리 보이 바비 홈스와 얘기를 나눠야만 했어. 두 사람이 사실상 동시에 나한테 묻더군. 토니 프로가 한 짓이라고 생각하느냐고. "

28

집에 페인트칠하기

"

비행사는 기내에 그대로 있었어. 비행사는 나랑 아는 사이인데도 고개를 저쪽으로 돌리더군. 그는 내 얼굴을 보면 안 된다는 걸 알 정도로 이 바닥에서 우리 친구들하고 지낸 시간이 충분히 오래된 사람이었어. 나는 창문을 통해 오하이오 포트 클린턴의 풀밭에 있는 간이활주로를 바라봤어. 그러고는 러셀이 조수석에 앉아 있는 내 검정 링컨을 봤고. 러셀은 이미 깜빡깜빡 졸기 시작한 상태였어.

포트 클린턴은 이리 호 남쪽 끄트머리에 있어. 톨레도 동쪽에 있는 어촌으로, 디트로이트에서 160킬로미터 조금 넘게 떨어진 곳이야. 그 시절에 디트로이트에 있는 조지아나 모텔로 가려고 호수를 빙 돌아서 차를 몰면, 액셀을 힘껏 밟고 우회하는 경로를 조금 택할 경우 세 시간 가까이 걸렸어. 비행기로 호수를 건너 디트로이트 근처에 착륙하면 한 시간쯤 걸렸고.

비행기에 앉아 있는 동안 내 기분이 어땠는지 알고 싶다면, 이렇게 인정하게 돼서 유감이지만, 그 시절에 나는 아무 감정도 느끼지 않고 있었어. 내가 전쟁터로 향하는 것 같지는 않았어. 그 결정은 집에 페인트를 칠한다는 거였고, 순전히 그게 전부였어. 지금 이 순간에 그런 일을 하는 걸 상상해봐도 좋은 기분이 아닌 건 확실해. 나는 지금 80대야. 그 시절에는 너무 많은 걸 느끼기 시작하면 아무리 배짱이 좋더라도 초조한 긴장감이 스멀스멀 쌓이면서 혼란에 빠지고는 했어. 심지어는 멍청한 짓을 할 수도 있었지. 전쟁은 내게 필요할 때에는 감정을 통제하는 법을 가르쳐줬어.

그 상황의 서글픈 부분은, 지미가 원하기만 했다면 상황 전체가 언제든 종료됐을 수 있었다는 거야. 하지만 그는 폭풍을 향해 계속 배를 몰고 갔어. 그 방향으로 계속 나아가다가는 같은 배에 탄 많은 사람들과 함께 침몰할 수도 있었는데 말이야. 우리 모두는 그에게 현재 상황이 어떤지를 알렸어. 그런데도 그는 자신은 어느 누구도 손댈 수 없는 존재라고 생각했지. 세상에는 그런 사람들이 있어. 나한테 복싱 글러브를 던질 때 자신은 손댈 수 없는 존재라고 생각했던 우리 아버지처럼 말이야.

하지만 찔러서 피 안 나는 사람은 세상에 없는 법이야.

전날 밤 브루티코스에서 러셀이 오늘 무슨 일이 벌어질지 내게 말했을 때 내 마음을 스치고 지나갔던 걱정처럼 나 자신과 아이린의 안녕에 대한 우려가 여전히 남아 있었느냐고? 그런 건 눈곱만치도 없었어. 그들에게는 선택대안이 두 개뿐이었어. 나를 죽이거나, 나를 이 일에 끌어들이거나. 그들은 나를 이 일에 끌어들이는 것으로 내가 믿을 수 있는 존재라는 걸 확인할 기회를 갖게 됐어. 내가 그 일에 참여하려고 현장에 있다고 해도, 나는 그들에게 결코 어떤 해코지도 할 수 없는 처지였어. 내가 지미의 명령을 받고는 밖으로 나가 토니 프로나 피츠에게 '키스'를 하려는 것은 절대 내 의도에서 비롯된 일이 아니었다는 것을, 할 수 있는 최선을 다해 증명하고 있었던 거야. 러셀은 이런 상황을 이해했어. 그는 내 목숨을 거듭해서 구해줬어. 몇 년간 나를 없애라는 살인 청부가 일곱 건이나 있었지만, 러셀은 그 모든 불화를 일일이 잠재워줬거든.

러셀은 보스였음에도 자신이 해야 할 일을 해야만 했어. 그들은 보스들도 시름없이 처치하는 사람들이니까. 나는 하워드 존슨 모텔에서 이런 분세를을 고민하면서 밤새 잠을 못 이뤘지만, 내가 다다른 결론은 한결같았어. 그들이 이 일에 나를 끌어들이지 않기로 결정할 경우, 지미는 죽은 목숨이 될 것이고 나 역시 그처럼 죽은 목숨이 될 거라는 데에는 의심의 여지가 없었지. 심지어 그들은 나중에 자신들이 실제로 그런 생각을 했었다는 얘기까지 나한테 했어.

공중으로 빠르게 솟구쳤다 땅으로 내동댕이쳐지는 것 같은 시간이 지난 후, 비행기에서 내린 나는 비행사가 먼 곳을 보는 동안 혼자서 내 갈 길을 갔어.

내 아내 아이린과 러셀의 아내 캐리, 그리고 캐리의 언니는 자기들이 포트 클린턴의 레스토랑에서 커피를 마시고 담배를 피우는 동안 러셀과 내가 러셀의 사업상 볼일 몇 가지를 보러 갔을 거라고 생각했어. 우리는 이미 길에 올라서 거기까지 오는 동안 몇 가지 일을 봤고 집으로 돌아가는 길에도 더 많은 일을 보려고 몇 군데를 들를 예정이었어. 무엇보다도, 그들은 러셀이 다이아몬드를 살피기 위한 접안렌즈를 늘 갖고 다닌다는 걸 알고 있었어. 우리가 세 시간 후에 함께 돌아가면, 그들은 차를 몰고 나간 내가 세 시간 안에 디트로이트에 갔다가 돌아올 수 있었을 거라고는 절대 생각하지 못할 터였어. 디트로이트에 있는 우리 모텔까지 가는 것만으로도 차로 세 시간은 걸릴 테니까 말이야.

하지만 그런 생각은 내 마음에 비집고 들어오지도 못했어. 그래도 내가 심부름을 마치고 나면 무사히 이 비행기에 다시 탑승할 거라는 데에는 의심의 여지가 없었지. 디트로이트에서 나한테 뭔가 부자연스러운 일이 벌어지더라도 경찰이 수사하는 와중에 여자들이 엮이는 일은 전혀 없었을 거야. 나는 오하이오에 있는 내 검정 링컨에 돌아올 것이고, 러셀과 나는 여자들을 태울 거였으니까. 포트 클린턴에 여자들을 남겨둔 건 보험을 든 거였고 나한테 심리적인 안정감을 주려는 술책이었다고 분석할지도 모르지만, 그런 생각은 내 마음에 조금도 들어오지 않았어.

게다가, 나는 등쪽 허리띠 아래에 연장을 갖고 있었어. 심지어 요양원 신세를 지는 지금 이 나이에도 내 검지에는 여전히 아무런 문제가 없어.

비행기는 폰티액 비행장에 착륙했어. 모든 일이 벌어질 예정이던 지점에서 북쪽에 있는 조그만 이착륙장이었어. 지금은 없어진 비행장이야. 내가 잘못 알고 있는 게 아니라면, 그곳은 주택단지로 개발됐어. 그 시절에는 착륙을 위한 비행계획서가 필요하지 않았고, 그래서 비행장은 이착륙과 관련된 정보를 전혀 기록하지 않았지.

주차장에 차가 두 대인가 세 대 있었어. 그중 한 대는 포드였는데, 러셀이 말한 대로 바닥 매트에 열쇠가 놓여 있더군. 평범한 회색차로, 약간 지저분했어. 누구나 이런 상황에서 사람들의 시선을 끌게 될 화려한 차를 받게 될 거라고는 절대 기대하지 않을 거야. 그 차는 '대체품[118]'이었어. 거기 있는 차들을 주차장에서 몰고 나가더라도 차 주인들은 그 사실을 결코 알지 못할 거야. 호텔에 주차된 차들도 마찬가지였어. 공항에 장기 주차된 차들도 그런 식이었고. 호텔이나 주차장에서 일하는 내부자는 현금으로 요금을 지불하는 손님들에게 여기저기로 차를 제공하면서 그 상황을 별도로 장부에 기록해 놓을 수 있었어.

사전에 러셀한테 주소를 받고 길 안내도 받았었어. 지미 밑에서 일한 덕에 디트로이트를 썩 잘 알고 있었던 것도 길을 찾는 데 큰 도움이 됐겠지만, 이 일을 하러 가는 방향은 그런 지식이 필요 없을 정도로 간단했어. 나는 텔레그래프 로드에 올랐어. 디트로이트로 들어가는 주요 도로인 24번 도로야. 화창한데다, 에어컨을 켜야 할 정도로 더운 날이었어. 차를 몰고 텔레그래프 로드에 있는 마커스 레드 폭스 레스토랑을 지나쳤지. 레스토랑은 내 오른쪽에 있었어. 텔레그래프 로드에서 왼쪽으로 꺾어 세븐 마일 로드로 들어갔어. 세븐 마일을 800미터쯤 달려 작은 개천 위에 놓인 다리를 건넜지. 거기서 우회전을 해서 내려가니까 또 다른 다리가 있었고, 가까운 데에 보행자 전용 다리가 있었어. 그런 후에 좌회전을 했더니 지붕에 갈색 널빤지를 얹은, 뒤뜰에 울타

---

118 loaner, 자동차를 수리하는 동안에 빌려주는 차

리가 높이 둘러져 있고 집 뒤쪽에 별채로 지은 차고가 있는 주택이 있더군. 동네의 다른 집들은 서로서로 멀리 떨어져 있지 않았지만, 그렇다고 아주 가까이 붙어 있는 것도 아니었어. 나는 주소를 확인했어. 차를 본 거리가 3~4킬로미터 정도밖에 안 됐을 거야.

앞서 말했듯이, 텔레그래프 로드를 타고 남쪽으로 가면서 그 집으로 가는 길에 나거스 레드 폭스 레스토랑을 지나쳤어. 지미는 거기서 우리의 2시 약속에 맞춰 모습을 나타낼 나를 기다리고 있었을 거야. 레스토랑은 주차장에서 뒤쪽으로 한참 떨어진 곳에 있었어. 거기를 지나면서도 지미가 나를 알아볼 거라는 걱정은 하지 않았어. 관절염 탓에 몸이 굽기 이전인 그 시절에 내가 유지하던 똑바른 자세와 내 덩치 때문에, 나는 차에 앉으면 머리가 차 천장 근처까지 다다랐어. 그래서 사람들은 내 얼굴을 보려면 차에 가까이 다가와서 안을 들여다봐야만 했지. 이 사건에서 나를 목격한 사람은 아무도 없었어.

나는 두 명의 토니가 지미와 한 2시 30분 약속에 모습을 보일 때 그 레스토랑에 앉아 있을 예정이었어. 그런데 그 시간에 토니 잭은 디트로이트에 있는 그의 헬스클럽에서 마사지를 받고 있었어. 토니 프로는 미시간에 있지도 않았어. 그는 뉴저지에 있는 그의 노조회관에서 카드놀이를 하고 있었고, FBI는 의심의 여지없이 노조회관 건너편 길에 앉아 그를 감시하고 있었지.

그 집은 지미의 유해가 향할 곳에서 불과 3~4킬로미터 떨어져 있었어. 만사가 서로서로 굉장히 밀접한 곳에 위치해 있을 터였고, 모든 일이 똑바로 진행될 거였어. 지미의 시신을 차에 실은 채로 수없이 많은 회전을 해대면서 무척이나 긴 거리를 돌아다닐 수는 없는 노릇이잖아. 내가 55갤런들이 드럼통에 담긴 시신을 뉴저지의 폐기장이나 뉴욕 자이언츠[119] 스타디움의 엔드 존으로 운반했다고 주장하는 글쟁이들은 시신을 직접 처리해본 적이 한 번도 없는 자들이야. 그렇게 눈에 잘 띄는 배달물을 들고 나라를 가로지른다는 생각은 말할 나위도 없고, 그런 화물을 불가피하게 가야 하는 거리보다 한 블록

---

119 프로 미식축구 팀

이라도 더 멀리 운반하려고 하는 사람이 제정신 가진 사람치고 어디 있겠나?

그리고 토니 잭의 아들의 차 내부에서 누군가가 지미를 습격했다는 주장은 그냥 정신 나간 말이야. 차 안에서 누군가한테 '키스'를 하면 차 내부에서 냄새를 절대 제거하지 못해. 그러면 그 차는 영구차가 돼버리고 말아. 시신의 체내에 있던 모든 화학물질과 노폐물이 좁은 공간으로 배출되니까. 죽음의 냄새가 차내에 그대로 머무는 거야. 그 점에서 차는 집하고 달라. 집에는 죽음의 악취가 남지 않거든.

지붕에 갈색 널빤지를 얹은 집은 또 다른 '대체품'이었어. 그 집에서 혼자 사는 노파는 자기 집이 한 시간 동안 임대되고 있다는 건 꿈에도 몰랐을 거야. 카이로프랙터[120] 같은 사람들은 사람들이 시외에 있는 때가 언제인지를 알아. 그래서 도둑들이 그들의 집을 털 수 있지. 디트로이트 그룹에 속한 누군가가 거기서 홀몸으로 사는 노파를 치료한 카이로프랙터를 알고 있었을 거야. 그들은 그녀가 집에 없다는 걸 알았고, 눈이 너무 안 좋은 그녀는 집에 돌아왔을 때도 누군가가 집에 다녀갔다는 사실을 절대 알아차리지 못할 것이며 아무 냄새도 맡지 못할 거라는 것도 알고 있었어. 그 집은 지금도 그 자리에 있어.

집 앞에 차를 세운 나는 집으로 이어지는 1차선 진입로 끝에 갈색 뷰익이 서 있는 걸 봤어. 차를 몰고 들어가 내 포드를 그 진입로에 있는 뷰익 뒤에 세웠어.

현관으로 가서 계단을 올라갔어. 현관문은 열려 있었고 나는 안으로 들어갔지. 샐리 버그스가 벌써부터 현관문 안에 있는 작은 대기실에 있다가 콜라병 같은 안경 너머로 나를 노려보더군. 그는 올이 두꺼운 곱슬머리 흑발이야. 나는 등 뒤에 있는 문을 닫았고, 우리는 악수를 했지.

세상에 나온 모든 책은 뉴저지의 스티브·토머스 안드레타 형제가 이 사건에 연루됐다고 말하지. 지금 형제 중 한 명은 사망했고 나머지 한 명은 살아

---

120 chiropractor, 척추 지압사

있다고 들었어. 젊고 잘생긴 이탈리아계 사내 둘이 집 뒤쪽에 있는 주방에 있었어. 두 사람 다 나한테 손을 흔들고는 고개를 돌렸지. 복도 끝에 있는 두 명 중 하나가 지금은 저세상 사람이 된 안드레타 형제였어. 다른 사람의 이름을 들먹일 필요는 없을 것 같군. 어쨌든 그들 모두 괜찮은 알리바이를 갖고 있었으니까.

내 기억에, 복도 왼쪽에는 위층으로 이어지는 계단이 있었어. 오른쪽에는 거실과 바닥에 양탄자가 깔린 식당이 있었는데, 양탄자가 바닥 전체를 덮고 있지는 않았어. 현관 앞 대기실과 대기실에서 주방으로 이어지는 긴 복도에는 양탄자가 없더군. 원래 거기에 양탄자가 있었더라도 그 친구들은 양탄자를 걷어냈을 거야. 대기실에는 리놀륨 한 조각만 깔려 있었어. 어쩌다 그게 거기에 있게 됐는지는 모르겠어.

그 친구들이 프로의 사람들이라는 건 알았지만, 그날 이전까지는 만난 적이 없는 사람들이었어. 그들은 내가 사귀는 친구들이 아니었으니까. 그들과 불필요한 얘기를 나눌 까닭은 없었지. 나중에 다른 호파 사건 대배심 동안 우리가 서로를 잠깐 만나야 했던 적은 있어. 복도를 내려가 주방으로 갔어. 순전히 뒤뜰에 대한 감을 잡기 위해 뒷문 밖을 살폈지. 높은 울타리와 차고가 뒤뜰에 쏟아질지도 모르는 외부의 시선을 막아주더군.

복도를 내려가서 거실에 있는 샐리 버그스에게로 갔어. 그는 커튼 틈으로 밖을 살피고 있었어. "처키라는 자식, 시간 딱딱 못 맞추네." 그는 저지 북부 억양으로 투덜거렸어.

지미 호파의 양아들인 처키 오브라이언과 나는 지미를 토니 프로의 오른팔인 샐리 버그스가 탄 차에 끌어들이려는 미끼의 일부가 될 예정이었어. 샐리 버그스는 땅딸막했어. 손에 총을 쥐고 있더라도 내 상대가 될 만한 놈이 전혀 아니었지. 사전에 얘기를 들은 바는 없었지만, 샐리 버그스가 처키의 차에 타는 이유는 나를 감시하는 것 말고는 아무것도 없다는 걸 나는 잘 알고 있었어. 내가 지미에게 차에 타지 말라는 눈치를 주지 못하도록 확실히 해두려는 거였지. 지미는 처키의 차에 나와 같이 있으면 안전하다고 느낄 테니까.

그래서 지미는 갈색 널빤지를 얹은 이 집으로 와서 그의 응원군인 나와 함께 현관문으로 곧장 들어올 터였어.

"차가 오는군. 저놈이 처키인가?" 처키 오브라이언은 구레나룻을 길게 길렀고 옷깃이 넓은 페이즐리 무늬 셔츠 차림에다 목에 금목걸이를 주렁주렁 걸고 있었어. 영화 「토요일 밤의 열기」에 나오는 사람처럼 보였지. 처키가 누군가에게 해가 되는 정보를 알게 될 경우, 그는 그 다음날로 '호주'로 떠났을 거야. 그들은 그를 살려둘 생각이 전혀 없었으니까. 처키는 제 자랑을 해대면서 입이 싼 걸로 유명한 놈이었거든. 놈은 자신에 대해 엄청나게 허풍을 떨어대고는 했지만, 그놈에게서 '배짱[121]'을 찾으려면 가랑이를 들여다봐야만 했지. 알아둘 가치가 있는 어떤 정보를 알려줘도 될 만큼 신뢰를 받지는 못한 놈이야. 놈이 무엇인가를 미심쩍어 했다면, 우리가 지미를 태울 때에 놈은 지나치게 초조해할 것이고 그러면 지미는 단박에 눈치를 챘을 거야. 놈이 아는 거라고는 지미—자기가 자라는 걸 도와준 사람이자, '아빠'라고 불렀던 사람—를 태우러 가서 중요한 사람들이 모이는 중요한 만남이 열리는 이곳으로 우리 모두를 다시 데려오는 일을 할 거라는 게 전부였지. 그는 지미와 같이 있으면 평소처럼 행동하면서 편안해할 거야. 나는 그런 상황에 처키 오브라이언을 끌어들인 것을 늘 유감스럽게 생각했고, 지금도 여전히 그런 생각이야. 누군가 용서받을 자격이 있는 사람이 있다면, 처키가 그런 사람일 거야.

내가 거기에 있다는 사실 때문에 처키는 마음이 편해지기 시작할 거고, 그래서 지미와 있을 때에도 평소처럼 행동하게 될 터였어. 처키는 토니 잭의 아들의 차인 밤색 머큐리를 몰고 있었는데, 말썽을 일으킬 종류의 차는 아니었어. 눈에 익은 그 차는 지미와 처키 모두를 편안하게 만들어줄 거였지. 지미는 토니 잭을 기다리는 중이라서 그의 아들의 차도 평범해 보였을 거야. 우리가 회동을 위해 돌아올 집으로 나를 태우러 온다는 사실 때문에 처키도 마음이 편할 터였고.

---

121 balls, '고환'이라는 뜻도 있다

모두들 느긋해한다는 게 중요한 점이었어. 지미는 영리한 사람이었고, 노조원으로서 피 튀기는 전쟁을 오랫동안 벌인 덕에 위험한 냄새를 잘 맡는데다 그가 상대하는 사람들이 어떤 사람들인지를 잘 알고 있었기 때문이야. 그는 토니 잭과 토니 프로를 공개된 주차장이 있는 대중 레스토랑에서 만나기로 돼 있었어. 지미 호파와 공개된 자리에서 만나기로 약속을 잡고는 만나는 장소를—설령 내가 차에 같이 타더라도—개인주택으로 바꿀 수 있는 사람은 많지 않았어. 그의 '아들' 처키가 차를 몰고 있더라도 말이야.

내가 대답했어. "그 친구 맞아."

처키는 현관문 앞의 도로에 차를 세웠어. 잘생긴 사내 둘은 집의 뒤쪽에, 주방에 있는 복도 아래쪽에 그대로 머물렀고. 샐리 버그스는 문이 네 개인 밤색 머큐리의 뒷자리에, 처키 바로 뒷자리에 올라타 자기소개를 하고는 처키와 악수를 했지. 나는 앞쪽 조수석에 앉았어. 지미는 내 뒷자리에 앉을 터였어. 그래서 샐리 버그스는 우리 둘을 모두 볼 수 있게 될 거였지.

이 난리가 모두 끝난 후에 처키에게는 무슨 일이 벌어졌을까? 아무 일도 없었어. 그는 두려움과 수치심 때문에 자기가 아는 변변찮은 정보에 대해 입을 꽉 다물고 살았어. 처키는 무모한 짓은 절대로 하지 않는 걸로 유명했어. 그는 피츠 치하에서도 자리를 유지한 호파 집안의 유일한 인물이었지.

"젠장, 이게 다 뭐야?" 샐리 버그스가 소리를 질렀어. 그가 뒷자리의 바닥을 가리키더군. "여기 흠뻑 젖었잖아."

"냉동생선을 싣고 있었어요." 처키가 말했어. "바비 홈스한테 생선을 배달해줘야 했거든요."

"생선이라고? 어떻게 그런 걸 좋아할 수가 있어?" 샐리 버그스가 말했어. "여기 망할 놈의 자리가 다 젖었잖아." 샐리 버그스는 손수건을 꺼내 두 손을 닦았어.

우리는 15분도 안 돼 거기에 당도했어.

주차장은 비어 있었어. 점심손님 대다수는 식사를 마치고 이미 자리를 뜬 상태였지. 우리가 차를 댄 곳의 왼쪽에 지미의 녹색 폰티액이 있는 게 보였어. 그 시절에는 텔레그래프 로드의 길가에 가로수가 있어서 외부의 시선이 상당히 많이 차단됐어.

"지미가 지금도 레스토랑 안에 있는 게 분명해요." 처키가 말했어. "내가 모셔올게요."

"그럴 필요 없어. 저기에 차 세울 자리 있잖아." 샐리 버그스가 말했어. "저기 주차장 반대편에 말이야."

처키는 샐리 버그스가 가리킨 곳으로 차를 몰았어. 거기서 지미를 본 우리는 그가 자기 차로 가기 전에 그를 태울 수 있었어. 당시에 사람들은 그가 차 글러브 박스에 연장을 갖고 다니기 시작했다고 믿었어.

"그가 무슨 일을 하는 중이건 일을 마치게 놔두지, 뭐." 샐리 버그스가 말했어. "시동 계속 걸어둬. 그가 자기 차로 향할 때 우리 차에 태우도록 하자고."

우리는 거기 앉아 1분간 기다렸어. 그러자 지미가 레스토랑 뒤쪽에 있는 철물점 구역에서 나와서는 그의 차로 걸어왔어. 풀오버 반팔 스포츠 셔츠와 짙은 색 바지 차림이었지. 그는 걷는 동안 짜증난 표정으로 나나 두 명의 토니를 찾으려고 두리번거리고 있었어. 몸에 장비를 갖고 있지 않은 건 확실했어. 그런 차림이라면 그럴 수가 없으니까.

처키가 천천히 지미 옆으로 차를 댔어. 지미가 걸음을 멈췄어. 그의 눈에 노기가 비치더군. 누구라도 그에게 존경심을 표하게 만들 수 있는 눈빛이었어.

처키가 말했어. "늦어서 죄송해요."

지미는 소리를 지르기 시작했어. "너 이 녀석 여기서 도대체 뭘 하고 있는 거야? 염병할, 누가 너를 초대한 거야?" 그는 처키에게 삿대질을 했어.

그러던 중에 지미는 처키 뒷자리에 샐리 버그스가 있는 걸 발견했어. "저 친구는 도대체 누구야?"

"저는 토니 프로 식구입니다." 샐리 버그스가 자기소개를 했어.

"도대체 여기서 무슨 일이 벌어지고 있는 거야? 자네의 망할 보스는 2시 30분에 여기에 와 있어야 하잖아." 지미는 샐리 버그스에게 삿대질을 하기 시작했이.

주차장에서 자기들 차로 가던 몇 사람이 우리를 쳐다봤어.

"사람들이 봐요, 지미." 샐리 버그스는 이렇게 말하고는 나를 가리켰어. "여기 누가 있는지 봐요."

지미는 고개를 숙여 차의 다른 쪽을 살폈어. 나는 그가 나를 볼 수 있도록 고개를 낮추고는 그에게 손을 흔들었지.

샐리 버그스가 말했어. "저 사람 친구가 그 자리에 있고 싶어 해요. 그들이 지금 그 집에서 기다리고 있다고요."

지미는 두 손을 내리고는 눈을 게슴츠레하게 뜨고 서 있었어. 거기서 나를 본 지미는 그 즉시 러셀 버팔리노가 이미 디트로이트에 와서 어느 집의 식탁에 앉아 자신을 기다리는 중이라고 믿게 됐어. 내 친구 러셀이 거기서 그를 만나고 싶어 한다는 사실이 지미의 마음속에서 막판에 갑자기 계획이 바뀐 이유를 설명해줄 터였어. 러셀 버팔리노는 레드 폭스 같은 잘 모르는 공개된 자리에 앉는 짓을 하는 사람이 아니었거든. 러셀 버팔리노는 구닥다리였어. 굉장히 은밀한 사람이었지. 그는 자신이 잘 알고 신뢰하는 장소들에서만 공개적으로 사람들을 만났어.

러셀 버팔리노는 지미를 차에 타도록 유인할 마지막 미끼였어. 뭔가 폭력적인 일이, 뭔가 자연스럽지 않은 일이 벌어질 참이라면 러셀은 거기에 오지 않았을 테니까.

지미는 차에 타도 안전하다고 믿었어. 자신이 지나치게 분통을 터뜨린 사실이 무척 민망한 탓에 그는 머큐리에 우리와 같이 타지 않는다는 것을 생각조차 할 수가 없었어. 지나치게 민망한 탓에 연장이 실려 있는 자기 폰티액을 직접 몰겠다고 고집을 부리지도 못했어. 그들이 그 상황과 관련해서 고려해본 모든 심리적 요소가 완벽하게 맞아떨어진 거야. 그들은 지미의 심중을 파고드는 법을 잘 알았어. 지미 호파는 나를 2시부터 2시 30분까지 30분간 기다려야 했어. 2시 30분 약속을 꼼짝없이 기다려야만 했기 때문이야. 게다가 그런 후에는 두 명의 토니를 기다리면서 15분을 보내야 했어. 그들이 예상했던 대로 45분의 기다림 때문에 지미는 뚜껑이 열렸고, 그가 터뜨린 모든 분통에 미안한 심정 때문에 그들의 예상대로 협조적인 태도를 보여야 했지.

지미가 그 자리에서 오직 그만이 보여줄 수 있는 짜증을 냈다는 건 말할 나위도 없어. 지미는 차를 돌아와 내 뒤에 있는 뒷자리에 탔어. FBI가 DNA 분석을 한 지미의 머리카락이 트렁크에서 발견됐다는 얘기를 들었어. 지미는 트렁크에, 산 채로나 시신으로나 결코 탄 적이 없어.

차에 타는 지미의 몸 어디에서도 연장의 흔적은 보이지 않았어. 내가 마땅히 그래야 했던 것처럼 그 자리에 응원군으로 앉아 있는데다 이제 우리와 함께 러셀 버팔리노를 만나러 가게 된 상황 때문에, 지미는 차에 연장을 갖고 있었더라도 그가 자기 차로 가서 연장을 가져오는 건 지극히도 불경한 일이 될 터였어. 게다가 지미는 당시 유죄 판결을 받은 중죄인이었잖아. 그래서 그는 필요치 않은 총은 갖고 다닐 필요가 없었지.

"자네가 어젯밤에 나한테 전화할 거라고 생각했었어." 지미가 내게 말했어. "2시에 레스토랑 앞에서 자네를 기다렸다고. 자네, 놈들이 모습을 보일 때 나랑 같이 내 차에 앉아 있어야 하는 거 아냐? 나는 점심을 먹으러 놈들을 식당에 데려갈 생각이었다고."

"지금 막 도착했어요." 내가 말했어. "계획들이 지연되는 바람에요." 지미에게 거짓말을 한 건 아니었어. "맥기는 이 모임이 제대로 이뤄질 수 있도록 여러 가지를 정리해야 했어요. 우리가 차에 그냥 멍하니 앉아만 있던 게 아니라고요."

"프로는 도대체 뭐하는 작자야?" 지미가 다시금 김을 피워내며 샐리 버그스에게 소리를 쳤어. "뭐 대단한 놈이라고 망할 심부름꾼을 보내는 거야?"

"2분만 있으면 도착이에요." 처키가 상황을 진정시키려 애쓰면서 말했어. 처키는 꼬맹이였을 때부터 투지라고는 찾아볼 길이 없는 놈이었지. 주먹다짐조차 제대로 못하는 놈이었어.

"조금 전에 조하고 통화했어." 지미가 내게 말했어. "자네, 조한테 메시지를 남길 수도 있었잖아."

"맥기가 사기 계획이 관련된 통화를 하는 걸 얼마나 질색하는지 당신도 알잖아요." 내가 말했어.

"누군가는 나한테 2시 30분 얘기를 해줄 수도 있었잖아." 지미가 말했어. "적어도 말이야. 맥기를 그렇게 존경한다면 말이야."

"거의 다 왔어요." 처키가 말했어. "저는 심부름을 다녀와야 했어요. 그러니 제 잘못은 아니에요."

우리는 보행자 전용 다리를 건너 그 집 앞에 차를 세웠어. 모든 게 모임을 갖기에 정상적으로 보였어. 차 두 대가, 갈색 뷰익과 회색 포드가 그대로 거기 주차돼 있으면서 사람들이 이미 집 안에서 기다리고 있다는 신호를 지미에게 보냈지. 나는 차 두 대가 여전히 거기 있는 걸 보고는 낙심했어. 두 대 중 한 대가 자리에 없었다면 그 일이 취소됐다는 뜻이었을 테니까 말이야.

그 집과 동네는 위협적인 분위기를 조금도 풍기지 않았어. 그곳은 사람들이 자식들을 키우고 싶어 할 만한 곳이었어. 뒤쪽에 있는 차고는 본채와 떨어져 있었는데, 차고를 그런 식으로 배치한 건 근사한 솜씨였어. 지미에게 본채에 붙어 있는 차고를 통해 은밀하게 그 집으로 들어가 달라는 부탁을 어느 누구도 하지 않아도 됐으니까. 지미와 나는 백주대낮에 진입로에 차 두 대가 주차돼 있는 집의 현관으로 곧장 걸어갔어.

타이밍이 굉장히 중요한 요소였지. 그 계획은 예정대로 행해져야 했어. 고려해야 할 알리바이들이 있었으니까. 시간을 충분히 가진 사람은 이발하고 마사지를 받으면서 쓸 수 있는 시간을 가진 토니 잭뿐이었어. 나는 오하이오에서 러셀과 여자들을 다시 만나야 하는 신세라 시간이 빠듯했지.

진입로에 들어간 처키는 현관문으로 이어지는 벽돌계단 근처에 차를 세웠어.

지미 호파는 밤색 머큐리의 뒷문으로 내렸지. 나는 동시에 앞문에서 내렸고. 샐리 버그스는 이런 모임에 동행할 정도로 썩 중요한 인물이 아니었어. 그래서 샐리 버그스는 뒷문으로 내려서는 머큐리를 빙 돌아서 앞자리 조수석에 탔어. 지미와 내가 계단으로 향하는 동안, 머큐리는 우리가 왔던 길로 돌아가려고 후진했어. 처키는 샐리 버그스를 조수석에 태우고는 차를 몰고 떠났지. 샐리 버그스가 이 사건에 대해 뭐라 말할 수 있더라도 그가 할 수 있는 말은 딱 그 시점까지일 거야. 그는 아는 건 딱 그 시점까지였으니까. 샐리 버그스가 자신이 알고 있다고 생각하는 나머지 내용은 모두 남들에게 들은 말일 뿐이야.

러셀은 처키가 샐리 버그스를 피트 비탈레Pete Vitale의 사무실에 내려줬다고 내게 말했어. 피트 비탈레는 시신을 절단하고 소각할 수 있는 산업용 소각로가 갖춰진 도축장을 소유한, 디트로이트 퍼플 갱[122] 출신의 상스러운 원로였어.

지미 호파는 늘 앞장서서 걸었어. 동행하는 사람들보다 한참 앞서서 걸었지. 잰걸음으로. 그를 따라잡은 나는 포로를 원래 대열로 다시 데려갈 때 포로 뒤에 바짝 붙어서 가는 것처럼 그의 바로 뒤에 위치했어. 그가 현관문을 열었을 때 현관 입구 계단에서 그의 바로 뒤에 서 있던 나는 작은 대기실로 들어섰고, 문은 우리 뒤에서 닫혔어.

집에는 안드레타 형제 중 한 명, 그리고 그와 같이 있는 사람 말고는 아무도 없었는데, 그들은 기다란 복도 끝 주방에 있었어. 현관 앞 대기실에서는 그들을 볼 수가 없었지. 그들은 대기실에 깔아놓은 리놀륨을 치우고 필요할지도 모르는 청소작업을 하면서 지미가 가진 보석류를 제거하고 지미의 시신을 화장하기 위해 가방에 넣는 청소부로 거기 있었던 거야.

지미는 집이 비어 있는 걸 보고는, 여러 개의 방에서 그를 맞으러 나오는 사람이 아무도 없는 걸 보고는 어떤 상황인지 곧바로 알아차렸어. 지미가 연장을 갖고 있었다면 그는 그걸 갖고 사생결단으로 달려들었을 거야. 지미는 싸움꾼이었어. 그는 여전히 우리가 같은 편이라고 생각하면서, 나를 그의 응원군으로 생각하면서 잽싸게 몸을 돌렸어. 지미의 몸과 내 몸이 격렬하게 충돌했어. 내 손에 든 연장을 봤다면, 그는 분명 내가 그를 보호하려고 그걸 꺼내 들었다고 생각했을 거야. 그는 잰걸음으로 내 몸을 돌아 문으로 향했어. 그의

122 Purple Gang, 수류 밀매사 빗 납치사 소식

359

손이 문손잡이에 닿는 순간, 지미 호파는 적절한 거리—지나치게 가깝지는 않아서 '페인트'가 나에게 튀지는 않을 정도의 거리—에서 쏜 총 두 발을 오른쪽 귀 바로 뒤의 뒤통수에 맞았어. 내 친구는 고통을 받지는 않았지.

나는 복도 쪽을 재빨리 돌아보면서 어디선가 튀어나와서 나를 처치하려고 드는 놈이 없는지 귀를 한껏 세워 확인했어. 그런 후 연장을 바닥에 내려놓고는 고개를 숙인 채로 현관을 나가서 내 대체품 차에 올라타고는 러셀의 비행사가 나를 기다리는 폰티액 비행장으로 갔지.

계획을 세운 사람들은 디트로이트에서 벌인 작전이 처음부터 끝까지 한 시간쯤 걸리게끔 시간을 맞춰놨어.

러셀한테 들은 바로는, 두 사내가 그 집의 청소를 마친 후 지미를 보디백[123]에 넣었어. 울타리와 차고의 보호를 받으면서 그걸 뒷문으로 가지고 나가서 뷰익의 트렁크에 실었고, 그런 후에는 지미의 시신을 화장장으로 운반했지. 러셀 말로는, 두 청소부는 샐리 버그스를 피트 비탈레의 도축장에서 만나 내가 모르는 다른 비행장으로 태워다줬고, 거기서 세 사람은 토니 프로에게 보고하기 위해 비행기를 타고 저지로 돌아갔다더군.

이번에도 비행사는 나를 절대로 쳐다보지 않았어. 빠르게 이륙했다 착륙하는 비행이었지.

러셀은 포트 클린턴의 작은 이착륙장에 세워둔 내 검정 대형 링컨에서 자고 있었어. 여자들을 태운 우리는 7시 조금 전에 디트로이트에 도착했어. 시 경계선에 들어서자마자 디트로이트 경찰이 따라붙더군. 그들은 결혼식 때문에 다른 주의 번호판을 단 대형 링컨이나 캐딜락을 탄 우리 같은 사람들을 감시하고 있었어.

그날 밤에 그 특정한 사안에 대해 러셀과 나 사이에 오간 말은 포트 클린턴의 그 간이활주로에 돌아온 내가 운전석에 앉아 링컨의 시동을 걸었을 때

---

123 body bag, 시체 운반용 자루

한 얘기가 유일했어.

깨어난 러셀은 그 날카로운 눈으로 내게 윙크를 하고는 쉿소리가 나는 목소리로 조용히 말했어. "즐거운 비행이었기를 바라네, 아일랜드인 친구."

나는 대답했어. "단잠 주무셨기를 바랍니다." 〞

29

전부 피 보는 거야

지미 호파가 실종되고 닷새 후인 1975년 8월 4일, FBI는 뉴욕 시티 베수비어스 레스토랑에서 있었던 회합을 기록했다. 참석자는 안토니 '팻 토니' 살레르노와 러셀 버팔리노, 프랭크 시런, 안토니 '토니 프로' 프로벤자노, 살바토레 '샐리 버그스' 브리구글리오였다.

"

뉴욕은 그 일을 기각했어. 그들은 그 일을 승인하지는 않았지만, 그렇다고 그걸 반대하지도 않았지. "할 거면 혼자 알아서 하든가" 하는 식이었어. 그 일은 디트로이트의 허가 없이는 할 수 없는 일이었어. 그들 구역에서 벌이는 일이었기 때문이야. 시카고도 마찬가지였어. 시카고와 디트로이트는 거리가 가까운데다 유대관계가 굉장히 끈끈했기 때문이지. 지미가 실종되고 닷새 후에 베수비어스에서 가진 이 회합의 목적은 팻 토니 살레르노에게 전체 사건이 어떻게 수행됐는지를 보고하는 거였어. 팻 토니는 대단히 흡족해했어. 뉴욕이 이 사건에 관여했다면, 팻 토니는 일이 어떻게 처리됐는지 이미 알고 있었을 거고 우리는 그에게 보고하려고 거기에 가지도 않았을 거야. 또한, 우리는 설명이 미진한 부분들이 있을 경우, 그에게 그 사실을 알리고 싶었어. 그리 많은 말이 오가지는 않았어. 실행할 필요가 있는 다른 일이 있을 경우, 우두머리였던 팻 토니는 그 일을 명령할 수 있었지. 강력반 형사들이 사방에 깔려 있었어. 그들은 태연한 척하려 애썼지만 그게 애를 쓴다고 되는 일이 아니잖아. 그들은 우리 모임을 훔쳐봤어. 찰리 앨런은 나를 거기까지 태워다주고는 또 다른 구역의 테이블에서 커피를 마시며 기다렸어. 샐리 버그스는 그쪽 구역의 다른 테이블에 앉았고.

베수비어스에서 가진 첫 회합은 괜찮게 흘러갔어. 그런 후, 토니 프로가 첫 모임 직후에 또 다른 회합을 요청했지. 그 모임의 주제는 나였어. 이 두 번째 회합에서, 토니 프로는 지미가 자신을 해치우고 싶어 했다는 것을 내가 줄곧 알고 있었다고 주장했어. 토니 프로는 자기하고 피츠에게 '키스'를 하라고 지미가 나한테 부탁하는 소리를 들었다고 주장하더군.

토니 프로는 나를 빤히 쳐다보면서 말했어. "나한테 결정권이 있었다면 너도 저세상에 갔을 거야."

"그건 피차 마찬가지지." 내가 받아쳤어. "전부 피 보는 거야."

토니 프로는 결혼식장에서 내가 사람들에게 "그가 호파를 죽였을 수도 있다"고 말했다고 투덜거렸어. 그러면서 토니 프로와 나는 앉아 있던 테이블에서 벌떡 일어나게 됐어. 러셀이 팻 토니에게 전체적인 상황에 대해 얘기하는 동안, 나는 찰리 앨런이 있는 테이블에서 기다렸고 토니 프로는 샐리 버그스와 동석했어. 파티션이 쳐진 구역에서 나온 러셀은 앉아 있는 토니 프로를 뒤에 남겨놓고는 나를 데리고 자리를 떠났어. 팻 토니가 있는 곳으로 돌아가는 길에 러셀이 내게 속삭이더군. "그런 일 없었다고 잡아떼." 내가 거기로 돌아가니까 팻 토니 살레르노는 내가 지미 호파를 위해 메이드맨에게 '키스'할 생각을 했었다고는 믿지 않는다는 말부터 꺼냈어. 그 일은 그걸로 끝이었어. 러셀 버팔리노가 다시금 그의 아이리시맨을 보살핀 거야. 그런 후 그들은 토니 프로를 데려가서 이제부터 그 문제는 언급할 일이 아니라는 말을 했어.

그러자 토니 프로는 내가 때때로 그의 이미지를 훼손시켰다는 얘기를 늘 어놓기 시작하더군. 지미가 실종되기 두어 달쯤 전에 애틀랜틱시티에서 공동 협의회 컨벤션 만찬이 있었는데, 그건 프로가 주최한 공동협의회였어. 피츠 는 기념만찬에서 축사를 하기로 예정돼 있었는데, 피츠가 방문을 취소한 거 야. 피츠는 내가 무서워서 애틀랜틱시티에 오지 않으려고 했어. 프로는 러셀 과 팻 토니에게 그 얘기를 하면서 불을 뿜었어. 내내 내게서 눈을 떼지 않으 면서 말이야. 프로는 말했어. "너 때문에 내 이미지가 망가졌어. 내가 위원장 을 모시지 못하면서 말이야. 위원장은 전국 곳곳에서 열리는 모든 공동협의 회 만찬에서 축사를 하고 다녀. 그런데 내 위원회만 제외였지. 피츠는 그가 애틀랜틱시티에 얼굴을 보일 경우 네가 네 친구 호파를 위해 자기에게 '키스' 할 거라는 얘기를 들었다고 했어." 나는 프로에게 대꾸했어. "내가 누군가를 위해 피츠에게 '키스'할 작정이었다면 그는 오래전에 세상을 하직했을 거야. 나는 네 포주가 아냐. 네가 저지른 일들의 뒤치다꺼리를 해주지는 못한다고. 피츠야 겁쟁이에다 자신감이 없어서 그렇다 치고, 네가 네 어깨들하고 애틀 랜틱시티에서 그를 보호하지 못하는 건 내 탓이 아냐." 러셀은 우리에게 그 자리에서 악수를 하라고 말했어. 쉬운 일은 아니었지만, 러셀에게 그렇게는 못하겠다고 말했다면 나는 지금 이 자리에 있지 못했을 거야. 우리는 악수를 했지만, 나는 그 사건 내내 프로가 마음에 들지 않았어.

그런데, 사방에서 나한테 집중포화를 퍼붓는 것 같았어. 러셀과 같이 베수 비어스를 떠나 자니스 레스토랑으로 가려고 45번가를 걸어가던 길에 피트 비탈레와 우연히 마주친 거야. 자니스에 있던 그는 베수비어스에서 팻 토니 를 만나려고 맞은편에서 오던 중이었어. 피트 비탈레는 내가 그를 눈곱만치 도 신경 쓰지 않는다는 걸 잘 알고 있었어. 나처럼 말을 더듬는 그는 내가 말 을 더듬을 때마다 자기를 놀려먹는 거라고 늘 생각했었어. 피트 비탈레는 나 를 싸늘하게 쏘아봤어. 걸음을 멈춘 그는 말을 더듬지 않으려고 잠시 시간을 갖더니 말했어. "나한테 결정권이 있다면, 다음번에 내가 자네와 자네 친구를 만났을 때 디트로이트에는 눈보라가 치고 있을 거야."

그가 하는 말이 무슨 뜻인지 나는 잘 알았어. 석탄을 많이 쓰던 옛날에는 눈보라가 칠 때 타이어에 마찰력을 주려고 바퀴 밑에 재를 던졌었거든. 나는 이 험한 말을 다시 들으면서 껄껄 웃을 수밖에 없었어. 내가 말을 서두르다 그만 말을 더듬었던 게 확실해. 나는 피트 비탈레에게 말했어. "내, 내가 당신의 난쟁이 친구한테 말한 딱 그대로요. 그건 피차 마찬가지지. 전부 피 보는 거야."

러셀은 그만하라고 우리를 말렸어.

우리는 그 자리를 떠났고, 나는 피트 비탈레가 디트로이트의 산업용 소각업자라는 사실을 떠올리며 러셀에게 말했어. "당신이 말한 것처럼 됐군요. '흙에서 흙으로.'"

그러자 러셀은 내가 무슨 생각을 하는지 안다고, 하지만 피트 비탈레의 소각로는 지나치게 뻔한 짐작이라고 속삭였어. 그는 FBI가 처음 살펴볼 만한 곳이 거기였고, 실제로도 FBI는 그렇게 했다고 했어. 그는 디트로이트 사람들과 가까운 곳에 있는 디트로이트의 장례식장에서 지미를 화장했다고 했어. 수사가 진행되는 동안, 나는 FBI가 디트로이트 사람들이 이용하는 곳이라는 이유에서 그로스 포인트 쇼어즈에 있는 안토니 바그나스코Anthony Bagnasco의 장례식장을 확인했다는 기사를 읽었어. 러셀이 장례식장 얘기를 했을 때, 그가 그런 말을 한 게 나한테 피트 비탈레에 대한 의혹을 떨쳐버리게 만들고 싶어서 그랬던 것인지 여부는 나도 몰라. 그는 토니 프로와 빚었던 불화 같은 또 다른 불화를 해결해야만 하는 상황을 원치 않았어. 내가 피트 비탈레의 소각로에 대한 얘기를 지미의 친구들에게 떠벌리는 것을 원치 않았고. 아니면, 실제로 그들은 지미를 장례식장으로 데려갔을 수도 있어. 그들이 장례식장 내부에서 지미를 넘겨받아 화장터로 데려간 내부자를 확보했었는지는 나도 몰라. 그들은 어쩌면 지미를 화장할 예정인 다른 시신과 같은 관에 넣었을지도 몰라. 하지만 이런 세세한 사항은 내가 상관할 바가 전혀 아니라는 걸 나는 알아. 그리고 이보다 더 많은 걸 안다고 떠드는 놈은 누구든 ─여전히 생존해 있는 '청소부'는 게의하고   헛소피를 하고 있는 기야.

베수비어스에서 토니 프로를 만나기 전날, 나는 더 끔찍한 만남을 가졌어. 전처 메리에게 현금을 조금 건네려고 필리에 있는 메리의 거처에 들렀지. 그녀의 주방에 갔더니 둘째 딸 페기가 제 어미를 찾아와 있더군. 페기는 스물여섯 살이었어. 그러니 그건 28년 전 일이야.

　　페기와 나는 무척이나 가까운 부녀지간이었어. 어렸을 때 그 애는 나랑 같이 클럽으로 저녁 먹으러 가는 걸 좋아했었지. 나중에는 러셀과 캐리와 나랑 같이 저녁 먹으러 가는 걸 좋아했었고. 언젠가 어떤 신문의 촬영기자가 러셀이 펜실베이니아 브리스톨에서 페기와 함께 레스토랑에 들어가는 사진을 찍은 적이 있어. 하지만 그 애가 미성년자라서 신문사는 그 애의 모습을 사진에서 잘라내야만 했지.

　　페기는 내 속내를 책 읽듯 읽을 줄 알았어. 메리와 페기는 TV를 통해 호파의 실종 뉴스를 하나도 빼놓지 않고 시청하고 있었어. 내가 들어가자 내 안색을 살핀 페기는 마음에 들지 않는 무엇인가를 봤어. 내가 호파를 걱정하는 기색을 보이는 대신 냉정한 모습을 보였던 것 같아. 그 애는 내가 디트로이트에 머무르면서 지미를 찾는 작업을 하는 게 도리였다고 생각했던 것 같아. 페기는 나한테 집에서 나가라면서 말했어. "당신 같은 사람을 알고 지내는 것조차 싫어요." 그게 28년 전 일이야. 그 애는 나하고는 아무것도 하고 싶어 하지를 않아. 나는 그날, 1975년 8월 3일 이후로는 페기를 보지도 못했고 그 애하고 얘기를 해보지도 못했어. 그 애는 좋은 직업을 갖고 필라델피아 외곽에 살고 있어. 그날 이후로 내 딸 페기는 내 인생에서 사라졌어." ”

30

"책임 있는 자들은
처벌을 면하지 못했습니다"

FBI는 호파 실종사건에 200명의 요원을 투입하고 수천만 달러에 달하는 어마어마한 비용을 썼다. 결국 16,000페이지 이상의 내용을 취합한 파일 70권은 세상에 '호펙스 파일'로 알려지게 되었다.

FBI는 초기부터 소규모의 인물들에게 초점을 맞췄다. 호펙스 파일 3페이지에 있는 메모는 다음과 같은 일곱 명의 신원을 밝힌다.

안토니 '토니 프로' 프로벤자노, 58세

스티븐 안드레타, 42세

토머스 안드레타, 38세

살바토레 '샐' 브리구글리오, 46세

가브리엘 '게이브' 브리구글리오, 36세

프랜시스 조지프 '프랭크' 시런, 43세

러셀 버팔리노

FBI는 토니 지아칼로네와 처키 오브라이언을 명단에 추가하면서 총 아홉 명의 용의자를 확보했다.

FBI는 100퍼센트 확실한 내부정보를 확보한 듯, 호펙스 파일 3페이지에 올라 있는 이 몇 안 되는 용의자들이 지미 호파를 납치해서 살해했다는 믿음을 끈질기게 입증하려 들었다. FBI 디트로이트지부의 전직 지부장 웨인 데이비스Wayne Davis는 이렇게 말한 것으로 전해진다. "우리는 책임자가 누구이고 무슨 일이 벌어졌는지를 안다고 생각합니다." FBI 디트로이트지부의 또 다른 지부장 케네스 월튼Kenneth Walton은 이렇게 말했다. "그 짓을 한 게 누구인지 알기 때문에 마음이 편합니다."

지미 호파가 실종되고 6주 후에 디트로이트에서 연방 대배심이 소집됐다. 용의자 아홉 명 전원이 모습을 보였고, 빌 버팔리노가 그들 전원을 변호했다. 그들은 모두 수정헌법 5조를 내세웠다. 프랭크 시런은 검사가 든 노란색 펜이 노란색인지 여부를 묻는 질문을 비롯한 그에게 던져진 모든 질문에 5조를 내밀었다. 스티븐 안드레타는 5조를 들먹인 후 기소면책 특권을 부여받으면서까지 증언을 강요받았다. 그런데도 그는 심문에 대답하기를 거부했고, 그러면서 법정모독죄로 63일간 구금된 끝에 결국 검사의 심문에 대답하기로 합의했다. 스티븐 안드레타는 변호사 빌 버팔리노와 상의하기 위해 1,000번 이상 대배심장을 떠나는 것으로 디트로이트 기록을 수립했다. 처키 오브라이언이 호출됐지만, 역시 빌 버팔리노를 선임한 그는 5조를 내세웠다. 그의 예전 의뢰인을 살해한 것으로 의심받는 이런 비협조적인 사람들을 어떻게 변호할 수 있느냐는 질문을 받은 빌 버팔리노는 지미 호파도 "그런 방식으로 일이 진행되기를 원했을 것"이라고 대답했다.

오늘날, FBI는 지금은 자신들이 징벌했어야 할 죄인들을 모두 징벌했다며 꽤나 흡족해한다. FBI의 전직 범죄수사 담당 부국장 올리버 렌델은 말했다. "그 사건은 전혀 해결되지 않았지만, 사건에 책임이 있는 자들은 모두 처벌받았다고 장담할 수 있습니다." FBI 디트로이트지부의 현재 책임자인 특수요원 존 벨은 호파의 용의자들에 대해 이렇게 밝혔다. "명심하십시오. 정부가 알 카포네를 주류 밀매 혐의로 잡아들이지는 않았다는 걸. 정부는 그에게 탈세죄로 유죄 판결을 내렸습니다."

- 지미 호파가 실종되고 1년 후인 1976년, 토니 프로벤자노와 샐 브리구글리오는 1961년에 560지부의 경리 담당자 안토니 '스리 핑거스' 카스텔리토를 살해한 죄로 기소됐다. 카스텔리토는 뉴욕의 로워 이스트사이드에서 토니 프로벤자노와 함께 성장한 인물이었다. 이 살인을 명령한 건 프로벤자노였고, 실행에 옮긴 건 샐 브리구글리오와 젊은 건달 살바토레 신노, 전직 복서 K.O. 코니그스버그였다. 살인사건이 일어난 이튿날, 토니 프로벤자노는 플로리다에 있는 예식장에서 두 번째 아내와 결혼했다.

- 미국 전역의 교도소에 수감된 수감자들은 호파 사건이 FBI에게 중요한 사건이라는 점을 주목했다. 신문에 꾸준히 이름이 등장하는, 짤막한 명단에 실린 용의자 아홉 명 중 누군가에 대해 무엇이라도 아는 게 있는 사람이면 정부에 정보를 넘기는 대가로 정부에서 관용을 받아내는 끝내주는 협상을 하게 될 거라는 사실을 잘 알았다. 호파 수사의 직접적인 결과로, 살바토레 신노는 15년 된 살인사건에서 자신이 수행한 역할을 인정하며 공범들을 폭로하기에 이르렀다. 신노는 카스텔리토가 노조에서 맡았던 직위를 샐 브리구글리오가 보상으로 받았고 코니그스버그는 15,000달러를 받았다고 털어놨다. 토니 프로벤자노는 카스텔리토 살인죄로 유죄 판결을 받고는 1978년에 애티카 교도소로 보내졌다. 『뉴욕 타임스』는 FBI 정보원이 한 말을 인용했다. "호파 수사에서 직접적으로 파생된 사건들이 있습니다." 그런 후 『타임스』는 FBI 디트로이트지부 책임자 O. 프랭클린 로위가 한 말을 인용했다. "시간이 얼마나 오래 걸리건 신경 쓰지 않습니다. 우리는 이 사건을 계속 수사할 겁니다. 우리가 그들의 발가락을 충분히 많이 짓밟으면 누군가는 무슨 말을 털어놓을 겁니다. 여전히 수사의 관건은 우리가 우리에게 필요한 돌파구를 얻을 수 있느냐 여부일 뿐입니다." 토니 프로벤자노는 평생 발가락을 짓밟혔음에도 입을 굳게 다물고는 유죄 판결을 받고 10년이 지난 후에 에디기에서 72세를 일기로 사망했다.

- 1976년에 토니 지아칼로네가 소득세 사기죄로 유죄 판결을 받고 10년형을 선고받았다. 유죄 판결이 나고 두 달 뒤, 정부는 지미 호파가 판사에게 10,000달러 뇌물을 건네는 걸 토니 잭이 돕는 와중에, 그와 그의 동생 비토 '빌리 잭' 지아칼로네Vitto 'Billy Jack' Giacalone와 처키 오브라이언의 어머니 샐리 패리스가 호파가 시외에 있는 동안 호파의 플로리다 콘도에서 현금이 가득 든 상자를 훔치려고 조세핀 호파를 술에 취하게 만들려는 음모를 세우고 있었음을 폭로하는 1961~64년에 녹음된 민망한 도청 테이프를 언론에 공개했다. 이 음모는 예기치 않게 일찍 귀가한 호파가 혼절한 아내가 음모자들과 같이 있는 걸 발견하는 바람에 좌절됐다. 그들은 모두 자신들이 그녀를 돌보고 있었노라고 주장했다. 토니 지아칼로네는 1996년에 노동 갈취 혐의로 기소됐지만, 건강이 좋지 않은 탓에 재판은 수차례 연기됐다. 지아칼로네는 2001년에 82세를 일기로 사망했는데, 당시 이들 갈취 혐의에 대한 재판은 여전히 계류 중이었다. 로이터가 작성한 지아칼로네의 부고기사 헤드라인은 이랬다. '미국의 유명 마피아가 호파의 비밀을 무덤으로 가져가다.'

- 1977년에 러셀 버팔리노가 재물강요죄로 유죄 판결을 받았다. 잭 나폴리라는 사기꾼이 러셀 버팔리노와 제휴한 뉴욕의 보석상에게서 25,000달러 상당의 보석을 외상으로 구입했다. 나폴리는 버팔리노의 친구인 척해서 보석을 손에 넣었다. 버팔리노는 그의 이름도 들어본 적이 없었음에도 말이다. 버팔리노는 베수비어스에서 나폴리와 대면했다. 그 자리에서, 73세의 버팔리노는 나폴리가 훔쳐간 25,000달러를 내놓지 않는다면 맨손으로 나폴리를 목 졸라 죽여 버리겠다고 협박했다. 호파 수사에 따른 직접적인 결과로, 나폴리는 몸에 도청장치를 달고 있었다.

- 버팔리노는 4년간 감옥 생활을 했다. 1981년에 세상에 나온 그는 두 남자를 만났고, 세 사람은 나폴리를 죽일 음모를 꾸몄다. 그중 한 명인 지미 '더 위즐' 프라티아노Jimmy 'The Weasel' Frattiano가 살인이 일어나기 전에 FBI와 협상을 벌이고는 버팔리노를 넘겼다. 프라티아노는 캘리포니아에서 가진 나폴리와 관련한 모임에서 버팔리노가 "놈을 절단 내고 싶어"라고 말했다고 증언했다. 당시 79세이던 러셀 버팔리노는

15년형을 받았다. 교도소에 있는 동안 심각한 뇌졸중을 일으킨 그는 스프링필드 의료 교도소로 이송됐다. 그는 그곳에서 종교에 귀의했다. 그는 FBI가 주의 깊게 감시하는 동안 요양원에서 향년 90세를 일기로 사망했다.

- FBI가 처키 오브라이언을 상대로 적용한 죄목은 기껏해야 그가 속한 지부와 계약을 맺은 트럭회사에서 차 한 대를 받은 것, 그리고 은행 대출신청서를 위조한 거였다. 그는 1978년에 10개월을 복역했다.

- 토머스 안드레타와 스티븐 안드레타는 1979년에 받은 노동 갈취 유죄 판결 때문에 각각 20년을 복역했다. 그들은 노사관계를 평화적으로 유지해주는 대가로 미국에서 가장 큰 트럭회사 중 한 곳에서 오랫동안 현금을 쥐어짜왔었다. 토니 프로벤자노는 그들과 함께 유죄 판결을 받았지만, 그는 이미 그의 나이의 10배에 해당할 정도로 긴 형기를 복역하는 중이었다. 흥미로운 곁가지 에피소드는 피고 측에서 『팀스터즈』의 작가 스티븐 브릴을 소환한 거였다. 그들에게 불리한 증언을 한 변절자가 브릴에게 무슨 말을 했는지 알아내려는 의도였지만, 브릴은 그 특별한 증인을 인터뷰한 적이 없었다.

- 가브리엘 브리구글리오는 노동 갈취와 재물 강요로 7년을 복역했다.

- 프랭크 시런은 노동부와 FBI가 제기한 사건 두 건을 바탕으로 1982년에 총 32년형을 선고받았다.

이렇게 발가락을 짓밟는 활동을 벌이던 도중의 어느 시점에 제임스 P. 호파는 이런 말을 한 것으로 알려졌다. "지금에야 수사의 결실이 어느 정도 맺어진 듯 보입니다. 특정 기소들이 이뤄졌다는 사실도 약간이나마 위안이 되고요. 이런 상황은 FBI가 노력하고 있음을 보여줍니다. 그런데 저는 FBI가 저희 아버지의 실종 사건을 해결하려는 활동을 재개하기를 바라고, 다른 사건들을 바탕으로 특정 용의자들을 감옥에 집어넣는 것으로 정의가 행해졌다고 생각하지는 않기를 바랍니다."

FBI가 '다른 사건들을 바탕으로 감옥에 집어넣은' 이 '특정 용의자' 아홉 명의 명단을 그토록 100퍼센트 확신하게끔 만든 건 무엇일까? 미국 내 어느 곳에시긴 동원이 가능한 자원과 수사력을 모두 갖춘 상태에서, FBI 요원 전원과 법무부의 모든 자원이 그토록 오랫동안 '특정 용의자들'로 구성된 소규모 집단에만 집중적으로 투입된 이유는 뭐였을까? 노동부의 조사관과 회계사들을 비롯한 정부 전체의 활동이 이 소규모 집단의 주위를 맴돈 이유는 무엇이었을까? 전직 검사였던 나는 다음과 같은 명백한 질문만 던질 수 있을 뿐이다. "FBI에게 정보를 털어놓은 인물은 누구였을까?"

"

그들은 연방건물들을 감시했어. 그들이 누군가가 연방건물에 들어가는 걸 봤는데도 거기 들어갔던 사람이 그 사실을 보고하지 않을 경우, 그건 문제였어. 때때로 나는 그들이 연방건물 내부에 사람을, 비서 같은 사람을 배치해뒀다고 생각하지만, 그런 일을 정확히 어떻게 수행하는지에 대해서는 한마디도 들은 적이 없어. 러셀에게 들은 말이라고는 내가 연방건물에 들어갈 경우, 설령 소환장을 받아서 간 것일지라도, 가급적 빨리 패밀리에 있는 누군가에게 거기를 다녀왔다는 말을 하는 것이 좋을 거라는 게 전부였어. 거기를 차나 한 잔 마시러 들른 건 아닐 테니까.

어떻게 그런 건지 모르겠지만, 그들은 샐리 버그스가 연방건물에 들어가 FBI와 접촉했으면서도 그가 그 사실을 아무한테도 말하지 않았다는 얘기를 들었어. 자, 샐리는 아는 게 무척 많은 사람이었어. 그들은 샐리를 자기들 소굴로 데려갔고, 그는 FBI를 만나러 갔다는 건 인정했지만 그들에게 뭔가를 털어놨다는 건 부인했어. 그런 식으로 샐리를 몰아붙이면 FBI를 약간이나마 물러서게 만들 수 있을 거야. 그에게 도청장치를 채워서 보낼 작정이었다면,

FBI는 그에게서 그걸 떼어낼 거야. 그를 미행하고 있었으면 그 꼬리를 잘라 버릴 거고.

샐리 버그스가 호파 수사뿐 아니라 카스텔리토 살인사건 기소 때문에 약간 초조해하는 것 같다는 소문을 들었어. 샐리는 간이 좋지 않았어. 얼굴에 황달기가 있었던 것도 그 때문이었을 거야. 그는 암에 걸렸을까 두려워했다고 들었는데, 그 때문에 특정한 사람들은 그가 정신적으로 약해지지나 않았을까 우려하게 됐지. 게다가 토니 프로는 대출금에 따른 리베이트를 수수한 죄로 재판을 받는 중이라서 기분이 좋지 않았어. **"**

프로벤자노는 뉴욕의 극장구역에 있는 우드스톡 호텔에 230만 달러를 대출해주고는 그 대가로 리베이트 30만 달러를 수수한 혐의로 재판을 받고 있었다. 대출금은 그가 맡은 지부의 현금 준비금에서 나온 돈이었다. 『뉴욕 포스트』의 머레이 켐튼 기자는 '560지부는 금전등록기다'라고 썼다. 프로벤자노의 기소 사실이 공표되자, 20년 전에 조니 디오과르디가 산을 투척하는 바람에 실명했던 용감한 노동 전문 기자 빅터 리셀은 조직을 통해 전 세계에 판매되는 칼럼에, 피츠시먼스가 은퇴한 1981년에 팀스터즈 위원장에 출마하려던 게 프로벤자노의 계획이었다고, 그리고 그가 출마하기 위해서는 인기 좋은 지미 호파를 그의 앞길에서 치울 필요가 있었다고 썼다. 권력을 장악해서 유지해나간다는 목표는 그가 1961년에 인기 좋던 안토니 '스리 핑거스' 카스텔리토를 앞길에서 제거하면서 달성하려던 목표와 같았다. 그리고 그는 두 사건 모두에서 샐리 브리구글리오를 활용했다.

"
그들은 나한테 많은 말을 하지는 않았어. 존 프랜시스와 나한테 어디에 있어야 할지만 말했지. 소음 문제 때문에, 우리 모두 38구경을 등 뒤의 허리띠에 밀어 넣었어. 이때쯤 나는 레드헤드가 이디서 언제 나랑 같이 일하긴 그를 신뢰하고 있었어. 1978년 3월 21일, 샐리 버그스가 리틀 이탈리아에 있는 움베르토스 클램 하우스에서 한 블록 떨어진 안드레아 도리아 소셜 클럽에서 나오고 있었어. 혼자였어. 그가 그 시간에 거기에서 혼자 나올 거라는 걸 그들이 어떻게 알아냈는지는 전혀 듣지 못했지만, 어쨌든 그들은 나름의 방법을 갖고 있었어. 샐리 버그스는 두꺼운 안경을 꼈는데, 샐리 버그스라는 이름을 얻은 섯노 그래서야. 안경을 끼면 곤충(Bugs)의 눈처럼 보였거든. 그와는 썩 잘 아는 사이가 아니었지만, 키 170cm쯤에 그렇게 큰 안경을 쓴 사람을 몰라볼 일은 없었지. 그에게 다가가 인사를 했어. "안녕, 샐." 그는 대답했어. "안녕, 아이리시." 샐리 버그스는 존을 살펴봤어. 레드헤드는 모르는 사람이었으니까. 샐리 버그스는 소개를 받으려고 존을 살피던 중에 머리에 두 방을 맞았어. 즉사한 그는 쓰러졌고, 존 프랜시스는 처음 두 발이 발사된 이후에 창밖을 살피려는 생각을 가진 사람들을 큰 소리가 나는 총격전이 벌어진다는 인상을 줘서 쫓아버릴 심산으로 그에게 세 발을 더 쐈어.

인근에 연방요원들이 있을 수도 있다는 점까지 고려해야 하는 이렇게 잘 계획된 작전에서, 그들은 우리를 차에 태우고 총기를 처분할, 자동차에 탄 사람들을 배치해뒀어. 가장 중요한 요소는 타이밍이야. 우리는 표적이 사실상 땅바닥에 쓰러지기도 전에 그곳을 벗어나야 했어. 그들은 현장에 우리의 지원군을 많이 배치했지. 지원군은 대단히 중요해. 도로경계석에 있다가 차를 몰고 튀어나와서 혹시라도 우리를 추적할지도 모르는 FBI 차량들을 들이받을 크래시 카[124]에 탄 사람들이 필요하지.

신문에는 후드를 쓴 두 남자가 샐리 버그스를 바닥에 먼저 쓰러뜨린 후에 총을 쐈다고 실렸더군. 그렇지만 신문은 후드를 쓴 남자 두 명이 어떻게 샐리 버그스에게 총을 쏠 정도로 가까이 접근했는지에 대해서는 말하지 않았지. 샐리 버그스는 장님이 아니었어. 그런 안경을 쓰고서도 여전히 세상을 잘 볼 수 있었지. 신문은 후드를 쓴 남자 두 명이 그를 먼저 땅바닥에 쓰러뜨리면

---

124 crash car, 도주 엄호차

서 시간을 낭비한 이유에 대해서는 아무 말도 않더군. 총잡이들은 샐리 버그스가 바닥에 쓰러지는 사이에 갖고 있던 연장을 꺼내서 자기들을 쏘기를 바라고 있었던 걸까? 목격자는 샐리 버그스가 먼저 쓰러졌다고 생각할 공산이 컸어. 우리가 일을 처리한 즉시 그는 어떤 고통도 느끼지 않고 대단히 빠르게 저승길에 올랐으니까. 가장 확실한 추측은 목격자들이 총잡이들에게 후드를 뒤집어씌울 정도로 꽤 영리한 사람들이었다는 거야. 그래야 목격자에게 혹시나 하는 의구심을 품을 사람들이 없을 테니까.

어쨌든, 샐리 버그스는 의심의 여지가 있을 때는 의심의 싹을 잘라버린 또 다른 사례였어.

어쩌면 이제 토니 프로는 내가 그를 위해 호의를 베풀었고 그가 나에게 품고 있던 불편한 심기는 모두 해소됐다고 판단했을 거야. 실제로 그랬는지는 나도 모르겠어. 🙶

이 사건의 양측 입장을 모두 겪어본 내 경험상, 나는 용의자가 협상을 요청하고 검사가 그에게 증거를 내놓으라고 요청할 때 그 용의자가 제공해야만 하는 정보가 어떤 것인지 개략적으로 안다. 용의자가 정부당국에 밝힐 수 있는 정보는 정부당국이 협상을 통해 획득할 만한 가치가 있는 정보인지 여부를 확인할 위치에 이르기 전에 테이블에 올려져야 한다. 호파 수사가 시작됐을 때부터, 살바토레 브리구글리오는 갖고 있는 것만으로도 마음이 무거운 무언가를 가진 사내처럼 보였다.

1976년, 디트로이트 대배심의 휴정시간에 쾨니그라는 미시간 주 형사가 안드레타 형제와 브리구글리오 형제를 감시했다. 그의 관심은 샐 브리구글리오에게 쏠렸다. 쾨니그는 말했다. "그의 머릿속은 혼란한 상태이고 그걸 감당하느라 어려움을 겪고 있다는 걸 알 수 있었습니다. 우리 모두는 초점을 맞춰야 할 사람이 그라는 데에 동의했습니다."

1977년에 샐 브리구글리오는 『딥스디즈』의 지지 스디븐 브릴과 논의하는 과정에서 스스로 속내를 밝혀야만 했다. 브릴은 각주에 이렇게 썼다. '살바토레 브리구글리오와 나는, 내가 우리가 논의한 내용을 밝히지 않겠다는 기본 원칙 아래 얘기를 나눴다. 그는 1978년 3월 21일에 살해됐다. 우리가 은밀하게 나눈 얘기는 두서가 없었고, 이따금씩만 살인이라는 주제를 건드렸다. 그럴 때에도 그는 내가 그의 앞에 내놓은 범죄의 상대적으로 사소한 측면들에만 고개를 끄덕거리는 식으로 수동적인 인성만 했었다. 그는 상세한 설명은 전혀 내놓지 않았고, 그 자신일 가능성이 높은 경우를 제외한, 다른 사람이 연루됐음을 짐작하기에 충분한 정도의 정보는 결코 내보이지 않았다.'

1978년, 자신이 살해되기 불과 이틀 전, 무슨 이야기라도 해야만 답답함이 풀릴 것 같다는 샐 브리구글리오의 욕구는 『호파 전쟁』의 저자 댄 몰데아와 녹음 인터뷰를 하는 것으로 이어졌다. 몰데아는 브리구글리오의 외모가 "몹시 지치고 피곤해 보였고, 연방으로부터 받는 엄청난 압박에 따른 부담감을 내비치고 있었다"고 묘사했다. 몰데아는 브리구글리오가 한 말을 인용했다. "나는 조금도 후회하지 않아요. 정부 때문에 생긴 이 엉망진창에 빠져들게 된 것만 빼고는 말이에요. 정부에서 어떤 사람을 원할 경우, 그 사람은 정부의 손아귀에 든 셈이지. 나는 더 이상은 염원하는 것도 없어요. 나는 노조에서 내가 오를 수 있는 가장 높은 데까지 올랐으니까. 이제는 여한이 없다는 말이에요."

샐 브리구글리오는 그 사건을 실행할 때 그가 차지한 위치에서 알게 된 모든 것을 FBI에 털어놨을까? 그래서 FBI는 도청장치를 통해 살인용의자에게서 시인을 얻어내려고 샐 브리구글리오를 길거리에 남겨뒀던 걸까?

사법당국 측 정보원들이 기자들의 관심을 용의자인 프로벤자노와 살인 동기인 배신에서 다른 쪽으로 재빨리 돌려버린 이유는 뭘까? 예를 들어 『뉴욕 포스트』의 칼 J. 펠렉은 샐이 피살된 이튿날 이렇게 보도했다. '수사관들은 조폭이 프로벤자노의 560지부—전국에서 규모가 가장 큰 지부 중 하나—에 대한 통제권과 수익성 좋은 연금 및 복지기금들을 얻어내기 위해 살인을 명령했을 거라고 말한다. 그들은 그 기금을 애틀랜틱시티의 합법화된 도박에 투자하는 데 활용하고는 했다.' 사법당국이 교도소에 있는 또 다른 용의자를 언론에 제공한 이유는 뭐였을까? 펠렉은 썼다. '수사당국은 브리구글리오 살해 계획의 배후에 마피아 보스 카마인 갈란테Carmine Galante의 손이 있었을 가능성도 무시하지 않았다.'

FBI는 그들이 봉사하는 대상인 대중에게, 그들이 쓰는 비용을 지불하는 대중에게 왜 파일을 공개하지 않으려고 드는 걸까? FBI는 창피한 걸까?

2002년, 하급법원에서 대법원에 이르기까지 내내 FBI의 호파 파일에 접근하게 해달라는 소송을 제기했지만 실패를 거듭했던 호파의 유족들과 언론의 강한 압박을 받아온 FBI는 호파 사건을 정리한 349페이지짜리 요약본을 공개했다. 2002년 9월 27일자 『디트로이트 프리 프레스』는 이렇게 썼다. '『프리 프레스』는 10년에 걸친 법적 다툼의 결과물로 호파 수사에 대한 새로운 정보를 입수했다. FBI가 사건을 직접 요약한 내용을 대중에게 처음으로 공개하는 것이다. 하지만 이 보고서는 심한 검열을 당했다. 이름들은 제거됐다. 잠재적인 증인들을 상대로 한 인터뷰의 상당 부분이 시커멓게 지워졌다. 보고서에서 뜯겨진 페이지들도 많다.'

2002년 3월, FBI는 16,000페이지짜리 파일은 계속 비밀로 보관하면서 1,400페이지만 『프리 프레스』에 공개했다. 신문사는 이 페이지들을 다룬 기사의 마지막 문장에서 다음과 같은 의견을 피력했다. '문건들은 FBI의 가장 중요한 단서들이 1978년에 소진됐음을 내비친다.'

그해는 샐 브리구글리오가 침묵에 들어간 해다.

31

비밀을 유지하겠다는
서약 아래

> 내가 폭음을 한 걸 호파의 실종 탓으로 돌릴 수는 없어. 당시 나한테 폭음을 해야 할 핑곗거리는 필요하지 않았으니까. 어쨌든 나는 엄청나게 마시고 있었고, 나 자신도 그 사실을 잘 알고 있었어. 〟

『필라델피아 불레틴The Philadelphia Bulletin』은 프랭크 시런이 필라델피아에서 RICO 혐의로 기소되기 일곱 달 전인 1979년 2월 18일자에 시런의 프로필 기사를 실었다. 헤드라인은 이렇다. '심한 곤경에 처한 폭력배'. '폭력의 역사'라는 캡션이 달린 시런의 사진도 실렸다. 기사는 시런을 이렇게 소개했다. '양손을 무척 잘 쓰기 때문에 총을 소지하고 다닐 필요가 없던 것으로 유명한 남자…… 덩치가 너무 큰 탓에 언젠가 경찰이 그의 양손을 등 뒤로 꺾어 수갑을 채우는 게 불가능하다는 걸 알게 된 남자.' 기사에 실린 다른 유일한 사진은 '시런과 가까운 사이'라는 캡션이 달린 지미 호파의 사진이었다. 기사는 'FBI가 시런을 1975년에 일어난 호파 실종사건의 용의자로 여긴다'고 강조했다. 기자들은 시런이 와인의 생산연도를 전혀 신경 쓰지 않는다는 걸 알게 된 신원미상의 필라델피아 변호사가 한 말을 인용했다. "포도로 빚은 와인이기만 하면 됐습니다. 그렇게 덩치 큰 사람이 와인병 안으로 헤엄쳐 들어가는 모습은 생전 처음 봤습니다. 그는 술을 쉴 새 없이 목에 들이붓습니다."

시런이 RICO 혐의로 기소되기 한 달 전이자 재판을 받기 대여섯 달 전인 1979년 10월 27일, 『뉴욕 타임스』도 위스키병을 앞에 두고 바에 앉은 시런의 사진이 포함된 프로필 기사를 게재했다. 기사는 시런이 한 말을 인용했다. "내가 가진 것은 모두 그에게 빚진 거요. 호파가 아니었다면, 나는 지금의 이 자리에 있지 못했을 거요."

FBI의 302보고서는 지미 호파가 실종된 직후의 몇 년간에 대해 찰리 앨런이 한 말을 인용한다. "시런은 폭음을 하는 술꾼으로, 일주일의 거의 매일을 술로 보냅니다."

보고서에는 지미 호파를 살해할 직위에 있었다고 판단되는 사람들에 대한 찰리 앨런의 의견도 실려 있다. "호파를 함정에 몰아넣을 수 있으려면, 그를 차에 태울 정도로 그와 정말로 잘 아는 누군가가 나서야만 한다는 사실을 잘 아는 사람들이어야 합니다. 지미는 힘이 장사였습니다. 그에게 걸어가서 다짜고짜 그를 차에 태울 수는 없습니다. 그를 차에 태우고는 무슨 짓이건 할 수 있을 정도로 그를 잘 아는 사람이어야 했습니다."

"

1977년에 그들은 나를 또 다른 대배심장에 데려갔어. 이 대배심은 시러큐스에서 열렸지. FBI는 내게 지금이야말로 밀고자가 될 때라고 충고했어. 연방 판사는 내게 제한적인 면책 특권을 줬지. 그래서 나는 대배심장에서 심문에 대답을 해야만 했어. 정부는 안드레타 형제도 거기에 데려와서는 나한테 그들을 아느냐고 물었어. 나는 대배심장에서 그들을 계속 만났다고 대답했지. 리으기 니힌데 누군가를 총으로 쏘라고 시킨 지이 있느냐고 섬사가 붇너군. 나중에 검사는 프랭크 시런이 누군가를 해치는 일과 무슨 관련이 있느냐고 러스에게 물었고, 러셀은 대답했어. "내가 아는 한에는 없습니다. 내가 아는 한 아이리시맨은 덩치 큰 호남일 뿐입니다."

그들은 지미가 오리온 호수에서 '러스와 프랭크'라고 썼던 메모장에 대한 질문들을 내게 했어. 뉴욕 엔디코트에 있는 러셀의 패밀리를 위한 회원전용 클럽인 패드에 대한 질문늘도 했고. 나는 손가락으로 하는 이탈리아식 게임 '아모레'를 하려고 패드에 갔었다고 말했어. 아모레는 와인을 마시는 벌을 받는 사람을 결정하기 위해 보스와 부하들을 뽑는 게임이야. 그들은 내게 루 코디라는 사내와 함께 해치운 사안들에 대해 물었어. 자세한 정보를 갖고 있더군. 대배심이 끝난 후, 러스는 내게 루 코디가 편한 마음으로 죽기 위해 임종 고백을 했노라고 말해줬어. 존 프랜시스의 경우처럼, 루 코디가 죽어가는 동안 약물의 영향력 아래에서 마음의 평온을 얻기 위해 속내를 털어놓은 걸 비난하는 사람은 아무도 없었어.

그들은 시러큐스에 나를 아홉 시간 동안 잡아뒀어. 그들은 내가 지미에게서 배운 증언기법들을 발휘해서 하는 증언만 잔뜩 들었지. "당신들이 그 사안에 대한 기억을 되살릴 수 있다면, 당신들이 내가 기억해내기를 원하는 것을 내가 기억해낼 수 있을지도 모르겠습니다. 하지만 지금 이 특정한 시점에 나는 그 특정한 사안에 대한 자세한 정보들이 기억나지 않습니다."

1년쯤 후, 저지에 있는 체리 힐 인에서 술을 몇 잔 걸치고는 떠날 준비를 하면서 서 있을 때, 내 운전사 찰리 앨런이 나한테 몸을 기울이면서 묻더군. "당신이 지미 호파를 죽였죠?" 나는 소리를 질렀어. "이 밀고자 새끼가, 야, 이 개새끼야!" 그러자 FBI가 사방에서 튀어나와서 앨런을 보호하려고 그를 에워싸더군. 앨런이 단 도청장치에 귀를 기울이고 있던 요원들이 레스토랑에 우르르 몰려나온 거야. 내가 그를 현장에서 해치울 거라고 생각한 거지.

누가 "당신이 예전에 이러저러한 걸 했죠?"라고 물으면 바로 그때가 계산서를 들고 술집을 나서야 할 때야. 찰리 앨런이 그 특정한 시점에 그 특정한 질문을 한 유일한 이유는 연방요원들이 놈에게 그걸 물어보라고 설득하기로 결정한 시점이 그때였기 때문이야.

그때 나는 38구경을 갖고 있었어. 그래서 그들이 앨런을 에워싸는 데 정신이 팔린 동안, 내 링컨으로 달려가서는 교통체증이 한창인 72번 도로의 진출차선으로 차를 몰았지. 브랜딩 아이언에 도착한 나는 알고 지내던 여성 친구에게 내 연장을 넘겼고, 그녀는 그걸 핸드백에 넣었어. 요원들이 들이닥쳤지만 그녀는 그들의 앞을 유유히 지나쳐서 문을 나섰어.

그들은 자기들과 함께 자기네 차로 가자고 요청했어. 내가 그렇게 하니까, 요원 한 명이 나를 두 번의 종신형과 120년 형기를 받을 죄로 체포했다고 하더군. 그래서 물었지. "착한 짓을 하면 얼마나 감형이 됩니까?"

요원은 내가 도청장치를 달고 러스와 안젤로한테 간다면 10년이면 길거리로 돌아올 수 있도록 보장하겠다고 했어. 내가 말했지. "이건 신원을 오인한 또 다른 사건인 게 분명하군요."

그 요원은 나를 살인사건 두 건, 살인 기도 네 건, 그리고 긴 명단을 채울 다른 중죄들의 혐의로 확실하게 체포하는 거라고, 내가 협조해서 그들이 나를 보호하게 해주지 않는다면 나는 결국 조폭에게 죽임을 당하거나 옥사할 거라고 했어. 그래서 그랬지. "뭐, 일어날 일은 일어나고야 말겠죠."

그들은 나를 체포하기에 앞서 뉴저지에서 필로폰 제조시설을 운영하고 있던 찰리 앨런을 잡아들였어. 당연히, 앨런은 그가 필로폰을 유통시키고 있다는 걸 안젤로나 러셀이 아는 걸 원치 않았지. 당연히, 앨런은 필로폰 제조시설 때문에 교도소에 영원히 갇히는 걸 원치 않았고. 그리고 당연히, 앨런은 연방요원들이 호파 사건 때문에 나를 체포하려고 무슨 짓이건 하리라는 걸 잘 알았어. 연방요원들은 결국 앨런에게 2년 징역형을 안겼어. 그런데 그러던 중에 루이지애나 주에서 아직 아기인 자신의 의붓딸을 강간한 죄로 놈에게 종신형을 먹인 거야.

나한테는 러셀과 안젤로를 비롯해서 기소되지 않은 공모자 20명의 이름이 거명된 RICO 기소가 걸린 상태였어. 이 사건이 법정에 갔을 즈음에 안젤로는 이미 입실딩하고 있었지만, 세싱에는 내가 그들과 김께 저질렀냐고 징부가 주장하는 범죄들 때문에 내가 유죄 판결을 받는 걸 보고 싶어 하지 않는 중요한 인물들이 많았어. 내가 유죄 판결을 받으면 그들이 다음 표적이 될 테니까 말이야. 1980년 2월에 내 연방 RICO 재판이 열린 첫날, FBI가 내 변호사 F. 에밋 피츠패트릭에게 가서 그들의 정보원 중 한 명에게서 얘기를 들었다며 경고했어. 나와는 달리 아직 기소되지 않은 공모자들이 내가 유죄 판결을 받으면 쏙지가 돌아서 변심할 거라고 우려하면서 나를 없앨 살인 정부 업자를 고용했다는 경고였지. 나는 에밋에게 살인 청부를 받은 게 누구인지 FBI에 물어보라고 말했어. 그놈을 보면 내가 먼저 처치할 수 있도록 말이야.

그들이 내게 뒤집어씌운 살인사건 중 하나가 프레드 고우론스키가 총에 맞아 죽은 사건으로, 토미 바커가 이미 정당방위 판결을 받은 사건이었어. 찰리 앨런은 고우론스키가 나한테 와인을 쏟았기 때문에 내가 살인을 지시했다고 주장했어. 반대심문에 나선 에밋은 찰리 앨런을 호되게 몰아붙여서 넋을 빼놓았지.

휴정시간에 퀸 존 탬이라는 요원이 10대인 내 딸 코니와 얘기하는 모습이 보이더군. 검사에게 물었어. "이봐요, 코트니 검사님, 검사님이 나한테 씌운 살인 혐의가 몇 건입니까?" 그가 말했어. "두 건입니다. 왜요?" 내가 말했어. "만약에 탬 요원이 내 딸아이와 또다시 말을 섞으면 검사님이 맡은 사건은 세 건이 될 겁니다." 나중에, 누군가가 덤불 뒤에 숨어 있다가 탬에게 담요를 던졌어. 누군가에게 담요를 씌우는 건 그 사람이 얼마나 취약한지를 자각하게 해주는 메시지야. 깜짝 놀란 탬이 담요를 벗겨냈을 때, 그걸 투척한 사람은 이미 사라진 지 오래였어. 법정에 나타난 탬이 나한테 "개자식"이라고 욕설을 퍼붓더군. 나는 그저 빙긋 웃기만 했어.

에밋이 피고 측의 마지막 증인을 불렀을 때 내가 말했어. "우리 측 증인이 한 명 더 있어요."

"누군데요?" 에밋이 물었어.

"프랜시스." 내가 말했어.

"프랜시스 누구요?" 에밋이 물었어.

"프랜시스. 나 말이요." 내가 말했어.

증인석에 앉으면 배심원과 눈을 맞추는 것이 효과가 좋다고 나는 늘 믿어. 내가 어떤 사람이 나한테 와인을 쏟았다는 이유로 그 사람을 죽였을 거라는 식의 그림을 정부 측이 그려대고 있을 때는 특히 더 그렇지. 내가 배심원들의 눈을 노려볼 때 그들이 어떤 생각을 하게 될지 상상이 되나?

'배심원단이 시런에게 제기된 모든 혐의에 대해 무죄를 선고하다.' 『필라델피아 불레틴』의 헤드라인이었어.

내가 처한 큰 문제는 그보다는 사소한 범죄행위 두어 가지였어. 정부 측은 찰리 앨런이 326지부 직원이었을 때 달고 있던 도청장치로 녹음된 내 목소리를 갖고 있었어.

나는 크레인회사와 문제가 좀 있었어. 거기 경영자가 내 노조 대표 두 명을 해고하고는 나랑 협상하려고 하지 않았거든. 고충청문회가 열릴 예정이었는데, 나는 이 경영자가 청문회에 나타나는 걸 원치 않았어. 정부 측은 내가 찰리 앨런에게 그 경영자를 손보라는 말을 했다고 주장했어. 도청장치를 단 앨런은 내가 이런 말을 하게끔 만들었지. "다리몽둥이를 둘 다 부러뜨려. 나는 놈이 침대 신세를 지게 되는 걸 원해. 놈이 입원하기를 원한다고." FBI는 그 비밀 녹음을 한 후 그놈의 다리에 가짜 깁스를 달고는 그가 목발을 집고 청문회에 나타나게 만들었어. 연방요원들은 그 혐의로 나를 델라웨어 주 법정에 끌고 갔지.

FBI는 정부와 대형 계약들을 맺고 있는 펜실베이니아의 탄약제조업체 메디코 인더스트리스에서 다이너마이트를 가져온 죄도 나한테 걸었어. 러셀은 메디코의 비밀 동업자였어. 그 다이너마이트의 용도는 가짜 깁스를 단 놈이 일하는 회사의 사무실을 날려버리는 거였지. 나는 전부 합쳐서 14년형을 받았어.

내가 처했던 다른 큰 문제는 지미가 실종됐을 때 내가 디트로이트에서 몰았던 대형 링컨의 번호판을 FBI가 기록해뒀다는 거였어. 연방요원들은 내가 유진 보파에게서 차를 구입했다는 길 파악했는데, 그는 트럭기사들을 운송회사들에 임대해주고는 그들에게 열악한 임금을 지불한 회사의 운영자였어. 나는 시세보다 낮은 액수로 그 차를 사들였고, 내가 현금으로 지불한 월간 납부액에 대한 영수증은 하나도 갖고 있지 않았어. 정부 측은 보파가 기사들에게 쥐꼬리만 한 임금을 지불하고는 사람들을 제멋대로 해고하게 놔두는 대가로 내가 검정 링컨을 뇌물로 받았다고 주장했어. 내가 1년 후에 흰색 링컨을 받고 보파에게서 매주 200달러를 받았다고 주장한 거야. 정부는 내가 200달러를 러셀과 나눠 가졌고 "노조는 될 대로 되라지"라고 말하게끔 유도해서 찰리 앨런이 녹음한 테이프를 갖고 있었어. 지미가 떠나버린 그 무렵에는 만사가 달라져 있었어.

그 유죄 판결 후, 나는 1981년 11월 15일자 『필라델피아 인콰이어러The Philadelphia Inquirer』에 밝혔어. "완전무결했던 유일한 사람은 십자가에 못 박히셨습니다."

퀸 존 탬 요원은 마지막 웃음을 터뜨리고는 내 목숨이 "지금까지는 고양이보다 더 많았다[125]"고 기자에게 말했어.

62세이던 나는 32년형과 14년형 말고도 18년형을 따로 받았어. 심한 관절염에 시달리던 나는 그렇게 교도소에서 옥사할 것 같아 보였지.

연방재판에서 받은 형기부터 먼저 치렀어. 레이건 시절을 대통령이 초대한 손님으로 보냈지. 정부는 나를 미네소타 샌드스톤에 있는 연방교도소로 보냈어. 캐나다 국경과 가까운 곳인데 바람이 말도 못하게 심한 곳이야. 겨울에는 풍속 냉각 효과 때문에 기온이 섭씨 영하 50도 아래로 떨어질 수도 있었어.

FBI는 툭하면 찾아와서 한밤중에 나를 호출했어. FBI는 남들이 모두 잠들어 있는 시간대에 밀고자들을 불러냈지. 그들은 수감 동에서 멀리 떨어진 별도의 건물에서 나를 기다렸어. 내가 있는 블록에서 FBI가 기다리는 곳까지 가려면 실외를 400미터 걸어가야 했어. 거기에는 행인이 바람에 날려가는

---

125 '고양이는 목숨이 9개'라는 관용적인 표현을 빗대 '시런의 명줄이 길다'는 뜻으로 한 말이다

일이 없도록 붙잡을 노란 로프가 설치돼 있었지. 일반적인 사람들은 살벌한 삭풍을 큰 어려움 없이 뚫고 지나갔지만, 관절염 환자 입장에서 그 칼바람 속을 정말로 느릿느릿 걷는 건 고초도 그런 고초가 없었어.

옛 전우 딕시 메이어스는 자신이 관절염에 걸린 건 몬테카지노의 참호에서 잘 때 내가 그의 담요를 훔쳤기 때문이라고 했었어. 그 참호에는 얼어붙은 빗물이 가득했지. 그래서 우리는 파편을 피하려고 참호에 들어가려면 발길질로 얼음을 뚫어야 했어. 나는 우리 둘 다 관절염이 거기서 시작됐다고 생각해. 교도소에서, 관절염이 내 등 아래쪽을 파먹고 내 등골을 누르는 바람에 내 등은 계속 굽어만 갔어. 교도소에 들어갈 때는 키가 193센티였지만 나올 때는 183센티였지. FBI가 왔다고 해서 그들에게 입을 열 필요는 없었지만, 어쨌든 그들을 만나러 가기는 해야 했어. 그들은 내가 협조하기만 하면 딸들이 나를 면회 오는 게 그리 힘들지 않도록 딸들하고 더 가까운 곳으로 이감시켜주겠다고 했어. 나는 오른손에 딸아이 네 명 각자의 탄생석이 박힌 반지를 끼고 있었어. 그들은 협조만 하면 내 주머니에 감방 열쇠가 들어오게 될 거라고 하더군. 그런 말이 나오면 나는 몸을 돌려 노란 줄을 잡고는 내 수감 동으로 돌아갔지. 이튿날에는 변호사한테 전화를 걸어 연방요원이 면회 왔다는 기록을 남기라고 했고. 누구에게도 의심을 품을 여지를 주지 않기 위해서였어.

샌드스톤 '학교'에서 좋은 사람들을 몇 만났어. 보스턴 출신으로 1950년경에 브링크스[126]를 턴 죄로 들어온 노인이 있었어. 그 시절에 그 사건은 역사상 가장 큰 강도사건이었어. 그들은 수백만 달러를 털었지. 사건을 해결하는 데 7년쯤 걸린 끝에 그들은 체포됐어. 정부는 사건이 터지기 무섭게 용의자 명단을 작성했지. 우리를 상대로 그랬던 것처럼 말이야. 정부는 7년간 그들을 순전히 심문만 하려고 이리로 저리로 불러들이면서 몰아붙였고, 결국 일당 중 한 명이 입을 열면서 그들은 모두 검거되고 말았어.

샐리 버그스의 동생 게이브도 샌드스톤에 있었어. 키가 157센티밖에 안

---

126 Brink's, 현금수송업무 등을 수행하는 미국의 보안회사

되는 친구였어. 게이브는 지미에게 일어난 일과는 아무 관계가 없었어. 그 자리에 있지도 않았었지. 그런데도 FBI는 그를 계속 명단에 올려놨어. 샐리 버그스의 얘기를 들은 연방요원들이 그가 자기 동생 이름은 일부러 제외시켰다고 판단했기 때문이야. 그래서 그들은 그의 동생 이름을 계속 명단에 포함시켰어.

내 관절염이 정말로 심각해지니까, 샌드스톤 교도소장은 나를 미주리 스프링필드로 보냈어. 그곳은 의료교도소야. 팻 토니 살레르노가 거기서 암으로 죽어가고 있었어. 그는 오줌을 가리지 못했어. 러셀은 뇌졸중 때문에 거기서 휠체어 신세를 지고 있었고, 나는 러셀이 있는 그곳으로 가면서 스승 곁으로 돌아간 셈이었어. 나는 세상에서 제일 뛰어난 스승을 모시게 됐어. 노인네는 휠체어에 앉아서 보체[127]를 했어. 그는 그때 나이가 지금의 나보다 많았는데도 나이에 비해서는 여전히 운신을 잘하는 편이었지. 가끔씩 내가 카드를 쳐서 그를 꺾을 때면 나를 약간 쏘아보고는 했어. 맥기는 아이스크림을 무척 좋아했어. 그래서 나는 그가 날마다 아이스크림을 먹을 수 있도록 확실하게 일을 처리해뒀지. 매점에 가는 특권은 일주일에 딱 한 번만 누릴 수 있었기 때문이야. 나는 매점을 다녀오는 사람이 있으면 누구에게든 러스에게 줄 아이스크림을 몇 개 사오라면서 돈을 주고는 했어. 내가 스프링필드에 있을 때 딸 코니가 첫 아이를 출산했는데, 러셀이 보체 코트에서 나와서 내게 그 희소식을 전해줬어. 러스는 그 소식을 아내 캐리에게서 들었다더군.

우리가 둘이서만 있게 된 기회가 두어 번 있었는데, 그때 우리는 지미 얘기를 했어. 그러면서 그 사건에 대한 자세한 정보를 몇 가지 알게 됐지. 우리 둘 다 그들이 했던 것처럼 멀찌감치 떨어져 사태를 관망하고 싶지는 않았어. 우리 둘 다 지미는 그런 일을 당해야 옳은 사람이 아니라고 느꼈지. 지미는 좋은 가정을 가진 좋은 사람이었어.

어느 일요일에 보체 코트를 향하던 나는 러셀이 간병인의 도움을 받아 휠

---

127 bocce, 금속으로 만든 공을 굴리며 하는 스포츠

체어를 타고 예배당으로 가는 걸 봤어. 내가 물었지. "어디 가세요, 맥기?"

"교회에." 러셀이 대답했어.

"교회요?" 나는 껄껄 웃었어.

"웃지 마, 이 친구야. 자네도 내 나이가 되면 지금 이 세상보다 더 큰 존재가 있다는 걸 깨닫게 될 거야."

그 말이 요 몇 년간 계속 내 주위를 맴돌고 있어.

1991년에 나는 수술을 받아야 했어. 안 그러면 신체가 마비될 거였거든. 그래서 정부는 의료적인 견지에서 나를 조기 가석방시켰지. 내 나이 71세 때야. 나는 여전히 정부의 서류에 올라 있었고, 그래서 FBI는 내가 가석방 규정을 위반하게 만들려고 계속 기를 썼지. 그들은 스포츠 입장권을 거래하고는 했던 어떤 놈한테 도청장치를 달았어. 놈의 부인이 놈의 곁을 떠났는데, 그 부인이 부부의 돈을 몽땅 갖고 간 거야. 그녀는 놈하고 이혼할 작정이었는데, 놈은 재산을 독차지하기 위해 이혼 판결이 나기 전에 부인을 죽이고 싶어 했어. 그는 내게 착수금으로 25,000달러를, 그녀를 처치한 후에 25,000달러를 주겠다고, 그리고 그녀가 가진 부동산을 청산하고 나면 나를 극진히 보살피겠다고 제안했어. 내가 말했지. "훌륭한 결혼생활 카운슬러를 만나볼 것을 권하는 바네."

정부는 필라델피아의 보스 존 스탠파와 삼부카를 마시는 것으로 가석방 규정을 위반했다며 결국 나를 엮었어. 삼부카에는 커피 원두를 세 개 띄워. 각각 어제와 오늘과 내일을 위해 한 알씩. 나는 내일이 그리 많이 남아 있지 않았지만, FBI는 여전히 미래를 쫓고 있었어. 청문회에서 FBI는 도청장치를 단 놈의 테이프를 틀면서 내가 부인을 해치고 싶다고 밝힌 그놈을 신고했어야 옳았다고 말했어. 정부는 75세인 나에게 10개월간 교도소로 돌아가라고 명령했지. 내가 규정을 위반했다는 결정이 난 날, 나는 온 세상과 다운타운, 그리고 주 북부에 있는 사람들에게 내가 밀고자가 아니었다는 걸 알리려고 기자회견을 열었어. 정부가 관절염에 시달리는 고령의 나를 교소도로 보낸다는 이유로 무릎 꿇고 밀고자가 되지는 않을 직징이있어. 오맷동인 나닝 같이 일했던 모든 사람들에게 나는 존 프랜시스와 루 코디가 사망 직전에 그랬던 것처럼 고령이라는 이유로 나약해지지는 않았다는 걸 알리고 싶었어. 그리고 FBI가 교도소에 있는 나를 그냥 내버려두기를 원했어. 더 이상은 심야방문을 하지 않기를 바랐지. 나는 기자들에게 리처드 M. 닉슨이 지미에게 그런 짓을 했다는 걸 입증하는 책을 쓸 작정이라고 말했어.

교도소에 있을 때 지미에게 일어난 일을 "비밀을 유지하겠다는 서약 아래 말해달라"고 당부하는 편지를 지미의 딸 바버라에게서 받았어.

나는 1995년 10월 10일에 출소했고, 아내 아이린은 12월 17일에 폐암으로 사망했어. 나는 등이 굽은데다 오른쪽 발에 보조기를 달고서도 보행하는 게 갈수록 힘들어졌고, 어느 틈엔가 지팡이 두 개를 짚고도 멀리까지는 갈 수 없는 신세가 됐어. 어디를 가건 보행보조기를 써야만 했지. 나랑 교류하고 지내는 딸아이 셋은 내가 죽으면 가톨릭 묘지에 매장할 수 없을지도 모른다고 걱정했어. 러셀이 스프링필드에서 예배당에 가던 모습을 떠올린 나는 "지금 이 세상보다 더 큰 존재가 있다"고 혼잣말을 했지. 딸들은 내가 펜실베이니아 스프링필드에 있는 세인트 도로시 성당의 헬두소르 대주교님을 접견할 수 있도록 자리를 마련했어. 나는 그분을 만났고, 우리는 내 삶에 대한 얘기를 나눴지. 그분은 내가 저지른 죄악들을 용서해주셨어. 나는 녹색 관을 샀고, 딸들은 가톨릭 묘지에 있는 지하묘지를 내게 사줬어. 다 큰 내 딸들은 그들의 어머니 메리가 알츠하이머를 앓다 눈을 감았을 때 그 묘지에 나와 함께 묻히게 될 거라며 행복해했지.

나는 요양원의 작은 방에 거주해. 문은 계속 열어두고 지내지. 문을 닫아놓는 걸 견딜 수가 없거든. **"**

프랭크의 생일을 축하하는 어느 파티에서 프랭크의 변호사 에밋 피츠패트릭이 하는 말을 들었다. "프랭크, 당신은 전화기만 쥐면 사족을 못 쓰는군요. 놈들이 당신을 감옥에 보내더라도 당신이 무슨 신경을 쓰겠어요. 감방에 전화기만 넣어주면 당신은 흡족해할 거예요. 자기가 감방에 있다는 사실조차 모를 걸요."

이 프로젝트에 매달려 몇 년을 보내는 동안, 프랭크 시런은 세상만사에 대한 얘기를 하려고 하루도 빼놓지 않고, 시도 때도 가리지 않고 나한테 전화를 걸었다. 그는 입에 올리는 거의 모든 사람을 '좋은 사람'이라고 했다. 나와 하는 거의 모든 대화를 "만사가 만족스럽네"라는 말을 하는 것으로 맺었다. 그가 인정했던 무엇—숫자, 분량, 그리고 나날이 늘어가는 사교적인 통화를 할 때마다 내비친 초조한 기색—인가에 대해 숙고하고 있을 때면 나는 늘 그렇다는 걸 알 수 있었다. 가끔씩 그는 자기가 했던 말을 취소하려고 애쓰고는 했다. 하지만 그가 느낀 긴장감은 결국에는 진정됐고 그는 편안해했다. 심지어는 자신이 한 행위를 인정하는 것을, 누군가에게 그런 얘기를 털어놓는 것을 즐기기까지 했다.

우리가 지미 호파가 암살당한 집을 찾기 위해 디트로이트 여행을 가기로
한 날짜가 다가오는 동안 프랭크는 특히 더 초조해했다.

2002년 2월, 차에 프랭크를 태우고 디트로이트로 갔다. 당시 그는 필라델
피아 교외에 있는 아파트에서 혼자 살고 있었다. 그는 얼마 전부터 악몽을 많
이 꾸기 시작했노라고 말했는데, 그 악몽들의 내용은 선생 때 일어난 사건들
과 조폭 생활을 하며 겪은 사건과 사람들이 뒤섞인 것이었다. 그는 깨어 있
을 때에도 꿈에 나온 사람들을 '보기' 시작했는데, 그는 그 사람들을 '화학적
존재'라고 불렀다. 그 사람들은 약물치료를 받으면 바로잡을 수 있는 화학적
불균형에서 비롯된 존재들이라고 믿었기 때문이다. "뒷자리에 화학적 존재
두 명이 있어. 실제 사람들이 아니라는 건 알아. 그런데 저놈들은 우리 차에
서 뭘 하고 있는 걸까?"

그가 깨어 있는 동안 서쪽을 향해 펜실베이니아와 오하이오를 거쳐 미시
간으로 들어가는 드라이브는 내 입장에서는 악몽이었다. 그는 '존재'들 얘기
를 하지 않을 때면 내 운전에 대해 사사건건 잔소리를 해댔다. 어느 순간, 나
는 그에게 말했다. "프랭크, 당신이 이 차에 나랑 같이 있는 상황의 유일한 장
점은 당신이 나한테 전화를 걸고 있지 않다는 거예요." 다행히도 그는 껄껄
웃어넘겼다.

우리의 드라이브는 이틀이 걸렸다. 첫날 밤 모텔에서, 그는 우리가 묵는
방들 사이에 있는 문을 계속 열어두라고 말했다. 옥살이를 한 이후로, 그는
닫힌 문 뒤에 혼자 있는 것을 원치 않았다. 이튿날에 그는 차에서 잠을 많이
잤고 그러면서 상태가 훨씬 나아졌다. 나는 그에게 필요한 건 아파트에서 혼
자서는 좀처럼 즐기지 못하는 단잠이 전부일 거라고 생각하기 시작했다.

디트로이트의 지평선이 보일 때 나는 손가락으로 찔러 그를 깨웠다. 그는
지평선을 보더니 나한테 소리를 질렀다. "피스 갖고 있나?"

"뭐요?" 내가 물었다.

"피스 말이야." 그는 재촉했다.

"피스라니, 그게 무슨 말이에요?"

"p-i-e-c-e, 피스 말이야." 그는 손으로 총 모양을 취하고는 차 바닥에 총을 쏘는 시늉을 했다.

"내가 연장을 가지고 무슨 짓을 하겠어요?"

"변호사들은 다들 연장 갖고 있잖아. 자네는 연장을 가져도 된다는 면허를 받았잖아."

"나는 연장 없어요." 나는 큰 소리로 대답했다. "당신 지인들이 다 연장을 가졌더라도 나는 연장을 갖지 않을 거예요. 연장으로 무슨 일을 하려고 그러는 거예요?"

"여기에는 지미 친구들이 있어. 그들은 내가 이 사건에 연루됐다는 걸 알아."

"프랭크, 무슨 일을 하려고 그러는 거예요? 나를 겁주려고요? 당신이 여기에 왔다는 걸 아는 사람은 아무도 없어요."

그는 끙끙거렸고, 나는 디트로이트에 있는 지미의 옛 동지들의 추정연령을 가늠하기 시작했다. 내가 진정됐을 때, 내가 상상한 지미의 친구들 이미지는 아직 생존해 있는 사람들이 있더라도 휠체어를 타고 우리를 쫓아다니는 모습이었다.

모텔에 도착한 나는 프랭크의 옛 동료 재소자이자 1995년에 호파의 죽음을 닉슨 탓으로 돌린 책을 쓴 존 제이츠를 만나면서 안도의 한숨을 쉬었다. 그는 프랭크를 향한 존경심에서 프랭크를 만나러 네브래스카에 있는 집에서 거기까지 차를 몰고 온 거였다. 그는 프랭크의 방에서 밤을 보낼 작정이었다. 그는 프랭크의 욕창이 생긴 부위에 붕대를 갈아줬다. 그날 밤 스테이크하우스에서 저녁을 먹을 때, 프랭크는 나를 유심히 보더니 윙크를 했다. "연장 갖고 있나?" 그가 그렇게 말하자 두 사람은 폭소를 터뜨렸다. 프랭크는 존이 베트남전에서 포로로 잡혔었다고 말했다. 그날 밤, 나는 존이 들려주는 베트콩에게서 탈출한 이야기에 빠져들었다. 그의 몸에는 사방에 기다란 흉터들이 있었다. 베트콩은 포로의 피부를 베는 걸 좋아했다. 그렇게 하면 특정 유형의 파리들이 벌어진 상처에 알을 까기 때문이다. 존은 풀려나고 몇 년이 지난 후에도 자기 몸에서 구더기가 빠져나오는 걸 발견하고는 했다.

그날 밤, 나는 모텔방에 홀로 누워 내가 이 디트로이트 여행을 지나치게 늦게 온 것은 아닌가 생각했다. 나는 시런의 도움에 의존해서 그 집을 찾는 것보다 더 나은 방안을 알고 있었다. 이튿날 아침에 존에게 우리를 도와달라고 요청했지만, 그는 거기에 그런 집이 있나는 사실 사체를 몰랐나. 그 집은 그가 1995년에 프랭크와 같이 작업했던 판타지 버전에는 전혀 들어 있지 않았던 것이다. 나는 내가 기록해둔 노트에서 「폭스 뉴스」와 함께 가진 편집 미팅 동안 프랭크가 내놓았던 대략적인 길안내를 찾아냈다. 놀랍게도, 그 길안내는 1975년에 그랬던 것처럼 2002년에도 믿을 만했다. 내 노트에서 사라진 유일한 내용은 인터뷰에서 거론됐던 보행자 전용 다리의 맞은편 거리에서 한 마지막 좌회전이었다. 보행자 전용 다리는 오른쪽에 있는 골프 코스에 있었던 것으로 밝혀졌다. 교차로를 두 번 지난 후에야 그 다리를 볼 수 있었다. 나는 코스 반대편에 평행하게 난 도로에, 다른 지역보다 높은 지대에 있어서 연결도로들을 굽어볼 수 있는 도로에 오른 후에야 그 다리를 발견했다. 원래 도로로 차를 돌린 나는 문제가 무엇인지 대번에 알아차렸다.

오랜 세월이 흐르면서 철조망 울타리가 세워졌고, 그 울타리 때문에 시런이 한참 전에 내게 알려준 약도에서보다 그 다리를 알아보기가 더 힘들어졌다. 우리가 탄 차를 보행자 전용 다리 근처에 있는 T자형 교차로에 세우고 차에서 내렸다. 왼쪽에 있는 거리를 바라본 나는 오른쪽 블록의 끄트머리에서 시런이 묘사했던 것과 같은 종류의 뒤뜰을 가진 주택의 뒷부분을 발견했다. 나는 골프 코스에 있을 때는 그 보행자 전용 다리가, 좌회전을 해야만 했던 곳이 그 다리에서였다는 점을 제외하면, 길안내에 아무 의미도 없을 수 있다고 생각했었다. 차의 방향을 돌려 그 집 앞으로 차를 몰았다. 쇳덩이처럼 딱딱하게 긴장한 시런의 표정은 이 집이 바로 그곳이라는 사실을 내게 곧장 알려줬다. 집을 자세히 살핀 그는 고개를 끄덕이며 "맞아"라고 앓는 소리를 내는 것으로 사실을 확인해줬다. 대단히 조용한 거리였다. 완벽한 거리에 있는 완벽한 집. 그 집과 관련해서 나를 괴롭힌 유일한 점은 그 집은 벽돌집인데 시런은 그 집을 지붕에 갈색 널빤지를 인 집으로 묘사했다는 거였다. 우리가 집으로 돌아가서 내가 촬영했던 사진들을 현상한 후에야, 나는 집의 윗부분 절반이, 집의 후면과 측면이 온통 갈색 널빤지 지붕이라는 것을, 그리고 보행자 전용 다리 방향에서 집으로 다가가야만 그걸 볼 수 있다는 사실을 깨달았다.

디트로이트에서 동부로 돌아오는 길에는 시런이 차분해졌다는 게 명확해졌다. '화학적 존재'는 없었고 내 운전에 대한 불평도 없었다. 포트 클린턴에서 비행장을 찾아가 사진을 몇 장 찍은 후 당일로 집까지 운전해서 돌아왔다. 이 여행 직후, 나는 그의 딸들이 그를 노인요양시설에 입원시키는 걸 거들었다. 프랭크와 그의 딸 돌로레스가 '화학적 존재'를 통제할 수 있는 의약품을 처방해준 의사에게 가는 자리에 동행했다. 나는 그 존재들에 대한 얘기를 다시는 듣지 못했다. 그가 '피스' 없이 디트로이트로 향할 때 보였던 흥분되고 초조한 상태를 다시는 보지 못했다.

우리가 같이 간 다음 여행의 목적은 그가 피그스 만 침공을 위한 전쟁 물자를 수령한 곳이자 존 F. 케네디 암살 직전에 라이플을 전달한 곳인 볼티모어의 회사 부지를 찾는 거였다. 볼티모어로 향하기 전, 그는 내게 그곳의 지명은 캠벨 브릭야드[128]라고 말했다. 그는 그곳의 위치를 대략적으로 기억하고 있었지만, 우리는 그곳을 찾지 못했다. 결국 나는 벽돌공장에 대해 아는 사람이 있는지 물어보려고 본살 시멘트공장으로 차를 몰고 들어갔다. 우리가 공장에 들어가자 시런은 그곳을 낯익어 했다. 사무실에 들어간 나는 거기 있는 여직원에게서 그녀의 아버지가 거기서 일했을 때는 본살의 이름이 캠벨 시멘트회사였지만, 자신은 캠벨 브릭야드에 대해서는 아는 게 하나도 없다는 얘기를 들었다. 우리는 차를 몰고 공장 안 여기저기를 돌아다녔다. 그사이 신축건물이 몇 채 세워져 있었다. 시런이 오래된 건물을 가리키며 말했다.

128 Brickyard, 벽돌공장

"트럭에 짐을 실으려고 병사들이 나온 데가 저기야." 나는 사진을 찍었고 우리는 필라델피아로 돌아왔다.

그 볼티모어 여행처럼 매끄럽게 진행되지는 않은 일들이 있었다.

내 경험상, 어린 시절부터 양심적이었던 장성한 어른이 가슴속에 묻어뒀던 말을 털어놓고 싶어 할 때 그 사람이 최종 고백으로 이어질 때까지 거치는 경로는, 걷다가 멈추다가를 숱하게 반복하는, 온갖 장애물과 사람을 혼란스럽게 만드는 요소들과 진리가 담긴 힌트들과 언뜻 드러난 진리들이 놓여 있는, 직진하지 못하고 에둘러가는 경로인 게 보통이다. 그 사람이 힌트 하나를 슬쩍 던지고는 진실을 가늠하기 위한 질문을 받고 싶어 하는 일도 종종 있다. 그런 심문의 좋은 사례는 악명 높은 수전 스미스의 사례다. 그녀는 두 아들을 차에 태워 호수에 익사시키고는 '흑인 자동차 강도' 탓으로 돌렸다. 하워드 웰스 보안관은 진실과 직면할 시간이 올 때까지 9일간 함정들을 피하는 법과 라포[129]를 유지하는 법, 힌트들을 따라가는 법에 정통한 심문자의 인내심과 수완을 보여줬다.

프랭크 시런이 내게 밝힌 얘기들 중에는 그가 양심의 짐을 깨끗이 털어내는 과정에 내가 개입할 거라는 사실을 잘 아는 특정한 얘기들이 있었다. 그는 여전히 그의 곁을 지켜주는 딸 세 명이 아버지에 대해 이미 품고 있을지도 모르는 생각보다 자신을 더 나쁜 사람으로 생각하게 만들고 싶지는 않았다. 세상을 떠난 아내 아이린은 그의 막내딸에게 프랭크에게는 호파를 죽일 시간이 없었다고 장담했다. 아이린은 그 시간에 남편이 '그녀와 함께' 있었다고 확신했기 때문이다. 프랭크는 호파의 딸 바버라 크랜서가 아버지가 실종되고 이틀이 지난 후에야 그가 우려를 표명하기 위해 호파의 아내에게 전화를 걸었다는 이유로 그를 괴물 같은 사람으로 생각하는 걸 원치 않았다. 프랭크는 러셀 버팔리노의 과부 캐리나 아직 생존해 있을지도 모르는 다른 사람들

---

129 rapport, 마음이 통하는 친밀한 관계를 유지하는 법

의 심기를 불편하게 만들고 싶어 하지 않았다. 오랫동안 연분을 맺었던 사람들이 그도 결국에는 존 프랜시스나 루 코디처럼 물렁해졌다고 생각하는 것을 원치 않았다. 그는 말했다. "나는 확실한 길을 걸으면서 인생을 살았어. 사람들이 내가 다른 길을 걸었다고 생각하는 것을 원치 않아." 다른 자리에서는 이렇게 말했다. "러스는 이미 이 세상 사람이 아니지만 내가 러스에 대한 말을 해야만 한다면, 세상에는 우리 사이만큼이나 가까웠던, 내가 자신들에 대한 사실을 잘 알고 있다는 걸 아는 다른 사람들이 있어." 그와 한 인터뷰에서, 나는 호파 사건에만 계속 초점을 맞췄다.

시런이 호파 사건에서 총을 쏜 인물이 자신이었음을 인정한 이후이면서 우리가 그 집을 찾으려고 디트로이트로 향하기 1년쯤 전, 그러니까 인터뷰 절차에 돌입한 후 2년쯤 됐을 때, 조폭 문제에 대해 박식한 「폭스 뉴스」의 고참 기자 에릭 숀과 그의 PD 켄달 헤이건이 에밋 피츠패트릭의 사무실에서 만나도록 내 에이전트가 미팅을 잡아줬다. 우리의 의도는 프랭크가 믿음이 가는 기자 한 명을 편안하게 받아들이게 만드는 거였다. 미팅 자리에서, 자신이 가진 권리들을 보호하려는 태도를 일관적으로 보여온 시런은 나 말고 다른 사람에게 처음으로 이런 말을 하게 됐다. "내가 지미 호파를 쐈소."

그 미팅이 있기 이틀 전에 나는 프랭크의 아파트 게스트룸에서 밤을 보내려고 그의 아파트를 찾았다. 시런은 아무 말 없이 지미 호파가 1974년에 거행된 '프랭크 시런 감사의 밤'이 끝나고 서명한 것으로 알려진, 타자로 친 서신을 내게 건넸다. 시런이 1991년에 실패로 돌아간 인터뷰들부터 시작해서 이후 내내 내게 들려줬던 내용이 서신의 절반 이상을 차지했다. 나머지 내용은 그가 친구인 존 제이츠와 홍보했던 사건들의 판타지 버전을 뒷받침하는 내용이라는 걸 무척 쉽게 파악할 수 있었다. 나는 어느 시점엔가는 이 편지의 진실성을 확인하겠노라고 프랭크에게 장담했다.

미팅은 잘 진행됐다. 숀이 그 집을 찾아낼 수 있을 거라고 생각하느냐고 묻자, 시런은 우리에게 약도를 그려준 후 '보행자 전용 다리'를 언급했다. 그기 네게 길안내를 해준 첫 순간이있다. 나 밀고 다른 사람에게 처음으로 사신

395

이 지미 호파의 뒤통수에 두 발을 쐈다는 말을 공개적으로 하기 시작했을 때, 그의 가라앉은 목소리와 딱딱한 태도는 으스스한 분위기를 발산했다. 방에 있는 모든 이에게, 그것은 진실이 울려 퍼지는 소리였다. 독자적인 예비조사를 몇 차례 해본 「폭스 뉴스」는 지미 호파의 마지막 여정에 대한 프랭크 시런의 설명이 가진 역사적 가치를 확신하고 있었다.

그러고서 얼마 안 있어, 나는 유명한 헨리 리 박사의 법의학연구소에 연락했다. 연구소는 자신들이 호파 서명의 진실성을 확인할 수 있으며 편지에 묻어 있는 호파의 지문들을 떠낼 수 있다고 장담했다. 하지만 나는 그보다 먼저 그들을 대신해 FBI에 연락해서 호파의 지문과 필적 샘플을 입수해야만 했다. 그 무렵, 우리한테는 출판사가 없었고, 책도 아직 집필되지 않은 상태였다. 나는 FBI에 쓸데없는 경계경보를 발령해서 책이 서점에 깔리기도 전에 스토리가 누설되는 것을 원치 않았다. 나는 이 사안과 관련된 작업을 잠정적으로 연기하기로 결정했다. 나중에 출판사를 확보했을 때, 나는 전후사정을 출판사에 모두 설명했는데, 우연히도 출판사는 자신들이 헨리 리의 책을 출판한 적이 있노라고 밝혔다. 나는 리의 연구소와 연락을 주고받기 위해 내 메일주소를 출판사에 알려주면서, 출판사와 연구소 사이의 관계 덕에 연구소가 필요한 사항들을 FBI에 직접 요청하기를 바랐다. 연구소에 연락한 출판사는 그들에게 그 편지를 보냈다. 필적 샘플이나 지문은 필요 없었다. 편지를 특수조명 아래 넣자마자 터무니없는 위조품이라는 게 드러났기 때문이다. 타자에 사용된 종이는 1974년이 아니라 1994년에 제조된 거였다. 서명은 호파가 한 진짜 서명의 흐릿한 사본 위에 잉크를 칠한 거였다. 그 편지는 책에 전혀 중요한 존재가 아니라서 쉽게 옆으로 치워버릴 수 있었음에도, 그리고 내 책을 담당하는 편집자가 시런이 호파를 죽였다는 사실을 추호도 의심하지 않았음에도, 출판사는 책의 출판계획을 취소하기로 결정했다. 나는 프랭크가 한 그런 짓 때문에 화를 냈지만, 지금은 '예전' 편집자가 된 편집자는 프랭크가 평생 동안 다른 친구들에게 했던 짓에 비해볼 때 내가 당한 짓은 사소한 일이므로 가볍게 싫은 소리만 하고 털어버리라고 권했다. 그는 말했다. "자네가 가장 친한 친구 중 한 명을 살해한 남자를 믿지 못하겠다면, 세상에 믿을 사람이 누가 있겠나?" 그는 그렇게 비아냥거리듯 말하면서 시런에게 자기 전화번호는 절대로 알려주지 말라고 신신당부했다.

상황이 진정된 후 내가 그의 앞에 앉자, 시런은 그 편지는 자신에게 보험용으로 건네진 거라고, 필요한 일이 생길 경우에 탈출구로 써먹으려고 받은 거라고 인정했다. 그의 입장에서 그 편지는 상황이 감당하기 힘들 정도로 지나치게 가열되면 언제라도 풀어헤칠 수 있는 느슨하게 묶어놓은 실마리였다. 대배심이 소집될 경우, 그는 편지가 가짜라는 걸 공개해서 책에 들어 있는 다른 모든 내용을 단번에 취소할 수 있었다.

내 에이전트 프랭크 웨이먼은 다른 출판사와 계약하고 싶다면 비밀을 모조리 털어놓고 책을 힘껏 후원해야만 할 거라고 시런에게 전화로 말했다. 웨이먼은 그가 예전 출판사에 보냈던 이메일을 출력해서 시런에게 보냈는데, 그 메일에는 무엇보다도 이렇게 적혀 있었다. "저는 여러 가지 이유에서 이 책에 기꺼이 제 평판을 걸 생각인데, 이 책이 역사적으로 의미가 있는 책이라는 것도 큰 이유입니다. 프랭크 시런은 지미 호파를 살해했습니다."

출판 계약이 취소된 여파에 시달리는 사이, 프랭크의 너그러우면서도 인상 좋은 여자친구이자 변함없는 동반자였던 엘지Elsie가 안타깝게도 수술 후유증으로 세상을 떠났다. 두 사람이 만난 곳인 노인요양시설에 있는 그녀의 방은, 복도를 사이에 두고 프랭크의 방을 마주 보고 있었다. 나는 이따금씩 커플을 만찬자리에 데려갔는데, 그런 자리는 항상 재미가 넘쳤다. 프랭크는 식탐이 많다면서 그녀를 놀렸다. 그는 그녀의 접시에 든 음식을 맛보려고 손을 뻗는 실수를 했다가 손에 포크자국들이 생겼다고 주장했다. 그의 딸들과 내가 엘지의 타계에 대한 소식을 한마디도 전하지 않았음에도, 그는 어찌어찌 그걸 알게 됐다. 그 무렵, 그의 건강은 급격히 악화됐고, 그는 거듭해서 병원 신세를 졌다. 그는 지독한 통증에 시달리면서 침대를 벗어나지 못하는 신세가 됐다.

병원에서 그는 자신이 죽어가고 있다는 걸 감지했다. 그러면서 지금 실아가는 방식대로 살고 싶지는 않다고 밝혔다. 웨이먼이 제안했던 것처럼 책의 진실성을 뒷받침할 동영상을 제작하자는 대화를 하던 중에 그가 말했다. "지금 내가 당부하고 싶은 것은, 찰스, 통증을 최소한으로 유지하고, 만일의 사태에 대비하면서, 저기 위층에 계신 분께서 당신께서 하시고 싶어 하는 일을 하게끔 놔두는 게 전부일세. 나는 이런 식으로는 살 수가 없어."

프랭크 시런은 에닛 피츠패트릭과 통화한 후, 비디오테이프를 제작해서 1975년 7월 30일에 지미 호파에게 일어났던 일을 비롯한 책에 담긴 모든 내용의 진실성을 뒷받침하기로 결정했다.

내가 가급적이면 그를 편하게 해주겠다고 했음에도, 이제 그는 그 내용의 진실성을 보증한다는 말을 공개적으로 하고는 했다. 나는 그에게 말했다. "당신이 앞으로 해야 할 일은 책이 말하는 바를 뒷받침하는 게 전부예요. 그게 전부라고요. 그럴 마음의 준비를 할 수 있을 거라고 생각해요?" 그는 대답했다. "그러는 편이 낫잖아." 그날 밤에 내가 그를 떠날 때, 그는 자신을 방문한 성직자로부터 성례를 받았던 사실을 언급하며 말했다. "마음이 편해." 내가 말했다. "당신에게 신의 가호가 있기를 바라요. 책의 내용을 뒷받침하고 나면 마음이 더 평온해질 거예요."

이튿날, 그는 FBI가 "나를 아무 데도 돌아다니지 못하게 만들 수 없기 때문에 나를 심문하면서 괴롭힐 것"이라고 말했다. 그는 자신의 건강과 치료를 받아야 할 필요를 감안할 때 그를 기소하는 수고를 하는 검사는 아무도 없을 거라고 예상했다.

내가 비디오를 켜자 그는 머뭇거리면서 움츠러들었다. 나는 그에게 말했다. "망설이는 거죠, 그렇죠? 당신이 망설이는 일을 시키고 싶지는 않아요." 그가 말했다. "아냐, 망설이는 거 아냐." 내가 말했다. "진심에서 우러난 일이 아니라면, 그만두도록 해요." 그는 대꾸했다. "이건 마음을 다잡아야만 하는 일이잖아. 마음을 다잡을게." 그는 행색을 살피겠다며 거울을 달라고 했다.

우리는 그가 전날에 고해성사를 하고 성찬식에 참석했던 일에 대해 얘기했다. 그는 말했다. "지난주에도 그렇게 했었어."

나는 지금 '결정적인 순간'이 그에게 닥쳤다고 말했다. 그러고는 카메라 앞에 들고 있으라며 갤리 판[130]을 건넸다. 그런 후, 평소처럼 에둘러 말하는 대신 단도직입적으로 본론에 들어갔다. "이제 결론을 들을 작정입니다. 자, 당신은 이 책을 읽었습니다. 책에 들어 있는 지미와 그에게 일어났던 일에 대한 내용들은 당신이 내게 말해준 내용들입니다, 맞죠?" 프랭크 시런이 말했다. "맞아." 내가 물었다. "그리고 당신은 그 내용을 보증하는 거고요?" 그가 말했다. "나는 여기 적힌 내용을 보증하네."

지미 호파는 어떤 사람이었느냐는 질문을 곧바로 그에게 던졌다. 그는 그 질문에 "지미는 그런 짓을 하지 않았어⋯⋯ 내가 할 수 있는 말은⋯⋯ 그는 그러지 않았어. 자네는 질문을 던져야만 하고, 질문은 꼬리를 물게 되지. 이제는 책이 스스로 말하게 놔두세." 그가 자세한 내용을, 특히 지미 호파에 대한 내용을 파고드는 것을 원치 않는다는 걸 나는 알았다. 하지만 좀 더 상세하게 말하지 않기란 어려운 일이었다.

운이 나쁘게도 카메라 배터리가 방전됐고, 내가 그 사실을 알고 카메라에 전원을 연결한 것은 시간이 조금 지난 후였다. 게다가 그의 마음을 편케 하려고, 또는 그의 요청에 따라, 나는 틈틈이 녹화를 중단하고 오디오 녹음기를 켰다. 그럼에도, 충분히 많은 자료가 녹화됐다. 녹음되고 녹화된 내용의 오디오와 비디오를 모두 검토해 보니, 인터뷰 대상자 자신과 그가 했던 일들, 인터뷰 절차를 드러내고 있는 부분들이 많았다.

어느 순간, 그는 그가 아내 아닌 어떤 여자와 내밀한 사이였던 건 모두 그가 독신일 때의 일이었다는 걸 책에 구체적으로 밝혀달라고 요청했다. 그는 그렇게 하지 않으면 책이 "문학적인 창작 목적에 전혀 기여하지 못하기 때문"이라고 말했다. "그랬다가는 이 책은 퓰리처상을 받지 못할 거야⋯⋯ 내가 싱글이었다는 걸 확실하게 밝혀두도록 해."

책의 표지를 살핀 그는 말했다. "내 생각에는 제목이 꽝이야." 나는 받아쳤

---

130 galley copy, 책이 출판되기 전에 나오는 교정인쇄본

다. "하지만 그 제목은 지미가 당신한테 처음으로 건넨 말이었어요, 맞죠?"

"그래." 그는 인정하고는 그 주제를 접었다.

그가 샐 브리구글리오의 사진을 살피는 동안, 나는 샐리 버그스가 FBI에 말한 내용이 무엇이건 그게 우리 책의 진실성을 뒷받침할 수 있도록 FBI에게 그들이 보유한 파일을 공개하라고 강권하자는 우리의 애초 계획을 따르는 문제를 언급했다. 나는 그가 보고 있는 사진이 "당신이 그를 처치하기 전"에 촬영된 거라고 말했다. "내 말이 무슨 뜻인지 알죠?"

"그래." 그가 말했다.

"그 샐리 버그스 사진 보니까 감정이 복받치나요?" 내가 물었다.

"아냐. 전혀 그렇지 않아." 그가 말했다. "과거지사, 돌이킬 수 없는 일이 잖아."

나는 그에게, 그의 몸 상태가 좋다면 그가 '패키지'를 찾아온 곳인 브루클린의 몬테스 레스토랑에 에릭 숀이 우리를 데려가 점심을 먹고 싶어 한다고 말했다. "그래." 그가 말했다. "패키지. 맞아, 댈러스를 위한 패키지." 나중에 몬테스의 오찬이라는 화제로 돌아갔을 때, 나는 우리가 거기에 가면 "당신이 그 라이플들을 받은 곳이 어디인지를 보게 될 것"이라고 말했다.

그가 말했다. "······자네 말이 맞아. 그런 후에 오일과 마늘이 든 작은 엔젤 스파게티도 먹어야지." 나는 그가 이탈리아식 빵을 레드와인에 담그는 모습을 보고 싶다고 말했다. "자네, 그걸 사진으로 꼭 찍어야 해." 그가 말했다.

나는 그가 '정치인들을 위해' 들렀던 장소들을 언급하며 물었다. "그곳 이름이 뭐였죠?"

그는 곧바로 대답했다. "마켓 인." 그러고는 말했다. "봤지? 내 기억력은 아직도 쌩쌩해, 찰스."

내 입장에서 더욱 의미가 깊었던 순간은 그가 새로운 정보를 밝힐 때 찾아 왔다. 그 순간은 우리가 디트로이트의 주택 사진을 살피던 때 시작됐다. 그가 말했다. "원래 있던 사람들이었어야 해. 거기에는 원래······ 하지만 그들은 결코 증언······" 그러다가 하던 말을 웅얼거리며 흐린 그가 말했다. "그들은 연루되지 않았어." 그가 평소보다 말을 더 신중하게 하고 말의 일부를 흐릴 때면 나는 그 주제야말로 내가 돌아가고픈 주제라는 걸 알았다. 내가 그 주택이 자동차처럼 '대체품'이었느냐는 질문을 하자, 그는 그 질문을 두 번이나 무시하고는 말했다. "흐음, 지금은 내가 기소당할 걱정을 할 필요가 없잖아." 그를 겪어본 경험을 바탕으로 볼 때, 그의 반응은 내게 뭔가 새로운 정보를 들려줄지 여부를 숙고하고 있는 것처럼 보였다.

잠시 후 나는 '지미가 암살당해 사망한 곳'인 디트로이트 주택의 사진을 가리켰다. 그는 그 집 안에 내가 모르는 어떤 '사내'가 있었다는 듯 들리는 의견을 스스로 내놨다. 문장 중간에 웅얼거리면서 발설을 멈추고 내뱉으려던 말을 주워 담는 듯 보이는 의견이었다. 나중에 오디오전문가에게 테이프 분석을 의뢰했다. 그가 한 말은 "……저 집이 그 사람이 자기 임대인을 위해 일한 곳"으로 들렸다. 시런이 50년간 끼어온 틀니가 급격한 체중 감소 때문에 더 이상은 그의 입에 맞지 않는 탓에 오디오 문제는 한층 더 악화됐다. 시런은 그 의견을 피력한 직후에 말했다. "나는 자네가 책에 쓴 내용만 인정할 걸세, 그러니―" 그는 이전에도 나한테 들려주고 싶은지 확신이 서지 않는 추가적인 내용이 있었을 때 이런 식의 무시하는 의견을 피력한 바 있었다. 그 '사내'가 사망했다는 걸 알기 전에는 그는 그 사내의 정체를 밝히고 싶어 하지 않을 터였다.

당시 내 귀에 그가 한 말은 그 '사내'가 그들에게 그 집을 '빌려줬다(lent)'고 들렸지만, 오디오전문가가 나를 위해 제작해준 CD를 들어보면 'n' 발음은 들리지 않는다.[131]

어쨌든, 그의 친구 존에게서 걸려온 안부전화와 내 의붓아들과 휴대전화로 한 짧막한 통화에 대한 잡담을 잠시 나눈 후, 나는 대화를 이어갔다.

"좋아요. 그러니까 그 집은 임대한 거라는 거죠, 그렇죠?" 내가 물었다.

---

131 'lent'가 아닌 'let'으로 들린다는 뜻으로, 이 경우 시런이 한 말은 "그 사내가 그들이 그 집을 ~하게 애뤘나"는 뜻이 뭔나

"그래. 그 집의 소유주는……" 그는 말을 멈췄다.

"그들은 그 일에 대해서는 전혀 몰랐어요." 내가 한 말은 그가 몇 년 전에 나한테 해준 얘기로 이미 책에 들어 있었다.

"맞아." 그가 말했다. "그 집의 소유주, 맞아, 부동산업자가 있었어—" 부동산중개업자나 대리인 같은 사람이 존재했다는 이 새로운 폭로를 한 그는 긴 침묵에 잠겼다. 그러는 동안 나는 한마디도 하지 않았다. 그런 후 그가 말했다.

"그들은 당시에 거기에 살았어."

"음, 그렇군요. 계속하세요."

"그들은 결코 당하지 않았어. 전혀, 전혀 심문을 당하지 않았어."

"하지만 그들은 아는 게 전혀 없었잖아요, 그렇죠?" 내가 물었다.

"없었지, 당연히 없었지."

그가 지나치리만치 그 점을 강조하는 걸 보면서 나는 '부동산업자'가 뭔가를 알고 있었다는 생각을 하게 됐다. 하지만 내 입장에서 이때는 그를 압박하고 반대심문 할 때가 아니었다. 우리는 합의를 했었고, 그는 그 합의에 부응해왔다.

"오케이." 내가 말했다.

"나, 나, 나는 순전히 자네 책으로 인쇄한 내용만 말했어." 그 의견을 들으면서, 나는 그 사건에 더 많은 내막이 있다는 걸, 내 입장에서 그 주제를 완전히 내버리는 건 어려운 일이 될 거라는 걸 알았다.

"이해해요." 내가 말했다. "당신을 더 이상은 심문하지 않을 거예요. 순전히 궁금해서 그러는 거예요. 당신이 부동산업자 얘기를 했을 때—"

"으응," 그가 조심스레 말했다.

"부동산중개업자. 당신은 나한테 그 얘기를 하지 않았어요. 그러니까," 나는 폭소를 터뜨렸다. "괜찮아요. 아무 문제없어요……."

"그래." 그는 자기 잔을 계속 들어올렸다.

"좋아요." 내가 말하는 동안 시런은 몸을 돌려 카메라를 날카로운 눈으로 쏘아보고는 머리를 가다듬기 시작했다. 그게 비디오를 끄라는 신호라는 걸 알아차린 나는 그렇게 했다. 이후로 이어진 내용은 오디오녹음기에 기록됐다.

잠시 후, 나는 솟구치는 호기심을 이기지 못했다. 그 궁금증에 완전히 몰입한 건 아니었지만, 그렇다고 호기심에 저항하지도 못했다. '부동산업자'에 대한 마지막 공손한 시도를 해야 했다.

"자," 내가 말했다. "당신이 언급한 이 부동산업자 때문에 호기심이 동했어요."

"뭐 때문이라고?" 그가 물었다.

"당신이 디트로이트의 집 얘기를 할 때 언급한 부동산업자요. 당신은 전에는 그 문제를 언급한 적이 전혀 없었어요."

"그게 뭔데?"

나는 내가 '부동산업자'라는 단어를 사용하는 것이 그를 난처하게 만들고 있다는 걸 감지했다. 그가 쓰는 용어들을 더 깊이 파고들어야 했다. 더 잘 알아야 했다. 나는 말했다. "그 부동산, 디트로이트의 집과 관련한 부동산업자요. 당신은 어떤 부동산업자가 연루돼 있다고 말했어요. 그 문제를 얘기하는 걸 원치 않는 거죠, 그렇죠?"

그는 내가 귀를 쫑긋 세워야 들릴 정도로 웅얼거리며 말을 흐렸지만, 그러는 데 성공하지는 못했다. "아냐. 으음, 자네가 알고 싶은 건 충분히 많이 알았잖아, 찰스."

"충분히 알았죠." 내가 말했다.

"그걸로 만족하도록 해, 찰스."

"만족해요."

"자네, 얻을 건 충분히 얻었어. 꼬치꼬치 캐묻지 마."

사실, 나는 충분한 정도 이상의 정보를 얻었다. 하지만 총체적인 진실 이상 가는 건 세상에 없다. 프랭크 시런의 상태가 2~3일 사이에 그토록 악화될 거라는 걸 알았더라면 나는 그와 관련한 정보를 더 깊이 파고들었을 것이다. 부동산업자와 관련된 정보는 지금은 사라졌다. FBI가 관련 서류를 갖고 있지 않다면, FBI가 파일을 공개하지 않는다면 말이다.

내가 보기에 그 집은 1975년까지 임대용 주택이었던 것 같다. 그 집의 소유주가 고령의 독신여성이었기 때문이다. 그 여성은 1925년에 그 집을 매입했다. 부동산업자는 그녀의 임대 대리인으로 활동했기 때문에 열쇠를 갖고 있었을 것이다. 아니면 그 부동산업자는 노부인의 친구라서 열쇠를 갖고 있을 수도 있다. 그 집에는 '매물'이라는 표지판이 붙어 있었을 수도 있다. 어느 경우건, 부동산업자의 존재는 열쇠 이상의 정보를 설명할 수 있었다. 실종사건의 기획자들이 주택 진입로에 사람들이 차를 세워두는 걸 편하게 느낀 이유를 설명할 수 있었다. 그 집이 임대용 주택이었거나 매각용 주택 목록에 오른 곳이었다면 낯선 사람들이 진입로에 차를 세우고 집으로 들어가는 모습은 이상한 모습이 아닐 터였다.

프랭크 시런은 그 인터뷰가 있고 6주 후에 사망했다. 그 기간 동안, 우리 부부는 일주일에 적어도 한 번은 그를 방문하려고 우리 집에서 세 시간씩 차를 몰고 갔고, 나는 일주일에 두어 번 이상 혼자서 그를 찾아갔었다. 고개가 굽은 그는 나를 거의 올려다보지 못했지만, 그는 우리 목소리가 들리면 환한 미소를 지었다. 그는 내가 그에게 이탈리아식 셔벗을 조금 떠먹여주는 걸 허락했고, 내 아내가 그를 위해 붙들어준 빨대로 물을 마시고는 했다. 하지만 그의 신체기능은 기본적으로 정지된 상태였다. 그는 곡기를 끊었다. 나는 2003년 12월 6일에 그를 마지막으로 봤다. 내 의붓아들 트립과 함께 그를 방문했다. 나는 그에게 내가 아이다호에 갈 예정이며 새해를 맞은 후에 그를 찾아오겠다고 말했다. 그가 나한테 마지막으로 웅얼거린 말은 "나는 아무 데도 안 갈 거야"였다.

그가 사망한 2003년 12월 14일 밤에 그의 딸 돌로레스로부터 전화를 받았다. 미군 병사들이 사담 후세인을 생포한 날이었다. 사담이 생포됐다는 소식을 들었을 때 내가 처음 한 생각은 프랭크가 이 일을 어떻게 생각할지 궁금하다는 것이었다. 그는 늘 뉴스에 빠삭했다. 콜럼바인 고등학교 총기 난사 사건 때 경찰이 학교 외부에서 기다리는 동안 살인자들이 내부에서 총질을 계속했다는 보도가 나오자, 프랭크는 내게 말했다. "저 쫍새들은 뭘 기다리고 있는 거야? 상관들이 우리 여섯 명한테 탱크를 가져오라고 명령하면 우리는 가서 탱크를 가져오고는 했어." 군인 특유의 말투였다. 델라웨어의 영향력 있는 변호사 톰 카파노가 연인관계를 끊으려 애쓰는 여자친구를 살해하고는 그녀의 시신을 바다에 유기한 죄로 사형 선고를 받았을 때 시런은 말했다. "그런 문제 때문에 사람을 죽이면 안 돼. 어떤 사람이 자기를 더 이상 원치 않는다고 말하면 그냥 떠나버리고 말 일이지." 그 주제에 대한 전문가의 의견이었다. 1990년대 말에 아프리카에 있는 미국대사관들이 폭파되고 오사마 빈 라덴이라는 인물이 그 배후에 있다는 의심을 받았을 때, 내가 말했다. "저 자를 제거해야 마땅해요. 나는 그 짓을 한 사람이 그일 거라고 확신해요." 이제는 조폭의 전설이 된 인물이 말했다. "놈이 실제로 그 짓을 한 자는 아니더라도, 놈은 그런 짓을 하는 문제에 대해서는 생각해봤을 거야." 그리고 그의 짐작은 실제로 맞았다.

『필라델피아 인콰이어러』와 『필라델피아 데일리 뉴스』에 실린 부고기사 모두 프랭크 시런이 장기간 호파 실종사건의 용의자였다는 사실을 거론했다.

장례식에 참석하러 날아간 나에게 관 위로 허리를 굽혀 프랭크의 이마에 입을 맞춘 어떤 남자가 다가왔다. 그는 내가 프랭크의 책을 집필 중이라는 걸 알고 있다고 말했다. 그의 딸은 프랭크의 가정부였는데, 그녀는 우리가 햇볕 속에서 프랭크의 집 뒤 테라스에 앉아 함께 작업하는 모습을 자주 봤었다. 그는 자신이 샌드스톤에서 프랭크의 감방동료였다고 말했다. "이렇게 덩치 큰 사람과 내가 코딱지만 한 감방에서 같이 지냈다는 게 상상이 되쇼?"

"그는 샌드스톤에서 고생했었지요." 나는 추위가 그의 관절염에 끼친 영향을 떠올리며 말했다.

"그가 자초한 거예요. 누구도 그한테는 거짓말을 하지 못했어요. 그는 결코 입을 닫고 지내지를 못했어요. 언젠가 그는 나한테 세탁소에서 일하는 어떤 놈이 그에게 모자를 주려고 들지 않는다고 말했어요. 그는 나한테 그놈을 벽으로 메디고 오라고, 그러면 그가 지팡이를 놓고 벽을 때리끼며 몸의 균형을 잡고서는 놈에게 주먹을 날려 눕혀버리겠다고 말했어요. 내가 그에게 말했죠. '이봐요, 그러느니 내가 당신 대신에 놈한테 주먹을 날리게 해줘요.' 나는 그 주먹 때문에 독방에서 다섯 달을 보내는 신세가 됐어요. 나는 애초에 교도소에 갈 사람이 아니었어요. 프랭크조차 그렇게 말했었죠. 정부는 안젤로의 부두목을, 그의 뉴저지 부두목을 원했어요. 그들은 음모를 꾸며야 했기 때문에 나를 거기에 던져 넣은 거예요. 내가 무슨 짓을 해서 거기에 간 게 아니란 말이에요. 나는 그놈과 한데 엮이면서 놈을 두들겨 팼지만, 놈은 그런 꼴을 당할 만했어요. 그렇더라도 그 짓 때문에 15년형을 살지는 않죠."

"정부는 프랭크도 괴롭혔어요." 내가 말했다. "정부는 그에게서 호파 사건에 대한 정보를 짜내려고 애쓰고 있었으니까요."

"맞아요. 『팀스터즈』라는 책이 나왔었죠. 나는 2층 침대 위층에서 그걸 읽고는 했고, 프랭크는 아래층에 있고는 했어요. 나는 '시체를 뉴저지로 운반한 이유가 뭐예요? 디트로이트에서 처리할 수는 없었어요?' 따위를 묻고는 했는데, 그러면 그는 이런 식이었죠. '그 위에서 도대체 무슨 헛소리를 해대는 거야?'"

따라서 감옥에 갇힌 프랭크 시런은 림버거 치즈를 라디에이터에 밀어 넣고 KO펀치 한 방으로 교장의 턱을 부러뜨린 반항적인 학생이 냉혹하고 치명적인 인물로 성장한 버전이었다. 그가 자주 언급했고 마지막 비디오테이프에서 거듭해서 말한 대로, "나는 지옥에서 83년을 보내면서 몇 놈에게 벌을 줬어. 그게 내가 한 짓이야."

그 마지막 비디오테이프에서 나는 그에게 나도 함께 있었던 어느 순간을 상기시켰다. 그 순간은 어느 언론계 대표가 그에게 "인생이 짜릿했느냐(exciting)?"고 물은 순간이었다. 그 질문을 받은 그는 자기 인생은 짜릿하지 않았다고, "고생스러웠다(exacting)"고 대답했다. 그는 인생의 여러 부분에 대해 회한을 표하면서 자신이 어떤 짓을 한 뒤에 "옳은 짓을 한 것인지 아닌지" 궁금해 했다는 말을 그 남자에게 했다. 그 장면을 녹화하지는 않았지만, 실제로 그는 그 남자와 한 대화를 이런 말로 끝맺었다. "정부가 내가 했다고 주장한 모든 짓을 내가 실제로 했다고 칩시다. 만약에 내가 그 짓들을 다시 해야만 하는 상황이라면 나는 그런 짓들을 하지는 않을 거요."

나는 그에게 그 대화를 상기시키고는 말했다. "으음, 당신은 지금은 마음의 평화를 얻었잖아요, 프랭크. 그게 중요해요."

침대에 누운 그는 '프랭크 시런 감사의 밤'에 지미 호파와 같이 찍은 사진을 들여다보고 있었다.

"시간이 거슬러 올라가는군, 그렇지?" 그가 말했다.

"그래요." 내가 말했다.

"누가, 누가 그럴 수 있었겠나? 누가 예견할 수 있었겠어? 이 사진을 찍을 때만 해도 자네하고 내가 오늘 이 자리에서 이런 얘기를 나누게 될 거라는 걸 어느 누가 예견할 수 있었겠냐고?"

2005년 페이퍼백
초판에 부쳐

"부동산업자……" 거구의 아이리시맨을 마지막으로 녹화하던 중에 나온 그 짧은 단어를 들은 나는 소름이 돋았다. 녹화는 반드시 거쳐야 하는 형식상의 절차이자 진실을 확인하는 과정이며, 이미 오디오테이프로 존재하는 고백을 확인해주는 서명과 비슷했다. 나는 그런 녹화를 하던 중에도 여전히 더 많은 고백이 흘러나올 거라고는 예상하지 못했었다. 그런데 내가 중범죄들을 수사하고 해결하면서 실행했던 심문을 바탕으로 집필한 소설 『묵비권The Right to Remain Silent』에 등장하는 캐릭터 새라는 이런 말을 한다. "고백은 식량과 피신처처럼 생활필수품 중 하나예요. 뇌에서 심리적인 쓰레기를 제거하는 데 도움을 주죠."

내가 시런에게서 '부동산업자'와 관련한 상세한 정보를 더 많이 얻어내려 애쓸 때마다 그는 내 질문을 잘라버렸다. 꼬치꼬치 캐묻는 건 금지됐다. 시런의 신중함은 그가 가진 깊은 신념에서 비롯된 거였다. 그는 죄책감에서 해방되고 영혼의 구원을 받기 위해 고백을 했지만, 누군가가 그를 밀고자로 부르는 상황은 결코 원치 않았다. 시런은 일상적인 대화를 할 때 '밀고자'라는 단어를 대단히 경멸조로 사용했다. 그래서 나와 내 파트너 바트 달튼은 법률 업무를 하던 중에 그 단어를 사용할 때는 적절한 단어로 바꿔서 사용하고는 했다.

시런은 밀고자를 혐오하면서 자신은 그런 존재가 되지 않으려 했지만, 암으로 죽어가면서 옥사하고 싶지는 않았던 존 '더 레드헤드' 프랜시스가 살바토레 '샐리 버그스' 브리구글리오와 조지프 '크레이지 조이' 갈로를 살해한 일에 본인과 시런이 연루됐음을 밝힌 것에 대해서는 조금의 악감정도 품지 않았다. 프랜시스가 이미 그의 연루 사실을 밝혔기 때문에, 시런은 프랜시스가 사건에 관여했다는 것만 확인해주려 했다. 하지만 이미 고인이 된 인물일지라도 생전에 무슨 짓을 저질렀다는 의심을 전혀 받지 않았던 사람의 경우, 시런에게서 그 사람이 무슨 사건에 연루됐다는 진술을 얻어내려면 다양한 기법들을 동원하면서 고된 작업을 해야만 했다. 시런은 자신의 딸들을 비롯한 누군가의 가족을 나쁜 평판에서 보호해줘야 할 필요성을 언급했다. 시런은 말했다. "얻고 싶은 건 충분히 얻었잖아, 찰스…… 만족하게, 찰스…… 자네는 얻을 만큼 얻었으니까 꼬치꼬치 캐묻지 마."

이튿날에 우리가 함께 기도를 올린 후, 그는 곡기를 끊었다. '집에 페인트칠을 했던', 그리고—전투에서 살해한 이들을 제외하고—20명이 넘는 사람들의 기대수명을 결정했던 사내는 자기 자신의 기대수명도 결정했다. 그 결과, '부동산업자'는 흥미를 자아내는 말실수의 수준을 넘지 않는 존재로 남을 터였다.

내가 은퇴한 뉴욕 시티의 형사 조 코피와 통화한 2004년 가을의 어느 날까지는 그랬다. 코피는 '샘의 아들' 사건[132]과 '바티칸 커넥션' 범죄[133]들을 비롯한 세간의 이목을 끈 많은 사건들을 해결했고, 책 『코피 파일들The Coffey

---

132 The Son of Sam, 1976년 여름 뉴욕에서 44구경 리볼버로 여덟 건의 총격을 가해 1977년 7월까지 여섯 명을 살해하고 일곱 명에게 부상을 입힌 범죄자 데이비드 버코위츠의 별명
133 Vatican Connection, 가톨릭교회 내 일부 세력이 마피아와 연계해 마피아의 불법자금을 세탁해주는 일을 했다는 의혹을 받은 것을 비롯한 여러 혐의들

Files』을 공동 집필한 인물이다. 우리는 우리 둘 모두와 친분이 있는, 미스터리 작가이자 은퇴한 NYPD 형사 에드 디를 통해 안면을 트게 됐다. 코피는 조폭세계에 대해 빠삭했지만 존 프랜시스 얘기는 들어본 적이 없다고 했다. 그는 예전에 버팔리노 패밀리에 속해 있던 조폭 지인을 통해 그 사람을 확인해보겠노라고 말했다. 나는 이 책에 들어 있지 않은 존 프랜시스에 관한 정보는 그에게 말할 수가 없었다. 그래서 나는 그에게 책을 한 권 보냈다.

2005년 2월에 조에게 전화를 걸었다. 그는 아직도 책을 읽지 않은 상태였다.

"하지만," 조가 말했다. "부동산업자에 대해서는 조사해봤어요. 당신 말대로, 그는 러셀 버팔리노와 무척 친했어요."

"어떤 부동산업자요?"

"그 사람 말이에요, 운전사. 그는 그냥 운전사가 아니었어요. 그 사람 자체가 거물이었어요. 그는 상업용 부동산중개업자 면허가 있었어요. 혼자서 그 일을 한 것만으로도 무척 많은 돈을 번 사람이에요. 버팔리노, 시런과 무척 친했대요. 그가 버팔리노를 위해 운전을 했을지는 모르지만, 운전사는 아니었대요."

"존 프랜시스요? 레드헤드가요?"

"존 프랜시스. 맞아요, 그 이름. 부동산업계에서 대단한 거물이었어요. 부동산중개 일만으로도 돈을 엄청 번 사람이에요."

소름이 돋았다. 검사로 일하던 젊은 시절에 진실이 더 큰 진실로 이어질 때, 눈송이가 눈사태가 될 때까지 쌓이고 또 쌓이는 걸 봤을 때 돋았던 소름이.

프랜시스는 1972년에 시런이 버팔리노의 명령을 받아 갈로를 죽이러 갈 때 차를 운전한 사람이었다. 1978년에 다시 버팔리노의 명령을 받은 프랜시스는 시런이 브리구글리오를 쏠 때 같이 총을 쐈었다. 대단히 끈끈한 사이인 버팔리노와 시런과 프랜시스 트리오에 속한 이 멤버가 1975년 호파 암살 때 역할을 맡지 못했을 가능성이 있을까? 가능성은 있다고 생각한다. 하지만 지금 우리가 알게 된 사실은 존 프랜시스가 '먹고 튀는 사기꾼'이 아니라 '부동산업자'였다는 것, 그리고 광범위한 인맥을 가진 마당발로 부동산중개업만으로도 상당한 부를 쌓은 상업적인 '부동산업자'였다는 것이다.

2004년에 이 책의 초판이 출간된 후, 디트로이트의 어느 신문기자가 시런이 호파를 쏜 곳인 단독주택의 소유주의 아들을 찾아냈다. 그 집은 1925년에 그 주택을 매입했다가 호파가 실종되고 3년 후인 1978년에 매각한, 지금은 고인이 된 여성의 것이었다. 그녀의 아들은 어머니가 살인이 일어나기 몇 달 전에 이사를 나가면서, 이웃들이 '알쏭달쏭한 사람'이라고 묘사한 독신남성에게 방 하나를 임대해줬다고 기자에게 말했다. '부동산업자' 존 프랜시스를 조금의 의심도 받지 않은 미시간의 '부동산업자'와 '알쏭달쏭한' 하숙인과 이어주는 점들이 존재할까?

존 프랜시스가 호파의 실종에서 역할을 담당했을 가능성에 대한 내용이 FBI파일에 혹시 있는지 읽어보는 게 많은 도움이 될 것 같았다. 2005년에 나는 정보자유법에 따라 프랜시스와 시런, 안드레타 형제, 브리구글리오, 처키 오브라이언을 비롯한 다른 사람들의 파일을 공개하라는 신청서를 제출했다. 가능하다면, 브리구글리오가 FBI의 비밀정보원으로서 수행한 역할도 확증해보고 싶었다. 그렇지만 호파의 유족과 디트로이트 지역 신문사들이 각자 정보자유법에 따른 신청서를 제출했기 때문에 내 신청이 받아들여질 가능성은 적다고 예상했다. FBI요원들은 개인들만 놓고 보면 최고 수준의 요원들이지만, FBI라는 조직 자체는 공중에 봉사하는 기관이라기보다는 중무장한 홍보기관처럼 구는 경우가 잦다. FBI는 브리구글리오가 정보원이었다는 걸 밝히고 자신들이 그의 안전을 보호하는 데 실패했다는 사실이 엄청나게 창피했을 것이다. 1985년부터 1988년까지 FBI 디트로이트지부를 책임졌던 케네스 월튼이 호파에 대해 말했듯, "저는 누가 그 짓을 했는지 알기에 마음이 편합니다만, 범인들은 결코 기소되지 않을 겁니다…… 우리가 그들을 기소하려면 정보원들을, 비밀로 감춰뒀던 정보 출처들을 밝혀야만 할 것이기 때문입니다."

몇 년은 족히 걸린 끝에 파일을 결국 일부나마 입수하나 하너라노, 검빌사가 칠한 검정 잉크는 FBI가 정보원을 보호하는 데 실패했다는 사실을 가려버릴 것이고, 파일은 그걸 얻는 데 들인 비용만큼의 값어치를 못할 것이다.

하지만 FBI가 파일의 관련 부분들을 오클랜드 카운티의 데이비드 고르시카 지방검사에게 넘긴다면, 거기에는 검정 잉크가 칠해지지 않을 수도 있었다. 고르시카는 FBI가 타월을 던진 날인 2002년 3월 29일에 호파 사건을 인계한 형제 사법기관의 직원이다. FBI가 그에게 넘긴 페이지들에 검정 칠을 하는 건 그를 모욕하는 행위가 될 것이다.

불행히도, 고르시카가 2004년 6월부터 시런과 브리구글리오와 안드레타 형제를 다룬 파일의 관련 부분들을 넘겨달라는 요청을 최소한 세 번이나 했음에도, FBI는 70권 16,000페이지에 달하는 파일에서 고르시카가 요청한 부분들을 하나도 공개하지 않았다. 고르시카는 내게 이런 편지를 보냈다. "지자체 수준의 기관에서, 업무 협조를 꺼리는 FBI를 상대하는 건 벅찬 일인 게 분명합니다." 그는 'FBI와 관련한 오래된 스테레오타입'을 거론하면서 그런 행태를 접하고는 무척이나 "화가 났다"고 밝혔다. 하지만 그가 할 수 있는 일이라고는 서류를 요청하는 것뿐이었다. 오클랜드 카운티는 대배심이 열리는 곳이 아니기 때문에[134], 고르시카는 시런이 확인해준, 생존해 있는 최후의 사건 관련자들을, 즉 토미 안드레타와 처키 오브라이언을 증인으로 소환할 대배심을 열어달라는 요청도 연방정부에 했다. 하지만 그 요청은 거부됐다.

이 책의 초판이 세상에 나오기 직전, 「폭스 뉴스」는 사전에 배포된 책의 사본에서 읽은 단서들을 추적했다. 시런이 호파를 쏜 곳이라고 고백한 주택의 현 소유주에게 허락을 받은 그들은 법의학 전문가들을 데려가 주택의 마루 널에 혈액성분인 산화철 흔적이 있는지 감지하는 화학작용제 루미놀을 뿌렸다. 널빤지 테스트 결과는 양성으로 나왔고, 시런의 고백과 정확히 일치

---

134 미국의 모든 주가 주 헌법에 대배심 조항을 두고 있지만, 실제로 대배심을 여는 주는 전체 50개 주의
     절반 정도이다

하는 혈액 흔적을 이룬 8개의 작은 핏자국이 드러났다. 혈액은 현관 대기실에서부터 복도 아래쪽으로 해서 주방으로 이어졌다.

뒤통수에 두 발을 쏘면, 출혈량이 상대적으로 적다. 「폭스 뉴스」가 섭외한 법의학연구소가 DNA 테스트를 하기에는 혈액의 양이 충분치 않다고 느낀다는 것을, 29년 가까운 세월이 흘렀다는 것을, 저명한 법의학자인 마이클 바덴 박사가 DNA 테스트를 위해 필요한 호파의 혈액에 담긴 생물학적 성분들이 환경적 요인들 때문에 분해됐을 거라고 판단한다는 것을, 뒤에 핏자국이 전혀 남지 않도록 확실하게 작업을 한 '청소부들'이 있었다는 것을, 혹시라도 튈지 모르는 '페인트'를 회수하려고 대기실 바닥에 리놀륨을 깔았다는 것을, 시신이 보디 백에 담겨 운반됐다는 것을 다 알고 있었음에도, 나는 희망과 들뜬 기분에 사로잡혔다. 나는 그 혈액이 호파의 것임을 입증하기 위해 DNA 테스트를 하기를 원했다. 어쩌면 청소부들이 리놀륨을 운반할 때 거기서 핏방울이 미량이나마 흘러내렸을 수도 있었다.

이 책을 읽은 블룸필드 타운십[135] 경찰서는 혈액의 출처를 제대로 밝혀낼 수 있는지 확인하기 위해 바닥의 일부를 뜯어 FBI연구소에 보냈다. 2005년 2월 15일, 제프리 워너 서장은 FBI연구소가 바닥재에서 남성의 혈액을 찾아냈지만 혈액의 DNA가 호파의 것과 일치하지는 않았다고 발표했다. 고르시카는 이 사실이 시런의 고백을 확증해주지는 않지만 그걸 반박한 것도 아니라는 점을 기자회견에서 명확히 했다.

뉴욕 시티 수석검시관을 역임했던 바덴 박사는 이런 의견을 피력했다. "법의학 증거들은 호파를 책에 기술된 방식으로 살해했다는 시런의 고백을 뒷받침하며, 시런의 고백은 전적으로 신뢰할 만합니다. 그의 고백은 호파 미스터리를 해결했습니다. 최근에 이뤄진 이 발견의 어떤 점도 그의 고백과 압도적인 무게로 쌓인 증거들을 반박하지 못합니다."

사건이 발생하고 29년 가까이 지난 후에 다른 사람의 혈액을 찾아낸 것은

---

135 Bloomfield Township, 디트로이트 인근에 있는 도시

진 머스테인과 제리 카페치가 저술한, 패밀리를 다룬 수작 『살인기계Murder Machine』에 묘사된 감비노 패밀리의 '죽음의 집(house of death)'과 관련된 사건에서처럼, 어느 소년이 코피를 흘렸던 집을 조폭들이 다른 살인사건들을 위해 사용했다는 걸 의미할 수도 있었다.

그보다 8개월 전인 2004년 6월 중순, 아서 슬론 교수가 내게 자발적으로 편지를 보내왔다. 그는 내가 호파와 팀스터즈에 대한 정보를 얻는 데 의존한 전기 『호파』의 저자였다. 그는 1991년 저작에서 호파의 실종에 대해서는 나와 다른 주장을 내놓았던 사람이면서도 시런의 고백을 읽은 후에 쓴 편지에 이렇게 썼다. "나는 시런이 그 짓을 한 사람이라는 사실을—지금은—완전히 납득했습니다. 그리고 술술 넘어가는 책의 재미와, 제가 판단할 자격을 갖추고 있는 모든 영역에 걸친 사실의 정확성에도 강한 인상을 받았습니다." 그에게 감사 전화를 걸자 그가 말했다. "당신은 호파 미스터리를 풀었습니다."

시런과 내가 2002년에 그 집을 찾아냈을 때, 나는 굳이 그 집에 들어가 보고 싶지는 않았다. 경험 많은 살인사건 수사관이자 검사로서, 나는 살인이 일어나고 30년 가까이 지난 후에도 법의학적 증거가 남아 있을 거라는 건 꿈도 꾸지 않았다. 심문 분야의 전문가로 알려진 나는 내가 그 집—프랭크 시런의 뇌리에 영원토록 낙인찍힌 집—을 찾아냈다는 걸 확신했고, 우리가 그 집의 인테리어를 보고 거기에서 영향을 받았다는 근거로 누군가가 이 책에 담긴 고백에 이의를 제기하는 것을 원치 않았다. 친구들은 나한테는 묘한 심문 요령이 있다고 말했는데, 나는 그걸 기꺼이 테스트해볼 작정이었다. 눈송이들이 스스로 떨어지려는 곳에 떨어지게 놔두기로 한 것이다.

「폭스 뉴스」가 주선한 방문에서 나는 이 책이 서점에 깔린 이후 처음으로 그 집에 들어갔다. 현 소유주인 릭 윌슨 부부와 아들 한 명이 현장에 있었다. [우리가 방문했을 때, 윌슨 부자는 2002년에 그들의 집 밖에서 이 책에 실린 사진을 찍은 남자가 나였다는 걸 알아봤다.]

현관문을 열고 비좁은 대기실로 들어갔다. 집 안에 들어서자마자, 오래전에 강력반 수사관으로서 사건현장을 볼 때마다 돋고는 했던 소름이 다시 돋

앉다. 그 기분은 내가 그 범죄를 이해하는 데 도움을 줬다.

시런은 '비좁은' 대기실을 묘사했고 나는 '비좁은'이라는 단어를 썼다. 이 대기실은 실제로도 무척 비좁아서, 양쪽이 모두 절벽인 좁다란 협곡 분위기를 풍겼다. 지미 호파를 살해할 수 있었던 유일한 인물은 그를 거기에 데려온 인물이라는 게, 호파는 친구이자 충직한 '호파 사람'인 프랭크 시런하고만 이 낯선 집에 들어왔을 거라는 게 그 즉시 명백해졌다. 지미 호파 입장에서는 이 대기실에서 탈출할 길이 전혀 없었을 것이다.

대기실 바로 앞의 왼쪽에서 2층으로 이어지는 계단을 봤다. 계단이 너무 가까이 있는 탓에 대기실은 더 북적거리는 곳으로 느껴졌다. 그리고 계단은 주방 전체와 복도 대부분을 가렸다. 청소부들의 모습도 숨겨줬다. 계단은 탈출을 위해 택할 수 있는 대안이던 뒷문을 사실상 차단했다. 생각할 겨를이 전혀 없는 상태에서, 이곳을 벗어나려고 기를 쓰던 호파가 선택한 유일한 길은 그가 들어온 길이었을 것이다.

계단 오른쪽에는 주방으로 이어지는 기다란 복도가 있었다. 복도 오른쪽에는 방이 두 개 있었다. 거실, 그리고 당시에는 식당으로 쓰던 방. 복도 끄트머리에는 뒷문이 있는 주방이 있었는데, 보디 백에 담긴 지미 호파의 시신은 그 뒷문을 통해 나간 후 자동차 트렁크에 실려 시런이 '소각장'이라고 부른 곳으로 운반돼 화장됐다.

시런이 나한테 묘사하고 내가 집필한 것과 인테리어가 정확히 일치한다는 게 밝혀졌다. 한 가지 중요한 세부사항 하나만 제외하면. 그 주방에는 뒷문이 없었다. 심장이 철렁 내려앉았다.

"시런은 호파의 시신이 뒷문을 통해 운반됐다고 말했어요." 나는 「폭스 뉴스」의 에릭 숀 기자에게 말했다.

"봐요. 계단 꼭대기 왼쪽에 지하저장고로 내려가는 옆문이 있어요." 그가 말했다. "그리고 마지막 핏자국은 지하로 내려가는 계단 직전의 복도에서 멈췄어요. 그는 이 문을 얘기했던 게 분명해요."

"아니에요. 그는 뒷문이라고 했어요. 복도 끝에 있는, 주방을 통해 뒤뜰로

이어지는 뒷문이라고요. 이 문은 집 측면을 따라 진입로로 통해요. 이건 옆문이에요."

나는 거실로 가서 릭 윌슨에게 주방을 통해 뒤뜰로 나가는 뒷문이 있었느냐고 물었다. 그가 대답했다. "집을 보수한 1989년에 그 뒷문을 들어냈어요. 그 뒷문은 지금도 여전히 우리 차고에 있어요." 다시 소름이 돋았다. 계속 쌓여가는 눈송이늘.

일부 사법권에서는 신뢰할 만한 자백만 있어도 충분히 유죄 판결을 내릴 수 있다. 다른 곳들에서는 그 자백을 뒷받침할 사실이 최소한 하나는 법정에 제시돼야만 한다. 우리는 이미 1999년에 그 사실을 확보했다. 시런은―호파는 늘 앞자리 '조수석'에 앉겠다고 고집을 부린 사람이었음에도―자신이 밤색 머큐리의 뒷자리 조수석에 호파를 유인해 앉혔다고 고백했다. 차의 운전자인 호파의 양아들 처키 오브라이언은 호파가 그 차에 탔다는 걸 부인했고 거짓말 탐지기 테스트를 통과했다.

2001년 9월 7일, FBI는 뒷자리 조수석 머리받침대에서 찾아내 오랫동안 보관해온 머리카락 한 올을 최근에 DNA 테스트 해본 결과 실제로 호파의 머리카락이었다고 발표했다. 시런의 고백과 그걸 뒷받침하는 중요한 법의학적 정보는 시런에게 유죄 판결을 내리기에 충분한 정도 이상이 될 터였다. 내가 시런 본인의 입을 통해 얻어내서 모은 것보다 적은 정보를 갖고도 사형대로 보낸 사람이 네 명이나 된다.

흥미롭게도, 오브라이언의 알리바이는 FBI에 의해 이미 거짓으로 판명됐다. 내가 보기에는 이 점 역시도 시런의 고백을 뒷받침한다. 시런은 오브라이언은 순진무구한 봉이었다고, 자신이 호파를 조폭이 회동하는 자리에 데려가는 거라고 철석같이 믿었었다고 내게 말했다. 그래서 오브라이언은 철저하게 기획된 빈틈없는 알리바이를 갖지 못했을 가능성이 크다.

시런의 변호사인, 전직 필라델피아 지방검사 F. 에밋 피츠패트릭은 내 면전에서 시런에게 기소될 수도 있다고 경고했다. 두 사람은 시런의 건강이 그를 상대로 제기될 법적 절차들을 지연시킬 가능성이 얼마나 높은지를 논의했다.

이 책의 초판이 출간된 후 내가 받은 친절한 편지들 중에 라스베이거스의 스탠 헌터튼 검사가 보낸 편지가 있었다. 1975년에 디트로이트에서 미국 정부의 검사보로 일했던 그는 밤색 머큐리 수색영장의 초안을 작성했고, 그 차에서 압수한 머리카락과 다른 모든 것을 차 소유주에게 돌려달라는 조폭 변호사의 신청을 성공적으로 반박했었다. [스탠은 DNA 과학이 수사에 도움이 될 정도로 발전할 때까지 그 머리카락을 보관하는 멋들어진 일을 해냈다.] 스탠은 편지에서 지미 호파의 '암살과 관련된 최초의 고백'을 얻어냈다며 나를 축하해줬다.

FBI가 머리카락 한 올에서 호파의 DNA를 찾아냈다고 발표하고 5개월이 지난 2002년 2월, '죽음의 집'을 찾아 나선 시런과 나는 그 집을 찾아냈다. 이 발견은 시런의 고백을 뒷받침하는 추가 증거였다. 그 집의 위치와 외부적인 특징들은 딱 시런이 묘사한 그대로였다.

책이 서점에 깔린 지금은 그 집의 인테리어 역시 시런이 묘사한 딱 그대로라는 게 밝혀졌다. 나아가, 지금 우리는 총격이 일어난 당시 그 집의 소유주가 다른 곳에 살고 있었다는 것을 안다. 외로운 하숙인이 사는 집은 온갖 사람이 들락거리는 가족이 사는 집보다 음모를 꾸미고 계획을 세우기에 훨씬 수월한 장소다. 눈송이들이 쌓였다.

더 많은 냉기가 몰려오는 중이었는데, 그것들이 전부 나를 향해 몰려온 건 아니었다. 눈사태가 막 시작된 참이었다.

시런은 1972년에 버팔리노의 명령을 받아 뉴욕의 리틀 이탈리아에 있는 움베르토스 클램 하우스에 홀로 들어가 총 두 자루로 '건방진 자식' 크레이지 조이 갈로를 살해했다고 고백했다. 나는 이 '사건'에 관해 시런을 강하게 심문했었다. 정보원 조 루파렐리에게서 비롯된 세간에 널리 퍼진 이야기는, 반항적인 갈로 일당이 소속된 콜롬보 패밀리와 이슬리딘 이딜리에게 세 명

—카마인 '소니 핀토' 디비아세Carmine 'Sonny Pinto' DiBiase와 시스코와 베니Cisco and Benny라는 이름으로만 알려진 형제—이 거리 아래에 있는 중국식 레스토랑에 있었다는 거였다. 루파렐리는 갈로가 움베르토스에 도착하는 걸 목격했다. 그런 후 루파렐리는 중국식 레스토랑에 가서 이탈리아계 세 명을 만났다. 그는 갈로가 움베르토스에 있다고 말했다. 소니 핀토는 자기가 갈로를 없애버리겠다고 충동적으로 큰소리를 쳤다. 갈로는 '공개석으로' 살인 청부가 된 상태였기 때문이다. 그는 베니와 시스코에게 총을 구해오라고 말했고, 그들이 총을 갖고 돌아오자 이탈리아계 세 명은 움베트로스의 멀버리 거리 쪽 옆문으로 뛰어 들어가 OK목장에서 정오 총격전을 벌이는 것처럼 총을 난사했다. 이탈리아계 갱스터 3인조로 알려진 이들은 갈로의 보디가드인 피트 '더 그릭' 디아포울로스Pete 'The Greek' Diapoulos의 둔부에 부상을 입혔고 달아나는 갈로를 살해했다.

내가 보유한 모든 반대심문 기법을 시런을 상대로 다 쏟아 부은 후, 시런의 고백이 책과 영화, 인터넷에 떠도는 모든 정보와 어긋남에도, 나는 그가 내게 크레이지 조이 살해에 관한 진실을 말하고 있다는 사실에, 그리고 그가 내게 했던 다른 모든 고백과 함께 이 고백도 책에 실리게 될 거라는 사실에 만족감을 느꼈다. 내가 보기에 루파렐리는 FBI와 대중을 상대로 허위정보를 내놓고 있는 것처럼 보였다. 그는 정부당국을 상대로 이런 스토리를 팔아치워야 할 개인적인 동기를 갖고 있거나, 이 스토리를 통해 개인적인 이익을 봤을 것이다—어쩌면 갚지 못할 빚을 많이 지고 있는 탓에 길거리를 떠날 필요가 있었을 것이다—. 누군가의 명령을 받았을 가능성이 큰 루파렐리는 비난의 초점을 암살을 명령하고 승인한 조폭 보스들에게서 다른 쪽으로 돌리고 있었다. 그럴 경우, 갈로 패거리는 3인조가 소속된 패밀리로서, 이미 갈로 패거리와 분규를 겪고 있던 콜롬보 패밀리를 상대로 앙갚음을 하기보다는 제노비스 패밀리를 겨냥한 복수를 기획하고 있었을 것이다.

시런은 어느 한 보스와 손을 잡은 조폭이 다른 보스의 승인을 받지 않은 채로 그 보스의 구역에서 페인트칠을 할 수는 없다고 오래전에 내게 말했었다. 예를 들어 시카고와 디트로이트 구역이 겹치기 때문에 디트로이트 보스와 시카고 보스 양자의 승인을 받지 않은 채로 디트로이트 구역에서 호파를 살해할 수는 없다. 남부에서는 카를로스 마르첼로가 자기 구역의 소유권을 대단히 강력하게 주장했다. 그는 다른 패밀리에 속한 조폭이 그의 승인을 받지 않은 채로 그의 구역에서 페인트칠을 하는 것은 고사하고 뉴올리언스를 방문하는 것조차 허용하지 않았다.

움베르토스 클램 하우스의 주인은 제노비스 패밀리의 고위급 지부장 매티 '더 호스' 이아넬로Mattie 'The Horse' Ianello로, 총격이 가해지던 시점에는 그도 그 레스토랑에 있었다. 이아넬로는 루디 줄리아니가 2년쯤 후에 제기한 RICO 민사 소송에서 정상급 조폭 인물 26명의 명단에 시런과 함께 오른 인물이다. 명백히, 이아넬로 개인은 아닐지라도, 적어도 제노비스 패밀리는 이아넬로의 레스토랑에서 암살을 감행하는 걸 승인했던 게 분명하다. 그렇지 않다면 그 것은 승인을 받지 않고 충동적으로 저지른 정신 나간 짓이 될 것이고, 이제는 갈로의 동생인 앨버트 '키드 블래스트' 갈로Albert 'Kid Blast' Gallo가 이끄는 갈로 패거리의 초점은 이아넬로와 제노비스 패밀리에게로 좁혀졌을 것이다. 버팔리노 패밀리가 토니 프로가 소속된 패밀리인 제노비스 패밀리와 함께한 작업이 많다는 건 잘 알려진 일이었다. 따라서 루파렐리는 정부당국에 그렇게 말하고는 책에다가 그 사건은 '순간적인 충동에서 비롯된 사건'이라고 썼다.

아무튼, 루파렐리의 정보를 바탕으로 갈로를 살해한 죄로 체포된 사람은 이탈리아계 세 명 중 한 명도 없었다. 그의 주장을 뒷받침하는 세부적인 사실이 단 하나도 없었기 때문이다. 실제로, 베니와 시스코의 신원은 이후에도 밝혀지지 않았다.

이 책이 출간된 후, 작가 제리 카페치가 www.ganglandnews.com에 글을 올려 크레이지 조이 갈로가 총잡이 3인조가 아니라 단독 총잡이에 의해 살해됐다는 주장을 뒷받침했다. 카페치는 갈로 암살을 다룬 오리지널 뉴스를 확인했다. 젊은 시절에 『뉴욕 포스트』 기자였던 카페치는 자신이 "1972년 4월 7일 이른 아침에 로워 맨해튼의 멀비리 거리에 있는 움베르토스 클램 하우스에서 두 시간을 보냈다"고 말했다. 카페치는 NYPD의 전설적인 수사과장 앨시드먼이 움베르토스에서 나와서는 기자들에게 이 모든 유혈극은 단독 총잡이의 범행이라고 발표했다고 썼다.

카페치는 2005년에 출판된 『완전한 바보천치를 마피아의 세계로 안내하는 가이드The Complete Idiot's Guide to the Mafia』 2판에 이렇게 썼다. '나한테 갈로를 살해한 범인을 선택하라고 강요한다면, 나는 프랭크 시런이 그 일을 했다고 말할 것이다.' 호파에 대해서는 이렇게 썼다. '시런의 설명에서는 진실성이 느껴진다.'

그런 후, 행운이 내게 특별한 선물을 안겨줬다. 「폭스 뉴스」의 에릭 숀이 전화를 걸어왔다. 그는 폭스에 재직하는 고참 언론인이 준 정보를 바탕으로 갈로 총격을 목격한 사람을 알게 됐다. 그녀는 익명으로 남기를 바라는 『뉴욕 타임스』 소속의 저명한 저널리스트였다. 그는 그녀에게 전화를 걸었고, 그녀는 자신이 현장에 있었고 총격을 목격했다고 인정했다. 그가 말했다. "이탈리아계로 보이는 세 명이 들어와서 총격을 시작했다고 알고 있습니다." 그녀는 대답했다. "아뇨. 총잡이는 한 명뿐이었어요." 그는 그녀의 관심을 카페치의 웹사이트로, 그리고 갈로 암살이 자행된 즈음인 70년대 초반에 찍은 시런의 우표 크기만 한 사진으로, 그러니까 이 책에 실린 것과 똑같은 사진으로 돌렸다. 그녀는 탄성을 질렀다. "세상에, 이 사람 본 적 있어요. 이 책 구해서 봐야겠네요." 47번가에 있는 『폭스 뉴스』 사옥에서 즉시 걸어 나온 숀은 43번가에 있는 『뉴욕 타임스』 사옥으로 가서 사본을 전달했다.

나는 이 이야기를 친구이자 은퇴한 CBS 임원 테드 퓨리에게 들려줬다. 테드가 말했다. "그 여자, 아는 친구야. 내가 컬럼비아에서 가르쳤던 제일 우수한 대학원생이었어. 끝내주는 아가씨지. 굉장히 똑똑하고 걸출한 저널리스트인데다가 엄청나게 솔직한 사람이야. 내가 그 친구한테 전화할게."

우리 세 사람은 뉴욕의 일레인스 레스토랑에서 저녁을 먹었다. 언론계에 종사하는 그녀와 가까운 사람들 중 그녀가 이 '사건'과 관련이 있다는 걸 아는 사람이 많았음에도, 그녀는 여전히 익명으로 남기를 원한다고 말했다.

목격자는 우리를 위해 현장의 도표를 그렸는데, 거기에는 갈로 무리가 앉은 테이블과 그녀의 테이블이 있던 위치도 포함돼 있었다. 그녀는 말했다. "그 날 밤에 많은 사격이 있었어요. 그 총소리는 이후로 오랫동안 내 귀를 떠나지 않았어요." 그녀는 이 사건이 정말로 단독 총잡이의 범행이라고 확언했다. "그 사람은 이탈리아계는 아니었어요. 그건 확실해요." 그녀는 범인을 프랭크 시런의 개략적인 인상착의와 두드러진 키와 덩치, 그리고 당시의 연령 근사치에 맞아 떨어지는 아일랜드계 사람으로 묘사했다. 그녀는 내가 가진 사진 컬렉션을 훑었는데, 거기에는 다른 갱스터들의 사진도 들어 있었다. 그녀는 갈로 총격이 일어날 즈음에 찍은 시런의 흑백사진을 확대한 버전을 보고는 입을 열었다. "에릭 숀에게 전화로 얘기한 대로예요. 오랜 시간이 흘렀지만, 이 사람을 잘 알아요. 본 적이 있는 남자예요." 그녀는 내가 던진 질문에 대답했다. "아뇨. 신문에 실린 사진에서 봤다는 얘기가 아니에요. 이 남자를 실물로 본 적이 있어요." 그보다 젊은 시절에 찍은 시런의 흑백사진을 보여주자 그녀는 말했다. "아뇨. 너무 젊어요." 나이 먹은 시런에 대해서는 "아뇨. 너무 늙었어요." 그런 후 갈로 암살 즈음에 찍은 시런의 사진을 다시 살핀 그녀는 두려운 분위기를 생생하게 내비치며 말했다. "이 사진을 보니까 소름이 돋네요."

일레인스에서의 만남은 사업상의 만남이라기보다는 사교적인 만남이었다. 테드와 목격자는 그곳의 단골들이었다.

우리 자리에 합석한 일레인 카우프먼은 갈로가 배우 제리 오바치 부부와 함께 그녀의 레스토랑을 자주 찾았었다고 말했다. 오바치는 영화 「총을 똑바로 쏘지 못하는 갱The Gang That Couldn't Shoot Straight」에서 갈로를 연기한 배우였고, 당시 오바치의 아내 마르타는 갈로의 전기를 쓰기로 계약을 맺은 상태였다. 일레인은 갈로가 항상 그녀에게 그녀가 늘 '눈빛 자물쇠(the eyelock)'라고 부른 시선을 보냈다고 말했다. 그러면서 그녀는 그것을 우리에게 보여줬다. 그는 레스토랑을 소유하는 데 따른 고역에 대해 그녀에게 말할 때면 언제든 그녀의 눈을 똑바로 쳐다봤다고, 그런데 그에게서나 그의 시선에서 빚이나는 건 어려운 일이었다고 그녀는 말했다.

레스토랑이 모두 그렇듯, 일레인스의 조명은 은은하다. 나는 목격자와 단독 인터뷰를 하면서 그 인터뷰를 테이프에 담고 싶었고, 조명이 더 밝은 곳에서 스틸사진들과 컬러로 찍은―'실물'―시런의 비디오를 그녀에게 보여주고 싶었다. 내가 읽은 자료들 중에서 시런의 고백과 충돌하는 사안들에 대한 의견을 그녀와 나누고 싶었다. 서로의 스케줄이 무척이나 빠듯했던 탓에, 9개월 후에야 뉴욕에 있는 그녀의 집에서 그녀를 만날 수 있었다. 나는 내가 가진 사진들, 그리고 시런이 79세이던 2000년 9월 13일에 내가 찍은 시런의 비디오를 가지고 갔다. 비디오에 담긴 그는 움베트로스에 갔을 때보다 스물일곱 살이나 나이를 먹은 상태였지만, 그 비디오는 컬러였고 시런은 '실물'이었다.

"나는 당시 열여덟 살이었어요." 목격자의 진술이다. "시카고에 있는 대학교의 신입생이었죠. 봄방학 때였을 거예요. 내 절친과 나는 그녀의 오빠 부부를 방문하는 중이었죠. 오빠 부부는 그레이시 맨션 근처에 살았어요. 우리는 극장에 가고는 했죠. 연극 「에쿠우스Equus」를 관람했을 거예요. 그러고는 차를 몰고 돌아다니면서 관광을 좀 했을 거고요. 우리 둘 다 술은 마시지 않았어요. 우리는 미성년자였고, 친구의 오빠 부부도 우리랑 같이 외출할 때는 술을 마시지 않았어요. 우리는 충격이 일어나기 20분쯤 전에 움베르토스에 들어갔어요.

거기에 갈로 일행 말고는 일곱 명 정도밖에 없었다는 일부 책들의 주장은 말이 안 돼요. 그 시간에도 거기는 꽤나 붐볐어요. 네다섯 테이블쯤에 사람들이 있었고, 바에도 두 명인가 앉아 있었어요. 우리가 들어간 후와 그 일이 벌어지기 전에 그곳을 떠난 사람들이 있었을지도 몰라요. 나는 그것까지는 모르겠어요. 우리는 정문으로, 헤스터와 멀버리가 교차하는 모퉁이에 있는 문으로 들어갔어요. 헤스터 거리 쪽의 왼편에는 테이블이 없었어요. 안으로 들어가니까 모든 게 우리 앞에―왼쪽에 있는 바와 오른쪽에 있는 멀버리 거리 쪽 벽 사이에―있었어요. 우리는 뒤쪽에 있는 테이블에 앉았어요. 내 자리는 헤스터 거리를 보는 쪽이었어요. 절친은 내 오른쪽 자리였고요. 그 애의 오빠 부부는 우리 맞은편에 앉았어요. 그들의 자리는 뒷벽과 멀버리로 나가는 옆문을 바라보는 자리였어요. 갈로 일행이 우리 왼쪽에 있었던 걸 기억해요. 어린 여자애 때문이기도 하고, 그리고 그 애의 어머니가 굉장히 예쁘다는 생각을 했거든요. 그 여자애 외에 여자가 두세 명 있었고 남자도 두세 명 있었어요. 남자들 얼굴은 기억나지 않아요.

우리가 주문한 해산물 요리가 막 나왔을 때 키 큰 남자가 멀버리 거리 쪽 문으로 들어오는 걸 봤어요. 내 자리에서는 그 문을 쉽게 볼 수 있었어요. 문이 내 왼쪽 어깨 바로 옆이었거든요. 그는 바를 향해 대각선 방향으로 가면서 내 앞을—내 시야 전체를—지나갔어요. 무척 튀는 사람이라고 생각했던 걸 기억해요. 꽤나 덩치가 크고 잘생긴 남자였거든요. 그는 우리 테이블에서 그리 멀지 않은 바에서 걸음을 멈췄어요. 내 접시를 내려다보던 중에 첫 총소리를 들었어요. 고개를 들었더니 바로 그 남자가 바를 등지고는 갈로 테이블을 마주 보며 서 있었어요. 그의 손에 총이 들려 있던 기억이 나는지는 장담 못하겠지만, 그가 총질을 한 사람이었다는 것만큼은 확실해요. 그 점에 대해서는 의문의 여지가 없어요. 모두들 몸을 숙이는 와중에도 그는 가만히 그 자리에 서 있었어요.

갈로 일행은 자기들에게 날아오는 게 무엇인지 몰랐어요.

그 사람은 시런이었어요. 이 사진에 있는 바로 이 남자요. 비디오에 보이는 모습조차 그날 밤의 그의 모습과 무척 비슷해요. 비디오 속 그는 많이 늙은 모습이기는 하지만요. 오, 그래요. 그 사람이에요. 확실해요. 당신이 내게 보여준 [1980년경에 찍은] 뉴스 사진들 속의 그는 살이 붙고 후덕해 보이지만, 비디오에 나오는 모습은 그렇지 않아요. 이 사진 [1979년에 『뉴스위크』에 실린 사진] 속의 그는 광대처럼 보여요."

나는 그녀에게 시런이 1975년에 호파를 어쩔 도리 없이 살해한 후 폭음을 하면서 살이 쪘다고 말했다. 그러자 그녀가 말했다. "1975년이면 내가 컬럼비아대학원에서 저널리즘을 공부하려고 뉴욕에 온 해로군요."

그리디니 그녀는 설명을 계속했다. "친구의 오빠기 우리에게 픔을 닞추리고 소리를 질렀어요. 다른 사람들도 비명을 지르면서 몸을 숙이고 있었어요. 총소리들 말고 내가 가장 잘 기억하는 것은 타일 바닥에 엎드려 있는 동안에 난 유리 깨지는 소리였어요. 우리는 총격이 그칠 때까지 바닥에 가만히 있었어요. 총격이 그치자 친구의 오빠가 여기서 나가자며 소리를 질렀어요. 우리는 몸을 일으켜 멀버리 거리 쪽 문으로 달려갔어요. 다른 사람들도 여기서 나가자고 소리를 지르는 사람이 많았어요. 우리가 달릴 때 그늘도 달렸어요.

우리는 멀버리를 뛰어갔어요. 멀버리에서 도주차량에 총을 쏘는 사람은 아무도 없었어요. 보디가드는 그랬다고 주장하지만요. 우리 차는 경찰서 근처에 주차돼 있었어요. 차를 몰고 집으로 돌아오는 길에 우리가 방금 전에 겪은 일이 강도사건이었는지 마피아의 암살이었는지를 추측해봤어요. 리틀 이탈리아에 대한 고정관념을 갖고 싶어 한 사람은 아무도 없었지만, 어쨌든 우리는 그곳을 마피아와 관련된 지역으로 생각했어요. 집에 오는 길에 라디오 뉴스를 들었는지 여부는 기억나지 않지만, 이튿날에 신문을 본 건 기억나요. 엄청나게 끔찍했어요. 친구하고 나만 있었다면 이튿날에 그곳에 다시 돌아가 봤을지도 몰라요. 하지만 그 애의 오빠 부부는 우리를 챙기려고 무척이나 애를 썼기 때문에 우리가 어떤 식으로건 그 사건에 연루되는 걸 원치 않았어요."

세부사항에 대한 언론인 특유의 기억력과 시각을 가진 이 갈로 목격자는 이후에 우후죽순처럼 쏟아져 나온 이야기를 하나도 읽어보지 않았다고 말했다. 그녀는 그 사건을 생각하거나 사건 얘기를 하는 것을 좋아하지 않았다. 그녀는 에릭 숀이 '이탈리아계 3인조'를 언급하기 전까지는 그런 얘기를 들어본 적이 없었다. 그녀는 말했다. "말도 안 되는 얘기예요. 멀버리 거리 쪽 옆문으로 들이닥쳐서 총격을 시작한 이탈리아계 세 명은 절대 없었어요. 그랬다면 나는 그들이 들어오는 걸 봤을 거예요. 총잡이가 세 명이었다면 우리는 너무 겁에 질려서 일어나 도망치지도 못했을 거예요. 몸을 일으켰더라도 그 옆문으로 빠져나가지 못했을 거예요."

그녀에게 그날 밤에 본 남자가 시런이라는 것을 어느 정도나 확신하느냐고 다시 묻는 것으로 그 인터뷰를 끝맺었다. 그녀는 말했다. "확신해요. 그는 내가 그날 밤에 본 그 남자인 게 분명해요."

이 목격자가 긍정적으로 해준 신원 확인은 결정타였다. 내가 이 사건을 담당하는 검사라면, 나는 그 얘기를 듣는 순간 철창문이 닫히는 소리를 들었을 것이다. 사건이 벌어진 후 오랜 세월이 지난 후에 이뤄진 신원 확인이었지만, 그녀는 살인자를 목격하고 그 살인자가 손에 총을 쥔 위협적인 존재가 되기 전에 심리적 이미지를 형성할 기회를 가진 풋내기 저널리스트였다. 총을 맞닥뜨린 목격자는 총만 기억하는 경우가 잦다.

그녀가 신원을 확인해준 후, 나는 갈로에 대한 책을 구할 수 있는 대로 다 입수하기로 결정했다. 시간이 한참 지난 터였다. 많은 책이 중고였고, 절판된 상태였다. 움베르토스에서 그날 밤에 일어난 사건에 대한 그 책들의 주장은 터무니없는 경우가 잦았다. 하지만 갈로의 보디가드였던 피트 '더 그릭' 디아포울로스가 쓴 1976년도 책은 흥미로운 사실을 담고 있었다.

디아포울로스는 그날 밤 갈로의 생일 축하는 뉴욕의 유명한 나이트클럽 코파카바나에서 시작됐다고 『여섯 번째 패밀리The Sixth Family』에 썼다. 그날 밤의 엔터테이너인 돈 리클스는 갈로에게 존경을 표했다. 코파카바나에서, 갈로는 '확실한 그리스볼[136]', 노땅 러스 버팔리노와 우연히 마주쳤다. 갈로는 버팔리노의 옷깃에서 이탈리아계 미국인 민권연맹 배지를 발견했다. 보석을 향한 버팔리노의 애정을 제대로 반영한 듯, 이 배지에도 다이아몬드가 박혀 있었다. 버팔리노의 친구이자 동료 보스로, 갈로가 암살을 명령한 인물인 조 콜롬보는 10개월째 혼수상태였다. 갈로는 버팔리노에게 말했다. "안녕하쇼, 그걸로 뭘 하는 중이신가? 그 허깨비 연맹을 정말로 믿으시는 거요?"

디아포울로스는 이렇게 썼다.

버팔리노의 턱이 꿈틀거리는 게 보였다. 그는 등을 꼿꼿이 세우고는 우리에게서 몸을

---

136 greaseball, '남뉴럽 술신사'를 가리키는 모붂석인 표현

425

돌렸다. 프랭크[버팔리노의 일행]는 무척이나 걱정스러운 표정으로 조이의 팔을 잡았다. "조이, 이 자리는 그런 얘기를 할 곳이 아냐. 가서 술이나 몇 잔 하세."

"그래, 우리는 술을 몇 잔 마실 거야."

"조이, 저분은 보스야."

"그래, 보스지. 그런데 나도 보스야. 그가 나보다 더 높은 존재인가? 우리는 모두 평등해. 우리는 모두 형제가 돼야 해."

'형제'라는 말이 별말 아닌 것처럼 나왔다.

"조이," 내가 말했다. "우리 테이블로 가지. 괜한 불화 일으키지 말고."

디아포울로스는 버팔리노의 일행을, '무척이나 걱정스러운 표정으로' 갈로의 팔을 붙잡은 사람의 이름을 프랭크라고 밝혔다. 디아포울로스는 '불화'가 어떻게 시작됐는지 묘사했다. '여전히 샴페인이 보내지고 있었다. 프랭크라는 잘난 체하는 자식이 몇 병을 보내왔다. 그는 펜실베이니아 이리의 보스이자 확실한 그리스볼인 노땅 러스 버팔리노와 함께 있었다.'

그리고 러셀 버팔리노가 뉴욕에 올 때면 차를 운전했던 버팔리노의 단골 일행 프랭크 시런은 갈로를 늘 '건방진 자식'이라고 묘사했다. 프랭크는 이 사건을 알고 있었을 것이다. 그런데 코파카바나에서 일어난 이 사건은 버팔리노와 관련이 있는 일이었기 때문에, 시런은 나에게 하는 고백에서 이런 종류의 세부사항들은 건너뛰었을 것이다.

영화 「도니 브래스코」의 실제인물인 조지프 D. 피스토네Joseph D. Pistone는 FBI를 위한 언더커버로 활동할 때 베수비어스에서 빈둥거리고는 했었다고 내게 말했다. 거기서 그는 버팔리노와 시런을 만났다. 그들은 목요일마다 그곳에 왔다. 베수비어스는 코파카바나에서 도보로는 한참을 걸어야 하는 거리고, 차로는 금방 갈 수 있는 거리였다. 코파카바나에서 벌인 갈로의 생일파티는 목요일 오후 11시에 시작됐다. 그리고 금요일 새벽 5시 20분에 조이 갈로는 저세상 사람이 되었다.

러셀과 프랭크가 뉴욕 시티의 코파카바나에 있던 밤에, 크레이지 조이 갈로는 잘못된 사람들에게 '건방진' 모습을 보이는 바람에 페인트칠을 당했다. 지미 호파의 미스터리처럼, 그리고 프랭크 시런이 페인트칠을 했다고 고백했던 다른 모든 집처럼, 갈로 미스터리도 풀렸다.

이 책이 출간된 후, 프랭크 시런의 딸 돌로레스가 내게 말했다. "지미 호파는 우리 아버지가 진짜로 애정을 보인 두 분 중 한 분이었어요. 다른 분은 러셀 버팔리노였죠. 지미 호파를 죽인 일로 아버지는 여생 동안 괴로워했어요. 호파가 실종된 후로 아버지는 극심한 죄책감과 번민 속에 살았어요. 폭음을 하셨죠. 때로는 걸음도 걷지 못했어요. 나는 아버지가 그 짓을 했다는 사실을 직면하게 될까 봐 늘 두려움에 떨었어요. 아버지는 당신이 나타날 때까지는 그 사실을 결코 인정하지 않았어요. FBI는 아버지에게서 자백을 받아내기 위해 아버지를 괴롭히고 아버지의 일거수일투족을 꼼꼼히 살피면서 30년 가까이를 보냈어요.

그분을 아버지로 둔 건 악몽 같은 일이었어요. 우리는 무슨 문제가 생겨도 아버지를 찾아갈 수가 없었어요. 우리를 위해 문제를 해결한다면서 끔찍한 짓을 하실까 봐 두려웠으니까요. 아버지는 자신의 방식으로 일을 처리해서 우리를 보호하고 있다고 생각했지만, 실제로는 정반대였어요. 우리는 아버지에게서 보호를 받지 못했어요. 너무 겁에 질려서 보호해달라고 아버지를 찾아가지 못했으니까요. 동네에 사는 남자가 내 앞에서 알몸을 노출시켰지만 아버지한테는 그 일을 말할 수가 없었어요. 아버지가 우리를 데리고 외출할 때 큰언니는 절대로 우리랑 같이 가지 않았어요. 아버지가 우리를 집으로 다시 데려오지 않을까 봐 겁이 났으니까요. 우리는 갈수록 신문의 헤드라인이 커지는 게 싫었어요. 그런 상황 때문에 우리 자매 모두가 오늘날까지 고통받고 있어요. 언니들과 나는 아버지에게 이 책을 쓰지 말라고 사정했지만, 결국에는 두 손을 들고 말았어요. 적어도 나는 그랬어요. 아버지는 가슴을 짓누르는 무거운 짐에서 벗어날 필요가 있었어요. 우리는 살인과 폭력을 다룬 헤드라인은 물릴 만큼 봤지만, 나는 당신에게만큼은 신실을 밝히라고 아버지께 말했어요. 아버지가 당신에게 진실을 말하지 않았다면, 세상 누구도 실제로 일어난 일을 알지 못할 거예요.

우리가 영원토록 먹구름 밑에서 살아왔다는 기분이 들어요. 나는 그 구름이 걷히기를 원해요. 아버지는 지금은 결국 평화로워지셨어요. 지미의 가족에게도 같은 말을 해주고 싶어요. 아버지는 자기 친구를 죽이고는 눈을 감는 날까지 그걸 후회하셨어요. 나는 마음속에 늘 의심을 품고 있었어요. 그러면서도 그 의심이 사실로 확인되는 것을 원치 않았어요. 이제 나는 아버지가 살았던 인생을 억지로라도 인정해야만 해요. 그걸 받아들이는 법을 배워야 했고, 그 모든 혼란스러운 감정을 품고는 진실을 떠올리게 됐어요."

그리고 이 책에는 진실만이 담겼다.

2005년 3월

전에는 말할 수 없던 이야기들

<Zip-a-Dee-Doo-Dah>

아이다호 선 밸리의 몽롱한 한여름날, 내 휴대폰에서 디즈니 영화 「남부의 노래」의 오리지널 삽입곡 <Zip-a-Dee-Doo-Dah> 벨소리가 울렸다. 나는 「밤비」와 함께 재개봉된 그 영화를 훗날 아내가 된 낸시와 한 첫 데이트에서 훗날 내 의붓자식이 된 그녀의 여섯 살짜리 아들 트립과 네 살짜리 딸 미미와 함께 봤다.

뉴욕의 지역번호 212가 찍힌 전화를 받자 젊은 여성이 물었다. "찰스 브랜트 씨인가요?"

"그런데요."

"로버트 드 니로 씨 연결시켜드리겠습니다."

정말이지, 집-어-디-두-다.

8개월 전인 2008년, 『버라이어티』는 마틴 스콜세지와 로버트 드 니로가 이 책을 장편영화로 만드는 계약을 파라마운트와 맺었다는 사실을 신문 1면을 통해 널리 알렸다. 그런데 그 후에도 시간은 하염없이 흘리만 갔다. 이후로 몇 개월간 할리우드에서는 아무 소식도 들려오지 않았다. 이 전화가 오기 전까지는.

자신이 프랭크 시런으로 출연할 영화의 프로듀서이기도 한 드 니로는 이 책에 사용되지 않은 이야깃거리가 있느냐고 물었다.

"많죠." 나는 장담했다.

"예를 든다면요?"

"흐음, 특정 인물들이 체포되고 다른 특정 인물들이 사망하면서 프랭크가 내게 밝힌 특정 사건들은 이제는 공개해도 될 정도로 안전해졌어요." 나는 몇 가지 에피소드를 연달아 들려줬다.

이 통화는 스콜세지와 드 니로, 「쉰들러 리스트」로 오스카를 수상한 시나리오작가 스티브 자일리언과 만나는 자리를 위해 파라마운트가 나를 비행기에 태워 맨해튼으로 실어 나르는 일로 이어졌다.

나는 57번가에 있는 르 파커 메르디앙 호텔 37층의 바닥부터 천장까지 이어진 통유리를 등지고 그들과 마주 앉았다. 우리는 카네기홀이 있는 거리의 아래쪽에, 그리고 스콜세지의 제작사인 시켈리아 프로덕션스의 길 건너편에 있었다. 우리는 드 니로의 제작사인 트라이베카 프로덕션스와 내가 다닌 고등학교가 있는 이스트 15번가에서 위쪽에 있었다. 내가 영화배우 제임스 캐그니와 작곡가 델로니어스 몽크를 배출한 스타이브센트 고등학교를 졸업한 1959년에, 우리 졸업식은 카네기홀에서 거행됐었다. 스콜세지와 드 니로와 나는 각기 다른 고등학교를 다녔지만, 그렇게 세 사람이 모인 자리에 있으니 옛집에 와 있는 것 같은 기분이었다. 우리는 모두 동시대에, 록큰롤의 여명기에, 오늘날에는 두왑Doo Wop으로 알려져 있는 시대에 뉴욕에서 이탈리아계로 자랐다.

스콜세지는 내가 앉은 카우치와 직각으로 놓인 내 왼쪽 카우치에 앉았고, 자일리언은 그 옆에서 시나리오 초고에 메모를 하고 있었는데, 메모 내용은 내 눈에는 보이지 않았다. 드 니로는 육중한 목제 커피테이블을 사이에 두고 내 건너편 윙 체어에 앉아 있었다. 자일리언과 팔을 뻗으면 닿는 거리에 있는 그는 이따금씩 자일리언의 어깨를 토닥이며 물었다. "알아들었지?" 오후 5시 30분이었다. 신선한 과일과 쿠키들이 있었다. 커피향이 가득한 방은 길모퉁이 간이식당의 태평한 분위기를 풍겼다. 우리는 거기에서 빈둥거리는 사내들이었다.

"심문자는," 내가 말했다. "자기가 놓는 약에 취하고는 하죠."

파라마운트는 우리 스케줄로 한 시간을 잡아놨지만, 아티스트 세 명이 나한테 던지는 질문들이 지나치게 빈틈이 없고 내가 가진 이야깃거리는 너무나 많았던 탓에 우리는 9시 30분이 될 때까지 네 시간을 휴식시간도 없이 앉아 있었다. 우리는 저녁도 걸렀다.

그들이 질문하는 어느 순간, 나는 1961년에 애틀랜틱시티의 스틸 피어 놀이공원에서 본 잘 알려지지 않은 영화 때문에 1991년에 프랭크에게 순진하기 이를 데 없어 보이는 질문을 던진 것이 역사적으로 중요한 의미를 가진 오싹한 대답을 이끌어냈다고 설명했다.

"어떤 영화인데요?" 스콜세지가 물었다.

"장담하는데, 당신들은 모르는 영화일 거예요. 나 말고 이 영화를 본 사람은 아무도 없었어요. 게다가 50년 가까이 된 일이에요."

"제목이 뭔데요?" 그는 끈질기게 물었다.

"「침묵의 돌풍Blast of Silence」이요."

그는 껄껄 웃었다. "최근에 프랑스 사람들이 나한테 그 영화에 대한 글을 써달라고 요청했었어요. DVD를 보내드리죠."

내가 그들에게 건넨 이야깃거리 중 일부는 2005년에 에필로그를 발표한 이후로 몇 년간 일어난 새로운 사건들이었다. 하지만 대다수의 이야기는 1991년부터 비롯된 오래된 것들로, 내가 방탄조끼 삼아 가슴에 꽁꽁 싸매둔 이야깃거리였다. 다음은 내가 그들에게 들려준 오래된 이야깃거리와 새로운 이야깃거리다.

진실성 테스트

2005년에 출판된 페이퍼백 초판의 에필로그를 쓰려는 참에 은퇴한 NYPD 조직범죄 강력반 형사 조 코피가 존 '더 레드헤드' 프랜시스가 부유한 상업적 부동산업자였다는 얘기를 들려줬고, 나는 그 정보를 에필로그에 활용했다. 출판 1개월 후, 코피는 『플레이보이』 편집자에게 편지를 썼다. 그의 편지는 리틀 이탈리아에 있는 움베르토스 클램 하우스에서 '건방진 자식' 조이 갈로를 봤다는 프랭크의 고백을 바탕으로 내가 집필한 잡지 기사를 지지했다.

갈로 살인사건은 코피가 담당한 사건이었다. 그는 프랭크의 고백에 의해 사건이 해결됐다고 믿었다. 그런데 이후로 요 몇 년간, 그의 입에는 여전히 쓴맛이 남아 있었다. 코피는 『플레이보이』에 보낸 편지에 갈로가 움베르토스에서 생일을 자축하는 걸 도와준 사람들 중에 드라마 「로 앤 오더Law & Order」의 배우 제리 오바치가 있었는데, 그는 코피의 살인사건 수사에 협조하는 걸 거부했다고 썼다.

갈로를 죽였다는 프랭크 시런의 고백을 지지하는 편지를 『플레이보이』에 보낸 조 코피에게 감사 인사를 하려고 선 밸리에 있는 집에서 뉴욕에 있는 그의 집으로 전화를 걸었다.

"그 재수 없는 새끼는 변호사를 달고 왔어요." 코피가 제리 오바치 얘기를 했다. "그 새끼는 내가 질문을 단 하나도 묻게 놔두지 않았어요."

"오바치 말이에요," 내가 말했다. "책 사인회를 하다 알게 된 건데, 그는 버팔리노 구역에 있는 고등학교를 다녔어요. 펜실베이니아 북동부에 살았던 사람은 누구나 그런 상황에서는 입을 다물고 있어야 한다는 걸 잘 알고 있었어요."

코피는 툴툴거렸다. "으음, 어찌됐든 갈로 사건은 해결됐어요." 그가 말했다. "하지만 오바치 그 자식이 협조만 했으면 그 시절에 해결할 수도 있었을 거예요."

코피는 시런이 갈로 살해와 관련해서 진실을 말하고 있다는 것을 아는 이유 중 하나를 밝혔다. 『뉴욕 타임스』 편집자가 목격자로서 신원 확인을 해줬기 때문만이 아니었다. 코피는 그가 '이탈리아계 총잡이 3인조 이야기'가 회자되도록 놔뒀던 건 사법적인 목적 때문이었다고 설명했다. 코피는 이 가짜 이야기를 진실성을 확인해주는 테스트로 활용한 거였다. 그 이야기는 허위정보를 걸러내는 필터 역할을 할 터였다. 그는 정보원이 이탈리아계 총잡이 3인조에 관한 '정보'를 팔아먹으려고 시도할 경우, 그자의 말을 들을 생각조차 하지 않았다. 범인은 덩치 큰 외톨이 총잡이이며 이탈리아계가 아니라는 걸 잘 알고 있었기 때문이다.

"그건 시런이었어요." 코피가 말했다.

내가 물었다. "제 책 읽어보셨나요?"

그는 머뭇거렸다.

"형사님이 제게 레드헤드가 상업적 목적으로 활동한 부동산업자였다는 얘기를 해주신 후에 책을 한 권 보내드렸는데요."

"아하, 존 프랜시스 말씀이시군요."

"그 얘기가 제게 정말로 큰 도움이 됐습니다. 그래서 페이퍼백에 형사님 얘기를 썼죠. 읽어 보셨죠?"

"아뇨. 안 읽었어요." 그는 껄껄 웃었다. "하지만 버팔리노 패밀리에 있는 정보원에게 책을 보내기는 했죠. 그 친구만 책을 읽었어요. 거기 있는 버팔리노 패거리도 모두 책을 읽었고. 이 고참 버팔리노 패밀리 친구는 충격을 받았다고 했어요. 시런이 그 모든 걸 당신한테 고백했다는 게 믿어지지 않는다면서요. 그건 모두 참말이었어요. 놈들 모두 충격을 받았답니다."

"시런은 무척이나 후회했습니다." 내가 말했다. "오랫동안 그랬습니다."

"분명히 그랬을 거예요."

내가 코피 형사와 통화할 때 프랭크가 살아 있었다면, 나는 그 소식을 알리려고 그에게 전화를 걸었을 것이다. "갈로 사건이 해결됐대요. 버팔리노 패밀리가 당신 말이 맞다고 보증했대요. 모두 참말이래요."

나는 팀스터즈 동료의 은퇴 파티의 테이블 상석에 앉아 있는 프랭크와 나의 지연스러운 모습을 찍은 스냅사진을 이네에게서 받았다. 프랭크가 그레이지 조이를 죽였다는 고백을 하는 순간에 누군가가 찍은 우리 두 사람의 사진이었다.

"러스가 당신을 그토록 신뢰한 이유가 뭐였나요?" 내가 그에게 처음으로 던진 질문이었다.

"그 질문에 대답할 경우," 그는 작은 요정 같은 미소를 지으며 대답했다. "나는 자네한테 다른 얘기들도 해야만 할 거야."

"제발요, 프랭크. 저를 애태우지 마세요. 지금은 모든 걸 털어놓기에 좋은 시기예요."

그는 목소리를 낮췄다. 그의 입술은 거의 움직이지 않았다. "조이 갈로라고 들어봤나?"

"그럼요." 내가 대답했다. "크레이지 조이."

"건방진 자식." 그가 말했다.

"이해가 안 돼요. 러스가 왜 당신을 그토록 신뢰한 거예요?"

"내가 그 문제를 알아서 처리했거든. 레드헤드는 그 사건에서 내 운전사였어. 그는 나를 내려주고는 그 블록을 한 바퀴 돌았어. 그가 돌아왔을 때 내가 거기 없으면 그냥 차를 몰고 떠나기로 돼 있었지. 나는 알아서 내 앞가림을 하는 거고. 그게 우리 행동방식이었어."

그 자연스러운 스냅사진에서 손에 녹음기를 든 나는 맥주병이 부딪히는 파티의 소음 속에서 그의 나지막한 목소리를 들으려고 그를 향해 몸을 숙이고 있다. 사진에서 프랭크는 뭔가 새로운 얘기를 고백한 후에 때때로 짓고는 하던 아련히 먼 과거를 돌아보는 표정을 짓고 있다.

자신이 '건방진 자식'을 죽였다는 프랭크의 고백을 책에 싣기로 결정했을 때, 나는 갈로 암살을 책에 포함시킨 게 골칫거리가 될 거라는 건 꿈에도 상상하지 못했다. 이탈리아계 총잡이 3인조가 움베르토스를 급습해서 갈로의 그리스계 보디가드의 둔부에 총을 쏘고, 헤스터 거리로 도망친 갈로를 살해했다는 세계적으로 널리 퍼진 버전을 상대로 다툼을 벌여야만 할 거라는 건 알고 있었다. 프랭크가, 포레스트 검프처럼, 그토록 유명한 많은 사건에 관여해왔다는 것은 이 책의 신뢰성을 주장하는 작업에는 충분히 골치 아픈 일이었다.

갈로 고백을 책에 담기로 한 내 결정은 나와 프랭크 모두가 코피 형사의 진실성 테스트를 통과하는 기회인 것으로 밝혀졌다.

그러나 나는 초판의 출판이 임박했다는 사실을 깨닫지 못하고 있었다. 내가 아는 거라고는 움베르토스의 테이블 아래에서 뛰어나와서는 자신이 갈로를 향해 총탄을 퍼부은 이탈리아계 총잡이 세 명을 봤다고 말할 『뉴욕 타임스』 편집자가 세상에 존재할 가능성이 있다는 거였다. 그녀가 어떤 이탈리아계 사람의 사진을 확인해줬다면 어떻게 됐을까? 그렇게 되면, 내가 출판한 책은 호파를 다룬 또 다른 헛소리로서 하수구로 곧장 쓸려가는 선에서 그치지 않을 터였다.

그럴 경우, 내가 힘겹게 쌓아온 평판이 대단히 위태로워질 터였다. 변호사로서, 다른 변호사와 판사, 대중으로부터 많은 작업을 위탁받는 내 능력은 전적으로 내 평판에 의존한 거였다. 사람들은 나를 델라웨어 변호사협회 전임 회장으로, 전직 법무차관으로, 소설가로, 신문에 기고하는 칼럼니스트로, 심문과 반대심문 기법을 전문적으로 강의하는 연사이자 작가로 알았다. 평판이 그렇기에, 나는 정치인이 아닌 공인임에도 민주당에 가입해서 주지사에 출마하라는 요청을 민주당 의장에게서 받았었고, 그로부터 20년 후에는 공화당원으로 출마하라는 요청을 공화당 의장에게서 받았다. 귀 얇은 인간으로, 세상이 다 아는 거짓말쟁이가 하는 말을 순진하게 믿어버린 놈으로 세상에 노출되는 것은 내가 평생 쌓아온 모든 것을 망칠 수도 있었다.

갈로를 그가 누운 곳인 헤스터 거리에 그대로 놔둘 수도 있었다. 하지만 나는 변호사 윤리위반을 조사하는 미합중국 대법원 위원회의 멤버로 13년을 보냈었다. 나는 당시 상원의원이던 조 바이든이 델라웨어 변호사직을 신청했을 때, 로스쿨 표절사건을 밝히는 데 실패한 사건을 조사해서 그가 혐의를 벗는 걸 도왔다. 이 책을 편집할 때, 변호사 윤리 분야에서 쌓은 내 배경은 프랭크기 갈로에 대해 나에게 거짓말을 했던 것으로 밝혀진 경우 대중은 그 사실을 알 권리가 있고, 대중은 프랭크가 나한테 해준 다른 모든 말을 믿지 않을 것이라고 내게 크고 명쾌한 목소리로 알렸다.

하지만 나는 프랭크를 철석같이 믿었다. 우리 모습이 자연스럽게 찍힌 사진이 보여주듯, 그가 내게 그 사실을 고백했을 때 나는 그에게서 불과 몇 센티미터 떨어져 있었다. 나는 그의 눈을 봤다. 그가 말하는 걸 들었다. 결국, 내게 그는 순전히 오후 동안에만 증인석에 섰다가 다시는 볼일이 없는 존새가 아니었다. 오랫동안, 나는 이탈리아계 총잡이 세 명이 '그 작업'을 했다는 얘기가 바위에, 책들과 영화들에 뚜렷하게 새겨진 상태라고 프랭크에게 윽박지르듯 말했다. 그렇지만 프랭크는 자신이 양손에 총을 들고 있었다는 주장을 고수했다. 그리고 나는 내가 상대하는 인물이 어떤 사람인지를 잘 알고 있었다.

갈로 암살을 최종 편집본에 넣은 것이 프랭크의 주장을 네 번이나 확인하는 보상을 받을 것이라는 사실은 꿈에도 상상하지 못했다.

첫 번째 보상은, 당연히, 기적적인 목격자인, 프랭크가 외톨이 총잡이였다는 걸 긍정적으로 확인해준 『뉴욕 타임스』의 기자였다. 이 저명한 저널리스트는 고맙게도 PBS와 인터뷰하면서 카메라 앞에 서겠다고 나섰다. 얼굴은 보이지 않고 익명을 유지한 상태로 한 인터뷰이기는 했지. 그녀는 방송사가 보여준 시런의 사진은 갈로를 죽인 남자가 "분명하다"고 말했다.

두 번째 보상으로, 수석수사관 코피 형사는 내가 쓴 『플레이보이』 기사를 읽은 후에 사건은 종결됐음을 밝혔다.

셋째, 갈로의 그리스계 보디가드가 쓴 책은 러셀과 프랭크, 그리고 '건방진 자식'처럼 굴고 있던 크레이지 갈로가 그날 밤 이른 시간에 코파카바나에서 벌인 논쟁에 대한 설명을 제공했다.

넷째, 버팔리노 패밀리가 평결을 내놨다. "그건 모두 참말입니다."

갈로 사건과 관련해서 프랭크의 설명과는 강하게 대비되는 이야기가 널리 퍼졌음에도, 프랭크의 주장이 그 이야기를 누르고 신뢰성을 획득하면서, 나는 코피의 갈로 사건 종결 선언을, 그리고 이 모든 문제들에서 가장 신뢰할 만한 인물인 버팔리노 패밀리 내부자들의 철저한 진실성 보증을 담은 짤막한 업데이트를 책에 덧붙여야겠다고 판단했다. 그런데 버팔리노 패밀리에 대해 훨씬 더 많은 얘기를 들으면서 짤막한 업데이트로 생각하고 집필을 시작했던 글이 이와 같은 많은 페이지로 길어지고야 말았다.

그 버팔리노 인물들에게, 라 코사 노스트라에게, 그리고 죽음으로 처벌한다는 침묵의 규칙 '오메르타[137]'의 충성파에게 이 책은 큰 충격이었을 게 분명하다. "의심이 들면, 의심의 싹을 잘라 없애라." 우리가 사교클럽에서 만나고는 했던 버팔리노 사람들과 필라델피아 사람들, 그리고 그의 친구인 시카고의 대부 조이 '더 크라운' 롬바르도Joey 'The Clown' Lombardo—내가 같이 있을 때 프랭크에게 자주 전화를 걸어온 인물—에게, 프랭크가 자신이 나와 함께 불쾌한 사실들에 분칠을 해대는 분식(whitewashing)용 책을, 프랭크가 "이 상황에 대한 내 입장"이라고 부르는 책을 작업 중이라는 말을 하고 있다는 걸 나는 책을 작업하는 내내 알고 있었다. 그들은 우리가 프랭크를 호파 살인사건의 연루자로 묘사한 그 모든 책에 맞선 방어용 책을 쓰고 있다고 믿도록 호도했다. 러셀 버팔리노는 프랭크가 내막을 털어놓는 걸 허용했다. 러셀이 프랭크에게 해준 일은 나와 함께 책을 써도 좋다고 승인한 것이 전부였다. 프랭크가 밝혔듯, "그게 어느 누구에게도 해를 끼치지 않는 한" 말이다. 하지만 프랭크와 나는 우리가 실제로 하고 있는 일이 무엇인지를 잘 알았다. 이 메이드맨들과 보스들과 함께하는 동안, 나는 언더커버가 된 듯한 기분을 가끔씩 느꼈다.

나는 프랭크와 내가 찍힌 그 '건방진 자식' 사진을 들여다보면서, 버팔리노 사람들이 내가 분식용 책을 쓰겠다면서 프랭크의 뒤통수를 쳤다고, 프랭크의 고백을 받아내려고 그의 심리를 허물어뜨렸다고, 그의 고령을 이용해 먹었다고, 그의 양심을 등쳐먹었다고 나를 그릇되게 비난하지는 않았다는

---

137 omerta, 시칠리아 마피아의 규칙으로, 마피아의 일원이 되기 위하여 맹세를 할 때 서로의 손가락에 바늘을 찔러 피를 내고 의식을 실시하는 것으로부터 이 이름이 붙었다. 흔히 마피아 십계명이라고도 불리며, 침묵과 복종의 규칙이다.

데 안도감을 느꼈다. 결국, 내가 그때그때 활용한 심문 기법들에 따라, 그는 나를 "검사 영감님"이나 "광신도"라고 불렀었다. 그는 나를 자신이 상대해본 "가장 터프한 검사님"이라고 말했었다.

코피 형사가 전한 뉴스는 모든 면에서 무척이나 희소식이었다. 펜실베이니아 북동부에서 무거운 눈송이들이 떨어지기 시작하고 있었다. 눈보라가 몰려올 터였다.

제3의 반지

내 책의 오리지널 하드커버판이 공개되고 정확히 2년 뒤인 2006년 5월 31일, 12년 전에 러셀이 사망하면서 버팔리노 패밀리의 대부가 된 부두목 빅 빌리 델리아Big Billy D'Elia를 연방기관이 마약자금 세탁 혐의로 기소했다. 빅 빌리는 러셀의 조카로, 그와 날마다 붙어 다닌 일행이었다. 1972년에 러셀은 그 자신이 낄, 프랭크가 낄, 그리고 내가 책에서 신원을 밝히지 않은 제3의 인물이 낄, 다이아몬드가 박힌 3달러짜리 금화 모양의 반지 세 개를 제작했다. 이 반지들은 세 명으로 구성된 핵심층을 의미했다.

제3의 반지는 빅 빌리 델리아를 위한 거였다.

삼촌 러스에게서 교육을 잘 받은 빌리는 이런 짜증스러운 연방의 기소를 다루는 법을 잘 알았다. 곧바로 빌리는 그에게 불리한 증언을 하기로 일정이 잡혀 있는 투자은행가 증인 두 명을 모두 암살하라는 명령을 내렸다. 표적들 입장에서는 다행스럽게도, 빌리가 명령을 내린 살인 청부업자는 FBI의 도청 장치를 달고 있었다. 빌리는 셰익스피어의 『줄리어스 시저』에서 브루투스가 한 짓과 똑같은 방식으로, 도청장치를 단 인물에게 마피아가 '그 작업'이라고 부른 짓을 하라는 명령을 내리면서 그의 삼촌 러스가 체포됐던 것과 똑같은 방식으로 체포됐다.

이제 빌리는 연방재판의 증인들을 살해하려 했다는 엄청나게 심각한 음모에 대한 기소를 두 건이나 맞닥뜨리고 있었다. 정부가 테이프를 쥐고 있는 사건에 휘말린 50세의 빌리는 옥중에서 숨을 거둘 터였다.

이런 기소들이 제기되기 15년 전인 1991년, 프랭크는 사우스 필리 6번가에 있는 모나리자 레스토랑에서 열린 마피아들의 식사자리에서 나를 빅 빌리 델리아에게 소개했다. 프랭크는 갓 출소한 참이었다. 그리고 빌리는 누가 봐도 명백한 러셀의 후계자였다. 빌리는 훤칠하고 느긋하며 대단히 예의 바른 사람이었다. 나는 그를 싫어할 이유가 전혀 없었지만, 그 뒤로 오랫동안 그가 나를 탐탁지 않아 했다는 건 명백한 사실이었다.

예를 들어, 필라델피아공항 근처의 이탈리아식 레스토랑에서 프랭크를 위한 생일파티 오찬을 가진 뒤에 프랭크가 집에서 내게 전화를 걸었다. "자네가 파티를 떠난 다음에 빌리가 나한테 뭐라고 했는지 알아? 나보고 저 사람을 믿느냐고 묻더라고. 저 사람을 믿는다고, 저 사람이 없었다면 감옥에 9년이나 더 있어야 했을 거라고 했지. 나는 자네를 믿는 걸까?"

"잠깐만요, 프랭크." 나는 강하게 말했다. "잠깐만요. 조금 전 얘기 다시 해 봐요. 버팔리노 패밀리의 대부가 나에 대해 뭐라고 했다고요? 온통 거기에만 신경이 쓰이네요."

프랭크는 그의 친구들이 무슨 생각을 하는지 알려줬다. "의심의 여지가 있으면, 의심의 싹을 잘라라." 그런데 지금 빅 빌리가 나를 의심하고 있었다. 프랭크와 빌리와 나, 그리고 그 자리에 함께 있던 모두가, 그리고 필라델피아와 버팔리노 패밀리의 유명한 인물들이 내가 프랭크의 책을 집필하는 중이라는 걸 알고 있었다.

"에이, 그 친구, 나를 약 올리려고 그랬던 것뿐이야." 프랭크가 말했다. "걱정할 것 하나도 없어. 나는 그 개자식을 좋아한 적이 전혀 없었고, 그 자식도 나를 좋아한 적이 전혀 없었어."

"지금 그 말을 들으면서 안심을 해야 하는 건가요?"

"아니, 아니지." 프랭크가 말했다. "나는 그 개자식을 좋아한 적이 전혀 없었고, 그 자식도 나를 좋아한 적이 전혀 없었다는 말을 한 것뿐이야."

프랭크와 함께한 몇 년 동안, 나는 때때로 빌리와 자리를 같이했지만, 그는 내게 말을 거는 일이 거의 없었다. 내가 도청장치를 달고 있을지도 모른다는 투였다. 내 책의 하드커버 초판이 공개될 때까지 며칠밖에 남지 않았을 때, 아내 낸시가 예전에 내 밑에서 준법률가[138]로 일했고 빌리의 친구와 데이트를 했었던 다이앤에게서 수신 참조 이메일을 받았다. 다이앤은 빌리의 친구가 방금 선에 그녀에게 보낸 이메일을 낸시에게 포워드했다. 그 이메일은 다음과 같은 경고로 끝났다. '추신. 빌리는 찰리를 마뜩지 않아 함.'

나는 낸시를 안심시키려 애썼다. "빌리 일당은 이 책을 아직 보지 못했어. 책은 아직 서점에 깔리지도 않았다고. 빌리가 자기한테 불리한 내용이 담겼을 거라고 상상하는 게 분명해."

"프랭크가 살아 있었을 때는," 낸시가 말했다. "지금보다는 기분이 더 나았었어."

낸시는 내가 프랭크라는 볼룸댄서의 리드를 따라 민감한 특정 이슈들 주위를 춤을 추며 다니고 있었다는 걸 알고 있었다. 프랭크는 이런 말을 한 적이 한 번 이상 있었다. "러셀에 대한 글을 쓰면 안 돼. 그는 이 사건의 다른 사람들과 관련이 있으니까. 내가 가까운 사이였던 러셀에 대해 그런 말을 했다면, 그들은 내가 그들에 대해서는 무슨 말을 했을지 궁금해할 거야. 그런데 그들은 그런 문제를 호탕하게 넘길 사람들이 아니야." 러셀의 아내 캐리가 여전히 생존해 있는 동안에는 러셀에 대한 상대적으로 사소한 이야기 몇 개조차 사용해서는 안 된다는 말을 한 적도 있었다. 캐리는 지금은 고인이 됐다.

프랭크는 빌리의 이름이 책에 나와서는 안 된다고 강하게 주장했고, 나는 그의 말을 따랐다. 심지어 지금도 나는 빌리가 마피아 세계에서 쓰는 별명을 밝히지는 않을 작정이다. 나는 암으로 죽어가던 존 '더 레드헤드' 프랜시스가 프랭크와 함께 많은 집의 페인트칠을 했다고 정부당국에 인정했다는 정보

---

138 paralegal, 법적 전문 기술은 있으나 변호사는 아닌 사람으로 법이 허용하는 범위 내에서 그 기술을
     활용하거나 변호사의 감독 아래 활동하는 사람

의 출처가 빌리였다는 것조차 책에 밝히지 않았었다. 빌리가 프랭크와 러셀과 함께 금반지를 낀 제3의 인물이었다는 것을 언급하지도 않았었다.

낸시는 프랭크가 나를 보호하려고 얼마나 애썼는지를 직접 목격했다. 필라델피아 근처에 있는 그의 아파트에서 인터뷰를 하고 나면, 프랭크는 변함없이 말하고는 했다. "집에 도착하면 전화해. 탈 없이 집에 잘 갔는지 확인하고 싶으니까."

"빌리가 일단 책을 읽고 나면," 나는 낸시에게 말했다. "당신이 프랭크가 여러 번 말하는 걸 들었던 것처럼, 빌리는 '흡족해'할 거야."

낸시는 내가 특정 인물들에 대한 민감한 특정 사안들만 제외시킨 게 아니라는 걸 잘 알았다. 나는 나 자신도 제외시켰었다. 나는 내가 활용한 심문기법들의 공로를 내 덕으로 돌리는 것을 원치 않았다.

나는 전형적인 이탈리아계 가정에서 자랐다. 우리 가족은 페리 코모[139] 스타일의 이탈리아계였지만, 나는 진짜 범죄를 다룬 신문 헤드라인에 매료됐다. 아놀드 슈스터라는 젊은 세일즈맨을 절대 잊지 못할 것이다. 그는 브루클린 길거리에서 현상 수배된 은행 강도 윌리 서튼을 발견하고는 경찰을 데리러 달려간 후 현상금을 요구했다. 1957년에 호텔 이발소 의자에서 살해된 것으로 유명한 마피아 보스 앨버트 '더 매드 해터' 아나스타시아는 감비노 패밀리라고 불리게 될 조직의 대부였다. 윌리 서튼은 마피아하고는 아무 관련이 없는 사람이었다. 그런데도 아나스타시아는 아놀드가 TV에 출연해서 공을 독차지하는 게 '마음에 들지 않았다'. 그는 나를 비롯한 뉴욕의 젊은이들에게 교훈을 주기 위해 아놀드를 그의 집 앞에서 사살하라고 명령했다.

이 책이 공개되기 3년 전에, 나는 프랭크의 공모자 중 한 명인 처키 오브라이언에게서 교훈을 얻었다.

DNA 테스트 결과 1975년에 밤색 머큐리에서 발견된 머리카락은 호파의 것이 맞다는 게 확인됐다고 FBI가 발표한 2001년 9월 7일 이후, 처키는 그의

---

139 Perry Como, 미국의 가수 겸 방송인

발아래에서 의심의 풀이 조금이라도 머리를 내미는 것조차 허용하지 않았다. 그 차는 호파가 실종된 그날 오후에 처키가 단독으로 사용하면서 통제했다는 것을 오래전에 인정했던 차다.

오브라이언은 DNA 뉴스를 듣자마자 플로리다에 있는 집에서 프랭크에게 전화를 걸었다. 그는 필라델피아공항에 있는 바에서 만나자고 프랭크에게 요청했다. 오브라이언은 FBI와 DNA 테스트에 신경을 쓰지 않을 도리가 없었다. 그가 품은 유일한 두려움은 특정한 사람들이 처키가 '마음에 들지 않는다'고 결정할지도 모른다는 거였다.

공항의 바에서, 처키는 자신은 이런 발견에 겁을 먹지 않을 거라며 프랭크를 안심시켰다. 그는 스탠드업 가이였다. 호파의 머리카락은 숱한 경로를 통해 거기에 놓이게 됐을 수 있었다.

"머리카락은," 프랭크는 공항 미팅을 가진 후 내게 설명했다. "사람들을 통해 거기로 옮겨졌을 수도 있어. 결국, 그 머큐리는 지아칼로네 꼬맹이 거였어. 그들은 지미의 친한 친구들이었어. 그들은 늘 서로를 껴안고는 했지. 그게 전부야. 사람들 앞에서 그들이 껴안는 걸 본 증인을 100명쯤 구할 수 있어. 처키는 걱정할 게 하나도 없어."

오브라이언은 '의심의 여지가 있으면 의심의 싹을 잘라라'의 희생양으로 전락하지 않을 거라는 것을 의심의 여지없이 흡족해하며 집으로 날아갔다. 그로부터 이틀 후에 9·11이 일어났고, 호파의 머리카락에 쏟아지던 관심은 완전히 사그라졌다.

내가 프랭크와 했던 교류의 일부를 제외시킨 중요한 이유는 내가 수행한 고해 신부 역할 때문에 때때로 프랭크의 친구들이 용인했을 수준보다 덜한 존경심을 프랭크에게 표해야 했던 데에도 있다. 그들의 문화에서 존경심을 보이지 않는 것은 즉석에서 목숨을 빼앗는 것으로 처벌할 수도 있는 엄청난 죄다. 주제넘게 나서는 것조차 용서받지 못할 일이다. 내가 그를 지나치게 몰아붙이는 일을 자주 한 건 아니었다. 내가 그렇게 했을 때, 그건 대체로 전쟁 경험에 대해 털어놓으라고 프랭크를 몰아붙이려 애쓰던 중이었다.

프랭크가 나한테 제일 화를 냈던 때는 411전투일에 대해 압박했을 때였다.

"나는 RICO 재판을 받을 때 감방에 가는 걸 모면하겠답시고 배심원단에게 그 얘기를 꺼내는 것조차 하지 않았었어. 에밋은 내가 참전용사라는 걸 밝혀서 배심원단의 환심을 사기를 원했었지. 그런 나한테 고작 책을 팔아먹겠답시고 그 얘기를 꺼내라는 거야?"

내 임무는 그 모든 걸 털어놨을 때 따르는 이점들을 계속 상기시키는 거였다. 내가 가톨릭이라는 점도 도움이 됐다. 결국, 프랭크는 내가 그를 몰아붙이는 걸 허용했다. 새로운 얘기를 털어놓을 때마다 기분이 한결 나아졌기 때문이다. 그는 몸도 편해지는 걸 느꼈다.

요점은, 나는 내가 맡은 역할의 세부적인 내용을 다 책에 담지는 않았다는 것이다. 누군가가, 특히 빌리가 '찰리가 마음에 들지 않는다'고 느끼는 정도가 지나치게 커지는 걸 원치는 않았기 때문이다.

우리 집의 가훈은 이렇다. '의심의 여지가 있으면, 책에서 빼라.'

1991년

1999년 3월 1일부터 2003년 12월 14일까지 거의 5년 가까이 심문자로서 수행한 내 역할과 내가 쓴 기법들을 책에서 제외시킨 것 말고도, 나는 그보다 이른 1991년에 프랭크와 보낸 기간의 세부적인 내용도 제외시켰다.

그해에 대해서는 다음의 네 문장으로 정리할 수 있다.

내 파트너와 내가 의학적 근거들을 바탕으로 시런의 조기 석방을 힘들게 얻어낼 수 있었던 직후인 1991년에 나는 시런의 아파트에서 그를 처음으로 인터뷰했다. 1991년 인터뷰를 가진 직후, 시런은 자신을 심문하는 것 같은 인터뷰 절차의 성격에 대해 재고하고는 인터뷰를 종료시켰다. 그는 자신의 심정이 흡족한 수준하고는 거리가 멀다고 인정했다. 나는 내가 던지는 질문들을 기꺼이 받겠다고 마음이 바뀔 경우에는 인제든 디시 연락하라고 그에게 밀했다.

이 모든 문장은 진실이다. 하지만 신중하게 요약한 문장이기도 하다.

인터뷰 진행과정은 1991년에 프랭크와 작업을 시작한 바로 그 순간부터 덜컹거렸다. 파트너 바트 달튼과 나는 의학적인 근거를 바탕으로 조기 가석방을 신청하는 데 필요한 의무[140] 서류에 서명을 받으려고 교도소에 있는 그를 면회했다. 바트는 교도소까지 혼자서 80킬로미터를 운전해서 갔던 적이 이전에 두 번이나 있었다. 프랭크는 두 번 모두 어떤 서류에도 서명하는 걸 거부했다. 프랭크는 바트에게 의학적 가석방을 신청하는 대신, 수정헌법 6조[141]를 위반하면서 '잔혹하고 특이한 처벌'을 가하는 죄를 저질렀다며 FBI와 연방 및 주 검사들, 연방과 주 판사들, 교도소장, 그리고 기다란 명단에 등재된 다른 관리들을 상대로 민권소송을 제기할 것을 요구했다. 그를 면회하러 간 우리는 반항기가 다분한 의뢰인을 상대로 더블 팀 수비를 걸었다.

내가 갖고 있다고 느낀 이점 중 하나가 10년 전인 1981년에 내가 시련을 다뤘던 단호한 방식이었다. 필라델피아에서 열린 RICO 소송에서 패소한 직후, 프랭크는 윌밍턴에서 열릴 연방재판에서 그에게 걸린 노동 갈취 혐의를 변호해달라며 나를 선임했다. 나는 법원 심리에서 그를 변호했다. 우리는 결백을 주장했다. 거기에는 제노비스 두목 토니 프로벤자노의 부하인 유진 보파가 이끄는 마피아 소속 공동 피고가 여섯 명 있었는데, 필라델피아 패밀리의 바비 리스포Bobby Rispo도 거기에 포함돼 있었다. 피고인 각자는 수임료가 비싼, 다이아몬드 커프스 단추를 하고 빳빳하게 풀이 잘 먹은 흰색 셔츠에 자신의 이니셜을 수놓은 대도시 변호사들을 선임했다.

심리가 끝난 후 복도에서, 프랭크는 나를 옆으로 데려가 말했다. "자네 처신이 마음에 들어. 수수료는 나한테는 전혀 문제가 안 돼. 이, 이, 이 말 오해하지 마. 하지만 명령신청하고 관련 작업을 위한 수수료를 선불로 지급할게. 그와 관련된 서류작업을 할 필요는 없어. 서류는 저기 있는 다른 변호사들이

---

140 醫務, 의료에 관한 사무나 의사로서의 업무
141 형사 절차에서 피고인이 가진 권리를 규정한 조항

444

다 작업할 거고, 자네는 이름만 올리면 그걸로 끝이야."

"프랭크," 내가 말했다. "다른 변호사를 구하세요. 나는 당신에게 우리 사무실의 수임료를 알렸고 당신은 그걸 받아들였어요. 내 수수료에 대한 문제가 제기되면, 나는 그걸로 끝이에요. 나는 당신을 대표하지도 않을 거고 당신하고 협상하지도 않을 거예요. 당신이 마음에 드는 방식으로 문제를 해결할 다른 변호사를 찾을 수 있을 거라고 확신해요. 하지만 당신이 제안하는 내용은 내가 의뢰인을 대신해서 작업하는 방식이 절대 아니에요. 나는 의뢰인을 위해 명령신청을 준비할 때, 내가 어느 편에 서 있는지를 잘 알아요. 그런데 나는 이 사람들이 어느 편에 서 있는지를 전혀 모르겠어요."

나는 그가 무슨 대답을 할 수 있기도 전에 몸을 돌려 자리를 떴다.

내가 주장한 바를 입증하듯, 1개월 후 미합중국 검사는 필라델피아의 바비 리스포가 몇 달 전에 정부에 정보를 넘겼다고 밝혔다. 리스포는 이 변호사 집단이 전략을 논의하기 위해 그들의 모든 의뢰인을 만날 때마다 그 자리에 도청장치를 달고 참석한 인물이었다. 그래서 정부는 그들의 변호 전략을 몽땅 듣고 있었다. 내 귀에 이건—변호사와 의뢰인의 관계를 침해하는—위헌적인 조치로 들렸지만, 그렇게 수집된 증거는 '미합중국 대 보파 외' 재판의 판결에 그대로 유지됐다.

결국 프랭크는 유죄 판결을 받으면서 이 혐의들에 따른 32년 형기 중 18년 형을 받았다. 프랭크가 치료 목적의 가석방으로 풀려나려고 나를 고용하기로 결정했을 당시에 그는 이 모든 것을 기억하고 있었을 거라고 나는 확신했다.

교도소 면회실의 문이 열리고 강한 소독약 냄새가 밀려들어왔다. 수감자들이 복도를 대걸레질하는 탓에 그런 게 분명했다. 프랭크가 페이건 모터사이클클럽[142] 델라웨어지부의 전직 지부장이 미는 휠체어를 타고 교도소 면회실로 들어오는 걸 보고 나는 깜짝 놀랐다.

몇 년 전, 내가 수임 분야를 의료사건들에만 국한하지 않고 살인사건 변호

---

142 Pagan Motorcycle Club, 범죄 조직의 이름

도 맡았을 때, 이 페이건 소속 인물이 델라웨어 강 건너 뉴저지에서 증인 두 명을 살해했다는 혐의를 받은 사건에서 나는 그를 성공적으로 변호했었다. 페이건 한 명과 역시 페이건 소속인 그의 어머니의 시신이 바닷물과 만나는 사우스 저지의 파인 배런스에 유기됐는데, 모자는 내 의뢰인이 아닌 또 다른 페이건에 의해 머리에 총을 맞아 피살될 건이었다. 고등학생 때 헤비급 레슬링선수였다가 1960년대에 널리 퍼진 마약에 희생된 슬픈 사례인 내 의뢰인은 그때는 마약 관련 혐의로 옥살이를 하고 있었다. 나를 본 그는 무척이나 기뻐하면서 차돌처럼 단단한 불룩한 두 팔로 나를 껴안았다. 프랭크의 눈에 이런 모습이 좋아 보였을 거라고, 흡족한 의뢰인이 나의 변호 능력을 보증해주는 것으로 보였을 거라고 나는 생각했다.

나는 '지금 나는 여전히 퀸스의 중학교에서 영어를 가르치는 중'이라고 나 자신을 속여 가면서 프랭크에게 치료 목적의 가석방청문회는 바로 이 회의실에서 열리는 조용한 내부 절차라고 참을성 있게 설명했다. 주를 대표하는 법률가도, 언론도, 팡파르도 없을 거라고, 그를 담당하는 FBI요원도, 검사도, 판사도 우리가 가석방을 신청했다는 소식을 듣지 못할 거라고 설명했다.

내가 말하는 동안, 내가 생전 본 중에 제일 큰 머리의 제일 큰 얼굴이 잿빛으로 변하며 딱딱하게 굳어졌다. 그의 싸늘하고 메마른 푸른 눈은 나를 쏘아보고 있었다. 우리는 10년간 만난 적이 없었다. 내가 말하는 동안 그가 유죄판결을 받았던 곳인 델라웨어법정의 화강암만큼이나 거친 피부의 잿빛은 더욱 더 짙어졌다. 그가 숨을 쉬고 있다는 건 확실했지만, 그 사실을 확인할 도리는 전혀 없었다.

"프랭크," 내가 말했다. "당신은 휠체어 신세를 지고 있어요. 바트와 나는 의료과실 전문 변호사예요. 지금 우리가 맡는 사건은 그 분야밖에 없고, 우리는 의학적 증거를 제시하는 법을 잘 알아요. 당신은 심각한 협착증 때문에 척추수술을 받아야 해요. 수술 준비를 마친 필라델피아 최고의 신경외과 의사 프레드 시메오네가 당신을 기다리고 있어요. 수술 후에는 광범위한 요양과 물리치료, 간호 서비스를 받아야 할 거예요. 이 교도소 소장은 당신에게 필요한 특수 요양서비스를 제공하고 싶어 하지 않아요. 그는 당신이 치료 목적의 가석방을 받아 여기서 휠체어를 타고 나가는 걸 기뻐할 거예요. 민간인 세 명으로 구성된 가석방위원회는 우리 편에 서줄 거고요. 실제로, 그들은 다른 편이 아니라 우리 편에 설 거예요. 반면에 당신이 우리가 제기했으면 하는 이런 소송들 중 하나를 제기할 경우, 당신이 좋아하는 모든 사법당국은 당신이 형기의 마지막 1초까지 확실히 복역하게 만들려고 막후에서 똘똘 뭉칠 거예요."

그는 내 말을 한마디도 듣지 못한 사람처럼, 노려보는 눈빛만큼이나 싸늘한 목소리로, 악문 이빨 사이로 흘러나오는 단조로운 목소리로 교도소에 수감된 변호사가 그를 위해 써준 게 분명한 독백을 하기 시작했다. 모든 문장은 이렇게 시작했다. "내가 원하는 건 자네가 누구누구를 고소하는⋯⋯" 길모퉁이에서 두 남자가 싸우고 있다는 방송을 접하고는 두 사람이 죽어라 싸우다 지쳐 나가떨어질 때까지 온갖 여유를 다 부리면서 현장을 찾아가는 경찰이 된 심정으로, 나는 그가 고소하고 싶어 하는 모든 사람에 대해 웅얼거리게 놔뒀다.

그가 말을 마친 듯 보였을 때 물었다. "프랭크, 하고 싶은 말 다 끝났나요?"

"그래," 그는 으르렁거렸다. "끝났어."

"당신이 자기가 한 말을 들을 수 있었으면 좋겠네요. 당신도 당신이 한 말이 전혀 사리에 맞지 않는다는 걸 알 수 있을 테니까요."

나는 그의 주의를 끌었다.

"우리는 치료 목적의 가석방을 요청하는 중이에요." 나는 일부러 느릿느릿 말을 이었다. "우리가 하는 일은 그게 전부예요. 우리가 실패하고 당신이 그 멍청한 소송들을 다 제기할 정도로 충분히 멍청한 변호사를 찾아낼 수 있을 경우, 그렇게 일을 진행하도록 하세요. 일주일 후에 바트가 이 서류들을 가지러 돌아올 거예요. 우리를 선임하고 싶으면, 그 서류들에 서명하는 게 좋을 거예요. 교도관, 여기 면회 끝났습니다."

그다음 주에, 키가 190센티미터이고 운동신수처럼 체구가 딘딘한 바드 밀튼이 혼자 교도소로 운전해왔다. 돌아온 그는 내 안전을 진정으로 염려했다. "그는 온통 자네 얘기만 했어." 바트가 말했다. "자네가 정말로 걱정돼. 그에게 그런 식으로 말한 사람은 여태까지 아무도 없었거든. 그러고서 화를 면한 사람도 없었고. 그는 그 얘기를 계속 들먹였어. 자네는 그에게 득이 되라고 그런 일을 하는 거라고 설득하려 애를 썼는데, 그는 귀를 기울이지 않았어. 내가 무슨 사이 나쁜 마피아들을 화해시키는 것 같았다니까. 정말로 걱정돼. 그는 자네 얘기를 한 번도 멈추지 않았어. 명심해, 그는 약속에 늦은데다 그에게 와인을 쏟았다는 이유로 프레드 고우론스키를 죽인 사람이라는 걸."

"게다가," 내가 말했다. "그는 FBI가 지명한 호파 사건의 주요 용의자이기도 하지. 그건 그렇고, 서류에 서명은 했어?"

"했어."

"잘됐군. 중요한 건 그거잖아. 그렇지? 이제 그를 출소시키자고."

당연히, 우리는 그렇게 했다.

고마움의 표시로, 프랭크는 우리와 우리 사무실의 준법률가들을 점심식사에 초대했다. 그 자리에는 정보 안내용 피켓 라인에서 막 걸어 나온 것처럼 보이는 험상궂은 팀스터즈도 몇 명 있었는데, 여덟 명 모두가 이름이 로코Rocco였다. 프랭크는 춥고 우중충한 감방에서 풀려난 이후로 상태가 한결 나아져 지팡이를 짚고 돌아다닐 수 있었다. 우리는 그의 예전 소굴로, FBI 테이프에서 조폭들이 '와인 숍'이라고 부른 곳인, 윌밍턴에 있는 리틀 이탈리아 구역의 빈센테스 레스토랑의 뒤쪽 룸에 있었다. 그 레스토랑은 언젠가 내 딸 제니 로즈의 열여섯 번째 생일을 축하하는 가족 만찬파티를 벌일 때 어느 갱스터가 돔 페리뇽 한 병을 보내준 곳이었다.

어느 순간, 프랭크는 그가 미식축구를 볼 때 딸이 키우는 고양이가 그의 무릎에 뛰어오르는 걸 좋아한다는 얘기를 우리에게 했다. 그래서 그는 물총을 샀다. 그는 고양이에게 물을 쏘는 모습을 흉내 냈는데, 그 모습을 보자 소름이 돋았다. 2002년에 그가 '피스'로 내 임대한 캐딜락의 바닥에 총을 쏘는 시늉을 했을 때의 그 소름이 다시 돋았다.

프랭크와 친구들은, 우리는 그 자리에 존재하지 않는다는 듯, 추억담을 나누며 그들이 여전히 살아 있다는 사실을 무척이나 감탄했고, 특정한 판사들과 FBI요원들의 남성성에 대해 의문을 제기했다. 그들이 정말로 업신여긴 요원 중 하나가 머리카락 한 올 흐트러진 데가 없는 존 탬으로, 그는 프랭크가 RICO 재판 동안 '담요를 덮어씌운' 요원이었다. 사람들은 그를 검정 정장에 검정 셔츠, 밝은 빨간색 타이, 포켓에 빨간 손수건을 꽂은 입술이 두꺼운 사람으로 묘사했다. "나는 탬의 문제가 뭔지 알아. 탬의 문제가 뭔지 얘기해주지. 그는 자신의 동성애 성향 때문에 평생 안간힘을 쓰고 있어."

프랭크의 다른 친구 중에 입을 꽉 다문, 떠돌이처럼 보이는 프래니Franny라는 사내가 있었다. 프랭크의 수임료를 내게 전달한 사람인 그는 깊은 생각에 잠긴 듯 보였다. 프랭크와 프래니가 유치원 때 이후로 친구지간이라는 걸 알게 됐다. 갑자기 프래니가 와인잔을 들더니 울먹이는 목소리로 말했다. "프랭크, 연방요원들이 자네를 그냥 내버려두기를 바라네." 누구 하나 예외 없이 "옳소, 옳소"라는 말로 화답했다. "옳소, 옳소." 바트와 나도 메아리를 울렸다.

오찬이 끝난 후, 프랭크는 손님들이 우리 얘기를 들을 수 없는 곳으로 나를 데려갔다.

"지미 문제로 비난을 당하는 것도 신물이 나. 모든 기사가 그런 식이지. 세, 세, 세상에 책이 여섯 권 나왔는데 모두가 나를 그 사건에 연루시켜. 보라고."

프랭크는 세인트 마틴스 출판사가 1988년에 출판하고 트라이스타 픽처스가 영화화 권리를 사들이고는 결코 그 권리를 행사하지 않은 내 형사소설 『묵비권』을 감옥에 있을 때 읽었다고 덧붙였다. 소설의 주인공 루 라찌 형사는 걸출한 심문자다. 그 책은 내가 심문을 통해 해결하는 것을 도왔던 '국가 대 풀먼' 같은 주요 사건들을 바탕으로 쓴 소설이었다. 법질서를 존중하자는 분위기의 책으로, 중심 캐릭터는 고백을 이렇게 설명한다. "고백은 식량과 피신처처럼 생활필수품 중 하나예요. 뇌에서 심리적인 쓰레기를 제거하는 데 도움을 주죠." 출판 이후, 델라웨어의 언론은 이 사실적인 소설 때문에 로널드 레이건 대통령이 내게 편지를 썼다고 보도했다. 레이건 대통령은 '법을 준수하는 시민들에 대한 보호정책을 개선하자는 솔직한 입장'을 거론하며 『묵비권』을 공개적으로 칭찬했다. 프랭크는 아일랜드계 미국인 대통령인 레이건이 내 책을 좋아한다는 그 기사를 읽었다.

"나도 자네 책이 좋았어." 아일랜드계인 프랭크가 말했다. "책을 쓰고 싶어. 자네가 나를 위해 책을 써줬으면 좋겠어. 자네가 이 상황의 내 입장을 말해줬으면 해."

내 본능과 내가 받은 교육 덕에, 나는 프랭크가, 적어도 잠재의식 면에서는, 고백하고 싶은 잠재적인 욕망을 갖고 있다는 걸 단박에 알아차렸다.

우리의 과거 만남들도 내게 그렇다고 말했다. 나는 바비 리스포가 그 상황에서 FBI 쪽 입장에 서 있었음이 폭로되기 직전에 프랭크를 강하게 다뤘었다. 교도소 면회실에서는 치료 목적의 가석방과 관련해서 그를 한층 더 강하게 다뤘었다. 그리고 그가 법질서를 주장하는 내 소설에 걸출한 심문가로 등장하는 주인공 루 라찌를 접했었노라고 밝힌 이후인 지금, 그가 '이 상황의 그의 입장'을 들려줄 상대로 나를 골랐다는 것 이상을 잘 알고 있다는 데에는 조금의 의문도 들지 않았다. 그는 그 책에 나온 실제 범죄자들 중 일부와, 그러니까 내가 교도소에 처넣은 사내들 일부와 교도소 공간을 공유했다.

권위를 가진 사람에게 비밀을 고백하려는 잠재적인 욕망은 내가 사법부에서 경력을 쌓던 초기에 윌밍턴경찰서의 노련한 강력반 형사 찰리 버크에게 배운 개념이었다.

"그렇게 많은 자백을 어떻게 얻어내신 겁니까?" 나는 버크에게 물었다.

"그자들은 자네에게 말하고 싶어 해, 찰리." 버크가 대답했다.

나는 그가 농담을 하는 거라고 생각했었다.

이 대화가 있었던 때는 그가 강도 랜돌프 디커슨에게서 살인을 했다는 자백을 받아낸 후였다. 랜돌프는 창문을 억지로 여는 데 사용한 스크루드라이버로, 혼자 살며 성경책을 판매한 돈을 사회보장연금에 보탰던 노부인을 찔러 살해했다. 성경책을 판매하는 부인은 자기 아파트에 귀가했다가 그녀의 서랍장을 뒤지고 있던 위층에 사는 이웃 디커슨을 보고 놀랐다.

"랜돌프는 이 살인사건을 가슴에서 덜어내야 했어, 찰리. 놈은 이 살인을 가슴에서 덜어내야 했다고." 버크는 자기가 한 말을 반복하는 걸 좋아했다. "놈은 망할 놈의 약쟁이였어. 장담하는데, 나쁜 놈은 아니었어. 하지만 그런 놈들한테는 누가 보스인지를 확실하게 알려줘야 해. 그런 놈들한테는 누가 보스인지를 확실하게 알려줘야 한단 말이야, 찰리."

버크는 교과서에 실린 기법에는 그리 많이 의존하지 않았다. 세상에 나와 있는 일부 책들은 빼어난 책들이지만. 버크에게는 나름의 신념이 있었다. 나는 범인들이 권위 있는 인물에게 비밀을 고백하고픈 욕망을 갖고 있다는 이론의 신봉자가 됐다. 그건 '와인 숍'에서 열린 이 오찬 축하연, 그리고 오찬 이후에 내가 '이 상황'의 '그의 입장'을, 지미 호파 '사건'에 대한 '그의 입장' 을 들려줄 책을 써달라는 요청을 받기 이전까지 숱하게 목격하면서 의존하게 된 현상이 됐다.

형사재판의 원고와 피고 쪽에 모두 서보면서, 나는 여러 종교가 천 년간 설파해온 양심이라는 것이, 12단계 프로그램, 정신과 의사, 그리고 셰익스피어 같은 예술가들이 극화해온 양심이라는 것이 인간의 본성에 속하는 요소 중 하나라는 사실을 인정하게 됐다. 알코올과 약물들은 양심을 마비시키지만, 양심은 무엇인가에 의해 솜씨 좋게 표면으로 끌어올려지기를 기다리면서 피부 아래에 자리하고 있다.

하지만 살인자가 고백하고픈 욕망을 내비쳤을 때조차, 고백하고 싶어 하는 것은 그의 마음과 영혼일 뿐이다. 반면, 그의 육체에 있는 모든 세포는 그러고 싶어 하지 않는다. 결국에 교도소에 처박히거나 환자 이송용 들것에 결박되는 대상은 그의 육신이 될 것이기 때문이다. 죄책감으로 가득한 심리의 내면에서는 이렇게 상반된 힘들이 동시에 작용하는 경우가 잦다.

내가 브루클린 로스쿨의 졸업생일 당시만 해도 신생 TV 프로그램이던 「60분60 Minutes」의 위대한 기자 마이크 월러스에게서 영감을 받은 덕에, 심문과 반대심문은 내가 열정을 품고 전념하는 분야가 됐다. 법률 커리어를 쌓아기는 동안, 나는 약물로 의식이 혼미해진 강도들부터 증인으로 출석한 깐깐 신경외과의까지 다양한 인물들을 반대심문했었다. 하지만 내가 프랭크의 입을 열게 만들지 여부는, 내가 '이 상황에서 그의 입장'을 깊이 있게 파헤칠 수 있을지 여부는 이 로마 가톨릭신자가 얼마나 깊이 후회하는지에 달려 있을 터였다.

모나리자

우리는 필라델피아 인근인 스프링필드에 있는 프랭크의 정원 딸린 아파트에서 만나기로 약속을 잡았다. 그가 수술을 받기 전인 1991년 10월이었다. 나는, 최악의 경우에도, 루 라찌 시리즈의 차기작에 쓸 글감은 얻게 될 거라고 판단했다.

프랭크가 지팡이로 몸을 지탱하면서 문을 열었다. 그는 그의 '유니폼'이라할 감청색 면 운동복 상하의 차림에, 자신은 여전히 뼛속까지 트럭운전사라는 걸 공표하는 납작한 회색 트위드 캡을 쓰고 있었다. 뒤쪽에서는 트럭운전사라는 주제를 따르는 차원에서 컨트리뮤직 전문방송국의 방송이 흘러나오고 있었다. 프랭크 뒤에는 프랭크 또래인 붉은 얼굴의 땅딸막한 남자가 서 있었다. 그 남자는 다른 색이 하나도 섞이지 않은 갈색 정장에 빳빳하게 풀 먹인 노란 드레스 셔츠, 빨강과 금색이 섞인 줄무늬 타이 차림이었다. 심장이 철렁 내려앉았다.

규칙 제1조, 심문 대상자하고만 만나는 게 좋다.

프랭크는 정성껏 꾸며진 침실 두 개짜리 아파트에 내가 들어가게 해줬다. 아파트에서는 희미한 약 냄새가 났다. 그가 말했다. "이쪽은 내 변호사 찰리브랜트야. 이쪽은 다른 변호사인 지미 린치 '더 가톨릭'Jimmy Lynch 'The Catholic'이고."

지미 린치 '더 가톨릭'이 팔을 쭉 내밀고는 강한 사투리 억양으로 말했다.

"안녕하쇼, 촐리, 어째 지내쇼."

그의 별명을 들으면서 희망이 돌아오는 걸 느꼈다. 가톨릭신자들은 고백

452

을 이끌어내는 성례를 거행한다.

내가 화장실에 갔을 때 전화벨이 들렸다. 화장실에서 나온 나는 전화기를 들고 대단히 깍듯한 모습을 보이는 프랭크 시런을 봤다. 그는 누군가에게 고개를 끄덕이며 "그래, 그래, 그래"를 연발했는데, 통화 상대는 러셀 버팔리노의 부두목 빅 빌리 델리아로 밝혀졌다.

전화를 끊은 프랭크가 지미에게 말했다. "그 문제 말이야, 지금 당장 해치워야겠어."

"지금요?" 지미가 따지듯 물었다.

"그 일은 그들이 원할 때 하는 거야. 자네가 하고 싶을 때 하는 게 아니라. 그들이 자네한테 사전에 통고장을 보내지는 않아."

"촐리와 무슨 일을 할 생각인데요?"

"여러분," 나는 잽싸게 입을 열었다. "제가 사무실에서 가져온 일이 있습니다. 여러분이 돌아오실 때까지 저는 바로 여기 식탁에서 그 일을 하고 있겠습니다."

"아냐," 프랭크가 말했다. "자네도 데려갈 거야. 괜찮을 거야."

모자와 운동복 상의를 벗은 프랭크는 소매에 그의 이름 이니셜 FJS를 새긴, 빳빳하게 풀 먹인 눈부시게 하얀 드레스 셔츠를 입었다. 그러고는 그 위에 검정 조끼를 걸쳤다. 운동복 바지는 갈아입지 않았다.

가톨릭이 운전했다. 프랭크는 조수석에 앉았고 나는 뒷자리에 앉았다. 사람을 믿은 지미 호파도 마지막 드라이브에 나섰을 때 뒷좌석에 앉았었다는 사실을 나는 나중에야 알게 됐다. 백발로 덮인 프랭크의 큼지막한 머리가 내 시야를 가렸다. 말은 한마디도 오가지 않았다. 우리가 가는 곳이 어디인지를 나는 감도 잡지 못했다. 프랭크가 암살을 계획하는 중이라면, 가톨릭과 나도 그와 함께 가게 될 것임을 나는 알았다. 결국 우리는 사우스 거리에 당도했고, 얼마 안 있어 나는 필라델피아에 있는, 내가 좋아하는 가게를 알아봤다. 6번가 모퉁이에 있는 타워 레코드 매장이었다. 타워에서 우회전을 한 우리는 모나리사 레스토랑 건너편에 나다랐다. 차창을 투드리는 소리에 나는 끔찍

놀랐다. 어떤 이탈리아계 미국인 남자가 주차권을 끊지 않아도 되는 자리로 우리를 안내했다.

강연장에서, 사람들은 내게 프랭크와 같이 보낸 시간 동안 두려웠던 적이 있었느냐고 묻고는 한다. "딱 한 번 있었습니다." 나는 말한다. "모나리자 레스토랑에 들어갔는데 우리 뒤에 있는 문의 자물쇠가 딸까닥 잠겼을 때였죠." 그 크고 날카로운 소리는 내 심장을 거세게 움켜쥐었다. 나중에 프랭크는 위스퍼스를 위해 세탁공장에 불을 지르려는 계획과 관련해서 빌라 디 로마로 안젤로 브루노에게 보고하러 갔는데 등 뒤에서 레스토랑 문이 닫히는 섬뜩한 소리가 났을 때 자신도 그런 경험을 했었노라고 털어놓았었다.

가톨릭과 나는 바에 있는 자리로 안내됐다. 바 바로 안쪽에 커다란 원탁이 있었다. 원탁에는 필라델피아 범죄 패밀리에 새로 등극한 대부 존 스탠파가 앉아 있었는데, 그는 자택 현관문 계단 아래에 설치된 네일 밤[143] 때문에 권좌에서 물러난 '치킨 맨' 테스타의, 그리고 자택 정면에 주차된 차에 앉아 있던 중 머리에 샷건을 맞으면서 실각한 안젤로 브루노의 정통 후계자였다. 당시 브루노 부인은 집에서 황급히 뛰어나오며 소리를 질렀다. "시메오네에게 전화해!" 시메오네는 프랭크를 수술한 외과의였는데, 때는 이미 늦은 상태였다. 그날 밤에 안젤로 브루노의 차를 운전했던 존 스탠파는 갈로의 보디가드의 둔부에 프랭크가 총을 쏜 방식처럼 그를 무력화하려고 발사한 피스톨에 어깨를 맞았다.

프랭크는 안젤로의 집에 페인트칠이 됐을 때 자신도 죽을 뻔했다고 나중에 말했다. 그날 밤 프랭크는 코우스 리틀 이탈리아 레스토랑에서 저녁을 먹고 있었다. 안젤로가 프랭크의 테이블로 와서 존 스탠파가 곧 오지 않으면 자기를 집까지 태워다달라고 프랭크에게 부탁했다. 그런데 스탠파가 레스토랑에 도착하면서 프랭크는 그냥 레스토랑에 남을 수 있었다.

"왜 당신이 죽었을 거라고 말하는 거예요?" 내가 물었다.

---

143 nail bomb, 대못이 들어 있는 사제 폭탄

"내 어깨만 쏴서는 일을 끝낼 수 없다는 걸 알았을 테니까. 놈들은 나를 다른 방식으로 쏴야만 했을 거야."

그 곤경을 겪은 존 스탠파는 승승장구했고, 나중에는 '리틀 니키' 스카르포의 후계자로 패밀리의 보스가 되었다. 당시 리틀 니키는 그가 명령한 여러 건의 살인사건에 따른 다수의 종신형을 선고받고 복역 중이었다. 시칠리아에서 태어나고 자란 존 스탠파는 모나리자의 주인이었다. 17년 전인 1974년에, '프랭크 시런 감사의 밤'에 시런에게 존경을 표하려고 라틴 카지노를 메운 3,000명의 하객들 중에는 앞서 언급한 필라델피아 보스들이 모두 있었다.

스탠파는 다른 사람들과 함께 스툴에 앉아 있는 프랭크에게 거기서 내려와 테이블에 합석하라고 신호를 보냈다.

나는 질문을 하면 안 된다는 걸 충분히 잘 알고 있었다. 그래도 나는 우리가 '법정'에 와 있고 존 스탠파는 이 법정의 판사라는 사실을 쉽게 짐작할 수 있었다. 스탠파의 행동은 대단히 차분하면서도 인간미가 전혀 없었다.

재판의 원고인 프랭크는 그가 '학교'에 있을 때 필라델피아 패밀리에 속한 두 명이 그가 빌려준 사채의 대금을 대리 수금했는데 지금은 "배춧잎을 들고 자기를 찾아오지를 않는다"고 주장했다. 두 남자는 자신들이 '빅'을 수금하면 프랭크의 몫인 주당 1,500달러를 필라델피아의 예전 대부 리틀 니키 스카르포에게 바쳤다고 주장했다. 교도소에 갇혀 있던 리틀 니키는 두 사람이 자신에게 프랭크의 몫을 바친 적이 전혀 없다고 증언했다. 당시에 대부 러셀 버팔리노의 부두목으로 패밀리의 상당부분을 운영하고 있던 빅 빌리 델리아는 프랭크의 변호사 노릇을 했다.

별도의 테이블에 우리를 위한 음식이 차려져 있었다. 나는 그 음식이 미국으로 이민 온 우리 조부모님 로자와 루이지 디마르코 부부가 스태튼 섬에 있는 가족농장에서 펼쳐놓고는 하던 향긋하고 따뜻한 레드 그레이비 소스가 접시에 담긴 정성스러운 성찬이 아니라, 샌드위치로 만들어 먹을 빵과 이탈리아식 편육이라는 데 깊은 인상을 받았다. 그런데 다시 생각해보면, 그 자리는 임연한 빕싱이나.

모나리자를 다녀온 왕복 여행과 재판, 재판에 참석하며 형성된 동지애는 다섯 시간 동안 지속됐다. 재판이 끝날 때 스탠파가 미소 짓는 걸 봤다고 생각했다. 재판이 끝나고 밖으로 나온 나는 빌리 델리아와 처음으로 악수를 했다. 빅 빌리는 브룩스 브러더스 정장을 입은 비즈니스맨처럼 보였다. 이탈리아인보다는 미국인에 더 가까워 보였고, 대단히 느긋한 모습이었다. 그 이후로 나는 내가 감시카메라에 쫓기는 신세가 된 건 아닌지 의아해하고는 했다.

우리는 가톨릭의 차에 탔다. 프랭크는 자부심을 풍기며, 그리고 키안티 와인 냄새를 풍기며 큰소리를 쳤다. "내가 이겼어. 내가 얻어낸 존경을 보라고. 그들은 이탈리아계에게만 이런 일을 해줘. 내가 얻어낸 존경이 바로 그거야. 그들은 나를 자기들 편으로 받아들였어. 지미, 이번 일로 자네한테 배춧잎이 몇 장 들어갈 거야. 그 두 놈은 내가 그만두라고 할 때까지 나한테 매주 1,500달러를 바쳐야 하게 됐어."

뒷자리에 앉은 나는 정의가 집행되는 독특한 형태에 경탄하며 '내가 제삼자로 저 자리에 참석한 건 해서는 안 될 일 아닐까?' 궁금해 했다.

잠시 침묵이 흐른 후, 프랭크가 말을 이었다. "그런데, 지미, 프래니한테 문제가 생겼어. 프래니와 관련해서 무슨 일이 벌어지고 있어. 프래니가 무슨 일인가를 하고 있어."

"그게 무슨 말이에요, 프랭크? 프래니는 좋은 사람이에요. 프래니한테 무슨 일이 벌어지는 건 보고 싶지 않아요."

뒷좌석에 앉은 나도 프래니에게 무슨 일이 벌어지는 건 보고 싶지 않았다. 지금 말하는 프래니는 프랭크가 교도소에 있을 때 나한테 수입료를 갖다준, 그리고 프랭크가 출소한 뒤에 열린 오찬에서 울먹이는 목소리로 유치원 때부터 친구인 그를 위해 건배를 하자고 제의한 바로 그 프래니였다.

프랭크의 아파트로 돌아오는 어두컴컴하고 서늘한 가을철 드라이브를 하는 동안 지미는 프래니 사건에 대해 애원을 계속했다. 프랭크는 자신에게는 "그 문제에 대한 통제권이 없다"는 말만 거듭하며 지미의 애원을 계속 막았다.

8년 후, 프랭크와 내가 1999년 3월 1일에 만남을 재개했을 때, 프래니에게는 아무 일도 일어나지 않았다는 걸 알게 됐다. 프랭크는 자신이 프래니를 보호했다는 암시를 흘렸다. 그는 설명했다. "프래니한테는 근사한 아내와 사랑스러운 딸이 있어." 나는 그 순간을 빌려, 나한테도 근사한 아내와 사랑스러운 두 딸이 있음을, 그리고 사랑스러운 아들도 하나 있음을 프랭크에게 상기시켰다.

가톨릭이, 별명에 충실하게, 프래니 문제로 너무 열이 나서 거기에 머무를 수 없다고, 그러니 잠을 자러 집에 가야겠다고 밝혔을 때, 우리가 탄 차는 프랭크의 아파트에서 5분 거리밖에 떨어져 있지 않았다. 나는 프랭크가 친구들 중에 이런 양심 있는 사람을 두었다는 것을 좋은 징조로 봤다. 가톨릭이 낙타털 외투를 꺼내 현관문으로 향하면서, 나는 이제 프랭크 시런을, FBI가 지명한 지미 호파 살인사건의 용의자를 독차지하게 됐다.

우리 얘기는 순조롭게 진행됐다. 우리는 '이 사건에서 그의 입장'을 들려줄 수익성이 매우 낮은 책의 수익을, 그에게 보기 좋게 분칠을 해줄 책의 '수익'을 공유하자는 계약을 이미 체결한 참이었다. 프랭크는 러셀이 '누구도 해를 입지 않는 한' 그 책을 쓰는 걸 승인했다고 내게 장담했다.

처음부터 나는 이 책 프로젝트는, 실제로는, 프랭크가 속을 털어놓으려는 핑계라고 믿었다. 그가 마음을 터놓는 내내 나는 개방적인 태도를 유지했다. 나는 분식용 책을 쓰겠다는 생각을 지미 린치가 떠날 때 열어놓고 간 문밖으로 내던졌다. 나는 프랭크가 가슴에서 덜어내고 싶은 진실의 분량이 어느 정도이건 그 일을 도울 조력자가, 촉매가 되려고 했다. 물론 거기에 따르는 위험은 있었다. 하지만 나는 그 위험도 기꺼이 감수할 작정이었다.

프랭크와 둘이서만 보낸 그 긴 밤은 기복이 심했다. 하지만 결국 프랭크는 지미 호파에 대한 죄책감 가득한 정보를 시인하기에 이른 첫 마디를 꺼냈다.

"사람들은 FBI가 자신들이 도대체 무슨 짓을 하는지 잘 알고 있다고 생각하지 않아. 그런데 말이야, FBI는 자신들이 도대체 무슨 짓을 하는지 잘 알고 있어."

그 복합적인 문장은 세세한 내용들이 흘러나올 수 있도록 훤히 열린 채로 흔들거리는 문이었다. 프랭크는 우리를 위해 그 이슈의 틀을 잡았다. 이제 그는 'FBI가 자신들이 도대체 무슨 짓을 하는지 잘 알고 있는' 이유가 무엇인지를 설명해야 했다.

내가 채 알아차리기도 전에, 시런은 FBI의 호펙스 파일을 언급하면서 그것의 진실성을 보증하고 있었다. 그 메모는 내가 전혀 들어본 적이 없는 거였다. 나는 나중에야 호파의 실종을 다룬 스티븐 브릴과 댄 몰데아의 책에서 관련 내용을 읽었다. 그 메모는 이 책이 출판된 후에야 내가 실물을 보게 된 존재였다.

프랭크의 모나리자 재판이 벌어지고 14년 후인 2005년에, 나는 밥 개리티 Bob Garrity를 만나는 영광을 얻었다. 그때 밥은 책 사인회에서 내 페이퍼백을 구입했다. 그는 내게 '밥 개리티'라고 서명해달라고 요청했다.

"들어본 적이 있는 성함인데요." 나는 고개를 들었다.

"호파 사건 담당요원이었습니다. 당신의 책 하드커버를 두 번 읽었습니다."

개리티는 호파 살인사건에 대해 집필된 다른 책들의 기초 역할을 해준 호펙스 메모에 포함된, 시런과 버팔리노를 비롯한 용의자들의 정확한 명단을 취합했었다.

"저랑 자리 같이하시죠." 나는 요청했다.

밥은 미식축구팀 피츠버그 스틸러스의 보안책임자로 그 팀의 셔츠를 입고 있었다. 내 아내가 우리가 동석한 모습을 찍은 사진이 지금 우리 집 벽에 걸려 있다.

"우리는 그 점 때문에 시런을 늘 좋아했습니다." 밥이 말했다. "호파의 가족은 프랭크 시런을 중심으로 해가 뜨고 진다고 생각했었죠." 프랭크도 호파 가족이 그를 숭배한다는 걸, 그런 사실이 그의 죄책감 가득한 양심이 침묵을 지키는 걸 더 힘들게 만든다는 것을 알고 있었다.

하지만 내가 적절한 시기에 적절한 기법들을 갖추고 등장할 때까지, 프랭크에게는 전혀 어쩔 도리가 없었다.

개리티의 호펙스 파일에 등재된 용의자 전원은 내가 '미란다 침묵 버튼(미란다 원칙)'이라고 부르는 것을 원격으로 눌러댔다. 그들 각자는 FBI가 질문을 던지는 걸 허용하지 않았다. 정보원들을 활용한 밥 개리티와 FBI는 누가 한 짓인지까지는 알았지만, 그들에게는 누가 무슨 짓을 했는지를 자세히 알아내기 위해 침묵이라는 벽돌로 쌓은 단단한 벽돌담을 침투할 방법이 전혀 없었다. 그래서 FBI는 명단에 오른 자들을 무자비하게 쫓아다니면서 그들에게 덮어씌울 수 있는 건, 호파 사건과 관련이 있건 없건, 무엇이건 덮어씌웠다.

밥과 다른 요원들이 이 사건 수사에 쏟은 끈질긴 노고의 대가가 그날 밤 프랭크의 아파트에서 나에게 지불됐다. 체포될지도 모른다는 두려움은 죄책감을 자극하는 데 도움을 준다. FBI가 가한 끈질긴 압박은 프랭크의 양심에서 타오르는 불길을 더욱 더 고통스럽게 키웠고, 나는 FBI가 한 작업의 수혜를 받았다.

1997년의 그 중대한 밤에, 피곤했던 프랭크는 회색 코르덴 안락의자에 몸을 눕혔다. 그리고 나는 그가 앉은 자리의 옆에 가까이 앉았다. 우리 사이에는 아무것도 없었다. 나는 밥 개리티의 메모를 본 적도 없었고 호파 사건을 다룬 책도 읽어본 적이 없었기 때문에, 나한테는 길안내를 해줄 이론이나 마음속에 그린 시나리오가 하나도 없었다.

프랭크가 모나리자에서 마신 키안티 와인이 나를 도왔다. '인 비노 베리타스In Vino Veritas, 와인 안에 진실이 있을진저.' 그는 키안티 덕에 더 수다스러워진 것 같았다. 게다가 재판에서 승소했다는 기쁨 덕에 더 호들갑을 떨었다. 지미 린치 '더 가톨릭'이 프래니를 위해 했던 애원도 도움이 됐다. 그 애원 덕에 도덕적인 분위기가 조성됐다. 우리 만남은 마피아 재판에서 다섯 시간을 보낸 후에 다시 다섯 시간 내내 지속됐다. 내가 집으로 떠날 때, 나는 지미 호파에게 일어났던 일에 대한 지식을 잔뜩 안고 있었다. 적어도 나는 밥 개리티의 호펙스 명단에 오른 인물들 각자가 한 일에 대한 감을 잡게 됐다.

8년 후인 1999년에 프랭크는 내게 호펙스 명단에 오른 용의자 아홉 명 중 떡 인 밍민이 필벡하나고 틸하게 된나. 그 인물은 셀 '셀리 버스스' 브리┼글리오의 동생 게이브였다. 프랭크는 자신이 게이브와 '학교'에 같이 있었다고 말하면서, 게이브가 자기 형 샐리는 "밀고자로 전락하지 않았다"고 그에게 장담했다는 말을 해줬다. 프랭크는 샐 브리구글리오를 쏴 죽인 자신의 행위에 대한 의견을 피력했다. "잘못된 암살이었어."

1991년의 그날 밤 그의 거실에서, 내가 손에 녹음기를 들지도 않고 메모도 하지 않는 내밀한 분위기에서, 나는 프랭크가 디트로이트의 '대체품' 주택에서 일어난 호파 살인사건에 대해 묘사하게 만들기 위해, 총이 사용됐음을 인정하게 만들기 위해, 살인이 벌어지는 동안 그가 디트로이트의 그 집에 있었다는 것을 인정하게 만들기 위해, 그가 러셀의 명령에 따라 거기에 있었다는 것을, 전용기로 거기로 날아갔음을, 시신은 '청소부' 역할을 수행한 안드레타 형제에 의해 화장됐음을 인정하게 만들기 위해 입을 여는 것을 도왔다. 프랭크는 자신이 살인계획의 일원으로 거기에 있었다는 걸 인정했다. 그 상황은 그가 실제로 직접 방아쇠를 당겨서 살인을 저질렀다는 죄책감을 갖게끔 만들었다. 하지만 그는 자신이 실제로 방아쇠를 당겼는지 여부에 대해서는 모호한 태도를 보이며 얼버무렸다. 나는 그 자리에서는 그의 그런 태도를 눈감아줬다.

그가 보인 심히 조심스러워하는 태도를 통해, 나는 그가 진정으로 후회하고 있다는 것을 알았다. 다음번에는 그가 하는 말을 테이프에 담을 작정이었다.

더불어, 나는 그 자리에서만큼은 무심코 비밀을 누설하게끔 만들기 위해, 어디까지나 그의 의견을 듣고 싶어서 묻는 거라면서 던진 질문들에 대해 얻어내기 힘든 대답들이 나와도 그냥 내버려둘 참이었다. "아니, 아니에요. 당신이 그런 짓을 했다는 뜻이 아니에요. 그냥 당신이 생각하는, 거기서 일어났을지도 모르는 일에 대해 묻는 것뿐이에요. 당신의 의견을 묻는 거라고요. 의견을 가질 권리는 누구에게나 있는 거잖아요."

나는 우리의 다음 만남에서 미진한 부분을 실토하게 만들겠다고 생각했는데, 그 만남이 10년 가까이 흐른 뒤에야 성사될 거라고는 꿈에도 생각하지 못했었다.

그 가을밤에 프랭크는 방아쇠를 당긴 인물이 누구인지 안다는 걸 전혀 부인하지 않았다. 어느 순간에 그는 캐나다 윈저에서 데려온 시칠리아 전쟁고아 두 명이었을지도 모른다고 주장했다. 하지만 내 후속 질문들에 밀린 그는 그 의견을 철회했다. 더불어, 내 심문을 받은 그는 자신이 '러셀을 위해 상황을 감시하려고' 그 자리에 있었다는 주장도 철회했다.

살인 무기가 총이었다는 진술이 서서히 흘러나왔다. 그는 처음에는 철사로 만든 옷걸이일지도 모른다고 말했다. 그러고는 구부린 옷걸이를 사용해서 어떤 사람의 폐에 공기가 들어가는 걸 차단하는 방법을 보여준다며 내 등 뒤로 돌아가서는 나를 경악하게 만들었다.

사용된 무기는 총이었음을 그가 결국 털어놨을 때, 그가 그 총의 방아쇠를 자신이 당겼다는 말을 하고 싶어 한다는 걸 나는 강하게 감지할 수 있었고, 그가 결국에는 나한테 그 얘기를 할 거라는 확신을 얻었다. 하지만 조심스럽고 느긋한 태도를 보여야만 했다. 어쨌든, 그는 위험천만한 인물이었고, 우리는 그리 잘 아는 사이가 아니었다.

프랭크의 태도, 특히 그의 서글픈 눈빛은 그가 깊이 뉘우친다는 걸, 죄책감에 몰리고 있다는 걸, 지미 호파를 언급할수록 죄책감이 깊어진다는 걸 드러냈다. 그 눈빛은 내가 교도소에서 본 싸늘한 눈빛과 강하게 대비됐다. 8년 후 인터뷰를 재개했을 때, 프랭크의 아버지가 사제가 되려고 공부했었고 어머니는 아침마다 미사에 참석했다는 걸 알게 됐다. 나는 그걸 알고서도 전혀 놀라지 않았다.

프랭크의 셋째 딸 돌로레스는 다른 자매들과 함께 분식용 책을 쓰는 것조차 반대했었지만, 결국 이 책이 출판된 후에는 나와 평생지기가 됐고, 어머니의 장례식에서 아버지와 소원해진 언니 페기가, 아버지가 지미 호파를 살해했다는 생각을 실제로는 전혀 한 적이 없었다는 얘기를 자신에게 했다는 말을 내게 전했다. 페기가 어머니의 주방에서 그에게 "당신 같은 사람은 알고 싶지도 않아요"라는 말을 했을 때, 살인을 저지른 후 그 시간간 그를 극심히 괴롭힌 것은 죄책감이었다. 그로 하여금 페기가 그의 심경을 간파했다고 생각하게 만든 것은 강한 죄책감이었다. 그는 숨을 거두는 날까지 페기가 자신의 눈을 통해 자신의 영혼을 꿰뚫어봤다고 생각했다.

영화 「침묵의 돌풍」

의도된 침묵은 심문 과정의 특정 국면에서 나름의 역할을 수행한다. 나는 강력반 형사들이 가득한 차 안의 어둠 속에서 경찰서로 돌아가는 긴 침묵의 드라이브를 성공적으로 활용했다. 나는 사전에 형사들에게 한마디도 하지 말라고 신중하게 당부했었다. 그렇게 내 옆자리에 수갑을 차고 앉아 있는 젊은 남자를 완벽한 침묵 속에 가둬두면서, 그가 무릎을 써서 눈물을 닦는 동안 마음을 졸이도록 방치하고는 했다. 나는 갑자기 길로 튀어나와서 강도 행각을 벌이던 중에 22구경 라이플로 순찰경찰의 머리에 중상을 입힌 혐의로 여자친구의 아파트에서 우리가 막 체포한, 강도에 참여하기는 했지만 총을 쏘지는 않은 이 공범에게서 쉬운 자백을 얻어내기 위해 침묵요법을 활용했다. 드라이브가 끝났을 때, 우리는 경찰서 바깥의 뒤뜰에 서 있었다. 나는 침묵요법을 깨며 말했다. "기다려." 나는 동정심을 약간 보이면서 그의 위아래를 훑고는 그에게 수갑을 채운 강력반 형사에게 말했다. "에이, 젠장. 이 친구가 자기 입장을 얘기하게는 해줘야 할 거 아닙니까." 그러면 그는 쉴 새 없이 말을 쏟아냈다. "저는 총조차 갖고 있지 않았어요. 경찰을 쏜 건 핑키였어요."

하지만 압도적으로 많은 경우, 나는 대화를 계속 이어가는 쪽을 선호했다. 무슨 화제에 대해서건 심문 대상자가 말을 계속하게 만들어라. 그에게 자신이 하는 말이 무슨 내용인지 숙고할 시간을 주지 마라. 입을 계속 움직이게 만들어라. 그러다가 운이 좋으면, 진실이 스스로 길을 찾아낼 것이다.

한편, 포커를 칠 때처럼, 심문자는 대상자가 진실을 말하고 있을 때에는 그리고 무엇인가를 떠올리려 할 때에는 심문 대상자의 눈이 어디로 향하고, 그렇지 않을 때에는, 무슨 얘기를 지어내고 있을 때에는 눈이 어디로 향하는

지를 통해, 그의 목소리와 보디랭귀지를 통해, 그리고 순전히 직감을 통해 그가 허풍을 치고 있는 순간을 파악하는 능력을 얻기 시작할 것이다. 합창단 꼬마들 중 누가 삑사리를 냈는지 알 수 있는 음악선생님처럼, 심문자는 걸출한 경청자가 돼야 한다. 나는 경찰들에게 강연할 때 이런 표현을 쓴다. EFW^{Every} ^{Fucking Word}. 모든 염병할 단어가 중요하다. 경청하라.

심문 대상자가 말을 계속하게 만든다는 이 개념은 모나리자에서 긴 하루를 보낸 프랭크처럼 심문 대상자가 피곤할 때에는 특히 더 잘 맞는 말이다.

1991년의 그날 저녁에 그를 봤을 때, 나는 순전히 그의 경각심을 그 수준으로 유지시키기 위해 또 다른 질문을 하기로 결정했다. 수십 년 전에 애틀랜틱시티의 스틸 피어에서 본 「침묵의 돌풍」이라는 잘 알려지지 않은 영화의 마지막 장면을 바탕으로, 말 그대로 침묵의 돌풍이 들이닥치기 직전의 소강상태를 감지한 나는 저녁이 점차 끝나가는 동안 그를 계속 말하게 만들겠다는 심산으로 왜 그리도 많은 사람이 그 일에 적극적으로 관여한 것이냐는 무척이나 '순진한' 질문을 던졌다. "······토니 프로벤자노, 당신, 러셀, 토미 안드레타, 스티브 안드레타, 샐 브리구글리오, 처키 오브라이언, 토니 지아칼로네."

"그런 식으로 일을 처리하면," 프랭크가 말했다. "변심하는 사람이 생기더라도 그 사람은 자기가 한 일밖에는 아는 게 없거든. 자기보다 앞 단계에서 일을 한 사람과 자기 뒤에 일을 한 사람에 대해서는 밀고하지 못하게 되는 거야."

"그것 참 대단한 아이디어네요." 내가 말했다.

"만사 불여튼튼이잖아." 프랭크가 말했다.

"또한," 내가 말했다. "내 짐작인데요. 당신이 세간의 주목이 쏟아질 이런 암살을 혼자서만 해치울 경우, 당신은 일을 마친 후에 제거될 가능성이 무척 높겠죠."

"오호라, 그렇지. 정신이 나가지 않고서야 이런 일을 혼자 해치우는 법은 없어."

"내가 애틀랜틱시티에서 본 영화와 비슷하군요. 그 영화에서, 세상의 주목을 받을 만한 암살을 벌이려고 클리블랜드에서 뉴욕에 온 살인 청부업자는 암살을 한 후에 대가를 받으러 갔다가 죽고 말아요."

"오, 그렇지. 정신이 나가지 않고서야 이런 일을 혼자 해치우는 법은 없다니까. 그들이 학살을 벌일 작정은 아니었던 게 분명했어. 그런데 외톨이 카우보이는 일회용으로 쓰고 버릴 수가 있어."

"외톨이 카우보이 리 하비 오스월드처럼요." 나는 껄껄 웃으며 말했다.

그 순간 내가 나도 모르게 스위치를 딸깍 올린 것 같았다. 나는 프랭크 시런이 그 즉시 눈길을 돌리고는 교도소에서 내가 치료 목적의 가석방을 받아내려는 계획에 대해 설명할 때 보였던 잿빛 화강암 같은 낯빛을 띠는 걸 볼 수 있었다.

내가 한 말 중 어떤 것이 이런 상황을 불러왔을까? 나는 의자 끄트머리로 몸을 당겼다.

"JFK 암살에 대한 책은 읽어본 적이 없어요." 나는 무심히 말을 이었다. 그는 내게 사로잡혔다. 서글픈 기미가 사라져버린 그의 눈이 이제는 휘둥그레졌다. "그런데 TV에서 루비가 오스월드를 쏘는 것을 본 바로 그 순간부터 저는 늘 생각하게 됐어요……." 내가 말하는 동안 그의 낯빛은 더욱 어두워지고 표정은 더욱 딱딱해졌다.

"오스월드를 제거하는 게 잭 루비의 임무였다고요. 길거리 상황이 걷잡을 수 없게 되자, 루비는 그 임무를 마무리해야만 했어요. 그에게는 살인죄로 판사 앞에 서는 것보다 더 흉한 일들이 많이 닥칠 테니까요."

회색 안락의자의 팔걸이에 놓인 그의 두툼한 팔뚝의 근육들이 불거졌다.

"루비가 오스월드를 쏘지 않았다면," 나는 말투를 크고 공격적으로 바꿨다. "그는 죽을 때까지 고문을 당했을 거고 그의 가족들도 그랬을 거예요. 죽을 때까지 괴롭힘을 당했겠죠."

그는 묘비처럼 딱딱하게 경직됐다. 그러더니 나를 찰싹 때려 쫓으려고 드는 것처럼 오른손을 간신히 움직였다. 오른손이 그의 몸에서 유일하게 움직인 부위였다.

나는 그가 내 입을 막는 걸 막기 위해 더 빠르게, 더 권위 있는 모습으로 말을 이었다. "이스트 할렘에서 일할 때, 제복을 입은 경찰들이 넥타이를 풀어헤치고는 메이드맨들과 합석해서 에스프레소를 마시는 모습을 보고는 했어요. 루비는 경찰들을……"

이 말을 들은 그는 오른손을 한껏 흔들었다.

그는 건조하고 차가운 목소리로 말했다.

"나는 댈러스는 근처에도 안 갈 거야."

그가 그런 방식으로 그 말을 하는 소리를 나는 앞으로도 영원토록 잊지 못할 것이다. 그의 목소리에 담긴 공포는 무척 깊었다. 호파를 살해하는 데 암살자 한 명을 쓰는 것이 아니라 여덟 명이나 활용한 이유에 대한 무의미한 질문에 대답하는 와중에 난데없이 튀어나온 이 폭로는 초현실적이었다. 나는 그걸 예측할 수가 없었다. 내가 그런 폭로를 원했었는지도 확실치 않다. 그 순간, 나는 그의 존재를 요약하고 있는 강렬한 경직성을 읽어내며 '댈러스' 문제를 쫓지 않기로 결정했다.

"그러니까, 달리 말해," 나는 혼란스러워하는 눈동자를 응시하며 천천히 말했다. 그는 자신이 불쑥 쏟아낸 그 말 때문에 겁에 질려 있었다. "조립라인하고 비슷하군요. 각자가 맡은 임무가 있어요. 그런 식으로 일을 하면 누구도 다른 사람에게 불리한 증언을 할 수가 없고요. 맞죠, 프랭크? 조립라인. 맞는 거죠, 프랭크?"

"그래. 그 말이 맞아."

"합리적이네요."

우리는 그 문제를 그쯤에서 마무리했다. 1991년 필라델피아에서 깜짝 놀랄 10월의 그날을 마치고 델라웨어로 돌아온 나는 낯선 외국의 땅덩어리를 다녀오는 기나긴 항해를 마치고 귀향한 탐험가가 된 기분이었다. 나는 낸시와 바트에게 프랭크 시런의 양심을 묘사하려면 '회한'보다 더 강한 단어를, 극심한 괴로움과 회한이 결합된 단어를 내놓아야만 한다고 말했다. 나는 시

런이 절친한 친구이자 멘토인 지미 호파에게 일어난 일에 대한 많은 정보를
내게 줬고, 믿거나 말거나지만, 시런이 JFK에 대한 죄책감 가득한 정보를 알
고 있다고 그들에게 말했다. 그가 내게 '댈러스'에 대해 한 말을, 그가 그 말
들을 토해내게 만든 악의 없던 상황 연출에 대해 그들에게 말했다. 그러면서
그가 나에게 그런 섬뜩한 단어들을 말한 으스스한 방식을 흉내 냈다. 낸시와
바드는 나를 긱정하면서 너무 깊이 파고들지는 말 것을 강력히 권했다. 굳이
그런 말을 듣지 않아도 나는 내가 처한 상황을 잘 알고 있었다.

누구라도 그의 말이 뜻하는 바를, 그 말의 기괴한 맥락을, 그리고 그런 말
을 하는 동안 그가 느낀 감정 상태를 알았을 것이다. 프랭크 시런은 '댈러스'
에 대해 고백할 무엇인가를 갖고 있었다.

그 시대의 정상급 대부들 전원이 사망하거나 감옥에 있었던 10년쯤 후, 나
는 프랭크가 '댈러스'에 대해 알고 있던 내용을 정말로 알고 싶었다. 나는 결
국 그 정보를 알아내 이 책에 실었다. 마피아가 암살에 관여했고, 프랭크는
부지불식간에 역할을 수행했다.

2012년에 로버트 F. 케네디 주니어RFK Jr.는 찰리 로즈[144]와 가진 인터뷰에
서 자신의 아버지 RFK 시니어RFK Sr.는 마피아가 댈러스에서 그의 형 존을 살
해했다고 믿었으며 그 자신도 그렇게 믿는다고 말했다. RFK 주니어는 RFK
시니어가 워렌위원회 보고서를 "조잡한 솜씨로 만든 작품"이라고 여겼다고
말했다. "……아버지는 공개적으로는 워렌위원회 보고서를 지지했지만, 개인
적으로는 그걸 무시했습니다." RFK 주니어는 설명했다. "아버지는 무척이나
꼼꼼한 검사였습니다. 아버지는 그 보고서들을 직접 검토했습니다. 그분은
이슈들을 점검하고 진실을 찾아내는 일의 전문가였습니다."

찰리 로즈는 RFK 시니어가 조직범죄를 상대로 벌인 자신의 무척이나 적
극적인 활동과 JFK의 암살 사이에 관련이 있을지도 모른다는 생각 때문에
어느 정도 죄책감을 여겼는지 여부를 물었다. RFK 주니어는 대답했다. "맞

144 Charlie Rose, 미국의 TV 토크쇼 진행자

는 말이라고 생각합니다. 아버지는 그런 말씀을 하셨습니다." RFK 주니어는 한 걸음 더 나아가 잭 루비의 통화기록이 조직범죄 인물들의 '명단과 비슷했다'는 점을 지적했다.

후속조사에 착수한 내 눈에 두드려져 보이는 이름이 하나 나왔다. 어윈 웨이너Irwin Weiner였다. 루비는 '댈러스' 사건이 벌어지기 27일 전인 1963년 10월 26일에 웨이너와 통화했다. 암살과는 아무 관련이 없는 통화였을 수도 있다. 루비와 웨이너는 친구지간이었다. 웨이너는 프랭크 시런과 지미 호파 모두와 친구지간이었다. 프랭크는 조폭세계의 주변부에 있는 대단한 지위의 인물을 '거물 관련자'라고 이따금씩 언급하고는 했다. 웨이너는 굉장한 '거물 관련자'였다. 웨이너는 수십 억 달러 규모의 팀스터즈 연금펀드를 관리한 앨런 도프먼이 시카고의 주차장에서 암살자 두 명의 총에 쓰러졌을 때 도프먼과 함께 그곳을 걷고 있던 인물이었다. 목격자인 웨이너는 아무런 해도 입지 않았다.

잭 루비는 개인적으로 알고 지내는 갱스터가 굉장히 많았다. 그래서 1959년에 FBI는 루비를 유급 비밀정보원으로 채용하려고 시도했지만 실패했었다.

프랭크가 20년 전에 회색 안락의자에서 '댈러스'에 대해 말해준 내용과 그가 그런 말을 해준 방식을 내가 잘 안다는 사실 때문에, 케네디 가문의 대표자가 그런 의견을 공표하는 걸 보는 내 기분은 내 책이 출판된 이후로 굴러떨어진 많은 눈송이들을 볼 때처럼 좋아졌다.

"놈들은 감히 그러지 못할 거야"

1991년에 프랭크가 내게 폭로한 내용의 시놉시스를 문서로 정리할 때, 나는 '댈러스' 코멘트를 신중하게 제외시켰다. 나는 내가 다룰 상대가 누구인지 또는 무엇인지 도무지 알지 못했다. 정말로, 나는 암살을 다룬 책을 읽어본 적이 없었다. 그 사건이 일어났을 때 나는 중학교 영어교사였다. 오스월드를 폐기 가능한 '이톨이 카우보이'라고 무신히 불렀을 때, 나는 순전히 내 기억과 상식, 인생경험에 의존하고 있었다.

우리 두 사람만 참석한, 프랭크의 아파트에서의 후속 미팅에서, 나는 내가 작성한 시놉시스를 프랭크에게 건넸다. 그는 안락의자에 앉아 있었다. 읽어가는 동안 그의 낯빛이 다시 어두워졌다. 자신이 읽고 있는 내용에 진정으로 충격을 받은 모습이었다. 마치 우리가 함께한 밤에는 술 때문에 필름이 끊겨 있다는 투였다.

분명, 나는 우리가 의기투합해서 쓰기로 한 분식용 책을 프랭크의 진실에 접근하는 수단으로 활용했다. 그런데 그 작업은 그 길을 가면서 프랭크가 자발적으로 내딛은 걸음을 바탕으로 행해진 거였다. 그렇지 않았다면 그는 1999년에 더 많은 질문을 받으려고 내게로 돌아오지 않았을 것이다.

다 읽고 나서 프랭크가 말했다. "자네, 이런 책은 쓸 수 없어. 여기 있는 이 사람들은 아직도 살아 있어. 러스도 여전히 살아 있고. 이건 내가 보관할게."

그가 그걸 내게서 가져간 순간, 나는 '댈러스'를 거기서 제외한 게 현명한 판단이었음을 깨달았다. 나는 그가 내게 그 말을 했다는 사실을 러셀이 아는 걸 원치 않았다.

물론, 나는 '놈들은 감히 그러지 못할 거야'라는 제목을 단 1991년 메모의 사본을 여전히 갖고 있다. 이 제목은 러셀이 지미에게 '현재 상황'이 어떤지 말해주라는 얘기를 듣고 프랭크가 지미에게 한 경고에 대한 반응으로 지미 호파가 프랭크에게 한 말에서 따온 것이다. 프랭크는 "놈들은 감히 그러지 못할 거야"라는 말이 호파의 목숨을 앗아갔다고 믿었다. 그 말은 이 책의 1장 제목이 됐다.

"내 연락처 알죠, 프랭크?" 내가 말했다. "마음이 바뀌거나 이 사람들이 죽었을 경우에요."

8년이 지나 프랭크가 헬두소르 대주교에게서 '용서'를 받은 후인 1999년 3월 1일에 그는 나에게 전화를 걸었고, 그러면서 거구의 아이리시맨의 전기傳記를 형성하게 된 5년 가까운 녹화 인터뷰가 시작됐다. 위험천만한 모험으로 점철된, 그가 '고생스러운 인생'이라고 부른 인생의 이야기를 담은, 고백을 통해 영혼의 구원을 받고 궁극적인 구원을 이루려는 그의 시도와 '이 사건에 대한 그의 진정한 입장'을 담은, 내 질문과 그의 대답들을 통해 시험을 거치고 또 거친 내용을 담은 전기를 탄생시킨 다음 5년의 막을 연 게 바로 그 전화였다.

우리가 함께한 5년 동안, 나는 호파가 했던 "놈들은 감히 그러지 못할 거야"라는 말과 호파가 말년에 한 그 자신의 죽음을 불러온 다른 경솔한 언행과 행동을, 그리고 심문자의 기법들을 성공적으로 활용했다. 호파는 규칙들과 그것들을 어겼을 때 초래될 결과를 잘 알면서도 멈추려고 하지 않았다. 내가 "나라도 그를 죽였을 것"이라는 말을 한 적이 여러 번이었다.

나는 씨앗을 심었다.

이 기법이 성과를 내면서 프랭크가 방아쇠를 당겼다고 인정한 순간을 나는 생생히 기억한다. 우리 인터뷰의 새 라운드가 시작되고 2년 가까이 지난 2000년 10월, 내가 아이다호 케첨의 크리스티나스 레스토랑 바깥을 걸을 때 그가 내 휴대폰으로 전화를 걸어왔다.

"우리가 얘기해온 그 문제 말이야……." 프랭크가 말했다.

"그래요."

"그 문제, 내가 한 짓이라고 말해도 돼."

"나는 무슨 말이든 할 수 있어요, 프랭크. 그게 진실이기만 하면요. 당신이 그 일을 했나요? 당신이 그랬다고 말하는 건가요?"

"맞아."

"당신이 호파를 쐈다고 말하는 거예요?"

"그래, 맞아."

"잘됐어요, 프랭크. 어쨌든 내가 그 사실을 안다는 걸 당신도 알잖아요. 하지만 그 얘기를 당신 입으로 하는 게 최선이었어요. 신의 가호가 있을 거예요, 프랭크. 잘됐어요."

임대용 주택

내 책이 출판되고 1년 반 가까이 지난 2005년 가을, 호파 사건 담당요원 밥 개리티와 나는 호파를 살해하는 데 사용된 집에 살았던 하숙인을 찾으려고 디트로이트에서 만났다. 우리는 그 집의 소유주였던 고인이 된 독신여성 마사 셀러스의 유족들로부터 작업을 시작했다. 뉴스기사는 그녀의 '아들'을 거론했고 나 역시 2005년도 에필로그에서 그 얘기를 반복했지만, 사실 그녀에게는 아들이 없었다. 언론과 인터뷰했던 건 그녀의 종손이었다. 우리는 그 종손과 그의 누이, 그리고 그의 어머니를 만났다. 우리는 그들이 공유하는 널찍한 집에서 고급 자기 접시에 담긴 커피와 케이크를 대접받았다.

유족들은 마사 아주머니의 집이 시 경계선 바로 안쪽에 있었다고 설명했다. 디트로이트의 학교선생님이던 마사는 그 집을 그녀의 디트로이트 공식 거처로 사용했지만, 실제로 거주한 곳은 시 바깥에 있는 시골 주택이었다. 유족은 마사 셀러스가 담임을 맡은 학생 중에 그 유명한 헤비급 챔피언 조 루이스가 있었다고 말했다. 바비 케네디가 국회의사당에서 낙하산을 메고 뛰어내리게 만드는 걸 도와줬던 바로 그 '갈색 폭격기' 말이다.

유족들은 '부동산업자'의 정체를 밝히는 데는 도움을 주지 못했지만, 그즈음 나는 존 '더 레드헤드' 프랜시스가 그 집을 암살용으로 확보한 '부동산업자'였음을 확신했다. 호파가 실종되고 닷새 후에 FBI 감시팀이 베수비어스에서 목격한, 시가를 피우는 제노비스 패밀리 보스이자 마피아위원회 멤버인 팻 토니 살레르노에게 보고한 호파 공모자들 중에 레드헤드가 있었다는 걸 알게 됐다.

다음은 NYPD 수사관의 '관찰보고서'에서 인용한 내용이다.

1255시경 본 수사관은 프랭크 시런이 구내로 들어서는 걸 관측했다⋯⋯ 연한 청색 반소매 셔츠와 짙은 색 바지 차림이었다⋯⋯ 프랭크는 '러스가 안에 있는지' 물었다⋯⋯ [지배인은] "러스는 식당에 있습니다"라고 대답했다⋯⋯ 프랭크 시런은 왼손에 노란 금속 동전이 달린 반지를 끼고 [작은 다이아몬드로 보

이는 것들이 동전을 둘러싸고 있었다] 노란 금속 시계를 차고 있었다. 시계 앞면은 네모났고 테두리에는 작은 다이아몬드들이 박혀 있었다…… 2분쯤 뒤 존 프랜시스가 식당에 들어왔다가 바로 돌아가서 프랭크 시런과 합석했다…… 그들이 대화하는 어느 순간 프랭크가 지미라는 이름을 언급하는 소리가 들렸다. 그가 미스터 프랜시스에게 FBI가 수사에 착수했다는 말을 하는 소리가 들렸다…… 그들의 대화는 여러 차례 목소리가 낮아졌고 본 수사관은 대화를 엿들을 수 없었다……

레드헤드가 식당에서 보스들에게 보고했다는 사실은 그를 이 사건에 곧장 연루시킨다.

마사 셸러스의 유족은 하숙인을 기억했다. 지팡이를 짚은 노인인 그 남자는 이따금씩 그 집에 머물렀지만, 그들은 그의 이름을 몰랐고, 그가 1975년에도 여전히 거기에 살았는지 여부를 알지 못했다.

이 관대한 사람들은 1970년대에 그 집을 구매하는 문제를 고려했던 가족의 변호사 친구를 언급했다. 나는 그 변호사와 통화했다. 변호사는 1975년을 비롯하여 몇 년간 그 집의 창문에 철물점에서 사온 '임대용' 표지판이 걸려 있었다는 걸 떠올렸다. 1975년 당시에 그런 임대용 주택이었던 까닭에 낯선 사람들은 이웃들 눈에 띄지 않게 쉽게 그 집을 들락거릴 수 있었다. 변호사가 그때가 1975년이라는 것을 아는 건 그가 디트로이트에서 살려고 돌아와 그 집을 구입하는 문제를 진지하게 고려해본 해였기 때문이다.

"지팡이를 짚은 노령의 하숙인을 기억합니다." 변호사가 한 말이다. "누군가가 집에 찾아올 때면 늘 자취를 감추는 유령 같은 사람이었어요. 하지만 그는 1975년에는 이미 그 집을 떠난 후였어요."

마사 셸러스의 종손은 케이크와 커피를 먹는 중에 그 집의 지하저장고에 엄청나게 큰 소음을 내는 강력한 가스버너가 달린 소각로가 있었다고 말하는 것으로 우리의 관심을 끌었다. 소각로 입구는 성인남자가 몸을 집어넣을 수 있을 정도로 컸다. 그는 이럴 때 이 주머니를 위해 거기서 쓰레기를 태웠다고 했다. 1975년에도 소각로는 여전히 사용 중이었지만, 2년쯤 후에 공기 오염원으로 지목된 이런 가정용 소각로들은 사용이 금지됐다. 밥과 나는 지하저장소를 확인하다 소각로의 봉쇄된 굴뚝을 찾아냈지만, 소각로는 철거된 상태였다.

철저한 조사를 위해, 밥은 우리를 지역 우체국으로 데려갔다. 하숙인의 이름을 기억할지도 모르는 그 시절의 집배원을 찾아낼 수 있을까 확인하기 위해서였다. 하지만 우리는 그녀가 고인이 됐다는 유감스러운 소식만 알게 됐다.

그러자 밥은 점심을 먹자며 나를 네모스로 데려가, 호파 실종 2주 전에 프랭크 피츠시먼스의 아들의 링컨 차량이 폭발했던 주차장 자리를 보여줬다. 맥주잔을 내려놓은 밥은 호파가 실종되기 전에 열린 추수감사절 만찬석상에서 호파가 처키의 뺨을 때렸다고 말했다. 호파는 처키가 여자친구 때문에 아내를 내팽개친 것에 분노하고 있었다.

밥은 프랭크 시런이 생존해 있을 때 내가 진상 폭로에 나서지 않은 것에 실망했노라고 말했다. 내가 할 수 있는 말이라고는 그 심정을 이해한다는 게 전부였다. 그런데 프랭크는 원래대로라면 책이 나왔을 때 살아 있었어야 했다. 프랭크는 곡기를 끊는 것으로 자진하는 쪽을 택했는데, 이건 요양원에서는 흔한 일이었다.

수송허가증

그다음으로 나는 미시간 테일러에 사는, 내 책을 읽은 제프 한센Jeff Hansen 이라는 경찰에게서 전화를 받았다. 한센은 그 집에서 2분도 채 떨어져 있지 않은 화장장을 언급했다. 그곳은 호파가 실종된 직후에 사망한 그의 어머니를 매장한, 구경꾼들이 몰려드는 것을 막으려고 별다른 표식도 없이 조성한 무덤이 있는 공동묘지 내부에 있었다.

그런데 제프는 자기 생각에는 마피아가 시신을 처리하는 데 이용했을 가능성이 더 큰 곳이라며 20분 거리에 있는 또 다른 화장장을 지목했다. 마피아의 장례식을 다수 거행했던 장례식장인 바그나스코스Bagnasco's에서 가까운 곳이었다. 수년 전에 바그나스코 가족 중 한 명이 가족이 운영하는 장례식장 앞에서 마피아 스타일로 쏜 총에 맞아 쓰러졌다.

디트로이트로 날아간 나는 제프와 그가 자문을 구했던 그 세계에 박식한 몇 사람을 만났다. 1975년에 미시간 주에서는 일련의 문서 없이도 시신을 합법적으로 화장하는 게 놀랄 만큼 쉬운 일이었다는 걸 알게 됐다. 필요한 거라고는 '수송허가증'이라는 서류가 전부였는데, 그나마도 실제로는 필요치 않았다. 그 서류는 1달러 지폐 크기만 한 종이쪽이었다. 사본도 따로 남기지 않고 원본만 존재했다. 그 증서는 장례지도사가 영구차 운전사에게 발급했는데, 장례지도사는 책상 서랍에 그 증서를 뭉치로 보관하는 게 보통이었다. 그걸 별도로 보관하지도 않았다. 그 증서는 화장장에 제출되지 않았다. 그냥 면허가 있는 장례지도사가 '수송허가증'을 소유한 아무 운전자에게나 시신을 싣고 돌아다녀도 된다는 허가를 내주면 끝이었다. 이 대목에서 나는 마이클 커티즈 감독의 클래식 영화 「카사블랑카」에 나오는 '통행증'을 떠올렸다.

운전사는 영구차를 대고는 관리인에게 95달러를, 대체로 현금으로 건네고는 했다. 시신은 보디 백이나 화장용 싸구려 소나무 관에 들어 있었다. 백이나 관을 열어보는 일은 결코 없었다. 운전사와 도우미, 또는 운전사가 혼자 왔을 경우에 묘지 관리인은 시신을 들어 올려 가마나 오븐에 밀어 넣었다. 그 중 한 명이 평범한 전등 스위치처럼 생긴 스위치를 올리고는 했다. 한 시간이면, 보디 백이나 조잡한 소나무 관을 비롯한 모든 것이 유골로, 인체 모양의 유해로 바뀔 터였다. 관리인은 한 시간 후에 돌아와 창문을 닦는 데 쓰는 고무청소기를 이용해 운전사가 갖고 갈 수 있도록 유골을 작은 크림색 플라스틱 박스에 밀어 넣고는 했다. 유해의 신원을 확인하는 과학적인 수단이나 기타 수단은 전혀 없었다. 유골이 방치되거나 찾아가는 이가 없거나 그냥 훗날 처분하기 위해 벽장에 쌓이는 경우도 대단히 잦았다. 우리가 디트로이트에서 확인한 묘지들에서, 나는 방치된 유골들이 선반에 잔뜩 쌓여 있는 걸 목격했다. 비그니ㅅ고기 그가 보유면 증시 뭉치에서 수송허가증을 빗겨내는 섯으

473

로 작업에 협조했을 경우, 그 일은 정말로 수월하게 이뤄졌을 것이다.

화장장의 협조는 그 일을 한층 더 쉽게 만들어줬을 것이다. 직접 품을 들이면 한 시간 안에 일이 끝났을 것이다. 관리인들은 광활한 묘지의 다른 곳을 작업하라며 보내졌을 것이고, 운전사와 도우미는 화장장에 들어가 작업했을 것이다. 그 디트로이트 화장장 중 한 곳의 스위치를 켜봤다. 지켜보는 사람이 늘 없는 듯한 오븐이 그 즉시 우르릉거리며 화염을 피워 올렸다.

밥 개리티는 그의 FBI팀이 시신 처리와 관련해서 바그나스코를 의심했었다고 했다. 실제로, 내가 다른 출처에서 입수한 기다란 FBI 메모에 묘사된 대로, 바그나스코 가족과 가까운 대단히 신뢰할 만한 정보원은 그들이 지미 호파의 시신을 즉시 운반했을 장소로 바그나스코의 화장장을 지목했다. 바그나스코를 확인해봤지만, 그걸 확인할 방법은 정말이지 하나도 없었다. 업계에서 바그나스코는, 마피아랑 손을 잡은 게 명백했기 때문에, '원 플러스 원 바그나스코'로 알려져 있었다. 제프 한센은 그가 발견한 내용들을 2009년에 책으로 썼다. 스펙터 출판사에서 출판한 『진실을 찾는 발굴Digging for the Truth』.

프랭크는 최근에 했던 호파 발굴에는 전혀 관심을 보이지 않았다. 그는 발굴이 시작될 때마다 코웃음을 쳤다. 프랭크는 이런 말을 여러 번 했었다. "시신이 발견될 거였으면 오래전에 발견됐을 거야."

프랭크는 여전히 생존해 있는 청소부인 토미 안드레타가 세부사항을 제대로 아는 유일한 사람이라는 데 동의했다. 그와 고인이 된 그의 형 스티브가 시신을 처리한 사람들이었다. 고인이 된 제노비스 패밀리 지부장 토니 프로벤자노의 지부인 뉴저지에 소속된 토미 안드레타는 현재 라스베이거스에 산다. 그런데 안드레타는 누군가가 그에게 무슨 질문을 던지는 걸 허용하려 들지 않았다. 그는 '미란다 침묵 버튼'을 영원히 누르고 있다.

이 책의 하드커버판이 처음 나온 2004년에, 「폭스 뉴스」 프로듀서이자 뉴욕 주 조직범죄 수사관을 역임했고, 기동타격대로 재직하던 시절에 작성한 파일 두 개를, 하나는 프랭크 시런이라는 레이블이 붙고 다른 하나는 러셀 버팔리노라는 레이블이 붙은 파일 두 개를 20년 넘게 보관해온 인물이자, 내게 호펙스 파일의 첫 사본을 건네준 인물인 에드 반스Ed Barnes가 라스베이거스로 날아갔다. 에드 반스는 토미 안드레타의 오렌지색 지붕을 얹은 흰색 교외주택 앞에서 사막의 따가운 햇볕을 받으며 온종일 기다렸다. 키가 198센티미터나 되는 안드레타가 집에 당도하자, 반스는 그에게 책을 건네며 질문을 던지려 애썼다. 하지만 안드레타는 반스를 무시하면서 앞만 똑바로 응시하며 현관문으로 들어갔다. 반스가 현관문 앞에 계속 서 있는 동안, 그의 옆에 있는 차고의 문이 밀려 올라갔다. 거기에 안드레타 부인이 손을 내밀고 서 있었다. 반스는 그녀의 손에 책을 건네고는 차고 문이 다시 닫히는 동안 그녀에게 질문들을 던지기 시작했다.

빅 빌리의 국선변호사

2006년에 내가 마지막으로 디트로이트에 다녀온 직후, 빅 빌리 델리아가 그에게 불리한 증언을 하는 투자은행가를 살해하려는 공모를 했다는 혐의로 기소당했다. 이 기소에 뒤이어, 빌리가 솜씨 좋기로 유명한 형사사건 변호사를 국선변호사로 교체했다는 보도들이 나왔다. 이런 상황을 보면서, 나는 정상급 변호사를 선임할 경제적 형편이 되는 게 확실한 빌리가 정부에 협조하려는 수순을 밟기 시작했다는 걸 알아차렸다. 세상의 주목을 받는 솜씨 좋은 변호사들은 FBI에 협조하는 피고의 변호를 맡으려 들지 않는다. 그렇게 하면 다른 의뢰인들에게 그들의 이미지가 나빠진다. 자칫하면 목숨을 잃을 수도 있다.

내 직감은 몇 주 이내에 확인됐다. 빌리가 수사에 협조하고 있으며, 그의 협조를 바탕으로 미합중국 검사와 감형을 위한 합의절차에 돌입했다는 보도가 나왔다. 나는 프랭크가 내 시놉시스를 압수하는 것으로 내 관심을 끌었던 1991년 이후로는 도통 느껴보지 못했던 안도감을 느꼈다. 빌리가 고민할 게 너무 많아서 나 따위는 안중에도 없게 된 상황이 되면서, 나는 결국 '이 사건'에서 내가 맡은 역할에 대해 더 많은 걸 드러내도 되겠다는 해방감을 느꼈다.

『도니 브래스코: 완료되지 않은 업무』

한편, 나는 이 책 덕에 트루 크라임True Crime 장르의 역작인 『도니 브래스코: 내가 마피아 세계에서 언더커버로 살았던 삶Donnie Brasco: My Undercover Life in the Mafia』의 속편을 나의 오랜 아이돌이던 실제 도니 브래스코와, 그러니까 은퇴한 FBI 언더커버 요원 조 피스토네와 공동으로 집필하는 기회를 잡게 됐다. 조는 리처드 우들리와 『도니 브래스코』를 공동으로 집필했었다. 1997년에 마이크 뉴웰 감독의 각색영화 「도니 브래스코」에서는 조니 뎁이 조를 연기했고, 알 파치노는 조와 친해졌다가 몰락하게 된 주요한 메이드맨 레프티 건스 루기에로를 연기했었다. 그들이 얼마나 가까운 사이였던지, 조는 레프티의 결혼식에 들러리를 서기도 했었다.

보나노 패밀리에 속한 보석 도둑으로 가장한 언더커버 요원으로 6년을 지내는 동안, 조는 어느 때건 머리에 총을 맞을 위험 속에 살았다. 그가 요원 신분을 밝힌 후, 마피아는 그의 목숨을 빼앗는 사람에게 50만 달러를 지불하겠다고 밝혔고, 조는 계속 안전책을 강구했다. 이어진 재판들에서, 조는 보나노 패밀리를 최종적으로 와해시킨 레킹 볼[145]이었다.

러닝 프레스 출판사에서 2007년에 출간한 우리가 집필한 속편은 제목이 『도니 브래스코: 완료되지 않은 업무Donnie Brasco: Unfinished Business』로, 그가 여전히 진행 중인 재판에서 증언을 해야 하는 사건들에 관련된 소재인 탓에 첫 책에는 사용하는 게 허용되지 않은 용감무쌍한 이야기들을 담았다.

뉴저지 패터슨에서 거칠게 자란 조는 내가 들어본 중에 가장 용감한 인물이다. 의형제의 연을 맺은 우리는 꾸준히 연락을 주고받는다. 조는 세계 곳곳에서, 때로는 내가 들어본 적이 없는 나라에서 경찰과 정보기관들을 상대로 언더커버 활동 요령을 가르친다. 한편으로는 영화와 연극, TV 드라마를 제작하고 있다.

조는 보나노 패밀리에 속한 보석 도둑인 척하는 동안 목요일마다 베수비

---

145 wrecking ball, 철거할 건물을 부수기 위해 크레인에 매달고 휘두르는 쇳덩이

어스에 들르고는 했었다고 말했다. 목요일은 프랭크 시런, 그리고 보석 도둑들과 사업을 하던 러셀 버팔리노가 시내에 도착하고는 하던 날이었다. 조는 그들의 입에서 나온 유용한 정보는 하나도 엿듣지 못했다. 조는 시런이 강한 회한을 느끼기 시작하던 1975년에 베수비어스에 모습을 나타냈었다. "목요일 밤이면," 조가 내게 한 말이다. "나는 술잔을 앞에 두고 바에 앉아 있고는 했는데, 그럴 때면 시런은 술을 들이붓고는 했었어."

조는 그의 친구인, 영화 「대부」 3부작 모두에 가수 조니 폰테인 역으로 출연했던 가수 겸 배우 알 마르티노를 내게 소개해줬다. 어렸을 때부터 알의 팬이었던 나와 알 마르티노, 그리고 그의 아내 주디는 빠르게 친해졌다. 2009년 10월에 갑작스러운 심장마비로 비극적인 죽음을 맞기 전, 알은 내게 조니 폰테인 캐릭터는—많은 이들이 믿듯—프랭크 시나트라의 인생이 아니라 그 자신의 인생을 바탕으로 만들어진 것이라고 말했다.

알은 1952년에 그의 히트곡 <Here in My Heart(여기 내 마음속에)>가 공개된 후 앨버트 아나스타시아가 자신에게서 75,000달러를 갈취하려 애썼다고 말했다. 아나스타시아는 윌리 서튼을 체포했다는 대중의 칭찬을 듣는다는 이유로 아놀드 슈스터를 암살하라고 명령한 매드 해터[146]였다. 하지만 알 마르티노는 2차 대전에 참전해 이오지마 전투에서 부상을 입기도 한 억센 사내였다. 그는 필라델피아 지역에서 벽돌공으로 일하다가 가수로 전향했다. 알은 그가 '애니'라고 불렀던 아나스타시아에게 굴복하는 대신 영국으로 이주했다. 아나스타시아가 1957년에 호텔 이발소 의자에서 살해당하자, 알은 필라델피아 보스 안젤로 브루노에게서 미국으로 돌아와도 좋다는 허가를 받으려 했다. 안젤로는 알을 러셀 버팔리노에게 맡겼고, 알은 러셀이 미국 마피아의 실세라는 걸 대번에 알 수 있었다. 알이 밝혔듯, "남들이 다른 말 하게 놔두지마. 러셀은 그때까지 가장 존경받는 보스였어."

러셀은 알 마르티노에게 미국에 머물러도 좋다고 허락하면서, 알에게 무

146 The Mad Hatter, 미시령이

엇인가를 요구하는 대신 알이 경력을 재구축하는 걸 도와줬다. 러셀이 크레이지 조이 갈로가 '건방진 자식'처럼 굴었던 곳인 뉴욕의 전설적인 나이트클럽 코파카바나의 비밀 소유주였다고 알이 내게 말했다.

알은 러셀의 휘하에서 대성공을 거두었고, 러스와 프랭크가 좋아하는 노래인 <Spanish Eyes>를 비롯한 빅히트곡들을 불렀다. <Spanish Eyes>는 '프랭크 시런 감사의 밤'에 브롱크스 출신의 인기 좋은 테너 제리 베일이 부른 노래인데, 마틴 스콜세지 감독은 고인이 된 제리 베일의 노래를 그의 영화 아홉 편에 사용했었다고 내게 말했다.

알은 자신이 「대부」의 조니 폰테인 역할을 얻게 될 거라 기대했었다고 말했다. 하지만 그 역을 따내지 못한 그는 프랜시스 포드 코폴라 감독이 그 대신에 경험이 많은 배우를 원한다는 말을 들었다. 역할을 거절당한 알은 러셀에게 전화를 걸었다. 이틀쯤 지난 후 파라마운트의 로버트 에반스 회장이 그를 불렀다. 에반스는 알에게 원한다면 그 역할을 맡게 될 거라고, 하지만 코폴라는 알의 얼굴이 자주 가려지는 방식으로 촬영을 할 거라고 말했다. 알은 상관없다고 말했다. 그 역할을 진정으로 원했으니까. 그래서 영화에서 그의 얼굴이 가려지는 경우가 잦다. 촬영장에서 일부 다른 배우들은 알을 무시했다. 하지만 말론 브란도는 알을 휘하로 들이면서 연기를 가르쳐주고 그를 전용기에 태워 촬영장에 데려갔다. 스크린 안에서나 밖에서나 대부처럼 행동한 것이다.

나는 2011년에 선 밸리 작가 컨퍼런스에서 강연할 때 이 에피소드를 언급했다. 그런데 청중 가운데 「대부」의 제작자였던 알 루디의 아내 완다 루디가 있었다. 자기소개를 한 완다가 말했다. "러셀 버팔리노는 「대부」 시나리오의 최종 승인권을 갖고 있었어요."

러셀 버팔리노와 관련된 일화를 가진 누군가와 얘기할 때마다, 특히 그의 본거지인 펜실베이니아 북동부의 사람과 얘기를 할 때마다 늘 그런 식이었다.

버니 포글리아Bernie Foglia는 펜실베이니아 엑세터에서 대형 이탈리아 가정식 레스토랑인 빌라 포글리아를 운영한다. 내가 근처 도서관에서 강연을 한 후, 우리 일행 몇 명이 맛집을 찾아 버니의 식당에 갔다가 좋은 이야기를 들었다. 버니는 자신이 젊었을 때는 피자집 주인이었다고 했다. 당시 그는 심장 절개 수술을 앞두고 있었다. 소식을 들은 러셀이 그의 식당에 들렀다. 러셀은 버니에게 그는 너무 젊다고 말했다. 그는 버니에게 자신의 전담 심장전문의에게 진단을 받아보라고 강하게 권하고는 진찰받는 자리를 주선해줬다. 러셀은 버니를 의사의 진료실까지 데려다주라며 플로리다에 있는 마피아 소굴이자 해산물 레스토랑에서 일하는 조 손켄을 보냈다. 버니는 조 손켄과는 초면이었지만, 어쨌든 그는 손켄이 그를 '보이니'라고 부르는 데 빠르게 익숙해졌다.

리셉션데스크에 있던 간호사가 두 남자에게 이탈리아어를 할 줄 아느냐고 물었다. 그녀는 영어가 대단히 짧은 이탈리아계 노인을 접수하느라 애를 먹고 있었다. 간호사는 그 노인의 사회보장번호가 필요했지만 말이 통하지 않아서 그런 얘기를 전할 수가 없었다. 그녀는 자신이 왜 그걸 필요로 하는지를 노인에게 설명해줄 사람을 원했다. 버니가 돕겠다고 나섰다. 그는 그 남자한테는 애초부터 사회보장카드가 없기 때문에 사회보장번호를 만들 수가 없었다는 걸 알게 됐다. 알 카포네를 위해 술을 빚는 밀주업자로 미국 생활을 시작한 그 남자는 어떤 경우가 됐건 세금을 납부하는 것을 피하는 법을 터득했다. 카포네가 몰락하게 된 원인을 말이다.

역시 카포네 밑에서 일하는 것으로 그 세계에 처음 발을 디뎠던 조 손켄이 갑자기 안경을 벗더니 그 이탈리아계 노인 앞에 얼굴을 들이밀고 말했다. "나 기억해? 조 손켄이야."

버니는 내게 말했다. "그리고 나서 왕년의 두 밀주업자는 부둥켜안고 난리를 피웠어요. 그 일이 있은 후, 애틀랜틱시티의 레스토랑에 들렀던 나는 그곳을 떠나다가 조 손켄이 아름다운 금발여자와 개인 부스에 앉아 있는 걸 봤어요. 그를 방해하고 싶지 않아서 그냥 문을 향해 계속 걸었는데 그 금발여자가 나를 향해 '보이니'라고 소리를 지르더군요. 몸을 돌렸더니 조 손켄이 가수 올리비아 뉴튼 존과 앉아 있었어요. 레스토랑 입구에는 '올리비아'라는 번호판이 붙은 롤스로이스가 서 있었고요.

한번은 친구하고 같이 저녁을 먹으면서 쇼를 보기 위해 뉴욕에 있는 레인
보우 룸에 들어가려고 갖은 애를 다 썼었어요. 하지만 예약을 하지 않은 우리
는 쫓겨나고 말았죠. 거기를 떠나 걸어가다가 시도나 한번 해보기로 결심했
어요. '러셀 버팔리노가 우리한테 여기에 들어오라고 했습니다'라고 해본 거
예요. 그랬더니 지배인이 득달같이 로프를 들어 올리고는 우리에게 가장 좋은
자리를 내줬어요. 지금까지도 나는 러셀이 레인보우 룸하고 어떤 식의 관계가
있었는지를 몰라요. 하지만 그가 유명한 사람이었던 것만큼은 확실해요."

내가 몇 가지 질문을 던졌지만, 보이니는 빌리 델리아에 대해서는 아무 말
도 하지 않으려고 무척이나 조심스러운 태도를 보였다. 나중에, 라스베이거
스의 만달레이 베이 카지노에서 연 내 강연회의 청중석에 보이니의 사랑스러
운 여동생이 있었다.

버팔리노의 본거지에서 연 또 다른 강연회에서 어떤 남자가 나한테 와서
는 말했다. "어렸을 때 저는 말썽쟁이였습니다. 러셀이 우리 아버지의 가구매
장에 와서는 말했죠. '모두들 자네 가게에서 쇼핑하는 걸 좋아해. 그런데 자
네 아들놈이 천방지축이잖아. 자네가 자식을 통제하지 못한다면 더 이상은
누구도 여기서 쇼핑하고 싶어 하지 않을 걸세.' 아버지는 고등학교 내내 내
곁에 붙어 계셨어요. 나는 성인이 될 때까지 아버지 시야에서 결코 벗어나지
못했죠. 그리고 지금은 제 사업을 하고 있어요."

"어떤 사업을 하시나요?" 내가 물었다.

"내 이름을 내건 장례식장을 갖고 있어요."

『우리는 이 사건에서 승리할 것이다』

다음으로 조 피스토네는 나를 은퇴한 조직범죄관리 특수요원 린 데베치
오Lin DeVecchio에게 소개해줬다. 또 다른 미국의 영웅이자 내 평생지기인 그는
FBI의 조직범죄 수사 분야의 생명줄이 된 유급 정보원을 개발하는 프로그램
분야의 거장이었다. 린과 나는 린과 동료들이 마피아의 목을 치기 위해 했던

일들에 대한 책을 함께 썼다. 나는 린과 동료들에게, 알 카포네와 맞서 싸우면서 카포네가 그들을 매수하려 애쓸 때 돈으로 매수할 수 없는 정직한 존재로 명성을 얻은 연방요원들을 가리키는 오리지널 언터처블에서 따온 '뉴 언터처블'이라는 이름을 붙였다. 브라이언 드 팔마 감독의 1987년 영화 「언터처블」은 로버트 드 니로를 알 카포네로, 케빈 코스트너를 언터처블의 정직하고 돈으로 매수할 수 없는 리더 엘리엇 네스로 출연시켰다. 린이 그들에게 입힌 회복 불가능한 피해에 대한 복수를 하려던 마피아는 명예욕에 휘둘린 브루클린 지방검사를 사주하여 돈으로 매수할 수 없는 정직한 뉴 언터처블의 린 데베치오를 마피아 살인사건 네 건의 용의자로 기소하기에 이르렀다. 우리 책의 제목은 『우리는 이 사건에서 승리할 것이다We're Going to Win This Thing』이다.

린은 전설적인 마피아위원회 사건과 1986년의 기념비적인 재판의 감독관이었다. 조 피스토네는 마피아위원회 사건의 스타 증인이자 '레킹 볼'이었다. 린의 유급 비밀정보원인 콜롬보 패밀리의 그레그 '더 그림 리퍼' 스카르파Greg 'The Grim Reaper' Scarpa는 도청과 전화감청을 허용할 필요가 있던 그럴 법한 원인의 출처였다. 이 엄청난 사건은 마피아의 워털루 전투[147]였다. 이 사건을 통해 마피아를 지배하는 조직인 '위원회'가 영원히 와해됐다. 위원회 보스들은 테이프에 담긴 그들의 육성에 의해 총 151건의 유죄 판결을 받고 각자 100년형을 선고받았다.

호파 살인이 자행되고 닷새 후에 베수비어스 회합을 주재했던 제노비스 패밀리의 보스 팻 토니 살레르노는 그 평결에 의해 몰락한 위원회 보스들 중 하나였다.

캐리 버팔리노가 여전히 생존해 있던 탓에 앞선 책에서는 사용할 수 없었지만, 호파 암살이 호파의 시신을 화장터로 데려가면서 한 시간 내에 끝나도

---

147 나폴레옹 1세가 이끈 프랑스군이 영국, 프로이센 연합군과 벨기에 남동부 워털루에서 벌인 전투로, 프랑스군이 패배하여 나폴레옹 1세의 지배기 끝나게 되었다

록 계획한 사람은 러셀이었지만, 살인을 주재한 인물은 팻 토니 살레르노였다고 프랭크는 내게 말했다. 살레르노는 호파와 토니 프로벤자노 사이에서 중립을 취하겠노라고 립 서비스를 했지만, 호파를 제거하면서 가장 큰 이문을 남긴 건 살레르노였다. 살레르노의 제노비스 패밀리는 암살을 쥐락펴락하면서 그 계획에 프로벤자노, 샐 브리구글리오, 안드레타 형제까지 인력 네 명을 제공했다.

　린은 팻 토니 살레르노를 상대로 건 위원회 사건 RICO 재판 중 한 건은 팻 토니가 이스트 할렘에 소유한 팔마 보이스 소셜 클럽의 지하저장고에 요원 한 명이 비밀리에 심어놓은 도청장치에서 비롯됐다고 밝혔다. 팔마 보이스는 내가 1960년대에 조사관으로 일했던 웰페어 센터에서도, 내가 뛰었던 소프트볼 팀을 소유한 이스트 할렘의 술집 조스 레스토랑에서도 걸어서 금방 갈 수 있는 곳이었다. 이스트 할렘은 제노비스의 배신자 조 발라치의 구역이었다. 나는 근처에 있는 샌 안토니오 소셜 클럽의 멤버 세 명과 친해져야 했다. 그 세 명은 길거리의 보스 조와 그의 동생 소니, 그리고 소니의 사탕 가게를 운영한 그들의 매력적인 여동생 플로와 결혼한 그들의 매형 모를 말한다. 언젠가 모는 내게 말했다. "나는 네 나이보다 더 긴 시간을 감옥에 있었어." 한번은 모가 우리가 받지 못하는 면책특권인 '400'을 형사들에게서 받는 것에 대한 말을 했다. "경찰이 너를 심문하고 싶으면, 그는 네 엉덩이를 바닥에 붙이고는 숯불로 구워버릴 거야. 우드워드 마구간의 우드워드 부인이 남편을 총으로 쐈어. 그녀는 남편을 도둑으로 착각했다고 주장했어. 그런데 그녀가 숯불구이 신세가 됐을까? 당연히 아니지. 그녀는 400의 일원이니까." 400이 무엇인지 모르는 나는 그게 뭔지 모르겠다고 말했다. 모는 설명했다. "플리머스[148]에 당도한 사람들, 최초의 정착민들을 가리키는 거야." 소니 가족과 보낸 그 시절이 프랭크와 함께할 시간을 위한 드레스 리허설이었음을 나는 조금도 의심하지 않는다.

148　Plymouth, 영국을 떠난 청교도들이 처음으로 당도한 신대륙의 항구

1980년대에 나는 10대가 된 내 아이들 트립과 미미를 차에 태우고 왕년의 내 구역에 갔었다. 나는 내 아이들이 다른 생활방식을 보기를 원했다. 모는 이 세상 사람이 아니었지만, 플로는 여전히 사탕가게를 운영하고 있었다. 그녀는 나를 기분 좋은 사람으로 기억했다. 우리가 과거의 추억을 끄집어내는 동안 듀크 엘링턴의 가난뱅이 버전처럼 생긴 흑인 노인이 장난감 푸들을 안고 가게로 들어왔다. 『뉴욕 데일리 뉴스』를 한 부 집어든 그는 카운터에 20센트를 놓고 큰 소리로 말했다. "5센트 외상이에요, 플로." 그녀가 말했다. "알았어요, 허니."

팔마 보이스 소셜 클럽에 설치된 도청장치를 통해, 팻 토니가 팀스터즈 노조에 자신이 지명한 인물을 차기 위원장으로 선출하라는 지시를 내리는 게 발각됐다. 그 인물은 캔자스시티 출신의 로이 리 윌리엄스Roy Lee Williams로 훗날 감옥에 갔다. 노조를 마피아가 철저하게 장악한 바로 이런 현실이 1976년 선거에서 자신이 위원장 자리에 복귀하지 못할 경우 그의 노조에 일어날 일이라고 호파가 두려워한 것이었다. 그리고 제노비스 패밀리가 호파가 복귀하도록 놔둘 수 없는 이유였다. 그들은 프랭크 피츠시먼스 휘하의 팀스터즈를 소유하게 됐고, 그런 상황을 오래 지속시키려고 계획하고 있었다. 호파에 대한 험담을 한다는 이유로 조니 디오에게 시력을 잃은 용감한 기자 빅터 리셀은 제노비스 패밀리의 토니 프로벤자노가 1981년에 위원장 자리를 거머쥘 계획을 세우고 있었다고 보도했다. 이 계획은 토니 프로가 1978년에 살인죄로 유죄 판결을 받는 바람에 망가졌다. 인기 좋은 팀스터였던 토니 카스텔리토가 샐 브리구글리오와 K.O. 코니그스버그에게 피살된 지역 정치적 성격의 살인으로, 호파 수사의 결과로 해결된 사건이었다.

린 데베치오가 지휘한 FBI에 검거된 위원회 보스들이 100년형 선고를 받으면서 위원회는 영원히 사라졌다. 현재, 조직의 대부들은 법 앞에서 해명을 해야만 하는 존재가 됐다. 중요한 위치에 있는 인물들 중 누구도 위원회 멤버는 고사하고 패밀리의 보스가 되는 것으로 FBI의 표적이 되는 걸 원치 않았다. 처음에는 존 고티 같은 별것 아닌 조무래기가 조직의 정상에 등극했지만,

얼마 안 있어 정상에는 아무도 없었다. 자체적으로 제정한 법률을 집행할 치명적인 비밀 정부가 없는 상황에서, 마피아는 무정부 상태로 와해된 조직으로 전락하기 시작했다.

내가 린 데베치오나 조 피스토네를 만나기 전, 프랭크와 같이 여행을 다니며 그와 친해지는 동인, 나는 마피아위원회 사건이 입힌 피해를 목격한 목격자가 됐다. 프랭크와 나는 마피아의 필라델피아 지부장을 자주 방문했는데, 여기서는 그 메이드맨의 이름을 '카마인'이라고 부르겠다. 우리는 그의 회원 전용 사교클럽으로 그를 찾아갔는데, 회원이 아니면 수색영장이 있어야만 들어갈 수 있는 곳이었다. 클럽 내부에서 벌어지는 명명백백한 불법 활동은 도박이었다. 이곳은 '카드 카지노'로, 늘 서너 판의 포커판이 벌어지고 있었고, 하우스는 딜러들을 제공하면서 판을 벌일 때마다 판돈의 일부를 게임비로 받아갔다. 카마인의 부하들은 딜러들이 하우스가 챙겨야 할 몫을 한 푼도 빠짐없이 다 내놓는지 날카로운 눈으로 지켜보고 있었다.

프랭크와 내가 카마인의 사교클럽의 바에 처음 앉았을 때, 체형이 냉장고처럼 네모나게 생긴, 마흔쯤 돼보이는 카마인의 부두목이 오더니 내 오른쪽에 있는 의자에 앉은 프랭크와 잡담을 하려고 내 왼쪽에 섰다. 부두목과 프랭크가 나를 사이에 두고 대화를 하는 내내, 부두목은 얘기는 프랭크와 하면서도 시선은 단 한 번도 그를 향하지 않았다. 대신, 그는 내가 그가 주시해야 할 도박판의 판돈이나 되는 양 나를 쏘아보면서, 나를 위아래로 훑으면서, 나를 결코 잊지 않을 거라는 사실을 내게 알리는 것처럼 2미터 떨어진 곳에 서 있었다. 나는 그에게 실물 모나리자나 된 것처럼 기분 좋은 미소를 지었다. 카마인은 내가 프랭크를 위해 분식용 책을 쓰고 있다는 얘기를 들은 많은 사람 중 한 명이었다.

그러고 나서 2년쯤 후, 프랭크가 '우리 친구'를 만나러 가자고 제안했다. 필라델피아 패밀리의 이전 대부 랠프 나탈레가 체포돼 FBI에 협조하고 있었기 때문이다. 조직의 보스가 그렇게 협조하는 것은 '뉴 언터처블' 때문에 마피아 조직이 와해되고 있음을 보여주는 극적인 증거였다. 프랭크는 나머지 필라델피아 지부장들이 카마인에게 필라델피아의 새로운 대부가 되어달라고, 한때 안젤로가 운영했던 필라델피아 패밀리 전체의 빅 보스가 되어달라고 요청했다고 말했다. 카마인은 프랭크에게 조언을 구했지만, 프랭크는 자신이 어떤 조언을 해줬는지 내게 밝히지 않았다. 나는 평소 앉던 자리에, 프랭크를 내 오른쪽에 둔 자리에 앉았다. 운동선수처럼 보이는 50대의 가무잡잡하고 잘생긴 남자인 카마인이 왔다. 그는 이전에도 숱하게 그랬던 것처럼 큼지막한 손을 내가 앉은 의자의 등받이에 얹었다.

"우리 친구는 어떻게 지내나?" 수감돼 있는 필라델피아의 전 대부 존 스탠파를 언급하며 카마인이 물었다. 존 스탠파는 그가 모나리자 레스토랑에서 판사로 재판을 주재했던 10년 전에 내가 만난 대부였다. 그는 지금은 살인죄로 레번워스 교도소에서 5회의 복수 종신형을 복역하는 중이었다.

정말이지, 우리 친구는 어떻게 지내나. 존 스탠파는 '뉴 언터처블'과 정면으로 맞붙은 끝에 1995년 11월 유죄 판결을 받았다. 내가 그를 만난 직후인 1991년에 보스가 된 이후로 4년이 지난 시점이었다. 그는 보스로 지낸 기간의 대부분을 필라델피아 패밀리의 통제권을 놓고 스키니 조이 메를리노Skinny Joey Merlino와 전쟁을 벌이며 보냈다. 뉴욕에 위원회가 있었다면 벌어지지 않았을 전쟁이었다. 사상자들 중에는 스탠파의 아들 조이가 있었는데, 그는 메를리노가 존 스탠파의 캐딜락에 총을 쐈을 때 뺨에 총을 맞고도 살아남았다. 보복에 나선 스탠파의 부하들은 메를리노의 둔부에 부상을 입히고 '마이키 챙Mikey Chang'을 죽였다. 마이키 챙의 아버지는 1967년에 지부 앞에서 저항세력의 총격전이 벌어지는 동안 복부에 총을 맞은 시런의 동지 조 '치키' 치안카글리니였다. 치키의 다른 아들 '조이 챙Joey Chang'이 스탠파에게 충성하는 잔당으로 선출됐다. 형제들 사이에 상잔이 벌어졌다. 프랭크는 옥에 갇힌 치키가 아들 조이에게 '프랭크는 믿고 조언을 구해야 마땅한 유일한 인물'이라고 충고했다는 사실을 무척 자랑스러워했다. 메를리노 일당은 조이 챙의 간이식당 앞에서 그에게 발포해 그를 부분 마비 상태로 만들었다. 카마인이 스탠파에 대해 "우리 친구는 어떻게 지내나?"라고 물었을 때 아버지 치키는 45년형을 복역하는 중이었다.

프랭크는 메를리노-스탠파 전쟁 동안 메를리노 일당 세 명이 그가 밖에 앉아 있는 아파트에 차를 몰고 나타났었다고 내게 말했다. 그들은 이 총격전에서 중립적인 위치를 유지해달라고 그에게 부탁했다.

"세 명이 전부 차에서 내려서 당신한테 온 건가요?" 내가 물었다.

"차에서 내린 놈이 두 놈 이상이었으면, 우리는 지금 감옥에서 얘기하는 중이었을 거야. 내 검지에는 아무 문제가 없었거든. 세 놈이 다 차에서 내렸으면 몽땅 저승으로 보냈을 거야."

프랭크가 73세로 하체에 힘이 없어 지팡이를 사용하던 1993년에 일어난 일이었다. 그런 상황이었음에도, 메를리노 일당은 프랭크가 스탠파의 편에 서서 적극적으로 전쟁에 관여하는 걸 여전히 두려워했다.

메를리노 일당의 방문이 있을 무렵, 프랭크가 필라델피아의 델라웨어 강변에 있는 라 베란다 레스토랑의 테이블에서 업무를 볼 때 나는 그의 위상을 엿보게 됐다. 나는 그의 뒤에 멀찌감치 떨어진 자리에 앉아 있었는데, 그는 내가 거기 있다는 걸 전혀 모르고 있었다. 이때는 내가 그를 만나지 않고 있던 8년간에 해당하는 시기였다. 험상궂게 생긴 사내들이 한 명씩 그의 테이블에 존경스러운 표정으로 앉아 지시를 받을 차례가 오기를 기다리고 있었다. 그 테이블에 도청장치가 설치돼 있었다면, 이 미팅들은 하나하나가, 최소한, 가석방 규정 위반이었다. 내가 프랭크의 눈에 띄지 않은 채로 자리를 떠날 때도 그 절차는 여전히 진행되고 있었다.

1995년에 스탠파가 살인죄로 기소됐을 때, 프랭크가, 그리고 당시 갈취죄로 복역 중이던 노조 대표 헨리 치안프라니Henry Cianfrani가 기소되지 않은 스탠파의 공모자로 거론됐다. 프랭크와 치안프라니는 스탠파와 공모하는 내용이 모나리자의 도청장치에 포착되기는 했지만, 결코 기소되지는 않았다. 프랭크가 허락 없이 필라델피아를 떠나면서 가석방 규정을 위반했다는 이유로 1년형을 살고 막 출소한 1995년에, 스탠파는 영원토록 옥살이를 하려고 막 감옥에 들어간 참이었다. 프랭크는 담당 보호 관찰관의 허락 없이 필라델피아를 떠난 것은 그가 한몫을 챙기는 쓰레기 트럭의 '정확한 대수를 세어보려고' 애틀랜틱시티에 갔던 것이라고 내게 말했다.

모나리자 테이프에서, 존 스탠파가 이런 말을 하는 게 들렸다. "내가 어쩌려는지 알지? 칼을 구할 거야…… 놈의 혓바닥을 잘라 놈의 마누라한테 보낼 거야. 그게 다야…… 그걸 봉투에 넣을 거야. 거기에 우표를 붙여서…… 맹세코 그럴 거야."

"존은 잘하고 있어." 프랭크가 카마인에게 대답했다. "그들은 여전히 그를 레번워스에 잡아두고 있어. 그한테서 크리스마스카드를 받았어. 우리 친구들은 잘 지내고 있어."

"그에게 내 인사 전해주십시오." 고개를 들고 천장을 올려다본 카마인은 머릿속에서 요란하게 톱니바퀴들을 돌리는 듯한 모습으로 대단히 신중하게 입을 열었다. "있잖아요, 여기까지 올라오면서 저 바깥에 일하러 나가 있는 동안, 내가 우리 자식놈들하고 그리 가까이 지내지는 못했다는 걸 인정할 수밖에 없어요. 하지만 이런 말은 해야겠어요. 내가 우리 손주들하고는 정말로 가깝다는 말은요. 나는 손주들을 여생 동안 못 보게 될 나쁜 일은 하나도 하고 싶지 않아요."

나는 그가 자신들이 하는 일을 묘사하는 데 '나쁘다(bad)'는 단어를 사용하는 것에 강한 인상을 받았다. 나는 프랭크를 훔쳐봤다. 그의 얼굴에 웃음기가 스쳐 지나갔다. 프랭크가 친손자인 어린 제이크를 끌어안고 있는 모습을 보거나 장성한 손자 크리스 케이힐이 러시아에서 열린 리그 럭비 경기에 미국 국가대표로 출전한 얘기를 자랑스럽게 하는 걸 들은 사람은 프랭크가 '우리 친구'에게 해준 조언이 그를 이런 결정으로 이끌었을 거라고 짐작할 것이다.

나는 내 의자에서 그 얘기를 들으며 생각했다. "흐음, 당신은 판사처럼 굴면서 규율을 유지하기 위해 암살들을 명령해야만 하는군요. 그게 당신이 할 일이군요. 그리고 그새 RICO 재판을 받던 시절에 당신이 유죄 판결을 받은 혐의였죠. 스탠파가 그랬던 것처럼요." 나는 내가 필라델피아 조폭 역사의 마지막 장을 듣고 있다는 걸 깨달았다. 보스 자리는 마피아 세계에 속한 인물이 오를 수 있는 인생의 정점이었다. 그 과정에서 그들은 상대의 아들들을 죽이거나 불구의 몸으로 만들었다. 이제 그들은 그걸 그만둘 수가 없었다.

RICO와 다른 반마피아 법률들이 통과되고 '뉴 언터처블'이 이런 법률들을 집행하는 임무를 수행한 덕에, 그 이후로 누군가를 위한 '감사의 밤'은 다시는 거행되지 않았다.

물론, 카마인은 그 자리를 맡지 않았다. 그리고 나는 존 스탠파가 보낸 크리스마스카드를 레번워스 소인이 찍힌 기념품으로 갖고 있다.

분별 있는 내 아내 낸시는 쓸데없이 누군가의 심기를 불편하게 만드는 일이 없도록 내가 2005년도 페이퍼백 에필로그에 카마인과 관련한 일화를 집어넣지 못하게 막았다. 이후로 차를 몰고 그 사교클럽 옆을 지난 적이 있는데, 그곳은 부동산업자가 설치한 '매물' 표지판이 걸린 채로 문이 닫혀 있었다. 누군가가 자신의 손주들과 놀아주고 있는 게 분명했다.

린 데베치오 덕에 FBI의 전설 짐 코슬러Jim Kossler를 알게 됐다. 그는 RICO와 의회가 제공한 다른 신규 법률들을 활용해 마피아 패밀리들 전체를 수사하기 위한 전략을 기획한 기획자다. 짐은 호파 수사 초기에 용의자인 토미 안드레타를 심문하려고 그의 차를 세운 적이 있었다고 내게 말했다. 그 순간, 키가 198센티미터인 안드레타는 분위기를 직감하고는 감정을 주체 못하고 갓난아기처럼 울음을 터뜨렸다. 심지어 협조를 거부하는 와중에도 그랬다.

린과 인터뷰하던 중에, 다이아몬드를 놓고 분쟁을 벌이다 '맨손'으로 나폴리를 죽이겠다는 러셀 버팔리노의 위협을 녹음하려고 도청장치를 몸에 달았던 존 나폴리가 그의 유급 정보원 중 하나였다는 사실을 알게 됐다. 러셀은 재물강요죄로 유죄 판결을 받았는데, 이 판결은 결국 석방된 버팔리노가 메이드맨 지미 '더 위즐' 프라티아노Jimmy 'The Weasel' Fratianno에게 나폴리를 죽여 복수하라는 명령을 내리는 것으로 종결된 일련의 사건들의 출발점이었다. 버팔리노는 프라티아노가 이미 FBI에 협조하기 시작했으며 도청장치를 몸에 달고 있다는 걸 몰랐다.

계속해서 이어지는 이런 예상하지 못한 선물들을 받은 나는 고마운 심정이었다. 도니 브래스코로서 러스와 프랭크를 주시하며 베수비어스에서 빈둥거렸던 조 피스토네와 책을 공동으로 집필한 후, 현재 나는 러셀 버팔리노를 무너뜨린 인물인 린 데베치오와 같이 책을 쓰고 있다. 내게 힘을 주는 눈송이들이 난데없이 계속 쏟아지고 있는 것이다.

린은 뉴욕의 콘술레이트 호텔에 있는 러셀의 스위트룸에도 도청장치를 설치해서 러스와 프랭크의 대화를 엿들었다. 하지만 러스와 프랭크는 구닥다리들이라 그곳에서는 절대로 사업 얘기를 하지 않았다. 그 도청장치는 비어 있는 채로 회수된 몇 안 되는 장치에 속했다.

그런데 그 도청장치를 통해 밝혀진 건 두 사람이 혈육처럼 가까운 사이였다는 거였다. 프랭크는 자신들의 관계를 잘 보여주는 일화 두 개를 내게 들려줬는데, 지금은 그 얘기들을 공개할 수 있다. 첫 일화는 빅 바비 마리노와 관련된 것이다. 마리노는 몸무게가 136킬로그램이나 나가는 사기꾼으로, 프랭크는 1980년 RICO 재판 때 그를 살해한 혐의에서 무죄 판결을 받았다. 러셀은 마리노가 안젤로 브루노 밑에서 사채업을 하고 있다는 걸 모르는 채로 프랭크에게 그를 없애라는 명령을 내렸다. 암살 이후, 마리노가 안젤로의 돈 80,000달러를 사채로 거리에 뿌렸다는 게 밝혀졌다. 문제는, 마리노 말고는 어느 누구도 그 돈을 누구에게 빌려줬는지 모른다는 거였다. 80,000달러는 하수구로 떠내려갔고, 그건 프랭크의 잘못으로 보였다. 프랭크는 해명을 위해 '앤지'에게 불려갔다. 그는 비난을 받으면서도 그 암살을 명령한 사람이 러셀이었다는 말은 한마디도 하지 않았다.

"러셀이 난처해지는 걸 원치 않았어." 프랭크가 내게 한 말이다. "자세히 알아보지도 않고 일을 진행시켰다는 이유로 말이야. 러스는 그 명령을 취소하려고 애썼지만, 너무 늦은 일이었어. 나는 이미 길을 나선 상태였거든."

나른 일화는 서토를 선녀내시 놋한 베이느낸 레이번느 '봉 손' 마브토리노

Raymond 'Long John' Martorano와 관련된 것이다. 프랭크는 롱 존이 그의 살인을 청부했다는 얘기를 들었다. 프랭크는 일요일 새벽 3시에 롱 존의 집 앞에 차를 세우고 경적을 울렸다. 롱 존이 창밖을 내다보자, 프랭크는 손으로 총 모양을 만들어서 롱 존을 향해 쏘는 시늉을 했다. 바로 다음날, 프랭크와 롱 존이 마주 앉는 자리를 마련한 러셀은 롱 존이 프랭크에게 건 살인청부를 철회하게 만들고 프랭크에게서는 롱 존을 내버려두겠다는 다짐을 받았다.

그로부터 몇십 년이 지난 후에 내가 프랭크와 여행을 다닐 때, 롱 존이 긴 형기를 마친 후에 석방됐다. 그는 프랭크처럼 여든 줄이었다. 출소하고 일주일쯤 뒤 드라이브에 나선 롱 존이 사우스 필리의 모퉁이를 돌았을 때, 어느 총잡이가 주차된 차량 두 대 사이에서 튀어나와 총격을 가했다. 이튿날 프랭크와 나는 페퍼 앤 소시지를 먹으러 메시나 소셜 클럽에 갔다. 전성기에 키가 193센티이던 프랭크에 비해 키가 163센티밖에 안 되는, 프랭크처럼 80대 안팎인 땅딸막한 이탈리아계 투트Tut가 신장 차이 때문에 어울리지 않아 보이는 포옹을 하며 프랭크를 반기더니 웃으면서 그를 올려다보며 말했다. "출소한 걸 보니 기쁘군. 경찰이 롱 존 문제로 자네를 심문하러 데려갔을 거라 생각했어."

"기소당할 경우에는 자네를 내 알리바이로 쓸 작정이야." 프랭크가 말했다.

"그가 여전히 살아 있다고 들었어." 투트가 말했다.

"흐음, 그게 내 방어 논리가 되겠군. 내가 그런 일을 했다면, 롱 존은 오래전에 저세상에 갔을 테니까."

에밋 피츠패트릭이 2014년에 사망했을 때, 그의 부고 기사는 이 숙적 두 명을 짝지어줬다. '미스터 피츠패트릭은 레이먼드 '롱 존' 마르토라노와…… 팀스터즈 보스 프랭크 시런을 비롯한 유명한 조폭들을 대변한 피고 측 변호사로 유명해졌다.'

볼티모어 근처에서 열린 책 사인회에서, 그 지역에 익숙한 어떤 남자가 프랭크와 내가 찾지 못했던 그 가설활주로는 지금은 갭 매장과 자동차 대리점이 입주한 쇼핑몰이 있는 도로 위쪽에 있었다고 말했다. 그곳은 프랭크가 '댈러스' 직전에 제노비스 패밀리의 인물에게 고성능 라이플 세 자루가 든 더플백을 배달한 가설활주로였다. 프랭크의 1963년 배달 이후 40년 가까이 경과한 후에야 그가 말한 내용이 옳았다는 것을 확인한 건 대단한 일이었다.

짐 코슬러가 내게 했던 말처럼 말이다. "패밀리들은 그들이 벌이는 범죄활동들을 공유하는 식으로 일합니다. 감비노 패거리는 고용주협회를 통제하고, 반면에 제노비스는 고용주들을 위해 일하는 사람들이 결성한 노조를 통제하는 식이죠."

프랭크가 내게 한 폭로는, 중요한데도 제대로 된 인정을 받지 못했던 제노비스 패밀리의 '댈러스' 관련 의혹을 규명해줬다. 프랭크는 제노비스 패밀리의 소굴인 몬테스 레스토랑으로 차를 몰고 가 제노비스 지부장인 토니 프로벤자노를 만났다. 그는 프랭크에게 고성능 라이플 세 자루가 든 더플백을 건넸다. 프로벤자노는 지시를 내렸다. "그때 트럭을 몰고 갔던 볼티모어의 캠벨 시멘트로 가봐. 우리 친구의 파일럿이 거기 있을 거야. 그는 이걸 기다리고 있을 거야." 프랭크는 볼티모어의 가설활주로에 라이플을 배달했지만, '우리 친구' 카를로스 마르첼로의 파일럿인 데이브 페리가 아니라, 제노비스 패밀리의 또 다른 메이드맨에게, 프랭크가 그 제노비스 인물의 '근사한 가족'을 존중하는 차원에서 내게 신원을 밝히는 걸 거부, 지금은 사망한 '몬테스에서 알게 된 또 다른 친구'에게 총을 건넸다. 프랭크가 책에서 묘사했듯, 이 제노비스 패밀리의 인물은 프랭크의 트렁크 열쇠를 말없이 건네받아 라이플을 꺼내고는 작별인사를 했다. "그러고 나는 거기를 떴지." 프랭크는 그의 링컨에서 내리지도 않았다.

10여 년 후 워윅 호텔에서, 지미 호파는 프랭크에게 카를로스 마르첼로의 파일럿이 댈러스로 라이플을 가져갔다고 말했다. 그것들이 실제로 사용됐는지, 어떻게 사용됐는지에 대해서는 말하지 않았다. 프랭크는 카를로스 마르첼로와 데이브 페리, 그리고 '댈러스'와 라이플에 대해서는 지미의 말이 옳다고 판단했다.

그런데 프랭크는 제노비스의 소굴인 몬테스에서 제노비스의 지부장 토니 프로가 건넨 라이플을 수령하고 제노비스의 메이드맨에게 라이플을 배달하면서 제노비스가 수행한 일을 실제로 목격한 인물이다.

여기서 우리는 제노비스 패밀리 내부에서, 위원회에 한 자리를 차지한 패밀리이자 팻 토니 살레르노가 지휘하는 패밀리의 고위층에서 대통령을 암살하려는 음모가 어떻게 처리됐는지와 관련한 중요한 부분들을 알게 된다. 제노비스 패밀리가 '댈러스' 같은 엄청난 사건에 적극적으로 참여한 것은, 20년 뒤 마피아위원회 사건에서 '뉴 언터처블'이 활약한 덕에 더 이상은 존재하지 못하게 된 마피아위원회의 조언과 승인 없이는 일어날 수 없는 일이었을 것이다.

"나는 댈러스는 근처에도 안 갈 거야."

RFK 주니어가 찰리 로즈의 방송에 출연한 후, 「조폭이 JFK을 죽인 걸까?Did the Mob Kill JFK?」라는 다큐멘터리를 봤다. 다큐멘터리에는 노트르담대학의 G. 로버트 블레이키 교수가 출연했는데, 그는 직접 만난 적은 없었지만 내가 조 피스토네와 린 데베치오와 같이 쓴 책에 등장하는 주목할 만한 인물이었다. 블레이키 교수는 RFK 밑에서 마피아와 싸우다가 RFK가 암살된 후에도 그 싸움을 계속한 투사다.

내가 언급했던 마피아를 소탕하는 내용의 법률들의 초안을, 팻 토니 살레르노를 비롯한 막강하고 오만한 마피아위원회의 보스들을 기소하고 투옥할 수 있도록 해주는 권한을 조 피스토네와 린 데베치오와 짐 코슬러와 FBI 안팎에 있는 그들의 동료들에게 부여하는 내용의 법률들의 초안을 의회에서 잡고 거기에 존슨과 닉슨의 서명을 받아낸 사람이 블레이키였다.

블레이키는 법률의 초안을 잡았고 의회는 전국의 마피아를 표적으로 삼은 대량살상무기 3종을 제정했다. ①전화감청과 도청으로 얻은 테이프를 증거로 사용할 수 있도록 감청과 도청을 허가하는 법령. ②증인들의 협조를 유도

하기 위해 증인보호프로그램을 확대 실시하는 법령. ③편법의 여지를 남겨뒀던 RICO 법령을 보완하면서 마피아에 소속되는 것을 불법화한 법령.

린이 지휘한 마피아위원회 사건 수사에서 대부들이 총 151건의 사건에서 유죄 판결을 받자, 짐 코슬러는 즉각 블레이키 교수에게 전화를 걸어 축하인사를 건네고는 그와 함께 승리를 기념했다.

블레이키는 과거 1976년부터 1987년까지 JFK 암살사건 관련 상원 특별위원회에서 수석자문 겸 참모로 수훈을 세웠었다. 이 위원회는 1964년에 나온 워렌위원회 보고서를 재공개하고 1978년에 내린 결론을 반박하면서 오스월드의 단독범행이 아니라는 결론을 내렸다. 위원회는 어떤 식으로건 암살을 공모한 공범들의 신원을, 오스월드를 제외하고는, 밝히지 않은 채로 JFK가 '음모의 결과로 암살당하지' 않았을 가능성보다는 공범들에 의해 암살당했을 가능성이 높다는 결론을 내렸다. 하지만 상원 특별위원회는 지금은 신빙성이 떨어진, 오스월드가 세 발을 발사한 장소와는 다른 장소에서 발사된, 즉 대통령이 살해당한 곳에 가까운 풀이 무성한 둔덕지역에서 발사된 네 번째 총탄의 청각적 증거를 바탕으로 펼쳐진 주장에 의존했다.

다큐멘터리에서, 블레이키 교수는 음모에 의한 암살이라는 결론을 지지하는 다른 이유들을 인용했다. 그는 '댈러스' 사건 11개월 전에 러셀 버팔리노와 무척 가까운 사이라는 것을 우리가 잘 아는 필라델피아의 보스 안젤로 브루노가, 당시에는 불법이던 전화감청을 통해, 맥락상으로 볼 때 JFK를 죽여야 한다는 뜻의 "우리는 큰놈을 죽여야 해"라고 말하고 맥락상으로 RFK를 죽여야 한다는 뜻의 "우리는 작은놈을 죽여야 해"라고 말하는 게 포착됐다고 말했다. 블레이키의 내레이션은 프랭크가 '앤지'라고 부른 인물의 사진에 보이스오버[149]로 깔린다. 앤지는 위스퍼스에게 '키스'를 하라고 프랭크에게 명령한 인물이었고, 빅 바비 마리노를 살해한 죄로 프랭크에게 책임을 물은 인물이었으며, 미국으로 돌아와도 좋다는 허락을 받으라며 알 마르티노

---

149 voice-over, 영화·텔레비전 프로그램 등에서 화면에 나타나지 않는 인물이 들려주는 정보·해설 등

를 러셀에게 보낸 인물이었다.

블레이키는 거의 40년 전에 종료된 위원회의 수석자문으로 일한 이후로 계속 유지해온 개인적인 입장으로 다큐멘터리의 결론을 내렸다. "그는 음모의 결과로 살해당했으며 음모의 형태와 색깔은 조직범죄라는 게 제가 내린 최선의 판단입니다…… 저는 조폭이 케네디를 죽였고, 그러면서도 처벌을 모면했다고 생각합니다."

하지만 위원회의 편집국장인 리처드 N. 빌링스와 공동으로 집필한 책『치명적인 시간: 조직범죄에 의한 케네디 대통령 암살Fatal Hour: The Assassination of President Kennedy by Organized Crime』(버클리, 1981)에서, 블레이키는 조폭을 지배하는 단체인 마피아위원회가 '댈러스'에 참여했다는 증거를 자신은 하나도 찾아내지 못했다는 결론을 내렸다.

20년 후, 프랭크 시런은 제노비스가 음모의 일원으로서 남긴 지문들을 보여주는 것으로 그 패밀리가 위원회에 참여했다는 것을 입증하는, 세상이 잃어버렸던 증거를 제공했다.

"나는 댈러스는 근처에도 안 갈 거야"라고 1991년에 프랭크는 내게 말했었다. 침묵으로 일관한 8년을 보낸 후인 1999년에 그가 나를 상대로 얘기를 재개했을 때, 나는 그를 '댈러스 근처의 어딘가'로 데려가려고 내가 가진 온갖 수법을 다 동원해야 했다.

프랭크는 자신이 의심을 품게 된 것은 1963년에 잭 루비가 수행한 역할 때문이었다고 말했지만, 그는 1974년에 브로드웨이 에디스에서 밤을 보내기 전까지는 JFK를 죽이려는 마피아의 음모에 대한 얘기를 전혀 듣지 못했었다. 프랭크는 러셀 버팔리노라는 흠잡을 데 없는 정보 출처를 갖고 있었다. 버팔리노는 프랭크의 면전에서 지미 호파에게 경고할 때 세상에서 제일 심각한 사안에 대해 심각한 분위기를 풍기며 얘기한 심각한 인물이었다.

"나보다 높은 분들이 자네가 고마움을 표하는 데 실패하고 있다고 느끼고 계시네." ―그런 다음에 목소리를 낮추고는― "댈러스 문제에 대한 고마움을 말이야."

그날 밤 나중에, 러셀 버팔리노는 지미가 그의 집에 페인트칠을 당하는 신세를 모면할 수 있는 사람은 아니라며 프랭크에게 확언할 때는 한층 더 심각했었다.

"자네는 꿈을 꾸고 있어, 이 친구야. 그들이 대통령을 죽일 수 있다면, 팀스터즈 위원장도 죽일 수 있는 거야."

1991년의 그날 밤에 프랭크가 안락의자에 앉아 있는 동안, 더군다나 러셀이 여전히 생존해 있는 시기에, 내가 오스월드와 루비를 언급하는 것으로 그의 예민한 신경을 건드렸을 때, 그가 '댈러스 근처에' 가는 걸 극도로 무서워했다는 사실에 아직도 의문점이 남아 있나?

프랭크는 세상을 떠나는 날까지 러셀이 준 금반지와 지미가 준 금시계를 같은 손에 하고 있었다. 그는 그의 충심을 떠올리는 징표로서 두 개를 같은 손에 끼고 찼다. 보석은 그의 내면에서 벌어지고 있는 감정적이고 윤리적인 갈등을 상징했다. 그리고 그 갈등에는 '댈러스'도 포함돼 있었다.

시런은 마피아가 자체적인 법률과 사법제도, 자체적인 언어와 사고방식, 자체적인 면세 경제시스템을 갖춘 자체적인 비밀 정부를 보유했던 시기에 마피아의 범죄 심리를 몸소 겪으면서 오랜 세월을 보낸 사람들인 블레이키와 RFK의 탁월한 길동무다.

이 책에 기술된, 프랭크가 '댈러스'에 대해 내놓은 증거는 내가 실행한 집중적인 심문의 대상이었다. 곡기를 끊어서 조물주를 만나겠다는 계획을 실행에 옮기기 직전에 한 마지막 비디오 녹화에서, 프랭크는 브루클린에 있는 제노비스의 소굴 몬테스 레스토랑에서 토니 프로벤자노로부터 '댈러스 행' 라이플 가방을 수령했다고 다시 말했다.

TV로 블레이키 교수를 본 후, 나는 여전히 활력이 펄떡거리는 30년 된 그의 저서를 읽기로 결심했고, 그 독서는 데이비드 카이저의 걸출한 『댈러스로 가는 길The Road to Dallas』(하버드대 출판부, 2008)로 나를 이끌었다. 블레이키는 그 책에 대해 이렇게 밝혔다. "1992년에 제정된 JFK 암살기록법에 대한 반응으로…… 미침내 신입전에 꽂지 않은 시획지끼 헌때 비밀시규로 생신됐던 빙

대한 자료를 살폈다."

사학자인 카이저는 최근에 공개된 비밀서류들을 엄청나게 많이 읽었다. 그중에는 1989년과 1990년에 생산된 FBI 보고서들이 있었다. 이 공식 보고서들은 1989년에 교도소에서 일어난, 루이지애나 보스 카를로스 마르첼로가 '댈러스'에서 역할을 맡았었다는 것을 시사하는 '3일 사건'을 다뤘다. '3일 사건'은 FBI가 오래선에 종결했넌 JFK 수사를 일주일 이내에 재개해서 1년간 계속하게 만들기에 충분할 정도로 중요한 사건이었다.

FBI는 이미 1981년부터 마르첼로의 유죄를 입증하는 테이프를 갖고 있었다. 마르첼로를 말년 동안 교도소에 처넣은 보험 사기 수사과정에서 얻은 테이프였다. 마르첼로의 사무실에 설치한 도청장치를 통해 얻은 그 테이프에는 '신뢰하는 동료'가 마르첼로에게 JFK 암살에 대해 무엇인가를 말하는 내용이 담겨 있었다. 1981년에 마르첼로는, 1991년에 프랭크가 내 말을 끊은 것과 같은 방식으로, 상대의 말을 끊었다.

"우리는 여기서는 그런 얘기 안 해." 마르첼로가 한 말이다.

그는 그들의 대화를 은밀하게 지속하기 위해 '신뢰하는 동료'를 밖으로 데리고 나갔다.

카를로스 마르첼로는, 또다시 얘기하겠지만, 마피아의 변호사이자 호파의 변호사였던 프랭크 라가노가 지미 호파에게서 받은 "그 개자식 존 케네디를 죽여 버리자"는 메시지를 전달한 두 명의 보스 중 한 명이었다.

워렌보고서의 결론을 지지하는 사람이 있다면, 그 사람은 자신이 하는 말이 무슨 내용인지를 알 만한 위치에 있었던 인물인 프랭크 라가노의 주장을 반박하면서 그의 신빙성을 떨어뜨릴 방법을 찾아내야만 한다.

맨슨 패밀리를 기소한 존경받는 검사이자 『헬터 스켈터Helter Skelter』(노튼, 1971)의 저자인 빈센트 부글리오시는 '댈러스'를 다룬 1,612페이지짜리 책을 썼다. 그 책 『역사 복원하기Reclaiming History』(노튼, 2007)는 워렌위원회 보고서를 지지하면서, 마피아건 다른 존재건 누군가가 음모를 꾸민 증거는 전혀 없다고 주장했다. 그 책은 카이저의 책이 출판되기 1년 전에 나왔다. 부글리오시는 1,181페이지에서 프랭크 라가노의 이야기에 담긴 세부사항들이 '진실의 기미'를 보인다고 지적한다. 하지만 부글리오시의 주장에 따르면, 라가노는 자폭하고 만 셈이다. 부글리오시는 라가노가 호파를 만난 일에 관한 이야기를 전후가 맞아떨어지게 유지하지 못했다고 주장했다.

부글리오시에 따르면, 라가노는 먼저 자신과 호파가 한 대화는 '워싱턴 D.C.의 마블 팰러스 호텔의 임원용 식당에서' 나눴다고 말했다.

부글리오시는 라가노를 궁지로 몰아넣는 작업에 착수한다. "1992년 11월에 라가노는 TV 스페셜 「프런트라인Frontline」에 출연해서 전국의 시청자에게 본질적으로 똑같은 이야기를 들려줬다. 하지만 그는 그 대화가 마블 팰러스 호텔에서 했었던 게 아니라, 워싱턴 D.C.의 팀스터즈 본부에 있는 호파의 사무실에서 했었다고 말했다. 마블 팰러스 호텔? 지미의 사무실? 어느 쪽인지 결정하는 게 좋을 거요, 프랭키."

라가노가 살아 있었다면 그는 부글리오시가 411[150] —우연히도 프랭크의 전투일과 같은 숫자— 에 전화를 걸어본 적이 있는지 여부를 지적했을 것이다. 전화번호 안내원은 이렇게 대답할 것이다. "워싱턴 D.C. 지역에 마블 팰러스 호텔이라는 곳은 없습니다." 라가노는 팀스터즈 본부건물의 별명이 '마블 팰러스(대리석 궁전)'라고 덧붙였을 것이다.

프랭크 시런이 브로드웨이 에디스와 워윅 호텔에서 직접 목격한 호파의 설명과 버팔리노의 '댈러스'에 대한 죄책감 가득한 지식은 라가노의 주장을 입증하고, 라가노의 주장 또한 프랭크의 진술을 입증한다.

카를로스 마르첼로 같은 사람이 품은 JFK를 죽이려는 동기를 잘 살펴보면 마피아의 심리를 들여다보고 암살 동기를 확인하는 게 쉬워진다. JFK가 대통령으로 당선되기 몇 년 전에 RFK가 맥클레런위원회 청문회에서 보스들에게 보인 무례는 보스들에게 가한 선제공격이었다. RFK가 법무부 장관에 취임한 1960년에 유죄 판결이 난 조직범죄 관련 사건은 35건이었다. 이

건수는 빠른 증가세를 보이면서 1963년에는 288건으로 늘었다. 그 288건의 유죄 판결 중에는 '미국에서 가장 많은 급여를 받는 노동계 보스'로, 트럭 회사들을 상대로 평화로운 노사관계를 판매하면서 재물을 강요한 죄로 걸려 들어간 제노비스 지부장 토니 프로벤자노가 있었다. 프로벤자노는 그 판결 탓에 연금이라는 대가를 치러야 했고, 호파와 치명적으로 갈라서기에 이르렀다. RFK 덕에, 모든 보스들은 FBI와 국세청, 이민국, 노동부, 주 경찰과 지방경찰의 표적이 됐다. RFK는 저서 『내부의 적』에서 마피아의 존재를 폭로했다. 새 법률들이 제안되고 있었다. 제노비스 패밀리의 졸개 조 발라치가 '댈러스' 두어 달 전인 1963년에 TV 카메라 앞에서 퍼레이드를 했다. 마피아의 비밀들을 햇빛에 노출시키겠다는 유일한 목적을 위해서였다. 보스들의 사고방식에 따르면, 그들의 생존은 위태로웠다. JFK를 죽이는 것 말고는 다른 선택이 없었다.

이런 동기들을 한껏 키운 실제 사건도 있었다. 카를로스 마르첼로가 1961년 4월 4일에 법이 요구하는 수속을 받으려고 평소처럼 이민국에 모습을 나타냈을 때, RFK는 키 158센티미터에 불과한 통통한 노년의 시민을 수갑을 채워 납치했다. 국경순찰대 항공기에 태워진 그는 짐은 하나도 없이 쌈짓돈만 가진 채로 과테말라에 내려졌다. 그는 거기서 고군분투해서는 미국에 밀입국했다. RFK는 마르첼로가 이탈리아로 추방되는 걸 피하려고 과테말라 정부에게서 가짜 과테말라 출생증명서를 입수하는 추잡한 수법을 썼기 때문에 그런 조처를 취했던 거라고 해명했다. 마르첼로를 과테말라에 내팽개치는 것으로 마르첼로의 주장에 이의를 제기한 것이다.

마르첼로가 과테말라에서 돌아왔을 때, RFK는 납치행각에 모욕감까지 가미했다. 이탈리아로 추방하려는 정부의 활동을 방해하기 위해 허위 과테말라 출생증명서를 사용하는 것으로 미합중국을 상대로 사기를 쳤다는 혐의로 마르첼로를 기소한 것이다. JFK가 오스월드에게 살해당한 날 오후에, 때마침 뉴올리언스의 배심원단은 마르첼로에게 무죄 평결을 내렸다. 그들이 숙의를 하려고 배심원실로 향하기 전에 판사가 대통령이 암살당했다는 소식을 전했다.

사학자 카이저의 2008년도 저서는 1989년에 노령이 된 카를로스 마르첼로가 보험 사기와 공무원에게 뇌물을 건넨 죄로 텍사캐나 교도소에서 장기간 복역하고 있을 때 일어난 일을 밝힌, 새로 공개된 FBI 자료를 주목한다. 1989년 2월, 마르첼로는 건강에 이상이 생기면서 사흘간 반半망상 상태에 빠졌다. 프랭크 시런이 2002년에 암살이 자행된 집을 찾으려고 디트로이트로 드라이브를 가던 도중에 반망상 상태에 빠진 것처럼 말이다. 프랭크는 복용하는 약물이 잠재의식을 자극하면서 신진대사가 느려진 데 따른 화학반응 때문에 마피아에서 했던 경험들과 전쟁터에서 했던 경험들을 계속 뒤섞었다. 프랭크는 내가 운전하는 동안 과거의 사건들과 관련된 이 '화학적 존재'들에게 말을 걸었었다.

카이저는, 다시금 프랭크의 전투일과 같은 숫자인, 411페이지에 비슷한 묘사를 했다.

1989년에 마르첼로가 복역하고 있던 텍사캐나 교도소에서 일어난 놀라운 사건 때문에 FBI는 존 F. 케네디의 암살사건 수사를 재개하기에 이르렀다. 2월 27일, 마르첼로는 현기증과 부정맥, 방향감각 상실을 호소하며 교도소 의무실에 입원했다. 그는 이후로 사흘간 자신이 뉴올리언스의 집에 돌아왔다는 망상에 시달렸다. 그러면서 간병인들이 그가 신뢰하는 동료들이나 되는 양 그들에게 말을 하기 시작했다. 그는 뉴욕에서 '프로벤자노'와 방금 전에 가진 만남을 논의했다. 그는 부하들에게 나이트클럽을 방문하라고 지시했고, 곧 있을 축하행사에 대해 말했다. 그리고 그 사흘 중 이틀 동안 마르첼로는 이런 발언을 했다. "케네디, 그 실실 쪼개는 개자식, 우리는 놈을 댈러스에서 손볼 거야…… 우리는 그 케네디 자식을 댈러스에서 없앨 거야."

보라고. 그들은 자네에게 진정으로 말하고 싶어 하잖아, 찰리.

FBI와 인터뷰를 할 무렵에는 의식이 또렷해진 마르첼로가 모든 걸 부인했다. 하지만 '사흘 사건' 동안, 그는 '나이트클럽'과 '축하행사'를 구체적으로 말했고 '댈러스'와 '뉴욕'이라는 지명을 언급했으며 '프로벤자노'와 '케네디'라는 이름을 흘렸다. 그리고 그가 말한 '프로벤자노'는 나이 많은 아무 노인이 아니라, 그가 브루클린의 본거지인 몬테스가 있는 '뉴욕'에서 만난 인물이었다. 그리고 우리가 아는 사람 중에 텍사스 댈러스를 포함하는 마르첼로의 구역에서 '나이트클럽'을 소유한 인물은 누구인가? 잭 루비와 관련이 있던 샘 지안카나 같은 인물들이 마르첼로의 구역인 댈러스에 이해관계가 있기는 했다. 잭 루비는 댈러스에 나이트클럽 두 개를 갖고 있었다. 그런데 그의 대부인 카를로스 마르첼로에게 보고를 올려야 하는 인물인 댈러스 보스 조지프 치벨로Joseph Civello의 감독을 받지 않고서는 그 누구도 댈러스에 나이트클럽을 소유할 수 없었다.

그 두 마피아 보스는 무척이나 가까운 사이라서, 1957년 11월에 대부 카를로스 마르첼로는 러셀 버팔리노가 마련한 아팔라친 회의에 댈러스 보스 조지프 치벨로를 자신을 대표하는 인물로 파견하기까지 했다. 그 회의는, 전국에서 온 60명쯤의 대부들이 뉴욕 주 북부의 조그만 소도시에 있는 사유지에서 가진 회의였다. 뉴욕 주 경찰은 그곳을 급습했고, 그에 뒤이은 체포와 헤드라인들은 전국적인 조직을 가진 마피아의 존재를 처음으로 대중에게 폭로했다.

19년 전에 나온 FBI 보고서들을 바탕으로 이런 사실들을 폭로한 카이저의 '놀라운' 단락 하나가 2008년에 출판됐는데, 이 해는 제노비스 지부장 토니 '프로벤자노'가 '뉴욕'에 있는 제노비스의 소굴인 브루클린의 몬테스에서 작업을 했으며, 이름을 밝힐 수 없는 또 다른 제노비스 소속 메이드맨이 '댈러스'를 적극적으로 공모했다는 프랭크 시런의 고백이 공개된 2004년에서 4년이 지난 후였다.

카이저는 시런이나 이 책을 전혀 언급하지 않았지만, 마르첼로가 반망상 상태이기는 했어도, 마르첼로가 '우리' 음모―"우리가 댈러스에서 놈을 손볼 거야…… 우리는 댈러스에서 케네디를 없앨 거야"―라고 밝힌 내용의 맥락에서, '그가 뉴욕의 프로벤자노와 막 가진 미팅'에 대해 인용하는 새로 공개된 FBI 보고서들에 대한 카이저의 설명은 프랭크 시런의 주장이 타당하다는 점을 이미 강하게 확증해줬다. 프로벤자노가 프로벤자노를 만났다. 프랭크 시런은 제노비스 패밀리의 적극적인 참여를 통해 마피아를 지배하는 위원회와 '댈러스' 사이를 이어주는 직접적인 연결고리를 공개적으로 제출한 최초의 인물이었다.

또한 프랭크의 고백은 마르첼로가 한 '놀라운' 말도 입증한다. 프랭크가 호펙스 파일의 용의자 명단을 위해 했던 것처럼, 프랭크는 이 FBI 보고서들과 관련 사안을 심각하게 다루기로 한 FBI의 결정이 타당했다는 사실을 입증해준다.

프랭크 시런과 다른 많은 이들이 그들이 운영하는 마피아대학원에서 내게 가르쳐 준대로, 위원회의 영구직(permanent) 멤버인 제노비스 패밀리의 멤버들이 위원회의 나머지 멤버들의 승인 없이 '댈러스'같이 거창한 사건에 개입하는 건 불가능한 일일 것이다. 1980년대 중반에 아슬아슬한 표 차이로 당시 미합중국 검사였던 루돌프 줄리아니를 살해하지 않기로 결정했던 위원회의 투표가 그런 사례다.

그리고 마피아의 어떤 멤버가 텍사스 댈러스에서 벌이는 암살에 마르첼로의 승인 없이 관여하는 것도 불가능한 일일 것이다. 조 발라치가 증언한 대로, 그 어떤 메이드맨도 마르첼로의 사전 승인 없이는 그 어떤 이유로도 마르첼로의 구역에 발을 들일 수 없었다.

마르첼로가 반망상 상태였다고 반박하는 사람들이 있을 것이다. 글쎄, 마르첼로의 잠재의식은 그가 알고 있는 1,000명 안팎의 마피아 갱스터들 중에서 저지시티 출신의 대단히 막강한 마피아 팀스터이자 브루클린의 몬테스를 소굴로 삼았던 뉴욕의 제노비스 패밀리의 대단히 막강한 멤버 '프로벤자노'라는 이름을 '댈러스'와 관련지어서 골라냈다. 마피아 갱스터 수백 명을 알았던 프랭크가 '프로벤자노'를 '댈러스'와 결부시켰던 것처럼 말이다. 그리고 마르첼로는 에싱피는 '뽁아렝시'를 위해 '니이드글립'을 끼론쩼디. 디 꽁요휜

건, 이런 폭로들이 지나가는 말로 한 번만 나오고 말았던 게 아니라는 거였다. 그 말들은 그가 뉴올리언스 동료들을 상대로 말하는 것처럼 내뱉은 말에서 여러 차례 반복됐다. '우리' 음모는 이틀 동안 세 번 언급됐다. 그가 입 밖에 낸 내용은 1989년에 FBI가 오랫동안 덮어뒀던 '댈러스' 사건 파일을 다시 펼치게 만들기에 충분했다. 나아가, FBI는 마르첼로가 그의 사무실에서 JFK 암살에 대한 논의를 끊어버린 1981년 테이프를 이미 갖고 있었다.

프랭크 시런에 의해, 그리고 지금은 카를로스 마르첼로가 밝힌 대로, 제노비스 패밀리가 음모에 적극적으로 가담하면서 위원회가 '댈러스' 음모에 가담했다는 것이 명백해졌다. 마르첼로는 '프로벤자노'와 만나는 장소를 위원회의 본거지인 '뉴욕'으로 잡았다. 마르첼로가 만남을 위해 뉴욕으로 이동했다는 것은 그가 만난 사람들이 그보다 신분이 높은 사람들이라는 것을 의미한다.

제노비스 패밀리가 직접 가담한 것은 완벽하게 조리에 맞는 일이기도 하다. 이 패밀리는 강한 개인적 동기도 갖고 있다. 거기에는 자신들의 존재를 입증하고픈 엄청나게 큰 욕구가 있었다. 텔레비전으로 방송된 청문회에서 - 조직을 배신하면서 마피아가 가장 깊은 곳에 간직해온 비밀들을 폭로하면서 - 제노비스를 망신시킨 인물이 이스트 할렘 출신의 제노비스 소속 메이드 맨 조지프 발라치였다.

RFK는 "조지프 발라치 덕에 우리는…… 위원회가 [마피아를] 운영한다는 것과…… 대다수 주요 도시들의 리더들이 위원회에 책임을 진다는 것을 알게 됐고…… 오늘날 위원회에서 적극적으로 활동하는 멤버들이 누구인지를 알게 됐다"고 말했다.

"조지프 발라치 덕에……"

다른 패밀리들이 보기에, 마피아의 규율을 망신시킨 제노비스 패밀리가 보여줘야 할 것은 그들 조직의 똘마니 한 명이 입 밖에 내서는 안 되는 내용을 발설하면서 행한 배신에 대한 대처였다. 제노비스는 그런 상황을 바로잡아야 했다. '복수(vendetta)'라는 단어가 이탈리아어라는 건 전혀 우연이 아니다.

물론 나는 이 주장을 신봉한다. 나는 프랭크가 한 건조하고 차가운 말을 들었다. "나는 댈러스는 근처에도 안 갈 거야." 그 말을 듣는 순간, 그리고 이후로 영원히, 나는 마피아가 JFK 살해를 공모했다고 믿게 됐다. 그가 그 말을 그런 식으로 말하는 걸 들은 사람은 누구건 그 말의 신봉자가 될 것이다. 내가 그에 대해 보증하는 말을 받아들이는 사람은 누구나 그렇게 될 것이다.

"하나님을 우러러 보거라, 찰리."

사방에서 들이닥친 최대의 폭설은 갑작스레, 그리고 리나 혼[151]이 테디 윌슨 오케스트라와 함께 노래했듯 '……난데없이' 찾아왔다.

아이다호 선 밸리의 스키리조트에 있는 우리 별장에서 보이시주립대학의 미식축구 경기 중계를 보고 있을 때 당시 전화번호부에 등재돼 있던 내 집전화로 걸려온 전화를 받았다. 수화기 저편의 젊은 남자는 자신을 프랭크 파블리코Frank Pavlico라고 소개했다. 어딘지 모르게 귀에 익은 이름이었다.

"빅 델리아랑 같이 기소됐던 사람입니다." 그가 말했다. "자금세탁 혐의로요. 당신이 빌리랑 아는 사이라는 걸 압니다."

"아는 사이 맞습니다." 내가 말했다.

"저는 투자은행가입니다. 면허를 잃지는 않았죠. 그게 내 거래조건의 일부였어요."

따발총처럼 쏴대는 젊은 남자의 얘기는 미지의 고객에게 투자 권유 전화를 거는 사기꾼 느낌을 풍기는 증권 중개인이 하는 말처럼 들렸다.

"얘기 계속해보세요." 내가 말했다.

"나는 빌리에게 불리한 증언을 하기로 정부에 협조했습니다. 그래서 나는 빌리가 죽이려고 들었던 사람들 중 하나였죠. 그런데 빌리와 저는 지금은 관계가 좋습니다."

---

151 Lena Horne, 미국의 가수

"잘됐군요."

"장담합니다. 빌리와 저는 지금은 굉장히 친합니다. 우리는 늘 한 가족이었어요. 우리 아버지하고 러셀은 굉장히 친한 친구 사이였습니다. 빌리는 어린 나를 돌봐주고는 했었죠. 나는 자랄 때 그를 빌리 삼촌이라고 불렀습니다. 지금도 가끔 그를 빌리 삼촌이라고 부르고는 합니다."

"그러시군요."

"제가 지금 어떤 상황이냐면, 신문기자 두 명이, 한 명은 필라델피아 출신이고 다른 한 명은 펜실베이니아 북동부에서 여기로 온 사람인데, 제 책을 쓰고 싶어 합니다. 그런데 저는 당신이 그 책을 써줬으면 합니다. 빌리는 만사에 기분이 좋은 상태입니다. 그러니 빌리와 관련해서는 걱정할 거 하나도 없습니다. 그는 우리를 도울 겁니다. 그 문제는 걱정할 것 하나도 없습니다."

나도 모르게 프랭크 파블리코에게 말했다. "당신이 말한 기자 두 명은 펜실베이니아 북동부의 맷 버크벡과 필라델피아의 조지 아나스타시아겠군요. 두 사람 다 빼어난 글쟁이들이죠. 저는 관심 없습니다."

긴 침묵이 흘렀다. 나는 빌리의 '조카'가 빠진 이 어색한 '침묵'을 제대로 즐겼다.

"그들이라는 걸 어떻게 안 겁니까?" 그가 부드러운 목소리로 물었다.

"둘 다 마피아에 대한 글을 쓰는 사람이고 그 일을 탁월하게 잘하는 사람들이니까요. 저는 분야를 바꿨습니다. 다른 프로젝트들이 있습니다."

작가 두 명을 거명하는 것으로 그의 균형을 무너뜨리면서, 나는 젊은 프랭크 파블리코가 나를 정말로 구워삶으려고 드는 내용이 무엇인지를 알아내는 시도를 해보기로 결심했다. 버팔리노 패밀리 내부에 있는 정보원이 프랭크가 내게 진실을 말해줬노라고 말했다는, 그리고 버팔리노 사내들이 책을 읽으면서 빌리가 FBI에 협조하고 있다는 것을 알았다는 조 코피 형사가 해준 말을 바탕으로, 나는 목소리를 낮추는 것으로 은밀한 분위기를 풍겼다.

"게다가 나는 빌리가 프랭크 시런의 고백을 이미 확증해줬다는 걸 압니다. 나는 그 얘기를 당신에게서 들을 필요가 없어요."

이번에는 훨씬 더 심한 침묵이 훨씬 더 오래 흘렀다. 정신을 차린 파블리코는 실망감이 뚝뚝 묻어나는 목소리로 말했다. "그렇다면 당신한테는 잘된 일이겠네요, 그렇죠?"

"그렇죠. 저한테는 잘된 일일 겁니다." 나는 대답했다.

빌리가 프랭크의 진실을 확증해주는 것을 내세워 거래를 중개하려던 계획이 박살난 파블리코는 이제는 자발적으로 얘기를 해나갔다. "FBI가 빌리를 만나러 갔을 때 처음 물은 질문이 그거였어요. 호파한테 무슨 일이 일어났느냐고요. 빌리는 그들에게 책을 읽으라고 말했대요."

"프랭크는 나한테 진실을 말했어요." 내가 말했다. "내가 그날 오후에 즉흥적으로 그를 증인석에 세운 게 아닙니다. 나는 그에게서 고백을 이끌어내려고 5년을 보내고 나서야 작업을 끝마쳤어요."

"당신 책이 나왔을 때," 그가 말했다. "빌리는 나한테 그걸 주면서 안에다 이렇게 썼어요. '살다보면 때로는 자신이 읽는 모든 내용을 믿을 수 있다.'"

이 책에서 밝힌 대로 프랭크 시런이 말년에 느낀 영성靈性에서 약간이나마 영향을 받은 빌리가 FBI에 협조하기로 마음을 바꿨다고 생각하는 걸, 내 내면에 있는 일부분이, 이탈리아계 가톨릭이라는 존재가 기분 좋아했다. 프랭크가 스프링필드 교도소에서 휠체어를 타고 예배당에 들어가는 러셀을 보고 영적으로 영향을 받았던 것과 동일한 방식으로, 내가 프랭크와 날마다 만나면서 맨해튼에 있는 어머니를 찾아뵐 때마다 나도 모르게 세인트 패트릭 대성당에 들러 그를 위한 촛불을 밝히던 때와 똑같은 방식으로 말이다.

빌리는 버팔리노 패밀리 전체의 대부였다. 변심하겠다는 그의 결정은 린 데 베치오가 지휘한 마피아위원회 수사가 제대로 먹혀들었다는 것을 보여주는 대표적인 사례다.

그로부터 1년쯤 지난 2012년 12월 13일에, 사우스캐롤라이나에서 별개의 사기 사건으로 재판에 계류 중이던 프랭크 파블리코는 목을 매 자살했다.

한편 빌리 델리아는 이해관계를 두고 큰 충돌이 벌어진 버팔리노 구역의 노년범인 핀시 두 명의 강제를 밟혔다. 그들은 수감되는 피수 인 명팅 일정백의 수수료를 받는 사설 소년원을 보유하고 있었다. 그들은 그러고는 좀도둑 같은 경미한 범죄를 저지른 청소년 범죄자들에게 징역형을 선고했다. 이 사건은 「60분」에 방송됐다. 그 판사들은 교도소에서 생을 마칠 것이다.

빅 빌리 델리아는 2013년에 파블리코가 자살하고 두 달 후에 가석방됐다. 하지만 그는 호파 공범들 중에서 생존해 있는 두 명에게 불리한 증언은 결코 하지 못할 것이다. 빌리는 그들이 수행했던 역할에 적극적으로 관여하지 않았기 때문이다. 처키 오브라이언이 호파를 그 집에 태우고 간 것과 토미 안드레타가 시신을 처리한 행위. 프랭크가 1991년에 밝힌 대로다. "자네가 불리한 상황에 처할 경우에도 자네는 자신이 한 짓만 알 뿐이야. 자네는 자네 앞 단계에서 일을 한 사람과 뒤 단계에서 일한 사람들에 대해서는 밀고를 할 수가 없어."

프랭크는 빅 빌리가 비밀정보원이었다고, 프랭크가 고자질쟁이라고 부르고 정보원 개발의 전문가인 린 데베치오가 정보 출처라고 불렀던 존재라고 늘 확신했었다.

프랭크는 시카고 집단의 보스 조이 '더 클라운' 롬바르도와 무척 친했다. 실제로, 두 남자는 린이 기소한 마피아위원회 RICO 형사소송과는 별건인 마피아위원회와 공모자들을 상대로 한 RICO 민사소송의 피고들이었다. 민사소송의 피고가 된 공모자들의 명단은, RFK 주니어의 표현을 빌리자면, 조직범죄 세계 인물들의 '인명록'과 비슷해 보였다. 실제 상황이 그랬기 때문이다. 앞서 밝혔듯, 프랭크는 그 명단에 오른 두 명밖에 안 되는 비非이탈리아계 중 한 명이었다.

프랭크와 조이 더 클라운은 내가 프랭크의 대화에 귀를 기울이고 있는 자리에서 얘기를 나눈 경우가 잦았다. 전국적인 규모의 음모가 바로 내 눈 앞에서 꾸며지고 있었다. 어느 날 미팅을 하려고 내 출판사가 있는 파크 가의 빌딩에 들어가던 중에 휴대전화로 걸려온 프랭크의 전화를 받았다.

"시카고에 있는 친구한테서 전화를 받았어." 프랭크가 말했다. "그 친구 말이 주 북부에 있는 놈이 고자질쟁이라는 소문이 시카고 시내에 쫙 퍼졌다더군. 빌리 주위에서는 입조심 단단히 해. 재미없는 놈이야."

"이봐요, 프랭크," 내가 말했다. "나는 당신하고 있을 때에만 그 사람과 같이 있잖아요. 그런 판에 내가 어떻게 빌리 주위에서 입을 열 수 있겠어요?"

"그런 건 신경 쓰지 말고, 빌리 주위에서 입 여는 걸 조심하라고. 그러기만 하면 돼."

나중에 빌리가 FBI 쪽에 붙겠다고 변심한 것은, FBI에 협조적인 다른 증인을 죽이려는 음모를 꾸민 후에 자신이 직접 FBI에 협조적인 증인이 된 것은, 내 개인적인 입장에서는 아이러니였다.

빌리는 내가 '매드 해터' 같은 존재라고 생각하던 그런 사람들의 명단에서 늘 앞자리를 차지했었다. 그러면서 그는 내가 프랭크를 배신했다는 결론을, 내가 분식용 책을 고해성사실로 바꿔놓기 위해 죄책감에 젖은 프랭크의 양심을 이용해먹었다는 결론을 내렸다. 그런데 지금까지 빅 빌리를 언급하지 않았다며 그 누가 나를 비난할 수 있단 말인가?

어쨌든, 이 책은 프랭크를 다룬 책이었고, 프랭크와 관련한 내용은 과거를 뉘우치려는 프랭크의 열망과 그가 오른 구원을 향한 여정에 대한 게 전부였다. 고백을 하려면 고백할 대상이 필요하다. 그리고 나는 올바른 시기에 올바른 장소에 있게 된 은총을, 그리고 이 신학대학생의 아들을 독차지하는 은총을 받았다.

한때 살인 표적이었던 프랭크 파블리코와 짤막하지만 아주 멋진 대화를 하고 얼마 안 있어, 프랭크 시런의 딸 돌로레스에게서 정신 사나운 전화가 걸려왔다. 그날 밤, FBI 디트로이트지부가 펜실베이니아에 있는, 프랭크와 가까운 사이였던 세 딸의 집을 각각 방문했다. FBI요원들은 진술서나 편지나 메모, 카세트테이프나 비디오테이프나 필름, 아니면 프랭크가 보관용으로 딸들 중 한 명에게 남겨놓았을지도 모르는 필기나 테이프를 막론한 무엇인가를 찾고 있었다.

나는 돌로레스에게 파블리코와 한 대화 얘기를 들려줬다. 요원들이 네 자매의 아버지인 프랭크가 나한테 딜어놓은 고백의 진실성을 철회하거니 부인하는 내용으로 남겨놓은 자료를, 그가 자신이 체포될 경우 딸들이 관리하게 끔 남겨놓은 자료를 찾는 중일 거라고 그녀에게 설명했다.

"FBI는 일을 확실하게 처리해두려는 거예요." 내가 말했다. "그들이 확보한 스타 증인인 빌리가 그들에게 자백한 내용의 신빙성을 떨어뜨릴 물증이 나타나는 일이 없도록 말이에요."

"아빠는 우리 앞에서 당신에게 한 말을 조금이라도 부인하려고 애쓴 적이 없어요."

"나도 알아요. 하지만 FBI는 꼼꼼하게 일을 처리해야만 해요. 그게 그들의 주특기예요."

이 무렵 나하고 평생지기가 된 돌로레스가 폭소를 터뜨리고는 말했다. "있잖아요, 우리 자매 셋은 우리의 나이 차를 그대로 반영한 방식으로 FBI를 상대했어요. 매리앤은 사실상 아빠 밑에서 자란데다 러셀하고 교분도 있었어요. 매리앤은 FBI에게 브라우니를 만들어줬대요. 아빠가 FBI를 겪으면서 무슨 일을 겪었는지를 아는 나는 그들에게 협조하기는 했지만 굉장히 형식적으로 대했어요. 코니는 아빠가 러셀하고 붙어 다닐 때 태어났어요. 코니는 요원들이 집에 들어오는 걸 허용하지 않으면서 현관문 밖에서 용건을 얘기하게 만들었어요. 자기는 아빠하고는 아무 관계도 없다고 소리를 질러대면서 자기는 내버려두고 당신에게 전화나 해보라고 했대요. 그 애는 아직도 책을 읽으려고 들지 않아요. 그 애가 하는 말은 '아빠가 프랭크 신도네Frank Sindone 를 죽이지 않았다고 말해줘. 나는 늘 그 사람을 좋아했었어'가 전부예요. 그래서 내가 그랬어요. '아냐, 코니, 아빠는 프랭크 신도네를 죽이지 않았어.'"

프랭크 '더 배러큐더The Barracuda' 신도네는 1980년에 안젤로 브루노에 대한 승인받지 않은 암살이 일어난 데 따른 보복으로 같은 해에 마피아위원회에 의해 살해된 메이드맨 네 명 중 한 명이었다. 브루노 암살은 탐욕 때문에 빚어진 일로 간주됐기 때문에, 신도네의 시신은 입에 돈이 쑤셔 넣어진 채로 발견되게끔 골목길에 방치됐다. 필라델피아 보스 안젤로 브루노를 살해하기로 공모했던 메이드맨 네 명을 살해한 것은 린 데베치오가 지휘한 마피아

위원회 수사의 열기를 사람들이 실감하기 시작하기 이전에 위원회가 행사한 마지막 치안유지 행위였을 것이다. 마피아를 지배하는 조직이 존재하려면 커뮤니케이션이 필요하다. 그런데 린의 수사는 그런 커뮤니케이션 통로를 끊어버렸다.

돌로레스가 나한테 전화한 그날, FBI 디트로이트지부의 특수요원 앤디 슬러스에게서 전화가 왔다. 그는 내가 가진 시런 테이프를 원했다. 그 요청에 나는 스릴을 느꼈다. 우리는 정말로 기분 좋은 대화를 했다. 나는 그에게 돌로레스가 그녀의 자매들과 그의 방문에 대해 해준 얘기를 들려줬고, 우리는 폭소를 터뜨렸다. 그는 내 테이프를 얻으려면 소환장을 발부해야 하느냐고 물었다. 나는 그런 게 필요하지는 않지만, 기념품으로 한 장 받아봤으면 좋겠다고 말했다. 이틀쯤 후, 나는 소환장을 받았고, 복사된 후 나한테 돌아온 테이프에는 FBI의 확인증명서와 사건번호가 붙어 있었다.

우쭐해지는 동시에 겸손해지는 순간이었다. 내 어머니 캐럴라이나 디마르코 브랜트가 나한테 희소식을 전할 때마다 늘 하시던 말씀대로였다. "하나님을 우러러 보거라, 찰리." 그럴 때마다 나는 어머님 말씀에 따랐다.

법조계에서 쌓은 경험 덕에, 앤디 슬러스 요원과 대화하는 동안, 모든 중요한 용의자들이 사망한 갈로 사건의 조 코피 형사와는 달리, 토미 안드레타가 여전히 생존해서 라스베이거스에 거주하고 처키 오브라이언도 여전히 생존해서 플로리다에 거주하는 이 사건은 여전히 '수사 중인 사건'이며, 조 피스토네가 그의 첫 저서 『도니 브래스코』에서는 수사 중인 특정 사건에 대한 견해를 밝힐 수 없었고 20년 후에 『도니 브래스코: 완료되지 않은 업무』가 나올 때까지 그렇게 하지 못했던 것과 같은 방식으로 그 어떤 요원도 이 사건에 대한 견해를 공개적으로 밝힐 수가 없다는 걸 알게 됐다. 나는 길거리에서 내가 서 있는 쪽에 그대로 머무르려고 무척이나 신중하게 처신했다. 빅 빌리 델리아나 프랭크 파블리코나 조 코피 형사의 이름은 절대 입에 담지 않았다. 하지만 우리가 전화를 끊기 전에 나는 도저히 참지 못하고 입을 열었다.

"당신이 어째서 최근 들이 내 데이프에 관심을 가지게 됐는지 이유는 묻지 않겠습니다." 내가 말했다. "하지만 내가 이 개자식을 좋아한 적이 단 한 순간도 없었고 놈도 나를 좋아한 적이 전혀 없었다는 것을 알아줬으면 합니다."

우리는 함께 배꼽을 잡았다. 어쩌다보니 '이 사건의 같은 편'에 서 있는 두 남자처럼 말이다.

그 완벽한 순간이 있고 얼마 안 있어, 마틴 스콜세지와 로버트 드 니로, 스티브 자일리언을 르 파커 메르디앙 호텔에서 만나는 또 다른 완벽한 순간이 찾아왔다. 내가 '외톨이 카우보이' 리 하비 오스월드를 언급하게끔 이끌었던 잘 알려지지 않은 영화의 제목을 스콜세지가 내게 물어본 순간이. 비행기를 타고 선 밸리로 돌아오는 길에, 나는 그 영화의 제목과 잭 루비의 오스월드 살해 사이의 연관성을 깨달았다. 루비의 38구경은 오스월드를 침묵에 빠지게 만든 '침묵의 돌풍'을 발사했다.

맨해튼에서 영화 관련 미팅을 마치고 선 밸리에 도착해보니 현관 계단에 페덱스 특송 상자가 놓여 있었다. 마틴 스콜세지가 보낸 앨런 바론의 1961년 영화 「침묵의 돌풍」의 DVD였다. 그야말로 보물이었다. 내 젊은 시절의 뉴욕 시티를 배경으로 한 정말로 흥미진진한 필름 느와르였다.

프랭크 시런이 한 주요한 고백들은 이제 하나하나씩 타당한 얘기라는 게 입증됐다. 『뉴욕 타임스』에 재직하는 목격자와 조 코피 형사에 의해 입증된 갈로 사건, 프랭크 파블리코와 빌리 델리아와 내 테이프에 발부된 FBI 소환장에 의해 입증된 호파 사건, 마지막으로 텍사캐나에서 카를로스 마르첼로에 의해 밝혀진 마피아위원회의 음모와 제노비스 패밀리를 대신한 토니 프로벤자노의 가담에 의해 일어난 '댈러스' 사건.

어머니의 조언에 따라 하늘을 우러러 볼 때, 내 마음은 저 위에서 나를 내려다보며 미소 짓는 프랭크 시런의 이미지를 선택하고는 한다. 내가 숱하게 그랬던 것처럼, 나는 그에게 고맙다고 감사 인사를 한다. 아이리시맨은 늘 청춘이고 군복 차림이다. 그게, 내가 좋아하는 사진이다. 아이리시맨이 살레르노 침공 때 전사한 알렉스 시겔과 함께 시칠리아에서 포즈를 취한 사진이.

감사의 글

나는 믿을 수 없을 정도로 아름답고 재능이 넘치는 경이로운 아내 낸시에게 큰 빚을 졌다. 아내는 내가 원고를 출판사에 보내기 전에 모든 장章과 모든 수정원고를 날카롭고 솔직하고 분별력 있게 편집해줬다. 내가 책을 작업하느라 뉴욕과 필라델피아에 있을 때, 낸시는 그 외의 모든 걸 보살피며 내게 날마다 영감을 주고 나를 격려하며 성원해줬다. 프랭크 시런을 방문하는 길에 낸시가 나와 동행할 때면 그는 안색이 젊은이처럼 환해지고는 했다. 그리고 나를 성원하는 우리 아이들 트립 와이어와 미미 와이어, 제니 로즈 브랜트가 해준 격려에 깊이 감사한다.

89세의 연세에도 내게 이탈리아 요리를 해주시고, 아들의 짜증을 받아주시며, 당신의 맨해튼 아파트에 랩톱을 놓고 앉아 머무른 기나긴 몇 주 동안 나를 격려해주신 나의 놀라운 어머니에게 큰 신세를 졌다. 감사드린다.

이 프로젝트를 개발하고 실행하는 과정에서 편집 자문으로 자신의 전문성을 너그러이 베풀어준 친한 친구이자—스티븐 킹과 존 그리샴의 데뷔작을 출판한—출판계의 아이콘 윌리엄 G. 톰슨에게 깊이 감사드린다.

리터러리 그룹의 프랭크 웨이먼이 내 에이전트가 되겠다고 동의했을 때 나는 횡재를 했다. 프랭크는 진심으로 이 프로젝트를 실전失傳됐을 수도 있는 역사의 한 조각으로 받아들였고, 이 책의 제목을 지었으며, 프랭크 시런을 마지막으로 녹화하는 인터뷰를 한다는 올바른 방향 쪽으로 나를 슬쩍슬쩍 밀고 나갔다.

닐 리셴이 스티어포스 프레스152를 접촉해보라고 내 에이전트에게 제안했을 때, 늘 생각이 깊고 그 생각들을 늘 몸소 실천하는, 그러면서 지금은 늘 변함없는 내 친한 친구인 출판업자가 갑자기 내 책을 받아들였다. 특출한 인물인 칩 플레이셔와 그의 조수 헬가 슈미트에게 나를 안내해준 데 대해 닐에게 감사드린다.

댄 몰데아, 스티븐 브릴, 빅터 리셀, 조나단 퀴트니 같은 작가들에게 감사드린다. 신체적 위해를 입을지도 모르는 위험을 무릅쓰고 그들이 행한 숙련된 탐사보도는 지미 호파의 역사와 그가 살았던 시대, 그리고 그의 실종에 대한 대단히 많은 사실을 밝혀내고 보존해줬다.

FBI의 호파 사건 전담요원으로서 빼어나고 철저하며 전문적인 작업을 수행했던 은퇴한 특수요원 로버트 A. 개리티에게 감사드린다. 그와 동료들이 했던 작업 덕에 작업을 수행할 수 있었다.

내가 참고한 많은 헤드라인과 뉴스 기사들을 빚어내는 노고를 쏟았던 요원들과 수사관들, 기소 담당 검사들과 스태프들에게 감사드린다.

작업이 고될 때마다 집중력을 계속 유지할 수 있도록 날마다 나를 격려해주고 모든 순간마다 지혜로운 충고를 베풀어준, 창조력 넘치는 사촌 카마인 조조라에게 감사드린다. 특히, 그는 내가 투덜거릴 때마다 이런 말을 거듭하고는 했다. "딴생각 말고 책을 쓰기나 해. 그러면 나머지는 저절로 해결될 거야."

누이와 제부 바버라와 개리 골드스미스, 그리고 그들의 가족 데니스와 로

152 이 책의 원서를 출간한 출판사

라 로즈, 대니, 파스칼, 루카스, 로즈를 평생토록 곁에 두고 살아왔다는 건 정말로 큰 은총이었다.

이 책과 이 책에 담긴 '새 결론'을 성원해준 대단히 훌륭한 친구들과 가족들에게, 그리고 내가 조언과 격려, 지지를 얻으려고 거듭해서 찾아갔던 친구들에게 진정으로 감사드린다. 마티 샤프란과 피터 보시, 스티브 시먼스, 제프 웨이너, 트레이시 베이, 테오 군드, 조 피스토네, 린 데베치오, 알 마르티노, 레슬리 리틀, 롤랜드 드롱, 콜린 젠센, 에드 가드너, 셰릴 토머스, 캐슬린과 제리 카메일스에게 특히 감사드린다. 롭 서트클리프에게는 헤아릴 수 없이 많은 신세를 졌다.

린 샤프란이 해준 그 모든 조언, 그리고 특히 테드 퓨리를 낸시와 나에게 데려와준 일에 대해 감사드린다. 테드, 정말로 고마워요.

20년도 전에 전문적으로 글을 쓰는 일을 시작해보라고 나를 격려해준, 일러스트레이터이자 작가, 아티스트이자 친구인 우리 슐레비츠에게 감사드린다.

고인이 된 사사노 출신의 삼촌인 프랭크 조조라 교수에게 레몬수로 건배를 드린다. 그분은 내가 델라웨어대학을 다니는 내내, 그리고 그 이후로 내 멘토셨다.

그리고 1957년에 스타이브센트고등학교 11학년이던 나를 격려해주신 영어선생님 에드윈 허브스트 선생님께 뒤늦은 감사 인사를 드린다.

마피아를 위해 청부살인업자로 일했던 사람의 고백록을 번역할 의향이 있느냐는 질문을 받고는 피가 철철 흐르고 살점과 뼛조각이 난무하는 책을 보게 될 거라고 예상했다. 틀린 예상이었다. 피와 살점과 뼛조각이 심심찮게 등장하는 건 사실이지만, 폭력적인 내용으로 독자의 말초신경을 자극하려는 데에만 집중하는 책이 아니었다.

이 책은 이중二重의 우정을 다룬다. 시런과 버팔리노와 호파가 우정을 쌓는 과정과 그 우정이 깨져가는 과정을 다룬 이야기가 책의 중심이라면, 그 이야기를 세상에 들려주려고 시런과 찰스 브랜트가 책을 집필하는 와중에 키워가는 우정이 그 중심을 에워싸고 있다. 브랜트의 장점은 그런 우정을 맺는 와중에도 냉정한 시선으로 시런의 생애를 바라보고 기록하고 평가한다는 것, 그러면서도 험하고 격한 인생을 살고 노년을 맞은 시런의 삶을 인간에 대한 애정이 담긴 시선으로 바라본다는 것이다.

나는 세상을 살면서 맞닥뜨리는 문제에 대한 대답을 주는 책도 좋아하지만, 그보다는 쉽게 답을 찾을 길이 없어 고심에 고심을 거듭해야 하는 어려운 질문을 던지게 만드는 책을 더 좋아한다. 그런데 이 책이 딱 그런 책이었다. 마피아에 소속된 범죄자의 삶을 다룬 책을 번역하면서 이렇게 많은 질문을 하게 될 줄은 정말 몰랐다.

무엇보다 제일 먼저 떠오른 질문은 "나라면 어떻게 할까?"였다. 오늘날의 나를 있게 해준 멘토이자 친한 친구의 목숨을 빼앗는 음모에 가담하지 않을 경우 나뿐만 아니라 내 가족의 목숨도 위태로워진다면, 나는 어떻게 하게 될까? 그런 상황이라면 나도 시런처럼 친구의 머리에 총을 대고 방아쇠를 당기게 될까? 책은 이처럼 쉽게 답을 내놓을 수 없는 질문을 자꾸만 던지게 만들었다.

어렸을 때는 대공황을 겪고 청년기에는 세계대전에 참전했으며 전후에는 마피아와 팀스터즈의 발흥과 몰락을 몸소 겪었고 케네디 암살사건의 전모를 알고 있다고 주장하는 인물인, 그래서 포레스트 검프 비슷한 삶을 살았던 프랭크 시런의 삶에 대해 떠오르는 또 다른 질문은 "그런 삶을 살게 된 데에 그의 천성과 그의 환경은 과연 어느 정도씩 역할을 했던 걸까?"였다. 시런은 인생 얘기를 들려주면서 자신은 환경 탓에 범죄자가 된 것이라는 분위기를 은연중에 풍긴다. 유년기를 궁핍하게 보낸 탓에 남의 물건에 손을 대는 걸 당연시하게 됐고, 포로를 즉결 처형하는 일을 하면서 인명 살상에 무감각해졌다는 식의 분위기를 조성해나간다. 그런데 이 문제와 관련한 질문에 대한 대답은 상대적으로 쉽게 얻을 수 있다. 대공황과 세계대전을 겪은 사람들이 하나같이 시런 같은 삶을 살았던 것은 아니었으니 말이다. 그와 똑같은 일을 겪고도 건실하고 올바르게 세상을 살아간 사람이 대부분이기에 세상은 오늘도 이 정도로나마 돌아가고 있는 것이다. 시런이 그런 변명을 뻔뻔하게 대놓고 하지 못하는 것도 이 냉혈한 인물의 마음속 한구석에는 양심이라는 게 있다는 걸 보여주는 증거이자 이 사람의 묘한 인간적 매력이고, 이 책을 읽을 만한 책으로 만드는 요인일 것이다.

종교에 대한 질문도 계속 떠올랐다. 이 책에 등장하는 주요 인물들은 천주교 신앙을, 깊은 신념으로 믿지는 않더라도, 적어도 존중하기는 하는 것처럼 보인다. 그들은 나이를 먹고 기력이 쇠해지면서 저승에 대한 생각이 스멀스멀 들기 시작하면 성당을 찾아가 고해를 하고 용서를 빈다. 그러면 성당에서는 그들의 죄를 용서해주고, 악랄한 죄업에 대한 죄책감을 벗어버린 그들은 편한 마음으로 죽음을 맞는다. 그런데 이래도 되는 걸까? 생전에 으름장과 폭력으로 그리도 많은 이들을 괴롭히고 심지어 남의 목숨과 재산을 앗아기기까지 한 그들이 그렇게 쉽게 용서를 받고 마음의 평안을 찾아도 되는 걸까? 그런데 종교라는 것은 원래 그러라고 있는 것 아닌가? 지은 죄를 털어놓고 용서를 받겠다고 찾아온 사람을 용서해주는 건 종교가 마땅히 해야 하는 일 아닌가? 선뜻 답을 내놓기가 쉽지 않은 질문이었다.

많은 질문을 던지게끔 만드는 이 책은 사회의 밑바닥에서 남의 목숨을 앗아가며 살았던 그저 그런 범죄자의 수기가 아니다. 미국 현대사의 굵직굵직한 사건들을 직접 경험한 인물이 생생하게 들려주는 회고록이다. 미국의 정치권과 노동 운동권과 마피아 같은 조폭이 본질적인 측면에서는 별반 다르지 않다는 걸 증언하는 책이자 '절대 권력은 절대 부패한다'는 게 절대적인 진리이자 교훈이라는 것을 새삼 실감하게 만드는 책이기도 하다. 아무쪼록 독자 여러분께서, 내가 그랬듯, 이 책을 읽고 많은 질문을 던지셨으면, 더 나은 삶과 사회에 대해 나름대로 고심해보는 기회를 가지셨으면 좋겠다.

2019년 11월
윤철희

프랭크 '디 아이리시맨' 시런, 1970년경.
Courtesy of Frank Sheeran

프랭크 시런(왼쪽)과 전우 알렉스 시겔.
시셀이 셀레트노 심쑹식신 낭에 신사하기 안 빌 신에 쩍흔 사신이나.
Courtesy of Frank Sheeran

프랭크 시런이 친구 찰리 '딕시' 메이어스와 함께 2차 세계대전의 종전을 축하하고 있다.
Courtesy of Frank Sheeran

시런(뒷줄 왼쪽)과 그가 디트로이트에서 처음 얻은 직장의 동료 팀스터즈 조직책들.
Courtesy of Frank Sheeran

플로리다 마이애미비치에서 열린 1961년 팀스터즈 컨벤션에서 경비를 맡은 시런(오른쪽).

Courtesy of Frank Sheeran

INTERNATIONAL BROTHERHOOD OF TEAMSTERS,
CHAUFFEURS, WAREHOUSEMEN AND HELPERS
OF AMERICA, AFL-CIO,

THE COMMISSION OF LA COSA NOSTRA,

ANTHONY SALERNO, a/k/a "Fat Tony,"
MATTHEW IANNIELLO, a/k/a "Matty the Horse,"
ANTHONY PROVENZANO, a/k/a "Tony Pro,"
NUNZIO PROVENZANO, a/k/a "Nunzi Pro,"
ANTHONY CORALLO, a/k/a "Tony Ducks,"
SALVATORE SANTORO, a/k/a "Tom Mix,"
CHRISTOPHER FURNARI, SR.,
 - a/k/a "Christie Tick,"
FRANK MANZO,
CARMINE PERSICO, a/k/a "Junior," "The Snake,"
GENNARO LANGELLA, a/k/a "Gerry Lang,"
PHILIP RASTELLI, a/k/a Rusty,"
NICHOLAS MARANGELLO, a/k/a "Nicky Glasses,"
JOSEPH MASSINO, a/k/a "Joey Messina,"
ANTHONY FICAROTTA, a/k/a "Figgy,"
EUGENE BOFFA, SR.,
FRANCIS SHEERAN,
MILTON ROCKMAN, a/k/a "Maishe,"
JOHN TRONOLONE, a/k/a "Peanuts,"
JOSEPH JOHN AIUPPA, a/k/a "Joey O'Brien,"
 "Joe Doves," "Joey Aiuppa,"
JOHN PHILLIP CERONE, a/k/a "Jackie
 the Lackie," "Jackie Cerone,"
JOSEPH LOMBARDO, a/k/a "Joey the Clown,"
ANGELO LAPIETRA, a/k/a "The Nutcracker,"
FRANK BALISTRIERI, a/k/a "Mr. B,"
CARL ANGELO DELUNA, a/k/a "Toughy,"
CARL CIVELLA, a/k/a "Corky,"
ANTHONY THOMAS CIVELLA, a/k/a
 "Tony Ripe,"

GENERAL EXECUTIVE BOARD, INTERNATIONAL
 BROTHERHOOD OF TEAMSTERS, CHAUFFEURS,
 WAREHOUSEMEN AND HELPERS OF AMERICA,
JACKIE PRESSER, General President,
WELDON MATHIS, General Secretary-Treasurer,
JOSEPH TREROTOLA, a/k/a "Joe T,"
 First Vice President,
ROBERT HOLMES, SR., Second Vice President,
WILLIAM J. McCARTHY, Third Vice President,
JOSEPH W. MORGAN, Fourth Vice President,
EDWARD M. LAWSON, Fifth Vice President,
ARNOLD WEINMEISTER, Sixth Vice President,
JOHN H. CLEVELAND, Seventh Vice President,
MAURICE R. SCHURR, Eighth Vice President,
DONALD PETERS, Ninth Vice President,
WALTER J. SHEA, Tenth Vice President,
HAROLD FRIEDMAN, Eleventh Vice President,
JACK D. COX, Twelfth Vice President,
DON L. WEST, Thirteenth Vice President,
MICHAEL J. RILEY, Fourteenth Vice President,
THEODORE COZZA, Fifteenth Vice President,
DANIEL LIGUROTIS, Sixteenth Vice President,
SALVATORE PROVENZANO, a/k/a "Sammy Pro,"
 Former Vice President,

Defendants

비밥봉국 검사 누니 불리아니가 소록을 상내로 빌빈 RICO 소쏭의 타이늘 페이시. 시런을 라 코사 노스트라 위원회에 속한 두 명밖에 없는 비이탈리아게 중 한 명이라고 언급했다.

Richard Nixon

President of the United States of America

To all to whom these presents shall come, Greeting:

Whereas James R. Hoffa, also known as James Riddle Hoffa, was convicted in the United States District Court for the Eastern District of Tennessee on an indictment (No. 11,989) charging violation of Section 1503, Title 18, United States Code, and on March twelfth, 1964, was sentenced to serve eight years' imprisonment and to pay a fine of ten thousand dollars ($10,000); and

WHEREAS the said James R. Hoffa was convicted in the United States District Court for the Northern District of Illinois on an indictment charging violation of Sections 371, 1341 and 1343, Title 18, United States Code, and on July fourteenth, 1969, was sentenced to serve five years' imprisonment consecutive to the aforesaid sentence imposed by the United States District Court for the Eastern District of Tennessee and to pay a fine of ten thousand dollars ($10,000); and

WHEREAS the aforesaid convictions were affirmed on appeal; and

WHEREAS the said James R. Hoffa paid the aforesaid fines and was committed to the United States Penitentiary, Lewisburg, Pennsylvania, on March seventh, 1967, and will be eligible for release therefrom with credit for statutory good time on November twenty-eighth, 1975; and

WHEREAS it has been made to appear that the ends of justice do not require that the aforesaid sentences be served in their entirety:

호파를 사면한 닉슨의 대통령령 사면명령장 첫 페이지.

I, JOHN N. MITCHELL, being duly sworn, depose
and say:

   1. That neither I, as Attorney General of the
United States, nor, to my knowledge, any other official
of the Department of Justice during my tenure as Attorney
General initiated or suggested the inclusion of restrictions
in the Presidential commutation of James R. Hoffa.

   2. That President Richard M. Nixon did not initiate
with or suggest to me nor, to my knowledge, did he initiate
with or suggest to any other official of the Department
of Justice during my tenure as Attorney General that
restrictions on Mr. Hoffa's activities in the labor movement
be a part of any Presidential commutation for Mr. Hoffa.

                                    JOHN N. MITCHELL

Sworn to before me
this 15th day of October , 1973

Rose L. Schiff
       Notary Public   ROSE L. SCHIFF
                              Notary Public, State of New York
                              No. 24-_____
                              Qualified in _____ County

닉슨의 대통령령 사면에 딸린 제약늘늘 제거하려는 호파를 놉기 위해 손 미셀이 세출한 신불서.

프랭크 시런:
"나는 놈들이 내 얼굴을 삽으로 토닥거리고 내 커프 링크스를 훔쳐가는 날이 올 때까지
호파의 사람으로 지낼 겁니다."
시런의 커프 링크스는 러셀 버팔리노에게 받은 선물이었다.
Courtesy of Frank Sheeran

1974년에 열린 프랭크 시런 감사의 밤. 프랭크 리조 시장(호파와 악수하는 인물),
지붕수리공 노조 보스 존 맥컬러프(오른쪽 두 번째), 민권운동 지도자 세실 B. 무어(맨 오른쪽)가 참석했다.
Courtesy of Frank Sheeran

'크레이지 조이' 갈로는 상원 청문회에서 바비 케네디의 질문에 수정헌법 5조를 내세웠다.

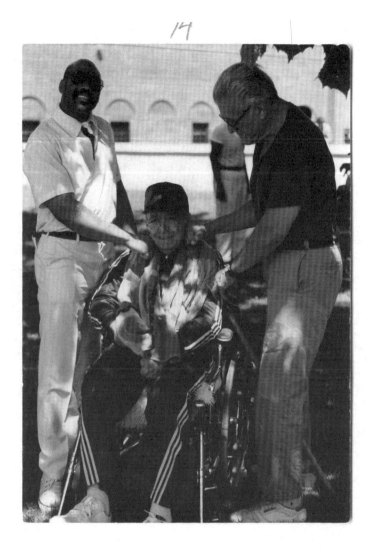

시런에게 애정이 담긴 KO 펀치를 맞는 러셀 버팔리노(휠체어에 앉은 이).
Courtesy of Frank Sheeran

「대부」시리즈 전편에 가수 조니 폰테인으로 출연했던 알 마르티노와 러셀 버팔리노.
폰테인 캐릭터는―많은 이들이 믿듯―프랭크 시나트라의 인생이 아니라 마르티노의 인생에서 따온 것이다.
경험이 많은 배우를 원했던 프랜시스 포드 코폴라 감독은 처음에는 마르티노에게 그 역할을 맡기는 걸 거부했다.
마르티노는 후원자 버팔리노에게 전화를 걸었고, 이틀쯤 후, 그 배역을 제의받았다.

Courtesy of Al Martino

시런이 예전의 마커스 레드 폭스 레스토랑의 출입구를 가리키고 있다.
사이드미러에 보이는 건 호파가 부인에게 전화를 걸려고 사용한 공중전화가 있는 철물점이다.
Courtesy of Charles Brandt

지미 호파가 1975년 7월 30일에 들어간 집.
Courtesy of Charles Brandt

축하 만찬장에서 저자 찰스 브랜트와 프랭크 시런이 함께 찍힌 이 이미지는
시런이 브랜트에게 자신이 선방신 시식 그레이시 소머 김토를 살해했노라고 고백한 바로 그 순간을 포식했나.
Courtesy of Frank Sheeran

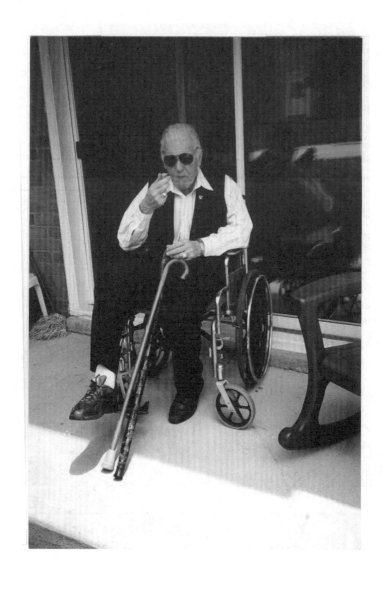

요양원에 들어가기 두 달 전인 2001년 10월에 자신의 집 테라스에서 촬영된 '아이리시맨'의 모습.
Courtesy of Charles Brandt

아이리시맨

초판 1쇄 인쇄 2019년 11월 20일
초판 1쇄 발행 2019년 11월 27일

지은이   찰스 브랜트
옮긴이   윤철희
펴낸이   정상우
편집   이민정
디자인   옥영현
관리   남영애 김명희

펴낸곳   오픈하우스
출판등록   2007년 11월 29일(제13-237호)
주소   서울시 마포구 동교로13길 34(04003)
전화번호   02-333-3705
팩스   02-333-3745
facebook.com/openhouse.kr
instagram.com/openhousebooks

ISBN 979-11-88285-72-3 03300

* 이 도서의 국립중앙도서관 출판예정도서목록(CIP)은 서지정보유통지원시스템
  홈페이지(http://seoji.nl.go.kr)와 국가자료공동목록시스템(http://www.nl.go.kr/
  kolisnet)에서 이용하실 수 있습니다. (CIP제어번호: CIP2019043968)